박영선의
다시 보는
로마서

2015년 1월 11일 초판 1쇄 발행
2019년 8월 8일 2판 1쇄 발행
2024년 10월 8일 2판 5쇄 발행

지은이 박영선
기획 강선
편집 문선형, 정유진
디자인 잔
경영지원 함초아
펴낸이 최태준
펴낸곳 무근검
주소 서울특별시 송파구 올림픽로 4길 17 A동 301호
홈페이지 lampbooks.com **전화** 02-420-3155 **팩스** 02-419-8997
등록 2014. 2. 21. 제2014-000020호
ISBN 979-11-87506-33-1(03230)

이 도서의 국립중앙도서관 출판시도서목록(CIP)은 서지정보유통지원시스템
홈페이지(http://seoji.nl.go.kr)와 국가자료공동목록시스템(http://www.nl.go.kr/kolisnet)에서
이용하실 수 있습니다. (CIP제어번호 : CIP2019029225)

무근검은 '하나님의 영광은 무겁고 오래된 칼과 같다' 라는 뜻입니다.

다시 보는 로마서

박영선 지음

무근검

나를 찾지 아니한 자들에게 찾은 바 되고
내게 묻지 아니한 자들에게 나타났노라

롬 10 : 20

연극의 3대 요소는 배우, 희곡, 관객입니다. 연극을 영어로 '플레이 (play)'라고 하는데, 영어권 문화가 아닌 우리나라 사람들은 '플레이'라 고 하면 '경기'로 이해합니다. 치열하게 싸워 이겨야 하는, 승부를 내는 일 말입니다. 그러나 본래 '플레이'는 각본을 따라 배우들이 인생을 연기하는 것입니다. 각자가 배역을 충실히 할 때 전체는 드라마(drama) 가 되지요. 줄거리 속에는 인생이 담기고, 인생의 중요한 본론들이 극 적 정황 속에서 인상 깊고 감동 깊게 펼쳐집니다.

우리 교회의 30년 역사를 연극에 비유하고 싶습니다. 교회 공동체 가 구체적 정황 속에서 하나님의 본문을 펼치는 연기를 해 온 것이지 요. 저는 강단에 서는 배역, 말씀을 전하는 역할을 수행했습니다. 교우 여러분은 저와 호흡을 함께하며 말씀을 삶으로 구체화하는 배역을 맡 았습니다. 우리는 서로 격려하며 하나님의 교회라는 놀라운 무대에서 하나님의 약속과 그분의 동행을 증언하였습니다.

돌아보니, 우리는 하나님의 기쁘신 뜻을 살아 내는 경이로운 삶을 살았다고 말할 수 있습니다. 이 삶은 소망에 이르기까지 고난을 겪어야 한다는 로마서 말씀 그대로였습니다. 어려움과 위대함이 모두 담긴 삶이었습니다. 교회 설립 30주년에 이르니 우리 모두의 얼굴과 인생에 하나님의 일하심에 참여한 영광의 무게와 깊이가 느껴집니다. 지난 30년의 감사와 수고를 이 책에 담아 우리의 자랑으로 삼고 싶습니다.

2015년 1월

박 영선

저는 보수적인 장로교회에서 성장했습니다. 나중에 돌아보니 제가 자라난 품은 개혁주의 신앙으로, 성경 계시에 뿌리박고 역사적으로 검증된 위대한 신앙 유산을 담은 곳이었습니다. 제 신학적 기초는 하나님의 절대주권과 죄로 인한 인간의 재난이라는 주제에 그 뿌리를 두고 있습니다. 이 주제의 중요성을 깨닫는 데는 로이드 존스 목사님으로부터 받은 도움이 큽니다. 인간의 관점으로 계시에 접근하면 성경이 얼마나 협소하게 되고 우리가 혼란에 빠지는지도 그분에게서 배울 수 있었습니다.

이처럼 저는 전통적 기독교 유산의 후예라고 할 수 있습니다. 어릴 때부터 배워 온 신앙은 제 존재와 정체를 형성했다고 해도 과언이 아닙니다. 그런데 신앙생활을 하는 가운데 어떤 문제에 부딪히게 되었습니다. 물려받은 신앙의 유산에 대해 현실적으로 납득하기 어려운 점들이 보이기 시작했던 것입니다. 제 고민은 신앙의 유산들에 동의할 수 없어서가 아니었습니다. 잘 배워 마음에 담았으나, 배운 신앙을 실제로 실천할 수 없었던 것입니다. 이를테면, 옳은 것을 아는 것과 옳게 사는 것은 다른 문제였습니다. 로마서를 읽을 때도, 복음을 이해는 하지만 복음이 현실과 어떻게 연결되는가가 언제나 문제였습니다. 이제 돌아보면, 그 고민은 신앙 여정에서 시간이 어떤 역할을 하는지에 대해 아직 분명히 이해하지 못했기 때문에 생겨난 것이었습니다.

우리는 시간 속에서 살아갑니다. 삶은 전후가 있는 과정입니다. 그러니 옳은 것을 안다고 해도 옳게 되는 데까지는 시간이 필요합니다. 이런 시간차를 고려하지 못하면 신앙은 삶을 포괄하지 못한 채 명분이나 윤리적 덕목으로 왜소화됩니다. 저는 폴 악트마이어의 로마서 주석을 만나면서, 신앙은 시간이라는 컨텍스트에 파노라마처럼 펼쳐지는 것임을 더욱 분명히 알게 되었습니다. 신앙은 외우고 주장하는 것 이상으로 우리의 삶으로 확인하는 것입니다. 시간과 공간 속에서 살아

보고 살아 내는 구체적 진실이지요. 우리가 받은 신앙 유산들도 시간 속에서 만들어진 것이었습니다. 현실 속에서 경험은 누적되어 전통으로 쌓이고 외면할 수 없는 역사가 형성됩니다.

로마서는 구원을 설명하고 신앙적 삶을 요구합니다. 이것은 별개의 두 주제가 아니라 일관성을 갖고 이어지는 한 흐름입니다. 그래서 기독교 윤리는 어떤 명분이나 덕목같이 삶의 한 부분만 차지하고 마는 것이 아닙니다. 구원받은 인생으로 살아 보는 명예를 누리는 것입니다. 신자의 삶은 누구에게 보이기 위한 외적 증거나 유능하게 해 내야 할 임무가 아닙니다. 인생이라는 계속되는 현실 속에서 누리는, 성도에게 허락된 위대함입니다. 예수께서 이루신 것이 무엇인지 우리도 경험해 보라는 복된 초대이기도 합니다.

삶이 고통스런 것은 삶의 정황이 텍스트인 예수를 거스르고 그를 믿는 일을 위협하는 탓입니다. 그러나 어떤 고통스러운 삶의 현실도 오히려 텍스트를 더욱 찬란하게 만듭니다. 어떤 컨텍스트에도 예수는 찾아가 깊은 은혜를 펼쳐 내십니다. 이것을 안다면 신자의 인생은 분노와 원망 그리고 자랑을 넘어설 수 있고 드디어 감사와 찬송이 됩니다. 그것이 믿어지십니까. 이제 함께 확인해 보시지요.

2부 _____
그러나 이제는

4부 _____

그러므로 형제들아

1

그러면 어떠하냐

1.

그로 말미암아

역사, 하나님의 무대

---

1 예수 그리스도의 종 바울은 사도로 부르심을 받아 하나님의 복음을 위하여 택정함을 입었으니 2 이 복음은 하나님이 선지자들을 통하여 그의 아들에 관하여 성경에 미리 약속하신 것이라 3 그의 아들에 관하여 말하면 육신으로는 다윗의 혈통에서 나셨고 4 성결의 영으로는 죽은 자들 가운데서 부활하사 능력으로 하나님의 아들로 선포되셨으니 곧 우리 주 예수 그리스도시니라 5 그로 말미암아 우리가 은혜와 사도의 직분을 받아 그의 이름을 위하여 모든 이방인 중에서 믿어 순종하게 하나니 6 너희도 그들 중에서 예수 그리스도의 것으로 부르심을 받은 자니라 7 로마에서 하나님의 사랑하심을 받고 성도로 부르심을 받은 모든 자에게 하나님 우리 아버지와 주 예수 그리스도로부터 은혜와 평강이 있기를 원하노라 (롬 1:1-7)

바울의 인사

본문은 로마서의 서론이고 바울의 인사인데, 자세히 보면 신약 서신서에 공통되는 아주 중요한 어떤 사상이 표현되어 있습니다. 1장 1절을 보면 "예수 그리스도의 종 바울은 사도로 부르심을 받아 하나님의 복음을 위하여 택정함을 입었으니"라고 하여 바울 자신에 대한 소개가 수동태 표현으로 되어 있습니다. 모든 것이 천상으로부터 시작되었다는 것입니다.

2절의 "이 복음은 하나님이 선지자들을 통하여 그의 아들에 관하여 성경에 미리 약속하신 것이라"라는 구절 또한 복음이 우리 노력의 결실이 아니라는 것을 이야기하고 있습니다. 복음은 예수로 증거된 하나님의 신실함입니다. 우리의 진심에 대한 보상이 아니라, 하나님께 주도권이 있는, 하나님의 약속과 방법인 것입니다. 3절에서 6절도 마찬가지입니다.

> 그의 아들에 관하여 말하면 육신으로는 다윗의 혈통에서 나셨고 성결의 영으로는 죽은 자들 가운데서 부활하사 능력으로 하나님의 아들로 선포되셨으니 곧 우리 주 예수 그리스도시니라 그로 말미암아 우리가 은혜와 사도의 직분을 받아 그의 이름을 위하여 모든 이방인 중에서 믿어 순종하게 하나니 너희도 그들 중에서 예수 그리스도의 것으로 부르심을 받은 자니라 (롬 1:3-6)

복음은 죽음을 이기는 능력에 관한 것입니다. 행복하고 복 받고 병 낫는 일처럼 문제가 해결되는 것과는 비교할 수 없이 큰 것입니다. 죽음을 반전할 수 있는 능력에 관한 것입니다. 5절의 '그로 말미암아'나 6절의 '예수 그리스도의 것으로 부르심을 받은 자니라'와 같은 구절이 전부 하나님의 주도권을 강조하고 있습니다. 내가 복음을 깨달아 그 깨달음을 너희에게 나누는 것이 아니라, 하나님이 이것을 계획하셨고, 주셨고, 나누게 하시려고 나를 직분자로 준비하셨다는 것입니다. 바울이 믿어서 뛰어들어 간 것이 아니라 하나님이 붙들어 움켜쥐셨음이 부각되어 있습니다. 이는 성경에서 특별히 강조하는 부분입니다. 늘 우리는 우리가 알고 깨닫고 이해하는 것 곧 우리 편에서의 이해와 열심에 더 집중하는데, 이와 대비됩니다.

신앙에 대한 역사적 이해

기독교란 물론 하나님과의 만남이지만, 이 만남은 높으신 하나님이 낮은 인간을 만나 주시는 한 번의 사건같이 수직적 조우(遭遇)에 그치는 것이 아닙니다. 하나님과의 만남이란 시간을 통해 하나님의 인도하심을 확인하게 되는 일을 말합니다. 하나님과 그분의 일하심에 대한 이해는 긴 세월에 걸쳐 이루어집니다. 기독교 신앙에서 이해와 증거는 '역사적'인 것입니다. '체험적'이라 해도 틀린 표현은 아니지만, 체험적이라고 할 때는 하나님이 내려와 한 개인을 만나 주신다는 수직적 개념만 강조되므로 '역사적'이라고 표현한 것입니다. '역사적'이라는 말은 긴 시간에 걸친 하나님의 성실한 인도를 가리킵니다.

대표적 예로 회개를 생각해 봅시다. 회개는 어느 날 한 순간의 어떤 극적인 돌아섬입니다. 깨달음이 있고 감동이 있고 결단이 있습니다. 그러나 회개하고 나서 많이 당황스러운 점은 변한 것이 아무것도 없다는 데에 있습니다. 다음 날 아침 눈을 떴더니, 어제의 감동과 회개와 결심이 "야, 빨리 일어나 밥 처먹고 학교 가"라는 어머니의 고함 소리로 확 깨지는 것입니다. 아무것도 달라진 것 없이 말입니다. 회개하기 전의 날들과 회개한 어제, 그리고 일어나서 다시 맞이한 오늘이 다를 게 하나도 없습니다. 회개는 했지만, 삶의 현실, 그 배경과 환경과 조건은 달라진 것이 없습니다. 본인은 변했다고 우기는데 그가 몸담고 있는 정황, 컨텍스트(context)는 그대로 있습니다. 변화된 결심과 각오로 싸우기에는 이 정황이 너무 커서 며칠 발버둥 치다가 슬슬 포기하게 됩니다. 그래서 회개 자체에 대해서도 의심이 생기고 불안해집니다. 그리하다 하나님이 힘 주셔서 다시 돌아오지만, 이것도 연례행사처럼 되어 버려 결국 체념하고 마는 일이 각 개인의 신앙에서 반복됩니다.

회개로 모든 것이 단번에 변하지 않습니다. 회개한다고 해서 더 이상 이 땅에 얽매일 필요 없이 해방과 완성에 이르는 것도 아닙니다. 그러나 우리는 늘 이런 식으로 기대하고, 현실이 기대와 다르면 예전 그 감동의 날들을 반추하는 것으로라도 만족하곤 합니다. 또한 이마저도 의심스러우면 누군가를 전도해서 자기의 체험과 동일한 회심의 자리로 불러들여 상대방의 감동으로 자신에게 다시 한 번 불붙여 예전의 감동을 반복하여 재생해 봅니다. 우리는 이 정도로밖에는 신앙을 이해하지 못하고 쩔쩔맵니다.

성경은 기본적으로 역사적 기록입니다. 구약이 온통 역사서이고,

신약에서도 가장 많은 부분을 차지하는 복음서는 예수 그리스도의 역사를 다루고 있습니다. 사도행전도 역사를 기록한 것이고, 계시록 역시 역사의 끝을 예언한 책입니다. 서신서는 역사의 흐름을 내용으로 하지는 않지만, 역사 속에 실존했던 교회 곧 역사의 한복판에 있던 자들에게 보낸 편지이지, 어떤 이상이나 도(道)나 감동과 같은 추상적 개념으로 신앙을 얼버무리는 자들에게 쓴 편지가 아닙니다. 이런 의미에서 성경은 하나님이 우리에게 당신을 역사 속에서 나타내셨으며 지금도 시간 속에서 일하고 계신다고 말해 주는 책입니다. 그래서 성경을 역사적으로 이해한다는 것은 역사 전체가 하나님의 일하심과 하나님의 행위에 대한 증언이다, 성경은 하나님의 일하심의 가장 중요한 대상인 인류에 대한 진실을 전하는 증언이다, 라고 이해하는 것입니다.

삶이 요구되는 기독교 신앙

로마서 10장에 가 봅시다.

> 네가 만일 네 입으로 예수를 주로 시인하며 또 하나님께서 그를 죽은 자 가운데서 살리신 것을 네 마음에 믿으면 구원을 받으리라 사람이 마음으로 믿어 의에 이르고 입으로 시인하여 구원에 이르느니라 성경에 이르되 누구든지 그를 믿는 자는 부끄러움을 당하지 아니하리라 하니 유대인이나 헬라인이나 차별이 없음이라 한 분이신 주께서 모든 사람의 주가 되사 그를 부르는 모든 사람에게 부요하시도다 (롬 10:9-12)

이 본문을 잘못 읽으면 "맞아. 믿어야 해. 시인해야 해"와 같은, 한순간의 각오를 강조하는 것처럼 들립니다. 그렇게 되면 깨달음, 결단이라는 무시간적(無時間的) 각오가 신앙의 중심이라고 오해하게 됩니다. 신앙은 그렇게 간단한 이야기가 아닙니다. 계속해서 13절 이하를 보겠습니다.

> 누구든지 주의 이름을 부르는 자는 구원을 받으리라 그런즉 그들이 믿지 아니하는 이를 어찌 부르리요 듣지도 못한 이를 어찌 믿으리요 전파하는 자가 없이 어찌 들으리요 보내심을 받지 아니하였으면 어찌 전파하리요 기록된 바 아름답도다 좋은 소식을 전하는 자들의 발이여 함과 같으니라 (롬 10:13-15)

누군가가 전도자를 보냈기 때문에 우리가 듣고 믿을 수 있었다는 말입니다. 믿음의 약속을 세우고 지키시는 이가 당신의 사자(使者)를 만들어 보냈고, 사자로 부름받은 이가 이 약속을 우리에게 들려 주어서 우리가 믿게 되었다는 설명입니다. 신자들에게 벌어진 일을 시간적으로 풀어놓고 있습니다.

　복음을 하늘에서 내려온 것으로, 하늘로부터 온 구원이라고 수직적으로만 이해하는 것은 하나님의 주도권을 백이십 프로 강조할 수 있다는 점에서는 훌륭합니다. 하지만 그러한 수직성에 대한 강조 때문에 역사성이 소홀히 취급되어 복음이 시간과 무관한 개념이나 가치로 추상화되어서는 안 됩니다. 신앙이 실체가 되는 데에 필요한 조건인 시간과 공간이 제거되기 때문입니다.

신앙의 씨름은 말로 때우거나 각오하고 진심을 가지면 다 되는 싸움이 아닙니다. 만들고 증명해야 하는 싸움입니다. 이 싸움은 매일 벌어집니다. 우리가 속한 시간과 공간 곧 삶 속에서 이루어집니다. 어떻게 먹고 살 것인가, 돈을 벌기 위해 무슨 짓까지 할 수 있는가를 매일의 도전으로 대면하는 것이 삶입니다. 이 삶에서 내가 믿고 내가 알고 있는 것을 스스로의 결정 속에서 현실로 구체화할 수 있는지 하루마다 도전받습니다.

종일 팔을 벌리시는 하나님

하나님은 우리에게 당신을 구체적으로 나타내십니다. 구약에서는 반복하여 "나는 너희 조상의 하나님이니 곧 아브라함의 하나님, 이삭의 하나님, 야곱의 하나님 여호와니라"라고 말씀하십니다. 하나님은 아브라함과 이삭과 야곱의 생애를 당신의 성실함으로 지켰다고 말씀하시는 것입니다. 그들의 삶 속에 약속을 허락했고 그들이 믿고 책임 있는 응답을 할 수 있도록 지켜 냈다고 당신을 소개하십니다. 이 하나님이 아브라함의 하나님, 이삭의 하나님, 야곱의 하나님이시며, 가장 크게는 예수 그리스도의 하나님이시고, 이제 예수 그리스도 안에서 우리의 하나님이십니다. 이 하나님은 지금도 일하고 계십니다. 우리가 만족스러워하지 않는 모든 현실 속에서도 하나님은 우리의 정황, 지금의 조건과 실력, 각각의 경우와 환경, 이 모든 것을 다 감싼 주인으로, 역사와 세계와 운명의 주인으로 서 계십니다.

인생이 밥 한 끼 먹는 것, 한 번 웃는 것이 전부가 아니라는 것쯤은 스무 살만 넘으면 압니다. 진정한 행복은 순간의 황홀감에 기초하는 것이 아닙니다. 더 큰 그릇에 담겨져야만 하는 것입니다. 나 개인의 안전만으로는 행복을 보장받을 수 없습니다. 우리가 국가에 대해서 그토록 아우성을 치는 이유가 무엇입니까? 한 개인의 안전은 이웃과 사회의 안전과 지지 속에 있어야 하고, 이웃과 사회의 안전은 국가와 세계의 안전 속에 있어야 하기 때문입니다. 그런데 세계는 늘 변덕스럽습니다. 그래서 이런 세계를 전부로 여기는 인생은 언제나 불안할 수밖에 없습니다.

우리 삶의 최종 틀은 세계가 아니라 하나님이십니다. 하나님이 창조주이시고 섭리자이시고 심판자이십니다. 그는 선하시며 자기의 기쁘신 뜻을 이루실 것입니다. 이것이 성경이 하는 이야기입니다. 로마서 10장을 계속 이어서 보겠습니다.

보내심을 받지 아니하였으면 어찌 전파하리요 기록된 바 아름답도다 좋은 소식을 전하는 자들의 발이여 함과 같으니라 그러나 그들이 다 복음을 순종하지 아니하였도다 이사야가 이르되 주여 우리가 전한 것을 누가 믿었나이까 하였으니 그러므로 믿음은 들음에서 나며 들음은 그리스도의 말씀으로 말미암았느니라 그러나 내가 말하노니 그들이 듣지 아니하였느냐 그렇지 아니하니 그 소리가 온 땅에 퍼졌고 그 말씀이 땅 끝까지 이르렀도다 하였느니라 그러나 내가 말하노니 이스라엘이 알지 못하였느냐 먼저 모세가 이르되 내가 백성 아닌 자로써 너희를 시기하게 하며 미련한 백성으로써 너희를 노엽게 하리라 하였고 이사야는 매우 담대하여 내가 나를 찾지 아니한 자들에게

찾은 바 되고 내게 묻지 아니한 자들에게 나타났노라 말하였고 이스
라엘에 대하여 이르되 순종하지 아니하고 거슬러 말하는 백성에게
내가 종일 내 손을 벌렸노라 하였느니라 (롬 10:15-21)

21절, '내가 종일 내 손을 벌렸노라'에서 '종일'이 바로 역사입니다.
역사 내내 하나님이 온 인류를 향하여 손을 벌리고 계십니다. 그래서
성경의 기록은 불순종하는 인류를 향한 하나님의 애타는 찾으심에 대
한 것입니다. 반면에 인류는 자기네가 원하는 신, 자기네가 만족하는
것을 찾기 위하여 언제나 이 하나님을 외면합니다.

　이같은 하나님과 인류의 관계를 잘 표현한 글이 있습니다. '그토록
오랫동안 인류는 지식과 도덕을 추구하였건만, 한 번도 하나님께 순
종한 적이 없다.' 우리끼리 거룩해질 수 있다, 우리끼리 훌륭해질 수
있다, 하고 끊임없이 우깁니다. 이렇게 거역하는 인류를 하나님이 벌
하지 않으시며 우리가 행한 대로 갚지 아니하시고 구원하시고 사랑하
시며, 이 인류를 향한 당신의 깊은 뜻을 기어코 이루고 계신다, 이것
이 성경의 선언입니다. 그리고 이 일이 구체화되고 실현되는 현장이
역사이고 현실입니다. 과거에 그렇게 일하셨고 지금도 일하고 계십니
다. 그리고 장차 그 일의 완성을 기어코 보실 것입니다.

하나님께서 일하시는 무대인 역사

레슬리 뉴비긴(Lesslie Newbigin, 1909~1998)이라는 유명한 선교사가 있습
니다. 인도에서 삼십 년간 선교 활동을 하신 분으로 힌두교도들과 기

독교에 대해 토론하고 그들을 가르쳤던 사람입니다. 토론을 위해서 그는 힌두교 경전을 같이 배웠고, 힌두교도들에게는 성경을 가르쳤는데, 그 중 한 친구가 이런 말을 했습니다. "내가 보기에 성경은 우주의 역사, 곧 창조 세계 전체의 역사와 인류의 역사를 독특하게 해석한 책입니다. 그래서 역사 속에서 막중한 배역을 맡은 인간에 대한 해석도 독특하지요. 아주 특이합니다. 세상의 모든 종교 문헌을 다 통틀어도 성경에 견줄만한 것은 없습니다."[1] 이 힌두교도는 성경이 다르다는 점을 인정했습니다. 다른 경전은 다 어떠합니까? 인간의 완성을 위한 방법론입니다. 인간이 복을 얻는 방법, 인간이 완성되는 방법에 관한 것입니다.

그러나 성경은 이런 이야기를 하고 있지 않습니다. 성경은 하나님이 누구신가를 소개하면서 하나님은 당신이 우리의 수단이 되는 것을 허락하지 않으심을 분명히 합니다. 당신이 우리의 아버지라는 사실을 가르치려고 하십니다. 하나님과 우리의 관계가 기계를 조작하는 것과 같지 않은, 더 깊은 이야기가 담겨 있는 관계라고 보여 주십니다.

구약 역사에서 반복되어 강조되는 주제 가운데 하나가 출애굽의 하나님일 것입니다. "나는 너희 조상의 하나님이니 너희를 종 되었던 애굽 땅에서 구하여 낸 여호와니라." 이것이 구약에서 하나님이 이스라엘 백성에게 당신을 설명할 때 가장 많이 인용하고 반복하는 역사적 증언입니다. 하나님은 능력에서뿐만 아니라 구체성의 측면에서 '내가 얼마나 너희 편인가. 내가 얼마나 너희를 위하여 구체적으로 일

---

1) 레슬리 뉴비긴 지음, 윤종석 옮김, 《성경 한 걸음》(복 있는 사람), 18쪽.

하는 하나님인가'를 보라고 하십니다. 부모가 자식에게 구체적일 수밖에 없듯이 말입니다.

그런데 구약 역사에서 우리를 가장 놀라게 하는 것은 하나님께서 출애굽 사건을 무위(無爲)로 돌리듯 바벨론 포로를 허락하신 사실입니다. 바벨론 포로 사건은 하나님께서 당신이 이스라엘 백성의 안전장치가 되는 것 정도로는 타협하시지 않겠다는 점을 분명히 보이신 사건입니다. 내 자식이 나를 닮아 내가 원하는 거룩한 자가 되도록 하는 일에 나의 모든 희생을 아끼지 않겠다는 뜻입니다. 그리하여 하나님께서는 어떤 희생을 치르셨습니까? 바벨론이 들어와 성전을 파괴하고 이스라엘의 하나님을 모독합니다. 그들이 유다 백성을 다 잡아가면서 큰소리칩니다. '우리가 섬기는 신이 너희가 섬기는 여호와보다 크기 때문에 우리가 이겼고 너희가 졌다.' 이 모욕을 하나님이 감수하십니다. 이것이 하나님께서 역사 속에서 일하신다는 말에 담긴 의미입니다. 시간의 가치가 여기에 있습니다. 하나님은 시작과 끝이 있는 일을 의지와 성의와 목적을 가지고서 이루시는 분이라는 사실을 드러내는 데 역사보다 더 좋은 무대는 있을 수 없습니다.

오늘을 살라

그러니 마태복음 6장으로 가서 이런 결론을 내리게 됩니다. 마태복음 6장 33절 이하를 봅시다.

그런즉 너희는 먼저 그의 나라와 그의 의를 구하라 그리하면 이 모든 것을 너희에게 더하시리라 그러므로 내일 일을 위하여 염려하지 말라 내일 일은 내일이 염려할 것이요 한 날의 괴로움은 그 날로 족하니라 (마 6:33-34)

흔히, '너희는 먼저 그의 나라와 그의 의를 구하라'는 이 구절만을 갖고서 상대방을 잡는 어떤 명분으로 쓰기도 합니다. "뭘 그렇게 맛있는 걸 탐해? 대강 먹어. 그의 나라와 그의 의를 구하는 것이 먼저지." 이렇게 쓰여 구체성을 잃어버립니다. 33절은 34절과 함께 읽어야 합니다.

내일 일을 위하여 염려하지 말라는 말씀은 내일을 확보해 놓으려고 하는 걱정을 오늘 하지 마라, 오늘은 오늘을 살아라, 내일의 걱정을 없게 만드는 오늘은 없다, 내일 일은 내일 올 것이다, 오늘의 일을 해라, 오늘의 고난을 감수해라, 그런 뜻입니다. 한 날의 괴로움은 그 날로 족하다고 합니다. 이 오늘을, 이 한 날의 괴로움을 어떻게 감수할 수 있을까요?

우리는 내일을 이렇게 이해해야 합니다. 내일의, 내일의, 내일의, 내일의 끝은 종말이라고 말입니다. 종말은 세상이 망하는 날이 아니라 하나님이 하신 약속이 성취되는 날입니다. 그 선상에 우리가 서 있습니다. 창조하시고 구원하시고 완성하실 하나님의 사랑과 은혜와 약속 속에 우리가 있습니다.

우리가 다 이해할 수는 없는 일을 하나님께서 하신다는 것을 믿고 그 속에서 내가 할 수 있는 일을 하는 것이 신앙생활입니다. 나에게 주어진 오늘, 나에게 일어난 일을 내가 할 수 있는 만큼 하는 것입니다. 내가 세상을 다 책임져야 하는 것도, 일어나는 사회 문제를 다 해결해야 하는 것도 아닙니다. 오늘 할 수 있는 만큼, 내가 할 수 있는 만큼, 신앙도 내 신앙만큼 하는 것입니다. 한 번에 두 걸음 뛸 필요 없습니다. 그렇게 하루하루가 쌓여 사람이 크는 것입니다. 업적이 쌓여가며 잘한 일이 누적되는 것을 말하지 않습니다. 그러나 내가 크고 있습니다. 걱정하지 마십시오. 많은 것들이 큽니다.

로마서는 성경의 이런 전체 배경 속에서 시작합니다. 그리고 이와 같은 시야를 우리에게 요구합니다. 이것을 이해하지 못하면 우리는 완벽해진 이후가 아니고서는 그 어떤 신앙 행위도 할 수 없게 됩니다. 그렇게 되면, 완성에 도달하기 위해서 시간을 건너뛰는 능력을 달라고 비는 일에 전 생애를 소모하게 됩니다. 오늘 할 수 있는 일을 해야 합니다. 일기를 쓰듯이, 내가 할 수 있는 것을 해야 합니다.

신자 대부분에게는 이 오늘이 없습니다. 내가 할 일, 내가 싸울 싸움, 내가 주인공이 되어 나를 만들어 가고 내 안에 쌓아 가야 할 일이 없습니다. 늘 들러리로, 구경꾼으로 남아 완성에 이르지 않았다고 안타까워하고 억울해 하고 부러워만하다가 끝납니다. 그러니 신앙생활이 재미가 없습니다.

그러나 그렇지 않습니다. 하나님은 '나는 너희 조상 아브라함의 하나님, 이삭의 하나님, 야곱의 하나님이니라'라고 하셨습니다. 우리 각자의 이름도 여기에 이어질 것입니다. 나는 너의 하나님이니라, 천지를 창조한 내가 너를 내 형상으로 지었고 너를 위하여 내 아들을 주었노라, 너희가 저지른 모든 잘못의 한복판에서, 죽음과 사망과 실패와 절망의 한복판에서 내가 부활의 길을 내었느니라, 그러니 따라 들어와라, 겁내지 마라, 이것이 성경의 증언입니다. 역사의 증언입니다. 하나님이 성실하게 일하시는 지금, 바로 지금이 기적이 이루어지는 때입니다. 이 기적은 우리의 것입니다. 빼앗기지 말기 바랍니다.

기 도

하나님 아버지, 은혜를 감사합니다. 우리가 홀로 있지 않다는 것을 확인합니다. 또한 우리가 처한 환경과 현실이 억울할 것도 손해 볼 것도 없다는 것을 확인합니다. 하나님을 모시고 있기 때문입니다. 예수 안에서 그 증거를 보았으니 오늘을 하나님 앞에 바치게 하옵소서. 충성하고 싸우고 배우는 하나님의 인도 속에서 약속의 길을 실제로 걷게 하여 주시옵소서. 그리하여 자랑할 것이 우리 안에 있는 줄 아는 기쁨으로 우리 인생을 승리하게 하여 주시옵소서. 예수님 이름으로 기도합니다. 아멘.

2.
어떤 신령한 은사

실존, 예수가 오신 자리

―――――

······ 8 먼저 내가 예수 그리스도로 말미암아 너희 모든 사람에 관하여 내 하나님께 감사함은 너희 믿음이 온 세상에 전파됨이로다 9 내가 그의 아들의 복음 안에서 내 심령으로 섬기는 하나님이 나의 증인이 되시거니와 항상 내 기도에 쉬지 않고 너희를 말하며 10 어떻게 하든지 이제 하나님의 뜻 안에서 너희에게로 나아갈 좋은 길 얻기를 구하노라 11 내가 너희 보기를 간절히 원하는 것은 어떤 신령한 은사를 너희에게 나누어 주어 너희를 견고하게 하려 함이니 12 이는 곧 내가 너희 가운데서 너희와 나의 믿음으로 말미암아 피차 안위함을 얻으려 함이라 13 형제들아 내가 여러 번 너희에게 가고자 한 것을 너희가 모르기를 원하지 아니하노니 이는 너희 중에서도 다른 이방인 중에서와 같이 열매를 맺게 하려 함이로되 지금까지 길이 막혔도다 (롬 1:7-13)

로마서의 목적

로마서는 바울의 여느 서신들과는 매우 다릅니다. 우선 형편이 다릅니다. 다른 서신들은 바울이 세운 교회가 믿음의 시험을 당하거나 어떤 문제가 있어서 보내게 된 편지입니다. 하지만 로마서는 그렇지 않습니다. 바울은 자신이 아직 가 보지 못한 로마에 믿는 자들이 생겼다는 소식을 듣습니다. 8절에서 보듯 바울은 믿음의 식구들이 생긴 것에 대해 감사하고 있습니다. 그렇게 감사한 마음을 담아 보낸 편지가 로마서입니다. 무슨 문제가 있어서 보낸 여느 서신들과는 다릅니다. 편지를 쓰게 된 동기는 11절에 나옵니다. "내가 너희 보기를 간절히 원하는 것은 어떤 신령한 은사를 너희에게 나누어 주어 너희를 견고하게 하려 함이니라." 아마도 이 신령한 은사가 로마서의 주제일 것입니다.

'신령하다'는 말을 흔히 우리는 하나님과 직접적으로 만나 직관적으로 깨닫는 어떤 것이라고 생각하는 경향이 있습니다. 그러나 로마서는 그런 이해와는 사뭇 다르게 이 말을 사용합니다. 바울이 신령한 은사를 나누려는 이유가 12절에 나옵니다. "이는 곧 내가 너희 가운데서 너희와 나의 믿음으로 말미암아 피차 안위함을 얻으려 함이라." 신령한 은사를 통해 안위함을 얻으려 한다고 말합니다. 그들의 믿음으로, 또한 복음에 대한 바울의 이해로, 서로 안위함을 얻을 것이라고 합니다. 이 말은 상대방에게 어떤 결함이 있어서 무엇을 보충해 주겠다는 의미가 아닙니다. 그들이 가진 진리의 내용과 바울이 전하려는 진리에 대한 이해를 서로 나누어 얻는 안위함을 말하는 것입니다. 바울이 나누려는 믿음의 진리가 로마서의 내용이며 로마서 1장 1절에서 '하나님의 복음'으로 불린 것입니다.

하나님의 복음

이 '하나님의 복음'에 대해 2절에서 이렇게 소개합니다. "이 복음은 하나님이 선지자들을 통하여 그의 아들에 관하여 성경에 미리 약속하신 것이라." 이 복음과 관련하여 모든 것의 주도권이 하나님께 있음을 시사하고 있습니다. 복음은 하나님이 정하시고 시작하시고 완성하신 것입니다. 우리의 도움이나 협조 같은 것이 개입될 수 없는, 하나님의 독자적인 일하심입니다.

또 이 복음의 핵심은 예수라고 말합니다. 9절에서 '내가 그의 아들의 복음 안에서 내 심령으로 섬기는 하나님'이라고 하여, 이 복음을 예수의 복음이라고 해도 차이가 없다고 이야기합니다. 하나님의 복음, 약속하신 복음, 그 아들의 복음이라는 표현에 성경이 하고 싶은 이야기, 바울이 하고 싶은 이야기가 다 들어 있습니다. 복음은 하나님이 오래전부터 계획하시고 목적하신 것이며, 복음에 담긴 약속은 예수로 말미암아 성취된 것입니다. 이것은 성경 여러 곳의 말씀을 통하여 알 수 있습니다. 예를 들면, 마태복음 1장은 예수님의 탄생을 이사야 7장에 나오는 아하스 왕에게 준 이사야 선지자의 예언의 성취로 봅니다. '처녀가 잉태하여 아들을 낳으리니 그의 이름을 임마누엘이라 하리라'라고 하는 기원 전 8세기의 예언이 이제 예수 그리스도의 탄생으로 말미암아 역사 속의 현실이 되었다는 것이죠. 약속이 현실 곧 역사 속에서 이루어져 처녀가 아들을 낳았고 그가 바로 예수인 것입니다.

하나님의 증거이신 예수

예수 그리스도라는 이름이 시사하듯 그는 구원자입니다. '그리스도'
는 '메시아'라는 히브리어를 그리스어로 번역한 단어입니다. 기름 부
음을 받은 자, 우리가 이해하는 대로 구원자입니다. 예수는 인간으로
오신 구원자의 이름입니다. 시간과 공간 속에 참여한 '실존자(實存者)'
의 이름인 것이죠.

예수의 오심은 하나님의 약속의 성취입니다. 예수는 하나님께서 주
겠다고 한 메시아이십니다. 이사야 53장에 나온 대로 그는 우리 죄를
위하여 고난받는 종이 되셔서 하나님의 약속을 이루셨습니다. 구원이
이루어진 것입니다.

여기서 구원에 대해 좀 더 생각해 보아야 합니다. 하나님이 약속하
셔서 우리에게 이루신 구원은 다만 '그러니 회개하여 예수를 믿고 천
국에 가자'라는 것으로 간단히 요약될 수 없는 것입니다. 이 이야기를
로마서가 합니다. 로마서 3장 24절 이하를 봅시다.

그리스도 예수 안에 있는 속량으로 말미암아 하나님의 은혜로 값 없
이 의롭다 하심을 얻은 자 되었느니라 이 예수를 하나님이 그의 피로
써 믿음으로 말미암는 화목제물로 세우셨으니 이는 하나님께서 길
이 참으시는 중에 전에 지은 죄를 간과하심으로 자기의 의로우심을
나타내려 하심이니 곧 이 때에 자기의 의로우심을 나타내사 자기도

의로우시며 또한 예수 믿는 자를 의롭다 하려 하심이라 (롬 3:24-26)

피로 성취한 하나님의 약속을 말하고 있습니다. 무슨 약속입니까? 우리를 구원하시겠다는 약속입니다. 이 구원을 하나님의 의지와 홀로 세우신 뜻으로 약속하시고 피로 이루셨습니다. 이 피는 우리가 잘 아는 대로 우리 죄를 대속하시고 하나님의 심판을 받아 내신 예수의 죽음을 가리킵니다.

　예수의 죽음으로 구원이 실현되었다는 대목에서 주목할 점이 있습니다. 이렇게 예수의 죽음으로 이루어질 것이었다면, 미리 약속을 하시고 이 약속이 성취될 때까지 그토록 오랫동안 기다릴 필요가 있었는가, 결국 예수의 죽음으로 끝낼 것을 그렇게 시간을 끌어야 했던 이유는 무엇인가, 하는 의문이 생겨납니다. 우리가 요청하지도 않았고, 우리는 절대로 해결할 수 없기 때문에 어차피 하나님께서 해결하실 일이었는데 왜 긴 시간을 끌었을까, 하는 것이죠.

　이 의문에 대한 답의 실마리가 바로 '하나님께서 길이 참으시는 중에'라는 구절에 들어 있습니다. 복음에는 '예수를 믿으면 구원을 얻는다'만 있는 것이 아니라, '그 구원이 우리에게 어떻게 주어졌는가'도 핵심 내용으로 담겨 있다는 점을 로마서는 주목합니다.

복음의 가치

'예수를 믿으면 구원을 얻는다'라는 말의 가치를 알려면 다음과 같은 사실을 먼저 이해해야 합니다. 심판으로 끝내야 하는 인류의 그 긴 시간을 하나님이 참으시고 당신의 진노를 누르셨습니다. 하나님은 우리를 구원하기 위하여 오래 참으셨습니다. 우리가 마땅히 받아야 할 형벌을 예수 안에서 해결하기까지 길이 참으셨습니다. 이 점이 중요합니다. 하나님이 범죄한 인류를 어떻게 대하셨는가, 불순종한 인류에게 하나님께서 어떻게 반응하셨는가를 깊이 이해하지 않으면 복음은 값싼 것이 되고 맙니다. 5장 6절 말씀부터 봅시다.

> 우리가 아직 연약할 때에 기약대로 그리스도께서 경건하지 않은 자를 위하여 죽으셨도다 의인을 위하여 죽는 자가 쉽지 않고 선인을 위하여 용감히 죽는 자가 혹 있거니와 우리가 아직 죄인 되었을 때에 그리스도께서 우리를 위하여 죽으심으로 하나님께서 우리에 대한 자기의 사랑을 확증하셨느니라 (롬 5:6-8)

복음을 논하려면, 구원을 받았다는 것만 이야기하지 말고, 그 구원이 어떤 상태와 조건에서 일어난 것인지를 알라는 말씀입니다. 의인을 위하여 죽는 자가 없고 선인을 위하여 죽는 자가 혹 있겠지만 경건하지 않은 자 곧 죄인을 위하여 죽는 일은 세상에 없다, 그러나 예수는 그리하셨다고 합니다. 우리가 죄인이었을 때, 우리가 알지 못했을 때, 우리가 요구하고 준비한 것이 아닌데 하나님이 홀로 정하여 자기의 계획을 약속하셨다, 그 약속을 이루신 것이 구원이다, 경건하지 않은 우리를 구원한 것이 예수의 죽음이다, 라고 말하고 있습니다. 이 이야기를 왜 할까요? 복음의 가치를 제대로 이해시키기 위해서입니다. 5장 1절에서 11절은 바로 이런 내용을 다룹니다. 먼저 6절까지 보겠습니다.

그러므로 우리가 믿음으로 의롭다 하심을 받았으니 우리 주 예수 그
리스도로 말미암아 하나님과 화평을 누리자 또한 그로 말미암아 우
리가 믿음으로 서 있는 이 은혜에 들어감을 얻었으며 하나님의 영광
을 바라고 즐거워하느니라 다만 이뿐 아니라 우리가 환난 중에도 즐
거워하나니 이는 환난은 인내를, 인내는 연단을, 연단은 소망을 이루
는 줄 앎이로다 소망이 우리를 부끄럽게 하지 아니함은 우리에게 주
신 성령으로 말미암아 하나님의 사랑이 우리 마음에 부은 바 됨이니
우리가 아직 연약할 때에 기약대로 그리스도께서 경건하지 않은 자
를 위하여 죽으셨도다 (롬 5:1-6)

이제 우리가 그리스도로 말미암아 구원을 얻어 하나님의 자녀가 되었
으니 그분에게 담대하게 나아가자, 그런 이야기입니다. 이는 이제 예
수를 믿고 하나님의 자녀가 되었으니 하나님의 자녀답게 살자, 라고
도덕성이나 유용성의 차원에서 실천을 격려하는 구절이 아닙니다. 우
리가 어느 자리에 있었는가를 기억하자, 하나님이 우리를 위해 해 놓
으신 일이 무엇인지를 알고 바라보자, 라는 이야기입니다.

　우리가 경건하지 않을 때에, 우리가 하나님을 모를 때에 하나님이
그 아들을 우리에게 주셨고 그의 죽음으로 말미암아 우리를 당신의
자녀로 삼으셨고 새 시대를 여셨다, 그러니 하나님의 자녀가 된 이 시
대가 무엇인지 알자, 이제 우리는 하나님이 참으시는 시대를 살지 않
는다, 이제 예수로 말미암아 하나님과 화목하게 된 자로 살아가는 시
대를 맞았으니 이 시대가 무엇인지 알자, 그렇게 이야기하는 것입니
다. 이제는 예수로 말미암아 우리 죄를 씻으신 하나님과의 관계가 회

복된 새로운 시대가 된 것입니다.

새로운 시대

로마서 5장은 새롭게 열린 우리의 현실을 이야기하고 있습니다. 그런데 우리의 현실은 여전히 힘이 듭니다. 왜 그럴까요? 이것이 바로 3절 '다만 이뿐 아니라 우리가 환난 중에도'라는 말씀에 담긴 이야기입니다.

우리는 하나님과의 관계에서, 우리의 신분과 운명에서 이제는 하나님과 화목하게 된 자로 살게 되었습니다. 그런데 그 완성은 예수님의 재림까지 미뤄졌습니다. 왜 그럴까요? 길이 참으신 것이 모두에게 은혜와 용서와 화목으로 열매 맺도록, 하나님 나라의 온전한 실현을 영원한 나라로 미루셨기 때문입니다.

그러나 이 시대는 예수로 말미암아 그전과는 다른 시대가 되었습니다. 실제로 예수 안에서 하나님의 자녀로 살아가는 시대가 되었습니다. 예수로 말미암아 시대가 둘로 나뉘어졌습니다. 9절 이하를 보십시오.

> 그러면 이제 우리가 그의 피로 말미암아 의롭다 하심을 받았으니 더욱 그로 말미암아 진노하심에서 구원을 받을 것이니 곧 우리가 원수 되었을 때에 그의 아들의 죽으심으로 말미암아 하나님과 화목하게 되었은즉 화목하게 된 자로서는 더욱 그의 살아나심으로 말미암아 구원을 받을 것이니라 (롬 5:9-10)

복음은 무엇을 선언하고 있습니까? 하나님은 우리의 죄를 다만 참는 정도로 끝내지 않으셨다, 그분은 아들을 보내서서 우리의 죄를 해결하시고 우리와 화목을 이루신 우리의 아버지이시다, 그러니 그 아버지의 자녀로 사는 일에 참여하라, 하나님이 열어 놓으신 이 새로운 시대를 살아라, 이런 내용입니다.

신자는 두 세계를 살고 있습니다. 이미 시작된 하나님의 통치와 아직 끝나지 않은 세상이라는 이중 세계에 걸쳐 삽니다. 현실에서는 환난이 계속됩니다. 세상이 아직도 권세를 갖고 있습니다. 그러나 우리와 하나님의 관계는 예전 같지 않습니다. 하나님의 약속이 성취되어 실제로 하나님의 자녀가 된 시대를 살게 되었습니다. 이것이 바로 복음입니다. 바울이 하고 싶은 이야기가 바로 이것입니다. 너희가 예수를 믿은 것을 안다, 그것이 무슨 의미인 줄 알게 해 주고 싶다, 그렇게 복음을 말하고 싶은 것입니다. 로마서 4장 25절은 예수를, 이 분기점의 주인공으로 설명합니다.

> 예수는 우리가 범죄한 것 때문에 내줌이 되고 또한 우리를 의롭다 하시기 위하여 살아나셨느니라 (롬 4:25)

예수는 예수 이전에 있던 인류의 형편을 스스로 감수하여 그 운명을, 하나님의 진노를 자신 안에서 받아 내어 그 죄를 씻으셨습니다. 그는 자신의 죽음으로 과거의 인류, 아담의 인류를 끝장내십니다. 그리고 새 시대를 여십니다. 예수는 우리를 의롭다고 하시려고 살아나셨습니다. 이로 말미암아 우리는 아담의 후손에서 예수의 후손으로 바뀌었습니다.

그런데 우리의 신앙은 '값없이 은혜로 구원을 얻었으니 진심을 다하여 하나님의 사람답게 쓸모 있게 살다가 천국 가라'라는 실천만 남은 왜소한 것이 되고 말았습니다. 이런 것도 분명히 복음의 한 국면이기는 합니다. 하지만 로마서가 말하고 싶은 것은 그보다 큽니다. 내가 잘 믿고 못 믿고의 문제를 생각하기에 앞서 실제로 역사가 하나님의 약속과 은혜와 성취 속에서 어느 시점에 와 있는지를 알라는 것입니다. 이제는 새로운 시대에 들어와 있어 예수 안에서 하나님의 자녀로 실제 사는 삶을 생각하라고 합니다.

우리는 하루를 돌아볼 때마다 오늘은 신앙생활을 했다, 못했다 또는 잘했다, 잘못했다로 자꾸 자신을 판정합니다. 우리의 모습을 로마서 식으로 표현하면, 하나님이 시작하시고 우리에게 열어 놓으신 하나님의 역사에 동참했다, 이탈했다만 있는 것입니다. 잘했다, 잘못했다의 판정으로만 가면 자꾸 회개하려고 들죠. 도덕성을 확인하는 데로 자꾸 들어와 잘했다, 잘못했다를 따지고 그다음에는 쓸모 있었다, 없었다만 구별합니다. 그러나 성경은 참여했다, 이탈했다로 이야기합니다. 우리의 삶은 들어갔다, 나갔다의 반복인 것입니다. 하나님이 하다 말다 하시는 것이 아니라 우리가 들어갔다, 나갔다 하는 것이라고 성경은 이야기합니다.

새로운 시대를 살라

고린도후서 5장 13절 이하를 이런 시각에서 보면 조금 더 분명해질 것입니다.

> 우리가 만일 미쳤어도 하나님을 위한 것이요 정신이 온전하여도 너
> 희를 위한 것이니 그리스도의 사랑이 우리를 강권하시는도다 우리
> 가 생각하건대 한 사람이 모든 사람을 대신하여 죽었은즉 모든 사람
> 이 죽은 것이라 그가 모든 사람을 대신하여 죽으심은 살아 있는 자
> 들로 하여금 다시는 그들 자신을 위하여 살지 않고 오직 그들을 대
> 신하여 죽었다가 다시 살아나신 이를 위하여 살게 하려 함이라 그러
> 므로 우리가 이제부터는 어떤 사람도 육신을 따라 알지 아니하노라
> 비록 우리가 그리스도도 육신을 따라 알았으나 이제부터는 그같이
> 알지 아니하노라 그런즉 누구든지 그리스도 안에 있으면 새로운 피
> 조물이라 이전 것은 지나갔으니 보라 새 것이 되었도다 (고후 5:13-17)

17절이 자주 오해됩니다. '예수를 믿으면 새로운 피조물이 된다'는 말
은 예수를 믿으면 예수로 말미암아 시작된 새로운 세상 속에 있게 된
다는 뜻입니다. 그러니 16절의 "그러므로 우리가 이제부터는 어떤 사
람도 육신을 따라 알지 아니하노라"라는 말씀은 자격, 조건, 능력을 따
라 사람을 판정하지 않겠다는 말씀입니다.

하나님께서 예수 안에서 그의 진노의 대상들과 화해하셨습니다. 우
리를 그의 은혜와 영광으로 부르고 있습니다. 그러니 누구든지 그리
스도 예수 안에 있으면 '구원을 얻는다'라고만 표현한다면 현실감이
너무 떨어집니다. 내세만을 강조한 말입니다. 구원을 얻는다는 말은
이제부터 하나님의 자녀로 살게 되었다는 뜻입니다. 누구든지 그리스

도 예수 안에 있으면 새로운 피조물이라, 새로운 세상을 사느니라, 진
노 아래 있던 자리에서 나와 하나님의 자녀로 그 지위와 영광과 능력
속에 사는 자가 되었느니라, 이제 새 세상이니라, 이런 뜻입니다. 18절
이하를 봅시다.

> 모든 것이 하나님께로서 났으며 그가 그리스도로 말미암아 우리를
> 자기와 화목하게 하시고 또 우리에게 화목하게 하는 직분을 주셨으
> 니 곧 하나님께서 그리스도 안에 계시사 세상을 자기와 화목하게 하
> 시며 그들의 죄를 그들에게 돌리지 아니하시고 화목하게 하는 말씀
> 을 우리에게 부탁하셨느니라 그러므로 우리가 그리스도를 대신하여
> 사신이 되어 하나님이 우리를 통하여 너희를 권면하시는 것 같이 그
> 리스도를 대신하여 간청하노니 너희는 하나님과 화목하라 하나님이
> 죄를 알지도 못하신 이를 우리를 대신하여 죄로 삼으신 것은 우리로
> 하여금 그 안에서 하나님의 의가 되게 하려 하심이라 (고후 5:18-21)

하나님의 의가 된다는 것이 무슨 뜻입니까? 답을 에베소서 1장에서
찾을 수 있습니다. 예수 안에서 우리를 하나님의 의가 되게 하신다는
것은 도덕적 기준에서 옳게 되는 것을 의미하지 않습니다. 에베소서 1
장 7절부터 읽죠.

> 우리는 그리스도 안에서 그의 은혜의 풍성함을 따라 그의 피로 말미
> 암아 속량 곧 죄 사함을 받았느니라 이는 그가 모든 지혜와 총명을
> 우리에게 넘치게 하사 그 뜻의 비밀을 우리에게 알리신 것이요 그의

기뻐하심을 따라 그리스도 안에서 때가 찬 경륜을 위하여 예정하신
것이니 하늘에 있는 것이나 땅에 있는 것이 다 그리스도 안에서 통일
되게 하려 하심이라 모든 일을 그의 뜻의 결정대로 일하시는 이의 계
획을 따라 우리가 예정을 입어 그 안에서 기업이 되었으니 이는 우리
가 그리스도 안에서 전부터 바라던 그의 영광의 찬송이 되게 하려
하심이라 (엡 1:7-12)

하나님의 의가 된다는 것은 하나님의 영광의 찬송이 되는 것입니다.
하나님이 우리에게 목적하신 것을 채우는 것, 예수 안에서 열린 새 시
대를 채우는 것입니다. 아직 옛 세상을 계속 유지하시면서도 우리한
테는 예수에게서 시작한 새 약속, 새 지위, 새 신분 속에서 이 세상을
살라고 합니다. 주님 다시 오시는 끝날까지 이 세상 속에서 하나님의
영광을 나누면서 하나님이 우리에게 베푸신 일을 증언하여 하나님의
일하심에 참여하라는 것입니다.

우리는 이 참여를 잘 이해하지 못합니다. 하나님의 일하심에 참여
하는 것을 고린도전서 15장에서는 이렇게 소개합니다.

우리 주 예수 그리스도로 말미암아 우리에게 승리를 주시는 하나님
께 감사하노니 그러므로 내 사랑하는 형제들아 견실하며 흔들리지
말고 항상 주의 일에 더욱 힘쓰는 자들이 되라 이는 너희 수고가 주
안에서 헛되지 않은 줄 앎이라 (고전 15:57-58)

'견실하며 흔들리지 말'라는 말씀은 오늘 본문에 나온 '어떤 신령한

은사를 너희에게 나누어 주어 너희를 견고하게 하려 함'이라고 한, 로마서를 쓴 이유와 일맥상통합니다. 우리에게는 예수 그리스도로 말미암아 우리에게 승리를 주시는 하나님이 계십니다. 어떤 승리일까요? 우리의 생애가 헛되지 않다는 것입니다. 우리의 실패와 모자람이 다만 실패와 모자람으로 끝나지 않는다는 것이죠. 믿음 없는 것, 충성하지 못한 것, 쓸모없었던 것도 하나님이 그대로 버려두지 않고 승리하게 하실 것이라고 합니다. 조금 더 확장하여 설명해 드리죠.

자기 자리를 지키라

인생을 살아 보면 자신이 아무에게도 영향력이 없다는 것을 발견합니다. 나는 아무것도 아닙니다. 있으나 마나 한 것이 내 인생입니다. 현실이 그렇습니다. 내가 은혜를 받았는데 아무도 나를 쳐다보지 않습니다. 전철에 타도 누가 나를 보고 놀라지를 않습니다. 내가 은혜 받고 탔는데 시비를 당하는 것이 현실입니다. 내가 잘했다고 보상받지도 못합니다. 억울한 일을 당합니다. 오른뺨 맞고 왼뺨을 대면 또 얻어맞는 일이 현실입니다. 억울한 현실을 어떻게 해 달라는 것도 아니지만 하나님, 이게 뭡니까, 하고 묻는 자리에 오게 됩니다. 열심을 낼 이유가 어디 있습니까, 열심을 냈다 한들 무슨 소용이 있습니까, 무슨 가치와 역할이 있습니까, 우리는 하나님께 묻습니다.

이 물음에 대해 그렇지 않다고 답하는 말씀입니다. 그게 무슨 소리냐, 예수를 췄는데도 못 봤느냐, 세상 권세가 들고 일어나 예수를 못 박아 죽였지만 내가 그것으로 부활을 만들었다, 그런데 네가 가진 한

계, 실수, 자책 때문에, 너의 못남 때문에 내가 아무것도 못한다는 말
이냐, 하나님이 이렇게 물으시는 것입니다.

우리의 아슬아슬하고 조마조마한 일상, 바로 거기에서 하나님이
일하십니다. 그러니 자기 자리를 지키라는 것입니다. '지나가는 사람
1'을 하십시오. 엑스트라 역할을 하십시오. '전봇대 2', '가로등 3'으로
사십시오. 그것으로 하나님이 일하신다고 합니다. 나중에 그 결과를
볼 것이라고 합니다. 이렇게 하나님의 일에 참여하라고 합니다. 여러
분이 원하는 식으로 확인받으려고 하지 마십시오. 이런 증거가 이미
아브라함에게서 이렇게 나타났습니다. 창세기 12장을 찾아봅시다. 중
요한 말씀입니다.

> 여호와께서 아브람에게 이르시되 너는 너의 고향과 친척과 아버지의
> 집을 떠나 내가 네게 보여 줄 땅으로 가라 내가 너로 큰 민족을 이루
> 고 네게 복을 주어 네 이름을 창대하게 하리니 너는 복이 될지라 너
> 를 축복하는 자에게는 내가 복을 내리고 너를 저주하는 자에게는 내
> 가 저주하리니 땅의 모든 족속이 너로 말미암아 복을 얻을 것이라
> 하신지라 (창 12:1-3)

11장까지는 무슨 일이 있었습니까? 창조, 타락, 심판이 있었고 노아의
홍수가 있었습니다. 하나님이 노아를 통하여 다시 새 인류를 시작하
셨으나 그들은 바벨탑을 쌓고 또 거역합니다. 노아 홍수 이후에 하나
님이 노아와 무슨 약속을 하셨죠? 다시는 내가 인류를 심판하지 않겠
다고 약속하셨습니다. 하지만 인류는 계속 하나님을 거역하고 배반하

고 불순종했습니다.

이제 하나님이 아브라함을 불러 이 불순종하는 인류를 어떻게 하실 것인지 한 가닥 소망의 길을 여십니다. 아브라함에게 약속이 주어집니다. 하나님의 부르심으로 말미암아 복을 받을 수 있는 길, 승리하는 길이 열렸습니다. 아브라함은 이 약속 하나를 붙들고, 안심할 수 있는 환경을 떠나 세상적인 어떤 것도 지원받지 못하는 나그네 길을 가게 됩니다. 그럼에도 그는 복입니다. 그를 축복하는 자가 복을 받고 그를 저주하는 자가 저주를 받게 되는, 복의 근원으로 삽니다. 약속 속에 살게 된 것입니다.

아브라함에게는 약속밖에 없었지만 우리에게는 약속이 실현되었다는 큰 증거가 있습니다. 예수 그리스도입니다. 하나님이 인류를 향하여 하신 작정과 약속의 성취를 예수 안에서 보이셨습니다. 하나님의 약속이 실현되어 새로운 시대가 되었습니다. 인간은 하나님의 통치 안에 부름을 받고 고귀한 지위를 가지게 되었습니다. 이제 그를 아버지라 부르며 예수의 이름으로 기도할 수 있습니다. 예수께서 다시 오시는 그날, 새 하늘과 새 땅에서 영원히 산다는 영광의 약속을 가지고 이 세상을 사는 자들이 된 것입니다.

우리는 나그네로 삽니다. 아무것도 아닌 자 같습니다. 그러나 우리야말로 복 그 자체입니다. 여러분이 아브라함, 아브라함, 하며 그렇게 닮기를 소망하니 오늘 약속하십시오. 아브라함이 되겠다고. 여러분의 인생이 성경이 증언하는 약속과 복의 연장선 위에 있음을 기억하여 잘 감수하고 담대하게 사는 복된 인생 되기를 바랍니다.

기 도

하나님 아버지, 은혜를 감사합니다. 우리는 복된 시대를 살고 있습니다. 예수 그리스도 안에서 허락된 하나님의 자녀라는 신분을 갖고 약속과 믿음과 기적 속에 인생을 살고 있습니다. 그러니 하나님, 믿음을 더하사 우리가 뚫고 지나가야 하는 이 세상에서 나그네 된 인생을 담대히 살아가도록 붙들어 주시옵소서. 우리의 눈물과 한숨이 기적을 이루는 하나님의 방법이라는 것을 알게 하사 예수께서 그리하신 것처럼 우리 인생을 주 앞에 바쳐 그 기적을 보는, 하나님의 영광을 나누는 참으로 위대한 인생을 살도록 복을 주시옵소서. 예수님 이름으로 기도합니다. 아멘.

3.
이 복음은 하나님의 능력이 됨이라

복음, 신실케 하시는 하나님의 능력

---

14 헬라인이나 야만인이나 지혜 있는 자나 어리석은 자에게 다 내가 빚진 자라 15 그러므로 나는 할 수 있는 대로 로마에 있는 너희에게도 복음 전하기를 원하노라 16 내가 복음을 부끄러워하지 아니하노니 이 복음은 모든 믿는 자에게 구원을 주시는 하나님의 능력이 됨이라 먼저는 유대인에게요 그리고 헬라인에게로다 17 복음에는 하나님의 의가 나타나서 믿음으로 믿음에 이르게 하나니 기록된 바 오직 의인은 믿음으로 말미암아 살리라 함과 같으니라 18 하나님의 진노가 불의로 진리를 막는 사람들의 모든 경건하지 않음과 불의에 대하여 하늘로부터 나타나나니 19 이는 하나님을 알 만한 것이 그들 속에 보임이라 하나님께서 이를 그들에게 보이셨느니라 20 창세로부터 그의 보이지 아니하는 것들 곧 그의 영원하신 능력과 신성이 그가 만드신 만물에 분명히 보여 알려졌나니 그러므로 그들이 핑계하지 못할지니라…… (롬 1:14-23)

바울이 로마를 방문하려는 이유

로마서는 하나님의 일하심을 큰 시각에서 그리기 위해 쓴 편지입니다. 바울은 인류 전체를 독자로 놓고 하나님이 무엇을 하셨으며, 무엇을 하고 계시는지 설명합니다. 하나님께서 약속하신 것이 무엇인지, 실제 역사 속에서 그 약속이 어떻게 추진되고 실현되는지를 말하고 있습니다.

바울이 여기에서 그려 내는 그림을 놓치게 되면, 로마서는 개별 덕목과 각 개인의 구원에만 집중하는 작은 그림으로 남게 됩니다. 복음과 믿음의 핵심도 결심, 순종, 그다음에 오는 몇 가지 덕목과 구체적 책임의 문제로 좁아져 버립니다. 로마서가 그리는 복음에 관한 설명을 로마서의 의도에 따라 읽을 줄 알아야 합니다.

본문에서 사도 바울은 자신이 왜 그토록 로마에 가려고 하는지 설명합니다. 우리로서는 이런 설명이 필요한가 의아스럽기도 합니다. 복음을 전하는 일이 너무 당연하기 때문이죠. 사람의 목숨과 운명이 달린 문제이니 빨리 가서 도와야지 거기에 무슨 설명이 필요한가 싶습니다.

바울이 로마에 가기를 원하는 이유는 14절에 나옵니다. 바울은 자신을 헬라인이나 야만인이나 지혜 있는 자나 어리석은 자 모두에게 빚진 자라고 여기고 있습니다. '빚진 자'란 상대방에 대한 책임이 남아 있는 자를 말하는데, 그렇다고 바울이 로마에 있는 예수 믿는 사람들에게 무슨 채무를 지고 있는 것은 아닙니다. 바울이 빚진 자가 된 것은 1절의 '예수 그리스도의 종 바울은 사도로 부르심을 받아'라는 말씀과

5절의 '그로 말미암아 우리가 은혜와 사도의 직분을 받아'라는 말씀에서 그 이유를 찾을 수 있습니다. 바울은 복음을 전하라는 사도의 직분을 하나님께 받았습니다. 이제 하나님의 일하심이 바울을 로마의 교인들에게까지 보내고 있으므로 복음을 전하는 것이 그에게는 갚아야 할 빚처럼 느껴지는 것입니다. 바울은 자신이 빚진 자이기 때문에 할 수 있는 대로 로마에 있는 자들에게도 복음 전하기를 원하고 있습니다.

복음이 무엇이기에

바울은 먼저 복음을 정의합니다. 복음이 무엇이기에 바울은 그렇게 전하고 싶어 할까요. 16절에서 '내가 복음을 부끄러워하지 아니하노니 이 복음은 모든 믿는 자에게 구원을 주시는 하나님의 능력이 됨이라'고 말합니다. 복음은 하나님의 능력이고, 부끄럽지 않은 것이라고 합니다.

　여기 '부끄럽지 않다'는 표현은 소극적 의미로 쓰인 것이 아닙니다. '매우 자랑스럽다'는 것을 역설적으로 표현한 것입니다. 로마서 11장 29절의 '하나님의 은사와 부르심에는 후회하심이 없느니라'에도 같은 방식의 표현이 나옵니다. '후회하심이 없다'는 말은 실패가 없고 모자랄 것이 없다, 물 샐 틈이 없다, 완벽하지 않은 것이 없다는 뜻입니다. 긍정적 표현으로는 부족해서 이런 식으로 말하는 것입니다. 긍정적 표현을 하는 순간, 그 의미가 하나로 제한되기 때문에 '빈틈이 없다'라고 표현한 것이죠. '너희는 포위되었다. 너희가 빠져나갈 구멍은 없다'라는 의미와 같습니다. 바울은 복음도 그와 같은 방식으로 설명합니다. '복음은 모든 믿는 자에게 구원을 주시는 하나님의 능력이 됨이라.' 모든 특별한 경우, 모든 절망, 모든 불가능에 이 복음이 작용한다는 것입니다.

기독교의 가장 놀라운 약속은 죽음의 자리에서 부활이 일어날 수 있다는 점에 있습니다. 최악의 경우라도 이미 저지른 일을 뒤집을 수 있습니다. 저지르기 전에만 막을 수 있는 것이 아니라 저지른 다음에도 뒤집을 수 있는 것입니다. 이것이 '내가 복음을 부끄러워하지 않는다'라는 말씀에 담긴 뜻입니다.

신실하게 하시는 하나님의 능력

복음이 능력이라면, 어떻게 해서 그렇게 됩니까? 17절에 그 답이 나옵니다. "복음에는 하나님의 의가 나타나서 믿음으로 믿음에 이르게 하나니 오직 의인은 믿음으로 말미암아 살리라 함과 같으니라"라고 합니다.

17절대로 하면 믿음으로 사는 일이 여기에 관계되는 것 같습니다. 그런데 이렇게 되면 믿음이 조건이나 책임으로 보입니다. 17절을 제대로 이해할 수 있도록 풀어 보자면 이렇습니다. "복음에는 하나님의 의가 나타난다. 하나님이 인간에 대해 신실하시므로 인간이 하나님에 대하여 신실하게 된다. 기록된 것처럼 의인은 하나님께 대하여 신실하게 사는 자들이다."

하나님의 신실하심이 왜 필요할까요? 18절에 그 이유가 나옵니다. 하나님의 신실하심이 없다면 우리는 하나님의 진노 아래에 있을 수밖에 없기 때문입니다. '하나님의 진노가 불의로 진리를 막는 사람들의 모든 경건하지 않음과 불의에 대하여 하늘로부터 나타'납니다. 진노가 어디에 임한다고 하였습니까? 불경과 불의에 임합니다. 불경은 하나님을 하나님으로 섬기지 않는 것이요, 불의는 하나님께 대하여 신실하지 않은 것을 말합니다. 이처럼 하나님의 신실하심을 벗어나면 그 자체가 심판이고 저주일 수밖에 없습니다.

복음은 하나님의 신실하심 속에 들어오는 것입니다. 그런데 이 일을 하나님이 예수 안에서 이미 행하셨습니다. 바울은 이 역사적 사건이 일어났다고 선언합니다. 예수를 믿어 회개하는 실존적 순간은 신자 각자에게 가장 중요한 사건일 것입니다. 그러나 이런 순간은 모두 하나님의 행위 곧 하나님의 자비와 긍휼과 의로우심과 능력이 펼쳐진 역사적 사건 위에서 가능하게 됩니다. 우리가 아직 죄인 되었을 때에 하나님께서 약속하시고 그것을 지키셨기 때문에 우리의 행위, 회개, 결단, 신앙이 가능한 것입니다.

우리가 우리의 처지를 알기도 전에, 하나님께서 우리가 죄 지은 대로 갚지 않아도 되는 세상을 만드시고, 우리를 거기로 부르셔서 하나님의 자비로운 통치를 받게 하셨습니다. 우리를, 복을 누리는 하나님의 백성으로 바꾸셨습니다. 복음이 선포되었다는 것은 우리도 여기에 참여하고 누리도록 부름받았다는 것입니다. 인간의 어떤 조건, 어떤 상황에나 하나님의 일하심이 찾아들어 가는 것입니다. 이것이 복음입니다.

그렇게 복음이 나도 부르고 있습니다. 나도 되는가? 그렇다는 것입니다. '예수를 믿어야 한다'는 말은 여기서 조건이 아닙니다. 훨씬 큰 선언입니다. '예수로 말미암아 누구나'라는 의미입니다. '너도 된다'

는 말입니다.

회개는 무엇일까요? '나도 되는구나'를 아는 것입니다. 죄를 짓던 데서 죄를 안 짓는 데로 돌아서는 삶을 말합니다. 이는 도덕성과 종교성의 변화를 말하는 것이 아닙니다. 자신이 누구인지를 아는 것입니다. 그런데 하나님을 알아야 자신이 누구인지를 압니다. 관계의 문제라서 그렇습니다. 따라서 회개할 때 하는 "하나님이 누구신지를 이제 압니다. 하나님의 신실한 은혜를 입어 내가 존재한다는 것도 또한 압니다. 나도 하나님께 신실하겠습니다"라는 고백은 조건도 아니고 책임도 아니고 우리에게 주어진 영광입니다. 우리에게 일어난 사실을 알게 되는 것이죠. 우리의 각오와 감동 속에 동력이 있는 것이 아닙니다. 하나님의 신실하심 속에 동력이 있습니다.

신실하지 않은 자들에 관한 문제

그렇다면 하나님께 신실하지 않다고 해서 곧 불경과 불의를 행한 자들이라고 해서 하나님께서 진노하신다면 이는 좀 너무하지 않는가, 아니 그런 진노가 정말 사실인가, 하는 생각이 들 것입니다. 이에 대한 설명이 19절 이하에 나옵니다.

> 이는 하나님을 알 만한 것이 그들 속에 보임이라 하나님께서 이를 그들에게 보이셨느니라 창세로부터 그의 보이지 아니하는 것들 곧 그의 영원하신 능력과 신성이 그가 만드신 만물에 분명히 보여 알려졌나니 그러므로 그들이 핑계하지 못할지니라 (롬 1:19-20)

하나님의 진노 곧 하나님의 신실하심과 통치 밖에 사는 것이 어떤 심판과 어떤 벌 속에 있는 것인지 아느냐, 역사를 보라, 하나님을 알면서도 하나님께 영광을 돌리고 그의 신실하심을 구하고 그에게 신실한 존재가 되는 삶을 거부한 일을 보라고 합니다.

사람들은 오히려 이렇게 묻습니다. 우리가 언제 하나님을 알았습니까, 언제 하나님을 알면서도 우리가 잘못을 범했습니까? 이런 반문에 대하여 성경은 세상을 보라, 창조 세계를 보라, 거기에 하나님의 신성이 너무나 분명하지 않느냐고 답합니다. 예술이 있습니다. 예술은 창조 세계에 보이지 않는 신성이 충만하게 나타나 있는 증거입니다.

또 성경은 인간 누구에게나 있는 영혼의 갈증과 양심의 가책을 보라고 합니다. 양심의 가책이 무엇인지에 대해서는 설명이 필요 없지만, 영혼의 갈증이란 무엇일까요?

자기 자신에게 만족하는 사람은 없습니다. 인류 역사상 유명하다는 문학 작품을 보십시오. 인류가 유산으로 삼은 위대한 문학 작품은 거의 다 어떤 반발이나 거역을 담고 있습니다. 작품마다 자유를 향한 의지로 가득합니다. 자유에 대한 간절한 소망은 '죽음을 극복하지 못해서 생긴 아우성'입니다. 인류가 품고 있는 어떤 가치를 갖고도 죽음을 극복하지 못하기 때문에, 운명 앞에 무력한 채 인간은 놀라고 있습니다.

그러니 인간의 독특한 특징이라는 이 자유는 사실 아무것도 아닙니다. 《카라마조프 가의 형제들》, 《이방인》, 《노인과 바다》를 읽어 보면, 사람은 왜 바람을 피우나, 사람은 왜 술을 먹나, 사람은 왜 싸우나, 묻고 있습니다. 이런 문학 작품에서 확인하는 것은 인간에게는 답이 없다는 사실입니다. 왜 그럴까요? 죽음 때문입니다. 죽어 나가니까 답이 없습니다. 아무리 잘났어도 죽어 버리는 데는 대책이 없거든요.

인간은 자신의 유한함과 무력함을 실컷 보았지만, 그렇다고 인간이기를 포기하고 생존만을 위해 생각 없이 살 수도 없습니다. 그래서 고민하고 묻고 죽음을 넘지 못하는 인간이라는 문제에 덤빕니다. 이런 문제를 다루기 때문에 위대한 작품이라고 합니다. 인간의 영혼은 혼자서는 답할 수 없는 깊은 문제에 매여 있는 것입니다.

그러므로 로마서는 말씀합니다. '창세로부터 그의 보이지 아니하는 것들 곧 그의 영원하신 능력과 신성이 그가 만드신 만물에 분명히 보여 알려졌나니 그러므로 그들이 핑계하지 못할' 것이라고 말입니다. 이런 사실 자체가 인간이 더 큰 것을 필요로 하는 존재라는 증거입니다.

인간은 아무리 문명이 발달해도 행복해하지 않습니다. 아무리 교육을 받아도 인간성은 나아지는 것 같지 않습니다. 인간의 한계를 알아야 합니다. 자신을 꺾으라는 이야기가 아닙니다. 인간은 무엇을 위하여 만들어진 존재인지 알아야 하는 것입니다. 복음은 인간의 진정한 자유와 영광은 하나님께 있음을 아는 것이 우리에게 복이라고 가르칩니다. 이 복은 한 인간의 지식과 경험과 사색과 고민과 투쟁 같은 것과는 비교할 수 없이 높은 차원의 것입니다. 우리가 상상하고 소원하는 것보다 더 큰 창조주 하나님의 뜻이 있습니다. 그러나 인류는 그것을 거부합니다.

하나님을 알되 하나님을 영화롭게도 아니하며 감사하지도 아니하고 오히려 그 생각이 허망하여지며 미련한 마음이 어두워졌나니 스스

로 지혜 있다 하나 어리석게 되어 썩어지지 아니하는 하나님의 영광
을 썩어질 사람과 새와 짐승과 기어다니는 동물 모양의 우상으로 바
꾸었느니라 (롬 1:21-23)

인류가 끊임없이 하나님을 거역하고 우상을 숭배해 온 것은 분명한
역사적 사실입니다. 지금도 자행되고 있으며 아마 주님 다시 오시는
날까지 반복될 것입니다. 그런데 인류가 행하고 또 행할 수밖에 없는
그 거역의 현실에 하나님이 찾아오셨습니다. 예수를 통하여 하나님과
우리 사이를 화목하게 하시기 위해서입니다. 하나님이 우리를 회복하
시는 것입니다. 인간의 부패, 무지, 패역함을 하나님이 예수를 보내어
극복하셨습니다. 이렇게 하나님께서 예수로 말미암아 당신과 인류가
화해했다고 선언하는 것이 복음입니다.

　예수 그리스도는 시간을 초월하여 떠다니는 추상적 개념이 아니라
역사적 분기점을 만들어 낸 분입니다. 그분을 통해서 일어난 역사는
바꿀 수 없습니다. 하나님의 약속을 바꿀 수 없게 역사에 못을 박아 선
포하는 것입니다. 그리스도로 말미암아 하나님이 이렇게 말씀하십니
다. 나는 너희와 화해했다, 나는 너희에게 신실한 하나님이다, 누구든
지 예수 안에 들어와라, 예수는 너희를 위하여 피 흘려 죽었다, 그 누
구도 이 부름에서 제외될 수 없도록 예수가 조건을 만족시켰다, 내가
너희를 부른다, 이렇게 이야기하는 것이 기독교 복음입니다.

　우리만은 그렇게 부름받은 사람이 아닌 것 같습니까? 아니면, 저 사
람만은 아닐 것 같습니까? 아닙니다. 그 모든 사람이 '예수 안에' 들어
올 수 있습니다. '예수로 말미암지 않고는'이라는 말은 하나님의 뜻을

벗어난 영역과 존재와 가치는 있을 수 없다는 뜻입니다.

복음이 선언한 신앙생활

복음이 선언한 신앙생활이란 무엇일까요? 하나님이 시작하신 예수 안에서의 신실한 약속에 근거하여 우리와 우리의 생애를 그분의 통치에 동참시키라는 것입니다. 다만 도덕성의 이야기가 아니라는 것을 백 번도 넘게 이야기했습니다. 옳아야 하는 것, 유능해야 하는 것의 싸움이 아니라 하나님이 일하셨고 예수 안에서 보이신 대로 다시 오시는 날까지 그렇게 일하고 계신다, 여기에 참여하는 것이 우리 인생의 가장 큰 가치다, 우리는 큰 그림의 한 조각이며 한 부분에 불과하지만, 이것이 하나님의 뜻이 이루어지는 역사다, 이것을 알라는 것입니다.

고통스럽지 않게 해 준다는 이야기가 아닙니다. 늘 분명하다는 이야기도 아닙니다. 그러나 우리가 이러한 큰 그림 속에 들어 있다는 사실을 알아야 합니다. 우리는 늘 들락날락합니다. 하지만 하나님은 내가 믿으면 돌아보시다가 내가 외면하면 숨으시는 분이 아닙니다. 우리가 아직 죄인이었을 때에 예수를 허락하신 하나님이십니다. 또한 예수 안에서 하늘과 땅에 있는 모든 것을 통일하시겠다는 에베소서 1장 10절의 선언대로 지금도 역사하시는 분입니다. 지금은 하나님의 구원 역사가 우리 모두에게 열려 있고 진행되는 시대인 것입니다. 우리가 못나서 이 일에 들어갔다 나갔다 할 따름이죠. 하나님은 신실하게 일하고 계신데 말입니다.

이 사실을 잊지 마십시오. 하나님께서는 우리가 당신께 신실한 자가 되도록 복음을 선포하셨습니다. 내가 너희를 예수 안에서 불러내 백성을 삼았으니 그것이 무슨 뜻인지 알고 살아라, 너희가 못났다고 해서 내가 너희를 버리지 않을 것이다, 너희 힘으로 유지되는 약속을 한 것이 아니다, 예수 안에서 내가 한 약속이다, 그러니 담지 못할 것이 없다, 라고 역사적으로 못을 박아 놓으셨습니다.

이것이 로마서가 하고 싶은 이야기, 복음이 하고 싶은 이야기입니다. 복음의 기쁜 소식을 저는 이렇게 표현해 보았습니다. "우리가 우리 자신을 섬겨 우기고 기만하고 과장하고 절망하지 않아도 된다." 구원이란 우리가 자비로우신 창조주 하나님의 통치와 보호 아래에 있다는 기쁜 소식을 받아들이고 그 통치와 보호에 참여하는 것입니다. 우리의 인생을 하나님의 일하심 속에서 이해하는 것입니다.

예수 안에 있는 자유

인류는 늘 자유를 갈망해 왔다고 앞에서 말했습니다. 자유란 내 마음대로 하는 것이 아닙니다. 자기 고집을 부리는 것으로는 자신의 존재를 확인할 수 없습니다. 우리는 자유가 행복을 가져다 준다는 말이 거짓이라는 것을 인류 역사 내내 확인했습니다. 자유만으로는 행복을 얻지 못한다는 것을 깨닫자, 이제 행복하려면 자유가 아니라 권력이 있어야 한다고 믿기 시작했습니다. 그래서 권력을 지닌 국가에 대해 행복하게 할 책임을 떠맡으라고 합니다. 모든 것을 국가가 책임지라는 것이죠. 나의 행복을 책임지라는 말입니다. 그러나 국가도 행복에 대한 답은 가지고 있지 않습니다. 이것이 우리의 형편입니다.

우리의 근본 문제는 자유가 무엇인지 모른다는 데에 있습니다. 성경은 요한복음 8장에서 자유를 이렇게 설명합니다.

그러므로 예수께서 자기를 믿은 유대인들에게 이르시되 너희가 내 말에 거하면 참으로 내 제자가 되고 진리를 알지니 진리가 너희를 자유롭게 하리라 (요 8:31-32)

진리가 자유를 준다고 합니다. 그런데 진리가 무엇입니까? 옳은 것이 진리가 아닙니다. 예수 자신이 진리입니다. 예수께서 '내가 곧 길이요 진리요 생명이라'고 하셨습니다. 우리가 간혹 오해하는 부분입니다. 흔히 우리는 진리가 무인격의 어떤 원칙이라고 생각하여 여기에 자신을 바치곤 합니다. 그러나 무인격은 융통성이 없습니다. 예수가 진리라는 말은 얼마나 놀라운 것입니까.

'내가 복음을 부끄러워하지 아니하노니', '하나님의 은사와 부르심에는 후회하심이 없느니라'와 같은 말씀이 얼마나 놀라운 표현인지 아십니까. 인격자만이 할 수 있는 표현입니다. 인격에는 융통성이 있습니다. 타협하고 망가지고 혼란과 부패를 일으키는 무원칙이 아니라, 원칙보다 더 큰 것을 만들어 내는 자비와 은혜를 뜻합니다. 불쌍히 여기고 이해하고 용서하고 사랑하고 축복하는 이 모든 것은 원칙에 불과한 것이 아닙니다. 그것은 인격이 가지는 의지요 성품입니다.

자유는 예수 안에만 있습니다. 우리가 하나님의 자녀가 되어 하나님의 신실한 통치 아래에 들어가면 비로소 우리는 하나님의 형상으로 지음받은 인격의 부요함을 알게 됩니다. 법이나 도덕은 최저선에 불과합니다. 그 위로 올라가야 하는 것이지요. 여름날의 뭉게구름처럼, 울창한 숲처럼, 깊은 바다와 망망한 바다처럼, 크고 넉넉하고 무한하고 풍요로운 인격과 성품의 자유에 이르게 됩니다. 그것을 로마서 8장 15절에서는 이렇게 이야기합니다.

> 너희는 다시 무서워하는 종의 영을 받지 아니하고 양자의 영을 받았으므로 우리가 아빠 아버지라고 부르짖느니라 (롬 8:15)

삶 속에 두려움이 따라오는 이유는 우리가 불안해서입니다. 우리는 우리가 위험 아래에 있다는 것과 우리의 한계를 본능적으로 압니다. 어떤 대가를 치르지 않고는 원하는 것을 얻을 수 없다는 사실을 알기 때문에 어느 신을 섬겨도 불안합니다. 그래서 기독교 신앙을 다른 모든 것과 구별해 주는, 매우 중요한 표현 중 하나가 바로 '두려움 없는 사랑'입니다. 요한일서 4장 18절을 기억해 보십시오. '사랑 안에 두려움이 없고 온전한 사랑이 두려움을 내쫓나니.'

아버지와 자식의 관계는 두려움이나 공포가 있을 수 없습니다. 물론 매를 맞을 수도 있고 꾸중을 들을 수도 있습니다. 그러나 근본적 공포는 없습니다. '아버지가 나를 죽일 것 같아'라고는 생각하지 않습니다. 하나님의 부요하심에서 비롯되는 기독교 신앙의 참된 안심이 여기에 있습니다. 하나님이 누구신가, 하나님이 나에게는 어떤 존재인가, 나는 어떤 가치가 있는가에 대해 존재 가치가 없어 보이는 밑바닥에서도 안심하고 항복할 수 있는 것입니다. 이것이 바로 복음입니다. 우리가 이미 고백하고 가지고 누리는 지위 속에 있는 신앙입니다.

우리의 못난 것이 우리를 늘 자책하게 하고 혼란스럽게 할 수 있습니다. 그러나 이런 처지는 하나님이 우리를 내버려 두시기 때문에 생겨난 것이 아닙니다. 우리에게 주신 하나님의 명예와 위대함을 알게 하기 위해 하나님이 우리한테 기회를 주고 계시는 것입니다. 기다려 주시는 것입니다. 우리로 깨닫게 하시며 살찌우시고 알게 하십니다. 그것을 가볍게 여기지 마십시오. 별 생각 없이 사는 매 순간이 얼마나 놀랍고 놀라운 순간인가를 기억하여 신자 된 고백과 소망과 믿음을 잃지 않기를 바랍니다.

기 도

하나님 아버지, 은혜를 감사합니다. 하나님의 자녀로 사는 영광과 위대함을 확인합니다. 우리의 넘어지는 것, 의심하는 것, 어리석은 것을 용서하시고 우리를 붙들어 주셔서 우리로 멀리 도망가지 말게 하옵소서. 누워 외면하고 허송세월하지 않게 하옵소서. 주의 일하심에 더 참여하여 우리의 인생이 귀하다는 것을 깨닫고 하나님이 일하시는 기적을 누리며 자랑하며 감사하는 자들이 되도록 붙들어 주시옵소서. 예수님 이름으로 기도합니다. 아멘.

4.
더러움에 내버려 두사

심판, 내버려 두심

---

24 그러므로 하나님께서 그들을 마음의 정욕대로 더러움에 내버려 두사 그들의 몸을 서로 욕되게 하게 하셨으니 25 이는 그들이 하나님의 진리를 거짓 것으로 바꾸어 피조물을 조물주보다 더 경배하고 섬김이라 주는 곧 영원히 찬송할 이시로다 아멘 26 이 때문에 하나님께서 그들을 부끄러운 욕심에 내버려 두셨으니…… 28 또한 그들이 마음에 하나님 두기를 싫어하매 하나님께서 그들을 그 상실한 마음대로 내버려 두사 합당하지 못한 일을 하게 하셨으니 29 곧 모든 불의, 추악, 탐욕, 악의가 가득한 자요 시기, 살인, 분쟁, 사기, 악독이 가득한 자요 수군수군하는 자요 30 비방하는 자요 하나님께서 미워하시는 자요 능욕하는 자요 교만한 자요 자랑하는 자요 악을 도모하는 자요 부모를 거역하는 자요 31 우매한 자요 배약하는 자요 무정한 자요 무자비한 자라……

(롬 1:24-32)

진노로 내버려 두신 현실

이제 우리는 로마서의 본격적인 주제로 들어왔습니다. 복음이란 무엇인가, 복음은 왜 필요한가, 하는 커다란 주제 말입니다.

본문의 내용은 이렇습니다. 하나님의 진노는 무서운 것이다, 불의한 자들과 불경한 자들에게 내리는 하나님의 심판이기 때문이다, 하나님은 다른 기준이 아니라 하나님과의 관계를 기준으로 하여 심판하시거나 복을 주신다, 왜 하나님을 믿지 않는 것이 객관적 잘못인가, 너희 안에 하나님을 알 만한 것이 있는데도 너희가 외면했기 때문이다, 온 천지에 하나님에 대한 계시가 있다, 그러니 너희는 핑계 댈 수 없다, 하나님을 의지해야 한다는 것을 너희는 알고 있다, 그 증거는 너희가 우상을 만드는 사실에 있다, 자신을 만족시킬 수 있는 능력에 한계가 있다는 사실을 너희 스스로 안다, 너희의 욕구와 소원에는 너희 자신의 존재와 능력을 넘어서는 것이 있다, 너희는 신을 찾고 있다, 그러나 너희는 이런 종교성을 언제나 왜곡하고 부패시켜 너희보다 하찮은 것을 신으로 만들고 그 신을 너희의 수단으로 삼는다, 그리하여 너희 욕심을 정당화하는 데만 쓴다, 그러니 하나님의 심판은 당연할 수밖에 없다, 너희 안에 하나님을 찾는 마음을 주셨는데 너희는 이 거룩하고 영광된 것을 부패시켜 하나님을 모독하고 하나님의 기쁜 창조물인 너희 자신을 더럽게 만들기 때문이다, 그래서 하나님은 가만히 계실 수 없다, 그렇다면 이 심판은 어떻게 나타나는가, 하나님이 너희를 너희 자신의 선택과 욕심에 내버려 두셨다, 이것이 심판이다, 라고 단언합니다.

내버려 두심으로 나타난 하나님의 심판에 대해서는 24절과 26절, 28절이 특히 잘 설명해 줍니다. '그러므로 하나님께서 그들을 마음의 정욕대로 더러움에 내버려 두사'(24절), '이 때문에 하나님께서 그들을 부끄러운 욕심에 내버려 두셨으니'(26절), '또한 그들이 마음에 하나님 두기를 싫어하매 하나님께서 그들을 그 상실한 마음대로 내버려 두사'(28절). 이 구절들은 하나님께서 그들을 벌 받을 어떤 장소에 잡아 둔 것이 아니라 자기네가 선택한 것이 무엇인지를 보게 하셨다고 합니다. 더러운 정욕, 부끄러운 욕심, 상실한 마음은 전부 그들이 스스로 선택하여 자초한 것입니다. 하나님을 외면하여 하나님이 없는 자리와 경우와 현실을 만들게 되자 모든 것은 부패할 수밖에 없었고 모든 것은 더러울 수밖에 없었으며 모든 것은 비참할 수밖에 없었다고 인류의 역사와 현실을 이야기하고 있습니다. 아무도 부인할 수 없는 현실입니다.

이런 결과를 의도하지 않았다든가 악의를 갖지 않았다든가 몰랐다든가 하는 변명은 중요하지 않습니다. 모르고 밟고 모르고 먹어도 웅덩이를 밟으면 빠지고 잘못된 것을 먹으면 죽습니다. 이것은 현실입니다.

이런 반론도 있습니다. 세상이 어쩌면 이렇게 참혹한가, 하나님이 지으셨는데 왜 이 모양인가, 하나님은 뭐하고 계시는가, 성경은 여기에 대해 이것이 바로 너희가 원했던 것이다, 너희가 하나님을 외면하여 자초한 것이다, 이것이 바로 하나님의 심판인 너희 삶의 현실이다, 라고 답합니다.

본문에 나열된 것들은 여러분이 좋아하건 싫어하건 상관없이, 도덕적으로 이렇다고 저렇다고 비판할 필요 없이, 부인할 수 없는 인간의 참혹한 현실입니다. 저녁 뉴스 때마다 만나는 내용입니다. 우리가 자초한 일입니다. 성경이 들이대는, 현실에 대한 이러한 묘사보다 우리 삶에 대한 더 분명한 설명은 없습니다. 우리를 놀라게 하는 어떤 고발이나 폭로도 성경보다 현실을 더 잘 증언하지는 못합니다.

탕자의 비유

이 문제가 성경에서 얼마나 중요한 주제인지는 누가복음 15장에 나온 예수님의 비유에서 드러납니다.

> 또 이르시되 어떤 사람에게 두 아들이 있는데 그 둘째가 아버지에게 말하되 아버지여 재산 중에서 내게 돌아올 분깃을 내게 주소서 하는 지라 아버지가 그 살림을 각각 나눠 주었더니 그 후 며칠이 안 되어 둘째 아들이 재물을 다 모아 가지고 먼 나라에 가 거기서 허랑방탕 하여 그 재산을 낭비하더니 다 없앤 후 그 나라에 크게 흉년이 들어 그가 비로소 궁핍한지라 가서 그 나라 백성 중 한 사람에게 붙여 사니 그가 그를 들로 보내어 돼지를 치게 하였는데 그가 돼지 먹는 쥐엄 열매로 배를 채우고자 하되 주는 자가 없는지라 이에 스스로 돌이켜 이르되 내 아버지에게는 양식이 풍족한 품꾼이 얼마나 많은가 나는 여기서 주려 죽는구나 내가 일어나 아버지께 가서 이르기를 아버지 내가 하늘과 아버지께 죄를 지었사오니 지금부터는 아버지의 아들이라 일컬음을 감당하지 못하겠나이다 나를 품꾼의 하나로 보

소서 하리라 하고 (눅 15:11-19)

잘 아는 탕자의 비유입니다. 이 비유의 핵심은 오늘 본문인 로마서 1
장 24절에서 32절까지의 내용과 정확히 일치합니다. 작은아들은 자
신의 선택에 따라 집을 나갑니다. 아버지의 영역, 아버지의 통치, 또는
흔히 이야기하는 식으로 하면 아버지의 속박을 벗어나 자유를 선택한
것입니다.

아들은 아버지의 그늘을 벗어나 먼 나라로 가 아버지에게서 받아
온 재산을 다 소진합니다. 그 나라에 흉년이 들어 굶주리게 되자 돼지
치기가 됩니다. 돼지가 먹는 쥐엄 열매도 배불리 먹을 수가 없게 된 형
편에서 그는 '내 아버지의 집에는 양식이 풍족한 품꾼들이 얼마나 많
은가' 하는 생각에 돌아가겠다고 마음먹습니다. 아버지의 집에는 양
식이 풍족한 품꾼이 얼마나 많은가, 우리 아버지는 얼마나 복되고 의
롭고 자비롭게 다스리시는가, 거기서는 하인들마저도 풍족한 품삯을
받는데 나는 홀로 나온 바람에 몰리고 몰려서 쥐엄 열매 하나도 배불
리 먹을 수 없게 되었구나, 그러니 다 그만두고 돌아가 아들 노릇도 말
고 품꾼의 하나로 아버지의 집에 가서 살아야겠다고 생각합니다. '주
의 궁정에서의 한 날이 다른 곳에서의 천 날보다 더 아름답습니다'라
는 시편 기자의 고백과 일치합니다.

하나님의 통치와 하나님이 누구신가에 대해 이보다 더 분명히 설
명해 주는 비유는 없을 것입니다. 탕자의 처지는 우리 모두가 삶에서
만나는 비극적 현실입니다. 그것은 하나님 부재의 현실입니다. 세상
은 하나님 아버지께서 주신 세계여서 그의 공의로운 원칙이 여전히

면면히 흐르고 있지만, 또 한편으로는 인간이 자기 멋대로 왜곡한 세상이기에 진정한 행복과 영광으로 가려는 우리의 걸음을 막습니다. 이는 우리가 자초한 일입니다. 하나님을 내쫓고 우리끼리 있게 되자 하나님께서 주신 복과 존재의 영광스러움은 아무것도 남겨 놓지 못한 채, 우리 삶의 목적과 내용과 현실을 부끄러움과 더러움으로 부패시킵니다. 멸망밖에 남은 것이 없게 됩니다.

이런 현실에서 아들은 결국 '아버지께로 돌아가자'로 결론을 내립니다. 돌아온 아들에 대한 아버지의 마음이 32절에 나옵니다. "이 네 동생은 죽었다가 살아났으며 내가 잃었다가 얻었기로 우리가 즐거워하고 기뻐하는 것이 마땅하다 하니라." 기뻐하는 것이 마땅하다, 이 주제는 누가복음 15장에 나오는 세 비유 모두에 공통됩니다.

기뻐하는 것이 마땅하다

첫째 비유는 잃어버린 양 한 마리를 찾은 이야기입니다. 백 마리 중 하나를 잃자, 아흔아홉 마리를 들에 둔 채 하나를 찾아 나서는 내용입니다. 5절부터 봅시다.

> 또 찾아낸즉 즐거워 어깨에 메고 집에 와서 그 벗과 이웃을 불러 모으고 말하되 나와 함께 즐기자 나의 잃은 양을 찾아내었노라 하리라 내가 너희에게 이르노니 이와 같이 죄인 한 사람이 회개하면 하늘에서는 회개할 것 없는 의인 아흔아홉으로 말미암아 기뻐하는 것보다 더하리라 (눅 15:5-7)

이 비유에서도 잃어버린 하나를 되찾은 기쁨을 말하고 있습니다. 둘째 비유는 드라크마를 발견한 이야기입니다. 이것 또한 잃어버린 하나를 찾은 기쁨에 관한 비유입니다.

> 또 찾아낸즉 벗과 이웃을 불러 모으고 말하되 나와 함께 즐기자 잃은 드라크마를 찾아내었노라 하리라 내가 너희에게 이르노니 이와 같이 죄인 한 사람이 회개하면 하나님의 사자들 앞에 기쁨이 되느니라 (눅 15:9-10)

이 비유에서는 되찾은 대상이 다만 하나의 물건에 불과한 것이 아닙니다. 그것은 주인과 관계가 깊은 물건이었다고 덧붙여, '되찾은 기쁨'을 강조하고 있습니다. 찾고야 말겠다는 의지가 동원되며 되찾은 기쁨이 이웃과 함께 나눠야 할 만큼 큽니다. 단지 소유의 회복이나 물량의 증가와는 다릅니다.

같은 주제를 다룬 셋째 비유가 탕자 비유입니다. 아들이 나가겠다고 우기자 아버지는 허락합니다. 로마서의 표현대로 하자면 내버려 둔 것입니다. 아들의 요구를 들어준 것이죠. 이것이 무슨 의미인지 생각해야 합니다.

아버지는 왜 아들의 요청을 들어주었을까요? 이는 답하기 아주 어려운 문제입니다. 우리 생각에는 붙들어 매 두었으면 제일 좋을 것 같지 않습니까? 그랬다면 그 아들은 아마 평생 얼굴을 찌푸리고 살았겠지만 이렇게 비참한 지경까지 이르지는 않았을 것입니다. 하여튼 하나님은 놔두셨습니다. 절대로 놓지 않으실 수 있는 분인데 말이죠. 잃어

버린 것을 되찾은 앞의 두 비유에서 더 나아가, 탕자의 비유에서는 아들이 스스로 나갔다는 점과 그것을 아버지가 허락했다는 점이 덧붙여집니다. 이 부분이 중요합니다. 하나님께서 우리에게 선택권을 주셨고 이 선택권이 무엇인지 알도록 우리에게 긴 시간을 주셨습니다.

인간에게 선택권을 허락하신 이유

우리는 흔히 이렇게 묻습니다. 세상이 왜 이 꼴이냐, 이 전쟁의 비극을 보시라, 하나님은 뭐하고 계시는가. 그러나 이것들은 하나님이 그렇게 하셔서 생긴 일이 아닙니다. 우리 인류가 자초한 것입니다. 그것을 누구에게도 핑계 댈 수 없습니다. 바로 우리가 한 일이기 때문입니다. 이 문제에 대한 마이클 호튼(Michael S. Horton) 의 좋은 글이 있어 여기에 인용합니다.

> 성경이 전하는 바는 복음이 실패한 이들에게 좋은 소식이라는 것이며, 우리 자신의 기준이 아닌 하나님의 관점에서 현실을 볼 때 우리 모두가 실패자라는 것이다. 영광, 권능, 위로, 건강, 그리고 부를 향한 요구는 이에 대한 갈망과 환멸이라는 악순환을 만들어 낸다. 이런 환경 속에서 너무 약해져 버린 영혼들은 위기를 만나게 되면 적절히 반응할 만한 힘을 가질 수 없다. 우리는 세상이 제공해 주는 '해결'을 갈망하는 욕구의 노예가 되어 버린다. 천박한 희망의 희생자가 되어 버리는 것이다. 세상은 우리를 행복하게 해 줄 무언가를 항상 약속하고 여기에 너무 쉽게 설득되는 우리는 또한 아주 쉽게 실망하게

된다.[2]

우리는 모두 실패자입니다. 서두에 이야기한 것처럼, 순진함으로 핑계 댈 수 없습니다. 순진하게 공 주우러 철조망 넘어갔다가 지뢰를 밟아 다리가 잘리는 것입니다. 왜 이런 무서운 예를 드는지 물으신다면, 현실이 무섭기 때문이라고 말씀드릴 수 있습니다. 하나님을 외면한 것이 무엇인가를 똑바로 보아야 합니다. 이것을 보지 않고는 하나님께로 돌아갈 수 없습니다. 그렇다면, 하나님이 우리더러 이 사실을 깨달으라고 거기에 우리를 넘겼다는 말입니까? 아닙니다. 하나님이 넘기지 않으셨습니다. 우리가 졸랐지요. 우리가 조른 것입니다.

이스마엘이 아닌 이삭

여기에 대하여 우리는 끊임없이 불평합니다. 현실에 대한 비아냥, 핑계, 외면, 체념, 그리고 저항이 있습니다. 문학에서는 이 문제가 큰 주제입니다. 특히 서구 문학에서는 '운명을 어떻게 받아들일 것인가'에 대한 인간의 반항이 중요한 주제로 면면히 이어져 오고 있습니다. 영문학자인 토마스 포스터(Thomas C. Foster) 라는 사람이 허먼 멜빌(Herman Melville, 1819~1891)의 《모비딕》을 이렇게 평했는데, 저한테 영감을 준 내용이 있어서 소개합니다. "이 책은 다른 모든 책과 다르다. 이렇게 시작할 수 있는 사람은 없다. 그 첫 세 마디를 보라"라고 했습

---

2) 마이클 호튼 지음, 김철규 옮김, 《약함의 자리》(복 있는 사람), 31쪽.

니다.《모비딕》은 "나를 이스마엘이라고 불러다오(Call me Ishmael)"라
는 문장으로 시작합니다. 이스마엘이 이 소설의 화자입니다.

　잘 알다시피 이스마엘은 서자입니다. 화자가 서자라는 사실만으로
벌써 무엇을 짐작할 수 있을까요? '너 항복할 수 없다, 이거지? 억울하
다, 이거지? 삐졌다, 이거지?'라고 금방 다가오지 않습니까? 자기 인
생에 항복할 수 없고 억울해 하며 세상을 삐딱하게 바라보는 사람이
떠오르지 않습니까? 이삭이 아니고 이스마엘이니까 벌써 시작부터
어긋난 시선과 저항으로 시작하는 것입니다.

　《모비딕》은 위대한 작품입니다. 왜 위대합니까? 인간이 신과 맞서
서 고집을 부리는 데까지 갈 수 있다는 점을 보여 주어서 위대합니다.
우리가 얼마나 큰 존재인지 모릅니다. 인간은 다만 분노하고 거절하
는 데서도 이렇게 큰 존재라면, 하나님의 은혜와 목적에 순종하여 성
장하면 얼마나 클 수 있을까, 하는 생각에 저는 그만 기절해 버렸습니
다. "Call me Ishmael"에서 이 말을 알아들었는데, 성경은 "내 아버지
집에는 양식이 풍족한 품꾼이 얼마나 많은가"라고 말하고 있습니다.
오늘 본문이 하고 싶은 이야기입니다. 히브리서 12장에 가 봅시다.

　너희가 피곤하여 낙심하지 않기 위하여 죄인들이 이같이 자기에게
　거역한 일을 참으신 이를 생각하라 너희가 죄와 싸우되 아직 피흘리
　기까지는 대항하지 아니하고 또 아들들에게 권하는 것 같이 너희에
　게 권면하신 말씀도 잊었도다 일렀으되 내 아들아 주의 징계하심을
　경히 여기지 말며 그에게 꾸지람을 받을 때에 낙심하지 말라 주께서
　그 사랑하시는 자를 징계하시고 그가 받아들이시는 아들마다 채찍

질하심이라 하였으니 너희가 참음은 징계를 받기 위함이라 하나님이
아들과 같이 너희를 대우하시나니 어찌 아버지가 징계하지 않는 아
들이 있으리요 징계는 다 받는 것이거늘 너희에게 없으면 사생자요
친아들이 아니니라 (히 12:3-8)

이스마엘이라면 시비 걸 수 있겠지만, 우리는 이미 이삭입니다. 아들
로 기르시는 자들에게는 구약 식으로 말해 율법을 행사하시는 하나
님입니다. 거짓말하지 마라, 우상을 섬기지 마라. 우리 식으로 말해 보
면, 밥 먹을 때 쩝쩝대지 마라, 이야기할 때는 눈을 마주 봐라, 두 손을
앞으로 공손히 모아라, 하는 것입니다. 이런 훈계가 불편하신가요? 이
런 행동은 명예로운 일이라는 것을 알아야 합니다. 인격과 영혼의 위
대함을 드러내는 일입니다. 예의를 지키는 것, 지혜를 얻는 것, 분별을
갖추는 것, 관계를 잘 맺는 것, 하나의 존재로서 자기에게 주어진 인생
을 살아가는 것은 모두 명예로운 일입니다.

 이렇게 행동하게 하려면 많은 도움이 필요합니다. 무조건 "잘했다.
잘했다"라고 하며 밀어줘야 하는 것이 아니라 "이것은 아니다. 이래
서는 안 된다"가 더 필요한 것입니다. 사진 찍을 때 사진사가 "다시 찍
어야겠습니다"라고 말하는 가장 큰 이유가 무엇이죠? 제일 많이 하는
실수는 바로 눈 감는 것이죠. "눈 똑바로 뜨세요. 이제 하나, 둘, 셋, 할
것입니다"라고 말하고서는 "하나, 둘!"만 하고서는 바로 확 찍습니다.
"셋!" 하면 또 눈 감아 버리니 말입니다. 바로 이것이 율법입니다.

 율법이 은혜인 것은, 우리 마음대로 가는 길을 하나님께서 차단하
여 하나님이 그 안에서 만드시는 일을 하기 위한 장치가 되기 때문입

니다. 하나님이 하시는 모든 말을 다만 짜증이나 벌이나 꾸지람으로 만 이해하는 것은 우리가 살면서 부모 노릇, 남편 노릇, 자식 노릇을 제멋대로 했기 때문에 생긴 부작용입니다. 그러나 그렇지 않습니다. 이는 큰 복입니다.

하나님이 우리를 아들로 대접하신다고 합니다. 이 탕자의 비유에서 작은아들이 아버지의 전 재산을 말아먹고 들어왔는데 아버지는 "자, 소를 잡아라. 모두를 불러라. 잔치하자"라고 하십니다. 그러자 큰아들 이 "아니, 창기와 함께 온 재산을 말아먹은 놈을 이렇게 대접해 주시 다니요"라고 반발합니다. 그다음에 이어지는 아버지의 이 말을 기억 하십시오. "얘야, 무슨 말이냐. 너는 내 아들이 아니냐. 네 아우가 돌아 오지 않았느냐. 내 아들이 돌아오지 않았느냐."

이 말을 기억하십시오. 우리는 왜 이렇게 비참하게 되었을까, 어쩌 다 여기까지 왔을까, 돌아갈 수는 있을까, 민망과 절망이 가슴속에 가 득 찰 때 "무슨 말이냐. 너는 내 아들이 아니냐"라고 하신 말을 기억하 십시오.

새 사람으로 살라

이 모든 것을 에베소서 4장에서는 이렇게 잘 요약했습니다. 참으로 멋 진 말씀이라고 생각합니다. 사실 에베소서의 이 구절만 읽어서는 그 의미를 다 이해할 수 없지만, 오늘 본문 로마서를 이해하고 보면 에베 소서의 이 구절이 얼마나 멋지게 요약된 말씀인지 이해될 것입니다.

그러므로 내가 이것을 말하며 주 안에서 증언하노니 이제부터 너희
는 이방인이 그 마음의 허망한 것으로 행함 같이 행하지 말라 그들
의 총명이 어두워지고 그들 가운데 있는 무지함과 그들의 마음이 굳
어짐으로 말미암아 하나님의 생명에서 떠나 있도다 그들이 감각 없
는 자가 되어 자신을 방탕에 방임하여 모든 더러운 것을 욕심으로
행하되 (엡 4:17-19)

이는 사실이며 우리가 몸담고 있는 외면할 수도 도망갈 수도 없는 현
실입니다. 그리고 이제 반전이 나옵니다.

오직 너희는 그리스도를 그같이 배우지 아니하였느니라 진리가 예수
안에 있는 것 같이 너희가 참으로 그에게서 듣고 또한 그 안에서 가
르침을 받았을진대 너희는 유혹의 욕심을 따라 썩어져 가는 구습을
따르는 옛 사람을 벗어 버리고 오직 너희의 심령이 새롭게 되어 하나
님을 따라 의와 진리의 거룩함으로 지으심을 받은 새 사람을 입으라
(엡 4:20-24)

'예수 믿으면 천국 간다' 하면서 미뤄 놓지만 말고, 이 앞에 나온 허망
함과 방탕함과 방임과 더러움을 좇는 세상 속에서 예수 그리스도로
말미암아 새 세상을 살아갑시다. 새 사람으로 살아갑시다. 지금 할 수
있는 일입니다. 지금 당장.

하나님을 외면하여 벌어진 세상의 비참함과 더러움을 보았습니다.
이것이 사실이며 현실인 것처럼, 예수께서 오셔서 바꿔 놓은 이 세상,

복음으로 말미암아 새로 열린 세상 역시 부름받아 신자 된 우리의 현실입니다. 우리는 새로 시작할 수 있고 지금 당장 이 모든 것에서 돌아서서 하나님의 자녀로 명예롭게 살 수 있습니다. 25절 이하에서 구체적으로 이렇게 말씀하십니다.

> 그런즉 거짓을 버리고 각각 그 이웃과 더불어 참된 것을 말하라 이는 우리가 서로 지체가 됨이라 분을 내어도 죄를 짓지 말며 해가 지도록 분을 품지 말고 마귀에게 틈을 주지 말라 도둑질하는 자는 다시 도둑질하지 말고 돌이켜 가난한 자에게 구제할 수 있도록 자기 손으로 수고하여 선한 일을 하라 무릇 더러운 말은 너희 입 밖에도 내지 말고 오직 덕을 세우는 데 소용되는 대로 선한 말을 하여 듣는 자들에게 은혜를 끼치게 하라 (엡 4:25-29)

다 우리가 할 수 있는 것들입니다. 성실히 살아라, 믿음 갖고 살아라, 억울해 하지 마라, 세상에 고함지르지 마라, 예수 안에서 너희에게 준 구원이 무엇인지 알아라, 너희는 더 이상 너희 정욕의 더러움이나 부끄러운 욕심이나 상실한 마음대로 살던 현실에 내버려져 있지 않다, 너희는 내 자식이다, 예수를 보내어 내가 너희를 그 안에서 끌어안았다, 나의 거룩함으로 불렀으니 거룩한 인생을 살아라, 말씀하십니다.

그리스도가 역사 속으로 들어오셔서 아버지의 이 화목케 하심, 부르심, 아버지 안에 있는 부요와 축복과 명예와 승리와 영광을 주셨습니다. 그러니 힘써 신자답게 사십시오. 세상에 지지 마시고 두려워하지 마십시오. 하나님이 무엇을 행하셨는가, 예수 안에서 우리에게 무엇이 생겨났는가를 알아 믿음과 승리와 자랑과 감사와 순종과 기적으로 사는 신자 된 인생이 되기를 바랍니다.

기 도

하나님 아버지. 하나님 없는 세상과 현실의 끔찍함을 우리는 다 알고 있습니다. 그때 우리는 버려진 자였습니다. 희망이 없는 자였습니다. 오직 더러움과 수치와 그리고 절망밖에 없었습니다. 이제 예수 안에서 우리가 새로운 사람이 되었습니다. 우리 앞에는 명예가 있습니다. 생명이 있고 진리가 있습니다. 축복이 있고 나눔이 있고 용서가 있고 따뜻함과 서로 바라보는 사랑이 있습니다. 이 인생 살게 하옵소서. 세상의 도전과 시험 앞에 지지 말게 하옵소서. 우리가 살며 믿고 순종하고 누리고 만들어 가는 일들이 하나님의 기적인 줄 세상으로 알게 하옵소서. 예수님 이름으로 기도합니다. 아멘.

5.
오직 율법을 행하는 자라야

인간, 더 나아가야 하는 존재

―――――

······ 12 무릇 율법 없이 범죄한 자는 또한 율법 없이 망하고 무릇 율법
이 있고 범죄한 자는 율법으로 말미암아 심판을 받으리라 13 하나님 앞
에서는 율법을 듣는 자가 의인이 아니요 오직 율법을 행하는 자라야 의
롭다 하심을 얻으리니 14 (율법 없는 이방인이 본성으로 율법의 일을
행할 때에는 이 사람은 율법이 없어도 자기가 자기에게 율법이 되나니
15 이런 이들은 그 양심이 증거가 되어 그 생각들이 서로 혹은 고발하며
혹은 변명하여 그 마음에 새긴 율법의 행위를 나타내느니라) 16 곧 나
의 복음에 이른 바와 같이 하나님이 예수 그리스도로 말미암아 사람들
의 은밀한 것을 심판하시는 그 날이라 (롬 2:1-16)

하나님의 능력이 필요한 이유

로마서는 복음이란 무엇인가, 라는 중요한 질문에서 출발합니다. 이 제까지 바울이 복음에 대해 어떻게 설명해 왔는지 되돌아봅시다.

바울은 복음을 전하러 로마에 있는 신자들에게 가기를 갈망하는데, 이 복음은 구원을 주시는 하나님의 능력입니다. 인간은 하나님의 진노 아래 있기 때문에, 이를 벗어나려면 하나님의 능력으로 말미암은 구원이 필요합니다.

인류가 하나님의 진노 아래 있다는 것을 바울은 이렇게 설명합니다. 인간은 하나님의 피조물이면서도 하나님을 영화롭게 하지 않고 하나님의 창조물로서의 책임과 명예를 저버리고 있다, 하나님을 우상으로 바꾸어 하나님의 영광스러운 피조물인 인간의 삶을 부패와 더러움으로 몰고 갔다, 이런 모습이 바로 하나님의 심판이다, 하나님을 거절한 자에게 하나님의 진노가 이렇게 임하여 있다, 너희가 마음에 하나님 두기를 싫어하므로 하나님께서 너희를 내버려 둔 것이다, 라고 말입니다.

그리하여 인류에게 실제로 심판이 일어나고 있습니다. 인류가 하나님을 거부하고 자기 욕심과 소견을 따라 살기로 하자, 인류 역사는 고달프고 처참해졌습니다. 역사의 기록대로 말이죠. 왜 현실이 이렇게 고달프고 처참해졌는지, 1장 마지막 절에 그 이유가 제시됩니다.

그들이 이같은 일을 행하는 자는 사형에 해당한다고 하나님께서 정하심을 알고도 자기들만 행할 뿐 아니라 또한 그런 일을 행하는 자

들을 옳다 하느니라 (롬 1:32)

우리는 무엇이 선이고, 무엇이 잘못인지 알면서도 "그러나 살아남으려면 이럴 수밖에 없었어"라는 말을 덧붙입니다. "이럴 수밖에 없었어. 이러면 안 되지만 할 수 없었어." 일이 자기에게 닥치기 전에는 모두 정답을 말하지만, 막상 일이 닥치면 "그럴 수밖에 없었어"라며 핑계합니다. 우리의 소원과 욕심과 선택의 한계를 가장 적나라하게 보여 주는 현실이죠.

로마서 2장은 바로 이 문제를 다룹니다. 우리가 하나님의 진노 아래, 심판 아래에 있게 된 것은 몰라서가 아니라 잘 알면서도 할 수 없는 형편에 처해 있기 때문이라고 말하고 있습니다. 이것이 오늘 본문입니다.

> 그러므로 남을 판단하는 사람아, 누구를 막론하고 네가 핑계하지 못할 것은 남을 판단하는 것으로 네가 너를 정죄함이니 판단하는 네가 같은 일을 행함이니라 (롬 2:1)

무엇이 옳은지 안다고 해서 옳게 되는 것이 아니라고 합니다. 옳은 것을 행해야 진짜 옳게 됩니다. 선이 무엇인지 안다고 선하게 되는 것이 아니라, 선을 행해야 선하게 됩니다.

우리는 선을 행하지 않으면서도 다른 사람이 악을 행하는 것에는 너무나 정확하게 판단하고 비난하며 심판합니다. 하지만 정작 선을 행하는 자는 아무도 없습니다. 앞으로 살펴보겠지만 로마서 3장 10절

이하에 시편을 인용한 말씀이 등장합니다.

기록된 바 의인은 없나니 하나도 없으며 깨닫는 자도 없고 하나님을 찾는 자도 없고 다 치우쳐 함께 무익하게 되고 선을 행하는 자는 없나니 하나도 없도다 그들의 목구멍은 열린 무덤이요 그 혀로는 속임을 일삼으며 그 입술에는 독사의 독이 있고 그 입에는 저주와 악독이 가득하고 그 발은 피 흘리는 데 빠른지라 파멸과 고생이 그 길에 있어 평강의 길을 알지 못하였고 그들의 눈 앞에 하나님을 두려워함이 없느니라 함과 같으니라 (롬 3:10-18)

인류 역사에 대한 엄정한 증언입니다. 다들 그럴듯한 얼굴로 앉아 있어도, 이 말씀에서 벗어날 수 있는 사람은 없습니다. 그러니 핑계 대지 말라고 다그치며 몰아붙이는 것입니다. 복음의 필요성은 어떤 특정한 악인들에게만 해당되는 것이 아닙니다. 인류 모두에게 복음이 필요합니다.

왜 그럴까요? 하나님이 없는 곳에는 부패와 왜곡과 더러움밖에 있을 수 없기 때문입니다. 인간은 오직 하나님에게서만 생명과 의미와 가치를 부여받는 피조물인데도, 하나님에게서 오는 은총은 거부하고 자신을 자기 힘으로 채우려 합니다. 마치 전기가 끊어진 냉장고처럼 말입니다. 그러면 그 안에 들어 있는 모든 음식이 부패할 수밖에 없습니다.

행하는 능력

이 문제를 그렇게 만만하게 생각해서는 안 된다는 것을 본문을 통하여 통렬하게 확인해야 합니다. 인간은 선을 행해야 합니다. 악을 분별하고 비난하는 것에 그치지 않고 선을 행해야 합니다. 바울은 이것을 조건으로 요구하지 않고 증거로 제시합니다. 네가 누구인지 알아라, 너 자신의 현실을 보라고 말씀하는 것입니다. 예수 믿는 사람은 물론 다르겠지만, 바울은 지금 보편적 인류의 진실에 대해 논하는 중입니다. 복음의 필요성을 설명하기 위해서 인류가 하나님의 진노 아래 있다는 증거를 제시하고 있습니다. 마태복음 18장 23절에 가 봅시다.

그러므로 천국은 그 종들과 결산하려 하던 어떤 임금과 같으니 결산할 때에 만 달란트 빚진 자 하나를 데려오매 갚을 것이 없는지라 주인이 명하여 그 몸과 아내와 자식들과 모든 소유를 다 팔아 갚게 하라 하니 그 종이 엎드려 절하며 이르되 내게 참으소서 다 갚으리이다 하거늘 그 종의 주인이 불쌍히 여겨 놓아 보내며 그 빚을 탕감하여 주었더니 그 종이 나가서 자기에게 백 데나리온 빚진 동료 한 사람을 만나 붙들어 목을 잡고 이르되 빚을 갚으라 하매 그 동료가 엎드려 간구하여 이르되 나에게 참아 주소서 갚으리이다 하되 허락하지 아니하고 이에 가서 그가 빚을 갚도록 옥에 가두거늘 그 동료들이 그것을 보고 몹시 딱하게 여겨 주인에게 가서 그 일을 다 알리니 이에 주인이 그를 불러다가 말하되 악한 종아 네가 빌기에 내가 네 빚을 전부 탕감하여 주었거늘 내가 너를 불쌍히 여김과 같이 너도

네 동료를 불쌍히 여김이 마땅하지 아니하냐 하고 (마 18:23-33)

용서를 받는다는 것은 타인을 용서할 수 있게 은혜와 능력을 받는 것을 말합니다. 용서를 받으면 용서할 수 있는 이해와 능력이 생깁니다. 내가 남을 용서해야 나도 용서를 받는 것이 아니라, 내가 용서를 받아야 비로소 용서라는 것을 할 수 있게 된다는 말씀입니다. 마태복음 18장은 이 이야기를 하고 있습니다.

무엇이 선이고 악인지를 안다고 해서 우리가 선을 행하는 것은 아닙니다. 하나님께 돌아와야 내가 비난했던 악에서 벗어나 선을 행할 수 있게 됩니다. 악한 자를 심판하여 정죄하고 격리하고 벌하며 소리 높여 선을 외치고 고백한다고 해서 선을 행하게 되는 것이 아니라, 하나님께 돌아와야 선을 행할 수 있게 됩니다. 하나님께 돌아와야 비로소 악을 정죄하던 자리에서 벗어나 선을 행할 수 있습니다.

이것이 신자에게 허락된 책임입니다. 신자는 우열을 나누고 옳고 그름을 구별하는 책임이 아니라, 인간이라는 존재의 가치가 무엇이며 인간이 얼마나 아름다운가를 세상 앞에 보이는 책임을 지게 된 것입니다. 우리는 그런 짓 안 해, 이것만으로는 너무나 가난한 신앙입니다. 우리는 도둑질 안 해, 우리는 살인 안 해, 라는 것만으로 우리가 무엇이 되는 것은 아닙니다.

인류가 사망에 불과할 때 우리는 생명입니다. 저들이 다만 싸울 때, 우리는 사랑을 나눕니다. 상대적 비교를 하여 우위를 드러내는 데 목적이 있지 않습니다. 완전히 다른 존재임을 드러낼 수밖에 없음을 말하고 싶습니다. 그것이 복음이 우리에게 전하는 내용입니다. 죽음의 자리에서 생명과 위대함으로 가게 하는 열쇠를 말하는 것입니다.

　　그래서 바울은 지금 하나님을 거부하고 하나님께로부터 떨어져 있는, 단절된 자들의 잘못을 추궁하는 것이 아닙니다. 어떤 존재도 하나님으로부터 독립된 자리에서는 자기에게 필요한 것을 채울 수 없다는 사실을 확인시켜 주는 것입니다. '나는 죄 짓지 않았다'라는 말이 '내가 선을 행할 수 있다'라는 의미는 아니다, 다른 사람이 무엇을 잘하고 무엇을 잘못했는지를 네가 안다고 해서 그것이 네가 선을 만들고 있는 증거는 아니다, 라고 합니다. "선생님, 쟤 기도할 때 눈떴대요"라고 말하는 것에 불과합니다. 그러니 행하라고 합니다.

다스리는 사역에 동참하는 인간

마태복음 25장에는 이 문제에 대한 성경의 깊은 가르침이 나옵니다. 달란트 비유가 등장하는데, 24절 이하에서는 한 달란트 받고 충성하지 않은 종이 변명하자 이에 대해 주인이 꾸중하는 내용이 나옵니다.

　　한 달란트 받았던 자는 와서 이르되 주인이여 당신은 굳은 사람이라 심지 않은 데서 거두고 헤치지 않은 데서 모으는 줄을 내가 알았으므로 두려워하여 나가서 당신의 달란트를 땅에 감추어 두었었나이다 보소서 당신의 것을 가지셨나이다 그 주인이 대답하여 이르되 악하고 게으른 종아 나는 심지 않은 데서 거두고 헤치지 않은 데서 모으는 줄로 네가 알았느냐 그러면 네가 마땅히 내 돈을 취리하는 자들에게나 맡겼다가 내가 돌아와서 내 원금과 이자를 받게 하였을 것

이니라 하고 (마 25:24-27)

너는 네가 내 원금을 잘 보관했다가 돌려주는 것으로 네 할 일 다 했다고 생각하는데, 그렇다면 은행에라도 넣어 두어 이자라도 얻게 했어야 하지 않느냐, 하는 주인의 추궁입니다. 한 달란트 받은 자가 주인을 어떤 사람으로 인식하고 있는지 그의 말에서 알 수 있습니다. 당신은 굳은 사람이라, 심지 않은 데서 거두고 헤치지 않은 데서 모으는 자라고 말합니다. 이 말은 당신이 헤쳤다면 쏟아부어야 제가 긁어모을 것 아닙니까, 당신이 심어야 결실할 것 아닙니까, 라는 자기 합리화죠.

주인의 답에 담긴 뜻은 이렇습니다. 너는 내가 이렇게 해 주지 않아서 취할 것이 없게 되어 받은 것을 그대로 돌려줬다고 한다, 그러나 네 잘못이 여기에 있다, 나는 원인과 결과 모든 것을 독점하지 않고 내가 만든 세상에서 나의 형상으로 지은 너희와 이 특권을 나누고 있다, 그러나 너는 이 사실을 모르고 있다, 라는 것이죠.

하나님은 인간을 만드신 후 생육하고 번성하여 땅에 충만하라고 하셨습니다. 이 피조 세계에서 우리 인간에게만 허락하신 복입니다. 하나님의 형상으로 지음받았다는 사실에 이 복이 들어 있습니다.

이처럼 한 인간의 존재와 삶은 하나님의 창조 역사에 동참하는 것입니다. 다른 피조물들이 단지 '존재하는' 창조 사역의 산물이라면, 우리는 하나님께서 약속하신 대로 '다스리는' 사역에 동참하고 있습니다. 다스려야 하는 자로서의 사역, 곧 하나님께서 성경 내내 약속하신 하나님의 기업을 이을 자에게 주신, 주인으로서의 동참입니다. 자라나며 분별하며 판단하며 결정하며 하나님의 성실하심과 깊으심에 동참하는 자로 부름받은 인생인 것입니다.

따라서 인간이란 부패되고 왜곡되고 더러워지고 마는 존재가 아니라 더 나아가고 나아가야 하는 존재입니다. 예술에 깃든 아름다움이나 위대함에서 볼 수 있듯이, 더 나아가고 나아가는 복이 인간에게 주어졌습니다. 그런데 이렇게 부름받은 인간이 하나님을 떠나 아름다움과 명예와 자랑과 영광과 승리를 추구하면, 본래의 형상과는 극단적으로 다른 모습을 보일 수밖에 없게 됩니다.

예수로 드러난 인간의 가치

이처럼 성경은 복음을 설명하기 위하여 인간의 본래 자리가 어떤 것인지 상기시켜 줍니다. 우리가 살아가는 시간은 하나님의 은혜와 능력이 발휘되어 승리로 나아가는 길입니다. 우리의 삶은 그저 다만 시간을 흘려보내 결국 죽어 버리면 그만인 인생이 아니며 잠깐 존재하다가 소멸되고 마는 일회용 인생이 아니라고 가르치는 것이 달란트 비유의 중요한 지적입니다. 조금 더 확대하죠. 골로새서 1장 16절을 봅시다.

만물이 그에게서 창조되되 하늘과 땅에서 보이는 것들과 보이지 않는 것들과 혹은 왕권들이나 주권들이나 통치자들이나 권세들이나 만물이 다 그로 말미암고 그를 위하여 창조되었고 또한 그가 만물보다 먼저 계시고 만물이 그 안에 함께 섰느니라 그는 몸인 교회의 머리시라 그가 근본이시요 죽은 자들 가운데서 먼저 나신 이시니 이는

친히 만물의 으뜸이 되려 하심이요 아버지께서는 모든 충만으로 예
수 안에 거하게 하시고 (골 1:16-19)

예수 그리스도의 성육신에 담긴 가장 위대한 사실은 하나님의 모든
충만이 우리와 방불한 한 육신의 짧은 인생 속에 들어오실 수 있었다
는 점입니다. 그것은 다만 아무것도 아닌 존재인 우리가 하나의 업적
을 이루거나 어쩌다 한 번 의미 있는 일을 하는 정도의 일이 아닙니
다. 자책과 한계에 붙잡혀 있다고 생각되는 이 막막한 조건을 무한이
유한 속에 들어와 감당하십니다. 예수의 울음, 걱정, 꾸짖음, 또 겟세
마네에서의 기도를 떠올려 봅시다. 한계 속에서, 넘지 못할 경계선에
서 쩔쩔매셨던 모습을 볼 수 있습니다. 그런데 아버지께서는 모든 충
만으로 예수 안에 거하게 하셨습니다. 하나님을 거부했던 인류가 구
원을 받고 하나님과 화목하게 된 것은 예수의 성육신으로 말미암았던
것입니다.

　그래서 야단치십니다. 다만 무엇이 선이고 악인 줄 알기만 한 채
"저러면 안 돼. 나는 그렇게 안 해"라고 하는 데에 머물러 있지 말아라,
그렇게 말만 하는 것은 실제로 살아 내는 것과는 다르다, 이는 하나님
의 방식이 아니다, 너희가 알지 않느냐, 그러니 그렇게 하지 말고 하나
님이 원래 인간을 지으신 목적과 예수 안에서 하신 것을 보라고 합니
다. 마태복음 11장을 보면 이런 이야기가 나옵니다.

　요한이 옥에서 그리스도께서 하신 일을 듣고 제자들을 보내어 예수
께 여짜오되 오실 그이가 당신이오니이까 우리가 다른 이를 기다리

오리이까 예수께서 대답하여 이르시되 너희가 가서 듣고 보는 것을
요한에게 알리되 맹인이 보며 못 걷는 사람이 걸으며 나병환자가 깨
끗함을 받으며 못 듣는 자가 들으며 죽은 자가 살아나며 가난한 자
에게 복음이 전파된다 하라 (마 11:2-5)

세례 요한은 예수님의 길을 준비하러 온 선지자입니다. 예수는 세상
죄를 지고 가는 하나님의 어린 양이다, 메시아다, 그의 신발 끈을 푸는
것도 나는 감당할 수 없다고 했던 요한에게 무슨 의심이 생겼습니까?
하나님의 구원과 그 구원자를 보내시겠다는 약속이 어떻게 이렇게 기
대 밖이며 어찌 이렇게 초라하고 작은가에 놀랍니다. 옥에 갇혀서 죽
음을 앞두고 있는 그는 자기가 증언한 메시아가 진짜인지 아닌지를
확인하러 제자들을 예수께 보냅니다. 오실 그이가 당신입니까, 이에
주님이 무엇이라고 답하셨습니까? 여기 나열된 것들을 잘 보십시오.

너희가 가서 듣고 보는 것을 요한에게 알리되 맹인이 보며 못 걷는
사람이 걸으며 나병환자가 깨끗함을 받으며 못 듣는 자가 들으며 죽
은 자가 살아나며 가난한 자에게 복음이 전파된다 하라 (마 11:4하-5)

무슨 이야기 같습니까? 욕밖에 할 줄 모르던 사람이, 화밖에 낼 줄 모
르던 사람이, 그저 늘 반대하고 싸우고 들이받는 것 말고는 할 줄 모르
던 뿔 달린 짐승이, 가슴에는 온통 철조망뿐인 사람이 다른 사람을 품
을 수 있고 남의 말을 들을 수 있고 웃을 수 있게 되었다, 이렇게 되도
록 역사하신 이가 메시아라는 사실을 모른다면 도대체 무슨 답이 필

요한가, 라는 것입니다. 힘으로 악을 눌러 격리하고 분리하고 제거해 봐야 소용없습니다. 때를 벗기고 피부를 벗겨 내는 것에 불과할 뿐, 새로운 사람이 되는 일은 일어나지 않습니다.

예수님의 증언이 바로 이것입니다. 존재가 바뀌는 것이죠. 이 말을 도덕적으로 이해하지 마십시오. 인간이라는 존재를 성경이 이야기하는 식으로 이해하고, 이러한 인간을 예수 안에서 구원한다는 성경의 설명을 따라 이해해야 합니다. 다그쳐서 몰고 가는 것입니다. 몰고 가고, 몰고 가서 어떻게 하라고 합니까? 우리는 여기서 너무 쉽게 '회개하라'로 넘어가는 바람에, 로마서 2장과 3장 전반부까지의 내용을 그저 "우리는 이랬어. 그런데 이제부터는 그러지 말아야지"와 같은 한 사람의 결심과 선택의 문제로 오해해 왔습니다. 성경은 지금 이런 이야기를 하는 것이 아닙니다. 너희 가운데 이 사실에서 예외인 사람은 없다, 아무도 거기서 벗어나지 못하고 있다, 아무도 예외가 없다, 로 몰아가는 것입니다.

그러면 우리는 물어야 합니다. 이렇게 몰 바에야, 이렇게 다그쳐서 아무도 여기에서 예외가 없다고 몰 바에야, 다 죽이시지 굳이 이렇게 깊은 자리까지 우리를 몰아붙이십니까, 라는 질문이 나와야 합니다. 우리는 이 부분에서 쉽게 "회개해야겠군요"라고 말합니다. 하지만 여기를 그렇게 읽으면 안 됩니다.

인간의 거스름을 거스르시는 하나님

그렇다면 이 말은 왜 할까요? 마태복음 13장에는 씨 뿌리는 비유가 나옵니다. 이 말씀을 한번 생각해 보겠습니다. 10절 이하를 같이 봅시다.

제자들이 예수께 나아와 이르되 어찌하여 그들에게 비유로 말씀하시나이까 대답하여 이르시되 천국의 비밀을 아는 것이 너희에게는 허락되었으나 그들에게는 아니되었나니 무릇 있는 자는 받아 넉넉하게 되되 없는 자는 그 있는 것도 빼앗기리라 그러므로 내가 그들에게 비유로 말하는 것은 그들이 보아도 보지 못하며 들어도 듣지 못하며 깨닫지 못함이니라 이사야의 예언이 그들에게 이루어졌으니 일렀으되 너희가 듣기는 들어도 깨닫지 못할 것이요 보기는 보아도 알지 못하리라 이 백성들의 마음이 완악하여져서 그 귀는 듣기에 둔하고 눈은 감았으니 이는 눈으로 보고 귀로 듣고 마음으로 깨달아 돌이켜 내게 고침을 받을까 두려워함이라 하였느니라 (마 13:10-15)

예수님께서는 이사야 6장의 말씀을 인용하고 계십니다. 무시무시한 내용입니다. 하나님의 존전에 부름을 받고 선 이사야가 하나님의 한탄을 듣습니다. '누가 우리를 위하여 갈꼬.' '주여 내가 여기 있나이다. 나를 보내소서.' 그러자 주신 말씀입니다. "가라. 그러나 그들이 봐도 모르고 들어도 모르고 돌이키지 않을 것이다. 그러나 가라."

바로 그렇게 예수님이 오셨다는 것입니다. 회개를 시키거나 감동을 받게 하려고 오시지 않았습니다. 이 하나님을 거부하여 갈 데까지 간 인류, 끝까지 하나님을 거슬러 고집을 피우고 있는 인류에게 하나님은 여전히 창조주로서 성실한 의지를 지키고 계신다는 것입니다. 인간의 고집과 하나님의 고집, 이 둘이 충돌하고 있는 것입니다.

누가 이길 것 같습니까? 역사를 통해서 보게 된 인류의 현실은 굳이 로마서 2장에서 '다 거짓되고 선을 행하는 자 없고 목구멍은 열린 무덤이라'라고 나열할 필요도 없이 처참한 지경이라는 형편을 우리 모두가 다 알고 있습니다. 아무리 말해도 깨닫지 못하고 회개하지 않을 자들임을 하나님은 이미 알고 계십니다. 그러나 하나님은 그렇게 인류가 하나님을 거부하며 버티고 있는 고집을 그의 힘으로 꺾으실 것입니다. 역사 속에 실체로 오신 예수 그리스도로 하나님이 찾아오셔서 역사를 뒤집어 놓는 것입니다.

사람들은 이 내용을 잘 이해하지 못합니다. 그래서 신앙을 내가 회개했다, 내가 예수를 선택했다, 내가 믿기로 결심했다, 와 같이 이해합니다. 천만의 말씀입니다. 우리는 보기는 보아도 보지 못하고 듣기는 들어도 깨닫지 못하는 그런 사람들입니다. 이렇게 대안이 없는 우리에게, 끊임없이 하나님을 거스르는 인류에게, 인간의 배신과 고집과 반역을 거슬러 하나님이 그 패역한 자리에 이사야를 보내고, 마침내 거기에 예수를 보내시는 것입니다. 하나님이 직접 오시는 것입니다.

여러분의 신앙을 간단하게 여기지 마십시오. 신앙을 내 선택, 내 결심, 내 분별의 산물이라고 생각하지 마시고, 하나님의 일하심이 얼마나 굉장한가를 늘 기억하십시오. 이런 사실을 강조하는 것은 믿고 난 이후에도 필요합니다. 우리가 아직 죄인이었을 때에 찾아오셔서 우리를 위하여 죽으신 것이 하나님의 구원 방식입니다. 그렇다면 믿은 이후의 하나님의 일하심은 오죽 더하겠습니까? 이것이 로마서가 하고 싶은 이야기입니다.

신자들의 걱정은, 예수는 믿었는데 믿은 것만큼 신앙이 시원하게 이어지지 않는다는 데에 있습니다. 그러나 하나님이 우리 생각보다 크게 일하시고 있다는 것을 잊지 마십시오. 우리의 나태와 핑계와 비겁함과 도망가는 모든 것 속에서도 하나님께서는 여전히 일하십니다.

이런 하나님을 두려워해야 합니다. 결국 이 자리까지 가야 합니다. 예수를 인간으로 보내고 십자가에 기어코 매달으신 하나님입니다. 그러니 방심할 수 없습니다. 믿는다고 우기지 마십시오. 믿음이 얼마나 무서운 선물인가, 하나님이 우리를 어디까지 돌려세우려고 하시는가를 기억해야 합니다. 죽어서 천국 가고 살아생전에 복 받는 어떤 요행 정도로 신앙을 이해하지 말고, 모든 개인의 존재와 가치와 운명과 역사와 우주에 대한 하나님의 신실한 의지가 무엇인지를 보아야 합니다.

그러니 사도 바울의 '내가 너희 보기를 원한다'라는 말은 빨리 구원을 받으라고 말하는 것이 아닙니다. 이 더러움에서 벗어나 하나님이 예수 안에서 이루신 참다운 영광에 동참하라, 너희 인생으로 위대한 승리의 길을 걸으라, 이렇게 말하고 싶었던 것입니다. 내가 이 일에 어찌 조금이라도 지체하며 머뭇거릴 수 있더냐, 이 깊고 영광된 일을 빨리 가서 전하여 위대한 하나님의 영광을 드러내려는 마음으로 바울은 불탔던 것입니다. 이렇게 이 말씀을 이해하고 약속으로 붙드는 인생이 되기를 바랍니다.

기 도

하나님 아버지, 예수를 믿고 하나님을 아버지라 부른다는 것은 놀라운 일입니다. 우리의 생각처럼 그저 우리 하나 보호받는 것, 빨리빨리 살아서 고생

없이 천국 가는 것이 전부가 아님을 알게 하옵소서. 더 깊어지게 하옵소서. 아무것도 아닌 것 같은 우리의 존재와 삶 속에서 저 세례 요한의 질문에 대한 예수 그리스도의 답을 기억하게 하옵소서. 정말 가난한 데서, 죽은 자리에서 되살림을 받은 자의 영광, 그래서 이제 갖게 된 생명, 그 생명의 부요, 그 부요의 영광을 누리는 기도와 믿음과 인내와 거룩과 감사와 소망의 삶을 살 수 있도록 복을 주시옵소서. 예수님 이름으로 기도합니다. 아멘.

6.

표면적 유대인이 유대인이 아니요

선민, 신앙의 실체를 보이는가

―――――

⋯⋯ 23 율법을 자랑하는 네가 율법을 범함으로 하나님을 욕되게 하느
냐 24 기록된 바와 같이 하나님의 이름이 너희 때문에 이방인 중에서
모독을 받는도다 25 네가 율법을 행하면 할례가 유익하나 만일 율법을
범하면 네 할례는 무할례가 되느니라 26 그런즉 무할례자가 율법의 규
례를 지키면 그 무할례를 할례와 같이 여길 것이 아니냐 27 또한 본래
무할례자가 율법을 온전히 지키면 율법 조문과 할례를 가지고 율법을
범하는 너를 정죄하지 아니하겠느냐 28 무릇 표면적 유대인이 유대인
이 아니요 표면적 육신의 할례가 할례가 아니니라 29 오직 이면적 유
대인이 유대인이며 할례는 마음에 할지니 영에 있고 율법 조문에 있지
아니한 것이라 그 칭찬이 사람에게서가 아니요 다만 하나님에게서니
라 (롬 2:17-29)

심판 아래 있는 모든 인간

로마서 1장 18절에서 3장 20절까지 바울은 모든 인간이 하나님의 심판 아래 있다는 사실을 설명합니다. 먼저 1장 18절 이하에서 인간이 어떻게 하나님의 심판 아래에 있게 되었는지를 밝힙니다. 그들 안에 하나님을 알 만한 것이 있음에도 하나님을 우상으로 바꾸며, 자기 욕심대로 살아 타락하고 스스로 심판의 길을 간 인류를 고발하고 있습니다.

이어 2장에서는 다른 사람의 죄를 지적한다고 자신이 괜찮은 사람이 되는 것은 아니며, 타인의 죄를 지적하는 것으로 자기 의를 채우려 하지 말고 하나님 앞에 어떻게 살 것인가에 대해 답을 가지고 살아야 한다고 말합니다. "하나님 앞에서는 율법을 듣는 자가 의인이 아니요 오직 율법을 행하는 자라야 의롭다 하심을 얻으리니"라는 말씀이 이를 잘 요약해 주고 있습니다.

사람의 실체는 아는 것에 있지 않고 아는 것을 행하는 데에 있습니다. 아는 것이 그 사람의 실체가 아니라 아는 것을 행하는 것이 실체이므로, 모르는 것과 알면서도 행하지 않는 것은 모두 실체가 될 수 없다는 점에서 똑같습니다. 아는 것을 행해야만 드디어 실체가 되는 것입니다.

이스라엘의 실패

로마서 2장 17절 이하에서는 '인류 모두가 심판 아래에 있다'라는 말에 이의를 제기할 한 부류의 사람들을 언급하는데, 바로 유대인들입니다. '우리는 선민이고 하나님의 율법도 받았고 할례도 했는데, 우리가 하나님의 심판 아래에 있을 리 없다'라는 유대인들의 항변을 바울은 이미 전제하고 있습니다. 그래서 어떻게 유대인도 동일하게 하나님의 심판 아래에 있을 수밖에 없는가, 하는 문제를 논합니다. 예레미야 7장 1절부터 보겠습니다.

> 여호와께로부터 예레미야에게 말씀이 임하니라 이르시되 너는 여호와의 집 문에 서서 이 말을 선포하여 이르기를 여호와께 예배하러 이 문으로 들어가는 유다 사람들아 여호와의 말씀을 들으라 만군의 여호와 이스라엘의 하나님께서 이와 같이 말씀하시되 너희 길과 행위를 바르게 하라 그리하면 내가 너희로 이 곳에 살게 하리라 너희는 이것이 여호와의 성전이라, 여호와의 성전이라, 여호와의 성전이라 하는 거짓말을 믿지 말라 너희가 만일 길과 행위를 참으로 바르게 하여 이웃들 사이에 정의를 행하며 이방인과 고아와 과부를 압제하지 아니하며 무죄한 자의 피를 이 곳에서 흘리지 아니하며 다른 신들 뒤를 따라 화를 자초하지 아니하면 내가 너희를 이 곳에 살게 하리니 곧 너희 조상에게 영원무궁토록 준 땅에니라 (렘 7:1-7)

하나님께서 예레미야 선지자를 일으켜 당신의 백성을 꾸짖으시는 장면입니다. 여호와께 예배하러 들어가는 유다 사람들이 성전 문 앞에 서서 이것이 여호와의 성전이라, 여호와의 성전이라,라고 말합니다. 이 성전을 자기네가 지었다는 뜻이죠. 그러나 하나님께서는 너희가 나에게 성전을 바친 것으로 너희 임무가 끝났다고 생각하지 말아라, 성전을 바친 것이 내 호의를 받는 조건이 될 수 없다, 나를 위하여 성전을 짓고 나에게 나아와 제사할 지식이 있거든, 나를 알고 내 앞에 엎드릴 신앙이 있거든 그 실체를 보여라, 이렇게 말씀하십니다.

여기 나온, 고아와 과부를 압제하지 말고 무죄한 자의 피를 흘리지 말라는 것은 그것이 단지 선행이기 때문에 하라는 것이 아닙니다. 그런 일이 하나님의 속성을 반영하는, 하나님이 기뻐하시는 일이며 우리를 불러 이루고자 하시는 일의 실체를 드러내기 때문에 하라는 것입니다.

보라 너희가 무익한 거짓말을 의존하는도다 너희가 도둑질하며 살인하며 간음하며 거짓 맹세하며 바알에게 분향하며 너희가 알지 못하는 다른 신들을 따르면서 내 이름으로 일컬음을 받는 이 집에 들어와서 내 앞에 서서 말하기를 우리가 구원을 얻었나이다 하느냐 이는 이 모든 가증한 일을 행하려 함이로다 (렘 7:8-10)

완곡하게 표현되어 있지만, 사실 서슬이 퍼런 내용입니다. 너희가 도둑질하고 살인하고 거짓 맹세하고 우상 숭배하면서도 성전에 들어와 제사만 드리면 '우리 할 것 다 했다'라고 하는데, 도대체 이것이 말이 되느냐고 묻는 내용입니다. 우리도 조심해야 할 문제입니다. 유대인에게 있는 선민이라는 지위, 그들이 가진 율법과 할례가 신앙의 실체를 대신할 수 없다는 것입니다. 오늘 본문으로 돌아와 보면 이 내용이 더욱 확실해지는데, 로마서 2장에서는 다음과 같이 언급합니다. 20절부터 보겠습니다.

> 율법에 있는 지식과 진리의 모본을 가진 자로서 어리석은 자의 교사
> 요 어린 아이의 선생이라고 스스로 믿으니 그러면 다른 사람을 가르
> 치는 네가 네 자신은 가르치지 아니하느냐 도둑질하지 말라 선포하
> 는 네가 도둑질하느냐 간음하지 말라 말하는 네가 간음하느냐 우상
> 을 가증히 여기는 네가 신전 물건을 도둑질하느냐 율법을 자랑하는
> 네가 율법을 범함으로 하나님을 욕되게 하느냐 (롬 2:20-23)

놀랍지 않습니까. 선민으로 하나님을 알며 하나님의 뜻을 따라 산다
고 믿는 이스라엘 백성이 어떻게 행하였습니까? 율법의 요약이라고
할 수 있는 십계명과 연관하여 생각해 보십시오. 나 외에 다른 신을 두
지 마라, 피조물의 형상으로 신을 만들지 마라, 내 이름을 망령되이 일
컫지 말라와 같은 이 모든 계명을 그들이 지켰습니까? 그렇지 않습니
다. 그들은 율법을 가지고 있으면서도 그 율법을 행하여 자신의 실체
로 만들지 못했습니다.

이스라엘이 징계받은 이유

하나님의 심판 대상에 유대인도 예외가 아니라는 예레미야 7장의 경
고는 12절에서 "너희는 내가 처음으로 내 이름을 둔 처소 실로에 가서
내 백성 이스라엘의 악에 대하여 내가 어떻게 행하였는지를 보라"라
는 말씀으로 이어집니다. 하나님께서 실로에서 어떻게 행하셨는지 회

고해 보라는 것입니다. 실로에서 행한 일이란 사무엘상 4장에 나오는
유명한 사건인데, 이 사건을 잘 읽고 기억할 필요가 있습니다.

사무엘의 말이 온 이스라엘에 전파되니라 이스라엘은 나가서 블레
셋 사람들과 싸우려고 에벤에셀 곁에 진 치고 블레셋 사람들은 아벡
에 진 쳤더니 블레셋 사람들이 이스라엘에 대하여 전열을 벌이니라
그 둘이 싸우다가 이스라엘이 블레셋 사람들 앞에서 패하여 그들에
게 전쟁에서 죽임을 당한 군사가 사천 명 가량이라 백성이 진영으로
돌아오매 이스라엘 장로들이 이르되 여호와께서 어찌하여 우리에게
오늘 블레셋 사람들 앞에 패하게 하셨는고 여호와의 언약궤를 실로
에서 우리에게로 가져다가 우리 중에 있게 하여 그것으로 우리를 우
리 원수들의 손에서 구원하게 하자 하니 이에 백성이 실로에 사람
을 보내어 그룹 사이에 계신 만군의 여호와의 언약궤를 거기서 가져
왔고 엘리의 두 아들 홉니와 비느하스는 하나님의 언약궤와 함께 거
기에 있었더라 여호와의 언약궤가 진영에 들어올 때에 온 이스라엘
이 큰 소리로 외치매 땅이 울린지라 블레셋 사람이 그 외치는 소리
를 듣고 이르되 히브리 진영에서 큰 소리로 외침은 어찌 됨이냐 하다
가 여호와의 궤가 진영에 들어온 줄을 깨달은지라 블레셋 사람이 두
려워하여 이르되 신이 진영에 이르렀도다 하고 또 이르되 우리에게
화로다 전날에는 이런 일이 없었도다 우리에게 화로다 누가 우리를
이 능한 신들의 손에서 건지리요 그들은 광야에서 여러 가지 재앙으
로 애굽인을 친 신들이니라 너희 블레셋 사람들아 강하게 되며 대장
부가 되라 너희가 히브리 사람의 종이 되기를 그들이 너희의 종이 되

었던 것 같이 되지 말고 대장부 같이 되어 싸우라 하고 블레셋 사람
들이 쳤더니 이스라엘이 패하여 각기 장막으로 도망하였고 살륙이
심히 커서 이스라엘 보병의 엎드러진 자가 삼만 명이었으며 하나님
의 궤는 빼앗겼고 엘리의 두 아들 홉니와 비느하스는 죽임을 당하였
더라 (삼상 4:1-11)

하나님의 궤를 빼앗긴 역사를 생생하게 기록한 장면입니다. 법궤를 갖
고 있으면 하나님을 소유하는 것으로 생각했던 이스라엘이 법궤 없이
싸우자 사천 명이 죽고, 법궤를 앞세워 싸우자 삼만 명이 죽는 일이 벌
어집니다. 급기야 법궤를 빼앗기는 일까지 일어납니다. 이사야 52장에
가면 이사야가 이스라엘 백성의 회개를 촉구하는 장면이 나옵니다.

시온이여 깰지어다 깰지어다 네 힘을 낼지어다 거룩한 성 예루살렘
이여 네 아름다운 옷을 입을지어다 이제부터 할례받지 아니한 자와
부정한 자가 다시는 네게로 들어옴이 없을 것임이라 너는 티끌을 털
어 버릴지어다 예루살렘이여 일어나 앉을지어다 사로잡힌 딸 시온이
여 네 목의 줄을 스스로 풀지어다 여호와께서 이와 같이 말씀하시되
너희가 값없이 팔렸으니 돈 없이 속량되리라 주 여호와께서 이와 같
이 말씀하시되 내 백성이 전에 애굽에 내려가서 거기에 거류하였고
앗수르인은 공연히 그들을 압박하였도다 그러므로 이제 여호와께서
말씀하시되 내 백성이 까닭 없이 잡혀갔으니 내가 여기서 어떻게 하
랴 여호와께서 말씀하시되 그들을 관할하는 자들이 떠들며 내 이름
을 항상 종일토록 더럽히도다 (사 52:1-5)

애굽에 잡혀가 있었던 경험과 앗수르에 망했던 북 왕조 이스라엘의 역사를 모아서 함께 놓고 말씀하시기를, 나를 모르는 세상 나라들이 내 백성을 늘 괴롭히는데 이는 이스라엘 백성이 실패해서 쫓겨 갔기 때문이라고 하십니다. 이렇게 이스라엘과 유다 백성들이 앗수르와 바벨론에 포로로 잡혀 갔기 때문에 하나님의 이름이 종일 모욕을 당합니다. '내 이름이 모욕을 당하니 내가 참고 있겠느냐'라고 하시며 구원을 말씀하시는 이 내용 속에는 '너희가 왜 쫓겨 갔고, 하나님인 내가 왜 이런 모욕을 받는가를 생각해 보라'라는 의미가 같이 들어 있습니다.

하나님께서는 모든 열방 앞에 하나님의 구원과 복의 제사장이 되라고 아브라함을 부르셨습니다. 하나님의 약속은 이 아브라함에게서 시작되었고, 하나님께서는 아브라함의 후손으로 성립된 제사장 나라인 이스라엘에게 당신을 알고 당신과 교제하며 복을 누리는 일을 허락하셨습니다. 그러나 이스라엘이 이 모든 일에서 실패하자, 이스라엘을 세워 찬송 받으시고 모든 인류에게 은혜를 주시고자 했던 하나님의 뜻은 깨집니다. 죄를 자초한 이스라엘을 하나님은 가만두실 수가 없습니다. 이스라엘의 불신앙으로 그들에게 벌과 심판이 임했다는 사실보다 그로 말미암아 하나님의 이름이 더럽혀졌다는 사실이 중요합니다.

이스라엘은 자기네가 선민이며 무엇이 옳은지 알고 있으며 또한 율법을 갖고 있다고 해서 그들의 지위가 유지되는 것은 아닙니다. 무엇이 옳은지 알고 하나님을 알고 있다면, 이 앎을 실체화할 의무가 그들에게 있다는 말입니다. 지식이 있어도 이 지식을 자신에게 적용하여 자기 것으로 만들어 내지 못하면 그것은 본인에게 부끄러움이 되고 주위에는 허세를 부리는 것에 불과하게 됩니다.

이스라엘 백성에게 주어진 '하나님을 알아야 하고 하나님을 섬겨야 한다'라는 말은, 이 앎을 실체화하여 자신을 하나님께 맡겨야 한다는 것을 의미합니다. 그래야 하나님의 자녀가 되라는 하나님의 목적과 의지에 부합하게 되는 것입니다. 하지만 이스라엘은 은혜를 입고도 그러한 일에 자신을 드리지 않았고, 선택받은 자로서의 책임을 지지 않는 불성실한 자로 남아 있었습니다. 이것이 예수님이 오시기까지 이스라엘이 바벨론 포로 사건을 비롯한 여러 힘든 일들을 거치며 막막한 세월을 지내야 했던 가장 큰 이유입니다.

행한 대로 갚으시는 하나님

성도들의 인생이 막막해 보이는 것은 자기가 아는 것을 자기 것으로 만드는 싸움에서 실패하기 때문입니다. 예수를 믿는다는 말, 십자가를 따라간다는 말을 자기 삶으로 담아내는 일에서 그르치는 것입니다. 나는 믿었고 십자가를 알고 있으니 책임은 없고 보상만 있다고 쉽게 생각하여, 자기 자신을 스스로 속이며 자기가 만든 낙관 속에서 길을 잃고 있는 것은 아닌지 모르겠습니다. 아모스서 5장에 가 보면, 멸망을 앞둔 이스라엘을 향한 아모스 선지자의 경고와 꾸중을 만나게 됩니다.

내가 너희 절기들을 미워하여 멸시하며 너희 성회들을 기뻐하지 아니하나니 너희가 내게 번제나 소제를 드릴지라도 내가 받지 아니할 것이요 너희의 살진 희생의 화목제도 내가 돌아보지 아니하리라 네 노랫소리를 내 앞에서 그칠지어다 네 비파 소리도 내가 듣지 아니하리라 오직 정의를 물 같이, 공의를 마르지 않는 강 같이 흐르게 할지어다 (암 5:21-24)

기독교 신앙으로 사회를 더 건강하게 만들고자 할 때 자주 쓰는 유명한 구절입니다. 정의를 물 같이, 공의를 마르지 않은 강 같이 흐르게 하라, 너 혼자 믿고 너 혼자 좋다고 숨어 다니지 말고, 사회적 책임을 지라는 의미로 많이 인용되는데, 이 말씀은 더 깊이 음미해야 합니다. 로마서에 나온 유대인을 향한 꾸중과 마찬가지로, 아는 것이 네 실체냐, 아는 것이 너 자신이냐, 그것을 믿으면 너 자신이 어떤 존재가 되느냐, 라는 물음입니다. 이 질문은 앞에서 언급한 예레미야 7장과 마찬가지로, 너희가 실제로 아버지의 말씀을 따라 행하지 않는다면 너희의 주장, 소유, 지식은 너희 자신의 실체일 수 없다, 또한 실체가 되지 않은 이상 심판을 면할 수 없다는 의미를 담고 있습니다. 왜 그렇습니까? 하나님은 행한 대로 갚으실 것이기 때문입니다.

이것이 로마서 1장 18절부터 3장 20절에 이르는 하나님의 추상같은 심판 기준입니다. 각각 그 행한 대로 갚으실 것이라, 이 말씀에 다 떨어야 합니다. 이 조건을 만족시켜라, 이렇게 간단한 이야기가 아닙니다. 너희가 무엇을 알고 있느냐를 묻는 것입니다. 세상 사람들은 무지해서 못 믿었다고 칩시다. 그러나 우리는 알고 있습니다. 유대인들은 먼저 알았으며 신약시대 성도들은 예수로 말미암아 믿고 알게 되었습니다. 몰라서 못해도 심판을 받고, 알아도 행하지 않으면 심판을 받습니다. 알고 있다고 해서 다 되는 것이 아니기 때문입니다.

따라서 오늘 본문은 '내가 몰라서 못했지만 만일 알았더라면 했을 것'이라는 생각에 대한 공격입니다. 모르고 못한 것과 알고 못한 것은 둘 다 '못했다'는 점에서 똑같습니다. 우리가 행한 대로 갚으실 것입니다. 그러니 무시무시하게 여기셔야 합니다. 우리가 아는 것이 우리를 무엇으로 만들었으며, 무엇으로 만들고 있는지를 돌아보십시오.

실체로 오신 예수처럼

성경은 네가 인내하느냐, 사랑을 행하느냐, 온유하게 살고 있느냐, 겸손히 행하느냐를 묻습니다. 하나님이 이루신 구원이 가지는 실제적 내용입니다. 알게 하는 것이 목적이 아니라 우리의 실체가 되게 하시는 것이 목적입니다.

하나님께서 베푸시는 은혜와 우리를 향한 구원은 매우 구체적입니다. 이 구원은 인간으로 찾아오시는 성육신으로 나타납니다. 더 이상 실제적일 수 없죠. 어떻게 이 이상 더 구체적이겠습니까. 하늘에 무지개가 가득 찼다, 은하수가 유유히 흐른다, 땅이 쪼개지고 가운데서 용암이 솟는다, 여러분에게는 무엇이 가장 구체적으로 여겨지십니까? 같은 인간으로 오는 것보다 더 무서운, 더 분명한 실체가 어디에 있습니까?

예수는 구체적 인간으로 찾아오셔서 우리의 삶을 사시고 우시고 고통스러워하시고 죽으시고 부활하셨습니다. 이는 우리에게도 마찬가지입니다. 너는 내가 준 말씀, 네가 믿었다는 내용을 갖고서 살고 죽고 부활해라, 이렇게 말씀하십니다. 빌립보서 2장으로 가 봅시다.

> 그러므로 나의 사랑하는 자들아 너희가 나 있을 때뿐 아니라 더욱 지금 나 없을 때에도 항상 복종하여 두렵고 떨림으로 너희 구원을 이루라 너희 안에서 행하시는 이는 하나님이시니 자기의 기쁘신 뜻을 위하여 너희에게 소원을 두고 행하게 하시나니 모든 일을 원망과 시비가 없이 하라 이는 너희가 흠이 없고 순전하여 어그러지고 거스르는 세대 가운데서 하나님의 흠 없는 자녀로 세상에서 그들 가운데 빛들로 나타내며 생명의 말씀을 밝혀 나의 달음질이 헛되지 아니하고 수고도 헛되지 아니함으로 그리스도의 날에 내가 자랑할 것이 있게 하려 함이라 (빌 2:12-16)

두렵고 떨림으로 너희 구원을 이루라, 쉬운 것 아니다, 이렇게 말씀하십니다. 이 앞의 내용이 무엇이었죠? 5절로 거슬러 올라가 봅시다.

> 너희 안에 이 마음을 품으라 곧 그리스도 예수의 마음이니 그는 근본 하나님의 본체시나 하나님과 동등됨을 취할 것으로 여기지 아니하시고 오히려 자기를 비워 종의 형체를 가지사 사람들과 같이 되셨고 사람의 모양으로 나타나사 자기를 낮추시고 죽기까지 복종하셨으니 곧 십자가에 죽으심이라 (빌 2:5-8)

조금 전에 아모스서를 보면서 말씀드렸듯이, 이 말씀을 근거로 그렇게 꾸짖고 소리 지르면 일이 다 되거나 책임이 면제되는 것이 아닙니다. 예수 그리스도의 성육신과 삶과 죽음처럼, 우리를 찾아오신 하나님의 구체적인 은혜에 대하여 나 자신이 구체적인 빛이 되어야 합니다. 횃불을 들어 비추지 마시고 여러분 자신이 빛으로 사십시오. 여러분 자신이 실체가 되라는 말씀입니다. 말씀과 약속과 구원과 새 생명의 실체가 되어야 합니다. 그렇게 살아 내지 않으면, 누구도 여러분을 보면서도 빛을 보지 못할 것입니다.

기독교 역사 이천 년 내내 기독교인은 무엇을 했습니까? 예수를 못 박은 것들이라며 유대인을 경멸했습니다. 그러나 그렇게 해서는 정체성이 확보되지 않습니다. 유대인의 실패를 반복하지 않는 길을 가야 하지, 유대인을 경멸하는 것만으로는 정체성이 확보되지 않습니다. 복음서를 보면 바리새인들이 나오는데, 우리는 바리새인들을 경멸하여 우리의 정체성을 삼으려고 할 뿐, 바리새인과 다르게 실제로 살아 내지 않습니다. 말씀을 갖고만 있지 말고 말씀을 살아 내야 합니다. 바리새인처럼 표현만 의로우면 되는 것이 아니라 내용이 의로워야 합니다.

지금 이 싸움은 실천의 유무를 따지는 싸움이 아닙니다. 신앙에서 가장 중요한 것은 '실천의 유무'가 아니라 '실체의 의무'입니다. 단지 믿는다고 자랑하고 고함지르는 것이 아니라 우리 자신이 실체가 되는 것이 우리의 의무입니다.

움켜잡으시는 은혜에 대한 반응

이런 차원에서 하나님이 우리에게 '너희는 이렇게 하라'라고 하시는 것은 은혜입니다. 무엇이 벌이었습니까? 상실된 마음대로 버려두는 것이 벌입니다. 이것이 1장 18절 이하에 나온 하나님이 진노하시는 구체적 현실이었습니다. 제멋대로 살도록 마음의 정욕대로 버려두는 것이었습니다. 하나님께서 우리에게 '너희 이러면 안 된다'라고 꾸짖으시는 것은 하나님이 우리를 둘러싸고 계시기 때문에 가능한 것입니다. '이렇게 하지 마라'라는 경고는 복입니다. '여기를 넘어가지 마라'라는 말씀은 하나님이 쳐 주신 울타리입니다. 하나님의 움켜잡음이죠. '나 외에 다른 신을 두지 마라'라고 선을 긋고 울타리를 쳐 주셨습니다. 그러나 우리는 그 울타리 안에 있지 않고 단지 울타리를 외우고 주장하고 고함지르고 있습니다.

심판과 경고는 중요한 첫걸음입니다. 우리를 내버려 두지 않겠다, 포기하지 않겠다는 하나님의 마음이 여기에 있습니다. 우리는 중립지대에 서서 예수를 믿을 수 없습니다. 중립지대에 서 있다고 생각하면 선택을 미루고 살 수 있다고 생각하게 됩니다. 그러나 미루고 있는 동안은 울타리 밖에 있으며 버려져 있다는 사실을 기억해야 합니다.

하나님을 붙잡고, 붙잡으러 오시는 하나님의 손길을 구하고, 엎드려 "하나님의 통치 아래 살겠습니다. 저를 울타리 밖에 서 있지 못하게 해 주십시오"라고 간구하면서 하나님의 백성으로 살아야 합니다. 타인을 공격하고 무슨 구호를 외쳐서 신앙을 확인하는 것이 아니라, 내가 다른 존재로 부름을 받았다는 것을 기억해야 합니다. 구체적 삶에서, 매일의 현실 속에서, 도전하는 세상의 위협 앞에서 하나님의 은혜를 구해야 합니다. 고린도후서 5장 11절, 20절과 21절을 묶어 제가 바울의 이 깊고 깊은 고백을, 그의 바라는 바를 이렇게 요약했습니다. "내가 주의 두려우심을 알므로 너희를 권하노니 너희는 하나님과 화목하라." 아멘입니다.

기 도

하나님 아버지, 하나님과 화목하려면 순종해야 합니다. 하나님을 아버지라 부르는 이상, 무릎을 꿇어야 합니다. 그것은 굴복도 아니고 구속도 아니고 손해도 아닙니다. 거기서만 생명과 진리가 나오고 의미와 가치와 자랑과 기쁨이 흘러나옵니다. 우리가 어찌 생명의 우물가를 떠날 수 있겠습니까. 그러하오니 우리가 하나님의 거룩하심으로 부름받은 백성이요, 영광된 인생인 줄 알게 하옵소서. 주 예수 안에서 허락하신 은혜로, 우리로 하여금 하나님의 사람으로 사는 충성과 인내도 배우게 하옵소서. 누리게 하옵소서. 자랑할 수 있게 하여 주시옵소서. 예수님 이름으로 기도합니다. 아멘.

7.
하나님의 미쁘심을 폐하겠느냐

믿음, 핑계할 수 없는 하나님의 의지

---

1 그런즉 유대인의 나음이 무엇이며 할례의 유익이 무엇이냐 2 범사에
많으니 우선은 그들이 하나님의 말씀을 맡았음이니라 3 어떤 자들이
믿지 아니하였으면 어찌하리요 그 믿지 아니함이 하나님의 미쁘심을
폐하겠느냐 4 그럴 수 없느니라 사람은 다 거짓되되 오직 하나님은 참
되시다 할지어다 기록된 바 주께서 주의 말씀에 의롭다 함을 얻으시고
판단 받으실 때에 이기려 하심이라 함과 같으니라 5 그러나 우리 불
의가 하나님의 의를 드러나게 하면 무슨 말 하리요 (내가 사람의 말하
는 대로 말하노니) 진노를 내리시는 하나님이 불의하시냐 6 결코 그
렇지 아니하니라 만일 그러하면 하나님께서 어찌 세상을 심판하시리
요……(롬 3:1-8)

유대인이 누리는 유익과 그들의 실패

로마서 2장 마지막에 나온 이야기는 유대인들은 하나님의 심판에서 면제되었다고 생각할 수 있느냐, 하는 질문이었습니다. 저들은 자기네가 선민이고 율법과 성전을 가졌고 할례를 행하여 왔기 때문에 하나님의 심판 대상이 아니라고 생각했습니다. 이미 하나님의 백성으로 선택되었기 때문에 심판과 정죄를 넘어선 지위 곧 다른 민족과는 차별된 운명과 신분을 가졌다고 생각했던 것입니다.

이 질문에 대해 로마서는 그렇지 않다고 답합니다. 율법을 받았고 할례를 행하여 왔고 성전을 지은 것은 하나님의 심판과 판정의 기준이 되지 않는다, 율법을 내면화하여 본인의 실력으로 갖고 있지 않다면, 율법을 소유하고 있다는 이유만으로 정죄를 면할 수는 없다고 말씀합니다. 이런 맥락에서 2장 28절 이하가 등장합니다.

> 무릇 표면적 유대인이 유대인이 아니요 표면적 육신의 할례가 할례가 아니니라 오직 이면적 유대인이 유대인이며 할례는 마음에 할지니 영에 있고 율법 조문에 있지 아니한 것이라 (롬 2:28-29상)

로마서 3장에서는 그렇다면 유대인이 있을 필요가 무엇이냐, 선민은 왜 뽑았느냐, 하는 질문이 이어집니다. 율법을 주시고 성전을 지으라고 하신 것이 아무런 차이를 만들지 못한다면 도대체 이런 일은 왜 하셨는가, 유대인을 왜 선민으로 뽑으셨는가, 하는 생각이 마땅히 들 것입니다. 그런데 1절에서 유대인들이 선민으로 뽑힌 유익이 있다고 말씀합니다.

> 그런즉 유대인의 나음이 무엇이며 할례의 유익이 무엇이냐 범사에
> 많으니 우선은 그들이 하나님의 말씀을 맡았음이니라 (롬 3:1-2)

유대인의 나음과 할례의 유익이 범사에 많다고 합니다. 우선 그들은
하나님의 말씀을 맡았습니다. 하나님의 말씀을 맡았다는 것은 그들이
하나님을 알고 하나님이 저들에게 찾아와 교제하시고 약속을 주셨다
는 뜻입니다. 이 외에도 유익이 많습니다. 이러한 사실이 3절에 축약
되어 나옵니다.

> 어떤 자들이 믿지 아니하였으면 어찌하리요 그 믿지 아니함이 하나
> 님의 미쁘심을 폐하겠느냐 (롬 3:3)

이 말씀은 중간에 맥락을 건너뛴 것처럼 보여서 따라오기가 쉽지 않
습니다. 여기서 바울은 이스라엘은 선민으로서의 책임에서 실패하
지 않았느냐, 그럼에도 하나님이 이스라엘과 하신 약속이 아직 유효
하냐, 라고 묻고 있습니다. 하나님이 인류에게 하신 약속, 대표적 선민
으로 세우신 이스라엘로 제사장 나라가 되게 하여 모든 족속이 구원
을 받게 하는 일에 이스라엘이 실패하였기 때문에 하나님도 그 약속
을 폐기하셨느냐, 하는 것입니다. 이에 대하여 그렇지 않다고 합니다.
4절을 봅시다.

그럴 수 없느니라 사람은 다 거짓되되 오직 하나님은 참되시다 할지
어다 기록된 바 주께서 주의 말씀에 의롭다 함을 얻으시고 판단 받
으실 때에 이기려 하심이라 함과 같으니라 (롬 3:4)

시편 51편 4절을 인용하였는데, 이 대목은 로마서 전체 맥락과 연결
해서 이해해야 합니다. 우리의 배반과 불순종에도 불구하고 하나님은
하나님이심을 신실하게 지켜 오셨으며 지금도 지키고 계시며 앞으로
도 그리하실 것이라고 합니다. 하나님은 우리의 실력이나 결정에 의
해 결코 흔들리지 않으실 것입니다. 바로 이것이 답입니다.

핑계 대는 우리

유대인의 나음이 무엇이며 저들이 받은 실제 유익이 무엇인지를 우리
가 확인했는데, 저들은 그것을 누리지 못했고 지켜 내지 못했습니다.
하지만 하나님은 이스라엘에게 하신 약속과 이스라엘을 통하여 모든
인류에게 주시려는 당신의 약속에 대해서 지금도 신실하십니다. 이것
이 복음입니다. 우리 모두는 잘못한 것뿐이지만 하나님은 우리의 잘
못된 선택과 결정에 영향받지 않으시고 당신의 약속에 충실하십니다.
창세기 12장에 하나님이 선민을 만드시고 약속하시는 장면에서 그 특
징이 드러납니다.

여호와께서 아브람에게 이르시되 너는 너의 고향과 친척과 아버지의
집을 떠나 내가 네게 보여 줄 땅으로 가라 내가 너로 큰 민족을 이루

고 네게 복을 주어 네 이름을 창대하게 하리니 너는 복이 될지라 너를 축복하는 자에게는 내가 복을 내리고 너를 저주하는 자에게는 내가 저주하리니 땅의 모든 족속이 너로 말미암아 복을 얻을 것이라 하신지라 (창 12:1-3)

'만일 네가 어떻게 하면'이라는 조건은 하나도 없습니다. 하나님의 일 방적 약속입니다. 아브라함을 부르시고 그 후손들로 국가를 이루신 것같이, 이스라엘이라는 민족과 국가를 제사장 나라로 삼아 전 인류를 구원하실 것입니다. 하나님의 일방적 약속이고 일방적 선포입니다. 다시 로마서 본문을 봅시다. 4절의 답에 대해 또 5절에서는 이런 질문이 나옵니다.

그러나 우리 불의가 하나님의 의를 드러나게 하면 무슨 말 하리요 (내가 사람의 말하는 대로 말하노니) 진노를 내리시는 하나님이 불의하시냐 (롬 3:5)

5절에 나온 이 '우리'는 나쁜 우리입니다. 5절은 이런 뜻입니다. 우리가 불의하고 불성실해도 결국 하나님이 신실하심과 성실하심으로 약속을 이루신다면, 우리의 잘못이 하나님의 의와 신실하심을 더 빛나게 했으니 우리가 조연상이라도 받아야 하지 않느냐, 라는 말입니다. 그런데 이런 말에 대해 무서운 선언이 있습니다. 로마서 2장 6절입니다.

하나님께서 각 사람에게 그 행한 대로 보응하시되 참고 선을 행하여

영광과 존귀와 썩지 아니함을 구하는 자에게는 영생으로 하시고 오
직 당을 지어 진리를 따르지 아니하고 불의를 따르는 자에게는 진노
와 분노로 하시리라 (롬 2:6-8)

행한 대로 보응하시는 원리는 하나님의 철칙입니다. 하나님께서는 우
리가 행한 대로 갚으실 것입니다. 그러니 갈라디아서 6장 7절 이하의
말씀을 생각해 봅시다.

스스로 속이지 말라 하나님은 업신여김을 받지 아니하시나니 사람
이 무엇으로 심든지 그대로 거두리라 자기의 육체를 위하여 심는 자
는 육체로부터 썩어질 것을 거두고 성령을 위하여 심는 자는 성령으
로부터 영생을 거두리라 (갈 6:7-8)

하나님의 공의는 하나님의 신실하심과 동등한 지위에 있는 그분의 성
품입니다. 우리는 이 둘을 묶는 과정에서 우리의 죄성을 드러냅니다.
우리는 '하나님께서 당신의 약속을 당신의 성품과 능력으로 신실하게
이루신다'라는 말을 들으면 '그러면 우리에게 책임을 물을 이유가 어
디 있으며, 우리가 열심히 살 의무가 어디 있느냐'라고 되묻습니다. 또
'우리가 책임을 져야 한다'라는 말을 들으면, 우리는 하나님께 '우리
가 책임진 대로 갚아 주시고 그렇지 않은 자들은 물리치셔서 나를 확
인시켜 주십시오. 결국 모든 것이 내가 어떻게 하느냐에 달려 있는 문
제 아닙니까'라는 반항으로 내려옵니다.
  이런 식의 반응은 전부 억지를 쓰는 것입니다. 성경이 하나님의 신

실하심을 증언할 때는 하나님의 자비와 용서와 회복과 구원의 능력을 무한한 것으로 선언하고, 신실하심이 이루어 내려는 하나님의 뜻과 의로우심과 목적을 이야기할 때는 그 의로우심에 대해서도 무한하다고 이야기합니다. 약속을 지켜 내시는 하나님의 신실하심도 무한하며, 동시에 하나님의 의로우심도 무한합니다. 이는 하나는 동으로 가고, 하나는 서로 가는 문제가 아닙니다. 은혜 속에 책임이 있고, 책임 속에 은혜가 있는 것입니다. '부모에게 순종하라'라는 말이 자식을 위하여 목숨을 바칠 부모가 있다는 사실을 전제하는 것처럼 말입니다.

도망할 수 없는 책임

'인간은 합리적 존재가 아니다. 합리화를 할 뿐이다'라는 말이 있습니다. 은혜를 이야기하면 "그러니 내가 어떻게 살든지 하나님이 책임지십시오"라고 하고, 책임을 지키라고 하면 "하나님, 내가 한 대로 지금 빨리 다 주십시오"라고 교묘하게 하나님의 신실하심과 공의로우심을 빌미로 끝없는 핑계를 댑니다.

우리는 늘 슬쩍 넘어가려고 합니다. 회개하고 순종하여야만 넘어갈 수 있는, 도무지 핑계 댈 수 없는 문제 앞에서도 말입니다. 이렇게 스스로 얼버무리고는, 하나님께 순종하는 데로 나아가지도 않고, 자신이 잘못하고 있는 것이라고 인정하지도 않습니다. 이 문제를 로마서 본문은 어떻게 말씀하는지 봅시다. 5절을 다시 읽습니다.

그러나 우리 불의가 하나님의 의를 드러나게 하면 무슨 말 하리요

(내가 사람의 말하는 대로 말하노니) 진노를 내리시는 하나님이 불의하시
냐 결코 그렇지 아니하니라 만일 그러하면 하나님께서 어찌 세상을
심판하시리요 (롬 3:5-6)

이미 설명했듯, 여기 '우리'는 나쁜 우리, 핑계 대는 우리입니다. 우리
가 잘못해서 하나님이 더 영광을 얻지 않았는가, 그렇다면 하나님이
어떻게 우리를 심판할 수 있다는 말인가, 나는 악역을 맡았을 뿐이다,
악역을 맡은 것도 개런티를 줘야지, 왜 내가 악역을 맡았다고 나를 죽
이려 든다는 말인가, 이렇게 말하는 우리입니다.

   하지만 하나님의 의는 우리의 불의라는 조건이 필요해서 그 조건이
있어야 비로소 완성되는 불완전한 것이 아닙니다. 하나님은 온전하게
홀로 의로우시며 공의로우시며 자비하시며 신실하십니다. 하나님의
의는 우리의 불의를 필요로 하거나 우리의 불의를 조건으로 삼아야만
실현되는 부분적 의가 아닙니다. 우리가 있어야 빛이 나는 그런 의가
아닙니다. 그림을 그릴 때, 어두운 색을 배경으로 칠해야 밝은 부분이
강조되는 것처럼, 불의를 필요로 하는 식의 의가 아닌 것입니다. 어두
움을 전제해야만 자기의 밝은 것이 표현되는 그런 제한된 거룩과 공의
와 능력이 아니기 때문입니다. 하나님은 홀로 거룩하신 분입니다. 이
에 대해 7절에서도 같은 식의 반론이 거듭 펼쳐집니다.

   그러나 나의 거짓말로 하나님의 참되심이 더 풍성하여 그의 영광이
되었다면 어찌 내가 죄인처럼 심판을 받으리요 또는 그러면 선을 이
루기 위하여 악을 행하자 하지 않겠느냐 어떤 이들이 이렇게 비방하

여 우리가 이런 말을 한다고 하니 그들은 정죄 받는 것이 마땅하니
라 (롬 3:7-8)

여기서 '나'는 바울이 아니라 '나쁜 우리' 중의 한 사람인 '어떤 나'를
가리킵니다. '나의 거짓말로 하나님의 참되심이 더 풍성하여 그의 영
광이 되었다면 어찌 내가 죄인처럼 심판을 받으리요'(롬 3:7). 하나님께
서 우리의 불의를 극복하실 수 있고 우리의 불의에도 불구하고 여전
히 신실하실 수 있다면 우리의 거짓을 왜 방임하셨는가, 우리의 불성
실을 왜 놔두셨는가, 하는 끝없는 질문이 이어집니다.

　이는 선악과는 왜 만드셔서 이러시는가, 선악과를 먹으려고 하면
천사가 와서 막든가 기왕 먹어서 죄를 지었으면 다 죽이고 새로 만들
든가 하셔야 하는 것 아닌가, 하는 질문과 같습니다. 왜 이 질문을 끊
임없이 제기합니까? 책임을 회피하기 위해서입니다. 그러니 우리가
비겁하다는 사실을 인정해야 합니다. 먹으라는 것부터 먹어야 하는데
우리는 왜 먹지 말라는 것부터 먹었을까, 이렇게 읽어야 옳습니다.

우리의 거짓말

하나님은 의로우십니다. 우리가 나쁜 놈입니다. 여기에 각자 이름을
써 넣읍시다. 7절의 '나의 거짓말'에서 '나'는 우리 모두입니다. 다 각
각 자기입니다. 8절을 봅시다.

　또는 그러면 선을 이루기 위하여 악을 행하자 하지 않겠느냐 어떤 이

들이 이렇게 비방하여 우리가 이런 말을 한다고 하니 그들은 정죄

받는 것이 마땅하니라 (롬 3:8-9)

영화나 드라마에서는 주인공보다 악역이 잘해야 합니다. 악역을 잘할

수록 주인공이 빛납니다. 드라마 〈모래시계〉에서 박태수의 부하로 나

왔던 정성모 씨가 악역을 정말 잘해서 〈모래시계〉 이후에는 다른 역을

못했다는 말을 들었습니다. 최민수 씨도 박태수 역을 잘했지만 정성

모 씨 덕분에 최민수 씨가 더욱 빛이 났습니다.

지금 이런 식으로 궤변을 늘어놓는 것입니다. 우리의 불순종과 우

리의 불의함이 하나님의 영광을 더 드러나게 했는데 하나님께서 이를

극복하시고 당신의 신실하심으로 그 약속을 이루실 수 있는 분이라

면, 우리를 벌하는 것이 과연 옳습니까, 오히려 우리가 조연상이라도

받아야 하지 않습니까, 그렇게 말하고 있습니다. 9절에서 바울은 이런

말을 하는 자들은 정죄받아야 마땅하다고 답합니다.

지금 살펴본 말씀을 유진 피터슨(Eugene H. Peterson)이 현대어로 읽

기 쉽게 번역한 《메시지》 성경으로 읽어 보겠습니다. 이렇게 복잡하게

설명한 것을 유진 피터슨이 잘 풀어냈습니다. 1절부터 읽겠습니다.

그렇다면 유대인인 것과 아닌 것 다시 말해 하나님의 길에 대해 훈련

받은 것과 그렇지 못한 것은 무슨 차이가 있을까요. 사실 큰 차이가

있습니다. 그러나 사람들이 흔히 생각하는 그런 차이는 아닙니다. 우

선 유대인들에게는 하나님의 계시, 곧 성경을 기록하고 보전할 책임

이 맡겨졌습니다. 그 과정에서 유대인들 중 일부가 자신의 임무를 저

버렸던 것은 사실이지만 하나님은 그들을 저버리지 않으셨습니다. 여러분은 그들이 신실하지 못했다고 해서 하나님도 신실하기를 포기하실 수 있다고 생각합니까? 결코 그럴 수 없습니다. 세상이 다 거짓말을 일삼을 때에도 하나님은 끝까지 당신이 하신 약속을 지키시는 분입니다. 이 말은 틀림없습니다. 성경도 그렇게 말합니다.

주님의 말씀은 변함이 없고 참되십니다.
거부를 당해도 주님은 흔들리시지 않습니다.

그런데 이런 질문이 나올 수 있습니다. '우리의 악한 행위가 오히려 하나님의 의로운 행위를 분명히 드러내고 확증한다면, 그 일로 우리는 오히려 칭찬 받아야 하는 것이 아닌가, 우리의 악한 말이 그분의 선한 말씀에 흠집 하나 내지 못한다면 하나님께서 우리를 다그쳐 우리말에 책임을 묻는 것은 잘못된 것이 아닌가?' 그 질문에 대한 대답은 '아니다' 입니다. 결코 그렇지 않습니다! 생각해보십시오. 하나님께서 바르지 않은 일을 하신다면 어떻게 그분께서 세상을 바로 세우실 수 있겠습니까? 그저 심사가 뒤틀려서 이렇게 말할 수도 있습니다. "나의 거짓됨이 하나님의 참되심을 더욱 영광스럽게 드러내준다면 왜 내가 비난을 받아야 하는가, 하나님한테 좋은 일을 하는 것인데" 실제로 어떤 이들은 우리가 그렇게 말한다고 말을 퍼트리기도 합니다. 그들은 우리가 악을 더 많이 행할수록 하나님은 선을 더 많이 행하시니 악을 더 많이 행하자고 말하며 다닌다고 주장합니다. 이는 순전히 중상모략인 것을 여러분도 잘 아시리라 믿습니다. (롬 3:1-8)[3]

이제 뜻이 좀 분명해졌을 것입니다. 신앙생활을 하라고 하면 우리는
언제나 이런 식으로 이 문제를 걸고넘어졌습니다. 하나님, 어쩌란 말
입니까, 잘 살 실력은 없고…… 잘못하면 용서해 주신다고 그러지 않
으셨습니까, 용서하셨으면 책임지셔야죠, 라고 억지를 부리기도 했습
니다. 회개하러 와서 울고 가면 그다음부터는 다 하나님 책임이라고
여겼습니다. 이것으로 우리는 최선을 다했다고 착각했던 것입니다.

신자로 사는 명예

로마서 3장 1절에서 8절에 나온 지적을 보면 예수를 믿는 것에 대하
여 성경이 우리에게 도전을 던지고 있다는 것을 알게 됩니다. 출애굽
기 19장을 봅시다.

> 내가 애굽 사람에게 어떻게 행하였음과 내가 어떻게 독수리 날개로
> 너희를 업어 내게로 인도하였음을 너희가 보았느니라 세계가 다 내
> 게 속하였나니 너희가 내 말을 잘 듣고 내 언약을 지키면 너희는 모
> 든 민족 중에서 내 소유가 되겠고 너희가 내게 대하여 제사장 나라
> 가 되며 거룩한 백성이 되리라 너는 이 말을 이스라엘 자손에게 전할
> 지니라 (출 19:4-6)

이스라엘 사람들은 책임을 지게 된 것이 아닙니다. 물론 책임이라는

---

3) 유진 피터슨 지음,《메시지 신약》(복 있는 사람), 438쪽.

표현이 틀린 것은 아니지만 그보다 큰 의미입니다. 영광스러운 명예를 부여받게 된 것이죠. 명예로운 존재가 된 것입니다. 그런데 그들은 이 사실을 다 놓치고 맙니다. 짐을 졌다고만 생각하지 명예를 부여받았다는 생각은 안 합니다. 이스라엘은 하나님의 백성이 되어 다른 민족은 지지 않아도 될 짐을 지게 된 것이 아니라 하나님의 자녀라는 명예를 얻도록 하나님이 지시하신 거룩한 길로 초대받은 것입니다. 그러나 저들은 실패했습니다.

오늘날도 똑같습니다. 예수로 말미암아 우리는 구원을 얻었습니다. 그러니 이제 어떻게 살아야 할지 생각해야 합니다. 선민으로 사는 명예를 스스로 외면한 이스라엘의 실패를 반복하지 마십시오. 예수를 보내 주신 것은, 하나님께서 시내 산에 강림하셔서 이스라엘에게 율법을 주시고 당신을 나타내신 것보다도 훨씬 더 큰 개입이요, 간섭이었습니다. 예수는 인간으로 오셨고 우리의 실존과 현실에 찾아오사 우리를 움켜쥐셨습니다. 이스라엘을 시내 산으로 불러내신 하나님의 일하심이 신약에서는 이렇게 더 깊고 넓게 펼쳐집니다. 에베소서 1장입니다.

찬송하리로다 하나님 곧 우리 주 예수 그리스도의 아버지께서 그리스도 안에서 하늘에 속한 모든 신령한 복을 우리에게 주시되 곧 창세 전에 그리스도 안에서 우리를 택하사 우리로 사랑 안에서 그 앞에 거룩하고 흠이 없게 하시려고 그 기쁘신 뜻대로 우리를 예정하사 예수 그리스도로 말미암아 자기의 아들들이 되게 하셨으니 이는 그가 사랑하시는 자 안에서 우리에게 거저 주시는 바 그의 은혜의 영

광을 찬송하게 하려는 것이라 우리는 그리스도 안에서 그의 은혜의
풍성함을 따라 그의 피로 말미암아 속량 곧 죄 사함을 받았느니라
이는 그가 모든 지혜와 총명을 우리에게 넘치게 하사 그 뜻의 비밀을
우리에게 알리신 것이요 그의 기뻐하심을 따라 그리스도 안에서 때
가 찬 경륜을 위하여 예정하신 것이니 하늘에 있는 것이나 땅에 있
는 것이 다 그리스도 안에서 통일되게 하려 하심이라 모든 일을 그의
뜻의 결정대로 일하시는 이의 계획을 따라 우리가 예정을 입어 그 안
에서 기업이 되었으니 이는 우리가 그리스도 안에서 전부터 바라던
그의 영광의 찬송이 되게 하려 하심이라 (엡 1:3-12)

반복되는 중요한 표현이 무엇입니까? '그가'입니다. '그가'는 곧 '하
나님 아버지께서'라는 말입니다. 여러분은 복음이 무엇이라고 생각합
니까? 예수 믿으면 구원 얻는다, 맞습니다. 그러나 조금 더 깊이 이해
하십시오. 복음은 하나님의 의지입니다. 하나님이 하시겠다는 의지,
하나님이 당신의 기쁜 뜻과 거룩한 목적을 방해받지 않고 기어코 이
루겠다는 의지, 이 일을 타협하지 않고 포기하지 않겠다는, 하나님의
의지입니다. 이 하나님의 의지를 믿는 것이 '예수를 믿는다'라는 말에
담긴 깊은 의미입니다. '예수는 우리의 구원자시다'라는 말에서 하나
님이 당신의 뜻을 이루기 위하여 어떻게 구체적으로 일하셨는지를 확
인하십시오. 두려워해야 합니다. 제가 지난 시간에 고린도후서 5장을
이렇게 요약했던 문장을 기억하실 것입니다.

"그러므로 형제들아 내가 주의 두려우심을 알므로 너희를 권하노
니 너희는 하나님과 화목하라." 이 말씀을 두렵게 듣고 영광으로 이해

하십시오. 예수 믿는다는 말을 아무렇게나 쉽게 내뱉고 대강 살려고 하지 마십시오. 자신의 책임을 외면하면서도 모든 것이 다 하나님의 은혜라는 식으로 합리화해서 슬슬 도망 다니지 마십시오.

기 도

하나님 아버지, 하나님이 일하고 계십니다. 그 아들을 보내셨고 그의 죽음과 부활로 새 시대를 여셨으며 지금도 일하고 계십니다. 오늘도 말씀을 주셨고 성경에 기록된 말씀의 두려움과 거룩함과 성의와 자비와 용서와 복된 약속을 나누게 하셨습니다. 하나님, 우리는 그것을 실컷 보았습니다. 구약을 통해서 하나님의 일하심을 보았고, 또한 신약을 통해서 예수의 탄생과 그의 생애를 알고 있습니다. 그러니 우리 현실 속에서 이 명예로운 길을 갈 수 있는 믿음과 충성과 기쁨과 순종을 주옵소서. 헛된 세상에 지지 말고 하나님의 사람으로 살며 하나님이 함께하시는 인생의 명예를 지키게 하옵소서. 모두가 사는 것이 힘들다고, 희망이 없다고, 그렇게 된 것은 다 누구누구 때문이라고 탓하며 살아갑니다. 정치와 경제와 사회와 교육과 문화에 우리의 책임을 떠넘겨 비겁하게 회피하려고 합니다. 하지만 하나님의 일하심을 믿는 신자로서의 책임을 지켜 내어 우리야말로 진리 안에 있고 우리야말로 빛으로 사는 사람들인 줄 깨닫게 하옵소서. 그리하여 이 시대에 일하시는 하나님의 음성과 손길과 간섭으로 우리 자리를 지키게 하옵소서. 예수님 이름으로 기도합니다. 아멘.

8.

다 죄 아래에 있다고

현실, 예수도 당하신 억울함

---

9 그러면 어떠하냐 우리는 나으냐 결코 아니라 유대인이나 헬라인이나 다 죄 아래에 있다고 우리가 이미 선언하였느니라 10 기록된 바 의인은 없나니 하나도 없으며 11 깨닫는 자도 없고 하나님을 찾는 자도 없고 12 다 치우쳐 함께 무익하게 되고 선을 행하는 자는 없나니 하나도 없도다 13 그들의 목구멍은 열린 무덤이요 그 혀로는 속임을 일삼으며 그 입술에는 독사의 독이 있고 14 그 입에는 저주와 악독이 가득하고 15 그 발은 피 흘리는 데 빠른지라 16 파멸과 고생이 그 길에 있어 17 평강의 길을 알지 못하였고 18 그들의 눈 앞에 하나님을 두려워함이 없느니라 함과 같으니라 19 우리가 알거니와 무릇 율법이 말하는 바는 율법 아래에 있는 자들에게 말하는 것이니 이는 모든 입을 막고 온 세상으로 하나님의 심판 아래에 있게 하려 함이라 20 그러므로 율법의 행위로 그의 앞에 의롭다 하심을 얻을 육체가 없나니 율법으로는 죄를 깨달음이니라 (롬 3:9-20)

탄식할 수밖에 없는 비참한 인간의 현실

본문은 인류의 보편적 죄상을 나열합니다. 이것이 인류의 역사요 현실이라는 것을 우리는 잘 알고 있습니다. 역사는 수많은 비극으로 점철되어 있고 인류는 거기에서 한 걸음도 향상되지 않았습니다. 우리는 계속 새로운 것에 정신을 팔려 세상을 좇아가느라 이런 사실조차 깨닫지 못합니다. 새 자동차 타는 맛에, 비행기 타는 맛에, 명품 가방 드는 맛에, 이 현실을 잊고 살며 이 비극을 되풀이하고 있습니다. 삶을 부정하거나 비난하자는 것이 아닙니다. 우리의 현실을 제대로 보자는 것입니다.

역사를 진지하게 연구한 학자들이 공통으로 내놓은 결론을 음미해 보십시오. 역사학자들은 이렇게 이야기합니다. '역사는 의식이 없다.' 역사에는 정신, 의지, 목적은 차치하고라도 의식, 감각도 없습니다. 역사의 이런 면모를 알게 되면 인간이 이룬 업적에는 운이 따랐다는 사실을 인정하게 됩니다. 역사에 남을 승리나 학문적 업적 같은 성취를 이루려면 운이 있어야 한다는 말을 듣곤 합니다. 꼬리를 문 뱀의 꿈을 꾸고 벤젠 구조를 발견한 케쿨레 (Friedrich August Kekule, 1829-1896)같은 화학자에게 일어난 그런 '우연'말입니다.

우연은 말 그대로 목적을 가지지도 않았고 의도하지도 않았는데 어떤 것에 부딪쳐 이루어진 기적입니다. 그러니 성경이 제시하는 바와 같이, 이런 우연이 작용하지 않을 때 우리가 만들어 내는 것은 불안과 공포와 혼란과 체념과 후회로 묶여진 것밖에 없습니다. 이는 역사 내내 증언되어 온 것이며, 오늘날에도 경험하는 바입니다.

본문에 소개된 10절에서 18절까지의 인용은 인간이 어떤 존재인지, 그 실상을 보여 줍니다. 우리 삶의 모습입니다. 한 눈 팔면 뒤통수 맞는 다는 것쯤은 다들 알고 있습니다. 믿을 수 있는 사람이 어디에도 없습니다. 그렇다고 모든 걸 대비하고 나갈 수도 없어서 체념과 자폭 속에서 도박하는 심정으로 하루하루를 살 수밖에 없습니다.

그래서 "세상은 믿을 수 없으나 하나님은 믿을 수 있으니 하나님께서 어떻게 좀 해 주십시오"가 기독교 신앙의 중요한 관문이 되어 버렸습니다. 본문이 말하는 현실을 해결해 달라고 소원합니다. 의인은 하나도 없고, 다 치우쳐 무익하게 되고, 선을 행하는 자도 없고, 목구멍은 열린 무덤이고, 혀로는 속임을 일삼고, 입술에는 독사의 독이 있고, 입에는 저주와 악독이 가득하고, 발은 피 흘리는 데 빠르고, 파멸과 고생이 인생길에 있고 평강의 길을 알지 못하면서도 하나님을 찾지 않는 이런 현실을 하나님께 해결해 달라고 울부짖는 것입니다. 하나님이 해결해 주셔야지, 이것을 해결할 책임을 오히려 우리에게 물으시고 지적하시면 우리더러 어떻게 하라는 말입니까, 우리가 이럴 수밖에 없다는 것을 하나님이 아시잖습니까? 이 질문에 당도하지 않으면 성경을 읽을 수가 없습니다.

성경의 지적

누군가 성경을 집어 들 때는 달리 답이 없고 어떻게 할 방법이 없어서 마지막 희망으로 붙들 때일 것입니다. 대개 누구나 처음부터 읽죠. 첫 책은 창세기인데, 창세기를 읽으면 우리가 감동할 만한 이야기는 하나도 안 나옵니다. 정신없는 이야기만 나옵니다. 중요한 이야기는 그저 단 한 절에 불과합니다. "태초에 하나님이 천지를 창조하시니라."

하나님이 이것도 만드시고 저것도 만드시고 인간도 만드셨다, 그런데 우리 인간이 타락했다, 거짓말하고 저주받았다, 서로가 서로를 죽였다, 그런 이야기들로 가득 차 있습니다. 결국 노아 홍수 사건으로 전멸하는 것이 창세기의 첫 부분입니다. 여기서 무슨 위로와 답을 찾겠습니까? 어차피 이와 동일한 현실을 겪으며 살고 있는데 말입니다. 우리가 찾아간 성경이 이처럼 무서운 이야기를 하고 있다면 무슨 희망이 있겠습니까? 성경은 무슨 이야기를 하는 것일까요?

성경의 중요한 가르침은 이렇습니다. 구약의 마지막 책은 선지서입니다. 이사야에서 시작하여 말라기로 끝나는, 여러 선지자들의 이야기가 나옵니다. 선지자들의 활동 시기는 대략 기원전 8세기에서 5세기 무렵입니다. 각각의 선지자들은 북 왕조 이스라엘이 망하던 시기, 남 왕조 유다가 망하던 시기, 그들이 포로생활을 하는 시기에 저들의 멸망을 예언하고 회개를 촉구했습니다. 또 회복도 선포하여, 너희에게 임한 심판 속에서도 하나님은 회복을 일으키실 것이다, 그러니 하나님 앞에 회개하고 돌아오라, 이렇게 외치는 것이 이들의 임무였습니다.

가장 독특한 임무는 예레미야가 맡은 임무였을 것입니다. 예레미야는 "너희는 망하게 되었다. 이것은 정치적 패배나 군사적 패배가 아니라 하나님의 심판이다. 그러니 이 심판을 달게 받으라"라고 외쳤습니다. 이것이 그의 사역이었습니다. 그러니 누가 예레미야를 좋아했겠습니까? 모든 백성이 예레미야를 미워했습니다. 그들은 "우리가 믿는 하나님이 이스라엘을 포기한다는 말이냐. 하나님께서 당신의 크신 이름의 영광을 포기한다는 말이냐. 너는 선지자가 되었으면 하나님 앞에 기도하여 이 나라에 다시 복을 끌어들여야지 저주나 하고 있느냐. 너는 매국노임에 틀림없다"라고 예레미야를 배척합니다.

예레미야의 순교에 대한 정확한 자료는 남아 있지 않지만, 그는 빈 통나무 속에 넣어져 톱으로 켜서 죽임을 당했다고 전해집니다. 그는 정말 어려운 사역을 했을 것입니다. 예레미야가 전한 말씀을 봅시다. 예레미야 7장입니다.

> 여호와께로부터 예레미야에게 말씀이 임하니라 이르시되 너는 여호와의 집 문에 서서 이 말을 선포하여 이르기를 여호와께 예배하러 이 문으로 들어가는 유다 사람들아 여호와의 말씀을 들으라 만군의 여호와 이스라엘의 하나님께서 이와 같이 말씀하시되 너희 길과 행위를 바르게 하라 그리하면 내가 너희로 이 곳에 살게 하리라 너희는 이것이 여호와의 성전이라, 여호와의 성전이라, 여호와의 성전이라 하는 거짓말을 믿지 말라 너희가 만일 길과 행위를 참으로 바르게 하여 이웃들 사이에 정의를 행하며 이방인과 고아와 과부를 압제하지 아니하며 무죄한 자의 피를 이 곳에서 흘리지 아니하며 다른 신들 뒤를 따라 화를 자초하지 아니하면 내가 너희를 이 곳에 살게 하리니 곧 너희 조상에게 영원무궁토록 준 땅에니라 (렘 7:1-7)

어떤 거짓말을 믿지 말라고 합니까? 이것이 여호와의 성전이라는 거짓말을 믿지 말라고 합니다. 성전을 짓고 제사를 드리는 것으로 때우지 말고 정의를 시행하라, 이웃 앞에 공의를 행하라고 합니다. 공의를 행하는 것이 성전을 짓는 것보다 낫다는 말씀으로 들립니다. 성전을 짓는 일이 하나님과의 관계가 정상화되는 것을 상징한다면, 공의를 행하는 것은 하나님과의 관계가 정상화되면 당연히 나타나는 열매라고 이야기하는 것입니다.

예전에 제가 요한복음 15장의 포도나무 비유를 들어서 '가지가 포도나무에 붙어 있어야 하는 것이 가지에게는 제한에 불과한가?'라고 질문했던 적이 있습니다. 포도나무 가지가 포도나무에 붙어 있어야 하는 것이 속박입니까? 아니죠. 가지에 맺힌 포도 열매는 가지가 포도나무에 붙어 있어서 생긴 현상입니다. 열매가 맺히는 것은 가지가 나무에 붙어 있다는 결과인 것입니다.

그러니 하나님과 관계가 정상화되면 이웃 사랑이 당연한 결과로 나타난다는 뜻입니다. 너희에게 이러한 열매가 나타나지 않는데, 성전을 세우고 제사를 지내는 것으로 해야 할 책임을 다했다고 말한다면 거짓말이라는 것입니다.

인격이 없는 무서운 이상

이 점을 로마서 3장에서는 율법을 들어 설명합니다. 율법의 가치가 무엇인가, 율법은 하나님의 공의로우심을 드러내는 증거였다, 하나님은 도덕성이 있는 분이요 질서가 있는 분이라는 뜻이다, 그러나 너희는 이 율법을 하나님을 알아 가는 데 사용한 것이 아니라 오히려 이 율법으로 하나님께 가는 길을 스스로 차단했다, 이렇게 지적합니다. 유대인들은 율법을 지키지도 못했고, 설령 지켰더라도 그것을 지킴으로써 하나님께 가는 길을 막았다고 합니다. 어떻게 막았을까요? 율법을 지킨 것이 '나는 법을 지켰다'라는 자랑이 되어 버렸죠.

밤새워서 공부했다는 말 아시죠? 저도 학창 시절에 공부한다고 여러 번 밤은 새워 봤는데, 밤새껏 계속 공부만 한 것은 아니었습니다. 선생님이 "너 밤새웠냐?"고 물으시면 "네"라고 답했지요. 하지만 "그런데 성적은 왜 이 꼴이냐?"라는 질문에 대해서는 할 말이 없었죠.

율법을 지켰다고 해 봅시다. 그러나 율법 자체는 규칙이며 기준일 뿐, 그것을 제정하고 의지를 가지신 하나님은 아닙니다. 그래서 율법은 성경이 말하고 싶은 기독교 신앙의 핵심을 다 담지는 못합니다. 왜냐하면 기독교는 인격자이신 창조주 하나님이 당신의 형상을 따라 만든 인격에게 관계를 정상화하자고 하신 것이기 때문입니다.

'예수를 믿으면 죄를 용서받고 천국 간다'라는 말 자체는 옳지만, 이 말에 복음의 모든 것이 담겨 있지는 않습니다. 우리를 인격으로 대접하시고 우리와 자신을 묶으려 우리에게 찾아오신 하나님의 성의와 의지는 담아내지 못합니다.

우리는 율법을 추상화해서 우리를 인격으로 대하신 하나님은 없고 '법을 지킨 나'와 '법을 지키지 못한 너'로 나누어, 법을 지킨 사람은 보상을, 지키지 못한 사람에게는 비난과 정죄를 하는 것으로 끝내 버립니다. 그리하여 정작 찾아야 할 하나님은 찾지 못한 채, 정의니 평화니 사랑이니 하는 말만 무성할 뿐입니다.

인류 역사는 이 무서운 현실을 한 번도 개선해 보지 못하고 오늘에 이르기까지 비참하고 비극적인 삶을 반복하고 있습니다. 얼마나 많은 사람들이 정의와 평화와 행복을 추구한다는 미명 하에 서로를 죽였습니까? 인류 역사상 참혹한 일은 부도덕하고 부패한 정권에서보다 이상을 추구한 정부에서 더 많이 일어났다는 사실을 기억해야 합니다. 그 예로 캄보디아의 폴 포트(Pol pot) 정권을 들 수 있습니다. 그들은 자의적 기준을 갖고 인간을 학살해 버렸습니다. 인간을 마치 사물이나 기계를 다루듯 다루었습니다. 그러자 인간에게 당연한 인간성과 용서와 윤리가 사라졌습니다. 아무런 인격성도, 인간성도 없이 법을 집행한 것입니다.

성경이 하고 싶은 이야기는 바로 이것입니다. 너희가 이렇게 쩔쩔매고 살아야 하는 이유가 무엇인지를 보라는 것입니다. 모든 인간을 여기로 몰아가는 것입니다. 예레미야가 지적하듯이 하나님과의 관계가 회복되지 않고서는 공법이 시행되거나 정의가 만들어질 수 없다는 것을 너희가 알지 않느냐고 묻습니다.

사실 인류의 싸움은 도덕적 타락보다는 이기심 때문에 일어나는 것이죠. 내 만족을 채우기 위하여 이웃을 잡고 해할 수밖에 없어 그 때문에 생겨나는 욕심과 거짓, 두려움이 싸움의 원인이 됩니다. 무서운 현실입니다. 일등을 하기 위해 자기 앞에 있는 자들을 다 죽입니다. 실력으로 이기면 좋지만 실력으로 일등이 될 수 있는 사람은 하나밖에 없기 때문에, 전부 그 뒤에 줄줄이 서야 합니다. 뒤에 있는 그들이 일등을 할 방법은 하나뿐인데, 그것은 자기보다 앞선 자들을 죽이는 것입니다.

그것이 인류 역사를 이렇게 무서운 자리로 몰아가는데도 우리는 끝없이 추상명사만 남발하고 있습니다. 양보나 자족 같은 명분을 내

세우며 이것저것 해 보지만 사람들은 그런 것으로는 꿈쩍하지도 않습니다. 인간의 비참한 현실은 그런 것들로는 나아지지 않습니다. 왜 그렇습니까? 하나님은 인간이 그 정도 수준에서 멈추도록 내버려 두지 않기로 하셨기 때문입니다. 그러니 예레미야가 "너희는 바벨론에 항복해라. 이것이 하나님의 심판이다. 이 심판을 감수하라"라고 이야기한 것입니다. 그 말을 듣고 다들 기절해 버렸습니다.

이스라엘 역사가 보여 주듯이 '하나님 없이 사는 세상이 무엇인가'를 감수하며 각자의 삶을 살지 않으면 인생에 답을 찾을 다른 방법은 없습니다. 하나님이 이 무시무시한 현실을 왜 연장하고 계시는지 그리고 예수의 오심이 무엇인가를 이해하지 못하면 '예수 믿고 천국 갑시다'라는 말은 근거도 이유도 없는 그냥 뜬금없는 말에 불과해집니다.

다 알 수 없는 하나님의 일하심

이사야 6장에서는 이사야 선지자가 하나님을 만나 소명을 받는 장면이 나옵니다. "누가 우리를 위하여 갈꼬"라며 탄식하시는 하나님에 대하여 "주여, 나를 보내소서. 내가 여기 있나이다"라고 이사야가 대답하자, 하나님께서는 "가라. 고맙다. 그런데 네가 가서 말해도 그들이 못 알아들을 것이다. 그래도 가라"라고 하십니다. 예수님의 오심이 이와 같습니다. 그가 누구신지 우리는 몰랐습니다. 이사야 53장을 봅시다.

우리가 전한 것을 누가 믿었느냐 여호와의 팔이 누구에게 나타났느

냐 그는 주 앞에서 자라나기를 연한 순 같고 마른 땅에서 나온 뿌리
같아서 고운 모양도 없고 풍채도 없은즉 우리가 보기에 흠모할 만한
아름다운 것이 없도다 (사 53:1-2)

예수가 그렇게 오십니다. 못 알아보게 오십니다. 우리의 인생이 그렇
습니다. 예수 믿는 것이 무엇인지 믿는 우리도 모릅니다. 우리가 왜 믿
는지 우리도 모르죠. 안 믿을 수는 없는데 믿어도 모르는 바로 그것,
그것이 무엇일까요?

우리가 이해하고 기대하는 것보다 더 높은 하나님의 목적과 뜻, 포
기하시지 않는 하나님의 의지가 거기에 교차되어 있는 것입니다. 나
는 너희가 기대하는 정도로 만족하지 않는다, 나는 너희를 그냥 내버
려 둘 수 없다, 나는 내 영광을 위하여 너희를 창조했다, 나는 이 목적
을 포기하지 않는다, 이렇게 우리가 요청하지도 않았고 이해도 못하
는데 하나님은 당신의 일을 하고 계신다고 합니다.

너희가 보기는 보아도 깨닫지 못하고 듣기는 들어도 알지 못한다,
이 말씀을 삶 속에서 적용해야 합니다. 저도 제가 답답해서 그럽니다.
하나님이 저에게 능력을 주셔서 제가 딱 쳐다보면 광선이 나가고 기
도 한 번 하면 병이 바로 낫고 하면 서로 얼마나 좋을까요. 그러나 내
가 너희를 데려가려는 자리는 그런 식으로는 갈 수 없는 자리다, 너희
가 소원하는 것보다 더 큰 자리에 가기 위해서 나는 타협하지 않을 것
이다, 그러니 너희 힘으로 어디까지밖에 올 수 없는지 보라, 그렇게 말
씀하십니다. 인간의 역사를 보라는 것이죠. 이것이 현실입니다. 바로
우리의 실존입니다.

답답한 현실을 살라

이는 우리 기대와 얼마나 다릅니까. 믿으면 다 해결이 될 것 같은 그 감격으로 시작했지만 실제로는 그렇게 되지 않습니다. 된 것은 하나도 없는 것 같습니다. 오히려 짐만 하나 더 늘었습니다. 싸우다가 상대방이 "너 예수 믿는다며?"라고 하면 할 말이 없어집니다. 짐만 더 졌지, 얻은 것은 없어 보입니다. 그러나 하나님이 우리가 도망갈 수 없게 붙잡고 계십니다.

주일마다 설교를 듣는 여러분의 얼굴을 보면 거의 좋지 않은 표정들입니다. 아, 오늘은 뭐 신통한 게 있을까, 그럴 리가 없지, 라는 마음이 그대로 드러난 여러분의 얼굴을 주일마다 보며 저는 설교하고 있습니다. 이런 얼굴로 매주 서로 만나는 것입니다.

하지만 이런 확인을 하게 됩니다. 맞아, 고작 우리가 만들 수 있는 게 우리 인생의 끝이라면 난 안 살 거야, 우리가 욕심내는 것이 끝이라면 난 인간 안 할 거야, 를 확인하는 자리까지 오는 것입니다. 그리고 이제 하나님이 더 큰 것을 만드신다니 내가 여기에 옵니다, 내가 주님의 때를 기다립니다, 하는 고백에 이르는 것이죠.

하나님께서는 매섭게 몰아붙이십니다. 네가 율법을 지켰다고? 양심을 만족시켰다고? 위대했다고? 그래서 어떻게 됐는데? 그래서 무엇인데? 이렇게 물으시는 거죠. 예레미야를 통해 "너희가 성전을 지었느냐? 그러나 너는 이웃 앞에 정의를 제대로 실행하지 않았다"라고 하신 지적처럼 말입니다.

마태복음 22장에서 어떤 율법사가 예수님께 와서 물었습니다. "선생님, 계명 중 가장 큰 것이 무엇입니까?" 그러자 예수님께서는 "첫째는 네 마음을 다하고 뜻을 다하고 성품을 다하여 주 여호와 너의 하나님을 사랑하는 것이고, 둘째는 네 이웃을 네 몸과 같이 사랑하는 것이다"라고 말씀하십니다. 이 말씀의 뜻은 분명합니다. 이웃을 사랑하지 못하는 것은 첫째 계명을 깨는 것입니다. 이웃을 사랑하면 하나님을 사랑하는 결과가 생긴다거나 이웃 사랑이 하나님을 사랑하는 조건이 된다는 말이 아닙니다. 이웃을 사랑하지 못하면 첫 번째 계명을 못 지켰다는 뜻입니다.

예전에 용서에 대해서 이런 말씀을 드린 적이 있습니다. 용서라는 것은 용서를 받지 못하면 알 수도 없고 할 수도 없다고 말입니다. 그러니 용서를 안 하면 용서를 못 받는 것이 아니라, 용서를 받아 본 사람만이 용서할 수 있는 것입니다. 마찬가지로 사랑도 하나님과의 관계가 정상화되어 제대로 된 사랑을 받아 본 사람만이 할 수 있는 것입니다.

예수를 제대로 믿으려면, 신앙이 무엇인지를 알려면 이것을 물어보아야 합니다. 네 이웃을 사랑하는가? 내가 먼저 상대를 사랑하면 억울하다고 느껴질 때가 많습니다. 그것이 우리 모두의 비극이죠. 그런데 하나님은 우리를 사랑하시기 때문에 억울해 하십니까? 그렇지 않습니다. 하나님은 억울해 하지 않으십니다. 사랑하면 억울하지 않습니다.

이 사실을 믿으십니까? 예수를 믿는다는 것이 무엇인지 알고 계십니까? 하나님은 억울하실 일을 많이 겪으셨습니다. 하나님은 우리와 타협하지 않으셨고 우리가 모를 때에 당신의 아들을 보내셨습니다. 예수는 비참하고 오해받는 삶을 사셨고 고통과 수모 속에 죽어 이제까지 인류 역사에 왜곡되게 전해지고 있습니다. 지금도 세상이 기독교를 욕하고 예수를 비난하는 것을 우리가 보고 있지 않습니까.

이제 자신의 신앙에 대해 스스로 물어보아야 합니다. 예수를 믿는다는 말이 무슨 뜻인지, 예수가 하나님의 뜻을 이루는 얼마나 기가 막힌 방법인지 알아야 합니다. 그렇지 않으면 우리의 신앙은 힘을 가질 수가 없습니다. 하나님이 누구시며 무엇을 하시고 그분에게 내가 어떤 존재인가를 알지 못하면 우리는 힘을 낼 수 없습니다. 다만 비명밖에 지를 것이 없습니다.

우리의 현실은 예수님이 감당하신 현실과 같습니다. 세상에서의 왜곡과 감추어짐과 억울함을 감당하기 위해 예수께서 오셨습니다. 우리의 현실을 예수께서 겪으신 현실로 해석할 수 없으면, 오늘 하루인들 어떻게 견딜 수가 있겠습니까.

누군가를 몰아세워 그 사람더러 나 대신 답을 내놓으라고 이야기해서는 안 됩니다. 왜 정치가, 교육이, 교회가 이 모양이냐, 그런 말하지 마십시오. 여러분 각자가 답을 얻어야 합니다. 어떤 제도나 명분에 자신을 떠넘겨서 쉽게 갈 수 없습니다.

왜 그렇습니까. 신앙은 각자가 위대해져야 하는 문제이기 때문입니다. 각각이 하나님과 그 사랑을 나눠야 하는 것이기 때문입니다. 귀중한 가치와 명예를 각자 알아야 하기 때문입니다. 단체로 넘어가고 제도로 넘어가고 법으로 넘어가고 수단으로 넘어갈 수 없는 문제입니다.

하나님이 우리의 전 인격과 전 생애로 그분의 영광을 만들어 내십니다. 그것을 꼭 기억하시기 바랍니다. 제가 고린도후서 5장을 한 줄로 요약한 것을 결론으로 다시 말씀드리죠. "그러므로 나의 사랑하는

형제들아 내가 주의 두려우심을 알므로 너희를 권하노니 너희는 하나
님과 화목하라." 여기에 좀 더 이어 붙이겠습니다. "그것은 너희의 자
랑이고 영광이며 명예이며 책임이다." 아멘입니다.

기 도

하나님 아버지, 은혜를 감사합니다. 세상의 시험 앞에 굴복하여 우리의 삶을
자신의 손아귀에 쥐려고 하는 죄의 자리에서 벗어나게 하옵소서. 하나님이
우리에게 무엇을 이루시는가를 아는 자리로 인도하여 주시옵소서. 신자 된
인생의 명예와 영광을 알게 하사 다른 사람이 아닌 바로 우리 자신을 위해
서 하나님의 사람으로 만족하는 복을 주옵소서. 기쁨과 자랑을 주사 우리의
인생을 이 세상에서 예수님같이 살 수 있게 하여 주시옵소서. 주의 영광과
기적이 일어나는 우리의 생애인 줄 아는 믿음으로 말없이 자기 자리를 살아
가는 기쁨을 주시옵소서. 그리하여 주 예수로 말미암아 일하셨던 그 반전과
그 은혜와 그 기적과 그 영광을 만드시옵소서. 예수님 이름으로 기도합니다.
아멘.

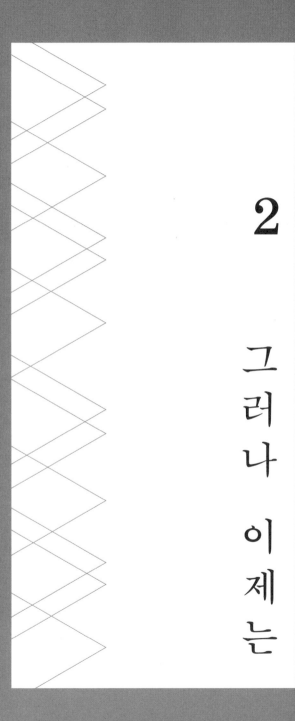

2

그러나 이제는

9.
이제는 율법 외에

오늘, 이미 시작된 새로운 세상

---

21 이제는 율법 외에 하나님의 한 의가 나타났으니 율법과 선지자들에게 증거를 받은 것이라 22 곧 예수 그리스도를 믿음으로 말미암아 모든 믿는 자에게 미치는 하나님의 의니 차별이 없느니라 23 모든 사람이 죄를 범하였으매 하나님의 영광에 이르지 못하더니 24 그리스도 예수 안에 있는 속량으로 말미암아 하나님의 은혜로 값 없이 의롭다 하심을 얻은 자 되었느니라 25 이 예수를 하나님이 그의 피로써 믿음으로 말미암는 화목제물로 세우셨으니 이는 하나님께서 길이 참으시는 중에 전에 지은 죄를 간과하심으로 자기의 의로우심을 나타내려 하심이니 26 곧 이 때에 자기의 의로우심을 나타내사 자기도 의로우시며 또한 예수 믿는 자를 의롭다 하려 하심이라…… (롬 3:21-31)

그러나 이제는

성경에 유명한 구절이 많지만, 최고의 구절 중 하나는 아마 로마서 3
장 21절 이하의 말씀일 것입니다. 예수로 말미암는 구원, 믿음으로 말
미암는 구원보다 더 놀라운 것은 없기 때문입니다. 그럼에도 본래의
의도를 자주 놓치게 되는 본문이 또한 로마서 3장 21절 이하의 말씀
이기도 합니다.

로마서 3장 21절은 '이제는'으로 시작합니다. '이제는'이라는 단어
는 앞의 내용을 함축하면서도 그것과는 조금 단절된 이야기가 나오리
라고 예상되는 말입니다. 더구나 우리말 성경에는 빠져 있지만, 다른
번역본에는 '이제는' 앞에 '그러나'가 붙어 있습니다. 이 '그러나'를
넣어 '그러나 이제는'이라고 읽으면, 뒤에 이어지는 내용이 앞 내용과
극적인 반전을 이룰 것이라는 점이 더 분명해집니다. 로마서 3장 21절
부터의 이야기를 더 잘 이해하기 위해 앞부분, 곧 로마서 3장 20절까
지의 내용을 다시 확인할 필요가 있습니다.

1장 1절에서 3장 20절까지를 요약해 봅니다. 사도 바울은 로마 교
회의 성도들에게 편지를 보내면서 자기가 복음의 종이 되었고 이 복
음을 전하는 일에 마음이 불타고 있다고 말합니다. 간절히 그들을 보
기 원한다는 마음도 전합니다.

바울은 이 서신을 쓰는 이유를 이렇게 말합니다. 내가 너희에게 복
음을 전하고 싶은 이유는 이미 믿고 있는 너희를 격려하기 위해서이
다, 이 복음은 모든 믿는 자에게 구원을 주시는 하나님의 능력이기 때
문에 내가 너희의 믿음을 듣고 고마워한다, 이제 이 편지를 써서 너희

를 격려하고 그 내용을 한 번 더 확인시키고 싶다, 라고 밝힙니다.

이어서 바울은 왜 복음이 능력인가를 설명하면서, 하나님의 진노 아래 있는 인류의 참모습에 대해 풀어냅니다. 인류는 하나님과 맞서고 불순종하여 스스로 멸망의 자리에 들어갔다, 이는 인류가 역사 내내 저지른 짓을 보면 너무나 자명하다, 모두가 죄를 짓고 악하게 산다, 하나님을 찾는 자도 없으며, 혹 하나님을 찾더라도 하나님께 합당한 영광을 드리거나 하나님 앞에 무릎을 꿇는 것이 아니라 자기 욕심을 채우기에 급급하다, 여기에 예외인 사람은 없다, 율법이 있는 자는 율법을 알면서도 지키지 못했고 율법이 없는 자는 무지한 채로 하나님을 외면하고 살았다, 유대인은 하나님을 아는 특권이 있었지만 불순종했고, 이방인은 당연히 하나님을 모르는 무지 속에서 멸망의 길을 걷고 있었다, 그러고 나서 20절에 이런 결론이 등장합니다.

그러므로 율법의 행위로 그의 앞에 의롭다 하심을 얻을 육체가 없나니 율법으로는 죄를 깨달음이니라 (롬 3:20)

율법으로는 자기 자신을 구원하거나 당면한 인간의 운명을 해결할 수 없으며, 율법의 역할은 대책이 없는 인간의 현실을 깨닫게 하는 것이 전부라는 결론입니다. 앞에 나온 모든 것을 묶어, 여기서 한 사람도 도망갈 수 없고, 아무도 핑계 대거나 변명할 수 없게 모든 길을 차단한 것입니다. 그리고서 '너희는 다 죽음 아래 있고 하나님의 심판에서 벗어날 수 없다'라고 선언합니다.

이런 설명을 펼친 뒤 '그러나 이제는'이 등장합니다. 로마서에서 말하는 복음을 잘 이해하려면 앞에서 살펴본 맥락 속에 '그러나 이제는' 이 어떤 의미로 따라오는지를 잘 살펴봐야 합니다.

"그러나 이제는 율법 외에 하나님의 한 의가 나타났으니 율법과 선지자들에게 증거를 받은 것이니라"라는 구절을 생각해 보겠습니다. '율법 외에 나타난 하나님의 한 의'란 무엇입니까? 예수 그리스도를 믿음으로 말미암아 모든 믿는 자에게 미치는 하나님의 의를 말합니다. 복음에서는 믿음, 구원, 예수가 가장 중요한 단어인데, 로마서는 복음을 말하면서 믿음을 가져라, 회개해라, 구원을 받아라, 이렇게 권유하지 않습니다. 우리가 많이 오해하는 대목입니다. 로마서에서는 설득하지 않고 사실을 이야기합니다. 우리가 죄인인 것이 사실이듯이, 구원이 사실이라고 이야기합니다.

'그러나 이제는'에서 '이제는'은 예수님이 오신, 지금부터 이천 년 전을 말합니다. 하나님께서 '그러나 이제는'을 시작하십니다. 예수 이전과 예수 이후는 확연히 다른 세상입니다. '예수 이전'이 답 없는 인생을 살아야 하는 인류 역사의 비참함을 보여 주고 있다면, '예수 이후'는 죄 짓고 하나님을 외면하고 거역하고 하나님의 심판 아래 있는 인류를 위하여 하나님이 예수 안에서 행하신 것으로 시작된 새로운 세상을 보여 주고 있습니다. 예수가 분기점이 되어 이렇게 나뉩니다.

하나님께서 이루신 구원

우리는 '믿음'이라는 말을 조건으로 사용할 때가 많습니다. 예수를 믿어야 한다, 영접해야 한다, 회개해야 한다, 와 같은 조건으로 말입니다. 그러나 로마서에서는 믿음을 이런 의미로 쓰지 않습니다.

로마서는 앞부분에서 인류의 현실에 대해 율법 앞에 의롭다 하심을 얻을 육체는 없다, 모두가 죄인이다, 방법이 없다, 모든 입을 막았다, 필멸의 운명밖에 남은 것이 없다, 라고 선언합니다.

바울은 3장 21절에서 인류의 이런 현실에 대해 '그러나'로 뒤집습니다. 그래서 여기서의 믿음은 이제까지는 없었던 방법을 소개하는 단어가 됩니다. 하나님은 우리로서는 어떻게 할 수 없고, 아무런 해결책도 없는 곳에 길을 내고 답을 내셨습니다. 그렇게 죽음과 사망과 멸망의 자리에서 승리를 만들어 내는 하나님의 능력, 그것이 믿음입니다.

율법은 우리가 수긍할 수 있는 방법입니다. 우리의 행동에 걸맞은 대가가 주어지니 말입니다. 그런데 문제가 있습니다. 이 방법으로는 죄를 씻지도, 인생의 궁극적인 문제에 대한 답도 만들 수 없기 때문입니다.

이 율법으로 할 수 없는 것을 하나님이 개입하여 하나님이 하십니다. 본문에서는 그것을 믿음이다, 하나님의 의다, 라고 하여 율법과 대조합니다. 그러므로 우리는 로마서에서 믿음이라는 말을 대할 때면 하나님이 우리에게 하신 일을 강조하기 위해서 이 단어를 사용하고 있다는 사실에 주의할 필요가 있습니다. 믿음은 하나님께서 하신 일, 우리의 자격과 조건을 묻지 않고 하나님 홀로 하신 일을 집중적으로 강조하기 위해 사용됩니다. 디모데후서 1장입니다.

하나님이 우리에게 주신 것은 두려워하는 마음이 아니요 오직 능력과 사랑과 절제하는 마음이니 그러므로 너는 내가 우리 주를 증언함과 또는 주를 위하여 갇힌 자 된 나를 부끄러워하지 말고 오직 하나님의 능력을 따라 복음과 함께 고난을 받으라 하나님이 우리를 구원하사 거룩하신 소명으로 부르심은 우리의 행위대로 하심이 아니요 오직 자기의 뜻과 영원 전부터 그리스도 예수 안에서 우리에게 주신 은혜대로 하심이라 이제는 우리 구주 그리스도 예수의 나타나심으로 말미암아 나타났으니 그는 사망을 폐하시고 복음으로써 생명과 썩지 아니할 것을 드러내신지라 내가 이 복음을 위하여 선포자와 사도와 교사로 세우심을 입었노라 (딤후 1:7-12)

여기 나온 말씀처럼 하나님이 우리에게 주신 것은 우리의 행위에 대한 보상으로 주신 것이 아닙니다. 또한 우리의 요구에 반응하신 것도 아닙니다. 오직 하나님의 뜻과 그리스도 예수 안에서 주신 은혜로 말미암은 것입니다. 오직 하나님이 이유이고 원인입니다. 목적도 방법도 하나님이 정하셨고, 이루시는 능력도 하나님에게서 나옵니다. 하나님이 하신 것입니다.

'하나님이 하신다'라는 사실이 왜 중요합니까? 우리가 하나님을 믿고 이해하는 것이 하나님의 일을 성취하는 원인이 아니라는 점이 드러나기 때문입니다. 이 부분에서 오해하면 안 됩니다. 우리는 마땅히 믿음을 지켜야 하고 순종해야 하지만 이것이 조건이나 원인이 되지 않습니다. 로마서에서 하고 싶은 이야기는 바로 이것입니다.

우리에게 자격이 있거나 우리가 이해해서 합의해야 구원이라는 결과가 생기는 것이 아닙니다. 하나님께서 이 일을 이루어 놓으셨다는 사실이 먼저 있고, 이 사실에 기초해서 나중에 우리가 이해하게 되는 것입니다. 우리가 이해해서 사실이 존재하는 것이 아닙니다. 사실이 먼저 있고 이해가 나중에 좇아옵니다. 마찬가지로 우리가 믿으면 어떤 일이 가치 있는 실체가 되고 우리가 안 믿으면 그만인 것이 아닙니다. 우리가 믿지 않으면 예수님이 오신 것이 무효가 되고 허사가 되는 것이 아닙니다.

예수님은 이미 오셔서 우리 죄를 위하여 십자가에 죽으시고 부활하셨습니다. 사망이 끝인 세상에 오셔서 사망이 끝이 아니고 반전이 있는 세상을 열어 놓으시며 이렇게 선포하셨습니다. "새로운 세상이다. 너희가 믿든지 안 믿든지 새로운 세상이 시작되었다."

로마서 3장 21절에서 바울이 말하고자 하는 바가 바로 이것입니다. 너희가 그 베푸신 구원의 혜택을 받고 인생을 살기 원한다, 이는 하나님께서 이미 만들어 놓으신 것이다, '이미 만들어 놓았다'라는 이 부분이 사실 로마서의 압권입니다. '그러나 이제는'으로 나눈 역사는 번복할 수 없는 것입니다. 역사란 시간 속에서 일어난 일이기 때문입니다. 취소할 수 없습니다.

하나님은 구원을 성취하고 그것을 역사 속에서 허락하셨습니다. 우리의 불순종 때문에 예수의 죽으심이 나중에 취소되거나 무효로 되지 않습니다. 이것을 개인의 구원론으로만 끌고 가지 마십시오. 지금은 그 이야기를 할 때가 아닙니다. 큰 틀을 이야기하는 중입니다. 인류는 죄와 사망을 벗어날 수 없는 심판 아래에 있습니다. 그래서 태어나자마자 죽어 죄 지을 틈이 없던 어린아이도 죄의 결과인 사망을 겪습니다. 이것이 우리의 현실입니다. 그러나 예수가 오신 이후 다른 현실이 열렸습니다. 이제는 우리가 예수 안에 있습니다.

각자가 '믿고 안 믿고' 하는 문제는 다른 자리에서 또 생각할 주제입니다. 그것은 하나님이 우리 자신을 위하여 구체적으로 우리 각자에게 채우시는 구원의 영광을 각 사람이 다시 확인하고 조심스럽게 책임져야 하는 문제입니다.

이미 시작된 새로운 세상

예수 이전에는 인류가 가는 길이 사망일 수밖에 없었습니다. 사망이 최고 권세이고 운명이었습니다. 그러나 예수가 오신 이후에는 사망으로 끝나지 않게 되었습니다. 예수가 가져온 하나님 나라로 말미암아 이 세상은 믿는 자들에게 영광과 승리가 펼쳐질 장소가 되었습니다. 그러나 여전히 세상만을 위해서 사는 사람들에게는 결국 이 세상은 사망으로 끝날 뿐입니다. 사도행전 17장에 가 봅시다. 아테네에 간 바울이 그들에게 우상이 가득한 것을 보고 분하여 이렇게 복음을 전합니다.

우주와 그 가운데 있는 만물을 지으신 하나님께서는 천지의 주재시니 손으로 지은 전에 계시지 아니하시고 또 무엇이 부족한 것처럼 사람의 손으로 섬김을 받으시는 것이 아니니 이는 만민에게 생명과 호흡과 만물을 친히 주시는 이심이라 인류의 모든 족속을 한 혈통으로 만드사 온 땅에 살게 하시고 그들의 연대를 정하시며 거주의 경계를 한정하셨으니 이는 사람으로 혹 하나님을 더듬어 찾아 발견하게 하려 하심이로되 그는 우리 각 사람에게서 멀리 계시지 아니하도다 우리가 그를 힘입어 살며 기동하며 존재하느니라 너희 시인 중 어떤 사람들의 말과 같이 우리가 그의 소생이라 하니 이와 같이 하나님의 소생이 되었은즉 하나님을 금이나 은이나 돌에다 사람의 기술과 고안으로 새긴 것들과 같이 여길 것이 아니니라 알지 못하던 시대에는 하나님이 간과하셨거니와 이제는 어디든지 사람에게 다 명하사 회개하라 하셨으니 이는 정하신 사람으로 하여금 천하를 공의로 심판할 날을 작정하시고 이에 그를 죽은 자 가운데서 다시 살리신 것으로 모든 사람에게 믿을 만한 증거를 주셨음이니라 하니라 (행 17:24-31)

바울은 아테네 사람들에게 이 세상이 전부가 아니다, 이 세상으로 끝이 아니다, 심판이 있다, 살아계신 하나님이 우리의 존재와 시간을 다스리신다, 복을 주시는 주인이 있다, 우리가 다 그 앞에 서야 한다, 하나님은 예수를 보내어 죽은 자 자운데 부활시키심으로 사망이 끝이 아니라는 사실을 모두에게 증거로 삼았다, 라고 말하고 있습니다. 이에 대한 반응이 32절에 나옵니다.

그들이 죽은 자의 부활을 듣고 어떤 사람은 조롱도 하고 어떤 사람은 이 일에 대하여 네 말을 다시 듣겠다 하니 (행 17:32)

부활이 있음을 알게 되면 사람은 전처럼 가만히 있을 수 없습니다. 오늘이 전부이면 여러분은 성실히 살 것 같습니까? 오늘이 전부이면 오늘 다 써버리고 말 것입니다. 하지만, 내일이 있으면 남겨 둘 것입니다. 남길 것이 없으면 내일을 위해 오늘 준비해야겠죠.

더구나 내일이라는 목적지가 심판이 있는 곳, 하나님이 통치하시는 자리라면, 오늘은 그 목적지로 이어지는 연장선에 놓여 있다는 것을 염두에 두며 살아야 할 것입니다. 공부를 열심히 하는 가장 큰 이유가 무엇입니까? 내일이 있기 때문입니다. 그렇지 않으면 누가 숙제를 하며 교과서를 사겠습니까? 그 돈으로 빵 사 먹고 말겠죠.

내일이 있는 사람이 오늘을 사는 법입니다. 이것이 로마서의 무서운 선언입니다. 너희는 이미 시작된 새로운 세상에 살고 있다, 그것을 얼마나 누리는가, 그것을 어떻게 자기 것으로 만드는가 하는 주제는 다른 데서 다룰 것입니다. 로마서에서는 이보다 큰 이야기를 합니다. 보이는 것이 전부라고 생각하여 그저 여기서 견디고 견디다가 죽어서 보상받는 식으로 생각하고 만다면 오늘이 무엇인지 모릅니다. '오늘'이란 이미 시작된 하나님의 나라입니다. 우리가 사는 세계가 세상 권세의 영역이어서 우리는 죽은 후에야 하나님의 영역으로 넘어가는 것이 아닙니다. 온 세계가 하나님의 손 안에 있습니다. 바로 여기 이 자리에, 새롭게 시작된 세계가 있습니다.

진노로 묶으셔서 주시는 복

바울은 로마서 1장에서 복음을 설명하면서 '오직 의인은 믿음으로 말미암아 살리라'라고 한 하박국 선지자의 말씀을 인용하는데, 이 말씀의 의미가 이제 더 분명해집니다. 하박국은 유다의 멸망기에 선지자로 부름을 받았습니다. 당시 유다는 정치, 사회, 종교적으로 부패가 만연했기 때문에 멸망할 수밖에 없는 처지에 놓여 있었습니다.

하박국이 가슴이 아파 하나님 앞에 묻습니다. "하나님, 어떻게 선민들이 이렇게 부패할 수 있습니까? 이들의 부패로 말미암아 의인들이 살 수가 없습니다." 그때 하나님이 무엇이라고 답하셨습니까? "내가 가만히 있지 않겠다. 심판을 내리겠다. 갈대아인을 일으켜, 바벨론을 일으켜 이 나라를 멸망시키겠다"라고 하십니다. 혹을 떼려다가 혹을 붙인 꼴이 되었죠. 선지자의 부르짖음은 "이 사회를 정당한 사회로 만들어 주십시오"라는 것이었는데, 그 답이 "너희의 잘못을 내가 다 알고 있으니 싹 쓸어 주마"라는 멸망의 선포였으니 말입니다. 그러자 하박국이 다시 기도합니다. "하나님, 이방 민족을 불러서 하나님의 백성을 멸망시키겠다는 것이 말이 됩니까?" 하나님이 이렇게 답하십니다. "오직 의인은 믿음으로 말미암아 살리라."

무슨 말씀인지 아시겠습니까? 우리가 로마서 1장 18절부터 계속 생각해 온 것은 하박국의 외침과 같습니다. "의인이 행악자들 틈에서 고난을 받고 있습니다. 이 세상에 의인이 살 수 있는 곳은 없습니다"라는 것입니다. 그때 주께서 말씀하십니다. "의인은 없다. 너희끼리 구별한 것에 불과하다. 유대인인 너희는 나은 점이 많은데도, 하나님을 섬기는 일에서는 실패했다. 그렇다면 너희가 선민이라는 사실이, 너희가 가진 율법과 너희가 받은 할례가 무슨 소용이 있느냐?" 이렇게 하나님께서 모든 입을 막으셨습니다.

다시 하나님께 묻게 됩니다. "하나님, 우리 의인들이 행악자들 속에서 이렇게 탄식하고 있는데, 왜 이 세상을 하나님의 통치로 정상화시키지 않습니까?" 하박국에게처럼 하나님이 이렇게 답하십니다. "내가 정상화시킨다. 내가 심판할 것이다." 다시 묻지요, "아니, 그러면 우

리까지 몽땅 이방인들의 손에 죽이실 수 있다는 말입니까?" 하나님의
답은 무엇입니까? "걱정마라. 나는 하나님이다."

하나님은 모든 인류를 심판 아래 묶으셔서 아무도 도망갈 수 없게
품으셨습니다. 심판하여 버려두는 것으로 그치지 않으시고 진노 중
에라도 묶으시는 하나님의 간섭이 모든 인류로 하여금 도망갈 수 없
게 만들었습니다. 이 진노의 묶으심이 이제 그들 모두를 하나님의 백
성으로 만드시는 승리의 묶으심으로 반전됩니다. 걱정마라, 나는 하
나님이니라, 이 말씀이 예수 그리스도의 오심으로 역사에 구체적으로
성취됩니다. 창세기 28장에 가면, 하나님의 이런 의지가 소개되어 있
습니다.

야곱이 브엘세바에서 떠나 하란으로 향하여 가더니 한 곳에 이르러
는 해가 진지라 거기서 유숙하려고 그 곳의 한 돌을 가져다가 베개
로 삼고 거기 누워 자더니 꿈에 본즉 사닥다리가 땅 위에 서 있는데
그 꼭대기가 하늘에 닿았고 또 본즉 하나님의 사자들이 그 위에서
오르락내리락 하고 또 본즉 여호와께서 그 위에 서서 이르시되 나는
여호와니 너의 조부 아브라함의 하나님이요 이삭의 하나님이라 네가
누워 있는 땅을 내가 너와 네 자손에게 주리니 네 자손이 땅의 티끌
같이 되어 네가 서쪽과 동쪽과 북쪽과 남쪽으로 퍼져 나갈지며 땅
의 모든 족속이 너와 네 자손으로 말미암아 복을 받으리라 내가 너
와 함께 있어 네가 어디로 가든지 너를 지키며 너를 이끌어 이 땅으
로 돌아오게 할지라 내가 네게 허락한 것을 다 이루기까지 너를 떠나
지 아니하리라 하신지라 (창 28:10-15)

야곱에게 주겠다는 하나님의 복은 굉장한 것입니다. 그런데 이 복을 어디에서 주셨습니까? 야곱이 아버지와 형을 속이고 장자의 권리를 빼앗고 사기를 쳐서 축복을 받아 낸 뒤 형의 미움을 받아 도망가는 자리에서 주셨습니다. 하나도 자랑스러울 것이 없고 하나도 복 받을 이유가 없는 자리, 야반도주하여 노숙하던 자리에 하나님이 오신 것이죠. 거기서 하나님이 말씀하십니다. "나는 너희 조상의 하나님이다. 아브라함의 하나님이고, 이삭의 하나님이다. 네가 누운 땅을 내가 너한테 준다. 네가 누운 자리를 내가 다 준다. 동서남북으로, 네 눈 끝 간 데까지 다 준다. 네가 어디로 가든지 내가 너와 함께할 것이요, 내가 네게 약속한 것을 이루기까지 너를 떠나지 않겠다." 이것은 야곱에게서 원인을 찾을 수 없는 복입니다. 더 큰 틀에서 허락하신 복입니다. 하나님은 야곱에게 너는 아브라함의 후손이니 약속된 복을 결코 피해갈 수 없을 것이라고 선언하십니다.

우리는 자신에 대해 만족한 날에는 우리가 신자라고 안심하고 하나님이 내 편이라고 생각합니다. 하지만 우리가 실패한 날, 우리가 아슬아슬해 하는 날에는 하나님도 내 편을 들어줄지 말지 고민하시는 것처럼 생각합니다. 그러나 성경은 이렇게 말씀합니다.

이제는 율법 외에 하나님의 한 의가 나타났으니 율법과 선지자들에게 증거를 받은 것이라 곧 예수 그리스도를 믿음으로 말미암아 모든 믿는 자에게 미치는 하나님의 의니 차별이 없느니라 (롬 3:21-22)

여기서 믿음은 무엇입니까? 하나님의 신실하심, 능력, 자비와 복을 주시는 거룩하심입니다. 이 모든 것을 담겠다는 하나님의 의지와 약속이 이천 년 전의 역사 속에 실현되었습니다. 번복할 수 없고 훼손할 수 없고 무엇으로도 돌이킬 수 없는 사실로 역사에 뿌리를 내리고 있다는 점을 기억하십시오. 오늘까지 이어지고 있고, 영원한 나라와 약속의 자리까지 하나님은 당신의 신실한 의지로 목적을 이루실 것입니다. 그러니 누리십시오. 순종하고 충성하고 복된 삶을 사십시오. 긴가민가하고 구경만 하지 마시고 들어오십시오. 여러분의 인생이 놀라워질 것입니다.

기 도

하나님 아버지, 은혜를 감사합니다. 하나님이 이미 무엇을 하셨는지, 무엇을 약속하셨는지, 역사와 인류를 어디로 끌고 가시는지 말씀으로 확인했습니다. 겁내지 말고 하나님의 일하심에 우리 인생을 맡기고 그 영광과 승리를 살게 하옵소서. 예수님 이름으로 기도합니다. 아멘.

10.
그 믿음이 의로 여겨졌다

신자, 은혜의 판 속에 거하는 존재

---

1 그런즉 육신으로 우리 조상인 아브라함이 무엇을 얻었다 하리요 2 만일 아브라함이 행위로써 의롭다 하심을 받았으면 자랑할 것이 있으려니와 하나님 앞에서는 없느니라 3 성경이 무엇을 말하느냐 아브라함이 하나님을 믿으매 그것이 그에게 의로 여겨진 바 되었느니라 4 일하는 자에게는 그 삯이 은혜로 여겨지지 아니하고 보수로 여겨지거니와 5 일을 아니할지라도 경건하지 아니한 자를 의롭다 하시는 이를 믿는 자에게는 그의 믿음을 의로 여기시나니 6 일한 것이 없이 하나님께 의로 여기심을 받는 사람의 복에 대하여 다윗이 말한 바 7 불법이 사함을 받고 죄가 가리어짐을 받는 사람들은 복이 있고 8 주께서 그 죄를 인정하지 아니하실 사람은 복이 있도다 함과 같으니라 9 그런즉 이 복이 할례자에게냐 혹은 무할례자에게도냐 무릇 우리가 말하기를 아브라함에게는 그 믿음이 의로 여겨졌다 하노라…… (롬 4:1-12)

율법과 은혜

우리에게 일어난 구원은 하나님의 의지와 지혜로 말미암은 것입니다. 로마서 4장은 이 구원이 우리가 상상조차 할 수 없는 방법으로 이루어 졌다고 이야기합니다. 이는 앞서 3장 31절에 나온 "그런즉 우리가 믿음으로 말미암아 율법을 파기하느냐 그럴 수 없느니라 도리어 율법을 굳게 세우느니라"라는 말씀에 대한 설명이기도 합니다.

'율법으로는 구원을 얻을 수 없다'라는 말은 '우리 스스로는 구원을 만들어 낼 수 없다'라는 뜻입니다. 인간은 죄밖에 짓지 못합니다. 여기서 죄란 다만 도덕성에 저촉되는 것을 의미하지 않습니다. 하나님의 하나님 되심에 대한 거부와 외면이 죄의 핵심 내용이라고 바울은 지적합니다. 곧 하나님을 모르고 하나님을 대적하는 불경(不敬)이 죄입니다. 로마서 2장과 3장 앞부분에서는, 율법이라는 기준에 비추어 불경한 인류 전체가 예외 없이 하나님의 진노의 심판 아래 있다고 선언하고 있습니다.

하지만 3장 21절에서 '그러나 이제는'이라는 말로 국면이 크게 전환됩니다. 우리가 자신의 운명과 처지에 대하여 속수무책이었을 때, 하나님께서는 아들을 보내어 '율법 외에 하나님의 한 의로 말미암는 예수 안에서의 구원'을 이루셨습니다. 이는 은혜에 속한 것이며 예수 그리스도를 십자가에 세우심으로 모든 믿는 자에게 구원을 허락하시는 하나님의 능력입니다.

그러자 이런 질문이 등장하게 됩니다. 그렇다면 율법은 이제 쓸모 없는 것인가, 원칙은 깨진 것인가? 이에 대한 답은 그렇지 않다는 것입니다. 바울은 은혜가 율법을 오히려 굳게 세운다고 3장 마지막 부분에서 결론지은 후에, 4장에서는 이 은혜가 무엇을 의미하는지 설명해 나가기 시작합니다.

간혹 우리는 하나님의 일하심이 그분께서 세상과 인간에게 창조의 대원칙으로 주신 기본 질서와 충돌하는 것은 아닌가, 하는 질문을 던질 때가 있습니다. 이러한 질문은 많은 이들이 의문을 품었던 '은혜와 율법 간의 모순'에 관한 문제와 같습니다.

성경이 하고 싶은 이야기는 이것입니다. 율법이 우리를 심판으로 몰고 간 것은 율법의 잘못이 아니라 죄인인 우리가 율법을 지킬 수 없어서 생긴 일입니다. 율법이 덩달아 욕을 먹은 것이죠. 율법은 우리가 하나님의 영광에 미치지 못한다는 사실을 지적합니다. 그리고 은혜는 이러한 우리를 하나님께서 당신의 능력과 신실함으로 완성하시며 구원하신다는 사실을 전합니다.

율법과 은혜는 같이 갈 수밖에 없습니다. 하나님의 진노가 불의와 불경을 행하는 자들에게 임한 것이 결국 은혜라는 사실에서 확인할 수 있습니다. 하나님이 내버려 두시면 결국 파멸할 수밖에 없는 인류의 운명에 하나님이 징계와 진노와 심판을 보이셔서 인류에게 잘못 가고 있다고 가르쳐 주신 것입니다. 율법과 은혜가 함께 가고 있음을 가장 잘 드러내 주는 것이 구원입니다. 율법은 하나님의 공의이고, 이 공의를 이루시는 하나님의 방법이 은혜입니다. 하나님의 공의가 이루어지는 일이 구원, 바로 십자가입니다. 파멸에 이르는 운명을 살 수밖에 없는 인류에게 하나님이 당신의 아들을 보내어 그들의 곤경을 해결하신 것이기 때문입니다. 그러니 믿고 나면 율법의 가치를 더 잘 알게 됩니다.

아브라함이 부름받은 배경

이제 율법과 은혜가 어떻게 조화를 이루며 함께 갈 수 있는지 살펴봅시다. 성경은 하나님께서 아브라함을 통하여 일찍부터 이 일을 준비하셨다고 제시합니다. 창세기 12장에 가 봅시다. 매우 중요한 장입니다.

> 여호와께서 아브람에게 이르시되 너는 너의 고향과 친척과 아버지의 집을 떠나 내가 네게 보여 줄 땅으로 가라 내가 너로 큰 민족을 이루고 네게 복을 주어 네 이름을 창대하게 하리니 너는 복이 될지라 너를 축복하는 자에게는 내가 복을 내리고 너를 저주하는 자에게는 내가 저주하리니 땅의 모든 족속이 너로 말미암아 복을 얻을 것이라 하신지라 (창 12:1-3)

아브라함은 믿음의 조상입니다. 이 말이 무슨 뜻인지 우리는 자주 혼동합니다. 우리는 아브라함이 하나님 앞에 믿음을 드린 대표적 인물이라고 알고 있습니다. 그러나 사실 그렇게 간단하지 않습니다. 로마서 앞부분에서 인간에게는 희망이 없다, 하나님을 찾는 자도 없고 의를 행하는 자도 없다, 그래서 하나님께서 모든 입을 막고 모두를 심판 아래 가두었다는 선언을 보았습니다. 아브라함도 심판 아래 가두어진 한 사람이었습니다.

아브라함이 부름을 받는 장면은 창세기 12장에 나오는데, 11장까지는 무슨 내용이 나옵니까? 1장과 2장이 창조를 말하고 3장에서 인간의 타락을 이야기합니다. 타락의 증거와 현상이 현실에 드러납니다. 형제끼리 싸워 가인이 아벨을 죽이고 자신의 탐욕을 자랑하고 서로가 서로에게 악한 일을 행합니다. 너무나 두렵고 혼란스러운 세상입니다. 창세기 6장 5절을 봅시다.

> 여호와께서 사람의 죄악이 세상에 가득함과 그의 마음으로 생각하는 모든 계획이 항상 악할 뿐임을 보시고 땅 위에 사람 지으셨음을 한탄하사 마음에 근심하시고 이르시되 내가 창조한 사람을 내가 지면에서 쓸어버리되 사람으로부터 가축과 기는 것과 공중의 새까지 그리하리니 이는 내가 그것들을 지었음을 한탄함이니라 하시니라
> (창 6:5-7)

창세기 6장에 이르면 온 세상에 하나님의 창조 목적에 부합하는 인간 존재는 하나도 없게 됩니다. 그래서 노아 홍수라는 대 심판이 일어납니다. 하나님께서 노아를 통하여 모든 생물을 살려 놓기는 하셨지만, 지구 역사에 대 심판을 행하셨습니다. 그리고 홍수가 끝난 다음에 노아의 제사를 받으십니다. 이 내용이 창세기 8장 20절 이하에 이렇게 기록되어 있습니다.

> 노아가 여호와께 제단을 쌓고 모든 정결한 짐승과 모든 정결한 새 중에서 제물을 취하여 번제로 제단에 드렸더니 여호와께서 그 향기를 받으시고 그 중심에 이르시되 내가 다시는 사람으로 말미암아 땅을

저주하지 아니하리니 이는 사람의 마음이 계획하는 바가 어려서부터 악함이라 내가 전에 행한 것 같이 모든 생물을 다시 멸하지 아니하리니 땅이 있을 동안에는 심음과 거둠과 추위와 더위와 여름과 겨울과 낮과 밤이 쉬지 아니하리라 (창 8:20-22)

하나님은 사람의 악함을 이유로 하여서는 다시는 세상을 심판하지 않기로 하셨습니다. 인간에게는 나아질 소망이 없는데도 말입니다. 그렇게 세상을 보존해 주셨더니 바벨탑 사건이 나옵니다. 창세기 11장을 봅시다.

온 땅의 언어가 하나요 말이 하나였더라 이에 그들이 동방으로 옮기다가 시날 평지를 만나 거기 거류하며 서로 말하되 자, 벽돌을 만들어 견고히 굽자 하고 이에 벽돌로 돌을 대신하며 역청으로 진흙을 대신하고 또 말하되 자, 성읍과 탑을 건설하여 그 탑 꼭대기를 하늘에 닿게 하여 우리 이름을 내고 온 지면에 흩어짐을 면하자 하였더니 여호와께서 사람들이 건설하는 그 성읍과 탑을 보려고 내려오셨더라 여호와께서 이르시되 이 무리가 한 족속이요 언어도 하나이므로 이 같이 시작하였으니 이 후로는 그 하고자 하는 일을 막을 수 없으리로다 자, 우리가 내려가서 거기서 그들의 언어를 혼잡하게 하여 그들이 서로 알아듣지 못하게 하자 하시고 여호와께서 거기서 그들을 온 지면에 흩으셨으므로 그들이 그 도시를 건설하기를 그쳤더라 그러므로 그 이름을 바벨이라 하니 이는 여호와께서 거기서 온 땅의 언어를 혼잡하게 하셨음이니라 여호와께서 거기서 그들을 온 지면에 흩

으셨더라 (창 11:1-9)

사람들이 많이 모여서 권력이 커지면 큰일 난다고 합니다. '부패하지 않는 권력은 없다'라는 말을 들어 보셨을 것입니다. 역사에서 우리가 보아 온 현상이죠. 부패하지 않는 권력은 없다, 개인도 부패하고 개개인의 부패가 합쳐져서 힘이 커지면 더 크게 부패한다, 그렇다면 권력을 키우지 않으면 어떻게 될까요? 그래도 부패합니다. 아무것도 안 하고 있어도 부패합니다.

'설마 그 정도까지 부패하려고?' 하는 생각이 들 수도 있습니다. 인간의 본성에 대한 신뢰나 희망이 있어서 그럴 것입니다. 하지만 '의인은 없나니 하나도 없다'라는 성경의 선언에 스스로 항복하는 날이 빨리 와야 합니다. 의인은 없으니 하나도 없다, 시간에 쫓겨 사는 것이 차라리 다행이다, 돈 있고 힘 있으면 나도 망하고 다른 사람들도 망하게 했을 것이다, 이것을 기억해야 합니다.

그런 후에 아브라함이 등장합니다. 이는 무엇을 뜻합니까? 이 대책 없고 희망 없는 인류의 현실에 하나님이 아브라함을 세워 새로운 일을 시작하신다는 것입니다.

복 받음의 대표인 아브라함

로마서 3장 21절에서 '그러나 이제는'이라고 하여 이전과 이후를 예수로 나누듯이, 아브라함을 부르셔서 그 앞과 뒤를 나눕니다. 아브라함은 누구입니까? "내가 너로 큰 민족을 이루고 네게 복을 주어 네 이름을 창대케 하리니 너는 복이 될지라"라고 말씀하신 대상입니다.

　노아의 때에 하나님께서는 사람을 지으셨음을 한탄하시고 지면에서 쓸어버리셨습니다. 바벨탑의 현장에서도 하나님은 인류를 흩어 버릴 수밖에 없으셨습니다. 그러니 인류의 이 현실이야말로 '그러나 이제는'이라는 하나님의 일하심으로 말미암은 국면 전환이 필요해 보입니다. 이러한 인류의 현실에서 하나님이 새로운 일을 시작하십니다. 아브라함에 관한 이 일들은 우리에게 이런 시각을 분명하게 해 줍니다. 창세기 15장을 봅시다.

이 후에 여호와의 말씀이 환상 중에 아브람에게 임하여 이르시되 아브람아 두려워하지 말라 나는 네 방패요 너의 지극히 큰 상급이니라 아브람이 이르되 주 여호와여 무엇을 내게 주시려 하나이까 나는 자식이 없사오니 나의 상속자는 이 다메섹 사람 엘리에셀이니이다 아브람이 또 이르되 주께서 내게 씨를 주지 아니하셨으니 내 집에서 길린 자가 내 상속자가 될 것이니이다 여호와의 말씀이 그에게 임하여 이르시되 그 사람이 네 상속자가 아니라 네 몸에서 날 자가 네 상속자가 되리라 하시고 그를 이끌고 밖으로 나가 이르시되 하늘을 우러러 뭇별을 셀 수 있나 보라 또 그에게 이르시되 네 자손이 이와 같으리라 아브람이 여호와를 믿으니 여호와께서 이를 그의 의로 여기시고 또 그에게 이르시되 나는 이 땅을 네게 주어 소유를 삼게 하려고 너를 갈대아인의 우르에서 이끌어 낸 여호와니라 그가 이르되 주 여호와여 내가 이 땅을 소유로 받을 것을 무엇으로 알리이까 여호와께서 그에게 이르시되 나를 위하여 삼 년 된 암소와 삼 년 된 암염소와

삼 년 된 숫양과 산비둘기와 집비둘기 새끼를 가져올지니라 아브람
이 그 모든 것을 가져다가 그 중간을 쪼개고 그 쪼갠 것을 마주 대하
여 놓고 그 새는 쪼개지 아니하였으며 솔개가 그 사체 위에 내릴 때
에는 아브람이 쫓았더라 해 질 때에 아브람에게 깊은 잠이 임하고 큰
흑암과 두려움이 그에게 임하였더니 여호와께서 아브람에게 이르시
되 너는 반드시 알라 네 자손이 이방에서 객이 되어 그들을 섬기겠
고 그들은 사백 년 동안 네 자손을 괴롭히리니 그들이 섬기는 나라
를 내가 징벌할지며 그 후에 네 자손이 큰 재물을 이끌고 나오리라
너는 장수하다가 평안히 조상에게로 돌아가 장사될 것이요 네 자손
은 사대 만에 이 땅으로 돌아오리니 이는 아모리 족속의 죄악이 아
직 가득 차지 아니함이니라 하시더니 해가 져서 어두울 때에 연기
나는 화로가 보이며 타는 횃불이 쪼갠 고기 사이로 지나더라 그 날
에 여호와께서 아브람과 더불어 언약을 세워 이르시되 내가 이 땅을
애굽 강에서부터 그 큰 강 유브라데까지 네 자손에게 주노니 곧 겐
족속과 그니스 족속과 갓몬 족속과 헷 족속과 브리스 족속과 르바
족속과 아모리 족속과 가나안 족속과 기르가스 족속과 여부스 족속
의 땅이니라 하셨더라 (창 15:1-21)

하나님께서 아브라함에게 그의 자손이 하늘의 별 같이 많아질 것이라
고 하십니다. 하나님, 제가 이것을 어떻게 알 수 있습니까, 하고 아브
라함이 묻자, 하나님께서는 대답 대신 제물을 가져다 놓으라고 하십
니다. 제물을 둘로 쪼개어 놓은 사이를 언약 당사자인 하나님 홀로 지
나가십니다. 약속을 깨는 자는 제물이 쪼개진 것같이 저주를 받을 거

라는 맹세를 몸소 보이신 것입니다. 굳센 약속이죠. 그런데 거기를 하나님만 지나가십니다. 아브라함에게 지나가라고 하지 않으십니다. 하나님이 하신 약속입니다. 그리고 하나님이 아브라함을 이렇게 부르십니다. 7절을 다시 봅시다.

> 또 그에게 이르시되 나는 이 땅을 네게 주어 소유를 삼게 하려고 너를 갈대아인의 우르에서 이끌어 낸 여호와니라 (창 15:7)

이 모든 일의 주인은 하나님이시며, 이 일의 시작과 주도권은 하나님께 있습니다. 아브라함이 한 일은 그런 하나님께 붙잡힌 것 밖에 없습니다. 우리가 자꾸 아브라함에게 어떤 특별한 원인이 있을 거라고 여기면서 아브라함을 믿음의 조상이라고 말하고 싶다면, 그리하기 전에 믿음이라는 것이 왜 등장했는가를 먼저 보아야 합니다.

로마서가 하는 이야기가 무엇입니까? 율법으로는 죄를 깨달을 뿐이다, 의인은 없나니 하나도 없다, 아무도 하나님의 영광에 이르지 못했다, 남은 것은 심판뿐이다, 그러나 이제는 예수 그리스도를 믿음으로 말미암는 구원이 이루어졌다는 것입니다. 그런데 이렇게 다 못을 박았는데도 우리는 '내가 믿으면'이라고 하여 '믿음'을 조건으로 삼으려고 합니다. 이렇게 되면 '믿음'이라는 말에 담긴 대조를 놓치게 됩니다. 어떤 대조일까요. 우리는 할 수 없었다, 우리는 끝났다, 우리는 대책이 없다, 자기 스스로 '믿으면'의 자리로 들어올 사람은 아무도 없다, 그러나 하나님은 구원을 이루셨다, 에서 보이는 대조입니다. 이것이 바로 '믿음'이라는 말에 담긴 내용입니다. 이처럼 믿음은 하나님이 하신 일을 가리킵니다.

이 대조를 보십시오. 그러니 아브라함에게서 근거를 찾으려고 하지 마십시오. 아브라함은 어떻게 믿음의 조상이 되었습니까? 하나님이 아브라함을 세우셔서 "내가 인류를 축복하고 내 능력과 신실함과 은혜로 말미암아 기어코 내 백성을 만들고 말겠다"라는 의지의 첫 번째 대상으로 삼으신 것입니다. 그가 믿음의 조상이라고 불리는 것은 그가 인류에게 복을 실행하시고 구현하시고 완성하시는 하나님의 일하심을 보여 주는 대표이기 때문입니다. 아브라함은 우리가 할 수 없는 것을 하나님이 해내셨음을 보여 주는 사람입니다.

그러나 우리는 '믿음'이라는 단어를, 상대를 신뢰하고 기대하는 자신의 행위라고 생각하여 보상을 받을 수 있는 조건이나 자격으로 이해하는 데로 다시 돌아와 버립니다. 여기 창세기 15장에서 제물을 쪼개 놓듯, '그러나 이제는'으로 쪼개 놓은, 둘을 다시 연결할 수 없게 만든 이 간격을 우리는 자꾸 메우려고 합니다. 마치 우리가 무언가를 해서 결과를 얻어 낸 것처럼 만들려고 합니다.

우리가 이해하는 믿음을 아브라함이 가지지 않았다는 뜻은 아닙니다. 그러나 아브라함의 믿음은 결과이지, 조건으로 등장한 것이 아닙니다. 하나님이 일하셔서 아브라함에게 이제 믿음이 생겨납니다. 하나님이 일하셔서 하나님에 대한 신뢰와 순종이 그에게 처음으로 생겨나는 것입니다.

이미 변화된 세상

좀 더 확실한 이해를 위해 이런 이야기를 해 보겠습니다. 예수 믿으면 회개합니다. 무엇이라고 회개합니까? "주께서 나를 위하여 돌아가신 것을 믿습니다"라고 회개합니다. 예수님은 언제 돌아가셨습니까? 이천 년 전에 돌아가셨습니다. 여러분이 회개하기 전에, 이미 이천 년 전에 하나님이 우리를 위하여 그 아들을 보내어 우리 죄를 사하셨습니다. 그런데 이 사실을 우리는 이제 압니다. 내가 믿어서 예수가 죽으신 것이 아닙니다. 내가 믿기 전에 예수께서 이미 죽으셨습니다. 이미 구원을 이루셨다는 말씀입니다.

예수께서 죽으셔서 구원을 이루신 일이 역사적 시간 속에서 이미 일어난 일이라는 것을 보십시오. 구약 내내 하나님이 이스라엘 백성에게 나타날 때에 하신 "나는 너희 조상 아브라함의 하나님이요, 이삭의 하나님이요, 야곱의 하나님이라"라는 말씀은 다 무슨 뜻입니까? 나는 너희와 무엇을 하려고 이제야 온 하나님이 아니라, 너희의 운명을 위하여 모든 것을 이미 준 하나님이니라고 말씀하시는 것입니다. 시간의 차이를 두고 이미 일어난 과거, 번복할 수 없는 과거, 지금 내가 내리는 결정으로 좌우되지 않는 과거에 이미 역사하신 분으로 하나님이 당신 자신을 소개하고 계십니다.

이제까지 우리는 구원을 지나치게 개인의 차원에서만 이해해 왔습니다. 물론 구원에 대한 개인의 확신은 중요합니다. 그러나 믿음을 그렇게만 이해해서는 부족합니다. 구원은 하나님이 이렇게 여러분 각자에게 오셔서 세세하게 일하시기 전에 이미 먼저 역사와 세상과 인류를 대상으로 하신 것입니다. 그리고 이 구원을 각각에게 구체적으로 적용하십니다.

나이 든 사람과 젊은이의 차이가 무엇이라고 생각하십니까? 젊었을 때는 자기가 전부입니다. 사춘기를 생각해 보십시오. 왜 그렇게 말 끝마다 툭툭거리고 대꾸 안 하고 성질을 부릴까요? 자기가 전부라서 그렇습니다. 세상이 어떻게 얽혀 있는지 모르니까 그렇게 삽니다. 자기가 불편한데 세상이 이렇든 저렇든, 부모가 어떤 마음을 가지든 무슨 상관이 있겠습니까. 자기가 죽겠고, 자기가 힘든데 말입니다. 철없을 때의 특징입니다.

나이가 들어 보면, 걱정할 것이 많다는 것을 알게 됩니다. 비로소 나라 걱정을 하게 됩니다. 답이 없는 걱정을 말입니다. 이것이 철든 증거입니다. 제가 나이 들어 보니 날씨를 걱정하게 됩니다. 비가 와야 할 때는 비가 와야 하고, 추워야 할 때는 추워야 하고, 바람이 불어야 할 때는 불어야 합니다. 나이가 들어야 비로소 개인이 얼마나 큰 틀 안에 들어 있는지를 알게 됩니다. 그래서 여러 가지 염려와 걱정을 놓지 못합니다.

하나님이 어떻게 이 큰 틀을 바꿔 놓으셨는지를 모르면 예수가 오셨다는 말을 도무지 이해하지 못하게 됩니다. 세상이라는 판이 예수로 말미암아 바뀌었다는 말입니다. 이미 아브라함에게서 시작된 구원이 예수 안에서 구체적 성취와 실체를 보이는 것입니다.

구약은 이 실체의 약속을 가지고 그 은혜 속에 있지만 실체를 보지는 못합니다. 동일한 은혜 속에 있는데도 말입니다. 그런데 우리는 '그러나 이제는 율법 외에 하나님의 한 의가 나타났으니 율법과 선지자들에게 증거를 받은 것이라'라고 하는 예수 그리스도의 오심과 죽으심과 부활이라는 것으로 판이 바뀐 세상을 살고 있습니다. 부활 세상을 삽니다. '나를 믿는 자는 죽어도 살겠고 무릇 살아서 나를 믿는 자는 영원히 죽지 아니하리라'라는 새로운 현실 속에 있다는 말입니다. 죽어서 가는 천국이 아니라, 이 세상에서 하나님과 화목하게 된 자로 이미 천국을 살고 있다는 말입니다.

우리가 회개했기 때문에 하나님께서 당신의 아들을 보내신 것이 아닙니다. 하나님은 이미 이천 년 전에 나를 포함한 인류를 당신 자신과 화목하게 하셨습니다. 이것을 각자에게 적용하는 일이 오늘 나에게 일어난 것입니다. 우리 모두가 전에는 멸망의 판, 절망의 판 속에 있었지만, 이제는 은혜의 판 속에 있는 것입니다.

우리는 신앙생활이 힘들다고 투덜대지만, 신앙이 없는 세상도 힘들기는 마찬가지입니다. 다만 저들은 체념하고 살 뿐입니다. 체념했기에 저들은 살아생전에 할 수 있는 것은 다 해 보며 삽니다. 우리도 힘들지만, 우리는 저들과 동일한 삶 속에서 하나님 나라의 증인으로 살고 있기 때문에 힘든 현실을 저들과는 다르게 이해하고 다르게 반응할 수 있습니다.

사실 우리가 더 힘듭니다. '우리가 더 힘들다'라고 표현하는 것은 저들은 마음대로 살아도 되지만 우리는 그렇게 살 수는 없기 때문입니다. 하지만 그것이 명예입니다. 거친 막말을 하는 것은 아무런 도움이 되지 않습니다. 그렇게 하는 만큼 손해입니다. 그렇게 하지 않는 것이 명예이며 영광을 누리는 일입니다. 말을 아끼고, 원하는 대로 보복하지 않는 것, 그것이 우리가 가진 자랑입니다. 왜 그렇습니까? 그래도 되는 본질적 소망이 우리에게 있기 때문입니다. 그러나 세상은 이 소망이 없습니다. 이 차이를 알아야 합니다. 창세기 17장입니다.

> 아브람이 구십구 세 때에 여호와께서 아브람에게 나타나서 그에게 이르시되 나는 전능한 하나님이라 너는 내 앞에서 행하여 완전하라 내가 내 언약을 나와 너 사이에 두어 너를 크게 번성하게 하리라 하시니 아브람이 엎드렸더니 하나님이 또 그에게 말씀하여 이르시되 보라 내 언약이 너와 함께 있으니 너는 여러 민족의 아버지가 될지라 이제 후로는 네 이름을 아브람이라 하지 아니하고 아브라함이라 하리니 이는 내가 너를 여러 민족의 아버지가 되게 함이니라 (창 17:1-5)

아브람이 아직 이삭을 낳기 전에, 열국이 생기기 전에, 아브라함의 후손의 열국이 만들어지기 전에 아브람은 '아브라함'이라는 이름을 이미 가졌습니다. 우리는 이미 성도요, 신자요, 하나님의 자녀입니다. 이름만 가진 것이 아니라 실제로 하나님 앞에서도 그렇습니다. '아브라함'이라는 이름이 먼저 주어진 것처럼 말입니다.

이 모든 일에 누가 조건으로 등장합니까? 바로 '내가'입니다. '내가 너로'입니다. 아버지가 당신의 아들을 보냅니다. 아브라함에게 한 것과 똑같이 예수를 믿는 자는 멸망하지 않고 영생을 얻으리라, 그런 약속으로 신약과 구약의 연속성이 있는 것입니다.

출애굽기 3장에 가면, 모세가 자기 백성을 구하기 위해 하나님 앞에 부름을 받는 장면이 나옵니다. 여기 이런 말들이 어떻게 쓰이고 있는가를 한 번 더 확인해 봅시다. 출애굽기 3장 11절입니다.

모세가 하나님께 아뢰되 내가 누구이기에 바로에게 가며 이스라엘 자손을 애굽에서 인도하여 내리이까 하나님이 이르시되 내가 반드시 너와 함께 있으리라 네가 그 백성을 애굽에서 인도하여 낸 후에 너희가 이 산에서 하나님을 섬기리니 이것이 내가 너를 보낸 증거니라 모세가 하나님께 아뢰되 내가 이스라엘 자손에게 가서 이르기를 너희의 조상의 하나님이 나를 너희에게 보내셨다 하면 그들이 내게 묻기를 그의 이름이 무엇이냐 하리니 내가 무엇이라고 그들에게 말하리이까 하나님이 모세에게 이르시되 나는 스스로 있는 자이니라 또 이르시되 너는 이스라엘 자손에게 이같이 이르기를 스스로 있는 자가 나를 너희에게 보내셨다 하라 하나님이 또 모세에게 이르시되 너는 이스라엘 자손에게 이같이 이르기를 너희 조상의 하나님 여호와 곧 아브라함의 하나님, 이삭의 하나님, 야곱의 하나님께서 나를 너희에게 보내셨다 하라 이는 나의 영원한 이름이요 대대로 기억할 나의 칭호니라 (출 3:11-15)

나는 스스로 있는 자요, 너희 조상의 하나님이라고 말씀하십니다. '너희 조상의 하나님'이란 무슨 뜻입니까? 이미 약속하고 이미 시작하신 하나님이라는 말입니다. 지금 와서 그렇게 될 것인가 말 것인가를 하나님과 우리 사이에 합의해야 이 일이 시작되는 것이 아니라고 합니다. 하나님이 이미 아브라함을 불러 하나님 혼자서 이 목적과 내용을 지켜 내기로 약속하셨다, 그렇게 시작된 인류의 새로운 역사가 있다, 아브라함을 조상으로 하는 그의 후손들이 있다, 이것이 로마서 4장에 나타난 아브라함에 대한 해석입니다.

아브라함은 믿음의 조상입니다. 하나님이 인간의 운명을 그들의 조건과 자격을 보고 결정하지 않으시고, 하나님 당신의 신실하심과 복 주심으로 새로운 인류를 만들기로 하여 세워진 대표가 아브라함입니다. 그렇게 예수 안에서 우리에게 구원을 허락하셨습니다. 우리가 믿는 신앙고백과 소망이 얼마나 큰 약속 속에 이미 성취된 것인가를 기억하십시오. '나는 스스로 있는 자니라. 나는 너희 조상의 하나님이니라. 나는 내 아들을 너희에게 준 네 하나님 여호와니라'라는 말씀의 깊이를 이해하여 세상을 이기고 또한 자기의 못난 것을 이기는 신앙의 용사가 되십시오.

기 도

하나님 아버지, 은혜를 감사합니다. 하나님은 세상과 역사의 주인이시며, 또한 우리 각자에게 아버지이십니다. 우리는 하나님을 아버지라 부르며, 이 세상이 하나님의 손 안에 있고 복을 주시려는 하나님의 뜻 가운데 있음을 고백합니다. 또한 이 세상 속에서 하나님의 자녀로 사는 영광된 책임이 우리에게 있음을 확인합니다. 그러니 어리석게 변명하지 말고 우리의 시간을 낭비하지 말고 하나님의 자녀로 책임 있는 인생을 살게 하옵소서. 세상이 우리에게 주는 위협과 시험 앞에서 하나님의 사람답게 하옵소서. 하나님의 자녀가 되었은즉 그 영광을 누리는 생애가 되게 하옵소서. 예수님 이름으로 기도합니다. 아멘.

11.
아브라함의 믿음에 속한 자에게도

아브라함, 바로 우리 같은 자

---

13 아브라함이나 그 후손에게 세상의 상속자가 되리라고 하신 언약은 율법으로 말미암은 것이 아니요 오직 믿음의 의로 말미암은 것이니라 14 만일 율법에 속한 자들이 상속자이면 믿음은 헛것이 되고 약속은 파기되었느니라 15 율법은 진노를 이루게 하나니 율법이 없는 곳에는 범법도 없느니라 16 그러므로 상속자가 되는 그것이 은혜에 속하기 위하여 믿음으로 되나니 이는 그 약속을 그 모든 후손에게 굳게 하려 하심이라 율법에 속한 자에게뿐만 아니라 아브라함의 믿음에 속한 자에게도 그러하니 아브라함은 우리 모든 사람의 조상이라 17 기록된 바 내가 너를 많은 민족의 조상으로 세웠다 하심과 같으니 그가 믿은 바 하나님은 죽은 자를 살리시며 없는 것을 있는 것으로 부르시는 이시니라 18 아브라함이 바랄 수 없는 중에 바라고 믿었으니 이는 네 후손이 이같으리라 하신 말씀대로 많은 민족의 조상이 되게 하려 하심이라…… (롬 4:13-22)

은혜의 예시인 아브라함

로마서 4장은 온통 아브라함에 대한 이야기입니다. 우리는 아브라함이 믿음의 조상이라는 것과 그가 하나님을 믿었고, 이를 하나님께서 그의 의로 여기셨다는 것을 알고 있습니다. 그런데 여기서 주의해야 할 점이 있습니다. 아브라함의 이야기는 로마서 3장의 결론을 뒷받침해 주기 위해 4장에 들어 있는 것입니다. 이 점을 염두에 두지 않으면 자칫 아브라함의 이야기는 단순히 기독교 신앙의 중요한 모범 중 하나가 되고 맙니다. 그러나 로마서 4장을 비롯하여 성경은 아브라함을 신앙의 모범으로 세우려는 의도가 없습니다.

로마서 4장을 보기에 앞서 로마서 1장에서 3장까지의 내용을 개괄해 봅시다. 사도 바울은 로마에 있는 교회에 편지를 보냅니다. 바울은 이 교회가 복음을 알고 예수를 믿게 되었다는 사실 때문에 기뻐합니다. 1장 16절에서 바울은 자신이 복음을 부끄러워하지 않는 것은 복음이 모든 믿는 자에게 구원을 주시는 하나님의 능력이기 때문이라고 합니다. 바울은 이 복음을 기쁨으로 자랑하고 증언하면서 로마 교회 성도들을 격려합니다.

이어서 1장 18절부터 3장 20절에서 바울은 구원이 필요한 이유를 계속 설파합니다. 의인은 없나니 하나도 없다, 깨닫는 자도 없고 하나님을 찾는 자도 없으며 다 치우쳐 무익하게 되었다, 옳고 그름을 알더라도 이를 행하지 않으면 아무것도 아니다, 율법을 가졌어도 지키지 않으면 이 또한 아무것도 아니다, 선과 도덕을 알더라도 하나님을 찾는 자가 없다, 그리하여 모든 인간은 하나님의 진노와 심판에 묶였다,

이 일에 예외란 없다, 하고 뚜껑을 닫아 놓듯이 선언합니다. 3장 19절을 읽겠습니다.

> 우리가 알거니와 무릇 율법이 말하는 바는 율법 아래에 있는 자들에게 말하는 것이니 이는 모든 입을 막고 온 세상으로 하나님의 심판 아래에 있게 하려 함이라 (롬 3:19)

이렇게 막아 놓은 곳에서 누구도 나오지 못합니다. 그 누구도 이 점에서 예외가 아닙니다. 여기서 말하는 율법은 합리적 방법을 대표합니다. 결과를 얻기 위해서 필요한 원인이 제공되어야 하는 방식을 대표하는 것이 율법입니다. 율법에는 도덕적 측면이 있지만, 율법의 이치 자체는 합리성입니다. 이러한 율법 아래에서 인류의 무능함이 드러납니다. 인류는 원인을 제공할 능력이 없습니다. 인류는 하나님과의 관계를 정상화할 능력이 없습니다. 그래서 모두가 하나님의 심판 아래 있다고 바울은 선언합니다.

21절의 '그러나 이제는'으로 국면이 새롭게 전환됩니다. 여기서 도망갈 수 있는 자는 아무도 없다고, 예외 없는 하나님의 심판과 이 심판 아래 있는 인류의 현실을 지적한 후, '그러나'로 반전하는 것입니다. "그러나 이제는 율법 외에 하나님의 한 의가 나타났으니 율법과 선지자들에게 증거를 받은 것이니라"라고 선언합니다. 그 내용은 곧 예수 그리스도를 믿음으로 말미암아 모든 믿는 자에게 미치는 하나님의 의니 차별이 없다는 것으로 다시 강조됩니다.

구원은 21절에 있듯이 율법과 선지자들에게 증거를 받은 것입니다. 그렇다면 구약에서는 심판 아래 있는 인류에게 하나님께서 어떻게 은혜를 베풀어 그의 능력으로 구원하셨습니까? 구약에서는 이 일의 대표자가 아브라함입니다. 모두가 그릇 행하고 틀렸는데 누군가는 믿음을 가졌더라, 그런 이야기가 아닙니다. 모두를 심판 아래에 묶어 놓은 세상에서 멸망 외에는 다른 희망이 없는 인류에게 하나님이 구원의 길을 여셨다, 하나님이 우리와 당신의 관계를 해결하셨다, 하는 이야기입니다.

우리와 방불한 아브라함

아브라함은 그가 어떻게 남들과 다른 믿음을 가지고 경건했느냐를 보여 주기 위해 등장한 것이 아닙니다. 하나님이 희망이 없는 세상에 당신의 구원을 성실하심으로 지키기로 작정하시고, 망할 수밖에 없는 인류 역사에 개입하셔서 멸망의 길을 뒤집어엎으시고, 당신의 신실한 약속과 승리를 성취하기로 하셨는데, 이 일을 대표하는 이가 아브라함인 것입니다. 아브라함은 하나님의 은혜를 입은 존재란 무엇인지를 보여 주는 대표자로 서 있을 뿐입니다. 그는 남다르다는 이유로 대표자가 된 것은 아닙니다. 우리가 "아브라함, 아브라함" 하며 호들갑을 떨 때에 조심해야 하는 아주 중요한 이유가 여기 있습니다. 이것을 본문은 다음과 같이 이야기합니다. 로마서 4장 1절부터 보겠습니다.

그런즉 육신으로 우리 조상인 아브라함이 무엇을 얻었다 하리요 만일 아브라함이 행위로써 의롭다 하심을 받았으면 자랑할 것이 있으

려니와 하나님 앞에서는 없느니라 (롬 4:1-2)

무엇을 얻었다 하리요, 무엇을 이루었다 하리요, 무엇을 성공했다 하리요. 아브라함이 자기 행위로 의롭게 되었다면 자랑할 거리가 있을 것입니다. 자기가 만든 것에 대해서는 "내가 했다니까"라고 자랑할 수밖에 없기 때문입니다. 그러나 하나님 앞에서는 자랑할 수 없습니다. "그래도 아브라함은 믿었잖아요"라고 말하고 싶을 것입니다. 그러나 성경은 이따위 소리 하지 말라고 합니다.

로마서 4장에서 아브라함은 남다른 믿음을 가진 자라는 이유로 등장한 것이 아닙니다. 바울이 아브라함을 언급하는 이유는 3장 21절의 "그러나 이제는 율법 외에 하나님의 한 의가 나타났으니 율법과 선지자들에게 증거를 받은 것이라"를 설명하기 위해 "아브라함을 보라"고 그를 등장시킨 것입니다. 아브라함이 누구입니까? 그는 우리와 방불한 자에 불과합니다. 그가 남달라서 특별한 대접을 받은 것은 아닙니다. 13절부터 다시 읽어 봅시다.

아브라함이나 그 후손에게 세상의 상속자가 되리라고 하신 언약은 율법으로 말미암은 것이 아니요 오직 믿음의 의로 말미암은 것이니라 만일 율법에 속한 자들이 상속자이면 믿음은 헛것이 되고 약속은 파기되었느니라 율법은 진노를 이루게 하나니 율법이 없는 곳에는 범법도 없느니라 그러므로 상속자가 되는 그것이 은혜에 속하기 위하여 믿음으로 되나니 이는 그 약속을 그 모든 후손에게 굳게 하려 하심이라 율법에 속한 자에게뿐만 아니라 아브라함의 믿음에 속한 자

에게도 그러하니 아브라함은 우리 모든 사람의 조상이라 (롬 4:13-16)

아브라함과 그의 후손에게 약속하신 하나님의 백성으로서의 특권과 구원은 율법으로 말미암지 않고 믿음으로 된 것입니다. 여기서 율법과 믿음을 대비하는 이유는 무엇입니까? 율법에 속하게 놔두면 결국 실패할 것이기 때문에 하나님께서는 은혜와 묶어 무엇으로도 실패할 수 없게 하려고 믿음을 등장시킨 것입니다.

신앙의 주인이신 하나님

하나님이 인류에게 율법의 차원에서 요구하셨던 것을 뒤로 하시고, 이제 새로운 차원에서 하나님의 의와 신실하심과 자비와 긍휼과 능력으로 우리와 당신의 관계를 정상화하시는 방법이 바로 믿음입니다. 믿음은 하나님께서 일을 시행하시는 방법을 가리킵니다. 성경은 믿음을 하나님께서 우리에게 요구하시는 조건으로 언급하고 있지 않습니다. 율법에서는 원인과 조건과 자격을 우리에게 요구하는 데에 강조점이 있다면, 믿음에서는 하나님의 의지와 능력과 은혜와 자비에 강조점이 있습니다. 그래서 16절이 등장합니다. "그러므로 상속자가 되는 그것이 은혜에 속하기 위하여 믿음으로 되나니 이는 그 약속을 그 모든 후손에게 굳게 하려 하심이라."

믿음으로 은혜에 속하게 하신 것은 모든 후손에게까지 약속을 굳게 하기 위해서라고 합니다. 실패할 수 없게 하려고 믿음으로 하신다는 말입니다. 그러나 우리는 믿음을 조건으로 사용하는 바람에 우리가 구원의 주인이 되어 믿느냐 안 믿느냐, 열심이 있느냐 열심이 없느냐로만 구별하여 "아브라함의 믿음을 보라"만 외치게 됩니다.

그렇지 않습니다. 이것이 로마서 4장이 하고 싶은 이야기입니다. 아무것도 아닌, 우리와 방불한 아브라함을 부르셔서 그의 잘못과 부족함에도 불구하고 실패할 수 없게 하신 것을 보라는 것입니다. 그런 부르심과 의지로 우리도 묶으셨습니다. 그래서 믿음은 우리의 눈을 우리 자신이 아닌, 하나님께로 향하게 합니다.

4장 16절, '그러므로 상속자가 되는 그것이 은혜에 속하기 위하여 믿음으로 되나니 이는 그 약속을 그 모든 후손에게 굳게 하려 하심이라'라는 말씀의 의미는 우리로 실패하지 않게 하려고 그렇게 하셨다는 것입니다. 이어서 '율법에 속한 자에게 뿐만 아니라 아브라함의 믿음에 속한 자에게도 그러하니 아브라함은 우리 모든 사람의 조상이라'고 하여 아브라함을 부른 것같이 그런 방식으로 우리도 다 불러내는 것이라고 설명합니다. 그리고 이 점을 분명하게 하려고 '아브라함이 믿었다'가 아니라 17절에 보듯이 '내가 너를 많은 민족의 조상으로 세웠다'라는 말씀을 인용합니다. 이 인용문의 주어는 '내가'입니다. 곧 '나 하나님'이 주체입니다. 아브라함이 믿어서가 아닙니다.

기독교 신앙의 주인은 하나님이십니다. 하나님이 아브라함을 부르듯이 우리를 부르시고, 아브라함의 생애를 책임지듯이 우리의 생애도 "나는 아브라함의 하나님이며 또한 너희 하나님이라"라는 말로 붙들고 계십니다. 이뿐 아니라 우리의 자녀들에게도 "나는 네 아비 누구의 하나님이었다"라고 하시며 이들도 붙드실 것입니다. 한편 세상을 향해서도 "나는 아브라함의 하나님이다. 너희는 다 이 사람 때문에 복을 받는다. 이 사람을 불렀듯 너희를 부른다. 아브라함을 축복하는 자에게 내가 복을 주고 아브라함을 저주하는 자를 내가 저주할 것이다"라고 하십니다. 이렇게 불러 세운 하나님이 주인이시라는 의미입니다.

그래서 17절에 계속 이어지는 말씀이 '그가 믿은 바 하나님은'이라고 하여 아브라함의 믿음을 이야기하지 않고 믿음의 대상인 하나님 곧 '죽은 자를 살리시며 없는 것을 있는 것으로 부르시는 하나님'을 언급합니다. 그는 창조의 하나님이시고 부활의 하나님이십니다.

아브라함을 보라

예수를 믿으면서 다들 전전긍긍하는 것이 있습니다. 하나는 자기가 믿음이 적은 탓에 복을 받지 못한다고 생각하는 자책감이고, 다른 하나는 하나님이 내 기도를 안 들어주신다는 불만입니다. 그런데 아브라함도 전전긍긍하고 살았습니다. 그도 쩔쩔매는 인생을 살았습니다. 뒤에 나오는 이야기가 바로 이것입니다.

> 아브라함이 바랄 수 없는 중에 바라고 믿었으니 이는 네 후손이 이같으리라 하신 말씀대로 많은 민족의 조상이 되게 하려 하심이라 그가 백 세나 되어 자기 몸이 죽은 것 같고 사라의 태가 죽은 것 같음을 알고도 믿음이 약하여지지 아니하고 믿음이 없어 하나님의 약속을 의심하지 않고 믿음으로 견고하여져서 하나님께 영광을 돌리며 약속하신 그것을 또한 능히 이루실 줄을 확신하였으니 그러므로 그것이 그에게 의로 여겨졌느니라 (롬 4:18-22)

하나님은 창조의 하나님이고 부활의 하나님입니다. 하나님께서 아브라함에게 "너는 복의 근원이 되고, 열국의 아비가 되고, 네 후손이 하늘의 별 같고 바다의 모래 같으리라"라고 하셨을 때에 아브라함은 자식이 하나도 없었습니다. 아브라함은 이미 백 세나 되어서 아이를 낳을 수 없었고 부인 사라도 마찬가지였습니다. 둘 다 아이를 낳을 수 없는 조건인데, 하나님은 오셔서 "너는 아브라함이다. 너는 열국의 아비다"라고 하시는 것입니다. 아브라함에게 하나님은 이해할 수 없는 분이었을 것입니다. 아브라함의 믿음이 약하여지지 않았던 것은 아마 대책이 없기 때문이었을 것입니다. 하나님, 저보고 무엇을 하라는 말입니까? 여러분, 아브라함이 무엇을 할 수 있었겠습니까, 새로 장가를 가겠습니까, 무엇을 하겠습니까.

성경은 아브라함이 믿음, 곧 하나님의 일하심에 붙들려 있던 자라는 것을 말하고 싶어 합니다. 아브라함은 보이는 것도 없고 도망 갈 수도 없었을 것입니다. '아브라함이 하나님을 믿었다'라는 말은 '그가 하나님에게 붙들려 있었다'라는 말 외에 다른 표현으로 바꿀 수가 없습니다. 하나님이 자기 백성을 부르실 때 늘 그렇듯이, 우리 중 누구도 자기가 왜 예수를 믿는지 이해할 수 있는 사람은 없습니다. 시원하게 믿어지지도 않고 그렇다고 안 믿을 수도 없습니다.

신자의 이런 현실을 아브라함의 생애에서도 발견합니다. 아브라함이 겪은 상황이 꼭 그랬을 것입니다. 얼마나 말이 안 됐겠습니까. 하나님께서는 그를 본토 친척 아비 집에서 끌어내어 가나안 땅에 들어가게 하시고 나그네로 살게 하셨습니다. 요즘 잘 쓰는 '보헤미안'이라는 말로 아브라함의 처지를 포장할 수도 있겠지만, 사실 그는 노숙자였습니다. 한심하게 사는 것입니다.

예수 믿고 제일 넋이 빠지는 것이 바로 이것입니다. 엄청난 약속과 축복 속에 있는데 우리의 현실은 한심하다는 것이죠. 그러나 이 한심한 현실이 하나님이 일하시는 믿음의 방식이라는 것을 기억하십시오. 율법으로 하지 않고 믿음으로 하는 하나님의 방식, 이것이 복으로 가는 하나님의 신실한 손길이라는 것을 이해해야 합니다. 이것을 읽어내지 못하면 아무리 성경을 읽어도 답이 안 보입니다. 히브리서 11장에 가 보면, 이 사실에 대한 더욱 기가 막힌 증언을 만나게 됩니다.

> 아브라함은 시험을 받을 때에 믿음으로 이삭을 드렸으니 그는 약속들을 받은 자로되 그 외아들을 드렸느니라 그에게 이미 말씀하시기를 네 자손이라 칭할 자는 이삭으로 말미암으리라 하셨으니 그가 하나님이 능히 이삭을 죽은 자 가운데서 다시 살리실 줄로 생각한지라 비유컨대 그를 죽은 자 가운데서 도로 받은 것이니라 (히 11:17-19)

아브라함이 이삭을 바치는 사건은 창세기 22장에 나오는데, 거기에는 이런 내용이 안 나옵니다. 하나님의 지시를 받고 아브라함이 얼마나 기가 막혀 했는지, 그가 얼마나 눈물로 기도했는지, 이 모든 시험과 유혹을 물리치고 어떻게 결심했는지, 이런 이야기는 하나도 안 나옵니다. 그는 마치 기계같이 움직입니다. 하나님이 "아브라함아, 백 살에 낳은 네 아들을 모리아 산에 데려와 제물로 바쳐라"라고 하시자, 무슨 신나는 사건처럼 아브라함은 하인 하나를 대동하여 이삭을 데리고 길을 떠납니다. 아브라함은 아무 생각이 없는 사람같이 모리아 산을 척척 올라가서 번제에 쓸 장작을 준비합니다. 단을 쌓고 장작을 벌여 놓고 이삭을 묶고 칼을 들어 찌르려고 합니다. 그때 하나님의 사자가 내려와 말립니다. "됐다. 내가 네 믿음을 보았다." 이 말을 들은 아브라함이 옆을 보니 수풀에 뿔이 걸린 숫양이 있어서 대신 이 양을 잡아 바치고 이삭을 데리고 내려옵니다.

우리는 이렇게 아브라함은 백 살에 낳은 아들도 하나님께서 바치라고 하면 척척 바칠 정도로 믿음이 대단한 사람이었다고 생각합니다. 그러나 성경의 의도는 그것이 아닙니다. 아브라함은 열국의 아비, 모든 인류의 아비가 될 것입니다. 하나님은 아브라함을 부른 방식으로 인류를 부르실 것입니다.

'네 후손이 이와 같으리라'라는 약속이 제대로 실현되려면 아브라함에게 후사가 있어야 합니다. 그런데 이삭은 백 살에 얻은 자식입니다. 아브라함이 만든 아들이 아니라는 것이죠. 그리고 이제 이 이삭을 잡아서 바치라고 하여 "네가 이삭을 만들지 않았다. 이 이삭은 원래 없어도 됐다"라는 것을 다시 확인시켜 줍니다. 아마 아브라함이 그때쯤 깨달았던 것 같습니다. "맞습니다. 이삭은 없는 존재입니다. 이삭이 없어도 이 일은 이루어집니다. 내가 낳을 수 없는 아이를 낳은 것입니다." 이것을 확인시켜 주는 사건입니다.

예수님은 동정녀의 몸에서 탄생합니다. 이는 태어날 수 없는 존재라는 뜻입니다. 인간의 눈에는 없는 존재입니다. 하나님이 그렇게 예수를 보내어 "너희가 낳지 않았다. 너희가 만들지 않았다"라고 이야기하는 것입니다. 내가 세상에 뛰어들었다, 너희가 만들거나 너희가 요청하지 않았다, 예수는 너희가 요구한 일에 대한 보상이 아니다, 이런 이야기입니다.

하나님이 우리를 위하여 우리의 인생과 운명에 그리고 세상의 역사와 운명에 뛰어들어 오십니다. 이것이 로마서 4장에 아브라함을 등장시킨 이유입니다. 아브라함을 보라, 그를 보면 하나님의 일하심을 알 수 있다, 이렇게 말씀하십니다. 그러니 아브라함, 아브라함, 하면서 호들갑 떨지 말고 아브라함이 우리와 방불한 존재라는 것을 기억하기 바랍니다.

포기하지 않으시는 하나님

요셉의 생애를 통해서 이 주제를 더욱 더 깊이 생각해 보겠습니다. 시편 105편에 가 봅시다.

> 그가 한 사람을 앞서 보내셨음이여 요셉이 종으로 팔렸도다 그의 발은 차꼬를 차고 그의 몸은 쇠사슬에 매였으니 곧 여호와의 말씀이 응할 때까지라 그의 말씀이 그를 단련하였도다 (시 105:17-19)

요셉의 생애에서 가장 중요한 시기를 증언하는 구절입니다. 요셉은 야곱의 아들인데, 아버지가 요셉만 편애하여 형들이 그를 시기합니다. 그래서 요셉이 어느 날 양 치는 형들을 찾아갔을 때 형들은 그를 죽이기로 합니다. 큰형이 말려서 지나가던 미디안 상인들에게 요셉을 팔아 버리고 아버지에게는 짐승 피를 묻은 겉옷을 가지고 가서 요셉이 짐승에게 잡아먹혔다고 이야기합니다. 애굽으로 팔려 간 요셉은 종살이를 하다가 무고를 당하여 감옥에 갑힙니다. 시편 105편은 요셉의 처지를 묘사한 본문입니다. 요셉은 옥에 갇혀 그 발이 차꼬를 차고 그의 몸이 쇠사슬에 매입니다. 야곱의 아들들이 그에게 와서 요셉의 죽음을 알렸으니까 야곱에게 요셉은 죽은 존재입니다. 야곱은 요셉이 이렇게 어딘가에 살아 있을 줄은 전혀 모르고 있습니다.

그런데 우리는 요셉의 이야기를 비극으로 읽지 않습니다. 왜 그렇습니까? 그가 나중에 총리가 되는 결말을 알기 때문입니다. 요셉이 아무리 힘들어 해도 읽는 우리는 웃으면서 괜찮아, 괜찮아, 할 것입니다. 마찬가지로 제가 여러분에게 이런 말을 해 드리고 싶습니다. 힘드세요? 괜찮습니다. 괜찮습니다.

요셉은 자기가 이렇게 될 줄 알았을까요? 그는 몰랐습니다. 그러니 요셉은 죽을 맛이었을 것입니다. 시편 105편 18절, '그의 몸은 쇠사슬에 매였으니'라는 말은 본래 '쇠사슬이 그의 혼을 뚫었다'라는 뜻입니다. 혼비백산했다, 넋이 나갔다, 그런 이야기입니다. 요셉은 자기가 당한 일이 하나님의 일하심 때문이라는 것을 꿈에도 생각하지 못했습니다. 무고를 당하여 억울하게 험한 꼴로 살고 있는 이 처지가 하나님의 일하심인 줄 전혀 몰랐던 것입니다. 물론 그는 구하지 않았고, 이해하지도 못했습니다. 하나님의 일하심이 이 일을 만들었으리라고는 꿈엔들 생각하지 못했을 것입니다. 이 억울한 현실이 하나님의 선한 일하심이라는 것을 전혀 상상할 수 없었을 테지요.

우리 모두의 현실도 그렇습니다. "하나님, 제게 이것 하나 더 주십시오"가 우리의 소원입니다. 소원이 응답되면 그것으로 하나님의 일하심과 자신의 믿음을 확인하는 것이지요. 그러나 성경은 그렇지 않다고 이야기합니다. 시편 105편 17절의 주어는 '그가'입니다. '그가 한 사람을 앞서 보내셨음이여.' 19절도 이렇게 되어 있죠. '여호와의 말씀이 응할 때까지라 그의 말씀이 그를 단련하였도다.' 형들은 요셉을 잊었습니다. 요셉은 모두에게 잊혔습니다. 요셉이 꿈을 해석해 준 두 관원장도 감옥에서 나가자 요셉을 잊었습니다. 그러나 하나님은 요셉을 잊지 않으셨습니다. 잊지 않으신 정도가 아니라 요셉을 위하여 이 모든 길을 준비하셨고 그 일을 행하셨습니다. 요셉이 이를 뒤늦게 깨닫습니다. "형님들, 걱정하지 마십시오. 나를 여기에 보낸 것은 형님들이 아니라 하나님이었습니다." 놀라운 이야기입니다.

우리는 매일 뉴스를 보면서 그저 좋은 소식이 나오기를 기대합니다. 그런데 우리가 원하는 좋은 소식이란 다 이런 것이죠. 태백산맥에서 석유가 펑펑 쏟아지면 좋겠다, 아니면 제주도가 한 이천 킬로미터쯤 떨어져 있어서 거기까지가 다 우리 땅이었으면 좋겠다, 전부 이런 것입니다. 이 소원에는 무엇이 전제되어 있습니까? 지금의 현실은 불만족스럽다는 것입니다. 우리 모두가 불만입니다. 우리의 아슬아슬함은 요셉의 처지와 크게 다르지 않습니다. 요셉의 결과는 우리가 알지만, 우리의 결과는 우리가 아직 알지 못합니다.

그런데 우리의 결과는 바로 예수 그리스도와 연관되어 있습니다. 예수 그리스도 안에서의 승리가 중요합니다. 아브라함의 믿음을 논하는 것이 중요한 것이 아닙니다. 아브라함을 붙드신 하나님은 죽은 자를 살리시며 없는 것을 있는 것같이 부르시는 이심을 기억해야 합니다. 우리에게 있는 그 어떤 실패나 절망도 하나님은 뒤집으실 수 있습니다. 그는 신실하시기 때문입니다. 그는 우리를 창조하셨을 때의 목적대로 우리를 당신의 영광의 찬송이 되게 하는 일을 포기하지 않으십니다. 그것이 복음의 자랑입니다.

> 내가 복음을 부끄러워하지 아니하노니 이 복음은 모든 믿는 자에게 구원을 주시는 하나님의 능력이 됨이라 (롬 1:16 상)

믿음은 무엇이라고 했습니까? 믿음은 우리의 각오나 결심이나 확신이 아니라 하나님의 의지라고 했습니다. 믿음은 하나님의 의지입니다. 그러니 인생이 무엇인지, 자신이 누구인지를 이 안에서 확인하십시오. '예수를 믿는다'라는 고백이 얼마나 큰 것인지를 기억하고 여러분의 삶을 사십시오.

> 그의 발은 차꼬를 차고 그의 몸은 쇠사슬에 매였으니 곧 여호와의 말씀이 응할 때까지라 그 말씀이 그를 단련하였도다 (시 105:18-19)

다른 길은 없습니다. 도망갈 수 없습니다. 로마서 4장 19절에서 아브라함이 자기 나이가 백 살이라는 것과 자기 아내의 태가 닫힌 것을 보고도 믿음이 약하여지지 않았다는 말은, 하나님이 그를 놓아주지 않으셨다, 외적 조건은 문제가 되지 않았다, 기적적으로 이삭을 주셨으나 이삭이 없어도 되는 일이었다, 건강이나 재능을 주셨으나 그것 없어도 된다는 것을 알았다, 이런 뜻입니다. 이것을 확인하시기 바랍니다.

　여러분은 복의 근원입니다. 여러분을 축복하는 자를 하나님이 복을 주시고 여러분을 저주하는 자를 하나님이 저주하실 것입니다. 여러분은 그런 존재입니다. 그러니 가슴을 펴고 신자답게 살아 내십시오.

기 도

하나님 아버지, 은혜를 감사합니다. 하나님의 자녀로 사는 것은 굉장한 일입니다. 하나님의 뜻이며 위대함이며 놀라움이며 복이며 영광이며 축복입니다. 우리가 이것을 모르는 것은 믿음이 없기 때문입니다. 우리의 못난 것 때문에 하나님의 신실하심과 복 주심이 중단되지 않는다고 하시니 우리는 놀라울 뿐입니다. 더 많이 깨닫고 더 큰 확신을 가지고 더 충성하여 우리 인생을 하나님의 자녀답게 사는 복을 누리도록 하옵소서. 우리의 삶을 책임 있게 사는 영광도 누리도록 이 말씀 앞에 서 있는 모든 영혼과 인생을 붙들어 주시옵소서. 예수님 이름으로 기도합니다. 아멘.

12.

우리 주 예수 그리스도로 말미암아

십자가, 이미 정한 인류의 운명

―――――

23 그에게 의로 여겨졌다 기록된 것은 아브라함만 위한 것이 아니요 24 의로 여기심을 받을 우리도 위함이니 곧 예수 우리 주를 죽은 자 가운데서 살리신 이를 믿는 자니라 25 예수는 우리가 범죄한 것 때문에 내줌이 되고 또한 우리를 의롭다 하시기 위하여 살아나셨느니라 5:1 그러므로 우리가 믿음으로 의롭다 하심을 받았으니 우리 주 예수 그리스도로 말미암아 하나님과 화평을 누리자 2 또한 그로 말미암아 우리가 믿음으로 서 있는 이 은혜에 들어감을 얻었으며 하나님의 영광을 바라고 즐거워하느니라 3 다만 이뿐 아니라 우리가 환난 중에도 즐거워하나니 이는 환난은 인내를, 4 인내는 연단을, 연단은 소망을 이루는 줄 앎이로다 (롬 4:23-5:4)

하나님이 하신 일

하나님께서 예수 그리스도로 말미암은 구원으로 예수 이전의 인류와 예수 이후의 인류를 양분하신다는 것이 로마서의 중요한 주제입니다. 예수 이전의 인류에 대해서는 하나님 앞에 배반하고 거역하여 스스로 자초한 멸망에서 빠져나갈 수 없게 되었다, 모두가 그렇다, 하나도 예외가 없다, 라고 판결합니다. 그러나 하나님이 예수 안에서 이들을, 스스로 초래한 죄와 멸망에서 구원하셨다고 합니다.

'율법이 아니라 믿음으로 구원을 얻는다'라는 말을 우리는 율법 대신에 믿음을 조건으로 내놓아야 한다고 잘못 생각합니다. 율법이란 우리가 조건을 내놓아야 하고 우리에게 자격이 있어야 하는 것과 같이 합리적 수단을 동원하는 방식을 대표합니다. 그러나 믿음이란 그것으로 할 수 없는 것을 하시는 하나님의 능력입니다. 믿음은 율법과 행위의 반대편에 서 있습니다. 그리고 이 믿음을 설명하는 병행 단어가 은혜입니다.

이제 더 깊이 들어가면 '믿음이 어떻게 책임 있는 우리의 특권이 되는가'에 대해서 알게 되겠지만, 일단 지금까지 살펴본 로마서를 통해 하고 싶은 이야기는 '하나님이 무엇을 하셨는가'에 대한 것입니다. 본문 23절과 24절을 다시 봅시다.

> 그에게 의로 여겨졌다 기록된 것은 아브라함만 위한 것이 아니요 의로 여기심을 받을 우리도 위함이니 곧 예수 우리 주를 죽은 자 가운데서 살리신 이를 믿는 자니라 (롬 4:23-24)

'의로 여기심을 받을 우리도 위함이니'에서 '믿으면'이라는 조건은 등장하지 않습니다. 그러므로 24절의 '곧 예수 우리 주를 죽은 자 가운데서 살리신 이를 믿는 자'에서처럼 강조는 예수를 살리신 하나님께 집중되어 있습니다. 믿음은 그다음에 나옵니다. 믿음이라는 단어는 예수를 말하지 않고는 결코 이해할 수 없는 것인데, 예수는 이미 오셨다고 강조됩니다.

우리가 하나님의 백성이 되는 때는 언제입니까? 우리는 각자 어느 특정한 시점에 태어나 나름의 인생을 살다가 언젠가부터 예수를 믿게 되어 그 믿음을 고백하고 결단하여 신자가 됩니다. 그렇다고 내가 예수를 믿겠다고 고백하면 그때야 예수가 등장하는 것이 아닙니다. 이 예수는 이천 년 전에 나의 죄를 위하여 죽으셨습니다. 그런데 우리는 이 시간상의 역순(逆順)을 잘 이해하지 못합니다.

취소될 수 없는 구원

'나는 생각한다. 그러므로 나는 존재한다(Cogito ergo sum)'라는 데카르트의 유명한 명제가 있습니다. 이 명제는, 내가 생각해서 존재가 창조되었다는 뜻은 당연히 아닙니다. 생각했더니 내가 생기더라고 이야기한 것도 아닙니다. 내가 생각하는 것을 보니 내가 있더라는 말입니다. 이 말을 떠올리면 구원을 이해하는데 도움을 얻을 수 있습니다.

요한복음 9장에는 '실로암 사건'이 나옵니다. 날 때부터 맹인인 사람을 예수께서 고쳐 주십니다. 그러자 난리가 납니다. 왜 그렇습니까? 이스라엘 사회에서 불치병을 고치는 사람은 하나님이 보내신 선지자로 여겼기 때문입니다. 사실 예수님은 선지자보다 큰 메시아입니다. 그 선지자 곧 약속된 구원자입니다. 그런데 이스라엘 백성은 예수께서 구원자는커녕 선지자라는 것도 부정했습니다. 당시 예수님은 하나님께 대적하는 이단이라고 비난받고 있었는데, 이 예수가 불치병을 고친 것입니다. 만일 예수가 정말 선지자라면 이 선지자를 거역해서 반대편에 서는 사람은 하나님의 반대편에 서는 것이 되어 버립니다. 더군다나 맹인을 고친 이 사건은 너무 많은 사람들이 목격했습니다.

이제 예수의 적대자들이 우길 수 있는 것은 이것밖에 없습니다. 예수가 정말 고쳤느냐, 곧 그가 정말 맹인이었느냐 여부입니다. 그래서 그들이 맹인의 부모에게 찾아가죠. "그가 정말 맹인이었는가?" 맹인의 부모는 여기서 말 잘못하면 큰일 날 줄을 알아채고 "아들에게 직접 물어보시지요"라고 말하여 위기를 모면합니다. 그래서 그들이 고침을 받은 자에게 찾아갑니다. "너, 정말 예수가 네 눈을 떠서 보게 했느냐?" 이 사람도 심상치 않은 분위기를 알아채고 이렇게 대답합니다. "다른 것은 다 모르겠고 예전에 안 보이던 것이 이제는 보여요."

이 대답에서 구원에 관한 중요한 이해를 볼 수 있습니다. 구원을 받으면 안 보이던 것이 보입니다. 이 말이 막연하고 모호하게 들릴 수 있겠지만, 신자에게 한 가지 분명한 사실이 있다면 주일날 교회에 안 가면 마음이 불편하다는 것입니다. 모든 교인들이 목사에게 요구하는 것은 어느 교회, 어느 시대나 단 하나, "설교 빨리 끝내 주세요"입니다. 그런데도 다음 주가 되면 또 옵니다. 영혼이 불편하니까 오는 것입니다. 교회를 나와야 쉼을 얻으니까 교회 와서 졸다가 되돌아갈지라도 한사코 나오는 것이죠.

내가 눈을 뜨게 되고 볼 수 있게 된 그때에 내가 지금 보고 있는 눈앞의 사물이 그제야 생긴 것이 아닙니다. 이미 그 자리에 있었는데 내가 몰랐던 것뿐입니다. 이미 있었는데 몰랐던 것입니다. 그런데도 사람은 무엇인가 알게 되면 자기가 알게 된 그때 그것이 처음 생겼다고 막 우깁니다.

예수를 믿어서 하나님의 자녀가 되는 것이 우리가 구원을 경험하는 순서인데, 하나님은 이미 이천 년 전에 예수를 보내어 모든 인류를 위하여 죽게 하셨습니다. 그래서 시대가 바뀌었다고 합니다. 이제는 새 시대다, 은혜의 시대다, 이렇게 성경이 선언합니다. 그러니 각자가 믿는 것은 이차적 문제입니다. 일단 믿고 나서 보니까 이 일은 그때 이미 하나님께서 하신 것입니다.

그러면 예수가 이미 오셨는데 왜 우리를 죄인으로 태어나게 한 후 새삼스럽게 믿어서 알게 하는가, 하고 묻게 되지요. 로마서 4장의 답은 이것입니다. 취소될 수 없게 하려고 그랬다, 결과부터 정해 놓고 나서 태어나면 믿고 선택하라고 그랬다는 말씀입니다. 우리는 나중에 태어나지만 우리의 운명과 결과가 이미 과거에 완료되었기 때문에 도망갈 데가 없다는 말씀입니다. 이것이 성경이 이야기하는 구원입니다.

아브라함처럼 우리도

아브라함이 믿음의 조상이 된 것은 믿음을 바쳐 자격을 얻었다는 뜻이 아닙니다. 그의 이름이 '아브라함'이기 때문입니다. 하나님이 아브람에게 '너는 열국의 아비다'라는 이름을 주시고는 자식을 안 주십니

다. 결국 주시지만 그 아이는 아브라함이 낳을 수 없을 때 주신 자식입
니다. 이 아이는 자기가 만든 자식이 아니라는 것을 아브라함은 이삭
으로 확인했습니다. 이삭을 바치라는 말은 무슨 뜻입니까? 아브라함
더러 '이 이삭은 내가 만든 자식이 아닙니다'라고 인정하라는 뜻입니
다. 사람은 할 수 없어도 하나님은 얼마든지 만들 수 있습니다. 그렇게
아무것도 만들 수 없는 사람이 바로 아브라함입니다. 자기가 얻은 결
과를 스스로 만들어 낼 아무 조건도 가지고 있지 않은 자, 그가 아브라
함입니다.

> 그에게 의로 여겨졌다 기록된 것은 아브라함만 위한 것이 아니요 의
> 로 여기심을 받을 우리도 위함이니 곧 예수 우리 주를 죽은 자 가운
> 데서 살리신 이를 믿는 자니라 (롬 4:23-24)

그러니 예수가 오신 것은 아브라함에게 일어난 일과 같은 맥락에서
일어난 일입니다. 이런 맥락은 우리에게도 연속성을 가집니다. 우리
가 아직 죄인이었을 때에 예수는 우리의 죄 때문에 죽으시고 징벌과
심판을 받아야 할 모든 인류를 이 죽음 안에 싸안고 없애 버리신 셈입
니다. 그리스도의 죽음 아래 모든 인류가 함께 죽어 없어지는 것입니
다. 예수 그리스도는 우리를 의롭다 하시기 위하여 살아나셨습니다.
시간적으로, 역사적으로 예수로부터 새 인류가 등장하는 것입니다.
그런데 그 이후의 결과와 운명과 최종 승리를 여기다 못 박아 놓고서
우리에게 시작과 과정을 주십니다. 이는 우리가 모를 방법입니다. 대
단한 역설입니다. 어떻게 끝이 시작 전에 올 수 있습니까? 이는 역설

입니다.

　마치 이런 식으로 이야기해 볼 수는 있습니다. 영화에 어떤 노인이 나와서 과거를 회상하자, 이제 화면이 바뀌어 그가 어려서부터 죽 지나온 삶을 이야기하는 것같이 우리의 운명과 존재와 그 모든 것을 예수 안에서 결정하신 후 각각에게 각자 삶을 허락하시는 것입니다. 시간상 우리는 뒤늦게 태어나고 우리가 죽어 하나님을 만나 뵈올 때까지 각자의 선택과 여러 시험과 주어진 기회 속에서 인생을 살아가지만, 성경이 하는 이야기는 예수 곧 십자가에서 결과를, 모든 인류의 운명을 이미 정했다는 것입니다. 창세기 28장에 가 봅시다.

　야곱이 브엘세바에서 떠나 하란으로 향하여 가더니 한 곳에 이르러는 해가 진지라 거기서 유숙하려고 그 곳의 한 돌을 가져다가 베개로 삼고 거기 누워 자더니 꿈에 본즉 사닥다리가 땅 위에 서 있는데 그 꼭대기가 하늘에 닿았고 또 본즉 하나님의 사자들이 그 위에서 오르락내리락 하고 또 본즉 여호와께서 그 위에 서서 이르시되 나는 여호와니 너의 조부 아브라함의 하나님이요 이삭의 하나님이라 네가 누워 있는 땅을 내가 너와 네 자손에게 주리니 네 자손이 땅의 티끌 같이 되어 네가 서쪽과 동쪽과 북쪽과 남쪽으로 퍼져나갈지며 땅의 모든 족속이 너와 네 자손으로 말미암아 복을 받으리라 내가 너와 함께 있어 네가 어디로 가든지 너를 지키며 너를 이끌어 이 땅으로 돌아오게 할지라 내가 네게 허락한 것을 다 이루기까지 너를 떠나지 아니하리라 하신지라 (창 28:10-15)

하나님은 야곱이 자랑스럽지 않은 때에, 야곱이 기대하지 않고 구하지도 않은 때에 등장하여 복을 주시며 그 이유를 "나는 네 조부 아브라함의 하나님이라"라고 말씀하십니다. 이런 방식으로 아브라함도 부르셨습니다. "너는 너의 고향과 친척과 아버지의 집을 떠나 내가 네게 보여 줄 땅으로 가라 내가 너로 큰 민족을 이루고 네게 복을 주어 네 이름을 창대하게 하리니 너는 복이 될지라."

아브라함에게 그렇게 시작하신 것을 이제 온 인류에게 허락하십니다. '네가 어디로 가든지 너를 지키며 너를 이끌어 이 땅으로 돌아오게 할지라'라고 하십니다. 야곱에게 '네가 어디로 가든지'를 허락하십니다. '내가 네게 허락한 것을 다 이루기까지 너를 떠나지 아니하리라.' 야곱에게 그랬던 것처럼, 아브라함에게 이미 약속했던 것처럼, 예수 이후에, 예수 안에서 이 약속이 성취되어 오늘 우리의 현실을 이루고 있다고 말씀하십니다.

예수로 누리는 하나님과의 화평

로마서 5장 1절을 살펴봅시다.

> 그러므로 우리가 믿음으로 의롭다 하심을 받았으니 우리 주 예수 그리스도로 말미암아 하나님과 화평을 누리자 (롬 5:1)

3장 21절과 5장 1절을 연결하여 보면, '그러나 이제는 화평을 누리자'입니다. 예수 안에서 주신 하나님의 은혜와 구원이 이제 우리에게는 현재입니다. 언제부터 현재입니까? 예수님이 못 박히신 자리에서부터 현재입니다. 우리가 믿어서가 아니라, 우리가 할 수 없었을 때에 하나님께서 그렇게 하셨습니다. 하나님께서 시작하셨으니 우리 주 예수 그리스도로 말미암아 하나님과 화평을 누리자고 합니다.

이런 이야기를 생각해 볼 수 있습니다. 어떤 아이가 친구네 집에 놀러갔다가 그 집의 도자기를 깼는데, 이 도자기 값이 2억짜리입니다. 두 아이가 다 도망갑니다. 더 이상 도망갈 수 없을 만큼 멀리 인적이 드문 곳까지 가서 떱니다. 부모들이 찾고 있는 줄 모르고 말이죠. 이럴 때는 한 이틀 밤을 넘기지 말고 빨리 집으로 돌아가는 것이 좋습니다. 돌아가 맞을 것 맞고 집에 들어가는 것이 지금보다는 훨씬 낫다는 것을 깨달아야 합니다. 들어가서 부모와 화해해야 합니다. 맞을 것 맞고 받을 복 받아야 합니다.

마찬가지로 우리가 하나님을 외면해서는 마음에 평안이 없습니다. 자꾸 현실을 외면하여 도망가는 것으로는 해결이 안 됩니다. 우리가 인생을 살면서 반드시 직면하게 되는 것은 인간이 무엇인가, 인생이 무엇인가, 라는 문제인데 여기에 대해 세상은 답을 주지 못합니다. 나이가 들수록 우리 모두 공감하는 일 아닙니까.

세상이 만들 수 없는 것들이 있습니다. 성령의 열매로 나열되어 있는 성경의 약속 곧 사랑과 희락과 화평과 오래 참음과 자비와 양선과 충성과 온유와 절제는 그 자체로 보배롭고 귀한 것입니다. 세상은 이것을 주지 않습니다. 오히려 세상은 이런 것을 값싸게 여기라고 부추깁니다. 우리로 하여금 남을 이기고 다른 이의 것을 빼앗아서 더 가지라고 합니다. 세상은 그것을 성공이라 부르고, 이렇게 살아야 괜찮은 인생이라고 쳐줍니다.

그러나 세상이 거짓말하고 있다는 것을 나이가 들수록, 고난을 받을수록 더 많이 알게 됩니다. 고난을 당하면, 우리는 존재할 것인가 말 것인가, 하는 문제로 가게 됩니다. 존재하는 것에 무슨 가치가 있다는 말인가, 이렇게 무력하고 이렇게 기회가 없는데 존재한들 무슨 소용이 있다는 말인가, 자연스럽게 이런 질문들을 던지게 되지요. 이 질문에 대해 성경은 이렇게 답합니다. 로마서 5장 3절입니다.

다만 이뿐 아니라 우리가 환난 중에도 즐거워하나니 이는 환난은 인내를, 인내는 연단을, 연단은 소망을 이루는 줄 앎이로다 (롬 5:3-4)

바울은 그 어떤 것도 우리에게 주어진 승리와 완성을 방해할 수 없으니 환난과 고난 속에서도 이런 운명을 가진 사람답게 주어진 현실을 살라고 합니다. 2절에서는 우리의 운명을 이렇게 표현합니다. "또한 그로 말미암아 우리가 믿음으로 서 있는 이 은혜에 들어감을 얻었으며 하나님의 영광을 바라고 즐거워하느니라."

어떤 사람이 멋진 사람인지 아닌지는 당구를 같이 쳐 보면 압니다. 대개 사람들은 질 줄 모릅니다. 지면 얼굴이 빨개집니다. 그런데 멋진 사람은 경기에서 지면 이렇게 말합니다. "참 잘 치십니다. 한 수 배웠습니다." 왜 우리가 당구 하나 져 주지 못할까요? 인간이 어떤 존재인지 모르니까 그렇습니다. 승패 말고는 어떤 가치도 발견할 것이 없기 때문입니다. 그래서 다들 그렇게 무서운 얼굴을 하고 다니는 것 아닙니까. "건드리지 마! 같이 죽고 싶지 않으면 건드리지 마!" 이렇게 독이 잔뜩 오른 뱀 대가리 같은 얼굴을 하고 말이죠. 예수를 믿는 것이 어떤 의미인지 자신에게 한번 물어보세요.

"하나님, 왜 이렇게 살게 하셨어요?"라는 우리의 질문에 대해서 성경은 '우리가 환난 중에도 즐거워하나니'라고 답합니다. 고린도후서 4장을 봅시다.

> 우리는 우리를 전파하는 것이 아니라 오직 그리스도 예수의 주 되신 것과 또 예수를 위하여 우리가 너희의 종 된 것을 전파함이라 어두운 데에 빛이 비치라 말씀하셨던 그 하나님께서 예수 그리스도의 얼굴에 있는 하나님의 영광을 아는 빛을 우리 마음에 비추셨느니라 우리가 이 보배를 질그릇에 가졌으니 이는 심히 큰 능력은 하나님께 있고 우리에게 있지 아니함을 알게 하려 함이라 우리가 사방으로 욱여쌈을 당하여도 싸이지 아니하며 답답한 일을 당하여도 낙심하지 아니하며 박해를 받아도 버린 바 되지 아니하며 거꾸러뜨림을 당하여도 망하지 아니하고 우리가 항상 예수의 죽음을 몸에 짊어짐은 예수의 생명이 또한 우리 몸에 나타나게 하려 함이라 우리 살아 있는 자가 항상 예수를 위하여 죽음에 넘겨짐은 예수의 생명이 또한 우리 죽을 육체에 나타나게 하려 함이라 (고후 4:5-11)

이미 결정된 우리의 운명과 승리와 영광을 예수 안에서 펼치라고 합니다. 우리에게 주신 하나님의 약속을 펼치십시오. 그것은 책임이기도 하고 하나님의 뜻이기도 하고 우리의 영광이기도 합니다. 이 길을 살아 보라는 것입니다. 걱정할 것 없습니다. 예수 그리스도의 십자가

와 그의 부활은 취소될 수 없는 역사적 과거이기 때문입니다. 우리 각
자가 예수를 언제 믿었는지는 다 다를지라도 결국 우리가 예수를 믿
고 확인하게 되는 것은 우리가 하나님을 찾은 것이 아니라 하나님이
우리를 놓아두지 않으셨다는 사실입니다. 하나님께서 우리가 믿을지
안 믿을지 보려고 태어나게 했다고요? 아, 그러시면 안 됩니다. 이런
질문은 하나님을 너무 얕보시는 것입니다.

우리가 믿으면 다행이고, 안 믿으면 그만인 그런 식으로 구원을 주
려고 하셨다면 이렇게 시간을 끌 필요가 없을 것입니다. 하나님께서
는 우리가 상상할 수 없는 당신의 지혜와 충만을 시간과 역사와 우리
의 삶에서 구체화하고 계십니다. 하나님의 영광과 우리의 영광을 위
해서 말입니다. 성경은 예수 그리스도의 죽음이 하나님께 영광이라고
말합니다.

그러니 멋있게 사십시오. 사람이 멋있다는 것은 어려울 때 드러납
니다. 오른편 뺨을 때리면 왼편 뺨을 대라는 성경의 요구는 세상이 할
수 없는 일입니다. 우리만 할 수 있습니다. 폭력으로 폭력을 대응하고
힘으로 힘을 대응하면 누군가가 죽어야 일이 마무리 될 것입니다. 성
경은 이렇게 하지 않아도 된다고 말합니다.

예수가 역전시킨 인생

'어떤 종교가 십자가에 달려 죽은 신을 믿으라고 하더냐?' 기독교에
대하여 이렇게 표현한 글귀가 있습니다. 세상 사람들이 원하는 신이
란 전지전능해서 나를 편하게 해 주는 신입니다. 그러나 성경은 그렇

게 이야기하지 않습니다. 무에서 유를 만들어 내시는 창조의 능력과 모든 것을 반전시키는 부활의 능력이 시간 속에도 나타나서 시간의 역순으로 일하신다고 합니다. 우리의 후회와 우리의 실패는 씻을 수 없고 만회할 수 없는 과거지만 그것이 무엇을 만드는가는 다른 문제입니다.

　'모든 재수생은 훌륭한 사람이다'라는 말을 들어 보셨습니까? 제가 지금 막 만들었으니까 아마 처음 들어 보실 것입니다. 삼수생은 더할 나위 없이 훌륭합니다. 아예 대학을 안 갔으면 감히 세상이 감당 못할 사람입니다. 그 열등감과 절망과 후회와 고뇌가 그 속에서 무엇을 만들었겠습니까? 얼마나 깊은 것을 만들었겠습니까? 평안한데 생각하는 사람을 보았습니까? 그런 사람은 없습니다.

　깊은 생각은 자랑이나 성과가 아니라 인격과 성품으로 드러납니다. 그런 인격과 성품으로 막막한 현실과 무시무시한 인생의 위협 앞에 구체적으로 답해야 합니다. 문제를 해결하라는 것이 아닙니다. 그 모진 풍상을 겪어 내면서 자리를 지키라는 말입니다. 외면당할 수 있고 억울할 수 있지만, 이 일을 통하여 모든 사람에게 그늘과 보호를 주시는 하나님의 손길로 서 있으십시오. 그것이 실력입니다. 이런 실력은 많이 배우고 많이 가져야 얻게 되는 것이 아닙니다. 하나님이 우리에게서 이것을 이루시며 그렇게 일하신다고 말씀하십니다. 빌립보서 2장에 나오는 예수 그리스도의 죽으심에 관한 기록은 매우 놀랍습니다. 이 놀라움을 잊지 말기 바랍니다. 빌립보서 2장 5절 이하를 봅시다.

　너희 안에 이 마음을 품으라 곧 그리스도 예수의 마음이니 그는 근본 하나님의 본체시나 하나님과 동등됨을 취할 것으로 여기지 아니하시고 오히려 자기를 비워 종의 형체를 가지사 사람들과 같이 되셨고 사람의 모양으로 나타나사 자기를 낮추시고 죽기까지 복종하셨으니 곧 십자가에 죽으심이라 이러므로 하나님이 그를 지극히 높여 모든 이름 위에 뛰어난 이름을 주사 하늘에 있는 자들과 땅에 있는 자들과 땅 아래에 있는 자들로 모든 무릎을 예수의 이름에 꿇게 하시고 모든 입으로 예수 그리스도를 주라 시인하여 하나님 아버지께 영광을 돌리게 하셨느니라 (빌 2:5-11)

저는 이 하나님이 너무나 감사합니다. 우리의 자리까지 찾아 들어오시는 하나님, 우리를 위하여 자신을 부정하시는 하나님, 그 하나님께 저는 항복합니다. 하나님은 이 일을 이미 이루셨습니다. 그리고 우리에게 '그러나 이제는'이라고 하시는 것입니다.

이제 맞이하게 된 현실은 본문에 있는 바와 같이 "그러므로 우리가 믿음으로 의롭다 하심을 받았으니 우리 주 예수 그리스도로 말미암아 하나님과 화평을 누리자 또한 그로 말미암아 우리가 믿음으로 서 있는 이 은혜에 들어감을 얻었으며 하나님의 영광을 바라고 즐거워하느니라"의 현실입니다. '그러나 이제는'으로 시작한 말씀이 드러내는 새로운 현실을 살게 된 것입니다.

더 많이 가져야 하고 언제나 무흠해야 하는 싸움이 아닙니다. 도덕성보다 더 나가는 것입니다. 능력을 넘어서는 일입니다. 그것은 하나님이 나에게 무엇을 약속하셔서 이루셨는가, 어떻게 붙드셔서 지금 함께하고 계시는가에 관한 일입니다. 그러니 '예수를 생각하라'라는 말은 힘들 때 예수님이 참으신 것을 생각하면서 참아 내라, 인내하면 언젠가 좋은 날이 올 것이다, 이런 의미가 아닙니다. 예수가 겪으신 고난은 그것 자체가 영광으로 가는 길이었다, 영광은 고난 속에서 빛난다, 그것 없이 빛날 수는 없다, 그러니 어떻게 할 것이냐, 라는 말씀입니다. 이런 성경의 가르침을 다시 마음에 새겨야 합니다.

지금의 지위와 환경이 불만입니까? 예수님은 자동차도 없고 보험도 안 드셨습니다. 예수를 믿는다는 말이 가지는 현실적, 운명적 승리와 영광을 다시 한번 기억하기 바랍니다. 그래서 진지하게 인생을 살고 그 속에서 멋진 승리를 확인하기 바랍니다.

기 도

하나님 아버지, 은혜를 감사합니다. 하나님이 무엇을 하셨는지, 어떻게 우리를 인도하사 그 약속하신 일을 이루셨는지를 이제 알게 되고, 고백하여 중요한 신앙의 내용으로 가지게 되었습니다. 그러면서도 우리는 여전히 헤매고 또 헤매면서 살아갑니다. 그러하오니 하나님이 이미 주신 승리, 행복, 영광, 자랑, 명예를 믿음으로 붙들어 안게 하옵소서. 그것을 우리의 생애 속에 펼치고 누리며 자랑하는 복된 인생을 살게 하옵소서. 주 앞에 충성하며 감사하게 하옵소서. 예수님 이름으로 기도합니다. 아멘.

13.

화목하게 되었은즉

명예, 세상이 이해할 수 없는 길

―――――

…… 5 소망이 우리를 부끄럽게 하지 아니함은 우리에게 주신 성령으로 말미암아 하나님의 사랑이 우리 마음에 부은 바 됨이니 6 우리가 아직 연약할 때에 기약대로 그리스도께서 경건하지 않은 자를 위하여 죽으셨도다 7 의인을 위하여 죽는 자가 쉽지 않고 선인을 위하여 용감히 죽는 자가 혹 있거니와 8 우리가 아직 죄인 되었을 때에 그리스도께서 우리를 위하여 죽으심으로 하나님께서 우리에 대한 자기의 사랑을 확증하셨느니라 9 그러면 이제 우리가 그의 피로 말미암아 의롭다 하심을 받았으니 더욱 그로 말미암아 진노하심에서 구원을 받을 것이니 10 곧 우리가 원수 되었을 때에 그의 아들의 죽으심으로 말미암아 하나님과 화목하게 되었은즉 화목하게 된 자로서는 더욱 그의 살아나심으로 말미암아 구원을 받을 것이니라 11 그뿐 아니라 이제 우리로 화목하게 하신 우리 주 예수 그리스도로 말미암아 하나님 안에서 또한 즐거워하느니라 (롬 5:1-11)

삯이 아닌 은혜

로마서 5장 1절에서 11절의 내용은 대략 이렇게 요약할 수 있습니다. 하나님이 너희가 죄인이었을 때에도 너희 편을 들어주고 은혜를 베푸셨다면, 너희와 화목하게 된 다음에야 얼마나 더 큰 은혜를 베푸시겠느냐, 하는 이야기입니다.

성경이 이 문제를 다루는 것은 구원이 일어나는 순서가 우리 생각과는 다르기 때문입니다. 예수님이 먼저 구원을 이루셨고, 우리는 나중에 태어납니다. 구원이 먼저 이루어졌고 우리가 예수를 믿게 되는 일은 나중에 일어나지만, 우리는 자신의 부족함 때문에 우리가 얻은 구원이 취소될 것 같다는 불안감에 매여 삽니다. 주님이 다시 오시는 날까지 신자답게 살지 못할 것 같다는 생각 때문에 하나님이 우리를 외면하시면 어쩌나 하며 매일 조마조마하게 살아갑니다.

이런 이야기를 꺼낼 수 있는 것은 기독교에는 다른 종교와 확연히 구별되는 점이 있기 때문입니다. 다른 종교에서 믿는 신은 인간에게 무관심하기 때문에 인간이 신을 찾아가 설득하고 감동시켜야 겨우 보상을 받을 수 있습니다. 반면, 기독교는 하나님으로부터 시작합니다. 하나님의 뜻이 우리의 소원이나 진심보다 우선합니다. '계시가 인식보다 앞선다'라는 말이 이를 잘 설명해 주죠. 하나님이 인간보다 당연히 우선하십니다. 순서상 우선하시는 정도가 아닙니다. 선하신 하나님은 모든 존재의 주인이시고 가치와 운명을 정하시는 분입니다. 이것이 핵심입니다.

로마서가 말하는 구원에 관한 이야기에서 우리를 혼란스럽게 하는 것은 '믿음'이라는 단어입니다. 로마서에 등장하는 '믿음'은 율법과 대조되며 또한 행위와 대조되는 것으로 쓰입니다. 믿음이란, 우리가 조건을 만들고 우리가 근거를 만들어야 하는 것과 대조되는 방식으로, 하나님이 조건을 만들고 하나님이 근거가 되신다는 점을 가리킵니다. 이것이 곧 '예수를 믿음으로 말미암는 하나님의 의'입니다.

그래서 로마서 5장 2절, "또한 그로 말미암아 우리가 믿음으로 서 있는 이 은혜에 들어감을 얻었으며 하나님의 영광을 바라고 즐거워하느니라"를 읽을 때, "내가 믿었으니 은혜에 들어가는구나"라고 생각하면 안 됩니다. 은혜를 받기 위해 조건이 필요하다면, 그것은 이미 은혜가 아닙니다. 우리가 조건을 충족시킨 다음에 받는 보상이 은혜라면, 로마서 4장에 나온 것처럼 그것은 삯이고 대가일 뿐 은혜일 수 없습니다.

로마서 4장에서는 다윗의 고백을 인용하여 은혜를 설명합니다. 불법이 사함을 받고 죄를 용서받은 사람은 복이 있다고 한 다윗의 고백처럼, 죄를 용서받거나 일한 것이 없이 받는 것은 은혜입니다. 잘해야만 받을 수 있는 것을 잘못했는데도 받는 것이 은혜입니다. 그러니 '믿음으로 서 있는 이 은혜에 들어감을 얻었다'라는 것은 예수로 말미암아 주어진 하나님의 능력과 의지로 우리가 구원받았다고 이야기하는 것입니다.

바랄 수 없는 중에 바라다

그래도 우리에게는 이 점이 아직 어렵습니다. 지난 장에서 보았듯이 아브라함을 예로 들어 믿음에 대하여 어떻게 설명하는지 다시 살펴봅시다. 로마서 4장 18절에서 21절입니다.

> 아브라함이 바랄 수 없는 중에 바라고 믿었으니 이는 네 후손이 이같으리라 하신 말씀대로 많은 민족의 조상이 되게 하려 하심이라 그가 백 세나 되어 자기 몸이 죽은 것 같고 사라의 태가 죽은 것 같음을 알고도 믿음이 약하여지지 아니하고 믿음이 없어 하나님의 약속을 의심하지 않고 믿음으로 견고하여져서 하나님께 영광을 돌리며 약속하신 그것을 또한 능히 이루실 줄을 확신하였으니 (롬 4:18-21)

원래 의도한 바와 다르게 오해되는 성경 구절들이 간혹 있는데 이 구절도 그 중 하나일 것입니다. 이 본문은 이렇게 오해되곤 합니다. 아브라함이 믿음의 조상이 된 것은 하나님이 그의 믿음에 대한 보상으로 많은 민족의 조상이 되는 복을 주셨기 때문이다, 아브라함이 바랄 수 없고 자식을 낳을 수 없음에도 하나님을 믿는 믿음이 흔들리지 않아서 하나님이 복을 주셨다, 라고 말입니다.

그러나 믿음이 복과 은혜의 근거가 되는 순간 기독교는 붕괴하고 맙니다. 그렇다면 로마서 4장에서 아브라함은 왜 등장했을까 하는 의문이 생깁니다. 창세기 22장을 찾아봅시다. 아브라함이 이삭을 바치는 사건에서 그가 '바랄 수 없는 중에 바랐다'라는 말씀의 의미를 생각해 봅시다.

> 손을 내밀어 칼을 잡고 그 아들을 잡으려 하니 여호와의 사자가 하

늘에서부터 그를 불러 이르시되 아브라함아 아브라함아 하시는지라 아브라함이 이르되 내가 여기 있나이다 하매 사자가 이르시되 그 아 이에게 네 손을 대지 말라 그에게 아무 일도 하지 말라 네가 네 아들 네 독자까지도 내게 아끼지 아니하였으니 내가 이제야 네가 하나님 을 경외하는 줄을 아노라 아브라함이 눈을 들어 살펴본즉 한 숫양이 뒤에 있는데 뿔이 수풀에 걸려 있는지라 아브라함이 가서 그 숫양을 가져다가 아들을 대신하여 번제로 드렸더라 아브라함이 그 땅 이름 을 여호와 이레라 하였으므로 오늘날까지 사람들이 이르기를 여호 와의 산에서 준비되리라 하더라 여호와의 사자가 하늘에서부터 두 번째 아브라함을 불러 이르시되 여호와께서 이르시기를 내가 나를 가리켜 맹세하노니 네가 이같이 행하여 네 아들 네 독자도 아끼지 아 니하였은즉 내가 네게 큰 복을 주고 네 씨가 크게 번성하여 하늘의 별과 같고 바닷가의 모래와 같게 하리니 네 씨가 그 대적의 성문을 차지하리라 또 네 씨로 말미암아 천하 만민이 복을 받으리니 이는 네 가 나의 말을 준행하였음이니라 하셨다 하니라 (창 22:1-18)

"네가 나를 이렇게 믿고 네 아들도 바쳤으니 내가 네게 복을 주어 네 씨를 하늘의 별 같게 하리라"라고 하십니다. 이 약속을 이삭으로 말미 암아 확인하게 됩니다. 그러나 아브라함은 자신이 이미 백 살이 넘었 으므로 이삭을 자기가 만들지 않았음을 알고 있습니다. 하나님은 그 렇게 얻은 이삭을 잡으라고 명하심으로, 아브라함과 성경을 읽는 독 자들에게 핵심을 다시 확인시켜 주는 것입니다.

이삭을 잡아라, 네 후손이 하늘의 별 같이 되는 일은 네가 낳은 자

식들이 원인이 되어서 이루어지는 것이 아니다, 네 자손은 내가 만든
다, 너는 자녀를 낳을 수 없었다, 네가 백 살일 때 내가 이삭을 주었다,
네게 이삭을 준 이유는 이삭이 없으면 이 일이 이루어지지 않기 때문
이 아니다, 나는 네가 백 살이어도 자녀를 줄 수 있는 하나님이다, 네
가 낳을 수 없을 때에도 줄 수 있는 하나님이다, 그래서 이삭을 준 것
이다, 그러니 너는 그 이삭을 잡아라, 네가 자녀를 낳을 수 없어도 네
후손은 하늘의 별 같이 될 것이다, 입니다. 이렇게 하나님의 의도가 좀
더 분명해집니다. 믿음이 근거가 아니다, 네가 자식을 만들 수 없음을
확인한 자리에서야 비로소 내가 하나님으로 일하는 줄 네가 알게 되
리라, 라는 것입니다.

아브라함은 바랄 수 없는 중에 바랐습니다. 자식이 없는 아브라함
에게 하나님께서 네 자손이 하늘의 별 같으리라고 하셨고, 이삭을 낳
자 그를 잡으라고 하셨습니다. 아브라함이 어떻게 믿었겠습니까? 아
브라함은 무슨 일이 벌어지고 있는지 다 알지는 못했을 것입니다. 아
브라함에게 무슨 대책이 있었겠습니까? 하나님이 오셔서 매번 그리
하셨던 것입니다. "네 이름은 열국의 아비다. 내가 네게 하늘의 별 같
은 후손을 주겠다." 아브라함이 무엇이라고 대답했을까요? 아브라함
이 "하나님, 감사합니다"라고 했겠습니까, 아니면 "하나님, 이게 말이
됩니까?"라고 했겠습니까?

아브라함은 하나님의 말씀이 무슨 뜻인지 모릅니다. 앞이 막막한데
하나님은 자꾸 그에게 와서 이러시는 것입니다. 백 살에 아이를 하나
주시더니, 이번에는 그 아이를 잡으라고 하십니다. 이 아이를 하나님
이 주셨다는 것을 아브라함도 압니다. 그러나 이 아이를 잡으라고 하

시니 그는 대책이 없는 것입니다. '아브라함이 바랄 수 없는 중에 바랐다'라는 말은 바로 이런 의미입니다.

우리에게 어려운 것 중 하나는 '바랄 수 없는 중에 바라는 신앙'을 갖는 일입니다. 이 꼴로 무슨 복을 요구하겠어, 이 꼴에 하나님이 무슨 복을 주시겠어, 와 같은 자조와 자책이 우리 모두를 붙들어 아무런 기대도 못하게 하고 아무런 힘도 쓰지 못하게 만듭니다. 나 같은 것이 뭐라고, 그저 간신히 예수만 믿으면 되지, 지옥이나 안 가면 다행이지, 하는 체념에 다 묶여 있습니다.

아브라함이 구십구 세가 되었을 때 하나님의 사자가 아브라함과 사라에게 찾아와서 "내년에 네가 아들을 낳을 것이라"라고 하자 사라가 웃습니다. "아이고, 하나님. 농담이 심합니다. 다른 애들이나 잘 길러 주십시오. 무슨 그런 말씀을 하십니까"라는 의미의 웃음이었겠죠. 사라의 웃음을 보시며 하나님은 사라에게 "너 웃었다"라고 하십니다. 사라가 당황해서 "안 웃었습니다"라고 하자, "아니다. 네가 웃었다. 내가 봤다. 그러니 너는 아들의 이름을 이삭이라고 지어라"라고 하시죠. 이삭은 웃음이라는 뜻입니다.

사라는 바랄 수 없는 중에 무엇을 받습니까? 웃음을 받습니다. 이것이 로마서가 하고 싶은 이야기입니다. 하나님이 언제 구원을 베풀었나 보십시오. 우리가 아직 연약할 때에 기약대로 그리스도께서 경건하지 않은 자를 위하여 죽으셨습니다. 예수가 언제 죽으셨습니까? 우리가 예수를 모를 때, 하나님과 어긋나 있을 때였습니다. 시간 순서가 그렇습니다.

'그러므로'의 의미

로마서 5장을 봅시다.

> 의인을 위하여 죽는 자가 쉽지 않고 선인을 위하여 용감히 죽는 자가 혹 있거니와 우리가 아직 죄인 되었을 때에 그리스도께서 우리를 위하여 죽으심으로 하나님께서 우리에 대한 자기의 사랑을 확증하셨느니라 (롬 5:7-8)

여기서 말하는 사랑은 무엇일까요. 원래 사랑이란 사랑을 베푸는 자에게 이유와 원인이 있는 것입니다. 사랑을 받는 자에게 이유와 원인이 있어야 하는 것이 아니라 사랑을 하는 자가 이유와 원인을 가져야 하는 것입니다. 그렇게 하나님이 우리를 사랑하십니다. 우리가 하나님을 모를 때, 우리가 그를 거역하여 반대편으로 갔을 때, 그분이 우리와 화해하셨습니다. 죄와 사망에서 꺼내시고 그를 외면한 우리를 당신의 품에 안으셨습니다. 그래서 5장 1절이 이렇게 말씀합니다.

> 그러므로 우리가 믿음으로 의롭다 하심을 받았으니 우리 주 예수 그리스도로 말미암아 하나님과 화평을 누리자 (롬 5:1)

여기서 '그러므로'는 어떤 의미의 '그러므로'입니까? 그 앞에 있는 4장 23절부터 봅시다.

그에게 의로 여겨졌다 기록된 것은 아브라함만 위한 것이 아니요 의로 여기심을 받을 우리도 위함이니 곧 예수 우리 주를 죽은 자 가운데서 살리신 이를 믿는 자니라 예수는 우리가 범죄한 것 때문에 내줌이 되고 또한 우리를 의롭다 하시기 위하여 살아나셨느니라

(롬 4:23-25)

예수가 오셨고, 죽으셨고, 부활하셨습니다. 이런 일이 이미 일어나서 완료된 후에 등장한 '그러므로'입니다. 로마서 3장 21절에 나온 위대한 반전으로 비롯된 '그러므로'입니다. 모두의 입을 막고 모두를 심판 가운데에 가둔 채, 아무도 하나님의 진노에서 피할 수 없는 인류의 운명 앞에 무엇이 기다리고 있습니까? '그러나 이제는'으로 시작된 놀라운 반전이 기다리고 있습니다. '그러나 이제는 율법 외에 하나님의 한 의가 나타났'다고 선언하며 국면이 전환됩니다. '예수 그리스도를 믿음으로 말미암아 모든 믿는 자에게 미치는 하나님의 의'가 그것입니다. 역사와 인류와 인생과 운명의 주인이신 하나님이 먼저 하셨다는 것입니다. 그분이 일하시고 우리에게 그 열매를 베푸십니다. 하나님은 우리가 먼저 무엇을 해야만 비로소 반응하는 소극적인 분이 아닙니다. 우리는 이 점을 자주 놓칩니다.

번복될 수 없는 신자의 운명

지금은 '예수 이후'의 시대입니다. 예수로 말미암아 역사가 예수 이전과 이후로 나뉩니다. 예수는 이미 오셨고 이미 죽으셨습니다. 이는 역

사적 사실이라서 뒤집힐 수 없고 번복될 수 없으며 취소될 수 없습니다. 그러니 지금은 무엇을 할 때입니까? 누려야 할 때입니다. 단지 무엇을 해야만 하는 책임에 얽매일 것이 아니라 누려야 합니다. 누리라고 주신 구원입니다.

그러면 당연히 이런 질문이 나올 것입니다. "그렇다면, 마음대로 살아도 됩니까?" 이렇게 생각하는 것이 죄입니다. 좋은 조건을 주면 좋은 조건에서 죄를 짓고, 나쁜 조건을 주면 나쁜 조건을 탓하며 변명하는 것이 죄입니다. 하나님이 사랑하셔서 구원을 이미 베푸셨다고 하는데 우리는 무엇이 불편해서 이를 비꼬아 생각할까요? 왜 우리는 하나님이 내가 원하는 걸 안 해 주신다고 늘 불평할까요? 이미 더할 수 없이 좋은 것을 주셨는데 말입니다. 로마서 5장 3절 이하를 봅시다.

다만 이뿐 아니라 우리가 환난 중에도 즐거워하나니 이는 환난은 인내를, 인내는 연단을, 연단은 소망을 이루는 줄 앎이로다 소망이 우리를 부끄럽게 하지 아니함은 우리에게 주신 성령으로 말미암아 하나님의 사랑이 우리 마음에 부은 바 됨이니 우리가 아직 연약할 때에 기약대로 그리스도께서 경건하지 않은 자를 위하여 죽으셨도다 (롬 5:3-6)

하나님의 사랑이 이미 증명되었고 그 사랑이 우리에게 남김없이 쏟아 부어졌는데, 도대체 무엇이 겁이 납니까, 무슨 환난이 겁이 납니까, 무슨 고통이 겁이 납니까, 라고 묻는 말씀입니다. 물론 이 사랑이 왜 환난과 연단과 인내로 나타나는가에 대해서는 이제 더 풀어 가야 할 것입니다. 그러나 예수 안에서 이미 완료되고 결정된 우리의 운명을 알아야 합니다. 하나님께서 당신의 선한 뜻을 이루시고야 만다, 사랑하시기에 우리를 내버려 두시지 않는다, 이 사실을 알아야 합니다.

그리하여 로마서 5장이 하고 싶은 이야기는 이것입니다. 우리는 하나님과 화목하게 되었다, 이제는 하나님의 영광을 바랄 수 있다, 현재에 대한 안심과 미래에 대한 확신이 비로소 생겨났다는 것입니다. 무엇을 근거로 그런 안심과 확신이 생깁니까? 하나님이 우리를 위해 예수를 이미 죽이고 살리신 과거, 곧 그 완료된 사건으로 말미암아 우리가 확신과 평화를 누릴 수 있게 된 것입니다.

한편 우리는 여전히 못난 사람일 수 있습니다. 내가 못나게 굴면 이 구원이 취소될 것 같습니다. 이런 자책감이 우리를 흔듭니다. 성경에는 이런 이야기가 얼마든지 나옵니다. 출애굽 사건을 생각해 봅시다. 이스라엘 백성은 열 가지 재앙을 보고 홍해를 건넜음에도 못나게 굽니다. 애굽으로 돌아가자, 우리가 애굽에 살았을 때에는 이런 것 저런 것 다 먹지 않았느냐, 이 광야에는 먹을 것이 없다, 다시 돌아가자, 라고 합니다. 그래서 돌아갑니까? 돌아가지 못합니다. 하나님이 그들을 다시 돌려보내시지 않기 때문입니다. 또 이스라엘 백성은 정탐꾼의 보고를 듣고는 우리는 가봤자 질 것이다, 우리는 못 싸운다, 하면서 밤새 울고 통곡하고 돌아가자고 합니다. 그래서 돌아갑니까? 돌아가지 못합니다. 하나님이 돌려보내시지 않습니다. 그래서 사십 년간 광야 생활을 하게 된 것입니다.

우리에게 이스라엘 백성처럼 하지 말라고 하시는 것입니다. 밤낮 조마조마하며 자신의 실력만큼 하나님이 할 것이라고 생각하지 마십시오. 하나님은 그보다 더하십니다. 당연히 더하십니다. 부모가 되어 보니 깨닫는 것이 있습니다. 자식을 몇 년 길러 보고 나서 자식이 못났다고 솎아 내는 부모는 없습니다. 못난 자식이라고 버릴 수는 없습니다. 자식을 버리는 일은 꿈에도 상상할 수 없는 일입니다. 선택 항목에도 들어 있지 않습니다. 고통스럽지만 버리지 않습니다. 오히려 그 못난 자식 대신 죽을 수 있는 것이 부모입니다.

바울의 증언

성경은 이런 식으로 말하고 있으니, 바울을 말할 때도 그가 훌륭해서 사도가 되었다, 이렇게 우기지 마십시오. 바울 자신이 그렇지 않다고 하는데도 우리가 자꾸 우기는 것일지 모릅니다. 갈라디아서 1장에 가 봅시다. 바울의 서신은 거의 이렇게 시작합니다.

> 사람들에게서 난 것도 아니요 사람으로 말미암은 것도 아니요 오직 예수 그리스도와 그를 죽은 자 가운데서 살리신 하나님 아버지로 말미암아 사도 된 바울은 (갈 1:1)

여기에 바울의 헌신, 바울의 준비, 바울의 감동, 바울의 의지 같은 것은 하나도 들어 있지 않습니다. 언제나 수동형 문장입니다. 그는 붙잡힌 바 되고 세워지고 보냄을 받습니다. 전부 수동형입니다.

사도 바울은 아무런 조건도 없는 곳에서, 아니 정반대의 조건에서 하나님께 붙잡힌 사람입니다. 바울은 살기가 등등해서 예수 믿는 자들을 잡으려고 다메섹으로 가다가 예수님과 만납니다. 예수님이 "이 놈!"하며 바울에게 박치기를 해 버립니다. 그리고서는 아무런 설명이 없습니다. "당신은 누구십니까?" "나는 네가 핍박하는 예수다. 너 이제부터 내 종으로 살아라." 그렇게 바울은 종이 된 것입니다. 얼마나 극적인 반전입니까. 바울에게 어느 한 올이라도 조건이 있었으며 준비가 있었습니까. 하나도 없었습니다.

하나님이 일하신다는데 왜 우리가 제한합니까. 우리야 못났고 또 못났습니다. 늘 못났습니다. 하지만 하나님은 우리를 놓지 않으십니다. 지금 그 이야기를 하는 것입니다. 이것이 '그러므로'입니다. "그러므로 우리가 믿음으로 의롭다 하심을 받았으니 우리 주 예수 그리스도로 말미암아 하나님과 화평을 누리자"입니다. 우리는 못났어도 하나님은 우리 아버지이십니다. 안 믿는 사람들은 모릅니다. 하나님은 우리 아버지이십니다. 그런데 무엇이 겁이 나십니까? 민망한들 어쩌겠습니까? "아버지!" 하고 부르며 다시 돌아오십시오. 어떤 아버지이십니까? 예수를 보낸 아버지이십니다.

하나님은 누구십니까? 무에서 유를 창조하시며 죽은 자를 살리시는 하나님입니다. 하나님의 영광이 어디에 나타났습니까? 십자가로 보이신 증거입니다. 당신이 만든 피조물들에게 와서 죽을 수 있는 사랑입니다. 로마서는 이 하나님, 전능하시지만 선하시고 긍휼이 풍성하신 하나님, 아버지라 부르도록 허락하신 하나님을 이야기하고 있습니다.

디모데전서 1장으로 가 봅시다. 사도 바울은 자신의 역할과 존재에 대하여 이렇게 증언합니다.

나를 능하게 하신 그리스도 예수 우리 주께 내가 감사함은 나를 충
성되이 여겨 내게 직분을 맡기심이니 내가 전에는 비방자요 박해
자요 폭행자였으나 도리어 긍휼을 입은 것은 내가 믿지 아니할 때
에 알지 못하고 행하였음이라 우리 주의 은혜가 그리스도 예수 안
에 있는 믿음과 사랑과 함께 넘치도록 풍성하였도다 미쁘다 모든 사
람이 받을 만한 이 말이여 그리스도 예수께서 죄인을 구원하시려고
세상에 임하셨다 하였도다 죄인 중에 내가 괴수니라 그러나 내가
긍휼을 입은 까닭은 예수 그리스도께서 내게 먼저 일체 오래 참으
심을 보이사 후에 주를 믿어 영생 얻는 자들에게 본이 되게 하려 하
심이라 (딤전 1:12-16)

비방자, 박해자, 폭행자였던 자신을 하나님이 붙드셨다는 것입니다.
죄인 중에 괴수인 자신을 하나님이 오래 참으시고 붙들어 놓으셨다고
합니다. 그래서 이 결론이 나옵니다.

영원하신 왕 곧 썩지 아니하고 보이지 아니하고 홀로 하나이신 하나
님께 존귀와 영광이 영원무궁하도록 있을지어다 아멘 (딤전 1:17)

우리에게 주신 영광은 우리의 자격이나 조건과 전혀 무관한 하나님의
거룩하심입니다. 이것을 지금 누려야 합니다. 삶의 현장과 처한 형편
에서 우리가 하나님의 자녀로 있음을 알아야 합니다. 이것을 어떻게
누릴 수 있습니까. 이 흑암 같은 세상에서 빛으로 사는 것입니다. 우리
가 더 잘나고 더 굉장해서 빛으로 사는 것이 아닙니다.

바울은 고린도후서 6장에서 하나님을 이렇게 증언합니다. 마치 우리에게 "내가 하나님이 어떤 분인지 가르쳐 줄게"라고 하는 것 같습니다.

우리가 하나님과 함께 일하는 자로서 너희를 권하노니 하나님의 은혜를 헛되이 받지 말라 이르시되 내가 은혜 베풀 때에 너에게 듣고 구원의 날에 너를 도왔다 하셨으니 보라 지금은 은혜 받을 만한 때요 보라 지금은 구원의 날이로다 우리가 이 직분이 비방을 받지 않게 하려고 무엇에든지 아무에게도 거리끼지 않게 하고 오직 모든 일에 하나님의 일꾼으로 자천하여 많이 견디는 것과 환난과 궁핍과 고난과 매 맞음과 갇힘과 난동과 수고로움과 자지 못함과 먹지 못함 가운데서도 깨끗함과 지식과 오래 참음과 자비함과 성령의 감화와 거짓이 없는 사랑과 진리의 말씀과 하나님의 능력으로 의의 무기를 좌우에 가지고 영광과 욕됨으로 그러했으며 악한 이름과 아름다운 이름으로 그러했느니라 우리는 속이는 자 같으나 참되고 무명한 자 같으나 유명한 자요 죽은 자 같으나 보라 우리가 살아 있고 징계를 받는 자 같으나 죽임을 당하지 아니하고 근심하는 자 같으나 항상 기뻐하고 가난한 자 같으나 많은 사람을 부요하게 하고 아무 것도 없는 자 같으나 모든 것을 가진 자로다 (고후 6:1-10)

이 말씀은 하나님의 영광을 힘입어 산다는 것이 무엇인지 알게 되자 세상의 거짓된 영광들을 정면으로 관통할 수 있게 되었다는 고백입니다. 그런데 세상은 이런 우리를 실패했다고, 틀렸다고, 고생한다고 이야기하더라는 것입니다.

신자의 명예

전에는 이것이 없으면 안 된다고 고집하던 것을 이제는 내려놓을 수 있게 되었습니다. 답이 없는 길을 이제는 마치 즐거운 길을 걷는 것같이 걸을 수 있습니다. 억울함을 당하는 것, 열심히 노력했으나 보상이 없는 것을 감수할 수 있게 되었습니다. 세상은 편파적이고 우리를 속이지만 하나님은 그리하시지 않습니다. 이것을 우리가 압니다.

그러니 우리의 영광과 명예가 어디에서 드러나겠습니까? 세상이 거짓말하는 현장에서 드러납니다. 이것이 전부다, 이겨야만 살아남을 수 있다고 주장하는 세상에서 질 수도 있다는 것을 압니다. "아, 너희는 져 놓고도 왜 웃느냐?"라고 물으면 "너희는 잘 모를거야"라고 답하십시오. 말로만 답하는 것이 아니라 실제로 그 길을 가야 합니다.

신자의 명예는 어디에 있습니까? 이 세상이 이해할 수 없는 길을 가는 데에 우리의 명예가 있습니다. 다니엘의 세 친구가 풀무 불에 뛰어들었듯이 답이 없는 세상 속을 늠름하게 걸어가야 합니다. "예수를 믿으면 편합니까?"라고 물으면, "아니오. 그렇지는 않습니다"라고 답하겠지요. "그러면 달리 무슨 복이라도 받습니까?" 하고 또 물을 것입니다. 우리의 답은 "아니오"입니다. 세상은 도무지 이해가 되지 않아 또 묻겠지요. "그러면 왜 믿습니까?" 우리는 미소를 띠며 "당신은 몰라도 됩니다"라고 정중하게 답합니다. 예수 믿는 것을 어떻게 설명하겠습니까, 맹인에게 어떻게 색깔을 설명하겠습니까. 믿어야 알게 되는데 말입니다. 사람들은 고개를 갸웃거리며 우리에게 "당신은 참 이상해요"라고 하겠지요. 우리는 짐짓 "그런가요?" 하고 되물을 것입니다. "당신은 어떻게 해서 그런 삶을 살 수 있습니까?"라고 물어 오면 "당신도 교회 한번 와 보세요"라고 대답하면 됩니다.

무슨 설명을 한다 해도 세상은 알아듣지 못합니다. 은혜가 찾아오기까지, 눈이 열리기까지, 영혼이 살아나기까지 아무 말도 안 통합니다. 주께서 다시 오시기까지 우리가 누구인지, 예수의 죽으심이 무엇인지 세상은 알지 못합니다. 세상이 어떻게 알겠습니까? 우리는 다만 기다릴 뿐입니다. 세상은 지나가고 하나님 나라는 반드시 올 테니 늠름하게 살아가는 것입니다.

영광과 욕됨이라는 정반대의 평가를 받으며 악한 이름과 아름다운 이름으로 오해를 받으며, 속이는 자 같지만 진실로 참된 자로서 살아가는 것입니다. 사실 유명한 자이지만 무명한 자로 살아가야 할 수도 있습니다. 하나님이 기억하는 자녀인데 사는 형편을 보면 죽은 자 같이 보일 수 있습니다. 아니, 늘 죽임을 당한다고 합니다. "저렇게 살면 망해"라는 길을 걸어가는 것이 신자입니다. 지고 양보하고 보복하지 않고 세상이 하는 식으로 싸우지 않고 빼앗아서 채우지 않는 것이 예수 안에서 하나님이 우리에게 주신 복입니다. 우리의 명예이고 영광입니다. 그러니 현실을 겁내지 마십시오. 이것이 평화와 영광으로 가는 길이라는 확신이 여러분의 삶을 붙들게 하십시오. 그리하여 위대해지십시오.

기 도

하나님 아버지, 하나님이 예수 안에서 하신 일을 확인했습니다. 바랄 수 없
는 중에 바라는 일과 하나님만이 채우실 수 있는 인생을 걸어야 하는 것이
만만치 않습니다. 하지만 하나님이 그 약속을 성실히 지켜 예수 안에서 우리
를 붙드셨습니다. 그렇게 우리가 주를 믿게 되었으니 예수의 십자가가 이미
이루어졌고 그 일이 나에게 적용되었다는 사실을 기억하고 우리 인생을 주
의 이름으로 걸어갈 수 있는 명예와 실력도 주시옵소서. 우리를 보는 자들이
하나님을 알게 되는 놀라운 기적이 있다는 것과 우리가 사는 길을 통하여 하
나님이 영광 받으신다는 것을 기억하고 걸어가는 믿음의 위대한 용기도 허
락하옵소서. 예수님 이름으로 기도합니다. 아멘.

14.

생명 안에서 왕 노릇 하리로다

순종, 답 없는 길을 걸으라

⋯⋯ 17 한 사람의 범죄로 말미암아 사망이 그 한 사람을 통하여 왕 노릇 하였은즉 더욱 은혜와 의의 선물을 넘치게 받는 자들은 한 분 예수 그리스도를 통하여 생명 안에서 왕 노릇 하리로다 18 그런즉 한 범죄로 많은 사람이 정죄에 이른 것 같이 한 의로운 행위로 말미암아 많은 사람이 의롭다 하심을 받아 생명에 이르렀느니라 19 한 사람이 순종하지 아니함으로 많은 사람이 죄인 된 것 같이 한 사람이 순종하심으로 많은 사람이 의인이 되리라 20 율법이 들어온 것은 범죄를 더하게 하려 함이라 그러나 죄가 더한 곳에 은혜가 더욱 넘쳤나니 21 이는 죄가 사망 안에서 왕 노릇 한 것 같이 은혜도 또한 의로 말미암아 왕 노릇 하여 우리 주 예수 그리스도로 말미암아 영생에 이르게 하려 함이라 (롬 5:12-21)

대표 원리

로마서 5장 12절에서 21절까지는 '대표 원리'를 설명하고 있습니다. 인류의 조상인 아담의 행위와 결정이 그의 모든 후손에게 영향을 미친 것같이, 둘째 아담 곧 하나님이 인류의 대표자로 세운 예수 그리스도로 말미암아 아담의 범죄로 인류에게 미친 비극과 멸망이 종식되고 그의 부활로 새로운 인류가 시작된다는 원리입니다.

대표 원리에서 가장 중요한 대비는 인류의 조상인 아담이 선악과를 따 먹어 생긴 범죄로 말미암아 들어온 사망을 뒤집으시기 위하여 하나님이 당신의 아들을 보내셨다는 사실에서 드러납니다. 하나님이 인간이 되어 세상 속에서 인생을 살고, 배척하는 자들에게 고난을 당해 가장 고통스러운 십자가에서 죽습니다. 아담으로 말미암아 들어온 죽음이라는 비극을 십자가에서의 죽음으로 뒤집어엎는 것입니다.

죽음을 맞을 수밖에 없는 자리로 떨어진 우리의 현실을 품기 위해서 인간의 몸으로까지 내려오신 예수를 확인하고, 예수의 죽음이 죽음 가운데 있는 우리를 역전시키기 위하여 죽음의 자리까지 따라 들어온 하나님의 행위인 것을 확인했다면, 아담에게서 일어난 일이 큰 것같이 죽음에까지 따라 내려와 우리를 역전시킨 하나님의 결정과 능력은 얼마나 큰 것인가를 비교해 볼 수 있습니다.

우리는 구원에서 일어나는 시간의 역순을 제대로 이해하지 못합니다. 시간을 역순으로 사용하시는 하나님에 대해 지난 장에서 생각해 보았습니다. 하나님께서는 왜 그리하실까요? 결과에서 절대 실패하지 않게 하려고 시간을 역순으로 사용하시는 것입니다. 구원이라는 결과는 이미 일어났습니다. 예수 안에서의 구원, 예수 안에서의 승리는 이미 과거요 완료입니다. 그 후에 우리는 죄인으로 태어나 우리 때문에 죽으신 예수로 말미암아 허락된 구원을 알고 믿게 됩니다. 내가 믿어서 구원을 얻었습니까? 아닙니다. 내가 사물을 보았더니 그때 사물이 존재하게 된 것이 아니라 그 사물이 먼저 존재하였고 그 후에 내가 보게 된 것 아닙니까. 내가 이해해서 복음을 깨달은 것이 아니라 그 질서와 약속이 있음을 보여 주셔서 알게 된 것입니다.

그러므로 구원에는 감사가 있을 뿐, 자신을 자랑하는 일은 있을 수 없는 것입니다. 하지만 우리는 믿음을 가진 자기 자신을 자랑하고 싶어 합니다. 가장 크게 나타나는 부작용은 "나는 믿었고 너는 안 믿었다"와 같은 구별입니다. 나는 믿어서 천국에 가는데 너는 안 믿었으니 지옥이나 가라, 이렇게 말하는 이는 아직 뭘 모르는 것입니다. 요한복음 3장 16절을 봅시다.

> 하나님이 세상을 이처럼 사랑하사 독생자를 주셨으니 이는 그를 믿는 자마다 멸망하지 않고 영생을 얻게 하려 하심이라 하나님이 그 아들을 세상에 보내신 것은 세상을 심판하려 하심이 아니요 그로 말미암아 세상이 구원을 받게 하려 하심이라 (요 3:16-17)

우리는 예수를 믿었다는 이유로 타인과 구별되고 싶어 합니다. 나는 믿었고 너는 안 믿었다, 이렇게라도 하지 않으면 우리의 믿음이 확인되지 않아서 그렇습니다. 그러나 한번 생각해 보십시오.

하나님이 우리에게 찾아오셔서 당신을 나타내시며 우리와 관계를 맺으시는 것은 놀라운 특권입니다. 하나님은 우리를 도매금으로 취급하시지 않습니다. 뭉뚱그려서 전체 속에 묻어가게 하시지 않고 각각을 소중하게 대우하셔서서 마치 이 세상에 나 하나만 있는 것같이 하나님이 찾아오십니다. 물론 이를 오해해서 개인의 구원이나 사적 신앙에 국한하여 하나님이 하신 일을 축소해서는 안 됩니다. 하지만 하나님은 이처럼 각 개인에게 찾아가셔서 구원을 이루십니다.

하나님은 세상과 역사의 주인이십니다. 아담의 범죄로 망가진 창조를 하나님이 회복하십니다. 인류를 전부 쓸어버린 후에 새로 만들지 않으시고 망가진 세상에 하나님이 뛰어들어 오셔서 상황을 역전하십니다. 아담이 행한 죄가 모든 후손을 죽음에 이르게 할 만큼 큰 영향을 미친 것이라면, 이를 회복하기 위하여 하나님이 자기 아들을 인간으로 보내어 죽음을 뒤집으신 것은 얼마나 더 큰 영향을 미치겠는가, 그전에 있던 모든 것을 바로잡기에 충분하지 않겠느냐, 하고 로마서가 복음을 증명하는 것입니다.

추상명사가 아닌 인격

하나님은 역사와 우주의 주인이십니다. 우리는 법과 규칙, 도덕과 윤리 같은 모호한 추상명사에 자주 기댑니다. 옳음과 그름, 믿음과 믿지 않음 같이 말입니다. 그러나 성경은 구원을 하나의 법칙으로 제시하지 않습니다. 하나님은 인류를 구원하기 위해 어떤 법칙을 쓰시지 않고 실제로 역사 속에 직접 쫓아 들어오셨습니다. 인격이 가지는 피와 눈물과 땀과 한숨과 찢어지는 가슴을 안고 우리에게 구체적으로 찾아오신 것입니다. 그런데 우리는 이 사실을 자꾸 놓칩니다. 하나님이 얼마나 신실하신가, 하나님이 얼마나 빈틈없이 신실하신가를 보여 주는 것이 구원입니다. 고린도후서 5장에 가 봅시다.

> 우리가 만일 미쳤어도 하나님을 위한 것이요 정신이 온전하여도 너희를 위한 것이니 그리스도의 사랑이 우리를 강권하시는도다 우리가 생각하건대 한 사람이 모든 사람을 대신하여 죽었은즉 모든 사람이 죽은 것이라 그가 모든 사람을 대신하여 죽으심은 살아 있는 자들로 하여금 다시는 그들 자신을 위하여 살지 않고 오직 그들을 대신하여 죽었다가 다시 살아나신 이를 위하여 살게 하려 함이라
> (고후 5:13-15)

하나님의 사랑을 추상명사나 명분으로 이해해서는 안 됩니다. 하나님의 사랑과 간섭은 구체적입니다. 하나님은 말로만 설득하시거나 규칙을 제시하시거나 명분으로 강요하시는 분이 아닙니다. 오히려 직접 손을 내밀어 인류를 새로운 길로 끌고 가십니다. 아담이 지은 죄로 말미암아 묶인 모두를 죽음 속에 묻고, 모든 절망을 무덤에 묻고, 다시 밖으로 꺼내셔서 새로운 인류의 역사를 시작하십니다. 당신이 앞장서서 모두를 끌어안으십니다.

이런 하나님에 대해 C. S. 루이스는 이렇게 표현합니다. "하나님을 안 믿을 뿐만 아니라, 하나님이 베푸시는 은혜에서 발버둥 치며 빠져나가려는 나를 하나님이 놓아두지 않으셔서 내가 구원을 얻게 됐다." 미꾸라지처럼 이리저리 빠져나갈 궁리를 하며 대강 믿고 살았는데,

하나님께서는 우리를 내버려 두시지 않고 그 손으로 우리를 움켜잡아 할 수 없이 신앙생활을 하게 된 것입니다.

혹시 여러분은 기독교를 교양이나 철학이나 명분이나 보험 정도로 여기지는 않습니까? 성경을 읽고 또 읽어도 하나님의 무시무시하심을 깨닫지 못하는 것은 아닙니까? 여러분이 언제 적극적인 마음으로 예배에 참석하신 적이 있습니까? 할 수 없이 교회에 나온 것이죠. 하나님이 그것을 아십니다. "얘야, 다른 데 가면 안 된다. 너 백운대에 놀러 가면 내가 백운대 아주 엎어 버릴 판이다. 네가 지하철을 타고 놀러 가면 지하철을 다 묻어 버릴 것이다." 그래서 할 수 없이 교회 옵니다.

할 수 없이, 죽을 만큼 싫은 마음으로 옵니다. "하나님, 지하철을 엎으실 바에야 현금으로 직접 주시는 것이 낫지 않습니까?" 이것이 우리의 변명이자 차마 입으로는 말하지 못했던 우리의 실력입니다. 그러나 하나님이 타협하지 않으시고 포기하지 않으셔서 우리가 여기 온 것입니다. 그것을 알라는 것입니다. 고린도후서 5장을 봅시다.

> 그러므로 우리가 이제부터는 어떤 사람도 육신을 따라 알지 아니하노라 비록 우리가 그리스도도 육신을 따라 알았으나 이제부터는 그같이 알지 아니하노라 그런즉 누구든지 그리스도 안에 있으면 새로운 피조물이라 이전 것은 지나갔으니 보라 새 것이 되었도다 (고후 5:16-17)

우리는 모두 죄인으로 태어나 아담이 내린 결정의 영향 아래 있습니다. 이는 사실입니다. 로마서 5장에서 이것을 말하고 있습니다. 인류는 율법을 범한 대가로 죽은 것이 아니라 아담의 후손이기 때문에 죽었다. 무엇을 보면 아는가. 아담에서 모세까지 율법을 받기 전에도 사람들은 죽었다. 오늘날도 어린아이가 태어나서 무슨 행동을 하기도 전에 죄를 지을 틈이 없었는데도 죽는다. 이런 말은 모두 사실입니다. 논리 같은 것으로는 설명이 안 되는 사실입니다.

마찬가지로 하나님의 구원도 역시 사실입니다. 구원을 자꾸 원리로 만들고 규칙으로 규정하여 인격자이신 하나님을 무정한 법으로 대체해서는 안 됩니다. 기독교 신앙을 법이나 명분으로 대체하여 신앙과 인격자 하나님이 분리되는 순간 우리에게는 신앙생활을 잘한 자와 못한 자, 똑똑한 자와 미련한 자의 구별만 남습니다. 그렇게 비교해서는 안 됩니다. 하나님과 그의 사랑을 받는 우리 곧 인격과 인격에 작용하는 것이 신앙입니다.

인격과 분리되어 신앙만 따로 돌아다니면 무서운 현실이 벌어집니다. 끊임없이 자책하게 됩니다. 아무리 회개해도 도무지 안심이 되지 않습니다. 법 앞에 서 있고, 생각 없는 것 앞에 서 있기 때문에 그렇습니다.

예수를 믿는 것이 무엇인지 깊이 생각해 보아야 합니다. 하나님은 우리에게 누구십니까? 그는 창조주이십니다. 창조를 망가뜨린 인간의 결정을 엎기 위하여 당신의 아들을 보내십니다. 우리를 용서하고 우리가 저지른 모든 결과를 다 뒤집어쓰고 우리를 껴안다가 당신 자신이 피투성이가 된 하나님이십니다. 죽음을 감수하고 쫓아 들어와 역전하시는 하나님이십니다.

아담과 그의 행위가 역사적 사실이었듯이 예수와 그의 행위가 역사적 사실입니다. 그 이후로 계속 교회가 존재하며 예수를 믿는 사람이 존재합니다. 훌륭한 교인들은 몇 명 없었고, 못난 신자들은 매우 많았습니다. 그런데도 우리를 사랑하시는 분이 하나님이십니다. 약속하신 은혜와 발휘하신 능력의 동기를 하나님의 사랑이라고 표현하고 있습니다. 인격자가 계십니다. 자격과 조건을 넘어서는 것을 말하기 위하여 사랑이 있습니다.

은혜, 믿음, 능력, 이런 것을 종교적 명분으로 만들려고 하십니까? 우리가 가장 먼저 해야 할 것은 사랑입니다. 사랑이 무엇입니까? 사랑은 오랜 고통입니다. 이기심을 가지지 않고 무례히 행하지 않으며 기다려 주는 것입니다. 사랑은 모든 것을 믿고 바라고 참고 견디는 것입니다. 하나님이 그리하셨던 것처럼 하는 것입니다. 그분은 자신이 스스로 결과를 이루시고 그 결과를 우리에게 적용하여 우리의 눈물과 미련과 반항과 고집과 도망, 그 모든 것을 담으시는 분입니다. 그래서 먼저 십자가부터 박고 세우셔서 울타리를 치신 후에 우리를 자유롭게 풀어놓으십니다. 이것이 기독교 신앙이며, 신자의 무한한 복입니다.

감수하며 사는 새로운 인생

계속해서 고린도후서 5장의 말씀을 살펴보겠습니다.

그런즉 누구든지 그리스도 안에 있으면 새로운 피조물이라 이전 것은 지나갔으니 보라 새것이 되었도다 (고후 5:17)

이제 우리는 새로운 세상 속에 있다고 합니다. 어떤 세상입니까? 회복의 세상, 구원의 세상, 사랑의 세상입니다. 이전 것은 무엇입니까? 아담 안에 있던 세상입니다. 예수 안에 들어오면 아담 안에 있던 세상은 다 지나간 것입니다. 누가 이렇게 만들었습니까? 하나님이 만드셨습니다. 우리는 믿고 나서야 이 사실을 알게 됩니다.

그러니 우리는 아무도 육체대로 판단하지 않습니다. 하나님이 우주와 역사의 운명을 십자가로 세웠다는 것을 알기 때문에 우리는 타인을 정죄하지 않고 판단하지 않습니다. 하나님의 손에 있는 것에 대해 우리는 잘 모르기 때문에 믿었다, 안 믿었다로 너무 쉽게 나누지 않습니다. 우리는 단지 기다릴 뿐입니다. 믿는 것은 복이며 영광입니다. 안 믿는 것은 하나님이 알아서 하실 것입니다.

그러니 믿는 자는 안 믿는 자와 달라야 합니다. 어떻게 달라야 합니까? 십자가를 세우신 하나님을 아는 실력을 갖는 것으로 달라야 합니다. 삶을 감수해야 합니다. 우리를 회복하시는 분은 하나님뿐이십니다. 우리는 스스로 회복할 능력이 없습니다. 우리에게는 회복된 자로서의 온유와 겸손이 있어야 합니다. 타인을 감수하고 살아야 합니다. 이 세상 속에서 하나님의 사람으로 살아야 합니다. 고린도후서 6장을 봅시다.

우리가 하나님과 함께 일하는 자로서 너희를 권하노니 하나님의 은혜를 헛되이 받지 말라 이르시되 내가 은혜 베풀 때에 너에게 듣고 구원의 날에 너를 도왔다 하셨으니 보라 지금은 은혜 받을 만한 때요 보라 지금은 구원의 날이로다 우리가 이 직분이 비방을 받지 않게 하려고 무엇에든지 아무에게도 거리끼지 않게 하고 오직 모든 일

에 하나님의 일꾼으로 자천하여 많이 견디는 것과 환난과 궁핍과 고
난과 매 맞음과 갇힘과 난동과 수고로움과 자지 못함과 먹지 못함
가운데서도 깨끗함과 지식과 오래 참음과 자비함과 성령의 감화와
거짓이 없는 사랑과 진리의 말씀과 하나님의 능력으로 의의 무기를
좌우에 가지고 (고후 6:1-7)

이 모든 덕목을 가져야 합니다. 신령한 무기와 실력을 가져야 합니다.
그러나 우리는 때로는 영광의 모습으로, 때로는 욕됨의 모습으로 오해
받을 수 있습니다. 세상은 우리가 누구인지 몰라서 그렇습니다.

영광과 욕됨으로 그러했으며 악한 이름과 아름다운 이름으로 그러
했느니라 우리는 속이는 자 같으나 참되고 무명한 자 같으나 유명한
자요 죽은 자 같으나 보라 우리가 살아 있고 징계를 받는 자 같으나
죽임을 당하지 아니하고 근심하는 자 같으나 항상 기뻐하고 가난한
자 같으나 많은 사람을 부요하게 하고 아무 것도 없는 자 같으나 모
든 것을 가진 자로다 (고후 6:8-10)

다른 사람들이 우리를 오해할 뿐 아니라 우리 눈에도 우리 자신이 그
렇게 보입니다. 하나님이 믿음의 길을 가게 하셨는데 이게 뭔가 싶습
니다. 여기에 있는 말씀이 다 우리에게 적용됩니다. 그러니 다시 요약
해서 설명하겠습니다.

하나님의 일하심을 아는 삶

기독교는 계시의 종교입니다. 다른 모든 종교는 '지성이면 감천'이지만 기독교는 다릅니다. 신이 우리에게 자신을 밝히십니다. 하나님이 당신을 설명하시고 당신의 일을 우리에게 나타내십니다. 우리는 이것을 계시라고 합니다. 하나님이 존재를 만드시고 내용을 채우시며 결국 이를 완성하십니다. 하나님이 먼저 일하신다는 뜻입니다. 우리는 나중에 이해하고 순종하게 됩니다. 그러나 우리가 먼저 이해해서 존재하거나 알아봐서 무엇이 생기는 것이 아닙니다. 이미 존재하는 것입니다. 이 말은 하나님이 언제나 먼저 하신다는 뜻입니다. 그는 창조주이시기 때문입니다. 그가 먼저 만드십니다. 그러니 우리가 알아듣는 것은 그다음 일입니다.

하나님이 앞서서 일하신다는 것을 제대로 이해하면 인생을 순종할 수 있게 됩니다. 신앙생활은 순종입니다. 순종은 명분이나 덕목을 실천하는 것과는 다릅니다. 순종은 어떤 이상을 구현하는 추상명사가 아닙니다. 하나님이 창조주이심을 믿고, 우리의 인생을 통하여 하나님이 기쁘신 뜻을 이루실 것이라는 데에 우리의 생각과 소원을 두고, 자신을 맡기는 것이 순종입니다. 이해할 수 없는 인생을 감수하는 것, 이것이 순종입니다. 고단하고 이해가 안 되는 길입니다. 그러나 하나님이 주도하는 인생이 백 번 더 낫다고 믿는 것이 순종입니다. 하나님이 우리더러 가시밭길을 걸으라고 하시면 그 길도 걸을 수 있습니다. 지금 우리가 걷는 길, 우리가 처한 현실, 이 아무것도 아닌 길, 앞이 캄캄하고 답이 없는 길을 걸을 수 있는 것입니다.

그래도 이것 하나는 압니다. 하나님이 창조주시고 우리를 위하여 당신의 아들을 보내셨다는 사실을 말입니다. 아담의 후손으로 태어나 죽는 것이 사실이듯 그것 또한 부정할 수 없는 현실이기 때문에 압니다. 우리가 예수를 알고 있다는 것, 이것은 사실입니다.

하지만 우리는 불안하니까 자꾸 묻습니다. 우리나라는 왜 이 모양, 이 꼴일까요? 이 말을 다른 말로 하면 하나님은 뭐하고 계시는가, 입니다. 여러분, 어느 나라로 이민 가고 싶습니까? 캐나다로 가고 싶습니까? 호주로 가고 싶습니까? 달나라로 가고 싶습니까? 어디로 보내 드릴까요? 여러분 마음 맨 밑바닥에 무슨 걱정이 있습니까? 하나님은 왜 이렇게 아슬아슬하게 일하십니까, 좀 미리 보여 주시고 하시면 안 될까요, 나는 무엇입니까, 아무도 대답해 주지 않으니 저는 죽겠어요, 그러나 이것을 감수하는 것이 신앙입니다.

바울의 고백은 이것입니다. '죽어도 좋다, 내게 사는 것이 그리스 도니 죽어도 유익하다, 하나님이 나의 죽음으로도 무엇을 하신다.' 바울은 어떻게 이런 이야기를 할 수 있었을까요? 그는 예수를 보았습니다. 그러니 무엇인들 감수하지 못하겠습니까. 그렇다고 결사적인 얼굴로 다니라는 뜻은 아닙니다. 그런 얼굴은 클린트 이스트우드(Clint Eastwood) 하나로 족합니다.

담담하게 살아가십시오. 자기 자리에서 도망가지 마십시오. 영광과 욕됨으로 그리했다고 합니다. 하나님의 능력으로 산다고 합니다. 악한 이름과 아름다운 이름으로, 속이는 자 같으나 참되고, 무명한 자 같으나 유명한 자요, 죽은 자 같으나 살아 있고, 징계를 받는 자 같으나 죽임을 당하지 아니한다고 합니다.

우리는 죽지 않습니다. 그러니 살아 있어야 합니다. 하나님이 일하시기 때문입니다. 벌써 죽으면 안 됩니다. 아무것도 없는 자 같으나 모든 것을 가진 자입니다. 하나님이 우리 한 명 한 명에게서 당신의 모든 것을 부어 일하십니다. 그런데도 누가 부럽습니까? 바울이 부럽습니까, 칭기즈칸이 부럽습니까, 도대체 누가 부러우며 무엇이 부럽습니까, 이는 하나님을 얕잡아 보는 것입니다. '내 은혜가 네게 족하도다'라는 말씀은 도대체 어디로 갔습니까?

기 도

하나님 아버지, 하나님의 위대하심을 확인했습니다. 은혜를 주시옵소서. 우리가 누구인지 알게 하옵소서. 우리의 인생이 얼마나 귀한지 알게 하옵소서. 다른 사람들에게서 나를 확인하려 하지 말고 예수 안에서 나를 확인하게 하사 예수께서 그리하신 것처럼 늠름하게 우리 인생을 살게 하시고 영광된 인생을 누리게 하옵소서. 예수님 이름으로 기도합니다. 아멘.

15.
다시 살아난 자같이

현재, 돌이킬 수 없는 지금

1 그런즉 우리가 무슨 말을 하리요 은혜를 더하게 하려고 죄에 거하겠느냐 2 그럴 수 없느니라 죄에 대하여 죽은 우리가 어찌 그 가운데 더 살리요 3 무릇 그리스도 예수와 합하여 세례를 받은 우리는 그의 죽으심과 합하여 세례를 받은 줄을 알지 못하느냐 …… 10 그가 죽으심은 죄에 대하여 단번에 죽으심이요 그가 살아 계심은 하나님께 대하여 살아 계심이니 11 이와 같이 너희도 너희 자신을 죄에 대하여는 죽은 자요 그리스도 예수 안에서 하나님께 대하여는 살아 있는 자로 여길지어다 12 그러므로 너희는 죄가 너희 죽을 몸을 지배하지 못하게 하여 몸의 사욕에 순종하지 말고 13 또한 너희 지체를 불의의 무기로 죄에게 내주지 말고 오직 너희 자신을 죽은 자 가운데서 다시 살아난 자 같이 하나님께 드리며 너희 지체를 의의 무기로 하나님께 드리라 14 죄가 너희를 주장하지 못하리니 이는 너희가 법 아래에 있지 아니하고 은혜 아래에 있음이라 (롬 6:1-14)

그럴 수 없느니라

로마서 6장 1절은 '은혜를 더하게 하려고 죄에 거하겠느냐'라는 질문으로 시작합니다. 5장 20절의 '율법이 들어온 것은 범죄를 더하게 하려 함이라 그러나 죄가 더한 곳에 은혜가 더욱 넘쳤'다는 말을 받아 6장 1절에서 이렇게 질문한 것입니다. 이에 대해 바울은 '그럴 수 없느니라'라고 분명하게 답합니다.

'죄가 넘친 곳에 은혜가 더욱 넘쳤다'라는 말씀은 하나님이 예수 안에서 이루신 구원이 우리가 저지른 모든 죄를 뒤엎어 회복하고 만회할 만큼 크다는 뜻입니다. 그런데 이 구절은 요즘 흔히 사용하는 '무한 리필' 같은 의미로 오해되곤 합니다. 먹고 잔을 비우면 또 채워 주는 것처럼 죄를 계속 지으면 은혜를 계속 채워 줄 것 아니냐는 고약한 질문입니다. 이에 사도 바울은 펄쩍 뛰면서 은혜를 더하게 하려고 죄를 더하다니 말도 안 된다, 이는 너희가 '넘치는 은혜'라는 말의 뜻을 오해하기 때문이다, 은혜가 정말 무엇인지 모르기 때문이다, 라고 말합니다.

은혜란 지우개같이 죄를 지우는 물건이거나 존재했던 것을 없었던 것으로 소각해 버리는 장치가 아닙니다. 성경이 제시하는 은혜는 그런 것들과는 전혀 다릅니다. 이를 이해하기 위해서 출애굽기 19장으로 가 봅시다.

이스라엘 자손이 애굽 땅을 떠난 지 삼 개월이 되던 날 그들이 시내 광야에 이르니라 그들이 르비딤을 떠나 시내 광야에 이르러 그 광야에 장막을 치되 이스라엘이 거기 산 앞에 장막을 치니라 모세가 하나님 앞에 올라가니 여호와께서 산에서 그를 불러 말씀하시되 너는 이같이 야곱의 집에 말하고 이스라엘 자손들에게 말하라 내가 애굽 사람에게 어떻게 행하였음과 내가 어떻게 독수리 날개로 너희를 업어 내게로 인도하였음을 너희가 보았느니라 세계가 다 내게 속하였나니 너희가 내 말을 잘 듣고 내 언약을 지키면 너희는 모든 민족 중에서 내 소유가 되겠고 너희가 내게 대하여 제사장 나라가 되며 거룩한 백성이 되리라 너는 이 말을 이스라엘 자손에게 전할지니라 (출 19:1-6)

출애굽기 19장 5절에 나온 '너희가 내 말을 잘 듣고 내 언약을 지키면'이라는 말씀은 오해하기 쉬운 구절입니다. 이 구절은 조건을 내걸고 있는 것이 아닙니다. 이스라엘 백성이 이제는 하나님의 말씀을 듣고 언약을 지키는 일이 가능하게 된 현실을 설명하는 것입니다. 이것은 이스라엘 백성이 이제야 비로소 하나님을 순종할 수 있는 자리에 왔다는 선언이며, 종 되었던 곳에서 지리적으로나 시간적으로 벗어났다는 선언입니다. 드디어 이스라엘 백성이 자유인이 된 것입니다. 이스라엘 백성을 종전과 동일한 장소와 시간에 놓고 "너희 이제 어떻게 할래?"라고 묻는 것이 아닙니다.

하나님과의 인격적 관계

우리가 구원을 논할 때에 시간 순서를 염두에 두지 않으면 잘한 사람과 못한 사람, 옳음과 그름으로 자꾸 나누어 생각하게 됩니다. 마찬가지로 은혜를 논할 때에도 자꾸 이런 식의 구별에 근거해서 이분법적으로 생각하게 됩니다. 은혜란 지리적으로 볼 때는 애굽에서 약속의 땅으로 옮겨진 것을 말하며, 시간적으로 볼 때는 종이었던 과거에서 해방된 현재로 온 것을 말합니다. 죽을 수밖에 없는, 비참한 운명에 있던 삶을 정리하고 끝장을 내어 새롭게 열린 현재입니다. 은혜가 말하는 현재는 과거가 누적되어 생긴 결과가 아닙니다. 이사야 43장에 가봅시다.

야곱아 너를 창조하신 여호와께서 지금 말씀하시느니라 이스라엘아 너를 지으신 이가 말씀하시느니라 너는 두려워하지 말라 내가 너를 구속하였고 내가 너를 지명하여 불렀나니 너는 내 것이라 네가 물 가운데로 지날 때에 내가 너와 함께 할 것이라 강을 건널 때에 물이 너를 침몰하지 못할 것이며 네가 불 가운데로 지날 때에 타지도 아니할 것이요 불꽃이 너를 사르지도 못하리니 대저 나는 여호와 네 하나님이요 이스라엘의 거룩한 이요 네 구원자임이라 내가 애굽을 너의 속량물로, 구스와 스바를 너를 대신하여 주었노라 네가 내 눈에 보배롭고 존귀하며 내가 너를 사랑하였은즉 내가 네 대신 사람들을 내어 주며 백성들이 네 생명을 대신하리니 두려워하지 말라 내가 너와 함께 하여 네 자손을 동쪽에서부터 오게 하며 서쪽에서부터 너를 모을 것이며 내가 북쪽에게 이르기를 내놓으라 남쪽에게 이르기를 가두어 두지 말라 내 아들들을 먼 곳에서 이끌며 내 딸들을 땅 끝에서 오게 하며 내 이름으로 불려지는 모든 자 곧 내가 내 영광을

위하여 창조한 자를 오게 하라 그를 내가 지었고 그를 내가 만들었
느니라 (사 43:1-7)

하나님께서 이스라엘에게 "너는 내 것이라"라고 말씀하신 것은 그들
을 사물로 취급한다는 뜻이 아닙니다. 전체를 국가로 묶어 그들을 부
르시는 것도 아닙니다. 호칭을 보십시오. '야곱아', '이스라엘아'는 한
개인의 인격을 부르는 표현입니다.

　'내가 너를 창조하였은즉', '내가 너를 사랑하므로'와 같은 표현은
하나님의 의지가 듬뿍 배어 있는, 무한한 하나님의 성실하심과 창조
자로서의 권위와 책임과 능력이 깃든 말씀입니다.

　이러한 하나님의 능력으로 우리에게 구원이 이루어진 방식을 은혜
라고 합니다. 잘못한 자리에서 잘한 자리로 나온 것은 우리가 한 것이
아니라 하나님이 하신 것입니다. 잘못한 자리는 하나님과의 관계가
틀어진 것을 말하고, 잘한 자리는 하나님과의 관계가 회복된 것을 말
합니다. 누가 하신 일입니까? 집 나간 자식을 쫓아가 붙들어서 데리고
돌아온 하나님 아버지가 하신 일입니다. 이 일을 어떻게 하셨습니까?
그의 성실과 사랑과 능력으로 그리하셨습니다. 이것이 은혜입니다.
우리를 붙들어 오신 것입니다.

　그런데 이러한 하나님의 일하심을 우리는 어떻게 이용하려고 합니
까? '아, 내가 또 나가면 다시 붙들어 오시겠네?'라고 합니다. 이것이
야말로 인간의 죄성입니다. 사랑이 무엇인지를 모르기 때문에 이렇게
밖에 못하는 것입니다.

　인격적 관계를 모른 채, 다만 개념과 원칙만 알면 이렇게 행동하게

됩니다. 글씨를 쓰다가 틀리면 쫙 긋고 다시 쓰면 그만이지만, 사람은 그렇게 대할 수 없는 존재입니다. 사람을 대할 때에는 실수했으면 미안하다고 해야 하고, 그가 잘못했으면 그러지 말라고 해야 합니다. 때로는 "너, 거기 가면 안 돼"라고 붙들어야 할 때도 있습니다. 이것이 인격적 관계에서 나오는 고급한 책임이요 영광입니다. 은혜는 이런 관계 속에서 이루어지는 일입니다.

그러나 우리는 은혜마저도 자꾸 개념이나 원칙으로 만들어 버립니다. 그리하여 은혜를 말로써 때우며, 이 은혜를 베푸신 하나님의 구체적 간섭을 잊고 이 은혜가 감싸고 있는 크기를 자꾸 오해합니다. 이런 맥락에서, 죄가 더한 곳에 은혜가 더욱 넘쳤다고 했으니 죄를 더 지으면 은혜가 더 올 것 아니냐, 하는 질문을 던지는 지경까지 이릅니다. 이 말에 대해 바울은 그럴 수 없느니라, 라고 하며 펄쩍 뜁니다. 말이 안 되는 질문이기 때문입니다.

철없을 때는 부모의 말을 잘 안 듣습니다. 부모가 "너 그렇게 살아서 나중에 어떻게 할래? 하라는 공부는 안 하고 그렇게 밤낮 놀기만 하면 어떻게 할래?"라고 야단치면 자식은 "누가 낳아 달랬어? 나 죽어 버리면 그만이잖아"라고 반항합니다. 도대체 몇 살쯤 되면 철이 들까요? 자기가 부모에게 몹쓸 말을 한다는 사실을 그때는 모릅니다. 누가 이 관계를 견딥니까? 당연히 부모가 견딥니다. 그런데 견디면서 "너도 다음에 너 닮은 자식 꼭 낳아서 길러 봐"라는 말은 해서는 안 됩니다. 부모라면 이것까지 감싸 안아야 합니다.

최근 감명 깊게 읽은 글이 하나 있습니다. 어떤 분이 어버이날에 기고한 글입니다. 그 글을 쓴 지은이는 어린 시절에 매우 형편이 어려웠나 봅니다. 그녀의 어머니가 광주리에 과일이나 생선을 이고 돌아다니며 팔아서 생계를 꾸렸다고 합니다. 어느 날 그녀가 하굣길에 친구와 걸어가는데 자기 어머니를 길에서 만났습니다. "아이고, 내 딸, 학교에서 오는구나" 하며 반가워했더니 딸이 친구들 앞에서 자기 어머니를 부끄러워합니다. "앗, 아주머니는 누구세요?"라고 말해 버리지요. 그런데 어머니는 이 말에 "으응, 그래. 아줌마 간다" 하고서는 광주리를 이고 얼른 그 자리를 떠났답니다. 이 어머니는 참 강한 분이십니다. 반가워하는 자신을 딸이 창피하게 여기자 그 창피함을 얼른 묻어 안았습니다. 그리고서는 집에 가서 야단치면 안 됩니다. 그 딸이 자라서 그게 무엇인지를 알게 되면, 그도 어머니를 닮은 훌륭한 어머니가 될 것입니다. 본 것이 있어야 훌륭해집니다. 밤낮 고함만 지르는 부모 밑에서는 훌륭한 자식이 나오지 못합니다.

돌아갈 수 없어서 복된 자리

본문 로마서 6장을 이해하기 위해 먼저 5장 1절을 봅시다.

> 그러므로 우리가 믿음으로 의롭다 하심을 받았으니 우리 주 예수 그리스도로 말미암아 하나님과 화평을 누리자 (롬 5:1)

우리는 모두 예수 그리스도로 말미암아 의롭다 하심을 받았습니다. 이 일은 완료형으로 되어 있습니다. 예수로 말미암아 과거가 해결되어 지금은 하나님과 화목한 자리에 있습니다. 이미 얻었으니 이제는 누리자고 합니다. 이것이 현재입니다.

하나님과 화목하게 된 이 자리를 확인하기 위해서 하나님과 원수되었던 과거로 다시 돌아가자고 말할 수 있습니까? 그렇게는 할 수 없습니다. 서울에서 호주를 가기로 했다고 합시다. 한잠 자고 일어나 내다보니 제주도입니다. "잘 잤네. 다시 서울로 돌아가자"라고 하는 사람은 없을 것입니다. 보통 "제주도까지 왔네. 좀 더 가면 호주에 닿겠다"라고 말합니다. 우리는 과거에 머물 틈이 없습니다. 계속해서 2절을 봅시다.

> 또한 그로 말미암아 우리가 믿음으로 서 있는 이 은혜에 들어감을 얻었으며 하나님의 영광을 바라고 즐거워하느니라 (롬 5:2)

2절은 '또한 그로 말미암아 우리가 믿음으로 서 있는 이 은혜에 들어감을 얻었으며'라고 하여, 이미 은혜 속에 들어간 현실을 완료형으로 표현했습니다. 지금 이 은혜에 들어와 있는 것입니다. 이어지는 말씀에서는 '하나님의 영광을 바라고 즐거워하'는 현재를 이야기합니다. 여기서 바라는 '하나님의 영광'은 미래에 속한 것이지요. 하나님의 영광의 완성은 미래에 이루어질 일입니다. 현재는 예수로 말미암아 새로 시작한 복된 백성의 자리를 누리는 때입니다.

은혜는 우리를 어떤 곳에서 이 자리로 오게 했습니까? 우리는 하나님과 불화한 자리, 모두 죽을 수밖에 없었던 자리에 있었습니다. 그러나 은혜로 말미암아 우리는 하나님과 화목하게 된 지금의 자리, 하나님의 영광을 약속으로 받아 소망 속에 살 수 있게 된 지금의 인생에 들어오게 되었습니다. 에베소서의 표현으로 하면 '새 생명'인 것입니다. 새로운 종족, 새로운 인생이 되어 새로운 소망 속에 있게 된 것입니다. 절망과 무지와 비참에서 벗어났다는 것만 이야기하지 말고 새 생명의 현재를 누리기 바랍니다.

과거든 현재든 미래든 어떤 시간 속에서라도 우리가 복을 받고 있음을 안다면, 또 이 일을 이루시는 창조와 심판의 하나님을 안다면, "예전의 자리로 돌아가면 어때?"라는 말은 입에 올릴 수도 없는 것입니다. 그것이 바울이 한 이야기입니다. 로마서가 이 부분에 대해서 얼마나 정확하게 설명하는지 봅시다. 5장 9절입니다.

> 그러면 이제 우리가 그의 피로 말미암아 의롭다 하심을 받았으니 더욱 그로 말미암아 진노하심에서 구원을 받을 것이니 (롬 5:9)

여기서도 앞부분, '그러면 이제 우리가 그의 피로 말미암아 의롭다 하심을 받았으니'는 완료 시제로 표현되어 있습니다. 이어지는 '더욱 그로 말미암아 진노하심에서 구원을 받을 것이니'는 미래에 일어날 일에 대한 묘사입니다. 그렇다면 우리는 지금 어느 선상에 놓여 있습니까? 하나님이 당신의 목적을 우리에게 이루시기 위해 펼치시는 그분의 의지와 능력과 약속 속에 우리가 놓여 있다고 합니다. 우리에게 무슨 일이 일어났습니까? 하나님 없이 살던 필멸의 자리에서 벗어났습니다. 예수 안에서 하나님이 하신 것입니다. 그래서 지금은 하나님과 화목하게 된 자리에 있습니다. 하나님의 영광을 소망으로 바라보는 자리입니다. 그러니 믿음으로 살자고 합니다.

6장 8절의 '만일 우리가 그리스도와 함께 죽었으면 또한 그와 함께 살 줄을 믿노니'라는 말씀도 바로 그런 의미입니다. 예수께서 죽음으로 끝날 우리의 자리에 뛰어들어 오셔서 우리와 함께 죽음을 나누셨고 우리의 과거를 끝내셨다면, 그의 부활에 우리도 묶여 살아날 것이 아닌가, 하는 것입니다. 이것이 그리스도가 하신 일입니다. 우리를 위하여 죽고, 우리를 위하여 살아나셨습니다. 죽음이 끝이고 죽음으로 끝날 수밖에 없는 우리의 자리에 예수께서 들어오셔서 우리의 죽음에 동참하신 것입니다.

왜 그렇게 하셨을까요? 우리를 당신과 묶기 위해서입니다. 당신의 살아나심으로 우리를 일으키려고 그렇게 하신 것입니다. 8절에서 말하듯 그리스도와 함께 죽었으면 또한 그와 함께 살 것이라고 믿는 이유는 9절에 나옵니다. '그리스도께서 죽은 자 가운데서 살아나셨으매 다시 죽지 아니하시고 사망이 다시 그를 주장하지 못할 줄' 알기 때문입니다. 죽음으로 끝나는 죄많은 세상은 죽으면 그것으로 영향력이 끝납니다. 죄가 사망을 불러왔으니까 죽으면 끝인 것입니다. 죽으면 죄가 더 이상 영향을 못 미치기 때문입니다. 10절을 봅시다.

그가 죽으심은 죄에 대하여 단번에 죽으심이요 그가 살아 계심은 하나님께 대하여 살아 계심이니 (롬 6:10)

죄에 대해서는 죽었기 때문에 죄와의 관계는 없어졌습니다. 따라서 죄와 관계를 맺을 수가 없습니다. 내가 죽어 버렸기 때문입니다. 죽었던 내가 다시 살아나서 예수로 말미암은 새 종족이 되자 하나님과 화목하게 되었습니다. 우리가 예수 안에 있기 때문입니다.

> 그가 살아 계심은 하나님께 대하여 살아 계심이니 이와 같이 너희도
> 너희 자신을 죄에 대하여는 죽은 자요 그리스도 예수 안에서 하나님
> 께 대하여는 살아 있는 자로 여길지어다 (롬 6:10하-11)

바로 여기가 우리의 과거와 현재와 미래가 설명되는 부분입니다. 마
치 시간이 그렇게 흘러온 것처럼 은혜가 우리를 과거에서 현재로 옮
겨 왔고, 현재에서 저 약속된 미래를 향하여 또한 옮길 것입니다. 시간
을 되돌릴 수 없는 것같이 은혜도 되돌릴 수 없습니다.

그러므로 우리가 머무는 현재란 미래를 향해 있는, 하나님이 일하
시는 과정에 있는 현재이기 때문에 방심하지 말라고 말씀합니다. 이
것이 빌립보서에서는 '두렵고 떨림으로 너희 구원을 이루라'라는 권
면으로 나타나게 됩니다. 이제 여러분의 현재를 아시겠습니까? 서두
에 읽은 출애굽기 19장을 다시 떠올려 봅시다. 너희가 내 말을 듣고 내
뜻을 따르고 내 법을 지키면, 너희는 내 소유가 되고 거룩한 백성이 되
고 제사장 나라가 된다는 것입니다. 이런 명령 앞에 우리의 현재가 있
습니다. 다시 로마서 6장 10절에서 11절 말씀을 봅시다.

> 그가 죽으심은 죄에 대하여 단번에 죽으심이요 그가 살아 계심은 하
> 나님께 대하여 살아 계심이니 이와 같이 너희도 너희 자신을 죄에 대
> 하여는 죽은 자요 그리스도 예수 안에서 하나님께 대하여는 살아 있
> 는 자로 여길지어다 (롬 6:10-11)

여기서는 관계를 말하고 있습니다. 우리와 죄의 관계는 없어졌는데 이는 내가 없어졌기 때문입니다. 죄와의 관계는 없어지고 하나님과의 관계는 생겼습니다. 하나님과의 관계가 회복되고 영광스러운 미래가 약속된 현실을 명예로 알아야 합니다.

누적되고 채워지는 현재

우리는 현재를 불안해합니다. 자신의 모습을 살피며 늘 잘했다, 못했다는 기준만 들이댑니다. 이런 우리에게 성경은 말씀합니다. "좋다. 네가 그렇게 어리석게 말해도 좋다. 그러나 시간은 되돌릴 수 없다." 참으로 고마운 말씀입니다. 네 맘껏 옛날을 추억해 보아라, 회고해 보아라, 후회해 보아라, 원망해 보아라, 너희가 아무리 그래 봤자 돌아가지 못한다, 이것이 은혜입니다. 시간 속에서 일어난 일이기 때문에 돌이킬 수가 없습니다. 우리의 못난 것 때문에 시간이 역행하지 않습니다.

얼마나 다행입니까. 예수 안에서 얻은 구원을 제대로 누리지 못하고 늘 원망하고 늘 다른 것으로 자신을 확인하는 바람에 안심과 불안, 자랑과 수치밖에는 왕복할 자리가 없는 한심한 인생인데도 우리는 구원 이전으로 돌아갈 수 없습니다. 그런 과거로 돌아가지 못합니다. 이것이 기독교입니다. 우리가 얼마나 이해했는가, 얼마나 충성했는가, 얼마나 많이 감사했는가, 이는 다음 문제입니다.

하나님이 일하고 계시다고 하면, 우리는 꼭 "그럼, 내가 뭐 할 게 있나요?"라고 되묻습니다. 이렇게 반문하는 것에 대한 엄중한 대답이 바로 로마서 6장입니다. 은혜가 얼마나 무서운 것인 줄 알라, 네가 과거를 돌아보고 울고 버틸 때에도 하나님은 너를 끌고 가신다는 것을 기억하라, 해마다 나이를 먹는다, 나이를 세어 보아 육십이 넘거든 이제는 그만 칭얼대라, 이렇게 말씀하십니다. 이사야 55장에 가 봅시다.

> 너희는 여호와를 만날 만한 때에 찾으라 가까이 계실 때에 그를 부르라 악인은 그의 길을, 불의한 자는 그의 생각을 버리고 여호와께로 돌아오라 그리하면 그가 긍휼히 여기시리라 우리 하나님께로 돌아오라 그가 너그럽게 용서하시리라 이는 내 생각이 너희의 생각과 다르며 내 길은 너희의 길과 다름이니라 여호와의 말씀이니라 이는 하늘이 땅보다 높음 같이 내 길은 너희의 길보다 높으며 내 생각은 너희의 생각보다 높음이니라 이는 비와 눈이 하늘로부터 내려서 그리로 되돌아가지 아니하고 땅을 적셔서 소출이 나게 하며 싹이 나게 하여 파종하는 자에게는 종자를 주며 먹는 자에게는 양식을 줌과 같이 내 입에서 나가는 말도 이와 같이 헛되이 내게로 되돌아오지 아니하고 나의 기뻐하는 뜻을 이루며 내가 보낸 일에 형통함이니라 (사 55:6-11)

말문이 막힙니다. 지난 세월에서 기억하고 싶은 것은 두서너 개 정도이고 나머지는 다 생각하기도 싫고 생각나지도 않는 나날인데, 이 평생을 하나님이 하루도 대강 넘기지 않으셨다고 합니다. 비가 내려 헛되이 하늘로 되돌아가지 않는 것같이 내 말과 내 일은 하나도 헛된 것이 없다, 내가 쉬는 날은 없다, 참새 두 마리가 한 앗사리온에 팔리는 것 아니냐, 그러나 그중 하나도 내 허락 없이는 땅에 떨어지지 아니한

다, 너희는 머리칼까지 다 센 바 된 나의 자녀이니라,라는 말씀을 기억해야 합니다.

하나님의 일하심의 엄정함과 신실함을 인생에서 확인하지 못한다면 그 인생은 정말 헛된 것입니다. 이런 확인은 특별한 경험이나 기적으로만 할 수 있는 것이 아닙니다. 살면서 누적되는 인생의 무게와 영혼의 깊은 갈증에 대해 답하시는 하나님을 만날 수 없고 이해할 수 없다면, 인생은 정말 허무합니다. 인생이 다만 쳇바퀴를 도는 것이라면 어떤 깨달음, 어떤 기쁨, 어떤 우연과 해프닝에 삶의 모든 가치를 부여할 수밖에 없습니다.

그러나 기독교 세계관은 우리를 그렇게 가르치지 않습니다. 창조에서 심판까지 하나님이 지으시고 목적하시고 채우시는 현재가 있습니다. 이 세계관은 우연이나 체념에 모든 것을 떠맡기지 않고 모든 것을 감싸서 더 나아갑니다. 눈물과 실패를 가지고도 일하시는 하나님을 잊지 마십시오. 용서가 있고 회복이 있고 기적이 있고 하나님의 기뻐하심이라는 방점이 찍힐 때까지 놓아두시지 않는 하나님이 계십니다. '예수를 믿는다'라는 고백은 "말씀이 육신이 되어 우리 가운데 거하시매 우리가 그의 영광을 보니 하나님의 독생자의 영광이요, 은혜와 진리가 충만하더라"라는 구절에서 보듯이 시간과 공간에서 구체적으로 역사하시는 하나님의 일하심을 알게 되었다는 뜻입니다.

하나님이 예수로 오신 것은 번복할 수 없는 과거입니다. 말구유에 태어나 삼십 세가 되어 공생애를 시작하기까지 아무것도 아닌 자로 살았던 것을 생각해 보십시오. 하늘의 영광을 벗어던지고 한 인생으로 오셔서 오해와 고난과 질시를 감수하며 하나님의 뜻을 순종으로 이루신 것을 보십시오. 그렇게 예수는 죽고 살아나셨습니다. 이 엄정성을 기억하십시오.

각각의 인생 속에 적용되는 성육신

고린도후서 5장 말씀을 우리 자신과 인생을 위하여 오늘의 결론으로 꼭 붙들어 매기 바랍니다. 고린도후서 5장 13절부터 봅시다.

> 우리가 만일 미쳤어도 하나님을 위한 것이요 정신이 온전하여도 너희를 위한 것이니 그리스도의 사랑이 우리를 강권하시는도다 우리가 생각하건대 한 사람이 모든 사람을 대신하여 죽었은즉 모든 사람이 죽은 것이라 그가 모든 사람을 대신하여 죽으심은 살아 있는 자들로 하여금 다시는 그들 자신을 위하여 살지 않고 오직 그들을 대신하여 죽었다가 다시 살아나신 이를 위하여 살게 하려 함이라 그러므로 우리가 이제부터는 어떤 사람도 육신을 따라 알지 아니하노라 비록 우리가 그리스도도 육신을 따라 알았으나 이제부터는 그같이 알지 아니하노라 (고후 5:13-16)

예수께서 오셔서 인류와 역사에 구원을 행하셨습니다. 죽음을 피할 수 없는 죄악 된 세상에 오셔서 세상을 엎으셨습니다. 그가 직접 죽으셔서 죗값으로 죽을 수밖에 없는 인류를 멸절하십니다. 종자를 없애 버리십니다. 그의 죽으심으로 인류가 다 죽음에 들어가 더 이상 죄와 사망이 권세를 부릴 대상이 없어집니다. 그리고 주께서 부활하셔서 새로운 종족을 만드십니다.

> 우리가 생각하건대 한 사람이 모든 사람을 대신하여 죽었은즉 모든
> 사람이 죽은 것이라 그가 모든 사람을 대신하여 죽으심은 살아 있
> 는 자들로 하여금 다시는 그들 자신을 위하여 살지 않고 오직 그들
> 을 대신하여 죽었다가 다시 살아나신 이를 위하여 살게 하려 함이
> 라 (고후 5:14중-15)

이는 역사 속에 일어난 사건입니다. 이것을 역사 속에 태어나는 각 개
인에게 적용하십니다. 그러니 믿지 않는 자들에 대한 섣부른 판단과
정죄는 금물입니다. 하나님이 당신께서 목적하신 구원을 그들에게 언
제 적용하실지 아무도 모르기 때문입니다. 얼마만큼 잘못을 저지르
고 있는가도 상관이 없습니다. 가장 반대했던 자가 돌아선 극적인 예
가 바울이므로 우리는 할 말이 없습니다. 16절을 다시 보겠습니다.

> 그러므로 우리가 이제부터는 어떤 사람도 육신을 따라 알지 아니하노
> 라 비록 우리가 그리스도도 육신을 따라 알았으나 이제부터는 그같이
> 알지 아니하노라 그런즉 누구든지 그리스도 안에 있으면 새로운 피조
> 물이라 이전 것은 지나갔으니 보라 새 것이 되었도다 (고후 5:16-17)

예수를 믿어 하나님의 자녀가 되면 역사의 분기점을 지나오게 됩니
다. 더 이상 죄악된 과거에 머물지 않고 새로운 세상에 태어났다는 것
을 알게 됩니다. 물론 우리 눈에 보이는 현실은 하나님의 궁극적인 영

광이 아직 완성된 상태는 아닙니다. 그것은 미루어져 있습니다. 그러나 우리는 이미 하나님의 영광이 드러난 세상에 들어와 있습니다. 우리 인생은 하나님의 영광이 담고 있습니다.

특히 예수께서 우리를 구원하기 위하여 성육신하신 것이 우리의 삶을 통해 연장됩니다. 하나님의 구원은 시간적으로는 이미 끝났으면서도 개인의 현실과 실존 속에서는 지금 적용되고 있습니다. 우리가 그렇게 구원을 받았고 우리가 우리 이웃들에게로 가 그들에게도 이 구원이 적용됩니다. 어떤 이웃에게로 갑니까? 나와 같은 그 이웃입니다.

성공했으면 성공한 자 옆에, 실패했으면 실패한 자 옆에, 잘난 척한 사람은 잘난 척하는 자 옆에, 억울하면 억울한 자 옆에 보냄을 받습니다. 그것 없이는 이웃이 될 수가 없습니다. 같은 처지를 겪어 보지 않은 자가 할 수 있는 것은 대부분 동정이거나 원망에 불과합니다. 그러면 이웃이 될 수 없습니다. 우리가 이게 뭔가, 하고 한숨짓는 자리가 하나님이 일하시는 자리입니다. 우리의 인생이 오해와 수난 속에 살고 있듯이 꼭 그렇게 예수님이 사셨다는 것을 기억해야 합니다. 로마서 5장이 바로 이것이었습니다.

> 그러므로 우리가 믿음으로 의롭다 하심을 받았으니 우리 주 예수 그리스도로 말미암아 하나님과 화평을 누리자 또한 그로 말미암아 우리가 믿음으로 서 있는 이 은혜에 들어감을 얻었으며 하나님의 영광을 바라고 즐거워하느니라 (롬 5:1-2)

그다음에 어떤 구절이 이어집니까? '다만 이뿐 아니라 우리가 환난 중에도 즐거워하나니 이는 환난은 인내를'이라고 하여 우리 모두가 환난이라는 현실에 있다고 이야기합니다. 아직 환난 속에 있습니다. 새 나라에 속했으나 환난 속에 있습니다. 왜 그럴까요? 하나님께서 구원을 적용하고 계시기 때문입니다.

억울하십니까? 억울한 자 옆에 보내심을 받은 것입니다. 억울해 보지 않고는 억울한 자의 이웃이 될 수 없습니다. 예수를 믿는 것이 무엇인지 알아야 합니다. 하나님이 어떻게 일하시는지 알아야 합니다. 우리가 싫어하고 가치를 두지 않는 것도 모두 하나님의 손에 있다면 기적이 될 수 있습니다. 우리는 한 영혼을 소중히 여기며 찾아가시는 하나님의 구체적 손길이 될 수 있습니다.

내가 서 있는 자리를 수용하기 바랍니다. 거기서 현재를 살아가십시오. 과거에 무엇을 했으며, 지금 무엇을 하고 있고, 장차 어디로 갈 것인가를 아는 자의 늠름함과 넉넉함을 가지십시오. 그때 이런 것을 갖고 있었더라면, 그때 이걸 했더라면, 이런 후회와 가정은 모두 버리고 여러분의 구체적인 인격과 생애를 동원하여 하나님의 사람으로 살아가기 바랍니다. 하나님께서 여러분에게 기적을 보이실 것입니다.

기 도

하나님 아버지, 하나님의 일하심을 우리 자신에게서 발견할 수 없다면, 우리가 다만 원망과 비명밖에 지를 것이 없다면, 이는 우리가 하나님을 제대로 모르는 탓입니다. 그것은 십자가를 말할 자격이 없는 삶입니다. 신이 인간의 손에 붙들려 못 박혀 죽는 자리에서 하나님이 일하신다는 것을 기억하게 하옵소서. 하나님, 은혜를 베풀어 주시옵소서. 하나님께서 일하고 계신다, 나와 함께하신다, 이것이 최고의 기적이라고 고백할 줄 알게 하사 자신의 삶을 살며 우리 시대와 우리 이웃 앞에 빛이 되게 하여 주시옵소서. 예수님 이름으로 기도합니다. 아멘.

16.

은혜 아래에 있으니

은혜, 위대하게 살도록 허락받은 기회

──────

······15 그런즉 어찌하리요 우리가 법 아래에 있지 아니하고 은혜 아래에 있으니 죄를 지으리요 그럴 수 없느니라 16 너희 자신을 종으로 내주어 누구에게 순종하든지 그 순종함을 받는 자의 종이 되는 줄을 너희가 알지 못하느냐 혹은 죄의 종으로 사망에 이르고 혹은 순종의 종으로 의에 이르느니라 17 하나님께 감사하리로다 너희가 본래 죄의 종이더니 너희에게 전하여 준 바 교훈의 본을 마음으로 순종하여 18 죄로부터 해방되어 의에게 종이 되었느니라 19 너희 육신이 연약하므로 내가 사람의 예대로 말하노니 전에 너희가 너희 지체를 부정과 불법에 내주어 불법에 이른 것 같이 이제는 너희 지체를 의에게 종으로 내주어 거룩함에 이르라······ (롬 6:12-23)

은혜에 대한 더 깊은 이해

구원과 은혜는 기독교 신앙을 대표하는 단어입니다. 그런데 우리는 세상이 정의하는 식으로 오해하여 이 단어들의 성경적 의미를 왜곡할 때가 많습니다. 성경에 나온 단어들은 성경의 의도를 따라 해석해야 올바로 이해할 수 있습니다. 은혜와 구원과 복음에 대해서는 특히 로마서의 설명을 따라 이해할 필요가 있습니다. 이번 장에서는 은혜에 대해 생각해 보겠습니다.

로마서 6장 앞부분을 상기해 봅시다. 하나님이 예수를 보내어 죄 때문에 죽을 수밖에 없는 존재들을 끌어모아 멸하셨습니다. 예수는 우리와 함께 죽으셨습니다. 그렇게 하여 자기 마음대로 자기 삶의 주인이 되어 버린 종족을 멸하신 것입니다. 사망으로 끝이 난 우리를 끌어안고 죽으신 바로 이 연합, 이 하나 됨으로 말미암아 또한 우리는 예수와 함께 살아났습니다. 예수의 부활과 함께 우리를 새롭게 부활시켜 이제는 아담의 후손이 아니라 예수의 후손이 되게 하셨습니다. 이것이 구원입니다. 이 구원은 하나님이 이루셨습니다.

구원을 은혜라고 하는 것은 하나님이 우리에게 자격과 조건을 요구하시지 않고 그분의 신실하심과 자비하심과 능력으로 우리를 구원하셨기 때문입니다. 이처럼 은혜라는 말속에는 잘못을 용서받았다는 내용이 담겨 있습니다. 그러나 이것만으로 은혜를 충분히 이해하게 되는 것은 아닙니다. 로마서 5장과 6장에 나온 대로 죄를 지으면 또 용서해 줄 것 아니냐, 죄를 더하면 은혜가 더욱 넘칠 것 아니냐, 하는 식의 오해가 이어지기 때문입니다. 은혜가 어떤 것인지 성경을 따라가 봅시다.

스스로 책임지는 사울의 인생

은혜를 이해하는 데 가장 좋은 예는 사울과 다윗의 인생에 대한 사무엘서의 대조에서 발견할 수 있습니다. 이스라엘의 초대 왕이었던 사울은 준수한 외모에 힘이 아주 센 장사로, 정치력을 비롯하여 왕에게 필요한 모든 조건은 다 갖춘 자였습니다. 그러나 그는 결국 망하는 길로 들어섭니다. 다윗이 골리앗을 물리쳐 이스라엘을 구하자 사울은 이 일로 크게 시험을 받습니다. 사울이 다윗을 시기하는 장면에서 그가 망하게 된 이유를 발견할 수 있습니다.

블레셋과 전쟁 중인 이스라엘은 적장 골리앗 하나를 당해 내지 못합니다. 골리앗의 위세에 이스라엘 온 군사가 벌벌 떱니다. 다윗은 전쟁에 나갈 만한 나이가 되지 않아 집에 있었지만, 전투에 참여한 형들의 안부를 확인하고 오라는 부모님의 심부름을 받아 전장으로 떠납니다.

거기서 그는 적장 앞에서 벌벌 떠는 이스라엘 군대를 만나게 됩니다. 다윗은 믿음을 가지고 자기 백성을 위하여 거룩한 분노로 골리앗 앞에 섭니다. "나는 네가 저주하는 만군의 하나님 여호와의 이름으로 네게 나아가노라"라고 외치며 물맷돌 한 개를 골리앗에게 던져 이마에 명중하여 죽입니다. 그리하여 다윗은 영웅이 됩니다. 백성들은 "사울이 죽인 자는 천천이요, 다윗이 죽인 자는 만만이라"라고 칭송하지요.

백성들의 칭송을 듣자 사울은 시험에 듭니다. 자기보다 더 큰 인물이 등장한 것입니다. 자기의 삶뿐만 아니라 모든 것의 주인이고자 했던 사울은 욕심과 허영 때문에 녹아 버립니다. 더욱이 사울은 악귀가 들어 발작하고 자신을 위해 연주하는 다윗을 향하여 창을 수차례 던지기도 합니다. 결국 다윗은 생명을 보존하기 위하여 이리저리 도망치게 됩니다.

다윗을 찾아내어 죽이려고 혈안이 된 사울은 다윗이 엔게디 광야에 숨어 있다는 제보를 받고서 부하들을 이끌고 그곳으로 수색에 나섭니다. 그러던 중 사울은 어느 동굴에 들어가 잠시 일을 보는데, 이 동굴에는 다윗과 그의 추종자들이 이미 들어와 잠복해 있습니다. 다윗은 사울을 죽일 기회를 얻게 되죠. 다윗의 측근들이 모두 "지금이 기회입니다. 사울을 죽이십시오. 이미 하나님이 당신을 기름 부어 왕으로 삼으셨습니다. 사울은 하나님이 이미 버리셨습니다"라며 다윗을 재촉하지만 그는 이 제안을 거부합니다. 대신 사울의 옷자락만 조금 베었을 뿐입니다. 굴에서 나온 사울에게 다윗은 외칩니다. "사울 왕이여, 무고한 나를 왜 죽이려고 하십니까? 저는 왕을 죽일 수 있었으나 그리하지 않았습니다. 여기 보소서. 저는 왕의 옷자락만 조금 베었을 뿐입니다. 당신은 하나님이 기름 부어 세운 왕이기 때문입니다. 그러니 왕이여, 분노와 적개심을 버리고 돌아가십시오." 다윗의 이 말을 듣고는 사울이 소리를 높여 웁니다. "네가 다윗이냐, 내 아들 다윗이냐, 내가 잘못했다" 하며 돌아갑니다.

그러나 이것으로 끝이 아닙니다. 좀 지나자 사울의 분노는 되살아나고 사울은 다윗을 죽이려고 하길라 산으로 갑니다. 이때도 역시 사울은 많은 부하들을 이끌고 왔는데, 이는 이스라엘이 블레셋과 다시 전쟁 중이었기 때문입니다. 사울이 많은 군사를 이끌고 와서 진을 치고 밤에 잠이 듭니다. 다윗은 그의 동료들과 함께 모두가 잠든 진중을 뚫고 들어가 사울 왕 곁에까지 갑니다. 사울을 죽이라는 동료들의 요구를 다윗은 또 거절하고 대신 사울 곁에 놓인 창과 물병을 들고 나옵니다. 다음날이 되자 다윗은 큰 소리로 외칩니다. "왕이여, 보소서. 당신의 부하들이 당신을 지키지 못했습니다. 내가 당신 곁에까지 가서 당신을 죽일 수 있었으나 그리하지 않았습니다. 이 창과 물병을 보십시오." 이 말을 듣고 사울은 부끄러워합니다. "미안하다. 내가 어리석었다." 그리고는 다시 돌아섭니다. 그렇게 돌아서서 블레셋과의 전투에 나간 사울의 최후가 사무엘상 31장에 다음과 같이 기록되어 있습니다.

블레셋 사람들이 이스라엘을 치매 이스라엘 사람들이 블레셋 사람들 앞에서 도망하여 길보아 산에서 엎드러져 죽으니라 블레셋 사람들이 사울과 그의 아들들을 추격하여 사울의 아들 요나단과 아비나답과 말기수아를 죽이니라 사울이 패전하매 활 쏘는 자가 따라잡으니 사울이 그 활 쏘는 자에게 중상을 입은지라 그가 무기를 든 자에게 이르되 네 칼을 빼어 그것으로 나를 찌르라 할례 받지 않은 자들이 와서 나를 찌르고 모욕할까 두려워하노라 하나 무기를 든 자가 심히 두려워하여 감히 행하지 아니하는지라 이에 사울이 자기의 칼을 뽑아서 그 위에 엎드러지매 무기를 든 자가 사울이 죽음을 보고 자기도 자기 칼 위에 엎드러져 그와 함께 죽으니라 사울과 그의 세 아들과 무기를 든 자와 그의 모든 사람이 다 그 날에 함께 죽었더라 (삼상 31:1-6)

사울의 생애는 이렇게 끝이 납니다. 욕심이 있고 소원은 있으나, 자신
의 인생을 승리로 끌어갈 실력은 없는 한 인간의 비극적인 삶을 성경
은 사울을 통해 이렇게 보여 줍니다.

은혜가 세우는 다윗의 인생

사울과 대조하여 본 다윗의 삶은 어떠할까요? 다윗과 사울에게도 공
통점이 있습니다. 둘 다 울 수밖에 없는 현실을 살아간다는 사실이죠.
사무엘상 30장 1절을 봅시다.

> 다윗과 그의 사람들이 사흘 만에 시글락에 이른 때에 아말렉 사람
> 들이 이미 네겝과 시글락을 침노하였는데 그들이 시글락을 쳐서 불
> 사르고 거기에 있는 젊거나 늙은 여인들은 한 사람도 죽이지 아니하
> 고 다 사로잡아 끌고 자기 길을 갔더라 다윗과 그의 사람들이 성읍
> 에 이르러 본즉 성읍이 불탔고 자기들의 아내와 자녀들이 사로잡혔
> 는지라 다윗과 그와 함께 한 백성이 울 기력이 없도록 소리를 높여
> 울었더라 (다윗의 두 아내 이스르엘 여인 아히노암과 갈멜 사람 나발의 아내였던
> 아비가일도 사로잡혔더라) 백성들이 자녀들 때문에 마음이 슬퍼서 다윗
> 을 돌로 치자 하니 다윗이 크게 다급하였으나 그의 하나님 여호와를
> 힘입고 용기를 얻었더라 (삼상 30:1-6)

다윗의 울음도 사울의 울음과 같습니다. 사울이 그러했듯이 다윗도
현실을 극복할 힘이 없는 자신의 한계에 대해 더 이상 울 기력이 없을

만큼 웁니다. 사람이 우는 것은 단지 고통 때문만은 아닙니다. 이해할 수 없는 하나님의 일하심 때문에 웁니다.

다윗은 골리앗을 죽여 국민 영웅이 됩니다. 사울이 그를 시기하는 것도 어떤 면에서는 이해가 됩니다. 하지만 다윗은 사울에 대하여 활 한 번 쏘지 않고 그 어떤 적대행위도 하지 않습니다. 이런 다윗의 행동은 놀라울 뿐입니다.

그럼에도 다윗은 결국 블레셋까지 도망칠 수밖에 없는 처지에 놓입니다. 블레셋은 우리 한국 사람의 정서로 이해하자면 일본쯤 해당하는 나라입니다. 한국과 일본이 전쟁 중인데 일본으로 도망갔다고 생각하면 쉽습니다. 있을 수 없는 일이죠. 현해탄에 빠져 죽는 한이 있어도 일본으로는 가고 싶지 않았을 것입니다. 하지만 마음이 그렇다고 해도 현실은 다릅니다. 다윗인들 블레셋으로 가고 싶었겠습니까? 그는 더 이상 이스라엘에 있을 수 없어서 블레셋까지 몰려간 것입니다. 이것이 다윗의 현실입니다.

이런 현실에 대하여 다윗은 웁니다. 하나님, 그 큰 영광과 명예를 주신 당신께서 어찌하여 나를 이토록 부끄러운 자리로 떠밀어서 이렇게까지 답이 없이 살게 하십니까? 이것이 다윗의 통곡에 담긴 메시지입니다. 다윗은 하나님이 원망스럽습니다.

그런데 성경에서 말하는 다윗과 사울의 놀라운 대조가 여기 있습니다. 사울은 끝 간 데 없는 황폐함 속에 방황하며 쇠락의 길을 걷습니다. 결국에는 어쩌지 못하는 인생의 무게와 운명에 그의 삶이 묻혀 버립니다. 그러나 다윗은 그의 삶이 거기에 묻히지 않도록 하나님이 붙잡고 계십니다. 하나님께서 다윗의 형편을 바꿔 놓으셔서 그가 평탄

한 길로만 갈 수 있도록 인도해 주신 것이 아닙니다. 그 눈물의 자리에서 죽음으로 가는 길을 막고 그를 붙드신 것입니다.

사울은 전쟁터에서 결국 자결했지만 다윗은 돌이킵니다. 다윗이 어떤 마음을 먹고, 어떤 결심 속에 돌아선 것인지 우리는 모릅니다. 이것이 핵심은 아닙니다. 다윗이 죽지 못해 돌이켰다는 것이 핵심입니다. 절벽에서 뛰어내리면 돌바닥이 물로 변하고 칼로 찌르면 칼이 부러지고 머리를 부딪히면 벽이 무너지고 그래서 할 수 없이 살게 된 것입니다. 이것이 바로 은혜입니다. 더 깊은 이해를 위해 사무엘하 7장을 봅시다.

여호와께서 주위의 모든 원수를 무찌르사 왕으로 궁에 평안히 살게 하신 때에 왕이 선지자 나단에게 이르되 볼지어다 나는 백향목 궁에 살거늘 하나님의 궤는 휘장 가운데에 있도다 나단이 왕께 아뢰되 여호와께서 왕과 함께 계시니 마음에 있는 모든 것을 행하소서 하니라 그 밤에 여호와의 말씀이 나단에게 임하여 이르시되 가서 내 종 다윗에게 말하기를 여호와께서 이와 같이 말씀하시되 네가 나를 위하여 내가 살 집을 건축하겠느냐 내가 이스라엘 자손을 애굽에서 인도하여 내던 날부터 오늘까지 집에 살지 아니하고 장막과 성막 안에서 다녔나니 이스라엘 자손과 더불어 다니는 모든 곳에서 내가 내 백성 이스라엘을 먹이라고 명령한 이스라엘 어느 지파들 가운데 하나에게 내가 말하기를 너희가 어찌하여 나를 위하여 백향목 집을 건축하지 아니하였느냐고 말하였느냐 그러므로 이제 내 종 다윗에게 이와 같이 말하라 만군의 여호와께서 이와 같이 말씀하시기를 내가 너

를 목장 곧 양을 따르는 데에서 데려다가 내 백성 이스라엘의 주권
자로 삼고 네가 가는 모든 곳에서 내가 너와 함께 있어 네 모든 원수
를 네 앞에서 멸하였은즉 땅에서 위대한 자들의 이름 같이 네 이름
을 위대하게 만들어 주리라 내가 또 내 백성 이스라엘을 위하여 한
곳을 정하여 그를 심고 그를 거주하게 하고 다시 옮기지 못하게 하며
악한 종류로 전과 같이 그들을 해하지 못하게 하여 전에 내가 사사
에게 명령하여 내 백성 이스라엘을 다스리던 때와 같지 아니하게 하
고 너를 모든 원수에게서 벗어나 편히 쉬게 하리라 여호와가 또 네게
이르노니 여호와가 너를 위하여 집을 짓고 네 수한이 차서 네 조상
들과 함께 누울 때에 내가 네 몸에서 날 네 씨를 네 뒤에 세워 그의
나라를 견고하게 하리라 그는 내 이름을 위하여 집을 건축할 것이요
나는 그의 나라 왕위를 영원히 견고하게 하리라 나는 그에게 아버지
가 되고 그는 내게 아들이 되리니 그가 만일 죄를 범하면 내가 사람
의 매와 인생의 채찍으로 징계하려니와 내가 네 앞에서 물러나게 한
사울에게서 내 은총을 빼앗은 것처럼 그에게서 빼앗지는 아니하리
라 네 집과 네 나라가 내 앞에서 영원히 보전되고 네 왕위가 영원히
견고하리라 하셨다 하라 나단이 이 모든 말씀들과 이 모든 계시대로
다윗에게 말하니라 (삼하 7:1-17)

이 본문의 핵심은 이것입니다. 네가 나를 위하여 집을 짓겠다고 하느
냐, 네가 나를 위하여 할 수 있는 것이 있다고 생각하느냐, 그런 생각
하지 마라, 주는 자는 네가 아니라 나다, 나는 부족한 것 없는 하나님
이다, 너는 나한테 해 줄 수 있는 것이 없다, 내가 너한테 해 주는 것만

있을 뿐이다, 나는 너를 복 되게 하는 하나님이다, 내가 하나님이다, 이것이 은혜입니다.

은혜란 무엇인가

은혜란 하나님의 통치 아래 머물도록 우리를 회복하게 합니다. 우리를 하나님의 능력과 자비와 복 주심의 보호 아래로 들어오게 합니다. 잘못을 용서해 주는 것보다 더 큰일입니다. 잘했다 잘못했다, 하는 구별로는 알아볼 수 없는 일을 담고 있습니다. 잘못을 용서해 주는 것보다 더 큰, 하나님의 복 주심과 영광의 자리로 들어오게 하는 것입니다.

　하나님이 그렇게 하십니다. 너희가 나를 위하여 할 수 있는 일이란 없다, 처음 너희를 만들 때부터 내가 너희에게 하려고 하는 일이 있을 뿐이다, 그것은 너희가 나의 영광이 되는 것이다, 나는 이 일을 포기할 수 없다, 내가 예수 안에서 이 일을 구체적으로 시행했다, 너희는 이것을 보아라, 이것이 바로 성경이 말하는 은혜이며 구원입니다. 그래서 다윗은 이렇게 고백합니다. 18절부터 봅시다.

　다윗 왕이 여호와 앞에 들어가 앉아서 이르되 주 여호와여 나는 누구이오며 내 집은 무엇이기에 나를 여기까지 이르게 하셨나이까 주 여호와여 주께서 이것을 오히려 적게 여기시고 또 종의 집에 있을 먼 장래의 일까지도 말씀하셨나이다 주 여호와여 이것이 사람의 법이니이다 주 여호와는 주의 종을 아시오니 다윗이 다시 주께 무슨 말씀을 하오리까 주의 말씀으로 말미암아 주의 뜻대로 이 모든 큰 일을 행하사 주의 종에게 알게 하셨나이다 그런즉 주 여호와여 이러므로 주는 위대하시니 이는 우리 귀로 들은 대로는 주와 같은 이가 없고 주 외에는 신이 없음이니이다 땅의 어느 한 나라가 주의 백성 이스라엘과 같으리이까 하나님이 가서 구속하사 자기 백성으로 삼아 주의 명성을 내시며 그들을 위하여 큰 일을, 주의 땅을 위하여 두려운 일을 애굽과 많은 나라들과 그의 신들에게서 구속하신 백성 앞에서 행하셨사오며 주께서 주의 백성 이스라엘을 세우사 영원히 주의 백성으로 삼으셨사오니 여호와여 주께서 그들의 하나님이 되셨나이다 여호와 하나님이여 이제 주의 종과 종의 집에 대하여 말씀하신 것을 영원히 세우셨사오며 말씀하신 대로 행하사 사람이 영원히 주의 이름을 크게 높여 이르기를 만군의 여호와는 이스라엘의 하나님이라 하게 하옵시며 주의 종 다윗의 집이 주 앞에 견고하게 하옵소서 만군의 여호와 이스라엘의 하나님이여 주의 종의 귀를 여시고 이르시기를 내가 너를 위하여 집을 세우리라 하셨으므로 주의 종이 이 기도로 주께 간구할 마음이 생겼나이다 주 여호와여 오직 주는 하나님이시며 주의 말씀들이 참되시니이다 주께서 이 좋은 것을 주의 종에게 말씀하셨사오니 이제 청하건대 종의 집에 복을 주사 주 앞에 영원히 있게 하옵소서 주 여호와께서 말씀하셨사오니 주의 종의 집이 영원히 복을 받게 하옵소서 하니라 (삼하 7:18-29)

이것이 은혜를 아는 자의 고백입니다. 하나님께서 이 일을 행하셨고 우리에게 이 길을 허락하셨으니 하나님의 뜻이 이루어지길 원합니다, 내가 그 길을 가겠습니다, 라는 것입니다.

은혜는 지위이며 기회입니다. 하나님의 자녀라는 이름으로 존재하는 기회입니다. 죄가 우리를 주장하지 못하며 우리가 율법 아래 있지 않기 때문에 우리의 운명은 사망으로 끝나지 않습니다. 실패로 끝나지 않습니다. 실패하는 일이 생길 수는 있지만 그것 때문에 인생이 끝장나지 않는다는 기회를 허락받습니다. 그리하여 우리는 우리의 삶을 마음껏 위대하게 살 수 있게 되었습니다. 위대하게 살 지위와 기회를 허락받았습니다.

그러니 본문은 너희 자신을 누구에게 바쳐야 하는 가를 생각하라고 합니다. 죄 짓지 말라는 정도의 권면이 아닙니다. 너희 인생이 얼마나 영광스러운 기회를 받았는지 알아라, 그러니 한번 멋지게 살아 보라는 말씀입니다. 현실의 위협 앞에서 더 이상 못살겠습니다, 어쩌면 이럴 수가 있습니까, 로 끝내지 말라는 것입니다. 그러지 말고, 피와 땀과 눈물과 우리의 몸뚱어리를 가지고 시간과 공간이라는 현실 속에서 하나님의 사람은 어떤 영광과 명예를 가지는가를 드러내며 사는 구체적 기회를 가지라는 것입니다. 우리의 삶은 빨리 죽어 천국 가면 그만인 인생에 불과하지 않습니다. 우리의 살아 있음으로 하나님을 증언하는 삶입니다.

은혜의 시대를 살라

갈라디아서 5장은 이렇게 이야기합니다.

오직 성령의 열매는 사랑과 희락과 화평과 오래 참음과 자비와 양선과

충성과 온유와 절제니 이같은 것을 금지할 법이 없느니라 (갈 5:22-23)

이 말씀은 무슨 의미입니까? 성공하라는 이야기가 아닙니다. 실패하라는 이야기도 물론 아닙니다. 성공이 무엇을 만드는가 보십시오. 여러분은 가진 자입니까, 지식을 가졌습니까, 돈을 가졌습니까, 명예를 가졌습니까, 권력을 가졌습니까?

사실 성공이 전부인 사람은 누구를 잡는 것밖에는 하지 못합니다. 경쟁자를 처치하는 것밖에는 할 게 없습니다. 모든 국력을 동원하여 다윗을 잡는 일에 혈안이 된 사울처럼 말입니다. 그러니 여러분의 성공이 옆 사람에게 은혜가 되게 하십시오. 눈 좀 부릅뜨지 마시고 자기할 일 하십시오. 여러분 옆에 사는 사람이 여러분을 만나면 살맛이 나도록 행동하십시오. 잘났으면 잘나게 구십시오. 거기서 멋있게 구십시오. 성공이 전부가 아님을 아는 인생을 사십시오.

못났으면 후회하고 부끄러워해야 합니다. 하지만 부끄러움이 끝이 아니게 하십시오. 부끄러워서 자결하는 것은 안 됩니다. 이는 정말 못난 것입니다. 부끄러움이 성공 못지않은 조건이 될 수 있다는 것을 알아야 합니다. 겸손은 어디서 배웁니까? 얼굴도 못 들 정도의 실수를해야 배웁니다. 누구에게도 큰소리칠 수 없는 자신의 실상을 확인해야 겸손을 배웁니다. 이것은 기도만 해서는 절대 만들어지지 않습니다. 못났거나 실패했다고 해서 성령의 열매가 맺지지 않는 것은 아니라고 성경이 이야기합니다.

우리를 비롯한 많은 사람들은 대개 사울같이 살아갑니다. 자기보다 나은 사람이나 자기와 경쟁이 될 사람을 처치하기 위해 애를 쓰거나 또는 자기의 유익을 위해 힘없는 사람을 잡느라고 세월을 다 보냅니다. 이는 그 사람이 실상은 죽었다는 증거입니다.

성경은 이렇게 말합니다. 죽이고 죽는 것은 끝났다, 예수 안에서 끝났다, 그러니 너희가 이제까지 어떻게 살았는가 보라, 그때는 성공해도 망했고 실패해도 망했다, 너희가 너희 자신을 죄에게 주었을 때 무슨 열매가 있었느냐, 죽음밖에 없지 않았느냐, 그러나 이제는 다르다, 지금은 은혜의 시대라는 것입니다.

은혜의 시대란 무엇입니까? 하나님이 주신 지위와 기회이며, 절대 실패로 끝나지 않는 인생의 시대입니다. 이제 이런 말은 할 수 없습니다. 은혜를 받았으니 이제는 다 됐고 가만히 있어도 된다, 죄를 지어도 된다, 이게 말이 됩니까? 말씀대로 살아 보아야 합니다. 놀라운 기회입니다. 위대한 삶을 살 기회가 주어진 것입니다. 그러니 이 기회를 누려 우리가 직접 살아 봐야 하지 않겠습니까? 야구 경기를 보는 것이 아무리 재미있어도 직접 하는 것만큼 재미있지는 않을 것입니다. 그렇게 우리에게 기회로 주어진 이 삶을 직접 살아야 합니다. 이어지는 말씀을 봅시다.

그리스도 예수의 사람들은 육체와 함께 그 정욕과 탐심을 십자가에 못 박았느니라 만일 우리가 성령으로 살면 또한 성령으로 행할지니 헛된 영광을 구하여 서로 노엽게 하거나 서로 투기하지 말지니라 (갈 5:24-26)

이 말씀은 도덕성을 말하고 있지 않습니다. 그것보다 큰 이야기입니다. 우리의 운명이 바뀌고 신분이 바뀌었다는 것입니다. 성령으로 산다는 것은 무슨 뜻입니까? 성령은 예수가 죽고 부활해서 드디어 오신 분입니다. 성령은 능력이나 경험이 아닙니다. 예수께서 하신 일에 대해 지금도 우리에게 생생한 증언을 하시는 분입니다. 우리는 그런 성령과 함께 살며 그분과 함께 행하는 존재입니다.

그러니 자기 인생을 사십시오. 위대하게 사십시오. 사사롭고 조그마한 것에 붙잡혀서 그저 밤낮 후회나 하고 안심이나 하려 들고 경쟁이나 하고 성질이나 부리고 원망이나 하는 그런 삶을 살지 마십시오. 자신의 삶이 귀하다는 것을 기억하고, 예수 안에서 주신 기적과 자랑을 삶으로 드러내 펼치십시오. 그렇게 예수 믿는 명예를 누리기를 바랍니다.

기 도

하나님 아버지, 예수를 믿는 것이 얼마나 굉장한가를 확인합니다. 여기에는 영생과 승리와 영광만 있습니다. 우리의 한계와 잘못이 결코 우리를 넘어뜨리지 못할 것입니다. 우리의 잘못이 우리를 주 앞에 더욱 겸손하게 만들며 하나님 앞에 우리를 더 붙들어 맬 것입니다. 못난 것을 후회하고 그 흠을 없애는 일에 인생을 낭비하지 않게 하시고 믿음으로 각자의 삶을 더 과감히 살게 하옵소서. 원망하고 시비하느라 소중한 인생을 허비하지 말게 하옵소서. 따뜻한 눈과 예수를 믿는 깊고 넓은 품을 갖고 사는 우리 되게 하옵소서. 우리를 만나는 자들에게 은혜를 끼치는 삶을 살게 하옵소서. 예수님 이름으로 기도합니다. 아멘.

17.
얽매였던 것에 대하여 죽었으므로

죽으심, 사망에 대한 사망 선고

1 형제들아 내가 법 아는 자들에게 말하노니 너희는 그 법이 사람이 살
동안만 그를 주관하는 줄 알지 못하느냐 2 남편 있는 여인이 그 남편
생전에는 법으로 그에게 매인 바 되나 만일 그 남편이 죽으면 남편의
법에서 벗어나느니라 3 그러므로 만일 그 남편 생전에 다른 남자에게
가면 음녀라 그러나 만일 남편이 죽으면 그 법에서 자유롭게 되나니 다
른 남자에게 갈지라도 음녀가 되지 아니하느니라 4 그러므로 내 형제
들아 너희도 그리스도의 몸으로 말미암아 율법에 대하여 죽임을 당하
였으니 이는 다른 이 곧 죽은 자 가운데서 살아나신 이에게 가서 우리
가 하나님을 위하여 열매를 맺게 하려 함이라 5 우리가 육신에 있을 때
에는 율법으로 말미암는 죄의 정욕이 우리 지체 중에 역사하여 우리로
사망을 위하여 열매를 맺게 하였더니 6 이제는 우리가 얽매였던 것에
대하여 죽었으므로 율법에서 벗어났으니 이러므로 우리가 영의 새로
운 것으로 섬길 것이요…… (롬 7:1-6)

죄에 대하여 죽다

로마서 7장에서 바울은 하나님께서 예수를 통해 하신 일이 무엇인지에 대해 더 분명하게 설명하려고 뜻밖의 비유를 들고 있습니다. 멋있는 비유는 아니지만 의미는 분명합니다.

남편이 죽으면 부인은 남편에 대해서 자유롭게 됩니다. 남편에 대한 의무에서 벗어나는 것이죠. 마찬가지로 아내가 죽으면 남편도 아내에 대한 의무에서 벗어납니다.

로마서 6장이 우리가 죄에 대해서 죽었다는 이야기를 했다면, 7장은 우리에게 권세를 휘두르던 그 죄가 죽어 버렸다는 이야기를 합니다. 양쪽이 다 같은 이야기를 하는 것 같지만 조금 더 세세하게 비교해 볼 필요가 있습니다.

로마서 6장에서 강조하는 것은 예수와 우리의 연합입니다. 예수와 함께 죽고 예수와 함께 살았다는 말씀에서 드러나듯이 '함께'라는 말이 거듭 강조됩니다. 예수의 죽음이 우리의 죽음이고 예수의 부활이 우리의 부활이라는 것입니다. 여기서 로마서 6장 6절을 다시 보겠습니다.

> 우리가 알거니와 우리의 옛 사람이 예수와 함께 십자가에 못 박힌 것은 죄의 몸이 죽어 다시는 우리가 죄에게 종 노릇 하지 아니하려 함이니 (롬 6:6)

이 구절을 앞에서 살펴본 남편과 아내의 비유에 대입하여 생각해 봅시다. 예수와 함께 죽기 전에는 어떤 상태에 있었던 것일까요? 죄가 남편이고 우리의 옛 사람이 아내라고 비유될 수 있는 상태였습니다. 그러면 예수의 죽으심으로 누가 죽게 된 것일까요? 남편인 죄와 아내인 옛 사람 중 누가 죽었습니까? 옛 사람이 죽은 것입니다.

아내가 죽으면 남편에 대한 아내의 책임도 없어진다, 그러니 우리가 예수와 함께 죽으면 우리는 죄한테 아무 책임이 없다고 이야기하는 것입니다. 그래서 11절에 이런 결론이 등장합니다.

> 이와 같이 너희도 너희 자신을 죄에 대하여는 죽은 자요 그리스도 예수 안에서 하나님께 대하여는 살아 있는 자로 여길지어다 (롬 6:11)

죽어 버린 우리는 이제 하나님께만 책임이 있게 되었습니다. 이제 우리는 죄와 아무 상관도 없게 된 것입니다. 죄란 무엇입니까? 하나님 없음이 죄입니다. 인간은 스스로 하나님 없음을 선택했습니다. 그렇게 인간이 하나님의 통치를 거부하고 하나님의 보호와 복에서 벗어나고 이탈하자 사망이 찾아옵니다. 하나님만이 생명을 만드시고 보존하시고 채우시고 영광스럽게 하실 수 있기 때문입니다. 하나님의 생명으로부터 공급이 끊기면 부패가 시작됩니다. 우리는 이 부패를 도덕적 현상에서 많이 확인합니다. 하지만 부패는 도덕성의 타락이기 이전에, 마치 냉장고에 전기가 끊겨서 음식이 썩는 것과 같습니다. 문제는 음식에서가 아니라 전기의 전원이 끊긴 데서 시작되는 것입니다.

로마서가 그렇게 설명했습니다. 하나님의 능력인 복음이 필요한 것은 인간이 죄 아래 있기 때문입니다. 인간이 하는 일들은 온통 더럽고 거짓된 죄의 증상을 보여 주고 있습니다. 왜 이런 행동이 인간에게 가득하게 된 것일까요? 인간이 하나님을 외면하여 하나님의 영광에서 떨어져 나갔기 때문입니다.

이런 부패의 상황에 예수께서 오셔서 죄를 없애셨습니다. 죄를 없애심으로 하나님이 인간을 회복시키신 것입니다. 하나님의 부재를 하나님 당신이 걷어치우심으로 회복하시는 것입니다. 히브리서 2장에 가 봅시다.

> 거룩하게 하시는 이와 거룩하게 함을 입은 자들이 다 한 근원에서 난지라 그러므로 형제라 부르시기를 부끄러워하지 아니하시고 이르시되 내가 주의 이름을 내 형제들에게 선포하고 내가 주를 교회 중에서 찬송하리라 하셨으며 또 다시 내가 그를 의지하리라 하시고 또 다시 볼지어다 나와 및 하나님께서 내게 주신 자녀라 하셨으니 자녀들은 혈과 육에 속하였으매 그도 또한 같은 모양으로 혈과 육을 함께 지니심은 죽음을 통하여 죽음의 세력을 잡은 자 곧 마귀를 멸하시며 또 죽기를 무서워하므로 한평생 매여 종 노릇 하는 모든 자들을 놓아 주려 하심이니 이는 확실히 천사들을 붙들어 주려 하심이 아니요 오직 아브라함의 자손을 붙들어 주려 하심이라 (히 2:11-16)

예수께서 오셔서 죽으심으로 죽음의 권세를 잡은 마귀를 멸하셨다는 내용입니다. 예수 그리스도의 십자가, 그의 죽으심과 그의 부활이 사망을 없앴다고 합니다.

사망은 로마서 6장의 설명을 따르면 죄의 삯입니다. 죄의 삯은 사망입니다. 죄의 궁극적 운명, 죄가 도착하는 지점이 사망입니다. 한편, 하나님의 은혜는 그리스도 예수 안에서의 영생으로 나타납니다. 하나님의 통치와 보호 아래에서는 영생과 영광과 승리가 결실되며, 하나님의 통치가 없는 곳에서는 결국 부패와 왜곡과 소멸과 멸망밖에는 열리지 않습니다.

부재(不在)에서 임재(臨在)로

하나님을 거부하여 죄를 불러들인 것은 우리 자신이 선택한 일입니다. 죄란 무엇이라고 했습니까? 하나님 없음입니다. 하나님 없음이 죄입니다. 인간이 하나님께 등을 돌려 하나님 없음을 자신에게 불러들였습니다.

　하나님이 이것을 어떻게 해결하기로 하셨습니까? 예수를 보냈습니다. 요한복음 1장처럼 빛이 어두움에 찾아온 것입니다. '빛이 어두움에 비췄으되'입니다. 성경의 예언대로 예수는 임마누엘 곧 '하나님이 우리와 함께하심'입니다. 그리하여 부재를 없애십니다. 부재의 자리에 하나님이 친히 오셨는데 어떻게 그 자리가 하나님이 계시지 않은 곳이 될 수 있겠습니까? 인간은 하나님에게서 고개를 돌렸으나, 고개를 돌린 바로 그곳에 하나님께서 찾아 들어오신 것입니다. 우리와 함께 묶여 사망의 자리, 부재가 만들어 낸 운명, 부재의 권세, 부재의 결국에 따라 들어오셨습니다.

　임재와 임재의 주인을 부재가 부정할 수 없습니다. 임재의 주인을 부재가 이길 수 없습니다. 그렇게 사망은 예수를 잡아 둘 수 없었습니다. 부재가 결국 예수로 말미암아 충만한 하나님의 임재로 바뀌어 버렸기 때문입니다. 예수님이 부재의 자리에 찾아와 사망의 운명에 있는 우리 자리 곧 죽음의 자리에 이르자 사망이 손을 놓고 도망갈 수밖에 없게 된 것입니다.

예수는 죽으심으로 사망의 권세 잡은 자를 멸하셨습니다. 그래서 예수와 함께 죽은 우리는 죄에 대하여 죽게 되었습니다. 우리는 예수와 연합하여 죄가 만들어 낸 궁극의 자리인 사망에 이미 들어갔습니다. 남편이 죽으면 아내가 더 이상 남편에게 책임이 없듯이, 우리 또한 죄에 대해서 책임이 없어지게 된 것입니다. 우리와 죄의 관계는 그렇게 끝났습니다. 죄의 권세는 사라졌습니다. 그리고 우리는 예수와 함께 부활했습니다. 이것이 구원입니다.

로마서는 이 모든 일을 예수께서 이미 이천 년 전에 이루셨다고 합니다. 하나님이 우리 죽음의 자리까지 함께하셨기에 우리가 하나님의 임재 속에 살게 되었으니 더 이상 죄 아래 종노릇하지 말라고 합니다. 이제는 하나님이 사망 권세를 꺾어 허락하신 다른 삶을 살라는 것입니다. 이에 대한 좋은 예를 성경에서 찾아보겠습니다. 바로 출애굽 사건입니다.

설 자리를 잃게 된 죄

출애굽 사건의 배경에는 애굽과 그 정권 아래에서 노예로 신음하던 히브리인들이 있습니다. 하나님이 히브리인을 구원하러 오셔서 바로에게 당신의 백성을 해방하라고 하십니다. 바로는 그럴 수 없다고 합니다. 하나님이 열 가지 재앙을 내리시자 바로는 할 수 없이 손을 놓게 되고, 이스라엘 백성은 홍해 앞으로 인도됩니다. 그런데 마음이 바뀐 바로가 군사들을 동원하여 그들을 뒤쫓습니다. 이제 이스라엘 백성은 앞에는 홍해가 있고, 뒤에는 당시 세상에서 가장 강력한 권세를 지닌 이가 추격해 오는 진퇴양난에 놓입니다. 이때 하나님께서 홍해를 갈라서 이스라엘 백성을 구출하십니다.

홍해를 갈라서 이스라엘 백성을 구출하신 것은 무슨 뜻입니까? 애굽 쪽에서 보면 자기네 종들이 홍해에서 다 빠져 죽은 것과 마찬가지입니다. 죽었으니 이들은 애굽에 대해서 더 이상 어떤 책임도 질 수 없게 됩니다. 애굽은 이스라엘 사람들에 대해서 모든 권리를 잃게 됩니다. 홍해에서 이스라엘 백성이 다 죽은 것 같이 되었기 때문입니다.

이와 같이 예수가 우리를 대신하여 죽으심으로 사망의 권세에 붙잡혀 있던 우리의 인생을 끝내신 것입니다. 애굽에 대한 이스라엘 백성의 책임, 애굽의 권세 아래에서 신음하던 모든 사정이 끝이 난 것입니다. 그러나 건너편 시내 광야에서 보면, 이스라엘 백성은 물에서 육지로 다시 나옵니다. 새로운 종족이 시작되는 것입니다. 너희는 이제 애굽에 있지 않고 약속의 땅에 있다, 이렇게 이야기하는 것이 출애굽입니다.

하나 더 이야기하면, 애굽은 자기네들의 힘을 유지해 주던 노예들을 전부 다 잃게 됩니다. 그들이 다 홍해에 가서 죽어 버렸기 때문입니다. 그래서 애굽은 망하게 됩니다. 그들이 따라 들어와 홍해에서 죽은 것은 그런 의미를 지닙니다. 죄가 더 이상 권세를 가지지 못하는 것은 죄가 부릴 백성이 없기 때문입니다. 그렇게 죄도 죽습니다.

죄란 무엇이라고 했습니까? 하나님 없음, 곧 하나님의 부재입니다. 그런데 하나님이 우리가 거부한 그 자리까지 쫓아 들어오심으로 부재를 다 걷어치우자, 하나님 없는 곳에서, 하나님을 외면한 자들 앞에서 힘을 쓰던 권세가 사라지게 된 것입니다. 죄는 더 이상 설 자리를 잃게 되어 없어집니다. 로마서 6장에서는 계속 이 이야기를 합니다. 12절부터 보겠습니다.

> 그러므로 너희는 죄가 너희 죽을 몸을 지배하지 못하게 하여 몸의 사욕에 순종하지 말고 또한 너희 지체를 불의의 무기로 죄에게 내주지 말고 오직 너희 자신을 죽은 자 가운데서 다시 살아난 자 같이 하나님께 드리며 너희 지체를 의의 무기로 하나님께 드리라 죄가 너희를 주장하지 못하리니 이는 너희가 법 아래에 있지 아니하고 은혜 아래에 있음이라 (롬 6:12-14)

너희는 살아난 자이니 자신을 불의의 무기로 죄에 내주지 말라고 말씀합니다. 자신을 죄에 내주지 말라는 명령은 너희가 살아난 자라는 사실에 근거하고 있다는 점을 눈여겨봅시다.

'이렇게 하면 이것을 해 주겠다'라는 조건이 붙은 명령이 아닙니다. 앞으로 받을 보상 때문에 하는 행동이 아니라, 국면이 바뀌어 비로소 할 수 있게 된 행동입니다. 하나님의 통치 아래로 들어오자 그동안 '하나님 없음' 속에 있던 부패, 왜곡, 헛됨, 더러움은 사라지고 명예로운 일이 우리를 기다리고 있는 것입니다.

사라진 하나님의 부재

지난 장에서 은혜는 지위이며 기회라고 말씀드렸습니다. 이제부터 기쁨의 인생이 펼쳐진다, 너희가 하는 모든 일은 명예로 가는 길이다, 이것이 '예수를 믿는다'라는 말에 담긴 뜻입니다.

물론 도덕이나 윤리의 차원에서 자신을 되돌아보는 것은 중요합니다. 그러나 신앙은 단지 잘했느냐, 못했느냐의 문제이거나 맞다, 틀리다의 문제가 아닙니다. 언제나 잘하게 되고 무슨 일에나 옳게 되는 것이 신앙의 궁극적인 목적은 아닙니다. 여러분이 어느 차원에, 어느 영역에, 어느 약속에 들어와 있는가를 알아야 합니다. 하나님께서 너는 내 아들이라고 말씀하시는 자리에 와 있는 것입니다.

'너는 내 아들이라'라는 말은 무슨 의미입니까? 말 안 들으면 버리겠다는 뜻이 아닙니다. 너는 내 아들이라고 할 때에는 걱정하지 마라, 내가 너 혼자 두지 않는다, 그러니 멋지게 되라는 말입니다. 그런 보장과 큰 격려가 이 말에 담겨 있습니다. 지금 우리는 경쟁사회에 사니까 '너는 내 아들이다'라는 말이 위협적으로 들립니다. 나는 네 못난 꼴은 볼 수 없다는 말이 되고 말았죠. '너는 내 아들이다'라고 말하는 부모라면 차라리 없는 편이 더 나은 것처럼 여겨지기도 합니다. 그러나 성경은 그런 의미로 말하고 있지 않습니다.

예수를 믿었으니 이제 너 자신을 죄에 바치지 말고 하나님께 드리라는 말씀은 영광스러운 초대입니다. 헛고생할 것 없다, 네 인생을 살아라, 내가 너를 훌륭하게 인도할 것이다, 이런 말입니다. 오늘은 이것 하자, 내일은 저것 하자, 그렇게 하나님이 우리 인생에 매일 찾아오십니다. 자, 오늘은 무엇을 그려 볼까, 오늘은 어디를 찾아가 볼까, 말씀하시면서 말이죠. 오늘은 그렇게 우리에게 날마다 베푸시는 놀라운 기회입니다.

예수를 우리에게 보내신 이후 하나님이 우리 곁을 떠나 계신 적은 없습니다. 그의 부활과 함께 모든 성도들에게 성령을 허락하셨기 때문입니다. 우리가 경험하고 체험하고 확인했느냐, 그렇지 않았느냐와 상관없이 말입니다. 그리하여 로마서 8장 26절 말씀이 등장합니다.

이와 같이 성령도 우리의 연약함을 도우시나니 우리는 마땅히 기도할 바를 알지 못하나 오직 성령이 말할 수 없는 탄식으로 우리를 위하여 친히 간구하시느니라 (롬 8:26)

말할 수 없는 탄식은 무엇을 의미합니까? 하나님이 어디나 함께하고 계신다는 뜻입니다. 우리의 이런 명예로운 지위를 알아야 합니다. 은혜가 우리를 이 자리로 인도한 것입니다. 로마서 6장 12절부터 14절에서는 더 이상 하나님의 부재는 없다고 합니다. 이는 우리가 법 아래 있지 아니하고 은혜 아래 있기 때문입니다. 은혜 아래 있다, 하나님의 통치 아래 있다, 나는 너희가 나를 외면한 자리까지 찾아갔고 너희가 초래한 사망의 자리까지 찾아가 너희 하나님이 된 아버지다, 이것은 네가 각오하고 이해하고 결심하고 순종해서 얻은 결과가 아니라 내가 예수로 말미암아 너희에게 이룬 인생이요 운명이다, 이것이 바로 복음인 것입니다. 로마서 7장에서도 계속하는 이야기입니다. 죄와 우리의 관계는 끝났다는 것입니다. 어떻게 끝났습니까? 부재가 없어졌습니다. 하나님 부재의 영역, 부재의 자리가 없어진 것입니다.

신자의 멋진 삶

이제 우리 모두에게 7장 4절이 결론으로 주어집니다.

> 그러므로 내 형제들아 너희도 그리스도의 몸으로 말미암아 율법에 대
> 하여 죽임을 당하였으니 이는 다른 이 곧 죽은 자 가운데서 살아나신
> 이에게 가서 우리가 하나님을 위하여 열매를 맺게 하려 함이라 (롬 7:4)

이제는 멋지게 사는 일만 남았습니다. 인생이 쉬워지고 만사형통하게
되었다는 의미가 아닙니다. 로마서의 절정에 해당하는 표현이 12장 1
절에 등장합니다.

> 그러므로 형제들아 내가 하나님의 모든 자비하심으로 너희를 권하노
> 니 너희 몸을 하나님이 기뻐하시는 거룩한 산 제물로 드리라 이는 너
> 희가 드릴 영적 예배니라 (롬 12:1)

너희 몸을 산 제물로 드리라고 합니다. 여기서 '산 제물'이란 살아 있
느냐, 죽었느냐의 개념으로 이해되는 산 제물이 아닙니다. 너희의 살
아가는 삶을 제물로 드리라는 것입니다.
    우리의 삶을 하나님을 알고 그분의 통치를 아는 자로 살아 내야 합
니다. 우리 삶에는 죄가 아직 뿌리 뽑히지 않은 채 신자를 위협하고 유

혹하는 이 세상의 현실과 하나님이 우리를 당신의 자녀로 부른 현실이 중첩되어 있습니다. 만사형통하고 고민할 필요가 없는 삶 속에서가 아니라, 아직도 자기가 주인인 것같이 굴며 우리를 속이는 세상 속에서 하나님의 자녀로 사는 것이 얼마나 위대한 삶인지, 우리에게 준 영광이 무엇인지 알아야 합니다.

영화 〈타이타닉〉(Titanic, 1997)에 이런 장면이 등장합니다. 배가 침몰할 때 구명정이 모자라서 남자들은 거의 타지 못합니다. 이제는 죽을 수밖에 없다는 사실을 깨달았을 때, 잘 차려입은 네 사람의 연주자들이 나와 찬송가 〈내 주를 가까이하게 함은〉을 현악 사중주로 멋있게 연주합니다. 더 이상 연주할 수 없을 때까지 말입니다. 이 장면은 우리에게 어떤 도전을 줍니다. 그냥 멋있기만 한 것이 아닙니다. 우리에게 닥치는 어떤 것도 예수 안에서 약속된 것을 침해하거나 손상할 수 없다는 사실을 아는 사람이 낼 수 있는 멋을 보여 주고 있습니다. 일부러 그런 자리에 찾아가서 쇼하라는 것이 아닙니다. 우리의 삶에 사망의 그늘이 늘 습격해 옵니다. 그 안에서 빛과 생명으로 살아 우리가 누구이며 하나님이 무엇을 하셨으며 또 무엇을 하고 계시는가를 증명하는 삶을 살라는 것입니다. 이것이 멋진 삶입니다.

삶은 멋지고 위대하다는 생각을 해야 합니다. 우리를 하나님께 드리고 죄에게 넘겨주지 않는 싸움을 해야 합니다. 실패하거나 혹 넘어지더라도 그것으로 끝이 아님을 알고 일어나야 합니다. 부끄럽고 고통스러운 일이 있습니까? 그것을 안고 일어나야 합니다. 그래야 멋진 신자입니다.

현실이 그렇지 않은데 어떻게 동화처럼 살 수 있겠습니까? 공주는 왕자와 결혼하여 오래오래 행복하게 살았더라, 이렇게는 안 됩니다. 왜 그럴까요? 우리의 현실이 그것보다 깊은 도전을 던지기 때문에 그 렇습니다. 그 도전이 클수록 우리에게 주어지는 영광도 크며 증거도 커지게 됩니다. 에베소서 4장에 가 봅시다.

> 그러므로 내가 이것을 말하며 주 안에서 증언하노니 이제부터 너희 는 이방인이 그 마음의 허망한 것으로 행함 같이 행하지 말라 그들 의 총명이 어두워지고 그들 가운데 있는 무지함과 그들의 마음이 굳 어짐으로 말미암아 하나님의 생명에서 떠나 있도다 그들이 감각 없 는 자가 되어 자신을 방탕에 방임하여 모든 더러운 것을 욕심으로 행하되 (엡 4:17-19)

하나님 없이 살 때에는 이런 것들 말고는 할 수 있는 것이 없었다는 뜻 입니다. 이런 것들 가운데 가장 큰 것이 자폭이요 체념입니다. 세상의 위협과 도전의 절정이 무엇입니까? 바로 자폭과 체념입니다. 여러분 마음에 '인생이 얼마나 대단한 것이겠어?'라는 생각이 들 때 '인생은 대단한 것이야'라고 생각을 고쳐먹어야 합니다. '인생은 대단한 것이 다.' 신자의 위대함이 여기서 드러납니다. 무엇을 하기에 앞서, 포기하 지 않고 감수하는 자세가 있어야 합니다. 내 인생은 내 실력보다, 내가 생각하는 것보다 더 크다는 사실을 잊지 마십시오. 자폭과 체념으로 삶을 방탕에 방임하지 말기 바랍니다.

> 오직 너희는 그리스도를 그같이 배우지 아니하였느니라 진리가 예수

안에 있는 것 같이 너희가 참으로 그에게서 듣고 또한 그 안에서 가
르침을 받았을진대 너희는 유혹의 욕심을 따라 썩어져 가는 구습을
따르는 옛 사람을 벗어 버리고 오직 너희의 심령이 새롭게 되어 하나
님을 따라 의와 진리의 거룩함으로 지으심을 받은 새 사람을 입으라
(엡 4:20-24)

자폭하거나 핑계대지 마십시오. 새삼스럽게 어쩌라는 것이 아닙니다.
이제 너희는 새 사람이라는 것입니다. 우리가 남자아이를 기를 때, 이
런 말을 자주 하게 됩니다. "사내자식이 이러면 돼?" 이 말은 꾸중하는
것입니까, 자존심을 가지도록 격려하는 것입니까? 자존심을 가지라
고 격려하는 말입니다. "신자가 이러면 돼?"라는 말은 꾸짖자는 것이
아니라 신자로서의 명예를 가지라고 격려하는 것입니다. 우리의 복을
확인하게 해 주는 말입니다. 그래서 무엇이 나오는가 보십시오. 어떻
게 명예롭게 살아야 하는가 보십시오.

그런즉 거짓을 버리고 각각 그 이웃과 더불어 참된 것을 말하라 이
는 우리가 서로 지체가 됨이라 분을 내어도 죄를 짓지 말며 해가 지
도록 분을 품지 말고 마귀에게 틈을 주지 말라 도둑질하는 자는 다
시 도둑질하지 말고 돌이켜 가난한 자에게 구제할 수 있도록 자기 손
으로 수고하여 선한 일을 하라 무릇 더러운 말은 너희 입 밖에도 내
지 말고 오직 덕을 세우는 데 소용되는 대로 선한 말을 하여 듣는 자
들에게 은혜를 끼치게 하라 (엡 4:25-29)

이 말씀은 단지 도덕성을 가져야 한다고 독려하는 것이 아닙니다. '이것이 옳다'가 아니라 '이것이 명예로운 길이다'라는 것입니다. 사람이 고함을 지르는 것은 무섭기 때문입니다. 그냥 지고 말까 봐, 저 사람이 더 야단법석을 떨까 봐 고함을 지르는 것입니다. 그럴 필요가 없다는 말씀입니다. 웃어라, 괜찮다, 내가 있다, 너는 네 할 일 해라, 얼굴을 활짝 펴라, 가만히 있으면 찌그러지니 일부러라도 얼굴을 펴서 현실을 멋지게 살라는 것이죠.

'너희는 그리스도를 그같이 배우지 아니하였느니라'라고 하십니다. 예수 안에서 무엇을 보셨습니까? 죽음이 뒤집히는 것을 보았는데 무엇이 겁이 나십니까? 위대하게 사십시오. 가슴을 펴고 믿음을 갖고 살아가십시오. 그것이 복음이며 예수 안에서 우리에게 주어진 지위와 기회입니다.

자신의 인생을 살기 바랍니다. 각자의 눈물 나고 한숨 쉬는 인생을 사십시오. 그 인생 속에서 하나님이 우리 안에 만드는 것이 얼마나 굉장한 것인지, 자기 아들을 보내어 피 흘려 몸 찢겨 만들었다는 그 깊이와 놀라움이 어찌나 큰 것인지 깨달아 하나님의 일하심을 각자의 인생에 구체적으로 채우십시오. 하나님이 우리에게 베푸신 인생의 귀한 것을 확인하게 될 것입니다. 다른 사람이 격려해 줄 필요가 없습니다. 세상에 대해 확인해 달라고 요구할 필요도 없습니다. 털 깎는 자 앞에 기꺼이 잠잠한 양같이, 주께서 걸어가신 길을 우리도 갈 수 있게 될 것입니다. 그 길을 그렇게 걸어가서 얻게 되는 깊고 따뜻한 눈빛을 가지게 되기를 권합니다.

기 도

하나님 아버지, 우리는 종종 대책 없는 사람이 됩니다. 믿음이 왔다 갔다 하고 세상의 유혹과 시험 앞에 그저 쩔쩔맬 때가 많습니다. 그럼에도 우리는 하나님의 자녀라는 사실을 기억하여 거짓말하는 세상 앞에서 자신을 포기하지 않게 하옵소서. 세상은 그 권세가 꺾였고 무너졌습니다. 우리를 실패하게 할 수 있는 것은 어디에도 없습니다. 우리의 넘어짐이나 부끄러움은 잠시 당하는 것이요, 그것으로도 하나님은 합력하여 선을 이루실 것입니다. 그러니 이것 달라, 저것 달라고 하는 수준에서 나아가 하나님의 자녀의 영광으로 살 믿음을 주옵소서. 이렇게 기도할 수 있게 하시고 신자 됨을 내 자리, 내 삶에서 지켜 내는 든든한 충성을 주시옵소서. 예수님 이름으로 기도합니다. 아멘.

18.

생명에 이르게 할 그 계명이

율법, 인격이신 하나님이 주신 것

---

7 그런즉 우리가 무슨 말을 하리요 율법이 죄냐 그럴 수 없느니라 율법
으로 말미암지 않고는 내가 죄를 알지 못하였으니 곧 율법이 탐내지 말
라 하지 아니하였더라면 내가 탐심을 알지 못하였으리라 8 그러나 죄
가 기회를 타서 계명으로 말미암아 내 속에서 온갖 탐심을 이루었나
니 이는 율법이 없으면 죄가 죽은 것임이라 9 전에 율법을 깨닫지 못했
을 때에는 내가 살았더니 계명이 이르매 죄는 살아나고 나는 죽었도다
10 생명에 이르게 할 그 계명이 내게 대하여 도리어 사망에 이르게 하
는 것이 되었도다 11 죄가 기회를 타서 계명으로 말미암아 나를 속이고
그것으로 나를 죽였는지라 12 이로 보건대 율법은 거룩하고 계명도 거
룩하고 의로우며 선하도다 13 그런즉 선한 것이 내게 사망이 되었느냐
그럴 수 없느니라······ (롬 7:7-13)

경기를 위해 존재하는 규칙

본문은 율법에 관한 것입니다. 기독교 신앙이 말하는 구원을 제대로 이해하려면 죄, 율법, 은혜에 대해 잘 알아야 합니다. 어떤 면에서 영생이나 구원에 대한 이해는 상대적으로 쉽습니다. 그런데 죄와 율법과 은혜에 대한 이해는 소홀히 취급되기도 하고, 많이 왜곡되기도 합니다. 그래서인지 사도 바울은 죄, 율법, 은혜를 이렇게 따로 다루고 있습니다.

본문에서 가장 중요한 말씀인 10절을 보면 '생명에 이르게 할 그 계명이 내게 대하여 도리어 사망에 이르게 하는 것이 되었'다고 합니다. 법은 잘 알다시피 옳고 그른 것을 구별하게 해 주는 어떤 눈금이자 경계입니다.

법이나 규칙은 경기장이나 경기 규칙에 비유해 볼 수 있습니다. 예를 들어 축구장을 생각해 보십시오. 축구장은 가로 100에서 110미터, 세로 45에서 90미터로 된 큰 규모의 운동장입니다. 이렇게 선을 그어서 선 밖으로 공이 나가면 아웃이 됩니다. 공을 다시 안으로 넣어야 경기할 수 있습니다. 그것이 없으면 태평양에다 대고 공을 차는 것처럼 되어 버려서 경기할 수 없습니다. 그러니 축구장의 크기는 경기를 그 안에서 하라는 것으로, 한계인 동시에 경기를 구성하는 무대가 됩니다. 골대를 보십시오. 골 안에 공을 차 넣는 것은 공간을 제한하는 것이 아니라 축구 경기를 할 수 있도록 만드는 조건입니다. 따라서 선을 넘었느냐, 안 넘었느냐를 따지는 것이 경기의 전부라면 축구는 재미없어지고 말 것입니다.

또 테니스 경기를 생각해 보십시오. 우선 네트가 있습니다. 그리고 테니스 코트를 형성하는 사이드 라인(side line)과 엔드 라인(end line)이 있는데 만일 이런 네트와 라인이 없어서 공을 아무데나 쳐서 보낼 수 있다고 하면 운동경기로서의 테니스는 성립되지 않습니다. 테니스는 네트를 넘고 라인 안에 공을 떨어뜨리면서도 상대가 못 받게 해야 이기는 경기입니다. 그렇게 해야 경기가 됩니다. 골프의 경우도 마찬가지입니다. 골프를 치다가 공이 물에 빠지거나 공을 잃어버리면 벌점을 먹습니다. 그런데 이는 벌을 주는 데에 목적이 있는 것이 아니라 경기를 계속 할 수 있게 해 주려는 것입니다. 벌점은 먹고 경기는 계속해라, 그것입니다.

법칙보다 크신 하나님의 일하심

이런 율법을 주신 이는 어떤 분일까요? 이사야 42장에 가면 기독교의 깊이를 이렇게 잘 설명해 놓은 본문을 만나게 됩니다.

내가 붙드는 나의 종, 내 마음에 기뻐하는 자 곧 내가 택한 사람을 보라 내가 나의 영을 그에게 주었은즉 그가 이방에 정의를 베풀리라 그는 외치지 아니하며 목소리를 높이지 아니하며 그 소리를 거리에 들리게 하지 아니하며 상한 갈대를 꺾지 아니하며 꺼져가는 등불을 끄지 아니하고 진실로 정의를 시행할 것이며 그는 쇠하지 아니하며 낙담하지 아니하고 세상에 정의를 세우기에 이르리니 섬들이 그 교훈을 앙망하리라 (사 42:1-4)

내가 메시아를 보내겠다, 내가 인류를 구원하고 그 일을 이루고 말겠다고 하나님이 말씀하십니다. 그런데 이 일을 무엇으로 이루십니까? 내가 붙드는 나의 종, 내 마음에 기뻐하는 자 곧 내가 택한 사람을 보라고 하십니다. 즉 인격이 등장하는 것입니다. 인격은 법과 다른 존재입니다. 법은 중립이라서 정이 없습니다. 그저 무정한 규칙일 뿐입니다. 이 법을 어디에 어떻게 써야 하는지 법은 알려 주지 않습니다. 법 자체는 의도도 감정도 없기 때문입니다.

그러나 하나님은 인격적으로 일하십니다. 우리의 존재와 우리의 운명을 결정하시고 우주와 역사에 목적을 가지신 이가 인격으로 일하시는 것입니다. 그 인격의 가장 대표적인 성정이 '자비롭고 은혜롭고 노하기를 더디하고 인자와 진실이 많은 하나님이라'(출 34:6)라는 말씀에서 잘 드러납니다. 이 점을 놓치면, 인격적이신 하나님께서 주신 율법이 인격과 성품에서 벗어나 언제나 사람을 잡는 무기가 될 뿐입니다. 생명을 다루지 못하고 생명에 늘 장애가 되며 생명을 해치게 됩니다. 이어서 이사야 42장 5절 이하를 계속 봅시다.

하늘을 창조하여 펴시고 땅과 그 소산을 내시며 땅 위의 백성에게 호흡을 주시며 땅에 행하는 자에게 영을 주시는 하나님 여호와께서 이같이 말씀하시되 나 여호와가 의로 너를 불렀은즉 내가 네 손을 잡아 너를 보호하며 너를 세워 백성의 언약과 이방의 빛이 되게 하리니 네가 눈먼 자들의 눈을 밝히며 갇힌 자를 감옥에서 이끌어 내며 흑암에 앉은 자를 감방에서 나오게 하리라 나는 여호와이니 이는 내 이름이라 나는 내 영광을 다른 자에게, 내 찬송을 우상에게 주지

아니하리라 (사 42:5-8)

너희는 내가 나의 형상을 따라 만든 나의 백성이며 나의 자녀이다, 내가 너희를 만들었고 장차 완성할 것이다, 너희를 창조할 때 가졌던 그 목적을 이룰 것이다, 나는 내버려 두지 않을 것이며 타협하지 않을 것이다, 나는 내 이름을, 내 영광을 다른 자 곧 우상에게 주지 않을 것이다, 이처럼 하나님은 의지를 가지고 계십니다.

한편, 법에는 무슨 의지가 있습니까? 그냥 종이에 쓴 글에 불과합니다. 우리가 진심, 사랑, 믿음, 의로움과 같은 명분을 내세워서 거기에 매달리기 시작하면 기독교는 망합니다. 율법 자체가 아니라 율법으로 자신을 드러내신 하나님을 보아야 합니다. 우리를 만드시고 찾아오시고 구원하시며 우리의 운명을 선언하시는 이가 인격자라는 것을 알아야 합니다.

율법을 만드신 분이 인격자라는 사실이 율법이 드러내는 중요한 내용입니다. 그러나 하나님의 성품은 다만 도덕이나 법칙에 불과한 것이 아닙니다. 예수님은 다만 옳고 그름을 나누기 위해 이 땅에 오시지 않았습니다. "하나님이 세상을 이처럼 사랑하사 독생자를 주셨으니 이는 그를 믿는 자마다 멸망하지 않고 영생을 얻게 하려 하심이라"(요 3:16)에 이어지는 그다음 절이 중요합니다. "하나님이 그 아들을 세상에 보내신 것은 세상을 심판하려 하심이 아니요, 그로 말미암아 세상이 구원을 받게 하려 하심이라"(요 3:17). 율법을 주신 이는 바로 이런 하나님, 이런 인격자라는 것을 기억해야 합니다. 고린도전서 15장에 가 봅시다.

이 썩을 것이 썩지 아니함을 입고 이 죽을 것이 죽지 아니함을 입을
때에는 사망을 삼키고 이기리라고 기록된 말씀이 이루어지리라 사
망아 너의 승리가 어디 있느냐 사망아 네가 쏘는 것이 어디 있느냐
사망이 쏘는 것은 죄요 죄의 권능은 율법이라 (고전 15:54-56)

사망은 무엇 때문에 온다고 합니까? 사망은 죄 때문에 옵니다. 죄의
삯은 사망입니다. 죄는 무엇으로 그 성립 근거를 가집니까? 죄의 권능
은 율법이라고 합니다. 이어서 57절을 봅시다.

우리 주 예수 그리스도로 말미암아 우리에게 승리를 주시는 하나님
께 감사하노니 (고전 15:57)

율법은 앞에서 이야기한 것같이 경기 규칙에 비유될 수 있습니다. 우
리는 율법을 지키는 일에서 패배할 수 있습니다. 게임에서 패배하는
것처럼 말입니다. 그러나 승리하면 살아남고 패배한다고 해서 끝장나
는 것이 아니라고 합니다. 부모가 와서 등을 두드려주며 "잘 싸웠어.
다음번에 이기면 돼"라고 위로하며 집으로 데려가는 것이 '우리 주 예
수 그리스도로 말미암아 우리에게 승리를 주시는 하나님'께서 하시는
일입니다. 하나님의 통치와 구원과 영광을 잘잘못의 법칙으로 가두지
마십시오. 그것보다 큽니다. 잘한 것은 잘한 것이고 진 것은 진 것입니
다. 그러나 거기서 끝나지 않습니다. 부모가 자식의 편을 들어주듯이
더 큰 사랑이 있는 것입니다. 너 다시는 그러지 마라, 그렇게 하면 결
국 너한테 손해라는 것을 잊지 마라, 아직도 모르겠다고? 밥 먹고 다

시 이야기하자, 그래도 모르겠다고? 너 진짜 죽을래?라고 하십니다. 정말 죽일까요? 그렇지 않을 것입니다.

하나님이 누구신지를 분명하게 깨닫지 못하면, 하나님을 대신하여 헌신, 사랑, 감격 같은 것이 우리를 붙잡고 늘어집니다. 마치 신앙의 궁극적인 목적인 양 행세합니다. 그리하여 우리의 신앙을 그토록 놀라운 하나님의 넓이와 깊이에 도달하지 못하게 합니다.

사실 예수를 믿는 자의 가장 중요한 특징은 넉넉함이어야 합니다. 집에 가면 모든 것이 해결됩니다. 더러워진 옷을 빨아 줄 것이요, 고픈 배를 채워 줄 것이요, 내가 무엇을 잘못했다고 실토하면 부모님이 해결해 주실 것입니다. 그처럼 우리에게는 우리 주 예수 그리스도로 말미암아 이김을 주시는 하나님이 계십니다. 우리의 필요를 스스로 채우지 않고 하나님으로부터 받습니다. 이것이 기독교입니다. 그러니 대강 살아도 되겠다고요? 그럴 수는 없습니다.

원칙을 넘어 위대함의 자리로

히브리서 12장에서는 '그가 받아들이시는 아들마다 채찍질하심이라'라고 말씀합니다. 자기 자식을 징계하지 않는 아버지를 보았느냐, 징계하지 않으면 사생자요, 자식이 아니라고 합니다. 허클베리 핀이 톰 소여보다 훨씬 편하게 사는 것처럼 보입니다. 톰 소여는 학교를 안 가는 허클베리 핀을 매우 부러워합니다.

이제 우리는 스스로에게 철이 들었는가, 아닌가 물어야 합니다. 우리는 모든 경기에서 이겨야 하고 모든 순간에 우위에 서야 한다고 믿는 바람에, 명분이나 명예나 지위나 권력이나 우월함 같은 데에 붙잡혀서 하나님이 누구시고 구원이 무엇이고 그 안에 있는 부요함이 무엇인지를 놓치고 살아갑니다. 우리는 매번 우리의 현실을 자기 소원대로 조종하고 조작하고 장악하려 합니다. 두려움 때문에 그렇습니다.

이런 모습에 대한 역사의 증언은 이렇습니다. '역사는 의식이 없다'라고 역사학자들이 말합니다. 우리는 어떤 조건과 정황 때문에 그런 결과가 생겼는지 모르는 채 최악의 결과를 맞이할 때가 많습니다. 1차 세계대전이 왜 일어났는지, 2차 세계대전이 왜 일어났는지 모릅니다. 전쟁을 피할 수 있는 이유가 더 많았는데 전쟁이 일어난 것입니다.

19세기의 유명한 역사학자인 야코프 부르크하르트(Jacob Burckhardt, 1818~1897)는《세계 역사의 관찰》이라는 책을 썼습니다. 세계 역사를 관찰한다는 제목에서 보듯이, 역사는 인격이 없다고 결론짓습니다. 역사는 심리적으로 진단할 수 없다는 것입니다. 그래서 역사 연구에 '관찰'이라는 말을 사용합니다. 마치 무생물을 대하듯이 말입니다. 이런 일이 일어났고, 저런 일이 일어났다와 같이 사실만 나열할 수 있을 뿐 그 사이에 연결고리가 없다는 것입니다.

그래서 야코프 부르크하르트는 이렇게 이야기합니다. '모든 경우에 성숙이 전부다.' 역사에서 중요한 것은 무슨 일이 벌어졌느냐가 아니라는 것입니다. 어떤 경우에든 성숙이 전부다, 흥했느냐 망했느냐, 잘했느냐 못했느냐, 이겼느냐 졌느냐가 의미 있는 것이 아니다, 어떤 결과나 외형을 가지게 됐느냐는 역사에서 중요하지 않다, 그 나라가 잘된다고 해서 모든 국민이 잘되는 것이 아니고 그 나라가 망한다고 해서 모든 국민이 망하지는 않더라는 것입니다.

이것을 신앙에 이렇게 적용해 볼 수 있겠죠. 한 영혼에게 필요한 유익은 외형적 조건에 결단코 붙잡혀 있지 않더라, 하나님이 은혜를 베푸시면 어느 경우에도 유익을 보더라, 하는 것입니다. 하나님이 다만 법대로만 집행하는 심판자에 불과하다면 은혜를 베푸는 일이란 불가능할 것입니다. 그분이 은혜롭고 자비롭고 노하기를 더디 하고 인자와 진실이 풍성하신 인격자라야 가능한 일입니다.

다만 원칙을 지키면 그만이다, 원칙이란 아무래도 좋아, 라는 식으로 이해될 수 없는 이유입니다. 하나님이 인격자이시기 때문입니다. 하나님께서는 당신이 의로우시고 거룩하시다는 사실을 우리가 알기를 원하십니다. 그것이 우리의 복과 명예입니다. 하나님은 당신의 모든 의지를 동원하여 성실과 긍휼과 인내와 용서와 이해로 우리 안에 이 일을 만들고야 마십니다. 이것이 인생이요, 역사입니다. 이런 사실을 알아야 '역사는 다만 순환한다. 인생은 다만 윤회한다'라고 절망하지 않게 됩니다. 역사나 인생은 다만 쳇바퀴를 도는 것 같은 순환에 불과한 것이 아닙니다.

각자가 훈련을 받아 이 위대한 자리, 하나님이 약속하신 영광의 자리에 가는 것입니다. 사람마다 자기에게 주어진 구체적인 인생 속에서 이 복을 누리게 됩니다. 율법이 무엇인가 되물을 때마다 그 법을 주신 하나님이 얼마나 위대한가로 우리 생각을 돌려 자비롭고 성실하신 하나님을 만나야 할 것입니다.

넉넉함으로 베풀게 되는 삶

이런 배경에서 요한복음 13장 34절과 35절에 나오는 예수님의 명령을 이해할 수 있게 됩니다. "새 계명을 너희에게 주노니 서로 사랑하라 내가 너희를 사랑한 것 같이 너희도 서로 사랑하라 너희가 서로 사랑하면 이로써 모든 사람이 너희가 내 제자인 줄 알리라."

사랑이란 무엇입니까? 사랑이란 이해하고 기다려 주며 될 때까지 정성을 바치는 것입니다. 왜 사랑하라고 하는 걸까요? 하나님이 우리에 대해서 그렇게 하신다는 것입니다. 그러니 너 겁먹지 마라, 너 정죄하고 다니지 마라, 너 인상 쓰고 다니지 마라, 너는 가진 자이다, 그러니 넉넉해라, 이것이 바로 '사랑하라'라는 말에 담긴 뜻입니다. 사랑은 불타는 것이 아니라 넉넉해서 흘러넘치는 것입니다. 이 사실을 알지 못하면 기독교 신앙은 고통스러울 것입니다. 그러나 이것을 알면 패배 속에서도 명예가 있을 것입니다.

경기에서 진 팀이 이긴 팀에 대하여 찬사의 박수를 보내는 것처럼 멋진 일도 없습니다. 그렇지 않습니까. 그런데 이겼어도 바보같이 구는 사람들을 종종 보게 됩니다. 승리했다고 패자를 조소하거나 경멸하고 만다면, 그 사람은 승리의 명예를 감당할 실력이 없음을 스스로 증명하는 셈입니다. 설령 그런 상대에게 졌다고 해서 통곡하고 유니폼을 찢어 버리는 것으로 패배의 끝을 삼아서는 안 됩니다. 이것이 끝이 아니다, 나 다시 돌아올 것이다, 그리고 내가 만일 이긴다면 나는 그렇게 안 할 것이다, 라고 하면서 승자에게 박수를 보내야 합니다. 이것이야말로 참으로 멋진 패배일 것입니다.

여러분의 현실, 여러분이 직면하는 조건과 환경 속에서 하나님의 사람으로 누리는 넉넉한 성숙과 영광과 명예가 있기를 바랍니다. 결코 패배할 수 없는 인생으로 부름받았다는 것을 기억하십시오. 어느 한순간도 필요하지 않거나 아무것도 아닌 시간은 없다는 것을 기억해서 모든 시간과 모든 경우에 승리하는 삶이요, 믿음이기를 바랍니다.

기 도

하나님 아버지, 은혜를 감사합니다. 더 이상 그 무엇도 우리를 어떻게 할 수 없는, 모든 것이 합력하여 선을 이루는 하나님의 자녀가 되었습니다. 그 아들을 주신 이가 어찌 그 아들과 함께 모든 것을 은사로 주지 아니하시겠느냐, 아멘입니다. 그것 알고 살게 하옵소서. 우리의 눈빛을 따뜻하게 하고 가슴을 활짝 열어젖히고 우리의 인생을 걸어가 하나님의 사람이 모든 경우를 어떻게 넉넉히 받아 내는가를 보이는 위대한 길을 걷게 하시옵소서. 예수님 이름으로 기도합니다. 아멘.

19.

원함은 내게 있으나

실력, 하나님에게서만 오는 것

———

······ 15 내가 행하는 것을 내가 알지 못하노니 곧 내가 원하는 것은 행하지 아니하고 도리어 미워하는 것을 행함이라 16 만일 내가 원하지 아니하는 그것을 행하면 내가 이로써 율법이 선한 것을 시인하노니 17 이제는 그것을 행하는 자가 내가 아니요 내 속에 거하는 죄니라 18 내 속 곧 내 육신에 선한 것이 거하지 아니하는 줄을 아노니 원함은 내게 있으나 선을 행하는 것은 없노라 19 내가 원하는 바 선은 행하지 아니하고 도리어 원하지 아니하는 바 악을 행하는도다 20 만일 내가 원하지 아니하는 그것을 하면 이를 행하는 자는 내가 아니요 내 속에 거하는 죄니라 21 그러므로 내가 한 법을 깨달았노니 곧 선을 행하기 원하는 나에게 악이 함께 있는 것이로다 22 내 속사람으로는 하나님의 법을 즐거워하되 23 내 지체 속에서 한 다른 법이 내 마음의 법과 싸워 내 지체 속에 있는 죄의 법으로 나를 사로잡는 것을 보는도다 (롬 7:14-23)

하나님 없는 자의 현실

로마서 7장 14절에서 23절은 모든 자연인 곧 하나님 없이 사는 인간의 현실을 아주 통렬하게 지적하는 대목입니다. 그 현실이란 마음에서 선과 악이 싸우고 있고 그 싸움에서 늘 악이 이기는 현실을 말합니다. 우리는 죄를 지으면 애통하여 뉘우칩니다. 더 나아가 애를 써서 훈련하고 온갖 의지를 동원하여 선한 사람이 되려고 노력하기도 합니다.

그러나 18절에 있듯 "내 속 곧 내 육신에 선한 것이 거하지 아니하는 줄을 아노니 원함은 내게 있으나 선을 행하는 것은 없노라"라고 한탄할 수밖에 없는 것이 인간의 현실입니다. 이 구절은 우리에게 선을 행할 능력이 없다고 말합니다.

그 이유가 무엇일까요? 14절의 "우리가 율법은 신령한 줄 알거니와 나는 육신에 속하여 죄 아래에 팔렸도다"라는 말씀과 23절의 "내 지체 속에서 한 다른 법이 내 마음의 법과 싸워 내 지체 속에 있는 죄의 법으로 나를 사로잡는 것을 보는도다"라는 고백에서 보듯, 우리가 죄의 권세 아래에 있기 때문입니다. 그래서 우리는 선을 행하려는 의도가 있으면서도 악을 행하게 되는 것입니다.

우리는 옳을 때에도 죄를 짓습니다. 왜냐하면 우리 안에는 선을 생산할 능력이 없기 때문입니다. 여기가 자주 속는 부분입니다. 기독교가 무엇인지 모르면 바로 이 지점에서 속습니다.

우리가 성공하든 실패하든 여기에서 자유롭지 못합니다. 이 세상을 살면서 보셨겠지만, 성공한 자들은 은혜를 베풀기가 쉽지 않습니다. 성공한 사람들은 대부분 보상을 요구합니다. 제일 많이 하는 못난 짓은 "너는 왜 이렇게 안 해? 그러니 너는 그 꼴이지"라며 자기보다 못한 상대를 면박하는 것입니다. 이처럼 사람은 성공하면 좀 괜찮은 사람이 되는 것이 아니라 성공해도 결국 죄밖에 짓지 못합니다. 그럼 실패하면 사람이 좀 나아집니까? 아닙니다. 실패하면 억울해 합니다. 그래서 이번에는 억울함을 핑계 삼아 또 죄를 짓습니다. 이것이 인간의 현실입니다. 왜 이럴까요? 하나님 없이 살기 때문입니다.

죄란 하나님 없이 사는 부패와 왜곡이라고 했습니다. 생명이 없는 것은 비가 오면 비가 와서 썩고, 해가 나면 해가 나서 썩고, 바람이 불면 바람이 불어서 썩습니다. 생명이 있는 존재는 비가 오면 비를 맞아 자라나고, 해가 나면 햇볕에 자라고, 바람이 불면 바람결에 자라납니다. 자연인에게는 바로 이 생명이 없습니다. 하나님이 없기 때문입니다.

인생의 구체적 해답인 성육신

성경은 인간과 하나님의 관계를 말하고 싶어 합니다. 예수 그리스도가 오셔서 한 일이 무엇입니까? 로마서 6장 내내 확인해 왔던 내용입니다. 우리는 하나님을 외면하는 것을 선택하여 하나님 없음의 자리로 내려왔습니다. 멸망과 부패를 자초한 것입니다. 하나님의 부재 가운데에 있는 우리 자리에 하나님이 쫓아 들어오셔서 이 부재를 없애 버리셨습니다.

그것이 바로 임마누엘입니다. 하나님이 우리와 함께하시다, 곧 성육신입니다. 우리가 초래한 멸망의 자리에 쫓아 들어오셔서 사망을 없애시고 하나님 없음으로 빚어진 궁극적 운명을 없애십니다. 이를 구원이라고 합니다. 그러니 우리는 가만히 있어도 된다, 그런 말을 하려는 것이 아닙니다. 구원은 하나님께서 이천 년 전에 역사 속에서 이미 이루신 일이지만, 이 구원은 각자의 생애 속에서 적용되고 확인되고 구체화됩니다.

　　예수를 믿고 사는 것은 단지 구원을 얻은 정도에 머무르지 않고 구원을 누리는 영광의 길이고 명예의 자리라고 거듭 설명했습니다. 바로 로마서 7장이 말하고 싶은 내용입니다. 정직이나 성실, 희생과 같이 가치를 지닌 덕목이 있다면, 이는 덕목 자체에 가치가 있는 것이 아니라 하나님의 성품에 참여하였기 때문에 가치를 지니게 된 것입니다. 이것이 무슨 의미입니까? 빌립보서 2장에 가 봅시다.

> 너희 안에 이 마음을 품으라 곧 그리스도 예수의 마음이니 그는 근본 하나님의 본체시나 하나님과 동등됨을 취할 것으로 여기지 아니하시고 오히려 자기를 비워 종의 형체를 가지사 사람들과 같이 되셨고 사람의 모양으로 나타나사 자기를 낮추시고 죽기까지 복종하셨으니 곧 십자가에 죽으심이라 이러므로 하나님이 그를 지극히 높여 모든 이름 위에 뛰어난 이름을 주사 하늘에 있는 자들과 땅에 있는 자들과 땅 아래에 있는 자들로 모든 무릎을 예수의 이름에 꿇게 하시고 모든 입으로 예수 그리스도를 주라 시인하여 하나님 아버지께 영광을 돌리게 하셨느니라 (빌 2:5-11)

예수의 죽음, 그의 순종을 본받으라는 말씀입니다. 이 본문을 예수는 어디까지 충성했는가, 그가 어디까지 희생하셨는가, 라는 질문에 대

한 답으로 읽으면 안 됩니다. 여기서는 예수의 희생, 충성, 순종, 각오
를 말하는 것이 아닙니다. 예수님은 성부 하나님의 기쁘신 뜻으로 자
신을 채우셨습니다. 이것이 성자 하나님이 성부 하나님에 대해 가지
신 항복이요, 기쁨이라고 말씀합니다.

　하나님은 당신의 정체를 자비와 긍휼과 성의와 사랑으로 드러내는
분이라고 성경은 가르칩니다. 하나님의 하나님 되심이 드러난 증거가
바로 예수 그리스도의 십자가입니다. 이제 하나님은 모든 무릎을 예
수 앞에 꿇게 하십니다. 어떤 자랑도, 어떤 가치도, 그 어떤 것도 예수
의 십자가와 부활에 견줄 것은 없습니다. 이 안에 다 들어가 있습니
다. 예수의 십자가와 부활이 전부이며 이를 벗어날 수 있는 것은 없습니
다. 가장 위대하고 가장 신비로운 길입니다.

　예수의 죽음을 생각해 봅시다. 하나님이 당신을 배반한 죄인들을
위하여 사망의 자리에 찾아오신 것보다 더 큰 기적은 없습니다. 이것
을 놓치고 기독교를 어떤 개념으로 제한하기 시작하면 결국 남는 것
은 인간의 의지뿐입니다. 실천한 자와 그렇지 못한 자의 구별만 남게
되어 자랑과 채점만 난무하게 됩니다. 하나님이 누구신가에 대해 초
점을 제대로 맞추지 않으면 은혜가 없습니다.

　은혜가 없으면 우리의 마음과 육신에 선한 것이 없다는 사실을 거
듭 확인하는 비극밖에는 남는 것이 없습니다. 이것이 로마서 7장이 우
리에게 하고 싶은 말씀입니다. 성경은 하나님이 누구신가를 드러낸
것이 십자가라고 하면서, 하나님이 당신을 십자가로 자랑하신다고 합
니다. 십자가야말로 하나님이 우리를 위하여 어디까지 올 수 있는가
를 보여 준 구체적 증거라고 하십니다. 이런 관점에서 빌립보서 2장의

앞부분을 살펴봅시다.

> 그러므로 그리스도 안에 무슨 권면이나 사랑의 무슨 위로나 성령의
> 무슨 교제나 긍휼이나 자비가 있거든 마음을 같이하여 같은 사랑을
> 가지고 뜻을 합하며 한마음을 품어 아무 일에든지 다툼이나 허영으
> 로 하지 말고 오직 겸손한 마음으로 각각 자기보다 남을 낫게 여기고
> 각각 자기 일을 돌볼뿐더러 또한 각각 다른 사람들의 일을 돌보아 나
> 의 기쁨을 충만하게 하라 (빌 2:1-4)

이 본문은 선한 일을 할 때 겸손하라는 말씀이 아닙니다. 그리스도 안
에서 주어지는 권면은 그 권면이 좋은 소리이고 옳은 소리라서 따르
라는 것이 아닙니다. 선한 일을 할 때에 하나님이 일하신다는 것을 기
억하라, 이는 절대 우리에게서는 흘러나올 수 없는 것임을 기억하라,
하나님이 일하고 계신다, 현실 속에서 하나님이 당신의 영광과 능력
을 구체화하시고 실현하신다, 그러니 너희는 이 영광을 누려라, 이 사
실을 놀라움으로 소유하고 듣고 보아라, 그렇게 이야기하는 것입니
다. 하나님이 일하십니다. 언제나 일하십니다. 우리의 모든 현실에 하
나님의 일하심이 필요합니다. 이것이 없으면 견딜 수가 없습니다.

 예수를 믿지 않는 사람은 도대체 무엇으로 살아가는지 궁금하지
않습니까? 세상을 아무리 둘러봐도 어디에 답이 있습니까? 인간이 가
진 고뇌와 숙제를 무엇으로 해결할 수 있다는 말입니까? 자기 마음 하
나도 평안하게 지키지 못하는 것이 사람 아닙니까. 자기도 자신이 마
음에 들지 않는데, 하물며 다른 사람이야 당연히 자기 마음에 들지 않

겠죠. 그런데 마음에 안 드는 그 사람이 내 자식이나 내 부모나 내 이웃이라면, 참거나 체념하는 것밖에 다른 방도가 없습니다. 그런 상태로 인생을 계속 살아야 합니다. 이것은 벌입니다. 그저 이렇게 살고 죽을 것이라면 무엇 때문에 살 필요가 있는가, 라는 질문이 속 깊은 곳에서 나올 수밖에 없습니다. 사는 것이 무엇인가, 나의 가치가 무엇인가, 이 가슴 저미는 현실은 어떻게 하라는 말인가.

이 탄식에 성경만이 답을 줄 수 있습니다. 바로 예수 그리스도이십니다. 단지 사랑, 헌신, 희생 정도가 아닙니다. 예수 그리스도입니다. 성자 하나님의 죽음을 기꺼이 받아들이시는 성부 하나님의 크심이 여기에서 드러납니다. 성부 하나님께서 예수를 보내신 것, 성자 예수님이 아버지 하나님의 보내심을 받는 것, 그러한 정황 안에서 드러나는 능력과 영광을 성경이 이야기합니다. "아버지여, 아버지께서 내 안에, 내가 아버지 안에 있는 것 같이 그들도 다 하나가 되어 우리 안에 있게 하사 세상으로 아버지께서 나를 보내신 것을 믿게 하옵소서"(요 17:21). 성경은 이 사랑을 이야기합니다. 덕목으로서의 사랑, 추상명사로서의 사랑이 아니라 예수 그리스도 안에서 구체화된 사랑 말입니다.

하나님에게서만 오는 실력

에베소서에 가면 기도가 두 번 나오는데 그 하나가 이것입니다. 에베소서 1장 17절을 봅시다.

우리 주 예수 그리스도의 하나님, 영광의 아버지께서 지혜와 계시의 영을 너희에게 주사 하나님을 알게 하시고 너희 마음의 눈을 밝히사 그의 부르심의 소망이 무엇이며 성도 안에서 그 기업의 영광의 풍성함이 무엇이며 그의 힘의 위력으로 역사하심을 따라 믿는 우리에게 베푸신 능력의 지극히 크심이 어떠한 것을 너희로 알게 하시기를 구하노라 그의 능력이 그리스도 안에서 역사하사 죽은 자들 가운데서 다시 살리시고 하늘에서 자기의 오른편에 앉히사 모든 통치와 권세와 능력과 주권과 이 세상뿐 아니라 오는 세상에 일컫는 모든 이름 위에 뛰어나게 하시고 또 만물을 그의 발 아래에 복종하게 하시고 그를 만물 위에 교회의 머리로 삼으셨느니라 (엡 1:17-22)

너희 자신이 어떤 존재인지 너희가 알기 원한다, 너희를 지으시고 너희를 위하여 당신의 아들을 보내신 하나님이 누구신지 너희가 알기 원한다, 그분이 너희를 위하여 무엇을 하셨으며 이 일이 얼마나 굉장한 것인지 알기를 원한다, 라고 하는 바울의 기도입니다.

예전에 이발소에 가면 대개 그림이 하나 걸려 있었습니다. '이발소 그림'이라는 별명까지 붙은 그림인데, 실력 없이 흉내 낸 풍경화에 불과한 것이 많았습니다. 폭포나 개울에 있는 울창한 나무숲과 멀리 있는 큰 산을 그린 것이 대부분이었죠. 예전에 밥 로스(Bob Ross, 1942~1995)라는 사람이 진행하는 〈그림을 그립시다〉라는 TV 프로그램이 있었습니다. 밥 로스는 10분이면 풍경화 하나를 척 그려 냈는데 하도 신기해서 많은 시청자들이 따라 그렸습니다. 밥 로스를 따라 해 보니까 산과 숲의 모습이 척척 그려졌습니다. 특히 그림자를 그리는 것이 참 흥미로웠죠. 호수에 비친 그림자를 표현할 때는 먼저 색칠한

다음에 손으로 쓰윽 한 번 문지르면 됐습니다. 그렇게 밥 로스를 따라 해 보니 그림이 참 쉬웠는데, 어떤 사람이 찬물 끼얹는 소리를 했죠. '밥 로스 그림은 이발소 그림이다.' 이렇게 말하는 것이 바로 죄입니다. 왜 우리는 이렇게밖에는 말할 수 없을까요?

저는 밥 로스의 그림을 보면서 서양화에 대한 동경심이 생겼습니다. 사람은 없이 자연만 이렇게 멋지게 그릴 수 있는 그들의 여유가 정말 부러웠습니다. 자연을 감상하는 자가 있다는 것을 알았기 때문입니다. 자기네 나라가 얼마나 아름다운지를 증명하려고 그린 것이 아니라 이 자연을 감상할 수 있는 정신적 깊이가 거기 숨어 있었던 것입니다. 우리는 언제 그림을 그릴 틈이라도 있었습니까? 얼마 전만 해도 혹시나 먹을 것이 달려 있는가, 아니면 장작으로 쓸 나무가 있는가, 하고 산을 보았을 뿐입니다. 산을 느끼며 그림을 그릴 여유가 우리에게는 없었습니다. 이제 와서 생각해 보니 자연을 그리려면 그것을 그릴 여유와 실력이 필요했던 것입니다.

하나님을 모르면 삶에서 의미를 발견할 수 없습니다. 살아 있는 것이 다만 죄이고 벌일 뿐입니다. 어찌 보면 일찍 죽는 것이 옳은 결단입니다. 살아야 할 이유나 가치가 있어야 할 것 아닙니까? 인간의 가치는 성경 이외에서는 나오지 않습니다. 우리에게 있는 영적 갈증을 세상 무엇으로도 채울 수 없습니다. 누군가에게 보복한다고 해서 마음이 채워지는 것은 아닙니다.

그래서 저는 〈벤허〉(Ben-Hur, 1959)를 최고 영화로 꼽습니다. 벤허의 원수인 메살라가 죽었는데도 영화가 끝나지 않아서 고등학생 때는 이것을 이상하게 여겼던 기억이 납니다. 그리고 철이 들어서야 벤허의

이 말, "그분이 이런 말을 했어. '아버지여 저들을 사하여 주옵소서. 저
들은 자기가 하는 일을 알지 못하나이다' 이 말이 내 가슴에서 칼을 내
려놓게 했어"가 무슨 의미인지 깨닫게 되었습니다. 우리는 이 자리까
지 가야 합니다. 메살라를 죽여서는 아무런 보상이 없습니다.

제가 자라던 시절에는 문교부 장관이 바뀔 때마다 한문을 배워라,
배우지 마라, 배워라, 배우지 마라, 하고 정책이 자주 바뀌었습니다.
오락가락한 정책 속에서 학교를 졸업하다 보니 지금도 저는 한문을
잘 모릅니다. 그 시절에 우리는 "우리가 한문을 모르는 것은 다 문교
부 장관 때문이다"라고 떠넘겼는데, 어느 날 이규태씨가 이런 기사를
쓴 적이 있습니다. '한문을 모르는 것은 너다. 문교부 장관이 잘못한
것이지만 모르는 것은 너다. 문교부 장관을 욕하려면 최소한 한자로
'文教部 長官'이라고 쓸 줄 알아야 한다'라고 말입니다. 그래서 할 말
이 없어졌습니다.

마찬가지로 아무리 많은 원망을 하고 그 원망이 생긴 이유를 줄줄
댄다고 해서 인생에 답이 생기지 않습니다. 하나님을 알고 예수를 믿
기까지는 아무 답이 없습니다. 하나님이 누구신지 안다면 우리가 얼
마나 큰 영광과 자랑으로 부름받은 것인지도 깨달아야 합니다. 모르
면 기도하기 바랍니다. 우리에게 하나님을 알게 하셨는데 이 영광과
우리를 향한 하나님의 성실하심과 약속을 알고 누리게 하여 주옵소
서, 그렇게 기도해야 합니다. 에베소서 3장 14절 이하에 가면 또 하나
의 기도가 나옵니다.

이러므로 내가 하늘과 땅에 있는 각 족속에게 이름을 주신 아버지

앞에 무릎을 꿇고 비노니 그의 영광의 풍성함을 따라 그의 성령으로 말미암아 너희 속사람을 능력으로 강건하게 하시오며 믿음으로 말미암아 그리스도께서 너희 마음에 계시게 하시옵고 너희가 사랑 가운데서 뿌리가 박히고 터가 굳어져서 능히 모든 성도와 함께 지식에 넘치는 그리스도의 사랑을 알고 그 너비와 길이와 높이와 깊이가 어떠함을 깨달아 하나님의 모든 충만하신 것으로 너희에게 충만하게 하시기를 구하노라 (엡 3:14-19)

죄는 하나님 없음이라고 했습니다. 하나님이 없으면 부패와 왜곡과 멸망의 길을 갈 수밖에 없습니다. 그렇게 죄의 지배 속에 사는 것이 우리 운명이었는데, 이제 하나님이 예수 안에서 우리의 아버지가 되셨고, 예수 안에서 우리를 당신의 자녀로 묶으셨습니다. 이제는 하나님의 손에서 우리를 끊을 것이 세상에 없습니다. 그 큰 하나님의 능력과 성실하심이 우리를 그분의 자녀로 매일매일 기르십니다. 우리가 어떠한 경우에 처하든 그의 영광을 우리와 함께 나누십니다. 그것을 알라고 하십니다.

이기면 전부가 아니고 가지면 전부가 아닙니다. 여러분이 이기고 가진 것 속에서 하나님의 이러한 영광이 묻어 나오느냐, 여러분의 억울함 속에 하나님의 영광과 은혜가 묻어 나올 수 있느냐, 하고 물어야 합니다. 이것은 이기고 지는 싸움이 아니며 형통과 고단함의 문제가 아닙니다.

죄가 우리를 붙잡아서 옳은 것과 선한 것으로도 죄를 지을 수밖에 없게 했다면, 이제 예수 그리스도 안에서 하나님이 베푸신 구원은 죄

가 그리했던 것과 비교할 수 없는 큰 능력으로, 하나님이 우리의 하나
님이 되사 이 하나님의 하나님 되심으로 우리를 붙들어 승리케 하실
것입니다. 그러니 겁내지 말라고 하십니다. 이어지는 20절 말씀을 보
겠습니다.

> 우리 가운데서 역사하시는 능력대로 우리가 구하거나 생각하는 모
> 든 것에 더 넘치도록 능히 하실 이에게 교회 안에서와 그리스도 예
> 수 안에서 영광이 대대로 영원무궁하기를 원하노라 (엡 3:20-21)

아멘입니다. 예수를 믿는 것이 무엇인지를 알아야 합니다. 우리의 삶
에서 영광과 명예를 가질 수 없는 그런 경우나 자리는 없다는 것을 알
아야 합니다. 잘 이기고 또한 잘 져 주고 잘 살아서 여러분을 만나는
이웃과 시대 앞에 하나님의 영광과 은혜가 되는 인생이 되십시오.

기 도

하나님 아버지, 은혜를 감사합니다. 하나님이 누구신지를 알면 알수록 우리
는 더 바랄 것이 없습니다. 내가 서 있는 이 자리와 형편에서 하나님의 사람
으로 사는 것이 복이라는 사실에 항복하게 됩니다. 다른 사람 부러워할 것
없고 시기할 것 없고 또 주위에 분낼 것 없이 내 인생을 살아가게 하옵소서.
하나님의 자녀라는 이름을 주셨으니 그대로 살도록 믿음을 주셔서 명예와
자랑과 승리로 살게 하옵소서. 예수님 이름으로 기도합니다. 아멘.

20.
그 영을 따라 행하는 우리에게

성령, 살아가게 하시는 분

―――――

…… 24 오호라 나는 곤고한 사람이로다 이 사망의 몸에서 누가 나를 건져내랴 25 우리 주 예수 그리스도로 말미암아 하나님께 감사하리로다 그런즉 내 자신이 마음으로는 하나님의 법을 육신으로는 죄의 법을 섬기노라 8:1 그러므로 이제 그리스도 예수 안에 있는 자에게는 결코 정죄함이 없나니 2 이는 그리스도 예수 안에 있는 생명의 성령의 법이 죄와 사망의 법에서 너를 해방하였음이라 3 율법이 육신으로 말미암아 연약하여 할 수 없는 그것을 하나님은 하시나니 곧 죄로 말미암아 자기 아들을 죄 있는 육신의 모양으로 보내어 육신에 죄를 정하사 4 육신을 따르지 않고 그 영을 따라 행하는 우리에게 율법의 요구가 이루어지게 하려 하심이라 5 육신을 따르는 자는 육신의 일을, 영을 따르는 자는 영의 일을 생각하나니 6 육신의 생각은 사망이요 영의 생각은 생명과 평안이니라…… (롬 7:21-8:11)

오호라 나는 곤고한 사람이로다

"오호라 나는 곤고한 사람이로다 이 사망의 몸에서 누가 나를 건져내
랴." 로마서 7장 24절의 고백은 신자라면 누구나 하는 경험일 것입니
다. 제가 읽은 어느 책에서는 로마서 7장 24절의 체험이 없으면 신자
가 아니라고 써 놓았을 정도입니다. 이 경험은 비단 신자들에게만 해
당하는 것은 아닙니다. 믿지 않는 사람들도 비슷한 고백을 합니다. 믿
지 않는 자는 양심과 윤리와 도덕의 차원에서 이 고백을 하고, 믿는 자
는 예수를 믿는다는 이유로 더 깊고 처절하게 이 고백을 하는 점이 다
를 뿐입니다.

이 고백은 무엇에 대한 한탄입니까? 25절에 나옵니다. '그런즉 내
자신이 마음으로는 하나님의 법을 육신으로는 죄의 법을 섬기노라'에
서 보듯이, 죄 아래 붙잡혀 있기 때문에 소원은 있으나 행할 수는 없
는 자신에 대한 한탄인 것입니다. 이것이 로마서 7장이 우리에게 보여
주려는 현실 곧 죄 아래에서 이 세상을 사는 자연인의 현실입니다. 이
문제를 어떻게 해결하느냐에 따라 복음의 핵심으로 나아가게 됩니다.
그런데 이 길로 가기 전에 우리의 발목을 잡는 문제가 있습니다.

예수를 믿지 않았을 때에는 모르고 그랬을지라도 이제는 예수를
믿었으니 선을 지향하며 의롭게 살아야 하지 않는가, 하는 문제입니
다. 이 고민에 부딪치면서 신자들은 예외 없이 모두 '오호라 나는 곤
고한 사람이로다'의 과정을 거칩니다. 그리고 이 과정에서 실패할 때
마다 이 잘못을 만회하려는 의욕에 복음의 정수를 제대로 누리지 못
하고 오류에 빠지는 경우가 비일비재합니다. 제일 많이 하는 것이 기

도하고 회개하는 일입니다.

　여기서 가장 주의해야 할 것이 회개입니다. 일단 회개하고 나면 이 문제가 '나는 회개했다'로 끝나기 때문에 무섭습니다. 그렇다고 회개하지 마십시오, 라고 말하려는 것은 아니지만, 잘 생각해야 할 점이 있습니다. 강조점은 회개하지 말라는 것이 아니라 회개하는 것으로 때우지 말라는 데에 있습니다. 회개한 다음에는 이겨야 합니다. 지는 것에서 이기는 것으로 나아가기 위해 하나의 발걸음을 내딛는 회개여야 합니다. 이런 회개는 예수가 있어야 가능합니다. 예수가 없으면 불가능합니다. 왜 그렇습니까? 죄의 권세 아래에 있기 때문입니다. 아무리 원해도 되지 않기 때문입니다. 이에 대해 바울은 빌립보서 3장에서 이렇게 설명합니다.

> 나는 팔일 만에 할례를 받고 이스라엘 족속이요 베냐민 지파요 히브리인 중의 히브리인이요 율법으로는 바리새인이요 열심으로는 교회를 박해하고 율법의 의로는 흠이 없는 자라 그러나 무엇이든지 내게 유익하던 것을 내가 그리스도를 위하여 다 해로 여길뿐더러 또한 모든 것을 해로 여김은 내 주 그리스도 예수를 아는 지식이 가장 고상하기 때문이라 내가 그를 위하여 모든 것을 잃어버리고 배설물로 여김은 그리스도를 얻고 그 안에서 발견되려 함이니 내가 가진 의는 율법에서 난 것이 아니요 오직 그리스도를 믿음으로 말미암은 것이니 곧 믿음으로 하나님께로부터 난 의라 (빌 3:5-9)

바울은 율법의 의로는 흠이 없는 자였습니다. 그런데 율법에서 무흠한 것이 하나님과의 관계에서는 아무런 도움이 되지 않았습니다. 세상에서는 어떤 사람이 양심이나 윤리에서 흠잡을 데 없으면 훌륭하다고 쳐줍니다. 그런데 그런 훌륭함은 타인에게 도움이 되지 않습니다. 본인 하나 훌륭한 것으로 전부입니다.

'오호라 나는 곤고한 사람이로다 이 사망의 몸에서 누가 나를 건져내랴'라는 바울의 고백은 그의 이런 과거를 배경으로 합니다. 바울은 율법의 의로는 흠이 없는 사람이었지만, 이 무흠함은 그로 예수 믿는 자들을 죽이러 가는 일에 열심을 내게 하였습니다. 그의 율법 준수는 하나님과 무관한 것이었던 셈입니다. 하나님과 아무 관계없는 율법 준수에는 자기 자랑과 자기 성취가 있을지는 몰라도 하나님에게서만 나오는 진리, 생명, 자비, 용서, 은혜와 같은 가치는 담길 수 없습니다.

신앙은 내가 옳기 때문에 하나님이 내 편을 들어주시는 것이 아닙니다. 또한 예수 믿는 것으로 자기 안에 자랑과 근거를 갖게 되는 싸움도 아닙니다. 회개에 대하여 재고(再考)하라고 말씀드리는 이유는 바로 여기에 있습니다. 하나님이 나에게 벌을 주시기 이전에 실컷 자복하여 자기 마음이 시원하게 된 것을 회개라 할 수 없기 때문입니다. 잘못했다고 댓돌에 머리를 박아 피를 흘리면 끝나는 문제가 아닙니다.

하나님의 자녀로 부름받았다면 이 길에서 승리하기 위하여 넘어진 곳에서 일어나 계속 걸어나가야 합니다. 그렇게 하여 사람이 달라져야 합니다. 생명을 만나는 환희와 깊이와 찬란함이 있어야 합니다.

물론 진정한 신앙의 과정에는 자책과 절망이 늘 등장합니다. 이를 어떻게 극복할 수 있을까요? 인애하신 구세주여 내 말 들으사 죄인 오라 하실 때에 날 부르소서, 이 찬송가 가사를 기억하는 것입니다. 죄인을 부르러 예수가 오셨음을 기억하는 것입니다.

이렇게 '하나님이 우리에게 은혜로우시다'를 찬송하는 것이 기독교입니다. 하나님이 우리의 복과 능력이 되시고 결국 우리를 승리로 이끄신다는 사실에서 '예수를 믿는다'라는 말이 성립하는 것이지요. 우리를 부르셔서 복을 주시는 하나님의 영광에 대하여, 그분께서 보이시는 진리의 부요함에 대하여, 우리를 자녀로 부르셨다는 아버지 하나님의 사랑에 대하여 감격하게 됩니다.

그런데 한편으로는 이런 은혜에 대해 들으면 오히려 밤낮 죄짓고 그러고 나서 이렇게 말로만 때우는 회개를 하고, 또 죄짓고 회개로 때우고 하는 일에 써 버립니다. 이것이 바로 죄입니다. 은혜를 왜 이렇게 부정적 동기로만 사용할까요? 하나님이 또 용서해 주신다고 하시니 정말 감사하다, 이것으로 끝이 아니구나, 다시 일어나서 해 보자, 은혜는 이렇게 사용해야 합니다.

예수로 누리게 된 승리

다시 본문으로 돌아와 생각해 봅시다. 24절에 '오호라 나는 곤고한 사람이로다 이 사망의 몸에서 누가 나를 건져내랴'라는 한탄이 나오고, 25절에 '우리 주 예수 그리스도로 말미암아 하나님께 감사하리로다'라는 찬송이 이어집니다. 그다음에는 무엇이 나옵니까? '그런즉 내 자신이 마음으로는 하나님의 법을, 육신으로는 죄의 법을 섬기노라'라는 술회가 나옵니다. 도무지 개선되거나 해결된 것이 없습니다. 소원은 있으나 실천은 할 수 없다, 왜 그러한가, 나는 죄의 노예다, 그래서 나는 내가 소원하는 것을 할 수 없는 존재다, 그러고 나서 8장 1절이 나옵니다. "그러므로 이제 그리스도 예수 안에 있는 자에게는 결코 정죄함이 없나니."

7장과 8장의 차이가 무엇입니까? 예수를 분기점으로 하여 나뉘는 과거와 현재입니다. 예수 이전에는 우리가 다 죄의 노예였다, 설사 선한 일을 소원하더라도 할 수가 없었다, 죄가 주인이었기 때문이다, 그러나 지금은 다르다, 지금 우리는 그리스도 예수 안에 있다, 따라서 결코 정죄함이 없다, 라는 것입니다. 이 말은 무슨 뜻입니까? 사망에 이르도록 하나님께서 놓아두시지 않았다, 이제 너희는 너희의 실수나 실패가 사망으로 끝나도록 놓아두시지 않는 새로운 세상에 들어왔다, 너희는 이제 예수 안에 있다, 이것이 현재입니다.

예수는 이천 년 전에 우리를 위하여 죽으셨습니다. 십자가 사건이 왜 과거에 일어났을까요? 결과를 돌이키거나 뒤집을 수 없도록 과거에 이루신 것입니다. 그리고 오늘 우리는 그 사실을 믿습니다. 십자가 사건이 번복될 수 없는, 이미 일어난 역사라는 사실을 기억하십시오. 그 어떤 실패나 좌절을 겪게 된다고 하더라도 우리의 신앙 여정은 부족함이나 못남으로 끝나지 않을 것이다, 이렇게 생각해야 합니다. 그리고 일어나야 합니다. 이어서 로마서 8장 후반부를 함께 읽어 봅시다.

누가 능히 하나님께서 택하신 자들을 고발하리요 의롭다 하신 이는 하나님이시니 누가 정죄하리요 죽으실 뿐 아니라 다시 살아나신 이는 그리스도 예수시니 그는 하나님 우편에 계신 자요 우리를 위하여 간구하시는 자시니라 누가 우리를 그리스도의 사랑에서 끊으리요

환난이나 곤고나 박해나 기근이나 적신이나 위험이나 칼이랴 기록
된 바 우리가 종일 주를 위하여 죽임을 당하게 되며 도살 당할 양 같
이 여김을 받았나이다 함과 같으니라 그러나 이 모든 일에 우리를 사
랑하시는 이로 말미암아 우리가 넉넉히 이기느니라 내가 확신하노니
사망이나 생명이나 천사들이나 권세자들이나 현재 일이나 장래 일이
나 능력이나 높음이나 깊음이나 다른 어떤 피조물이라도 우리를 우
리 주 그리스도 예수 안에 있는 하나님의 사랑에서 끊을 수 없으리
라 (롬 8:35-39)

놀라운 선언입니다. 우리의 현재는 예수 안에서 이룬 새 생명 안에 있
습니다. 우리는 부활을 운명으로 소유하게 되었습니다. 사망을 이기
고 승리하는 운명을 가진 자로 살게 된 것입니다.

　그러니 신앙생활을 하면서, 예수를 믿는데 왜 나는 실패할까, 왜 나
는 안 될까, 하면서 자신의 이해, 자신의 결심, 자신의 의지, 자신의 유
용성으로 신앙을 점검하지 마십시오. 그렇게 하는 것은 아직도 구습
을 따르고 있다는 증거입니다. 자기가 만들어 낸 안심으로 예수 믿는
증거를 삼고 싶어 하는 것에 불과합니다.

　우리는 여러 가지 방법으로 자기 증명을 하여 안심하려 합니다. 예
전에는 금식이나 금욕과 같이 잘못에 대한 대가를 스스로 치러 심리
적 안정을 얻으려는 노력이 가장 흔했습니다. 과도한 헌금을 작정하
거나 분쟁 중인 이슬람 지역에 선교사로 자원하는 것처럼 지나친 서
원을 해서 안심하려고 하는 경우도 많았습니다. 그런데 문제는 그렇
게 해도 자신의 신앙이 확인되지 않더라는 거죠. 새 생명 가운데 있다

는 것이 무슨 뜻인지 깨닫지 못했기 때문입니다. 이 일은 하나님이 예수 안에서 하신 일이라서 우리에게는 그 근거가 없기에 막막할 수밖에 없는 것인데 말입니다.

이런 우리에게 로마서가 하고 싶은 이야기가 바로 이것입니다. "그러므로 이제 그리스도 예수 안에 있는 자에게는 결코 정죄함이 없나니." 이 말씀이 고린도전서 15장에서는 이런 식으로 표현됩니다.

사망아 너의 승리가 어디 있느냐 사망아 네가 쏘는 것이 어디 있느냐 사망이 쏘는 것은 죄요 죄의 권능은 율법이라 우리 주 예수 그리스도로 말미암아 우리에게 승리를 주시는 하나님께 감사하노니 그러므로 내 사랑하는 형제들아 견실하며 흔들리지 말고 항상 주의 일에 더욱 힘쓰는 자들이 되라 이는 너희 수고가 주 안에서 헛되지 않은 줄 앎이라 (고전 15:55-58)

승리가 밖에서 옵니다. 우리가 만들어 내는 것이 아닙니다. 하나님이 이김을 주시는 것입니다. 우리가 할 일은 이 승리를 누리는 것뿐입니다. 여러분이 만나는 모든 정황과 인생에서 이 승리를 누리기 바랍니다.

예전 우리나라에 세계적 쾌거가 드문 시절에는 김기수 씨가 복싱에서 세계 챔피언을 하거나, 박세리 씨가 미국 LPGA에서 우승하고 돌아오면 카퍼레이드를 했습니다. 시민들과 함께 승리를 누리는 것이죠. 스타나 국민적 영웅이 오면 그들이 앉아 있는 자리가 어디든 상관없이 모임 전체가 빛났습니다. 이렇게 영광을 같이 나누는 자가 영웅입니다.

우리는 이런 지위와 역할로 부름받아 살고 있습니다. 우리가 하나
님의 자녀로 서 있음으로 말미암아 우리가 사는 구역은 이 복을 누립
니다. "내가 너로 큰 민족을 이루고 네게 복을 주어 네 이름을 창대하
게 하리니 너는 복이 될지라 너를 축복하는 자에게는 내가 복을 내리
고 너를 저주하는 자에게는 내가 저주하리니 땅의 모든 족속이 너로
말미암아 복을 얻을 것이니라 하신지라"(창 12:2-3).

사람들이 우리를 만나야 우리를 축복하든지 저주하든지 할 것 아
닙니까? 그러니 우리가 나그네 인생을 살아가면서 가능한 한 많은 사
람, 많은 경우를 만나야 합니다. 그저 나 혼자 편안한 것이 제일이다,
이런 마음으로 살아가면 안 됩니다.

영으로 산다는 말의 의미

로마서 8장으로 돌아와 봅시다. '영으로 산다'라는 말의 의미를 오해
하는 사람들이 종종 있는데, 이 말은 사망을 이기시고 부활하신 예수
로 보이신 하나님의 능력이 역사하시는 세상 속에서 그분의 통치에
따르는 운명이 되었다는 의미입니다.

율법이 육신으로 말미암아 연약하여 할 수 없는 그것을 하나님은 하
시나니 곧 죄로 말미암아 자기 아들을 죄 있는 육신의 모양으로 보
내어 육신에 죄를 정하사 육신을 따르지 않고 그 영을 따라 행하는
우리에게 율법의 요구가 이루어지게 하려 하심이니라 육신을 따르는
자는 육신의 일을, 영을 따르는 자는 영의 일을 생각하나니 육신의

생각은 사망이요 영의 생각은 생명과 평안이니라 육신의 생각은 하
나님과 원수가 되나니 이는 하나님의 법에 굴복하지 아니할 뿐 아니
라 할 수도 없음이라 육신에 있는 자들은 하나님을 기쁘시게 할 수
없느니라 만일 너희 속에 하나님의 영이 거하시면 너희가 육신에 있
지 아니하고 영에 있나니 누구든지 그리스도의 영이 없으면 그리스
도의 사람이 아니라 (롬 8:3-9)

이 본문을 읽을 때 주의해야 할 점이 있습니다. 이 말씀은 보이는 물
질과 보이지 않는 거룩한 정신을 구별하는 이분법을 이야기하는 것이
아닙니다. 이 말씀에서 육신은 보이는 것이 전부인 줄 알고 있는 죄악
된 세상의 길을 가리키고, 영은 성령으로 대표되는 하나님의 은혜와
부활의 권능 아래에 살게 된 하나님의 백성의 길을 가리킵니다.

　육신과 영의 이분법이라는 관점으로 이 말씀을 설명하여 많은 사
람들에게 오해를 불러일으켰던 사람이 《영에 속한 사람》을 쓴 워치만
니(Watchman Nee, 1903~1972)입니다. 이 말씀을 영과 육의 이분법으로
이해하는 것은 잘못된 생각입니다. ‘영에 속한’ 상태는 마음에 악한
생각이나 미혹이나 흠이 전혀 없이 온전한 마음으로 신앙생활을 하는
것을 의미하지 않습니다. 시험도 있고 두려움과 비겁한 생각도 드는
상황 속에서 신앙생활을 하는 것입니다. 아슬아슬하고 조마조마하지
만 신앙을 놓치지 않고 살아가는 것입니다.

　그런데 우리는 거룩하고 옳은 생각만 하고 공평무사한 추상명사
같은 존재가 되는 것을 원합니다. 이는 터무니없는 생각입니다. 우리
가 살아 있는 동안 세상의 위협과 시험은 늘 그림자처럼 우리를 따라

다니지만 이것을 이겨나가는 것입니다. 나를 세상과 죄에게 내어 줄 수는 없어, 하면서 끝까지 성령을 붙잡고 늘어지는 것입니다. 잘 안되지만 지지 않기로 하는 것입니다.

인생을 살아오면서 배운 것이 있습니다. 잘난 척해 봤자 부질없다, 고함질러봤자 원한만 쌓인다, 못나게 굴면 나만 손해다, 라는 것을 깨닫습니다. 이렇게 한 걸음씩, 매해 떡국을 먹을 때마다 가락가락 속에 사무친 하나님의 은혜가 우리를 키워 나가는 것입니다. 그러니 겁내지 마십시오.

실제 예를 하나 들어 보죠. 텔레비전 중계방송으로 골프 경기를 보면, 아무리 유명한 골퍼라고 해도 퍼팅(putting)할 때는 진지하게 합니다. 언젠가 골프 선수 타이거 우즈가 이런 말을 한 적이 있습니다. 이 짧은 퍼팅을 하는 순간 평생 해 왔던 모든 퍼팅이 머릿속을 훑고 지나간다고 말입니다. 예전에 퍼팅하면서 빠트리고, 잡아당기고, 밀고, 놓쳤던 실수가 떠오른다고 합니다. 이 모든 생각이 쭉 스쳐 지나가는 파노라마 속에서 퍼팅하는 것이죠. 이런 생각 없이 퍼팅하는 일은 결코 없다고 합니다. 이 모든 생각 속에서 마음을 움켜잡고 지구를 들어 올리듯이 퍼팅합니다. 공을 넣는 사람은 넘치는 실력으로 넣는 것이 아니라 도망갈 수 없어서 쳐 넣는 것입니다. 잘 되든 그렇지 않든 해 보아야 합니다. 못 넣어도 죽이지는 않는 인생에 우리가 들어온 것입니다. '너, 실패하면 죽인다'가 아니라, 너를 실패와 못난 것 때문에 끝나는 인생으로는 놓아두지 않겠다, 이길 때까지 내가 너를 놓지 않겠다, 이것이 로마서 8장의 이야기입니다.

에베소서 1장을 봅시다. 사도 바울은 에베소 교회에 보낸 편지에서 이런 무시무시한 팡파르를 울리면서 서두를 시작합니다.

> 찬송하리로다 하나님 곧 우리 주 예수 그리스도의 아버지께서 그리
> 스도 안에서 하늘에 속한 모든 신령한 복을 우리에게 주시되 곧 창
> 세 전에 그리스도 안에서 우리를 택하사 우리로 사랑 안에서 그 앞
> 에 거룩하고 흠이 없게 하시려고 그 기쁘신 뜻대로 우리를 예정하사
> 예수 그리스도로 말미암아 자기의 아들들이 되게 하셨으니 이는 그
> 가 사랑하시는 자 안에서 우리에게 거저 주시는 바 그의 은혜의 영
> 광을 찬송하게 하려는 것이라 (엡 1:3-6)

창세 전에 하나님께서 당신의 기쁘신 뜻대로 예수 그리스도 안에서
우리가 당신의 영광을 찬송하도록 목적하셨다, 이 일을 방해할 수 있
는 것은 어디에도 없다, 이렇게 본문을 요약할 수 있습니다.

'예수 그리스도 안에서'라는 것은 무슨 뜻입니까? 이는 다만 의도
나 이상이나 환상이 아니라 구체성을 말합니다. 예수가 인간의 몸을
입고 시간과 공간 속에 들어오셔서 십자가에서 죽으시고 사망의 자리
까지 내려갔다가 부활하셨습니다. 성령은 예수의 죽으심으로 말미암
은 결과이기 때문에 성령으로 인도를 받는다는 것은 예수로 말미암은
선물입니다. 성령의 임재는 언제나 예수 그리스도와의 관계 속에서
이해되어야 합니다.

그래서 로마서 8장은 육신을 따르는 자들과 영을 따르는 자들이라
는 표현을 굳이 써서 우리가 누구인가, 구체적 역사 속에서 하나님이
우리의 인생과 운명을 어떻게 바꾸셨는가를 말씀합니다. 그리하여 그

때는 "오호라 나는 곤고한 사람이로다 이 사망의 몸에서 누가 나를 건
져내랴"의 처지에 있었는데, 지금은 "그러므로 이제 그리스도 예수 안
에 있는 자에게는 결코 정죄함이 없나니 이는 그리스도 예수 안에 있
는 생명의 성령의 법이 죄와 사망의 법에서 너를 해방하였음이라"는
자리로 온 것입니다. 우리를 하나님의 영광의 찬송이 되게 하려고 창
세 전에 목적하셨습니다. 세상을 만들기 전에, 우리를 만들기 전에 이
미 목적하신 일입니다. 그러니 늠름하게 살아야 합니다. 겁내지 마시
고 넉넉하게 사십시오.

　예전에 복싱 챔피언 홍수환이 카라스키야한테 한 대 맞고 뻗었지
만 다시 일어났습니다. 또 얻어맞고 넘어지는 것을 네 번이나 했습니
다. 그래서 어떻게 되었습니까? 4전 5기가 되었습니다. 0전 5기라는
것도 있습니까? 그런 것은 없습니다. 만일 다섯 번 넘어졌다면 여섯
번 일어나서 5전 6기가 되었을 것입니다.

　이길 때까지 하는 것입니다. 이기지 않으면 끝이 아닙니다. 승리를
우리 것으로 만들어 하나님의 영광의 찬송이 되게 할 것입니다. 이것이
바로 현재입니다. 예수님은 벌써 이 일을 다 끝내셨습니다. 또한 성령
께서 결과를 낳으시려고 선물과 약속과 현실로 우리에게 와 계십니다.

기 도

하나님 아버지, 은혜를 감사합니다. 예수를 믿는다는 말이 가지는 엄연한 역
사와 현실, 그리고 미래의 완성을 알게 하셨으니 우리의 인생을 이제 믿음으
로 담대히 걸어가게 하여 주시옵소서. 겁먹지 말고 핑계대지 말고 고함지르

지 말고 자신의 인생을 누구에게 떠넘기지 말고 자기 인생을 몸소 살며 이 영광과 자랑을 누리며 하나님의 자녀라는 이름을 확인하는 복된 인생이 되게 하여 주시옵소서. 예수님 이름으로 기도합니다. 아멘.

21.
그리스도와 함께 한 상속자니

고난, 상속자의 권리

---

12 그러므로 형제들아 우리가 빚진 자로되 육신에게 져서 육신대로 살 것이 아니니라 13 너희가 육신대로 살면 반드시 죽을 것이로되 영으로써 몸의 행실을 죽이면 살리니 14 무릇 하나님의 영으로 인도함을 받는 사람은 곧 하나님의 아들이라 15 너희는 다시 무서워하는 종의 영을 받지 아니하고 양자의 영을 받았으므로 우리가 아빠 아버지라고 부르짖느니라 16 성령이 친히 우리의 영과 더불어 우리가 하나님의 자녀인 것을 증언하시나니 17 자녀이면 또한 상속자 곧 하나님의 상속자요 그리스도와 함께 한 상속자니 우리가 그와 함께 영광을 받기 위하여 고난도 함께 받아야 할 것이니라 (롬 8:12-17)

더 이상 정죄받지 않는 운명

로마서 8장에서 가장 중요한 선언은 16절입니다. "성령이 친히 우리의 영과 더불어 우리가 하나님의 자녀인 것을 증언하시나니." 여기서 보듯이 우리는 하나님의 자녀입니다. 로마서 7장이 하나님 없이 죄 가운데 살던 과거를 설명하는 것이라면, 8장은 예수 그리스도로 말미암은 구원으로 하나님의 자녀가 되어 그분과의 관계가 바르게 된 현재를 그리고 있습니다.

로마서 7장과 8장의 대조는 7장 24절과 8장 1절에서 확연히 드러납니다. 7장 24절의 "오호라 나는 곤고한 사람이로다 이 사망의 몸에서 누가 나를 건져내랴"라는 과거와 8장 1절의 "그러므로 이제 그리스도 예수 안에 있는 자에게는 결코 정죄함이 없나니"의 현재가 대조되는 것입니다. 많은 신자들이 로마서 7장과 8장의 대조를 분명하게 이해하지 못하는 것 같습니다. 여기서 성경이 과거와 현재를 대조하고 있다는 것을 이해하지 못해, 살면서 죄를 짓는 문제에 직면하면 7장으로 갔다가 믿음이 좋아지면 다시 8장으로 오곤 합니다.

우리가 더 이상 정죄를 받지 않는 지위와 운명에 이미 들어와 있다는 것이 로마서 8장의 이야기입니다. 법을 기준으로 하면 정죄가 나오지만, 사랑을 기준으로 하면 심판이란 있을 수 없습니다. 잘못할 때가 있더라도 예수 안에서 하나님과의 관계가 정상화된 다음에는 이 관계가 깨어지는 법은 없다, 잘못하면 혼나더라도 구원은 취소되지 않는다, 이렇게 더러움과 부끄러움과 못난 자리에서 영광과 명예로 나아가도록 인도받는다, 라고 말씀하는 것입니다.

그러니 두려워하지 말라고 합니다. 8장 15절에 보듯 '너희는 다시 무서워하는 종의 영을 받지 아니하고 양자의 영을 받았으므로 우리가 아빠 아버지라고 부르짖'을 수 있기 때문입니다. 두려움에 대해서는 요한일서 4장이 잘 설명하고 있습니다. 요한일서 4장 18절은 중요한 구절이므로 꼭 기억하기 바랍니다.

> 사랑 안에 두려움이 없고 온전한 사랑이 두려움을 내쫓나니 두려움
> 에는 형벌이 있음이라 두려워하는 자는 사랑 안에서 온전히 이루지
> 못하였느니라 (요일 4:18)

그러므로 그리스도 예수 안에 있는 자에게는 결코 정죄함이 없다고 선언한 말씀을 기억해야 합니다. 우리는 이런 말씀을 단지 성경 구절로 암송하거나 단편적 교리로만 이해할 뿐, 이 말씀이 속한 전체 문맥을 놓쳐 이런 선언이 만들어 내는 큰 흐름에 대해서는 이해가 부족한 것 같습니다.

로마서가 제시하는 큰 틀

이러한 흐름을 이해하기 위해 로마서 1장에서 시작하여 로마서 8장에 이르는 내용을 개관해 보겠습니다. 1장 16절에서 복음을 이렇게 선언합니다. '내가 복음을 부끄러워하지 아니하노니 이 복음은 모든 믿는 자에게 구원을 주시는 하나님의 능력이 됨이라.' 복음은 하나님의 능력이라고 정의됩니다. 16절에서는 '모든 믿는 자에게'라고 표현하였

으나, 믿음을 조건으로 제시하고 있지는 않습니다. 하나님의 능력이 믿음이라는 방식으로 주어지고 있음을 가리킵니다. 믿음은 율법과 대조되는 것으로 구원을 받는 자가 스스로 어떤 자격이나 조건을 충족하여서 구원을 이루는 것이 아니라, 구원하시는 분이 은혜와 선물이라는 방식으로 구원을 주신다는 사실을 나타내는 단어입니다. 그래서 믿음은 하나님의 능력을 드러냅니다.

복음이 왜 필요할까요? 1장 18절부터 3장 20절까지 보면, 우리가 하나님 없이 살아 부패하고 왜곡되고 죽음의 상태에 있다고 선언합니다. 3장 10절에서 12절은 인간의 상태를 이렇게 요약합니다. '의인은 없나니 하나도 없으며 깨닫는 자도 없고 하나님을 찾는 자도 없고 다 치우쳐 함께 무익하게 되고 선을 행하는 자는 없나니 하나도 없도다.' 인간의 상태가 이러하기에 3장 20절에서는 '그러므로 율법의 행위로 그의 앞에 의롭다 하심을 얻을 육체가 없나니'라고 하여 인류에게 희망이 없다고 단정합니다.

그리고 마침내 복음이 등장합니다. 3장 21절입니다. '그러나 이제는 율법 외에 하나님의 한 의가 나타났으니.' 예수 그리스도 안에서 나타난 하나님의 한 의는 율법과 선지자들에게 증거를 받은 것으로, 차별이 없다고 설명합니다. "곧 예수 그리스도를 믿음으로 말미암아 모든 믿는 자에게 미치는 하나님의 의니 차별이 없느니라." 차별 없이 주어지는 하나님의 의, 곧 잘했고 못했고의 구별이나 유능하고 무능하고의 구별과 상관없이 하나님이 주시는 구원입니다. 구원이 이렇게 선언되었습니다.

이렇게 선언된 구원은 우리가 만들어서 얻은 보상이 아니라, 하나님께서 은혜로, 다른 표현으로는 믿음으로 주신 것입니다. 로마서 4장에서는 아브라함을 언급하여 이 믿음을 더 깊게 설명합니다. 믿음의 조상 아브라함은 어떻게 의롭다 하심을 얻었는가? 하나님이 주셨다, 아브라함에게 의롭다고 하신 것은 아브라함의 실력 때문이 아니었다, 그가 받은 의는 하나님의 의요 하나님의 자비였다, 이것이 복음이 성립되는 방식이다, 라고 4장이 설명합니다.

이어 5장에서는 '대표 원리'로 구원을 설명합니다. 아담 안에서 모든 사람이 죽은 것이, 모든 인류가 아담의 후손으로서 아담의 범죄에 갇힌 것이 그토록 영향력이 큰 사실이었다면, 하나님의 아들인 예수 안에서 인류에게 일어난 일은 어찌 더 크게 영향을 미치지 않겠느냐, 이것이 5장의 메시지입니다. 아담 안에서 우리 모두가 죽었던 것같이 예수 안에서 우리 모든 인류는 살아나리라는 것입니다.

이어 6장은 이런 질문으로 시작합니다. 그런즉 우리가 무엇을 하리요, 은혜로 구원을 얻었으니 아무렇게나 살아도 좋은가? 답은 그럴 수 없다, 입니다. 죽음을 향해 가던 인생에서, 못나게 살던 인생에서 부활과 영광으로 새 생명을 얻었으니 이제는 바로 살아야 할 것 아닌가, 멋지게 해 보아야 할 것 아닌가, 이것이 답입니다. 죄가 너희를 주관하지 못할 것이다, 이전에 너희가 아담의 후손으로서 속수무책으로 죄의 권세에 붙잡혀 있었다면, 이제는 생명과 성령의 법이 죄와 사망의 법에서 너희를 해방하였다, 라고 합니다. 이 두 상태가 대조됩니다.

하지만 우리는 예수를 믿고 복음을 받아들인다는 말이 무슨 의미인지, 하나님이 인류와 역사와 운명에 개입하셔서 인류에게 반전 곧 부활의 승리를 예수 안에서 이루신 일이 얼마나 놀라운지를 제대로 이해하지 못합니다. 그래서 이 구원을 자신에게 적용할 때면 각자의 선택을 확인하고 자격을 고민하여, 늘 7장으로 갔다 8장으로 갔다 하는 것입니다. '오호라 나는 곤고한 사람이로다'로 가서 죽어나다가 어느 날 은혜를 입으면 8장에 온 것같이 생각합니다. 8장에 왔다고 해도 이 은혜가 계속 유지되는 것이 아니라, 다시 어려운 일이 생기면 6장으로 돌아가서 "하나님, 내가 예수 안에 있다는데 무슨 고생을 이렇게 시키십니까?"라는 질문으로 돌아갑니다. 이는 로마서의 설명을 놓치기 때문에 벌어지는 일입니다. 하나님께서 인류를 어떻게 다루셔서 어디로 인도하셨는지를 로마서가 역사의 차원에서 누누이 설명하고 있는데 말입니다.

우리는 못났고 또한 실수할 수 있습니다. 그러나 그렇다고 하여 우리의 운명이 바뀌지는 않습니다. 아담 안에서 모든 사람이 죽은 것같이 예수 안에서 하나님의 자녀들은 모두 승리할 것입니다. 이 과정이 어떻게 전개되며, 우리 눈에 어떻게 보일지는 각자에게서 다 다를 것입니다. 이는 로마서가 다루는 내용이 아닙니다. 신자 각 개인이 이 과정을 어떻게 진실하고 명예롭게 살아야 하는지에 대해서는 다른 서신서가 답을 주는 반면, 로마서는 큰 틀을 설명하고 있습니다. 로마서 8장은 이런 배경이 없이는 이해가 잘 안 갈 수 있습니다. 예수로 말미암아 일어난 새로운 현실이 다음과 같이 소개됩니다.

그러므로 우리가 그의 죽으심과 합하여 세례를 받음으로 그와 함께 장사되었나니 이는 아버지의 영광으로 말미암아 그리스도를 죽은 자 가운데서 살리심과 같이 우리로 또한 새 생명 가운데서 행하게

하려 함이라 (롬 6:4)

우리는 새 생명을 가진 자입니다. 사망에게 지지 않는 생명을 갖고 있습니다. 사망이 우리에게 왕 노릇하지 못합니다. 이것이 6장 14절에서 다시 강조됩니다.

> 죄가 너희를 주장하지 못하리니 이는 너희가 법 아래에 있지 아니하고 은혜 아래에 있음이라 (롬 6:14)

사망이 우리를 주장하지 못하고 생명이 우리를 주장합니다. 사망은 우리를 위협하며 유혹할 것입니다. 우리는 아마 여러 번 넘어질 것입니다. 그러나 이 넘어짐은 넘어짐으로 끝나지 않고 우리를 다시 일어서게 만들 것입니다. 그 넘어짐이 우리를 더 단련하고 더 깊게 만들어 갈 것입니다.

회개는 죄목을 낱낱이 아뢰는 회개 기도로 해결되는 것이 아닙니다. 나를 자폭과 실패에서 끝나지 않게 나를 붙잡아 일으키는 하나님의 손길이 있다는 것을 알아야 회개 기도는 힘이 붙습니다. 회개해서 용서받는 것이 아닙니다. 회개할 수 있다, 일어설 수 있다, 용서받을 수 있다, 돌이킬 수 있다, 죽음으로 끝나지 않는다, 이런 사실을 모른 채 회개 기도를 하면 답이 나오지 않습니다. 몇 번을 넘어져도 좋다, 하나님이 다시 일으킨다, 이것을 알아야 우리는 참다운 회개 기도를 할 수 있습니다.

고난으로 보내시는 하나님의 부르심

복음의 놀라운 점은 하나님이 당신을 외면한 인간을 구원하기로 작정하시고 당신의 아들을 보내셨다는 사실에 있습니다. 우리를 구원하기 위하여 당신의 아들을 십자가에 못 박아 아무 자격이 없고 구원에 대한 아무런 이해가 없는 우리를 구원하셨습니다. 로마서 5장 8절에서 보듯이 '우리가 아직 죄인 되었을 때에 그리스도께서 우리를 위하여 죽으심으로 하나님께서 우리에 대한 자기의 사랑을 확증하셨'습니다. 우리가 자격이 없고 이해하지 못할 때, 우리가 요구하기도 전에 하나님이 이루신 구원입니다. 이 구원은 매우 신비하고 놀라워서 많은 사람들이 '왜 나를(Why me)?'이라는 표현을 남겼습니다. 주님, 왜 저입니까, 왜 저 같은 것을 구원하십니까?

그리고 성경은 이러한 구원을 고난과 연결하여 설명합니다. 로마서 8장 17절, '자녀이면 또한 상속자 곧 하나님의 상속자요 그리스도와 함께 한 상속자니 우리가 그와 함께 영광을 받기 위하여 고난도 함께 받아야 할 것'이라고 합니다. 로마서 8장에서 하는 이야기는 이것입니다. 우리를 구원하신 사실만이 놀라운 것이 아닙니다. 또 하나 놀라운 것은 하나님이 당신의 의지와 성의와 능력을 동원하여 죄 가운데서 꺼낸 당신의 백성을 고난으로 집어넣는다는 사실입니다.

우리는 이것을 이해하지 못합니다. 하나님의 권능으로 죄인을 꺼냈다, 은혜와 믿음으로 꺼냈다, 우리가 죄인이었을 때에 우리의 모든 죄를 예수 그리스도가 그의 피로 사하셨다, 이 사실만으로도 이해가 잘 가지 않은 엄청난 일인데 그렇게 꺼낸 하나님의 백성을 고난으로 보내신다는 것입니다. 로마서 5장을 다시 봅시다.

> 그러므로 우리가 믿음으로 의롭다 하심을 받았으니 우리 주 예수 그
> 리스도로 말미암아 하나님과 화평을 누리자 또한 그로 말미암아 우
> 리가 믿음으로 서 있는 이 은혜에 들어감을 얻었으며 하나님의 영광
> 을 바라고 즐거워하느니라 (롬 5:1-2)

이렇게 끝나야 맞습니다. 하지만 이 뒤에 3절이 붙어 있습니다.

> 다만 이뿐 아니라 우리가 환난 중에도 즐거워하나니 이는 환난은 인
> 내를, 인내는 연단을, 연단은 소망을 이루는 줄 앎이로다 소망이 우리
> 를 부끄럽게 하지 아니함은 우리에게 주신 성령으로 말미암아 하나님
> 의 사랑이 우리 마음에 부은 바 됨이니 우리가 아직 연약할 때에 기약
> 대로 그리스도께서 경건하지 않은 자를 위하여 죽으셨도다 (롬 5:3-6)

이 내용이 붙어 있습니다. 우리를 죄와 사망의 자리에서 은혜와 능력
으로 불러내신 하나님은 우리를 환난으로 보내십니다. 고난으로 보
내십니다. 참으로 신비로운 부르심이라서 우리가 잘 이해하지 못하는
대목입니다. 로마서 8장 12절을 다시 봅시다.

> 그러므로 형제들아 우리가 빚진 자로되 육신에게 져서 육신대로 살
> 것이 아니니라 너희가 육신대로 살면 반드시 죽을 것이로되 영으로
> 써 몸의 행실을 죽이면 살리니 무릇 하나님의 영으로 인도함을 받는

사람은 곧 하나님의 아들이라 (롬 8:12-14)

로마서에서 말하는 '육신'은 하나님 없이 사는 존재나 삶을 가리킵니다. 반면에 하나님과 화목하게 되어 그분의 자녀로 존재하며 하나님과 긍정적 관계 속에 사는 인생을 '영'이라고 합니다. 이 '영'이라는 단어는 '성령이 임하셨다'를 염두에 둔 표현입니다. '성령이 임하셨다'는 것은 체험적 사건에 불과한 것이 아니라 예수 그리스도의 죽으심에 대한 증언인 성령이 오셨음을 의미합니다. 성령은 예수가 누구신가를 증언하러 오신 분입니다. 예수와 그의 죽으심을 빼놓고 성령을 논할수는 없습니다.

이런 이유에서 하나님과 긍정적 관계, 아버지와 자녀라는 관계에 들어와 살게 된 존재와 삶의 방식을 '영'이라고 표현합니다. "너희가육신대로 살면 반드시 죽을 것이로되 영으로써 몸의 행실을 죽이면 살리니"라는 말씀은 종교적이고 윤리적인 명분을 주장하는 것이 아니라, '영'을 따라 살아가는 삶의 방식을 말하는 것입니다. 그리고 그와 같은 삶의 방식은 17절에 있는 것과 같이 다시 고난으로 설명되어 있습니다.

자녀이면 또한 상속자 곧 하나님의 상속자요 그리스도와 함께 한 상속자니 우리가 그와 함께 영광을 받기 위하여 고난도 함께 받아야할 것이니라 (롬 8:17)

이런 무서운 내용이 들어 있습니다. 예수가 그리하신 것처럼 고난을 통해서만 이 구원의 궁극적인 자리와 영광의 자리에 들어간다고 합니다. 앞에서 살펴본 빌립보서 2장이 바로 이런 내용을 담고 있습니다.

> 그러므로 그리스도 안에 무슨 권면이나 사랑의 무슨 위로나 성령의 무슨 교제나 긍휼이나 자비가 있거든 마음을 같이하여 같은 사랑을 가지고 뜻을 합하며 한마음을 품어 아무 일에든지 다툼이나 허영으로 하지 말고 오직 겸손한 마음으로 각각 자기보다 남을 낫게 여기고 각각 자기 일을 돌볼뿐더러 또한 각각 다른 사람들의 일을 돌보아 나의 기쁨을 충만하게 하라 (빌 2:1-4)

그다음이 이렇게 이어집니다.

> 너희 안에 이 마음을 품으라 곧 그리스도 예수의 마음이니 그는 근본 하나님의 본체시나 하나님과 동등됨을 취할 것으로 여기지 아니하시고 오히려 자기를 비워 종의 형체를 가지사 사람들과 같이 되셨고 사람의 모양으로 나타나사 자기를 낮추시고 죽기까지 복종하셨으니 곧 십자가에 죽으심이라 이러므로 하나님이 그를 지극히 높여 모든 이름 위에 뛰어난 이름을 주사 하늘에 있는 자들과 땅에 있는 자들과 땅 아래에 있는 자들로 모든 무릎을 예수의 이름에 꿇게 하시고 모든 입으로 예수 그리스도를 주라 시인하여 하나님 아버지께 영광을 돌리게 하셨느니라 (빌 2:5-11)

먼저 바울의 권면이 나옵니다. 사랑해라, 한마음을 품어라, 겸손해라,

자기보다 남을 낮게 여겨라와 같은 것입니다. 그리고 이 권면에 이어 무슨 말씀이 나옵니까? 예수께서 하나님과 동등됨을 취할 것으로 여기지 않으셨다, 죽기까지 복종하셨고, 십자가에서 죽임을 당하셨다, 그 예수를 하나님께서 모든 이름 위에 뛰어난 이름을 주시고, 모두가 주로 섬기게 하셨다, 라는 것입니다.

우리는 쉽게 이 '그리스도 찬가'를 좋은 일을 할 때 예수님을 본받아서 희생과 겸손으로 하라는 식으로 이해하고 적용합니다. 그러나 이 구절은 그런 뜻이 아닙니다. 로마서 8장 17절에서 우리를 기다리는 삶은 고난의 삶이라고 합니다. 그리스도인에게 권면하는 삶이 빚어지려면 고난이라는 과정을 거쳐야 한다, 하나님은 우리 안에 영을 따르는 삶을 이루시기 위해서 우리를 예수처럼 십자가와 고난의 길로 인도하실 것을 잊지 않아야 한다, 이렇게 이해해야 합니다.

외면당하며 살아야 하는 인생

우리는 진심과 소원을 모으면 온유, 겸손, 사랑 같은 것을 만들어 낼 수 있다고 착각합니다. 그래서 이런 기도를 합니다. 하나님, 제게 무슨 다른 소원이 있겠어요, 그저 주를 위해서 살고 싶어요, 그러니 건강하게 해 주시고 저한테 기회도 좀 주세요, 저한테 돈을 주시면 저만 위해서 쓰지는 않을 거예요, 그저 정신만 좀 차리게 해 주세요, 라고 기도합니다.

그러나 이런 소원과 신령한 생각이 있다면 잊지 말아야 합니다. 십자가를 지는 길로 가야만 이 신령한 생각이 구체화될 수 있다고 말입니다. 여기에 예외가 없습니다. 하나님께서 구체화하시는 방법이 우리가 갖는 막연한 기대와 얼마나 다른 차원의 이야기인지 이해하시겠습니까.

예수님이 이 땅에 오셨던 당시에도 그러했듯이, 인류 역사는 지금도 세상의 창조주이시며 배신한 인류를 위하여 오신 구원자이신 그분을 외면하고 있습니다. 그러나 바로 예수와 같이, 아무것도 아닌 것처럼 인생 속에 묻혀서 아무것도 아닌 일을 하며 사는 것이 신자의 마땅한 임무입니다. 복음이 무엇인지 아는 자들은 세상에 묻혀 외면당하는 인생을 기꺼이 걷게 됩니다.

그러니 여러분, "우리 목사님 건강하게 해 주세요"와 같은 기도는 하지 마십시오. 건강해야만 우리의 인생이 쓰임 받을 수 있다고 생각하는 것은 기만이라고 봅니다. 평안하고 펄펄 뛰고 높은 지위에 올라가야 할 수 있는 일이었으면 하나님이 벌써 천사를 보내어 하셨을 것입니다. 하나님의 일하심이 여러분에게 깊은 신앙의 소원을 만드시거든 어디로 들어가야 하는지 잘 생각해 보기 바랍니다. 자녀이면 또한 상속자 곧 하나님의 상속자요 그리스도와 함께 한 상속자이니 그와 함께 영광을 받기 위하여 고난도 함께 받아야 할 것이라고 하십니다. 이것이 하나님이 일하시는 방법입니다. 이것이 앞에서 말했던 신비입니다. 그 자녀의 대표인 예수 그리스도가 죄인을 구원하시되 십자가의 고난으로 열어 놓아서 만든 길입니다. 하나님은 당신의 자녀들을 이 신비 곧 고난으로 인도하십니다.

우리의 분함은 어디에 있습니까? 우리는 그저 욕먹는 것이 싫습니다. 예수를 믿어서 세상보다 우월한 지위와 평가를 분명하게 받았으면 좋겠습니다. 그렇지 못한 것이 억울합니다. 그래서 누가 우리에게 막 뭐라고 하면 무서워합니다.

하지만 성경은 우리에게 이렇게 이야기합니다. '하나님은 모든 충만을 예수 안에 담아 세상에 보내셨다.' 이것을 모르면 기독교를 모르는 것입니다. 아무것도 아닌 것 같은 여러분의 존재가 실은 얼마나 큰 존재인지 모르는 것입니다. 자신에게 부족한 것을 남에게 빼앗아 오고 나만 못한 사람을 꺾어서 분풀이할 뿐 기독교인에게 주어진 진정한 능력과 신비와 명예와 자랑은 헤아리지 못하는 것입니다.

그러니 다시 읽고 기억하십시오. 여러분이 '하나님 아버지!'라고 부르는 기도가 무엇인지를, 예수님 이름으로 기도하는 것이 무엇인지를 다시 확인하십시오. 이미 주신 것, 이미 가져 세상이 빼앗을 수 없는 것을 확인하고 누리십시오. 명예로운 인생임을 확인하게 될 것입니다. 하나님의 가장 큰 능력과 기적이 바로 여러분 자신이요, 여러분의 인생인 것을 알게 될 것입니다. 그 충만함과 넉넉하게 부어 주시는 은혜가 여러분의 인생이고 여러분의 현실이고 여러분에게 준 자리라는 것을 기억하는 오늘의 말씀이기를 바랍니다.

기 도

하나님 아버지, 은혜를 감사합니다. 하나님을 아버지라 부르면 그 외의 것들은 그저 부록에 불과한 것 같습니다. 우리가 선 자리, 우리의 형편, 우리의 거부, 불만, 이 모든 것을 하나님이 예수 안에서 이루신 하나님의 사랑과 경륜과 복 주심과 능력 안에 묶습니다. 하나님이 우리 인생을 여기까지 인도하셔서 이 자리에 오게 하셨고, 하나님을 알게 하셨고, 믿음을 고백하게 하셨으니 이제는 충성하겠습니다. 우리의 형편과 조건을 감수하고 자랑스럽게 예수께서 가신 길을 뒤좇겠습니다. 믿음과 담력, 용기와 인내를 허락하사 하나님이 일하시는 것을 우리 생애에 마음껏 보게 하여 주시옵소서. 예수님 이름으로 기도합니다. 아멘.

22.
장차 우리에게 나타날 영광

정황, 본문을 만들어 내시는 자리

18 생각하건대 현재의 고난은 장차 우리에게 나타날 영광과 비교할 수 없도다 19 피조물이 고대하는 바는 하나님의 아들들이 나타나는 것이니 20 피조물이 허무한 데 굴복하는 것은 자기 뜻이 아니요 오직 굴복하게 하시는 이로 말미암음이라 21 그 바라는 것은 피조물도 썩어짐의 종 노릇 한 데서 해방되어 하나님의 자녀들의 영광의 자유에 이르는 것이니라 22 피조물이 다 이제까지 함께 탄식하며 함께 고통을 겪고 있는 것을 우리가 아느니라 23 그뿐 아니라 또한 우리 곧 성령의 처음 익은 열매를 받은 우리까지도 속으로 탄식하여 양자 될 것 곧 우리 몸의 속량을 기다리느니라 24 우리가 소망으로 구원을 얻었으매 보이는 소망이 소망이 아니니 보는 것을 누가 바라리요 25 만일 우리가 보지 못하는 것을 바라면 참음으로 기다릴지니라…… (롬 8:18-27)

고난으로 채워지는 시간

본문에서는 고난, 영광, 소망이라는 단어가 중요합니다. 고난에 대해서는 18절에서 '현재의 고난은 장차 우리에게 나타날 영광과 비교할 수 없'다고 합니다. 영광에 대해서는 21절에서 '그 바라는 것은 피조물도 썩어짐의 종 노릇 한 데서 해방되어 하나님의 자녀들의 영광의 자유에 이르는 것'이라고 언급합니다. 24절에서는 '우리가 소망으로 구원을 얻었으매 보이는 소망이 소망이 아니니'라고 하여 소망을 강조합니다.

우리는 오늘 본문이 그 앞에 있는 17절, "자녀이면 또한 상속자 곧 하나님의 상속자요 그리스도와 함께한 상속자니 우리가 그와 함께 영광을 받기 위하여 고난도 함께 받아야 할 것이니라"에 이어져 나온다는 점을 기억해야 합니다. 자녀는 일꾼이나 노예의 신분과 대조되는 지위를 가지고 있습니다. 일꾼에게는 단지 일한 대가로 보수를 주면 그것으로 끝이지만 자녀는 다릅니다. 자녀에게는 보수를 주지 않고 기업을 물려줍니다. 자녀는 일한 만큼 대가를 받는 지위가 아니라 아버지의 기업과 유산을 이어받는 상속자입니다. 우리가 그런 하나님의 자녀라면 하나님의 기업과 유산을 이어받기 위해서는 고난도 함께 받아야 한다고 성경은 말씀합니다. 이는 매우 중요한 문제이므로 여기서 깊이 다루고자 합니다. 이 고난에 대해서는 이미 로마서 5장에서 언급했습니다. 다시 돌아가 보겠습니다.

그러므로 우리가 믿음으로 의롭다 하심을 받았으니 우리 주 예수 그

리스도로 말미암아 하나님과 화평을 누리자 또한 그로 말미암아 우
리가 믿음으로 서 있는 이 은혜에 들어감을 얻었으며 하나님의 영광
을 바라고 즐거워하느니라 (롬 5:1-2)

화평은 이루어졌고 하나님의 영광은 약속되었습니다. 이미 완료되고
정상화된 하나님과의 관계와 기다리며 바라보아야 할 하나님의 영광
사이를 이제 하나님께서 무엇으로 채우시는지 봅시다. 3절입니다.

다만 이뿐 아니라 우리가 환난 중에도 즐거워하나니 이는 환난은 인
내를, 인내는 연단을, 연단은 소망을 이루는 줄 앎이로다 (롬 5:3-4)

여기서 '소망'은 무엇을 바라고 내다보는 행위가 아니라 목적지를 의
미합니다. 이 구절들을 종합하여 생각해 보면, 구원에는 시작부터 완
성까지 시간적 길이가 있으며, 완성이라는 목적지에 이르는 과정은
고난과 환난이라고 말씀하는 것입니다. 하나님은 예수 안에서 우리를
구원하여 당신의 자녀로 삼으시고 당신의 영광의 찬송이 되게 하시겠
다는 목적을 고난을 통해 성취하겠다고 선언하십니다.

하나님이 고난으로 일하신다는 것을 모르면 어떤 문제가 생길까
요? 현실을 인과응보로만 이해하게 됩니다. 인과응보가 이해의 틀의
전부가 되어 버립니다. 잘하면 복 받고 못하면 벌 받는다는 이 틀은 물
론 하나님이 일하시는 대원칙 중 하나이며 하나님의 공의의 중요한
질서에 속한 것이지만, 이는 하나님의 속성 가운데 한 가지를 반영할
뿐입니다. 하나님은 이것보다 크십니다. 용서, 회복, 사랑, 구원, 믿음

과 같은 것은 인과응보라는 틀에서는 생각할 수 없습니다. 더 나아가 법칙이라는 관점으로 구원을 이해하면 곤란하다는 점을 기억해야 합니다. 예수로 말미암은 구원은 예수가 법칙이 아니라 인격이라는 점을 가르쳐 줍니다.

고난과 정황

하나님이 당신의 영광을 드러내시는 가장 대표적인 방법이자 가장 기뻐하시는 방법은 예수와 십자가입니다. 우리를 완성하시어 우리로 그의 영광의 찬송이 되게 하는 방법도 고난으로 정하셨다고 이야기합니다. 그러니 고난을 적극적으로 이해해야 합니다. '고난에도 불구하고'가 아닙니다. '고난으로만'입니다. 히브리서 2장을 봅시다.

> 오직 우리가 천사들보다 잠시 동안 못하게 하심을 입은 자 곧 죽음의 고난 받으심으로 말미암아 영광과 존귀로 관을 쓰신 예수를 보니 이를 행하심은 하나님의 은혜로 말미암아 모든 사람을 위하여 죽음을 맛보려 하심이라 그러므로 만물이 그를 위하고 또한 그로 말미암은 이가 많은 아들들을 이끌어 영광에 들어가게 하시는 일에 그들의 구원의 창시자를 고난을 통하여 온전하게 하심이 합당하도다 (히 2:9-10)

예수는 고난을 통해 하나님의 영광을 완성하십니다. 십자가, 수치와 고통, 그리고 죽음입니다. 죽음을 맛본다는 것이 무엇일까요? 죽음은 최악의 상황이며 아무것도 아닌 것이 되는 일입니다.

성경적 이해로 보면, 죄란 하나님을 떠나 하나님이 없는 상태이고 이는 곧 죽음을 의미합니다. 하나님을 떠나면 생명과 진리와 승리와 영광의 근거가 없어집니다. 이 모든 것이 오직 하나님으로부터만 나오기 때문입니다. 더 나아가, 적극적 의미에서 죄란 하나님을 거부하고 외면하는 것입니다. 죽을 자리로 스스로 들어간 것입니다. 그런데 하나님은 거기까지 찾아 들어오십니다. 이것이 바로 예수의 고난입니다.

우리가 만든 비참한 현실에 예수가 들어오시는 것입니다. 우리는 바로 이 주제, 곧 우리가 경험하는 현실과 이 현실에 들어오시는 예수에 대한 이해가 부족합니다. 고난은 인생에서 모두가 겪는 보편적 현실인데도, 우리는 인과응보 말고는 고난을 이해하는 다른 틀이 없습니다. 그래서 기독교가 말하는 신앙의 신비를 종종 놓치고 맙니다.

하나님이 예수를 우리가 잘못한 그 자리에 보내셔서 우리가 아무리 잘해도 얻을 수 없는 결과를 우리로 받게 하십니다. 이것이 은혜요, 사랑이요, 하나님의 능력입니다. 그런데도 우리는 이 말을 잘 이해하지 못할 때가 많습니다.

우리는 고난을 부정적으로 이해하는 경향이 있습니다. 그래서 언제나 고난은 잘못했을 때에 받는 벌로만 생각하여 누군가 고난을 당하면 무언가 잘못을 저질렀기 때문이라고 생각하지, 하나님이 그것으로 일하신다는 생각은 못합니다.

고난은 우리 인생 전반에 걸쳐 있는 현실입니다. 사람은 언제쯤 고난이라는 것을 깨닫기 시작합니까? 사춘기이지요. 사춘기란 인생이 기대와 다르다는 것을 아는 시기입니다. 아무리 잘해도 안 되고 잘하려고 해도 잘하게 되지 않는다는 것을 아는 시기입니다. 세상에 대해서 놀라게 되고 자신에 대해서 놀라게 되는 시기가 바로 사춘기입니다. 철이 들려면 이 관문 곧 의심과 불만의 관문을 통과해야 합니다.

제가 드리는 이 조언이 청년들에게 도움이 되길 바라는데, 젊었을 때에는 시간을 죽이는 것 말고는 이 관문 앞에서 어떻게 하면 좋을지 다른 방법을 찾지 못합니다. 생각하기 시작하면 고달프기 때문에 시간을 죽이는 것밖에 할 것이 없습니다. 야구 구경하러 가고 설악산 가고 싸우고 악을 쓰며 시간을 죽입니다. 자신이 태어난 것이 죄라는 것을 압니다. 답이 없는 인생에 태어난 것을, 그리고 살면서 이 꼴을 당하는 것을 어쩌지 못해서 시간을 죽이는 것입니다.

하나님은 왜 우리를 이 모양으로 놓아두실까요? 하나님이 우리의 몸체를 키우고 계시기 때문입니다. 이때 자랍니다. 키가 크고 체중이 늘고 지능이 자라고 많은 것을 경험합니다. 현실을 직시하고 그리고 도망갈 수 없다는 것을 배웁니다. 철학과 사변으로 깨닫는 것이 아닙니다. 도망갈 수 없는 현실을 삶에서 너무나 충분히 확인하게 됩니다. 나의 한계가 무엇인가, 내가 어디에 속했는가, 그리고 내가 속한 사회가 무엇인가를 이때 배웁니다.

그런데 세상은 이런 우리의 마음속에 원망을 넣고, 마음에 안 드는 자를 죽여서 얻는 해결인 보복을 넣고, 문제를 해결할 수 있다는 권력에 대한 욕망을 넣습니다. 그러나 우리 믿는 자들에게 하나님은 예수를 넣어 주십니다.

따지고 보면 우리가 어느 시대에 태어나 어떤 정치 경제적 조건 속에 있었는가, 어느 부모 밑에서 어떤 유전자를 가지고 태어났는가는 별 차이가 없습니다. 그것은 모두 컨텍스트(context)이기 때문입니다.

여기서 말하는 컨텍스트는 자기 자신의 정황, 하나님이 우리 각자에게 주신 정황을 가리킵니다. 나라는 존재를 만들어 낸 환경, 유전, 유산이 컨텍스트입니다. 우리를 담는 그릇입니다. 급한 성격, 착한 마음, 무지, 경솔 같은 각자의 성정도 또한 이 그릇입니다.

중요한 것은 이 그릇에 무엇을 담고 있느냐, 하는 것이죠. 그릇이 내용물을 만들지 않습니다. 이는 하나님만이 주실 수 있습니다. 생명과 진리, 하나님을 아는 지식과 하나님의 자녀라는 신분은 하나님만이 주십니다. 이 점을 주시하지 않으면 컨텍스트를 바꾸는 싸움에 목숨을 걸게 됩니다. 정권을 바꾸고 자신과 견해가 다른 놈들은 다 죽이고 고함을 지르고 분을 내는 것만 있을 뿐 텍스트를 지켜 내는 싸움은 없습니다.

제럴드 싯처(Gerald L.Sittser)는 그의 책《하나님의 은혜》에서 이십 년 전 자기가 당한 사고를 회고합니다. 집회에 다녀오던 어느 날 만취한 운전자가 중앙선을 넘어 싯처의 차를 들이박아 낸 교통사고로 어머니와 아내와 딸이 죽습니다. 이 사고로 그는 큰 충격에서 헤어나지 못합니다. 넘어설 수 없는 충격이었죠. 이십 년이 지난 후 싯처는 이런 글을 남깁니다. '그 사고는 소품에 불과했다.'

소품이란 정말 작은 것입니다. 무대의 어느 한 장면에 배치된 책 한 권이나 볼펜 한 자루처럼 있어도 그만이고 없어도 그만인 보잘것없는 물건이 소품입니다. 싯처는 그 비참한 사고를 왜 소품에 비유했을까요? 하나님이 이 고난에 무엇을 담으셨는가를 생각하면 그런 사고는 아무래도 좋은 것이었다고 깨달았기 때문입니다.

인생 전반에 걸쳐서 배우는 것은 우리는 태어나면서부터 고난 속

에 있다는 것입니다. 이는 환경이 나빠서도 아니고 우리가 무력해서
도 아닙니다. 하나님이 우리를 고난 속에 보내시며 이것으로 일하시
기 때문입니다. 이것을 외면하면 예수 믿고 빨리 죽어 천국 가는 것 외
에는 인생에서 예수로 말미암아 누릴 복이란 없습니다.

어떤 정황에서도 만들어지는 본문

예수가 오신 목적을 히브리서 2장 9절은 이렇게 말합니다. '죽음을 맛
보려 하심이라.' 하나님을 거부하여 파멸로 갈 수밖에 없는 아무 가치
도 없는 인간의 자리에 주께서 들어오셔서 그가 속한 컨텍스트에 텍
스트 곧 본문을 담으시겠다는 것입니다.

　그 무엇도 만들어 낼 수 없을 것 같은 억울한 모든 정황, 여러분이
겪은 고난 자체는 문제가 되지 않습니다. 이 자리에 하나님이 본문을
넣을 수 있다면, 여러분이 겪는 고난은 오히려 하나님이 뜻을 이루시
려 여러분을 보내신 자리가 되는 것입니다. 예수께서 죽음의 자리까
지 찾아오셔서 본문을 넣으신 것처럼 말입니다.

　죽음보다 못한 정황은 없습니다. 십자가란 인간이 만들 수 있는 최
악의 경우이며, 인간의 배신과 무지로 만든 수치입니다. 우리를 만드
시고 우리에게 복을 주시려고 오신 이를 팔아먹고 비난하고 누명을
뒤집어씌운 자리입니다. 하나님이 이런 자리와 이런 정황에도 본문을
담으셨다면, 우리 인생에야 얼마든지 본문을 채우실 수 있지 않겠습
니까? 그러니 고난이란 결국 본문을 만들어 내고야 마는 하나님의 일
하심의 현장인 것입니다. 고린도후서 4장에 와 보십시오.

우리는 우리를 전파하는 것이 아니라 오직 그리스도 예수의 주 되신 것과 또 예수를 위하여 우리가 너희의 종 된 것을 전파함이라 어두운 데에 빛이 비치라 말씀하셨던 그 하나님께서 예수 그리스도의 얼굴에 있는 하나님의 영광을 아는 빛을 우리 마음에 비추셨느니라 우리가 이 보배를 질그릇에 가졌으니 이는 심히 큰 능력은 하나님께 있고 우리에게 있지 아니함을 알게 하려 함이라 (고후 4:5-7)

보배를 질그릇에 가졌다고 합니다. 이 본문을 의역하면 '이 보배를 질그릇 같은 삶에 가졌으니'입니다. 우리의 정황은 보잘것없습니다. 우리의 지위나 능력이나 영향력도 보잘것없습니다. 이런 질그릇이 보배를 담고 있다고 합니다. 다시 말하면 하나님이 우리를 질그릇 같은 정황으로 보내십니다.

우리가 사방으로 욱여쌈을 당하여도 싸이지 아니하며 답답한 일을 당하여도 낙심하지 아니하며 박해를 받아도 버린 바 되지 아니하며 거꾸러뜨림을 당하여도 망하지 아니하고 우리가 항상 예수의 죽음을 몸에 짊어짐은 예수의 생명이 또한 우리 몸에 나타나게 하려 함이라 우리 살아 있는 자가 항상 예수를 위하여 죽음에 넘겨짐은 예수의 생명이 또한 우리 죽을 육체에 나타나게 하려 함이라 그런즉 사망은 우리 안에서 역사하고 생명은 너희 안에서 역사하느니라 (고후 4:8-12)

우리는 사방으로 욱여쌈을 당한다, 답답한 일을 당한다, 박해를 받으며 거꾸러뜨림을 당한다, 우리는 예수의 죽음을 몸에 짊어진다, 어떤 일을 당해도 괜찮다, 이런 고난은 어쩌다 보니 생긴 것이 아니다, 하나님이 보내신 자리다, 이 자리에 보내심을 받았다는 것을 알라, 우리는 바로 이 자리에 보내졌다, 라는 것입니다.

거꾸러뜨림을 당하는 자들에게 우리가 보내집니다. 우리도 동일한 컨텍스트를 지니고 있으므로 그들이 우리를 이웃으로 받아 줄 것입니다. 거기서 우리는 예수를 담고 살아가는 것입니다.

우리는 유능하고 흠 없고 진실하고 헌신적인 컨텍스트에만 텍스트가 담길 수 있다고 생각합니다. 그래서 그릇을 멋있게 만드느라 보냄을 받은 자리를 외면합니다. 보냄을 받은 이 자리 말고 어디로 가고 싶으십니까? 누군가에게 발언할 수 있는 자리로 가고 싶으십니까? 이미 여러분이 있는 자리가 바로 그 자리입니다.

하나님은 우리가 없는 자리가 한 군데도 없도록 우리 모두를 각각 온갖 삶의 정황 속으로 보내십니다. 이 모든 자리에서 우리는 무엇을 겪게 될까요? 사방으로 욱여쌈을 당하여도 싸이지 않고, 답답한 일을 당하여도 낙심하지 않습니다. 어떻게 그럴 수 있을까요? 우리에게는 본문이 있기 때문입니다. 본문이 누구십니까? 바로 예수 그리스도입니다. 오늘 본문으로 돌아와 8절부터 봅시다. 왜 고난이 있습니까?

생각하건대 현재의 고난은 장차 우리에게 나타날 영광과 비교할 수 없도다 피조물이 고대하는 바는 하나님의 아들들이 나타나는 것이니 피조물이 허무한 데 굴복하는 것은 자기 뜻이 아니요 오직 굴복하게 하시는 이로 말미암음이라 그 바라는 것은 피조물도 썩어짐의 종 노릇 한 데서 해방되어 하나님의 자녀들의 영광의 자유에 이르는 것이니라 피조물이 다 이제까지 함께 탄식하며 함께 고통을 겪고 있는 것을 우리가 아느니라 그뿐 아니라 또한 우리 곧 성령의 처음 익은 열매를 받은 우리까지도 속으로 탄식하여 양자 될 것 곧 우리 몸의 속량을 기다리느니라 (롬 8:18-23)

하나님은 우리 개개인을 구원하는 정도를 넘어 창조 세계 전체를 회복하려고 하십니다. 모든 피조물의 회복을 목적하고 계십니다. 그래서 우리가 존재하는 것입니다.

예수를 믿고 나서 받게 되는 보상은 하나님의 구원 사역에 동참하게 되는 일입니다. 우리가 사는 시대와 장소는 이미 그곳에 사는 이웃들 앞에 우리가 보냄 받은 컨텍스트입니다. 우리는 그들과 동일한 조건 속으로 들어갑니다. 같은 컨텍스트인 억울한 자리, 무능한 자리, 무명한 자리에 들어갑니다.

그러니 여러분의 인생에서 성공이나 실패는 겉모습만 보아서는 알 수 없는 것입니다. 잘됐다고 생각하는 곳에서도 본문이 없으면 허망합니다. 이해할 수 없는 정황에서도 본문을 품고 있으면 복 있는 사람입니다. 우리는 이 일에 소망을 품어야 합니다. 완성될 때까지 중단하지 않으시는 하나님의 일하심에 대한 이해를 갖고 우리 자리를 지켜야 합니다.

하나님이 일하시는 우리의 자리

오늘 우리가 서 있는 자리는 아무도 대신할 수 없습니다. 어제를 살 수 없고 내일을 살 수 없습니다. 오늘을 살아야 합니다. 매일 이웃을 향한 하나님의 손길로 서 있으십시오. 이 모든 경우와 정황 속에서 믿음을 발휘하십시오. 오늘을 연장하려고 종말을 끌어당겨 쓰지 마시고, 어제를 후회하느라 오늘을 핑계 대지 마십시오. 지나간 것은 지나간 것이고 오늘은 오늘을 살아야 할 것입니다.

　우리의 삶이 온 우주를 회복하시려는 하나님이 일하시는 자리라고 이해하지 않으면 우리는 억울해서 살 수 없습니다. 삶은 해결되지 않은 것 투성입니다. 우리가 해결할 수 있는 것은 거의 없습니다. 하나님은 우리에게 이웃이 우는 자리에 들어가 함께하라고 하십니다. 우는 자들과 함께 울고, 웃는 자들과 함께 웃는 것은 교황쯤 되어야 할 수 있는 행위가 아닙니다. 보냄을 받은 자라면 누구나 할 수 있는 것입니다. 부유한 자의 자리에 서 있거든 그들 속에서 본문을 가진 자로서 살아가시고, 가난한 자의 자리에 서 있거든 본문을 가진 자로서 하나님의 일하심을 누리시고 증언하십시오. 어디가 더 나은 자리인지는 모르지만, 하나 분명한 것은 예수는 부유한 자로 오지 않으셨다는 사실입니다. 부유한 것은 죄가 아닙니다. 그러나 부유하기 때문에 놓치는 일이 있을 수 있습니다. 유능한 것은 큰 은사입니다. 그러나 유능해서 놓칠 수 있습니다. 그릇이 예쁘다고 아끼고 아껴 뒀다가 이사하는 날 깨트려 먹지 마십시오. 고린도전서 1장에 가면 이 문제를 다음과 같이 분명하게 못 박아 놓습니다.

　십자가의 도가 멸망하는 자들에게는 미련한 것이요 구원을 받는 우리에게는 하나님의 능력이라 기록된 바 내가 지혜 있는 자들의 지혜

를 멸하고 총명한 자들의 총명을 폐하리라 하였으니 지혜 있는 자가
어디 있느냐 선비가 어디 있느냐 이 세대에 변론가가 어디 있느냐 하
나님께서 이 세상의 지혜를 미련하게 하신 것이 아니냐 하나님의 지
혜에 있어서는 이 세상이 자기 지혜로 하나님을 알지 못하므로 하나
님께서 전도의 미련한 것으로 믿는 자들을 구원하시기를 기뻐하셨
도다 유대인은 표적을 구하고 헬라인은 지혜를 찾으나 우리는 십자
가에 못 박힌 그리스도를 전하니 유대인에게는 거리끼는 것이요 이
방인에게는 미련한 것이로되 오직 부르심을 받은 자들에게는 유대인
이나 헬라인이나 그리스도는 하나님의 능력이요 하나님의 지혜니라
(고전 1:18-24)

이 말씀에 '아멘'이 나옵니까? 우리는 최상의 조건 속에 있습니다. 하
나님의 지혜와 능력의 구체적 자리인 지금 여기에서 겪는 고난과 형
편을 긍정하기로 합시다. 안심해도 된다는 뜻이 아닙니다. 안심하고
있어도 고통은 없어지지 않고 그대로 있습니다. 고통은 여전하지만
그렇다고 억울하고 비참한 것으로 끝나지 않는다는 것을 알아야 합니
다. 본문으로 돌아와 보면 오늘 말씀의 결론이 이렇게 정리됩니다. 8
장 26절입니다.

이와 같이 성령도 우리의 연약함을 도우시나니 우리는 마땅히 기도
할 바를 알지 못하나 오직 성령이 말할 수 없는 탄식으로 우리를 위
하여 친히 간구하시느니라 (롬 8:26)

기독교는 신이 인간을 위하여 말할 수 없는 탄식으로 기도하는 유일한 종교입니다. 인간이 자신을 위하여 신에게 기도하는 것이 아니라 신이 인간을 위하여 기도하는 종교입니다. 말할 수 없는 탄식이 22절에서도 나왔습니다. "피조물이 다 이제까지 함께 탄식하며 함께 고통을 겪고 있는 것을 우리가 아느니라." 바로 이 탄식입니다.

우리가 보냄을 받은 자리는 탄식하며 걸어야 할 만큼의 자리입니다. 우리는 인생이 어쩌면 이럴 수 있을까 하는 자리까지, 죽음을 맛보시는 예수의 자리까지, 설마 여기는 하나님이 안 돌아보시겠지, 하고 생각하는 자리까지 보냄을 받습니다. 여기서 하나님이 이 모든 것에 얼마나 진심을 다하시는지 지켜보십시오. 탄식하는 자리까지 하나님이 힘을 다하고 당신의 진심을 담아 일하신다고 합니다.

이 두 가지를 놓치지 마십시오. 우리는 우리가 생각한 것보다 더 깊은 자리까지 간다는 것과 그 자리에서 하나님이 그 누구보다 더 큰 성의와 의지로 일하신다는 것을 잊지 마십시오. 그것이 기독교의 힘입니다. 우리가 믿는 하나님이 그분의 말할 수 없는 탄식으로 간구하고 계시다는 사실을 기억하십시오. 그것으로 여러분의 삶을 명예롭고 진지하게 붙잡으시며 그 영광으로 충만하게 살아가는 복된 인생이기를 바랍니다.

기 도

하나님 아버지, 하나님의 자녀로 사는 것은 두렵고 떨리는 일입니다. 대강 살 수 없는 길입니다. 이 길은 명예로운 길이며 영광스러운 지위입니다. 누

리며 기뻐할 수 있게 하여 주시옵소서. 책임 있게 살며 우리에게 누리라고

주신 지위와 그 영광을 알게 하여 주시옵소서. 예수님 이름으로 기도합니다.

아멘.

23.

모든 것이 합력하여

성화, 예수와의 연합

___

26 이와 같이 성령도 우리의 연약함을 도우시나니 우리는 마땅히 기도할 바를 알지 못하나 오직 성령이 말할 수 없는 탄식으로 우리를 위하여 친히 간구하시느니라 27 마음을 살피시는 이가 성령의 생각을 아시나니 이는 성령이 하나님의 뜻대로 성도를 위하여 간구하심이니라 28 우리가 알거니와 하나님을 사랑하는 자 곧 그의 뜻대로 부르심을 입은 자들에게는 모든 것이 합력하여 선을 이루느니라 29 하나님이 미리 아신 자들을 또한 그 아들의 형상을 본받게 하기 위하여 미리 정하셨으니 이는 그로 많은 형제 중에서 맏아들이 되게 하려 하심이니라 30 또 미리 정하신 그들을 또한 부르시고 부르신 그들을 또한 의롭다 하시고 의롭다 하신 그들을 또한 영화롭게 하셨느니라 (롬 8:26-30)

모든 것이 합력하여

로마서 8장은 신자의 삶을 이렇게 요약합니다. 예수를 믿어 하나님과 화목하게 된 신자는 이제 하나님의 영광을 바라며 살게 됩니다. 그런데 그런 신앙의 여정을 걷는 구체적인 과정은 고난으로 준비되어 있습니다. 하나님은 예수 그리스도에게 그리하셨듯이, 우리에게도 영광된 승리의 자리까지 가는 과정을 고난이라는 방법으로 인도하십니다.

이 고난이 얼마나 큰지에 대해서는 8장 20절 이하에 잘 소개되어 있습니다. 먼저 20절에서는 피조물이 허무한 데 굴복하는 것은 자기 뜻이 아니라 오직 굴복하게 하시는 이로 말미암음이라고 합니다. 이어서 22절에서는 피조물인 창조 세계가 모두 탄식하며 함께 고통을 겪고 있다고 하며, 23절에서는 성령의 처음 익은 열매를 받은 우리까지도 탄식하며 몸의 속량을 기다리고 있다고 말씀합니다. 또한 26절에 보듯 성령도 마땅히 기도할 바를 알지 못하는 우리의 연약함을 도우셔서 말할 수 없는 탄식으로 우리를 위하여 간구하신다고 합니다. 22절과 23절에 나온 탄식이 우리 고통의 깊이를 표현하는 것이라면, 26절에 나온 성령의 탄식은 대강 하지 않으시겠다는 하나님의 의지를 표현합니다.

그런데 우리는 이런 것이 겁이 납니다. 예수를 믿으면 안 믿을 때보다 좀 나아져야 할 것 같은데, 믿어서 더 힘들게 된다고 하면 가능한 늦게 믿는 편이 나을 것 아닙니까? 또한 믿으면서 경험했듯이 내가 과연 뭘 잘못했는가, 이게 뭔가, 싶은 생각이 당연히 들 것입니다. 이런 고민에 대하여 로마서 8장이 하나님의 일하심에 대한 분명한 이해를 촉구하며 답을 줍니다. 28절을 봅시다.

> 우리가 알거니와 하나님을 사랑하는 자 곧 그의 뜻대로 부르심을 입
> 은 자들에게는 모든 것이 합력하여 선을 이루느니라 (롬 8:28)

이 말씀은 매우 중요합니다. '모든 것이 합력하여 선을 이룬다'라는 표현은 우리가 우리 자신을 부추겨 채찍질하고 노력하여 도달하는 결국을 이야기하지 않고, 우리의 능력이나 책임의 한도를 넘어선 어떤 운명을 분명히 제시해 주기 때문입니다. 이 말씀은 '우리가 최선을 다하면'이라든가 '열심히 기도하면'과 같은 우리의 진정성이나 성의를 조건으로 하여 도달할 수 있는 것보다 더 큰 범위를 포괄하고 있습니다. 28절의 '모든 것'에는 우리가 미처 이해하지 못한 것, 우리가 미처 살아 내지 못한 것까지 포함됩니다.

그러면 우리는 어떻게 살 것인가?

이런 차원에서 본문이 이야기하는 바를 따라가 봅시다. 29절입니다.

> 하나님이 미리 아신 자들을 또한 그 아들의 형상을 본받게 하기 위
> 하여 미리 정하셨으니 이는 그로 많은 형제 중에서 맏아들이 되게
> 하려 하심이니라 또 미리 정하신 그들을 또한 부르시고 부르신 그들
> 을 또한 의롭다 하시고 의롭다 하신 그들을 또한 영화롭게 하셨느니
> 라 (롬 8:29-30)

'미리'라는 표현에서 우리의 이해, 우리의 결단, 우리의 노력, 우리의 업적보다 앞서는 하나님의 섭리가 있음을 알 수 있습니다. 우리가 한 일에 대해 보상이나 심판을 받는 것보다 더 큰 하나님의 의지가 언제 나 있음을 강조하고 있습니다. 이 하나님의 의지는 시간상으로도 언제나 우리를 앞서 있습니다. '우리가 아직 죄인이었을 때에 죽으신 예수'에서 보듯이 복음의 운명적 승리를 미리 약속하고 있는 것입니다.

'미리 아신 자들'이란 무슨 뜻입니까? 하나님이 우리를 만드셨기 때문에 아신다는 뜻입니다. 내가 너를 나의 뜻과 목적을 가지고 만들었다, 그래서 내가 너를 안다, 이런 뜻입니다. 또한 그가 우리를 미리 정하셨습니다. 정하셔서 무엇을 하셨습니까? 부르시고 의롭다 하시고 영화롭게 하셨습니다. 모든 믿는 자의 현실은 어디쯤 와 있는 것일까요? 부르심을 받고 의롭게 된 자리에 와 있습니다.

성경이 말하는 죄는 '하나님 없음'입니다. 성경에서 말하는 구원은 '하나님의 가족으로 편입됨'입니다. 하나님을 아버지라 부를 수 있는 지위와 신분이 된 것입니다. 의롭게 됨이란 하나님과의 관계가 정상화된 것을 말합니다. 우리는 다 여기에 와 있습니다. 그러면 이제 우리는 어디로 가게 될까요? 하나님께서 이루시는 승리의 자리, 영광된 자리에 갈 것입니다.

이를 완료형으로 이야기하고 있습니다. 미리 정하신 그들을 부르시고 부르신 그들을 의롭다 하시고 의롭다 하신 그들을 영화롭게 하셨느니라, 전부 완료형입니다. 이미 이루어진 우리의 운명이며 현실입니다. 이런 하나님의 일하심 때문에 우리가 이 자리에 온 것입니다. 이미 영화롭게 하신 우리를 이 자리로 부르셔서 시간 속에서 살게 하십니다. 이것이 성경이 말하는, 하나님이 우리에게 베푸신 구원의 신비입니다.

프랜시스 쉐퍼(Francis A. Schaeffer, 1912-1984)는 20세기의 뛰어난 기독 지성인 중 한 명입니다. 목사로 부름을 받아 열심히 복음 사역을 하다가 서구 사회가 인본주의에 넘어가 그 영향으로 교회가 쇠퇴하는 모습을 보자, 이에 대한 반성으로 스위스에 라브리(L'abri)라는 수련원을 짓습니다. 인본주의에 물들어 방황하는 젊은 영혼들에게 지성에 대한 호소를 통해 복음을 가르치고 그들을 상담하는 일에 생애를 다 바칩니다. 쉐퍼는 자신의 전 인생에 걸쳐 고민한 주제를 그의 책에서 '그러면 우리는 어떻게 살 것인가'(How should we then live?)라는 제목으로 표현하였습니다. 바로 오늘 본문의 주제입니다.

그러면 우리는 어떻게 살 것인가? 풀어 말하자면, 이미 시작되었고 완성되고야 말 하나님의 작정과 의지와 약속 가운데서 오늘 우리는 어떻게 살아가야 할까, 입니다. 우리는 이 과정을 성화(聖化)라고 부릅니다. 흔히 성화라고 하면 맨 처음에 드는 생각은 '거룩하게 되는 것'으로, 도덕적이고 종교적인 진전을 떠올립니다. 그러나 이는 그렇게 간단한 문제가 아닙니다.

신앙생활에서 매일 부딪치게 되는 가장 큰 주제는 성화입니다. 구원은 이미 이루어졌고, 승리와 완성은 아직 미루어져 있습니다. 신자에게 이 과정은 목적지를 향해 전진하는 완만한 상승곡선이기보다 부침이 심한 굴곡진 곡선으로 경험되는 것이 대부분입니다. 진전보다 퇴보가 더 많고 낙관할 상황보다 비관할 때가 더 많은 그런 인생입니다. 그런데도 성경은 목적지가 변경되거나 취소되는 일은 없다, 결코 하나님은 타협하시지 않는다, 라고 분명하게 단언합니다. 28절에서 보듯이, 하나님을 사랑하는 자 곧 그의 뜻대로 부르심을 입은 자들에게는 모든 것이 합력하여 선을 이룬다고 못 박아 놓습니다. 우리가 아무리 깊이 추락했더라도 그 추락한 자리에서 목적지로 이어 나가는 삶을 살 수밖에 없다고 합니다. 하나님이 우리의 이 삶을 이어 나가시고야 말기 때문입니다.

개혁주의 성화관

'성화'로 표현되는 이 과정을 어떻게 이해할 것인가가 중요합니다. 《성화란 무엇인가》라는 책에서 개신교 내 여러 교파의 성화에 대한 견해를 소개받을 수 있습니다. 개혁주의 성화관에 대해서는 싱클레어 퍼거슨(Sinclair B. Ferguson)이라는 신학자가 잘 설명해 주고 있습니다.

개혁주의 성화관을 이해하기 위한 전제로 성화에 대한 다른 교파의 교리를 요약하면 이렇습니다. 루터교는 구원을 더 깊이 이해해 가는 것이 성화라고 합니다. 감리교는 최선을 다하여 하나님 앞에 자신을 드리는 생애가 되는 것을 성화라고 이해합니다. 오순절 성령파는 성화를 신자의 존재와 삶에 대한 성령의 분명한 확인으로 이해합니다. 신비주의에서는 깊은 내적 성찰과 명상을 통하여 하나님을 만나는 신비하고 환상적인 영적 체험을 성화라고 이해합니다. 성화에 대한 이 교파들의 설명을 들으면 얼른 이해가 될 것입니다. 성화에는 이런 요소들이 있을 것이라고 상식 수준에서 예상해 볼 수 있기 때문입니다.

그런데 개혁주의 성화관은 다른 교파의 교리와는 차원이 다르고 이해하기도 만만치 않습니다. 개혁주의는 성화를 예수 그리스도와의 '연합'이라고 말합니다. 좀 이해하기 어려운 말입니다. 성화에 대한 다른 교파의 교리들은 신앙의 확인과 이해의 진전이라는 성격을 갖고 있는데 비해서, 개혁주의에서 말하는 성화에는 진전이라는 개념이 없습니다. 여기가 잘 이해해야 하는 지점입니다.

그리스도와의 연합이란 무엇일까요? 개혁주의에서 말하는 성화 곧 그리스도와의 연합이란 새로운 삶을 의미합니다. 로마서 6장에 가면, 성화에 대한 개혁주의의 이해를 돕는 구절을 만나게 됩니다.

> 그러므로 우리가 그의 죽으심과 합하여 세례를 받음으로 그와 함께 장사되었나니 이는 아버지의 영광으로 말미암아 그리스도를 죽은 자 가운데서 살리심과 같이 우리로 또한 새 생명 가운데서 행하게 하려 함이라 (롬 6:4)

예수와 함께하는 것 곧 예수 그리스도와의 연합이 성화입니다. 우리가 그리스도와 연합하여 어떻게 되었는가, 죄에 대하여 죽었다, 그리스도가 십자가에 죽으심으로 우리도 죽어서 죄로 살던 존재와 신분과 지위가 소멸하였다, 그의 죽으심과 함께 죽은 우리는 그의 부활과 함께 살아났다, 그래서 이제 새로운 삶을 산다, 이제는 새 삶이다, 이런 일이 벌어졌습니다.

이해하기 만만치 않은 내용이니 예를 들어 설명해 드리겠습니다. 성화는 악역을 맡았던 어떤 배우가 그 드라마를 끝내고 다른 드라마에서 훌륭한 주인공으로 출연하게 된 것이라고 생각하면 됩니다. 무엇이 진전되었고 무엇이 성취되었느냐의 문제가 아닙니다. 배역이 다르고 지위가 다르고 신분이 다른 새 드라마에 참여하게 된 것입니다. 이처럼 성화란, 결국 모든 것이 죽음으로 끝나는 드라마에서 나 홀로 살아가고, 나 홀로 모든 책임을 지다가 망하는 그런 배역에서 가치 있고 신비롭고 명예로운 배역을 맡게 된 영광스러운 드라마로 이동했다는 뜻입니다. 이어서 5절부터 봅시다.

> 만일 우리가 그의 죽으심과 같은 모양으로 연합한 자가 되었으면 또한 그의 부활과 같은 모양으로 연합한 자도 되리라 우리가 알거니와 우리의 옛 사람이 예수와 함께 십자가에 못 박힌 것은 죄의 몸이 죽어 다시는 우리가 죄에게 종 노릇 하지 아니하려 함이니 이는 죽은 자가 죄에서 벗어나 의롭다 하심을 얻었음이라 만일 우리가 그리스도와 함께 죽었으면 또한 그와 함께 살 줄을 믿노니 이는 그리스도께서 죽은 자 가운데서 살아나셨으매 다시 죽지 아니하시고 사망이 다시 그를 주장하지 못할 줄을 앎이로라 그가 죽으심은 죄에 대하여 단번에 죽으심이요 그가 살아 계심은 하나님께 대하여 살아 계심이니 이와 같이 너희도 너희 자신을 죄에 대하여는 죽은 자요 그리스도 예수 안에서 하나님께 대하여는 살아 있는 자로 여길지어다 (롬 6:5-11)

새로운 삶을 살게 되었다는 것은 더럽게 살던 인생을 청산하고 깨끗하게 사는 정도의 변화를 말하는 것이 아닙니다. 도덕적, 종교적 차원에서 비교하지 말고 존재와 지위라는 차원에서 비교할 줄 알아야 성화를 이해할 수 있습니다.

  또 다른 비유를 들어 보겠습니다. 성화는 누구의 딸이었던 사람이 누구의 아내가 되는 것과 같습니다. 딸이라는 지위와 아내라는 지위는 전혀 다른 것입니다. 이처럼 전혀 다른 지위와 신분으로 사는 것이 성화입니다.

> 그러므로 사람이 부모를 떠나 그의 아내와 합하여 그 둘이 한 육체가 될지니 이 비밀이 크도다 나는 그리스도와 교회에 대하여 말하노라
> (엡 5:31-32)

성경은 교회가 그리스도의 신부라고 하는데, 왜 이런 이야기를 하는지 알아야 합니다. 우리는 모두 그리스도의 신부입니다. 지위가 달라졌다는 것을 알아야 합니다. 잘할 수도 있고 못할 수도 있습니다. 그런데 우리는 이것을 도덕적, 종교적 잣대로만 판단하기 때문에 이 달라진 지위를 누리지 못합니다. 잘못 살아온 것을 후회하고, 결국 다 지워 내지 못한 흠 때문에 늘 자책하느라 새로운 삶을 살아 보지도 못합니다.

  빌립보서 4장 13절 말씀을 생각해 봅시다. "내게 능력 주시는 자 안에서 내가 모든 것을 할 수 있느니라." 이 말씀은 무슨 의미일까요? 빌립보 교회 성도들이 옥에 갇힌 바울을 위문하러 갔습니다. 바울은 그들에게 고맙다고 하면서 이렇게 덧붙입니다. 나의 궁핍한 형편을 도와줘서 고맙다고 하는 것이 아니다, 나의 곤고함을 너희가 돌아봐 줘서 고맙다는 것도 아니다, 내가 너희에게 고마워하는 이유는 너희가 그리스도의 사랑에 동참했기 때문이다, 나는 모든 일에 일체의 비결을 배웠

다, 나는 궁핍하거나 풍부하거나 아무래도 좋은 경지에 왔다, 내게 능력 주시는 자 안에서 나는 무엇이든지 할 수 있다, 바울은 이렇게 말하는 것입니다.

이 말이 나는 무엇이든지 해결할 수 있다, 라는 의미입니까? 아닙니다. 나는 무슨 꼴이든지 당할 수 있다, 하나님이 어떤 경우에서든 동일하게 일하신다는 것을 나는 안다, 풍부함 속에서 하실 수 있는 것을 궁핍함 속에서도 하실 수 있고, 형통함 속에서 하실 수 있는 것을 곤고함 속에서도 하실 수 있다는 것을 알기에 나는 모든 것을 하나님의 손에 맡긴다, 나는 주인공일 뿐이다, 나를 책임지는 것은 작가이신 하나님이다, 그분이 함께하시는 한 나는 무슨 꼴이라도 당할 수 있다, 이렇게 답하는 것입니다.

누적되어 충만해진 인생

이런 의미에서 보면 역사와 인생은 그냥 공허한 반복이나 공전(空轉)이 아닙니다. 《미국을 만든 책 25》를 쓴 토마스 C. 포스터(Thomas C. Foster)라는 문학 평론가가 있습니다. 그는 이 책에서 25명의 미국 작가와 그들이 쓴 작품을 소개하고 이들의 문학과 정신으로 미국이 어떤 영향을 받았는지를 설명합니다. 이 책의 저자 후기에 이런 표현이 있습니다. '문학과 독서의 효과는 발전적이지 않다. 그것은 누적적이다.'

발전하는 것이 아니라 누적된다고 합니다. 충만해지는 것이라고 합니다. 여러분이 어디로 가야 한다는 것보다 여러분에게 주어진 것이 어떻게 충만해지는가가 성경이 더 주목하는 신앙의 주제입니다. 에베소서 1장 23절은 "교회는 그의 몸이니 만물 안에서 만물을 충만하게 하시는 이의 충만함이니라"라고 가르칩니다.

여러분은 무엇이 부족해서 곤고한 것도 아니고, 다른 사람보다 열등해서 고통을 받거나 불행한 것도 아닙니다. 이 모든 고난이 예수 그리스도 안에서 모두에게 충만히 주신 것을 각각의 삶 속에서 확인하고 채우고 누리는 싸움이라는 것을 기억해야 합니다. 방금 소개한 평론가 포스터는 한 흑인 작가의 작품을 소개하면서 블루스(blues)를 이렇게 표현했습니다. '낡은 피아노가 멜로디를 신음하게 한다.' 저는 이 표현이 마음에 들었습니다. '이 음악은 어떤 특수한 인종의 체험에서 나온다. 차별 사회가 그들에게 주는 삶의 경험에서 나온다.' 어떤 인종입니까? 흑인입니다. 그들이 겪은 고통스러운 차별과 모멸 속에서 블루스가 나오고 재즈가 나옵니다. 흑인이 되어 보지 않고는 결단코 만들어 낼 수 없는 예술입니다.

우리는 우리의 삶이 얼마나 구체적인 성육신인지 잘 이해하지 못합니다. 예수께서 십자가에 달리시면서 "아버지, 저들을 사하여 주옵소서"라고 기도하는 자리까지 내려가신 성육신입니다. 복음을 하늘에다 쓰지 않으셨습니다. 성육신은 예수께서 실제로 채찍에 맞고 못 박혀 죽으심으로 보이신 하나님의 영광이요, 성의요, 의지라는 것을 명심해야 합니다.

그런데 우리는 몸소 살아 내어 확인하려 하지 않습니다. 우리는 말로 때우고 주문으로 때워 생각 없이 살게 해 달라고 합니다. 이런 우리에게 하나님은 그렇게는 못하겠다고 하십니다. 이것이 우리의 인생입니다.

우리 인생은 우리가 얼마만큼 이해하고 믿음을 가지고 사느냐에 따라 예술이 되기도 하고, 푸념이 되기도 합니다. 분노가 있고 비명을 지르고 있다는 것은 아직 멀었다는 뜻입니다. 내가 얼마나 억울한가를 설명하러 돌아다니지 마십시오. 하나님께 주저리주저리 기도를 엮지 마십시오. 하나님이 친히 찾아오셔서 친히 모욕을 당하시고 친히 피 흘리셨다는 사실을 기억하십시오. 감상주의에 빠지지 마십시오. 합력하여 선을 이룬다는 것은 무시무시한 약속입니다. 타협하지 않겠다, 기어코 모든 것이 다 유익이 되게 하겠다, 그런 뜻입니다.

《대망(大望)》이라는 유명한 작품을 다들 알 것입니다. 이 작품에 등장하는 역사적 인물인 도쿠가와 이에야스(德川家康, 1543~1616)는 이런 말을 남겼습니다. '인생은 무거운 짐을 지고 먼 길을 떠나는 것과 같다. 마음대로 되는 일이 없다는 것을 안다면 굳이 불만일 필요가 있는가.' 이 얼마나 적절한 표현이며 분별입니까.

사실 인생이 그렇습니다. 성경은 하나님을 사랑하는 자 곧 그의 뜻대로 부르심을 입은 자들에게는 모든 것이 합력하여 선을 이룬다고 말씀합니다. 그러니 웃으십시오. 명예롭게 사십시오. 복음이 복음인 이유와 십자가가 능력인 이유를 알아야 합니다. 그렇지 않으면 살아낼 수가 없습니다.

그러니 책임 있게 살라

로마서 5장으로 돌아가 다시 확인해 봅시다. 1절에서는 "그러므로 우리가 믿음으로 의롭다 하심을 받았으니 우리 주 예수 그리스도로 말미암아 하나님과 화평을 누리자"라고 하여 우리의 현재를 말하고 있습니다. 2절에서는 아직 오지 않은 영광을 언급하며 "또한 그로 말미암아 우리가 믿음으로 서 있는 이 은혜에 들어감을 얻었으며 하나님의 영광을 바라고 즐거워하느니라"라고 합니다. 아직 오지 않은 이 영광은 취소되거나 변개되거나 방해받을 수 없습니다. 그러니 즐거워하자고 합니다.

그리고 3절에서 "다만 이뿐 아니라 우리가 환난 중에도 즐거워하나니 이는 환난은 인내를, 인내는 연단을, 연단은 소망을 이루는 줄 앎이로다"라고 하여 영광스러운 미래로 나아가는 과정인 현실을 하나님이 고난이라는 방법으로 인도하신다고 합니다.

그런 후에 5절에서는 소망을 언급합니다. "소망이 우리를 부끄럽게 하지 아니함은 우리에게 주신 성령으로 말미암아 하나님의 사랑이 우리 마음에 부은 바 됨이니." 여기서 소망은 신자의 운명 곧 영광의 목적지를 말합니다.

> 우리가 아직 연약할 때에 기약대로 그리스도께서 경건하지 않은 자를 위하여 죽으셨도다 의인을 위하여 죽는 자가 쉽지 않고 선인을 위하여 용감히 죽는 자가 혹 있거니와 우리가 아직 죄인 되었을 때에 그리스도께서 우리를 위하여 죽으심으로 하나님께서 우리에 대한 자기의 사랑을 확증하셨느니라 (롬 5:6-8)

그리스도께서 죽으신 것은 완료된 과거입니다. 우리가 태어나기 전에 이루어진 구원입니다. 예전에 시간의 역순을 언급하면서 이는 변개할 수 없는 하나님의 의지를 나타낸다고 말씀드렸습니다. 우리는 이미 성화의 길에 들어왔으며, 결국 영화에 이르게 될 것입니다. 그것을 방해할 수 있는 것은 없습니다.

그러니 이제 어떻게 살 것인가 묻는 것입니다. 성경은 잘 살라고 이야기합니다. 이는 우리 생각처럼 그렇게 간단한 이야기가 아닙니다. 잘 사는 것은 책임 있게 사는 것을 말합니다. 기독교에서 말하는 '책임 있게 산다'라는 것은 하나님의 자녀라는 명예를 알고 사는 것입니다. 너희 삶이 하나님의 성실한 손안에 있다, 그러니 넉넉하게 살아라, 걱정 말고 울어라, 삶을 맘껏 향유하고 누리라고 합니다. 이어서 9절입니다.

> 그러면 이제 우리가 그의 피로 말미암아 의롭다 하심을 받았으니 더욱 그로 말미암아 진노하심에서 구원을 받을 것이니 곧 우리가 원수 되었을 때에 그의 아들의 죽으심으로 말미암아 하나님과 화목하게 되었은즉 화목하게 된 자로서는 더욱 그의 살아나심으로 말미암아 구원을 받을 것이니라 (롬 5:9-10)

하나님은 우리가 그분을 외면했을 때에도 당신의 아들을 주실 정도로 은혜를 베푸신 분이신데, 하물며 우리가 이제 그를 믿고 아는 차원에 있다면 우리에게 무엇을 아끼시겠는가, 하는 말씀입니다. 그래서 이런 고백이 가능합니다. "그뿐 아니라 이제 우리로 화목하게 하신 우리 주 예수 그리스도로 말미암아 하나님 안에서 또한 즐거워하느니라" (롬 5:11).

만일 여러분의 인생이 이 말씀으로 답이 되지 않으면 다른 답은 없습니다. 여러분 마음에 들게 현실을 바꾸어 주는 답은 성경에는 없습니다. 하나님이 뜻하시고 목적하시는 역사와 인생과 존재의 목적지가 있을 뿐입니다. 그것이 명예롭게 여겨지지 않고 감사하지 않다면 다른 답은 없습니다. 그러나 여러분이 하나님의 부르심을 받아 예수를 믿노라고 고백했다면 그것이 얼마나 큰 하나님의 은혜이며 하나님의 성실한 의지인가를 확인할 수 있을 것입니다. 또한 우리의 인생이 하나님의 복주심의 결과요 과정인 것이 분명하다면 여러분에게 약속된 미래도 반드시 일어날 수밖에 없을 것입니다. 이 말씀에 위로를 얻어 소망과 믿음을 가지며 감사하는 인생이 되기를 바랍니다.

기 도

하나님 아버지, 은혜를 감사합니다. 우리의 인생이 우리 마음에 들지 않고, 매일 자책하고 한숨 쉬는 일이 반복되지만, 이 모든 것이 헛되지 않다는 사실을 믿습니다. 우리는 더 깊어질 것이며 분별과 통찰을 더 갖게 될 것입니다. 그리고 하나님이 허락하신 은혜와 예수 안에서의 약속을 신뢰하는 가운데 우리는 크기와 높이와 넓이에서 자라날 것입니다. 우리는 크고 있습니다. 믿음의 자랑과 기적과 감사가 지나가는 세월 속에 누적되고 충만해짐을 고백합니다. 우리의 시대를 하나님의 자녀로 사는 복된 명예를 알며 세상을 이기게 하옵소서. 예수님 이름으로 기도합니다. 아멘.

24.

끊을 수 없으리라

사랑, 운명을 나누는 연합

―――

…… 35 누가 우리를 그리스도의 사랑에서 끊으리요 환난이나 곤고나 박해나 기근이나 적신이나 위험이나 칼이랴 36 기록된 바 우리가 종일 주를 위하여 죽임을 당하게 되며 도살 당할 양 같이 여김을 받았나이다 함과 같으니라 37 그러나 이 모든 일에 우리를 사랑하시는 이로 말미암아 우리가 넉넉히 이기느니라 38 내가 확신하노니 사망이나 생명이나 천사들이나 권세자들이나 현재 일이나 장래 일이나 능력이나 39 높음이나 깊음이나 다른 어떤 피조물이라도 우리를 우리 주 그리스도 예수 안에 있는 하나님의 사랑에서 끊을 수 없으리라 (롬 8:31-39)

우리를 붙드시는 사랑

로마서 8장 29절과 30절에서 하나님이 구원을 준비하시고 작정하시고 이루시고 그 결과를 완성하셨다는 선언을 확인했습니다. 그리스도의 십자가가 증언하듯이 구원은 이미 역사 속에서 일어난 일입니다. 이천 년 전 예수께서 십자가를 지고 인류의 죄를 위하여 죽으실 때 구원은 이루어졌습니다. 이 완성된 구원을 적용받는 우리는 그 후에 태어나 예수를 믿어 신앙생활을 하게 됩니다. 하나님께서 우리에게 허락하신 구원은 이천 년 전에 이미 십자가를 통해서 확정하신 것이요 절대 취소될 수 없는 하나님의 의지라는 것을 여기서 확인하게 됩니다.

미리 아신 우리를 미리 정하셔서 부르셨고 의롭다 하셨으며 장차 영화롭게 하실 것입니다. 우리의 구원은 이미 완성되어 있습니다. 이는 30절에서 완료형으로 표현한 것을 보면 알 수 있습니다. 이미 부름 받은 우리는 하나님이 우리에게 주실 영광과 승리의 완성에 이르는 길을 현재 걸어가고 있습니다. 로마서 5장에 따르면 이 과정은 고난으로 인도되는 시간이라고 합니다.

이미 완성된 구원을 각 개인에게 적용하시는데, 신자 개개인이 겪는 이 신앙생활의 현실은 고난으로 이루어져 있습니다. 이 고난 때문에 우리는 우리에게 일어난 구원과 소망에 대해 늘 흔들립니다. 흔들리는 우리에게 로마서 5장은 이런 말씀으로 권면합니다.

소망이 우리를 부끄럽게 하지 아니함은 우리에게 주신 성령으로 말미암아 하나님의 사랑이 우리 마음에 부은 바 됨이니 (롬 5:5)

사랑이 우리를 붙들고 가니 걱정마라, 하나님의 사랑이 우리를 붙들고 있으니 아무도 실패하지 않을 것이라, 이렇게 이야기합니다. 로마서 8장 31절 이하에서는 '누가 우리를 그리스도의 사랑에서 끊으리요'라며 우리를 위로합니다. 하나님의 사랑이면 충분하고도 남습니다.

그런데 우리는 하나님의 사랑이 우리를 붙들고 있다면 마음에 늘 확신이 넘치고 넉넉해야 하는 것 아닌가, 사랑이 있다면 응당 우리 삶에 어떤 변화가 따라와야 하는 것 아닌가, 하고 이 사랑을 잘못 이해하는 경향이 있습니다. 성경이 말하는 사랑과 우리가 기대하는 사랑의 차이가 너무 크기 때문입니다. 그러니 성경에서 말하는 사랑이 무엇인지를 잘 풀어내야 합니다.

대상이 필요한 사랑

로마서 8장 31절에서 39절은 하나님이 우리를 편들어 주시고 우리의 결국을 결정하셨으니 이제는 걱정하지 말라고 하는 결정론을 말하는 것입니까? 우리는 이런 말씀을 들으면 안심이 되어서, 우리의 운명은 이미 결정되었으니 이제는 아무렇게 살아도 되는 것이 아닌가 하는 괘씸한 생각에 이르기도 한다는 것을 잘 알고 있습니다. 이 구절을 통해서 성경이 말씀하려는 것은 무엇일까요?

이 본문에서 중요한 부분은 '우리를 그리스도 예수 안에 있는 하나님의 사랑에서 끊을 수 없으리라'는 선언입니다. 31절을 다시 봅니다. "그런즉 이 일에 대하여 우리가 무슨 말 하리요 만일 하나님이 우리를 위하시면 누가 우리를 대적하리요."

여기서는 하나님의 사랑, 하나님의 의지, 하나님의 능력 그 자체에 강조점이 있지 않습니다. 이 모든 하나님의 속성이 바로 우리를 대상으로 하신 것이라는 점이 중요합니다. 로마서 8장 31절 이하의 약속이 우리를 대상으로 삼으신 하나님의 속성이라는 것을 놓치면, '하나님 홀로 그 속성과 능력에서 신실하시며 전능하시다'로 그치게 됩니다. 나와는 상관없는 하나님만의 이야기가 되고 이를 따라가지 못하는 우리는 늘 자신의 부족함 때문에 죽어납니다.

대상을 빼놓고 사랑을 이야기하는 것은 다 거짓입니다. 오늘 본문에서는 '우리'라는 단어가 여러 번 나옵니다. 32절에 '자기 아들을 아끼지 아니하시고 우리 모든 사람을 위하여 내주신 이가'에서 '우리'가 등장합니다. 34절의 '죽으실 뿐 아니라 다시 살아나신 이는 그리스도 예수시니 그는 하나님 우편에 계신 자요 우리를 위하여 간구하시는 자시니라'에서, 35절의 '누가 우리를 그리스도의 사랑에서 끊으리요'에서, 39절의 '우리를 우리 주 그리스도 예수 안에 있는 하나님의 사랑에서 끊을 수 없으리라'에서도 '우리'가 반복하여 나옵니다.

하나님의 성실하심과 큰 능력만 강조하고 성경이 강조하는 '우리'를 간과하면 이 둘의 간격만 너무 넓어질 뿐, 우리 자신에게는 아무 힘이 되지 않습니다. 이처럼 사랑이란 대상을 떠나서는 홀로 성립하지 않습니다. 이 사실을 놓쳐서는 안 됩니다.

고린도전서 13장은 흔히 '사랑 장'이라고 불리는 본문입니다. 우리가 자칫 놓치기 쉬운 깊은 내용이 여기 들어 있는데, 이는 사랑이 추상명사나 공허한 명분이어서는 안 된다는 것입니다. 고린도전서 13장 서두에서는 사랑이 추상명사가 아니라는 것을 세 가지 예를 들어 이야기합니다. 사랑은 천사의 말이 아니다, 사랑은 산을 옮기는 능력도 아니다, 사랑은 또한 자기 몸을 불사르게 내주는 정열도 아니다, 이렇게 단언합니다. 그렇다면 사랑은 무엇인가? 사랑은 오래 참음이다, 오래 참음이란 상대를 참아 주는 것이다, 이처럼 사랑에 대한 정의가 우리 생각과는 다르게 되어 있습니다.

사랑에는 대상이 있습니다. 사랑은 홀로 멋진 것으로 존재하지 않습니다. 사랑은 대상 없이 자신을 혼자 치장하는 말로는 쓰일 수 없습니다. 오래 참고 온유하며 시기하지 않고 자랑하지 않고 교만하지 않고 무례히 행하지 않는다는 것은 전부 대상이 있어야 가능한 이야기입니다. '하나님의 사랑에서 우리를 끊을 수 없다'라는 말은, 우리를 향한 하나님의 사랑은 우리라는 대상이 없이 하나님 홀로 하실 수 없는 사랑이며, 우리를 위하여 찾아오신 사랑이며, 우리를 놓지 않으시는 사랑이라는 것입니다. 바로 십자가로 보이신 사랑입니다. 성경이 하고 싶은 이야기가 이것입니다.

"우리 교회는 사랑이 없어"라는 말을 자주 합니다. 대상이 없는 사랑이 난무합니다. 그러나 여러분이 먼저 사랑해야 합니다. 사랑을 해야 하고 또한 사랑을 받을 줄도 알아야 합니다. 사랑은 꺼내 놓고 명분으로 강요하고 잣대로 심사할 수 있는 것이 아닙니다. 우리 각자가 실제로 해야 하는 것입니다. 상대방에게 "너 좀 웃고 다녀!"라고 말하지 말고 그를 웃게 만드십시오. "얼굴 좀 찡그리지 마!"라고 말하지 말고, 그 사람이 미소 짓고 다니도록 해 주십시오. 사랑하십시오. 인류를 사랑하고 나라를 사랑하고 안 보이는 사람을 사랑하기 전에 지금 만나는 사람을 사랑하십시오. 성경이 하는 말씀입니다.

〈오빠 생각〉이라는 유명한 동요가 있습니다. 우리가 홀로 있을 때 얼마나 두려움에 떠는 존재인지, 얼마나 하나님의 사랑을 필요로 하는 존재인지 이 동요를 보면 알 수 있습니다. 가사를 읽어 드리겠습니다.

뜸북뜸북 뜸북새 논에서 울고 뻐꾹 뻐꾹 뻐꾹새 숲에서 울 제
우리 오빠 말 타고 서울 가시면 비단 구두 사가지고 오신다더니

기럭기럭 기러기 북에서 오고 귀뚤 귀뚤 귀뚜라미 슬피 울건만
서울 가신 오빠는 소식도 없이 나뭇잎만 우수수 떨어집니다

생각해 보세요. 그저 노래 가사가 아닙니다. 비명입니다. 슬프고 무섭다는 비명입니다. 왜 그럴까요? 호의로 나를 상대해 주는 사람이 없어서 슬프고 무섭다는 이야기입니다. 하나 더 해 봅시다. 주점에서 가장 많이 부르는 노래가 〈백마강 달밤에〉라고 합니다.

백마강 달밤에 물새가 울어 잃어버린 옛날이 그립구나
저어라 사공아 일엽편주 두둥실 낙화암 그늘에서 울어나 보자

이 노래도 외롭다는 비명입니다. 아무도 나를 인간으로 대접해 주지 않고 대상으로 품어 주지 않더라는 비명입니다. 그래서 이 쓰라린 가슴을 소주로 적시는 것이죠. 이 방법 말고는 견딜 수가 없어서 그렇습니다.

쇼생크 감옥의 구원

〈쇼생크 탈출〉(The Shawshank Redemption, 1994)이라는 영화가 있습니다. 이 영화의 원래 제목은 '쇼생크 구원'입니다. 죄수가 탈옥하는 이야기가 아니라 쇼생크 감옥이 구원받는 이야기입니다. 원제를 알았으니 이 영화가 사뭇 다르게 보일 것입니다. 앤디 듀프레인(팀 로빈스 분)이라는 주인공이 아내와 그녀의 정부를 죽인 살인범으로 몰려 두 번의 종신형을 선고받아 쇼생크 감옥에 들어옵니다. 두 번의 종신형을 선고받았으니 감형되어도 그는 계속 종신형으로 살아야만 합니다. 이 영화는 감옥에 먼저 들어온 죄수인 레드(모건 프리먼 분)가 앤디를 관찰하며 이야기하는 형식으로 전개됩니다. 그래서 관객은 레드를 통해서 앤디라는 주인공을 만날 뿐, 앤디의 속마음이나 생각은 알 수 없습니다. 레드는 관객이 동일시하게 되는 인물인데, 레드를 통해서 앤디의 생각을 알 수 있게 한 설정 덕분에 이 영화는 신비감을 더하며, 많은 영적 교훈이 이 영화 속에 자리할 수 있게 되었습니다. 유명한 영화 평론가인 로저 에버트(Roger Joseph Ebert, 1942-2013)가 《위대한 영화》라는 책에서 이 영화에 대해 좋은 비평을 해 놓았으니 한번 읽어보십시오.

'쇼생크'라는 이름이 참 기이합니다. 로저 에버트의 책에서는 '쇼생크'라는 이름에 대한 이야기가 없는 것으로 보아 아마 그도 이 이름에 대해서는 잘 알지 못했던 것 같습니다. 쇼생크는 이집트 왕의 이름입니다. 이집트 왕의 공식 직함은 '바로'이고 실제 왕의 이름은 각기 다른데, 아무튼 쇼생크는 이집트의 22대 왕조를 연 왕입니다. 구약학에서는 이 왕이 '세숑크'(Sheshonk) 또는 '시사크'(Shishak)로 알려져 있는

데, 우리말 성경에서는 '시삭'으로 번역되어 있습니다. 열왕기에서 나중에 북 이스라엘의 왕이 되는 여로보암이 솔로몬의 아들인 르호보암 왕에게 반기를 들었다가 망명하게 된 곳이 바로 이 시삭이 다스리는 애굽입니다. 여기에 '시삭'이라는 이름이 나옵니다.

'쇼생크의 구원'은 이런 의미에서 '애굽의 구원'을 의미합니다. 애굽은 핍박자였습니다. 핍박을 당한 자가 아니라 핍박한 자인데도 쇼생크가 구원을 받는 것입니다. 이런 성경적 토대가 없으면 이 영화를 제대로 이해하기가 어렵습니다.

앤디는 사실 죄가 없습니다. 강도가 들어와서 자기 아내를 죽였는데 앤디의 총으로 죽였기 때문에 그가 범인으로 몰려 억울한 옥살이를 하게 된 것입니다. 전직 은행가였던 앤디는 말이 없고 속이 깊은 사람입니다. 그는 쇼생크 감옥에 갇혀 우울하게 지냅니다. 그가 우울한 이유가 영화에 나옵니다. 앤디는 "결국 아내는 내가 죽인 것이나 다름없어. 내가 쏴 죽인 것은 아니지만 나는 남편 노릇을 못했어"라며 후회합니다. 그리고 말없이 다른 죄수들과 함께 살다가 탈옥합니다. 그가 탈옥하자 쇼생크 감옥은 "앤디가 탈옥했대!"에 그치지 않고 남아 있는 많은 죄수들이 그의 탈옥을 함께 누립니다. 왜 그럴까요? 앤디가 한때 자기들과 동료였다는 이유로 앤디의 탈옥은 남아 있는 모든 자들에게도 구원이 되기 때문입니다.

이 영화에 멋진 장면이 많은데, 저는 이 장면이 인상 깊었습니다. 앤디가 교도소에 들어온 지 얼마 되지 않았을 즈음, 죄수들이 건물 옥상에서 방수 작업을 하던 때였습니다. 앤디가 작업을 하다가 교도관들이 나누는 이야기를 듣게 됩니다. 교도소 경비대장의 먼 친척이 죽

으면서 그에게 3만 불의 유산을 남겼는데 세금으로 전부 뺏기게 되었
다는 이야기였습니다. 이 이야기를 들은 앤디가 경비대장에게 다가
갑니다. 이런 앤디를 레드가 말리지요. 경비대장은 아주 폭압적인 사
람이었기 때문입니다. 가까이했다가는 좋을 일이 없습니다. 그런데도
앤디는 경비대장에게 가서 "제가 그 돈 찾아드릴 수 있는데요"라고 말
합니다. 경비대장이 화를 벌컥 내면서 앤디의 멱살을 잡고 건물 옥상
끝으로 몰아댑니다. 앤디를 떠밀면서 "넌 그냥 사고로 죽은 거야"라고
고함을 지르며 화를 내지요. 앤디가 간신히 말합니다. "부인을 믿으시
죠? 부인에게 증여하시면 세금 한 푼도 안 내도 됩니다." 그렇게 면세
(免稅) 방법을 알려 줍니다. 경비대장이 "뭐라고?" 하며 놀라죠. "5만
불까지는 부인에게 증여하실 수 있고, 그렇게 되면 세금을 한 푼도 안
내도 됩니다. 경비대장께서 알아서 하시겠지만 어차피 서류를 작성해
야 하는 일이니 제가 해 드리죠. 다른 보상은 요구하지 않겠습니다. 다
만 제 동료들에게 맥주 두 병씩만 주십시오."

　그다음에 장면이 바뀌어 휴식 시간에 맥주를 마시는 동료들의 모
습이 나옵니다. 앤디는 맥주를 마시지는 않고 저쪽에 멀찍이 떨어져
서 흐뭇한 표정으로 그들을 바라봅니다. 레드가 친구들에게 말합니
다. "앤디가 우리더러 동료라고 했지? 우리가 앤디의 동료래." 여기가
중요한 부분입니다. 그 죄수들은 모두 앤디의 동료이기 때문에 앤디
의 탈옥은 곧 자기네의 탈옥이 됩니다. 남아 있는 자들은 여전히 감옥
에 갇혀 있지만 이제 그곳은 더 이상 감옥이 아닌 것입니다. "글쎄, 앤
디가 그랬어. 앤디가 그때 〈피가로의 결혼〉을 틀어 놓은 벌로 붙잡혀
서 한 달 동안 독방에 갔잖아." 쇼생크는 그들을 더 이상 죄수로 가둘

수가 없게 되었습니다. 자유인이 누리는 자유와 여유가 그들에게도 이미 넘쳤기 때문입니다.

인간의 모든 현실을 묶으신 예수처럼

예수가 이 땅에 인간으로 오셔서 인생을 살고 십자가에 죽고 부활하자, 더 이상 세상은 죽음이라는 위협과 공포로 우리를 묶을 수 없게 되었습니다. 예수가 오시자 그가 참여한 모든 자리와 모든 정황 속의 사람들은 그의 동료와 형제가 되어 예수의 구원에 묶이게 됩니다. 이것을 사랑이라고 합니다. 사랑이란 그저 좋은 소리나 해 주고 속을 다 꺼내 놓고 진심을 마구 확인하는 것이 아니라 자신을 누구와 묶는 것입니다. 운명과 현실을 묶고 모든 결과를 함께 나누는 것입니다. 히브리서 5장의 이야기입니다.

> 그는 육체에 계실 때에 자기를 죽음에서 능히 구원하실 이에게 심한 통곡과 눈물로 간구와 소원을 올렸고 그의 경건하심으로 말미암아 들으심을 얻었느니라 그가 아들이시면서도 받으신 고난으로 순종함을 배워서 온전하게 되셨은즉 자기에게 순종하는 모든 자에게 영원한 구원의 근원이 되시고 하나님께 멜기세덱의 반차를 따른 대제사장이라 칭하심을 받으셨느니라 (히 5:7-10)

예수가 육체로 오셔서 육체의 동료가 되십니다. 그의 부활로 그와 묶인 육체는 부활할 수 있게 됩니다. 그가 부활하심으로 말미암아 그가 오셨던 자리에 있던 사람들, 그와 함께한 모든 자들은 그 안에 함께 있게 됩니다. 하나님께서 예수 그리스도를 보내신 것을 사랑이라고 이야기하는 이유입니다. 그는 이 땅에 오실 때 아버지의 기뻐하심을 따라 오셨습니다. 아버지와 아들이 하나입니다. 사랑으로 말입니다. 사랑은 운명을 나누는 연합입니다. 그가 와서 우리와 같은 육체가 되어 우리의 현실, 우리의 실존에 들어오심으로 우리를 자기와 하나로 묶습니다. 이것을 사랑이라고 합니다.

예수는 자기를 죽음에서 능히 구원하실 이에게 심한 통곡과 눈물로 간구합니다. 화를 내고 억울해 하고 거부하는 것이 아니라 경외하심으로 인생을 감당합니다. 하나님과 사랑으로 묶여 있는 분이신데 눈물과 통곡으로 간구해야 하는 자리에 오셨습니다. 그렇게 우리의 존재와 자신을 묶으신 것입니다.

이제는 아무도 해결해 줄 수 없다며 여러분이 비명 지르던 자리, '뜸북뜸북 뜸북새', '낙화암 아래 그늘에서 울어나 보자'는 노래로 겨우 버티며 살아야 했던 자리를 예수께서 다 묶어 내십니다. 예수가 묶지 못할, 구원해 내지 못할 삶의 영역은 없습니다. 이것이 사랑이며, '우리를 우리 주 그리스도 예수 안에 있는 사랑에서 끊을 수 없으리라'는 말씀이 갖는 의미입니다. 그러므로 예수는 우리의 구원자가 되시며 대제사장이 될 수 있는 것입니다.

이것이 근거가 되어 우리는 누구의 가족으로, 누구의 동료로 이 시대와 이 나라에 사랑의 존재로 서 있는 것입니다. 예수의 성육신과 고난과 죽음과 부활이 모든 인류를 묶은 하나님의 사랑의 능력이요 방법이듯, 우리가 이 시대를 살고 이 나라에 살고 누구의 이웃이 되는 것으로 하나님은 우리를 누군가와 묶으십니다.

그런데 우리는 대단한 것을 하고 싶어 합니다. 상대방을 설득하고 격파하여 굴복시키고 싶어 합니다. 그러나 예수님은 그렇게 하지 않으셨습니다. 예수께서 언제 힘으로 누군가를 굴복시키고 납득시키시던가요? 다 받아 내십니다. 다 받아 품에 안으십니다. 인류 역사상 유례가 없는 사랑입니다. 아무도 다시 할 수 없는 사랑을 하셨으며, 가장 억울하고 부끄럽고 고통스러운 길을 가셨습니다. 예수는 어떤 인생도 예외 없이 당신의 품 안에 안으십니다. 보상을 받으려고 그러신 것이 아닙니다. 그러니 우리도 그렇게 살아야 합니다.

마태복음 28장 18절과 19절에 나온 '하늘과 땅의 모든 권세를 내게 주셨으니 그러므로 너희는 가서 모든 민족을 제자로 삼아'라는 말씀은 무슨 뜻입니까? 우리가 이 땅끝에 와 있다는 것입니다. 우리가 서 있는 자리가 땅끝입니다. 우는 자리, 할 말 없는 자리, 억울한 자리, 견딜 수 없는 자리에 하늘과 땅의 모든 권세를 가지신 예수께서 우리를 보내신 것입니다. '볼지어다 내가 세상 끝날까지 너희와 항상 함께 있으리라'라고 말씀하십니다.

예수를 믿으면 어떻게 해야 합니까? 겁내지 마십시오. 낙화암 그늘에 가서 울지 마십시오. 우리가 사는 인생이 아무것도 아닌 것 같지만, 이 아무것도 아닌 것 같음 속에서 하나님이 일하십니다. 하나님이 우리와 묶어 주신 이웃들 앞에 우리가 서 있습니다. 그들을 명분으로 쫓아내지 말고, 여러분의 결벽증 때문에 그들을 외면하는 일이 없게 하십시오. 여러분이 있어서 이웃이 위로를 받게 하십시오. 편들어 주고 같이 울고 같이 웃으십시오. 줄 것은 아무것도 없더라도 내가 살아 있는 것이 하나님이 일하시는 방법이라는 것을 기억하십시오. 여러분이 서 있는 자리에서 하나님이 무엇을 하시는지, 여러분이 거부하고 싶은 여러분의 인생으로 하나님이 어떻게 일하시는지를 확인하고 자랑하는 복을 누리길 바랍니다.

기 도

하나님 아버지, 은혜를 감사합니다. 하나님이 당신의 아들을 세상에 보내심은 세상을 사랑하시기 때문입니다. 세상을 심판하기 위해서가 아니라 세상을 구원하시기 위해서입니다. 이 사랑을 받았고 이 사랑을 나누는 자로 세우셨으니 열심히 살게 하시고 울고 기도하게 하옵소서. 내가 가는 길마다 발자국마다 하나님께서 함께하시는 줄을 예수 안에서 확인하게 하옵소서. 이 인생이 하나님께서 허락하신 위대한 인생인 줄 알고 멋있게 살아 내게 하옵소서. 그리하여 하나님의 영광과 능력을 드러내는 우리 자리가 되게 하여 주시옵소서. 예수님 이름으로 기도합니다. 아멘.

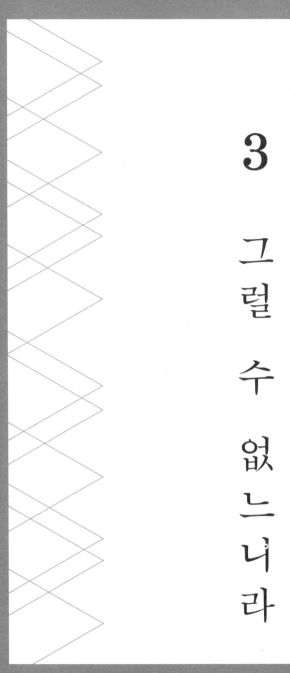

3 그럴 수 없느니라

25.
오직 부르시는 이로 말미암아

선택, 하나님의 편드심

…… 6 그러나 하나님의 말씀이 폐하여진 것 같지 않도다 이스라엘에게서 난 그들이 다 이스라엘이 아니요 7 또한 아브라함의 씨가 다 그의 자녀가 아니라 오직 이삭으로부터 난 자라야 네 씨라 불리리라 하셨으니 8 곧 육신의 자녀가 하나님의 자녀가 아니요 오직 약속의 자녀가 씨로 여기심을 받느니라 9 약속의 말씀은 이것이니 명년 이 때에 내가 이르리니 사라에게 아들이 있으리라 하심이라 10 그뿐 아니라 또한 리브가가 우리 조상 이삭 한 사람으로 말미암아 임신하였는데 11 그 자식들이 아직 나지도 아니하고 무슨 선이나 악을 행하지 아니한 때에 택하심을 따라 되는 하나님의 뜻이 행위로 말미암지 않고 오직 부르시는 이로 말미암아 서게 하려 하사…… (롬 9:1-13)

이스라엘은 어떻게 되는가

로마서 9장은 중요한 질문을 제기합니다. 기독교 신앙 혹은 복음의 핵심이 분명하게 드러나 있는 이 질문은 로마서 8장 38절, 39절의 말씀과 연결해서 이해해야 합니다.

> 내가 확신하노니 사망이나 생명이나 천사들이나 권세자들이나 현재 일이나 장래 일이나 능력이나 높음이나 깊음이나 다른 어떤 피조물이라도 우리를 우리 주 그리스도 예수 안에 있는 하나님의 사랑에서 끊을 수 없으리라 (롬 8:38-39)

하나님의 사랑이 예수 안에서 무한한 것이며 이 사랑으로 불가능할 것이 없다면 도대체 이스라엘의 거역은 무엇인가, 하는 질문입니다. 이스라엘은 예수를 거부했고 아직도 그들은 예수를 거부하고 있는데 예수 안에 있는 하나님의 사랑에서 끊을 수 있는 것이 없다면 저들은 용서받을 수 있는가, 하는 것이죠. 또 이러한 질문은 이스라엘이 거부한 일은 아무래도 괜찮은 것인가, 하는 물음으로도 이어집니다. 우리의 신앙생활에서 어떠한 실패도 우리를 향한 하나님의 사랑과 은혜를 꺾을 수 없다는 말은 대단히 귀한 복음이지만, 그렇다면 잘한 것과 못한 것이 아무 상관없다는 말인가, 우리가 잘못한 것이 분명 있는데 그것은 어떻게 해결되는가, 어디까지 괜찮은가, 이런 의문들이 생깁니다. 그동안 우리는 대부분 이런 의문들을 막연하게 처리하고 지나왔습니다. 이 부분을 성경이 무엇이라고 말하는지 함께 살펴봅시다.

오늘 본문의 내용은 이렇습니다. 이스라엘은 교회의 뿌리다, 이스라엘을 선민으로 택하신 하나님의 부르심과 역사는 기독교 복음의 뿌리였다, 이방의 구원은 이스라엘을 뿌리로 삼고 펼치신 하나님의 일하심이었다, 이 뿌리 위에 우리를 세우셨다, 우리가 하나님의 백성이 될 수 있었다면 그 뿌리도 하나님이 보전하실 것이다, 이런 이야기입니다. 이 내용을 확장하면, 우리가 아무리 잘못해도 결국 하나님이 다 해결하실 것이다, 이런 결론에 다다를 수 있게 됩니다. 그러나 조심해야 합니다. 이 말의 의미를 하나님의 거룩하심을 두려워하는 가운데 이해하지 못하면, 기독교 신앙은 값싼 은혜가 되든가 율법주의가 될 수밖에 없습니다. 로마서 3장 21절을 찾아봅시다.

> 그러나 이제는 율법 외에 하나님의 한 의가 나타났으니 율법과 선지자들에게 증거를 받은 것이라 곧 예수 그리스도를 믿음으로 말미암아 모든 믿는 자에게 미치는 하나님의 의니 차별이 없느니라 (롬 3:21-22)

차별이 없다는 것은 조건과 자격에 얽매이지 않는다는 말입니다. 이 구절에서는 율법, 곧 원인과 결과의 법칙에 얽매이지 않고 인과율을 벗어난 하나님의 은혜인 예수로 말미암아 얻는 구원을 말하고 있습니다.

여기서 '믿는다'라는 말은 행위와 대조되어 '모든 자에게 가능하다'라는 의미가 됩니다. 이 믿음이 얼마나 큰지 그 어떤 것으로도 예수 안에 있는 이 구원과 사랑을 끊을 수 없다고 로마서 8장은 말씀합니다. 이 믿음은 다만 열어 놓은 문에 불과한 것이 아니라 하나님의 적극적인 의지요, 일하심이라고 말합니다.

그러면 이제 이스라엘은 어떻게 되는가, 저들이 구원을 받는다면 저들의 거부와 선택은 무엇이 되는가, 또한 하나님이 저들을 용서하신다면 어떤 식으로 그것이 이루어질 것인가, 하는 질문이 우리 각자에게도 주어집니다. 왜냐하면 신앙생활을 온전하게 하는 자는 없기 때문입니다.

아브라함과 이삭과 야곱의 하나님

이 문제에 대하여 성경은 놀라운 이야기를 합니다. 아브라함과 이삭과 야곱을 생각해 보십시오. 그들은 이 장에서 우리가 다루려고 하는 문제에 대한 좋은 예가 됩니다.

이스라엘은 약속으로 부름받은 자녀입니다. 이스라엘은 혈통이나 국가로 구별되지 않고 약속의 자녀라는 점으로 구별됩니다. 성경은 그런 점에서 아브라함과 이삭과 야곱을 구별하고 있습니다. 창세기 28장을 찾아봅시다.

야곱이 브엘세바에서 떠나 하란으로 향하여 가더니 한 곳에 이르러는 해가 진지라 거기서 유숙하려고 그 곳의 한 돌을 가져다가 베개로 삼고 거기 누워 자더니 꿈에 본즉 사닥다리가 땅 위에 서 있는데 그 꼭대기가 하늘에 닿았고 또 본즉 하나님의 사자들이 그 위에서 오르락내리락 하고 또 본즉 여호와께서 그 위에 서서 이르시되 나는 여호와니 너의 조부 아브라함의 하나님이요 이삭의 하나님이라 네가 누워 있는 땅을 내가 너와 네 자손에게 주리니 네 자손이 땅의 티

끌 같이 되어 네가 서쪽과 동쪽과 북쪽과 남쪽으로 퍼져나갈지며 땅
의 모든 족속이 너와 네 자손으로 말미암아 복을 받으리라 내가 너
와 함께 있어 네가 어디로 가든지 너를 지키며 너를 이끌어 이 땅으
로 돌아오게 할지라 내가 네게 허락한 것을 다 이루기까지 너를 떠나
지 아니하리라 (창 28:10-15)

하나님의 놀라운 약속이 등장합니다. 이 복된 약속이 누구에게 주어
집니까? 하나님은 야곱을 부르시면서 "야곱아, 나는 네 조부 아브라
함의 하나님이고 네 아비 이삭의 하나님이다"라고 당신을 소개하십
니다. 야곱은 갑자기 어딘가에서 붙잡혀 덜컥 불려나와 회개와 결심
으로 약속의 자녀가 된 것이 아닙니다. 하나님이 이미 전부터 예정하
셔서 아브라함과 이삭을 지나 야곱이 오도록 준비하셨고 그리하여 야
곱이 존재하게 되었습니다. 이미 약속의 자녀를 예정하신 하나님으로
말미암아 야곱이 존재하게 된 것입니다.

　시간을 참작하지 않고 앞뒤 맥락에 대한 고려도 없이 이해나 결단
에 이끌려 믿음, 윤리, 행위와 같은 것을 자꾸 붙잡는 우리와 달리, 성
경은 하나님이 하나님의 하나님 되심을 끊임없이 보전하시며 회복하
시며 완성하심으로 일하고 계시다고 증언합니다.

　인간의 잘잘못이 중요하지 않다는 이야기가 아닙니다. 그것과 구별
되는 이야기입니다. 온 천하와 역사와 인류의 주인이신 하나님이 성
실하게 일하고 계신다, 너는 느닷없이 덜컥 세워진 존재가 아니라 긴
시간을 거쳐서 이 자리에 있게 된 존재다, 신적 이해와 능력과 비전 속
에서 준비되고 만들어진 자다, 라고 말씀하시는 것입니다.

야곱에게 또 무엇을 말씀하십니까? 내가 너와 함께 있어 네가 어디로 가든지 내가 너를 지키며 너를 이끌어 이 땅으로 돌아오게 하겠다, 너를 떠나지 않겠다, 라고 하십니다. 여기에 '너'가 바로 야곱입니다. 여기에 아브라함도 이삭도 들어갑니다. 그 이름들을 통틀어 이스라엘이라고 합니다.

약속의 자녀에서 약속이란 하나님의 의지, 하나님의 신실한 성의를 말합니다. 이스라엘이 오해한 것같이 이 약속은 이스라엘과 이방, 믿는 자와 믿지 않는 자로 나누는 데에 쓰이지 않습니다. 이렇게 구별하라고 택하신 것이 아닙니다. 다윗과 사울의 대비에서 본 바와 같이 하나님이 개입하시는 인생의 존재와 운명과 하나님 없는 인생의 존재와 운명을 대비하는 것입니다. '야곱은 사랑하고 에서는 미워하였다'라는 로마서 9장 13절의 말씀은 이 두 부류의 인생을 대조하기 위해 나온 표현입니다.

선택이라는 말에서의 강조점은 선택을 받은 자가 있고 버려진 자가 있다는 데에 있지 않습니다. 우리는 모두 하나님을 스스로 버린 자들입니다. 우리가 선택하여 가는 길과 우리 스스로 책임지는 운명의 끝이 무엇인가와 하나님이 함께하시고 복을 주신 자의 인생과 그 끝이 무엇인가를 대조하기 위해 하나님 없이 사는 자와 하나님을 모신 자를 대조하는 것입니다.

이는 운명을 가르는 대조가 결코 아닙니다. 왜냐하면 이스라엘의 거부로 이방이 구원을 받기 때문입니다. 이스라엘이 잘해서 이방이 양자나 서자처럼 부름을 받는 것이 아닙니다. 하나님의 크신 인도와 많은 개입을 경험하는 특권을 누린 이스라엘마저 하나님을 거부하게 된 이 실패에도 불구하고 하나님이 이방을 불러내신 것을 보면, 이스라엘도 당연히 구원받을 것이라는 결론에 바울은 도달한 것입니다.

그러니 여기 나온 야곱과 에서의 대조는 사울과 다윗의 대조와 동일하다고 이해해야 합니다. 다윗의 승리는 그가 하나님을 의지했기 때문이다, 라는 말은 결과만 가지고 한 표현에 불과합니다. 성경적 관점에서 다시 말하면, 다윗은 하나님이 편들어 주신 인생을 가리킵니다. 하나님이 편들어 주시면 어느 자리, 어느 형편에서도 명예가 있고 승리가 있고 역전이 있다는 것을 보여 주는 사람이 다윗입니다. 하나님이 함께해 주시지 않으면 어떤 자랑과 어떤 능력이 있더라도 결말이 좋을 수 없다는 것을 드러내는 사람이 사울입니다.

이방은 하나님을 몰랐지만 이스라엘은 하나님을 알았다는 점에서 그들은 특권을 누리고 있었습니다. 그러나 저들의 특권이 저들에게 유익이 되지 않았습니다. 마찬가지로 우리의 무지가 우리에게 손해가 되지 않습니다. 신약시대 이후에도 이에 대한 오해가 계속되어 왔습니다.

이스라엘처럼 신약시대 내내 교회도 이를 오해하여 유대인을 경멸하는 것으로 자신들의 지위와 정체성을 확보하곤 했습니다. 이는 비겁한 짓입니다. 성경은 에서를 욕하는 데에 분주하지 않습니다. 하나님을 모르는 이방을 저주하는 데에 성경의 목적이 있지 않습니다. 이를 기억하시기 바랍니다. 이스라엘로 말미암은 온 인류의 구원, 예수로 말미암은 모든 무지한 자들과 죄인들의 구원, 이것이 복음입니다. 이는 로마서 5장 8절에서 나눈 말씀이기도 합니다. "우리가 아직 죄인 되었을 때에 그리스도께서 우리를 위하여 죽으심으로 하나님께서 우리에 대한 자기의 사랑을 확증하셨느니라."

구원은 이미 완료되었다고 말씀드렸습니다. 십자가는 이천 년 전에 역사 속에서 이미 이루어졌습니다. 우리는 그 후에 태어나 믿었으며 앞으로 우리가 어떻게 살지는 아직 잘 모릅니다. 끝까지 이 믿음을 지킬지, 못 지킬지 알 수 없지만 성경은 우리에게 이렇게 말씀합니다. 너희의 구원은 완료되어 있다, 적용만 남았다, 위대하게 사는 일에, 믿음을 갖고 승리하는 일에 네가 갖추어야 할 조건이란 없다. 이런 이유로 우리가 힘을 얻습니다. 시간상 역순(逆順)이라고 말씀드렸습니다. 구원이라는 결과는 이미 일어났고, 그 결과까지 맛보는 것이 현실이 되었습니다.

야곱은 복을 받을 것입니다. 야곱의 조부인 아브라함의 하나님이시며 그 아비 이삭의 하나님이 세우셔서 세상에 태어나게 된 야곱입니다. 아브라함과 이삭에게 그랬듯이 하나님이 야곱에게서 실패하실 리가 없습니다.

모세와 요셉의 하나님

여기서 한걸음 더 나아가 모세를 만나시는 하나님이 출애굽기 3장에 등장합니다.

여호와께서 그가 보려고 돌이켜 오는 것을 보신지라 하나님이 떨기나무 가운데서 그를 불러 이르시되 모세야 모세야 하시매 그가 이르되 내가 여기 있나이다 하나님이 이르시되 이리로 가까이 오지 말라 네가 선 곳은 거룩한 땅이니 네 발에서 신을 벗으라 또 이르시되 나는 네 조상의 하나님이니 아브라함의 하나님, 이삭의 하나님, 야곱의 하나님이니라 모세가 하나님 뵈옵기를 두려워하여 얼굴을 가리매 여호와께서 이르시되 내가 애굽에 있는 내 백성의 고통을 분명히 보고 그들이 그들의 감독자로 말미암아 부르짖음을 듣고 그 근심을 알고 내가 내려가서 그들을 애굽인의 손에서 건져내고 그들을 그 땅에서 인도하여 아름답고 광대한 땅, 젖과 꿀이 흐르는 땅 곧 가나안 족속, 헷 족속, 아모리 족속, 브리스 족속, 히위 족속, 여부스 족속의 지방에 데려가려 하노라 (출 3:4-8)

하나님이 내려오셔서 이스라엘 사람들을 이끌고 젖과 꿀이 흐르는 땅으로 데려가실 것이라고 말씀하십니다. 이 시점이 모세에게는 참 막막했을 것입니다. 모세는 자기가 누구이며 자기 민족의 억울함이 무엇인지를 알고 또한 하나님이 누구신지를 알아 사십 세에 자기 민족을 위하여 일어났던 사람입니다. 그때 하나님이 모세를 편들어 주지 않아서 그는 실패했습니다. 애굽에서 도망쳐 미디안 광야에서 사십 년을 보냅니다. 원망과 억울함과 분노와 자책과 눈물로 세월을 보내고 이제 남은 것 없는, 그저 팔십 먹은 한 목자에 불과한 모세를 하나님이 부르십니다. 모세를 어떻게 부르십니까? 나는 네 조상의 하나님이니 아브라함의 하나님, 이삭의 하나님, 야곱의 하나님이라, 이 뒤의 이름들은 일일이 열거하지 않았을 뿐입니다. 네가 태어난 것, 네가 당한 인생을 내가 다 지켜보았다, 너는 내가 만들었고 내가 쓰는 인생이다, 이렇게 말씀하셨지만 모세는 두려워합니다. 그는 하나님께 승복하지 않습니다. 이러한 모세를 하나님이 다그쳐서 보내십니다.

이 말씀의 의미를 아시겠습니까. 여기에 등장한 하나님의 의지와 하나님의 개입이 보이십니까. 하나님의 개입, 로마서 9장에서 보는 약속과 선택입니다. 하나님의 의지가 있고 그 의지를 직접 행사하시는 하나님의 행위가 있습니다. 역사 속에, 모든 존재 속에, 우리 안에서 행하시는 하나님의 일하심이 있습니다. 이 점을 보여 주는 중요한 인물이 하나 더 있습니다. 누구일까요? 바로 요셉입니다. 시편 105편으로 가 봅시다.

> 그가 또 그 땅에 기근이 들게 하사 그들이 의지하고 있는 양식을 다 끊으셨도다 그가 한 사람을 앞서 보내셨음이여 요셉이 종으로 팔렸도다 그의 발은 차꼬를 차고 그의 몸은 쇠사슬에 매였으니 곧 여호와의 말씀이 응할 때까지라 그의 말씀이 그를 단련하였도다 (시 105:16-19)

야곱의 열한 번째 아들인 요셉은 형들의 미움을 받아 애굽으로 팔려갑니다. 그는 애굽의 시위대장에게 팔려 가서 종으로 일하다가 무고를 당하여 감옥에 갇혔으나 후에 풀려나서 총리가 됩니다. 온 세상에 기근이 들었을 때 그는 애굽은 물론 다른 나라 백성까지 다 살리는데, 이 속에 요셉의 가족도 포함됩니다. 이런 요셉의 이야기는 언제나 너무 쉽게 이해되어 우리는 자주 그 깊이를 놓치곤 합니다.

'요셉의 형들이 요셉을 팔아넘기는 바람에 그들이 구원을 얻게 되었다.' 이 말이 어떻게 들리십니까? 앞뒤가 맞는 이야기 같습니까? 요셉의 형들은 요셉을 배신하여 구원을 얻습니다. 그리고 요셉은 억울함을 당하고 고난을 겪어 영광의 자리에 앉습니다. 여기에 불굴의 의지로 역경을 헤쳐 나가는 영웅의 모습을 떠올리며 '그럼에도 불구하고'라는 말을 쉽게 붙이지 마십시오. 요셉이 얻은 영광이 팔아넘김과 억울한 옥살이라는 과정을 거쳐 도달하게 된 것임을 기억하기 바랍니다. 우리가 보기에는 이 과정에 훨씬 적극적인 무언가가 개입되어야 할 것 같습니다. 남들 놀 때에 놀지 않고 공부했다든가, 남들 잘 때에 자지 않고 일했다든가 하는 원인이 있어야만 이와 같은 좋은 결과가 나올 것 같습니다. 이것이 바로 인과율입니다. 우리는 항상 이 인과율로만 세상을 이해하려고 합니다.

하지만 성경은 그렇지 않다고 이야기합니다. 이스라엘이 어떻게 될 것인가, 이 일은 하나님의 손에 달려 있다, 그런데 그 하나님이 예수를 보내셨다, 따라서 구원받지 못할 자란 없다, 해결하지 못할 일이란 없다, 사망이나 생명이나 높음이나 깊음이나 그 무엇도 예수 그리스도 안에 있는 하나님의 사랑에서 우리를 끊을 수 있는 것은 없다, 이 말씀이 무슨 의미인지 알아야 합니다.

이는 우리가 무슨 일을 저질러도 결국 좋은 일이 생길 것이다, 우리가 무얼 해도 하나님이 모든 일을 원만하고 행복하게 이끌고 가실 것이다, 라는 식의 이야기가 아닙니다. 그런 동화 같은 기대로 신앙과 하나님의 일하심을 오해해서는 안 됩니다. 지금 바울은 하나님이 우리가 잘못한 일에 뛰어들어 오셨다는 말을 하고 있습니다. 하나님은 우리의 거부와 무지와 배반에 들어오십니다. 직접 들어오셔서 그것을 고치십니다. 이것이 예수의 오심 곧 성육신입니다.

예수님은 하늘에서 나팔 한 번 불고 "너희 죄를 다 사하노라"라며 말로 그렇게 끝내시지 않았습니다. 성자 하나님이신 그분이 육신이 되어 우리의 인생에 뛰어들어 오셔서 죄가 권세를 잡고 있는 이 땅을 살아 내셨습니다. 창조주가 피조물의 거부와 오해와 멸시와 박해와 수모를 견디고 사셨습니다. 그렇게 우리가 잘못 만들고 잘못 간 길에 실제로 들어오셔서 우리를 붙잡아 회복하십니다. 우리가 저지른 것을 다 받아 고치고 회복하십니다.

인생에 따라 들어오시는 하나님

자기가 저지른 일은 자기가 해결할 수밖에 없다는 것쯤은 나이가 들면 모두 아는 사실입니다. 〈우아한 세계〉라는 영화가 있습니다. 이 영화의 주인공 강인구(송강호 분)는 조직 내에서 서열 2, 3위쯤 되는 조직폭력배 중간 보스입니다. 위에다는 아부하고 아랫사람들은 잘 다독이면서 힘들게 살아갑니다. 조폭이라고 해서 힘만 쓰면 되는 것이 아니라 다 먹고 살려고 애를 쓴다는 것을 보여 주는 영화입니다.

강인구의 부인과 딸은 그를 남편이나 아빠로 대우해 주지 않습니다. 있는 대로 그에게 불평하고 무시합니다. 하지만 자기 마누라와 딸이니 어쩔 수 없이 당하고만 있습니다. 그러던 중 한국에서는 교육하기가 힘들다며 인구의 아내가 딸을 데리고 캐나다로 가 버립니다. 거기서 사는 모습을 비디오에 담아 그에게 보내 옵니다. 어느 날 주인공은 아내와 딸이 캐나다에서 즐겁게 웃고 노는 영상을 보다가 라면을 끓여 먹던 밥상을 걷어차 버립니다. 그런데 거기서 장면이 끝나지 않습니다. 밥상을 발로 차면 그것으로 끝이 아닙니다. 흩어진 라면을 주워 담아야 합니다. 자기가 걷어찬 밥상을 자기가 치우는 장면이 이 영화의 압권입니다. 자기가 찬 밥상인데 자기가 치워야지 누가 치우겠습니까?

그런데 하나님은 우리가 찬 밥상을 우리더러 치우라고 내버려 두지 않으시고 직접 오셔서 이 일을 하십니다. 이것이 은혜입니다. 우리의 인생에 뛰어들어 오셔서 우리가 차 버린 밥상을 다 치우고 줍고 꿰매고 바꾸고 씻기며 우리와 씨름하십니다. 요셉의 이야기에 대입해 봅시다. 하나님께서 형들이 요셉을 팔아먹은 자리에 따라 들어가 팔려 가는 요셉을 쫓아가고, 억울한 일을 당하여 감옥에 갇힌 요셉을 따라 들어가 그를 붙드십니다. 요셉을 붙들어 이 모든 상황에서도 기어코 선한 목적을 이루어 내시는 하나님이십니다.

이 하나님을 보라, 이스라엘이 배신과 거부로 갔으나 하나님은 그것을 붙들어 싸워 너희를 만들어 냈다, 그럴 수 있는 하나님이 너희보다 나은 이스라엘에게 무엇인들 못 하시겠느냐, 그러니 너희는 두려움으로 신앙생활해라, 하고 말씀하십니다.

여기서 두려움은 공포일까요? 공포가 아닙니다. 로마서 6장이 이미 지적한 문제입니다. 이것이 오늘 우리에게 중요한 결론이 될 것입니다. 로마서 6장 1절을 봅시다.

그런즉 우리가 무슨 말을 하리요 은혜를 더하게 하려고 죄에 거하겠느냐 그럴 수 없느니라 죄에 대하여 죽은 우리가 어찌 그 가운데 더 살리요 (롬 6:1-2)

은혜를 논하자 이런 질문이 나왔습니다. 모든 것이 공짜라면 무엇 때문에 열심과 책임이 필요한가. 이는 우리가 못나서 하는 질문입니다. "나는 당신을 사랑해. 나는 당신을 위해 무엇이든지 할 수 있어"라는 말을 듣고는 "그래? 그러면 어디 한번 죽어 봐!"라고 답하는 꼴입니다. 이렇게 말하는 사람은 나쁜 사람입니다. 그런데도 우리는 늘 그런 질문을 합니다. 하나님이 무엇이든지 하실 수 있다면 내가 열심히 살 필요가 있을까, 라는 생각을 하는 것이지요. 우리에게 주어진 은혜가 얼마나 명예로우며 감사한 이야기인지 그 무게를 깨달아야 합니다.

우리는 늘 실수하며 잘못합니다. 그럴 수 있습니다. 그러나 힘을 다해서 잘 살려고 애를 써야 합니다. 실수하면 와서 하나님, 제가 잘못했습니다, 라고 회개해야 합니다. 또한 하나님께서 우리를 대하신 방식대로 우리의 이웃들을 대해야 합니다. 힘들어 하는 이웃에게 "예수 믿는데 뭐가 걱정이야?"라며 그들의 아픔을 가볍게 말해서는 안 됩니다. 오늘 말씀이 여러분의 현실에 힘이 되기를 바랍니다. 또한 신자의 인생을 사는 능력과 감사가 있기를 바랍니다.

기 도

하나님 아버지, 은혜를 감사합니다. 하나님께서는 예수 안에서 못하실 것이 없다고 말씀하셨습니다. 그러니 우리도 각자의 인생 속에서 하나님을 향하여 못할 것이 없습니다. 힘을 다하고 뜻을 다하고 정성을 다하고 시간을 다하고 노력을 다하고 충성을 다하겠습니다. 하나님의 붙드심과 함께 우리의 인생을 하나님의 자녀로 사는 법을 배우며 영광되게 하옵소서. 예수님 이름으로 기도합니다. 아멘.

26.

긍휼히 여길 자를 긍휼히 여기고

긍휼, 너는 내 아들이 아니냐

———

14 그런즉 우리가 무슨 말을 하리요 하나님께 불의가 있느냐 그럴 수 없느니라 15 모세에게 이르시되 내가 긍휼히 여길 자를 긍휼히 여기고 불쌍히 여길 자를 불쌍히 여기리라 하셨으니 16 그런즉 원하는 자로 말미암음도 아니요 달음박질하는 자로 말미암음도 아니요 오직 긍휼히 여기시는 하나님으로 말미암음이니라 17 성경이 바로에게 이르시되 내가 이 일을 위하여 너를 세웠으니 곧 너로 말미암아 내 능력을 보이고 내 이름이 온 땅에 전파되게 하려 함이라 하셨으니 18 그런즉 하나님께서 하고자 하시는 자를 긍휼히 여기시고 하고자 하시는 자를 완악하게 하시느니라…… (롬 9:14-29)

성경이 말하는 선택

로마서 9장에서 11장은 이스라엘의 운명을 다루고 있습니다. 이스라엘의 운명은 그 자체로 외면될 수 없는 역사의 큰 부분입니다. 이것은 복음의 본질이 무엇인가, 하는 문제와 연결됩니다. 이스라엘은 구원을 받을 것이라고 사도 바울이 담대히 말하는 것은 복음의 본질에서 나온 확신입니다.

이스라엘의 운명은 어떻게 될 것인가, 하는 주제는 계속 이야기해 온 '선택'이라는 주제를 이해하는 데에 중요한 시금석이 됩니다. 우리는 선택에 대해서 누구는 호의를 받았고 누구는 호의를 받지 못했다, 누구는 택함을 입었고 누구는 버려졌다, 하는 관점으로만 이해합니다. 그러나 이런 우리의 관점은 성경의 이해와 다릅니다. 로마서 9장은 아브라함과 이삭과 야곱을 들어 '선택'을 설명하고 있는데, 이 부분을 다시 한 번 정리하고 넘어가겠습니다.

아브라함은 본토 친척 아비 집에서 구별됩니다. 아브라함이 그의 가문에서 가장 우수해서가 아닙니다. 아브라함을 선택하신 것은 아브라함이 그 가문의 여느 이들과 다를 바 없었기 때문입니다. 꼭 아브라함이 아니어도 되었다는 것입니다. 아브라함이 아니라, 아브라함의 동생이라도 되고 아브라함의 친구라도 되고 아브라함의 삼촌이라도 괜찮습니다. 그의 가족 중 누구라도 상관없는 자리에서 아브라함이 부름을 받은 것입니다. 그가 본토 친척 아비 집에서 부름받았다는 것은 아브라함이 아비도 친척도 없이 알에서 태어나거나 하늘에서 떨어진 것이 아니라는 의미를 담고 있습니다. 하나님이 선택하신 자와 그

렇지 않은 자가 자격과 조건에서 동일하다는 것을 증명해 주는 사람
이 바로 아브라함인 것입니다.

  이삭의 경우에도 마찬가지입니다. 이삭은 본부인이 낳은 자이고,
이스마엘은 여종이 낳은 자라는 데서 둘의 운명이 갈리는 것이 아닙
니다. 하갈은 이스마엘을 낳을 젊음이 있었고, 사라는 자녀를 낳을 수
없이 나이가 들었습니다. 그리고 그런 사라에게 하나님이 함께하셔서
이삭을 태어나게 하십니다. 이삭은 그 자신에게 자격이 있어서가 아
니라 씨를 품고 있는 약속의 자녀라는 점에서 구별됩니다.

  야곱의 경우를 봅시다. 야곱과 에서는 쌍둥이입니다. 흔히 하는 말
로 둘은 사주팔자가 똑같습니다. 야곱이 에서의 발뒤꿈치를 붙잡고
나왔으니 사실 이 둘은 선후가 없는 셈이지만, 이스라엘 사회에서 장
남의 지위와 권리는 차남의 그것과 비교하여 차이가 확연합니다. 그
런데 여기서 하나님은 차남인 야곱을 택하십니다. 이것으로 보아 우
월한 태생적 조건을 따져 야곱을 선택한 것은 아니라는 것을 알게 됩
니다.

  그러면 선택은 무엇을 차별하고 무엇을 비교하는 것입니까? 사울
과 다윗의 대비에서 보는 바와 같이, 사울은 하나님 없이 사는 인간이
란 결국 죽음으로 끝나는 존재와 운명에 불과하다는 것을 보여 줍니
다. 반면, 다윗은 하나님이 개입하시는 인생은 영원한 승리가 약속되
는 인생이라는 것을 보여 줍니다.

  다윗이 성전을 짓겠다고 했던 장면을 떠올려 보십시오. 그가 하나
님의 은혜를 깨닫자 성전을 짓겠다고 합니다. 하나님이 나타나셔서
"네가 나를 위하여 무엇을 할 수 있다고? 지나가던 개가 웃겠다. 모든

것은 나에게서 나간다. 주는 자는 나이고 너는 받는 자이다. 내가 너와 네 집에 복을 내려 네 나라와 권세를 영원하게 하겠다"라고 답하십니다. 다윗이 하나님을 위하여 무엇을 할 수 있다고 말하자마자, 하나님은 그를 무릎 꿇리고 배우게 하십니다. 바로 이런 자리가 다윗에게 허락된 약속이었습니다. 이 자리를 놓치면 우리는 선택이라는 단어를 오해하게 됩니다.

은혜를 베푸시는 주인인 아버지 하나님

오늘 본문은 하나님의 선택이 은혜를 베풀기 위한 찾아오심이라는 점을 덧붙입니다. 하나님의 선택은 우열을 나누거나 호불호를 구별하는 것이 아닙니다. 하나님의 선택은 당신만이 주실 수 있는 은혜를 베푸시는 행위이자, 그의 의지입니다. 이 의지는 어찌나 강한지 인간이 거부할 수 없습니다. 은혜라고 칭하는 이유는 우리가 만들어 낼 수 없는 것을 주시기에 그렇습니다. 은혜는 보상이 아니며 대가가 아니며 우리가 만들어 내지 못하는 것을 주는 것이라고 로마서 내내 이야기했습니다.

로마서 3장 21절 이하에서는 예수로 말미암은 구원을, 로마서 5장 8절 이하에서는 우리가 아직 죄인이었을 때 하나님이 예수를 보내어 그의 피로 말미암아 이루신 구원과 완성하신 십자가를, 또 예수의 부활로 말미암은 더 높고 넓은 은혜를 증언하였습니다. 그리고 8장 38절과 39절에서는 그 어떤 것도 우리를 예수 안에 있는 하나님의 사랑에서 끊을 수 없다고 말씀하였습니다.

하나님의 사랑은 적극적 은혜입니다. 다함이 없는 은혜, 베풀고 주시는 하나님의 의지입니다. 그런데 우리는 이 문제를 늘 오해하여 왜 모세에게는 훌륭한 일을 맡기시면서 바로는 저렇게 내버려 두십니까, 라고 질문합니다. 마태복음 20장 12절 이하의 말씀을 봅시다.

> 나중 온 이 사람들은 한 시간밖에 일하지 아니하였거늘 그들을 종일 수고하며 더위를 견딘 우리와 같게 하였나이다 주인이 그 중의 한 사람에게 대답하여 이르되 친구여 내가 네게 잘못한 것이 없노라 네가 나와 한 데나리온의 약속을 하지 아니하였느냐 네 것이나 가지고 가라 나중 온 이 사람에게 너와 같이 주는 것이 내 뜻이니라 내 것을 가지고 내 뜻대로 할 것이 아니냐 내가 선하므로 네가 악하게 보느냐
> (마 20:12-15)

포도원 주인이 품꾼을 모으러 나갔습니다. 아침 일곱 시에 나가 품꾼들을 불러 모았는데 아홉 시에 나가 보니 놀고 있는 자가 있어서 또 모아 옵니다. 열두 시에 나가 보니 놀고 있는 자들이 있어서 또 모으고, 세 시에도 또 모으고, 오후 다섯 시에도 또 모아 옵니다. 그리고 저녁 여섯 시가 되어 품삯을 나누어 줍니다. 오후 다섯 시에 와서 한 시간 일한 자에게 한 데나리온을 줍니다. 이것을 본 먼저 온 일꾼들이 당연히 더 받을 것이라고 기대합니다. 그런데 주인은 먼저 온 이들에게도 똑같이 한 데나리온만 나누어 줍니다. 일찍 온 자들이 불평합니다. 우리는 종일 일했는데 한 시간밖에 일하지 않은 사람과 왜 똑같이 대우하십니까, 하며 원망하죠. 주인이 말합니다. 내가 너에게 불공평하게

한 것이 무엇이냐, 내가 네게 약속한 데나리온 하나를 준 것인데 왜 너는 나를 악하다고 하느냐, 적게 일한 자에게 더 주는 것이 나의 은혜이고 나의 의로움이고 명예이지 어찌 그것이 불공평한 것이겠느냐, 네 것이나 가지고 가라.

이 말을 기억하십시오. 주인이 먼저 온 이들을 괄시한 것이 아닙니다. 먼저 온 이들이 주인을 원망한 이유는 주인의 크심 곧 하나님의 크심을 모르는 데 있습니다. 그 주인은 복된 일을 시키는 분이시며 인간을 가치 있게 쓰시는 분입니다. 더구나 그분은 은혜를 베푸시는 분입니다.

하나님 나라는 바로 이런 곳입니다. 우리는 하나님 나라의 원리와 은혜를 모르기 때문에 신앙을 점검할 때에 끝없이 잘잘못에 관한 문제로만 접근합니다. 유능함이나 윤리성밖에는 신앙을 확인할 다른 기준이 없어서 우리 자신의 정체성을 가난하게 만듭니다. 그래서 언제나 '죄짓지 말자!'라는 구호로만 자신을 확인합니다. 예수를 믿는 자와 안 믿는 자를 차별합니다. 안 믿는 사람들을 쫓아다니며 "너는 예수 안 믿어서 지옥 갈 거야!"라는 말을 입에 붙이고 다닙니다. 이러지 마십시오. 예수 믿는 것이 얼마나 위대한지를 보이십시오. 안 믿는 자들에게 가서 "나는 믿었고 너는 안 믿었다. 나는 예수 믿어서 잘 되고 너는 예수 안 믿으니 벌 받을 거야"라고 말하지 말고 예수를 믿어 무엇이 다른지를 보이십시오. 누가복음 15장입니다.

이에 일어나서 아버지께로 돌아가니라 아직도 거리가 먼데 아버지가 그를 보고 측은히 여겨 달려가 목을 안고 입을 맞추니 아들이 이르되 아버지 내가 하늘과 아버지께 죄를 지었사오니 지금부터는 아버지의 아들이라 일컬음을 감당하지 못하겠나이다 하나 아버지는 종들에게 이르되 제일 좋은 옷을 내어다가 입히고 손에 가락지를 끼우고 발에 신을 신기라 그리고 살진 송아지를 끌어다가 잡으라 우리가 먹고 즐기자 이 내 아들은 죽었다가 다시 살아났으며 내가 잃었다가 다시 얻었노라 하니 그들이 즐거워하더라 맏아들은 밭에 있다가 돌아와 집에 가까이 왔을 때에 풍악과 춤추는 소리를 듣고 한 종을 불러 이 무슨 일인가 물은대 대답하되 당신의 동생이 돌아왔으매 당신의 아버지가 건강한 그를 다시 맞아들이게 됨으로 인하여 살진 송아지를 잡았나이다 하니 그가 노하여 들어가고자 하지 아니하거늘 아버지가 나와서 권한대 아버지께 대답하여 이르되 내가 여러 해 아버지를 섬겨 명을 어김이 없거늘 내게는 염소 새끼라도 주어 나와 내 벗으로 즐기게 하신 일이 없더니 아버지의 살림을 창녀들과 함께 삼켜 버린 이 아들이 돌아오매 이를 위하여 살진 송아지를 잡으셨나이다 아버지가 이르되 얘 너는 항상 나와 함께 있으니 내 것이 다 네 것이로되 이 네 동생은 죽었다가 살아났으며 내가 잃었다가 얻었기로 우리가 즐거워하고 기뻐하는 것이 마땅하다 하니라 (눅 15:20-32)

이 본문을 통해서 먼저 발견하게 되는 것은 탕자의 회개입니다. 다음으로는 맏아들의 못남을 통해 우리의 가난한 신앙을 깨닫게 됩니다. 누군가 이 본문에서 맏아들은 집 나간 자기 동생을 '제 동생이 돌아오매'라고 하지 않고 '이 아들이 돌아오매'라고 지칭한다고 예리한 지적을 했습니다.

저는 조금 다른 관점으로 이 본문에 접근해 보려고 합니다. 곧 이 비유에 나오는 아버지가 우리 아버지였으면 좋겠다는 생각입니다. 이 아버지란 어떤 아버지입니까? 작은아들이 자기 몫의 재산을 달라고 했을 때 재산을 떼어 주어 들려 보낼 수 있는 아버지, 돌아오는 것을 언제든지 받아 주고 따뜻하게 맞아 주는 아버지, 맏아들이 "나는 열심히 섬겼는데 왜 아무것도 안 주십니까? 정말 이러시깁니까?"라고 못나게 항변하자 "너는 왜 그렇게 못나게 구느냐"라고 꾸짖지 않고 오히려 "얘야! 내 것이 다 네 것이 아니냐"라고 좋은 말로 타이르는 아버지입니다. 저는 이런 아버지가 우리 아버지였으면 좋겠다는 생각이 들었습니다.

그렇습니다. 이 아버지가 바로 우리 하나님 아버지이십니다. 그런데 우리는 참 쩨쩨하게 굽니다. 나갔다 돌아온 이야기밖에는 할 말이 없고, 집을 지켜 하나님의 아들로 산 영광은 모른 채 늘 불평합니다. 하나님! 어째서 하나님을 안 믿는 자들이 더 잘살고 편안합니까, 라고 말입니다. 이것이 바로 우리의 불만이고 시편 37편과 73편에서 우리와 똑같은 인생을 살았던 시편의 저자가 불평하는 내용입니다.

성경이 무슨 이야기를 하고 싶어 하는지 잘 생각해 보기 바랍니다. 우리는 이스라엘의 운명에 대한 바울의 관점을 통해서 복음의 본질을 이해하게 될 것입니다. 복음을 주신 하나님이 누구신가를 깨닫게 될 것입니다.

'하나님 마음대로'의 뜻

오늘 본문의 중요한 내용인 모세와 바로에 대한 이야기를 해 봅시다. 모세에게 하나님이 긍휼을 베푸셨다면, 왜 바로는 완악하게 두셨을까요, 왜 그를 강퍅하게 하셨을까요? 그 이유는 '하나님 마음대로'라고 합니다. 그런데 우리는 이 '하나님 마음대로'라는 말의 의미를 잘 이해하지 못합니다. 모세에게는 좋은 역을 맡기고 바로에게는 악역을 맡겼다면 바로에게는 책임이 없지 않으냐, 우리의 이해는 아직 여기에 머물러 있습니다. 바로 이 이야기를 오늘 본문이 합니다.

영화 〈벤허〉(Ben-Hur, 1959)를 잘 아실 것입니다. 벤허는 당시에 아카데미상을 11개나 받을 정도로 매우 성공한 영화였습니다. 주인공은 찰톤 헤스톤(Charlton Heston, 1924~2008)입니다. 그런데 이 영화의 전체적인 흐름은 주인공 벤허보다 조연인 메살라에게 더 많이 의존한다는 생각이 들 정도로 메살라 역을 맡은 배우가 참 잘했습니다. 그렇게 영화가 빛났습니다. 모세와 이스라엘을 괴롭혔던 애굽 왕 바로는 〈벤허〉에서 메살라 같은 존재입니다.

바로처럼 하나님을 모르고 하나님의 일에 대적한 자 곧 세상의 모든 권세를 가졌으나 하나님의 일을 훼방하는 것밖에는 할 줄 모르는 자를 들어서 하나님의 영광이 드러나게 하셨다, 이렇게 해석해야 합니다. 바로가 이렇게밖에 할 수 없었던 이유는 그가 무지했기 때문입니다. 여기에 바로가 지옥 갔냐, 천국 갔냐는 이야기가 들어 있는 것이 아닙니다. 바로와 애굽을 죽이기 위하여 열 가지 재앙이 있는 것이 아니라, 하나님이 누구신가를 나타내기 위해서 열 가지 재앙이 등장한 것입니다.

영화에서 악역을 맡은 자들을 다 없애면 영화가 안 됩니다. 내용을 담을 수 없기 때문입니다. 하나님의 영광과 일하심이 구체적으로 나타날 수 없습니다. 주연이든 조연이든 다 착한 배역만 있다면 어떻게 되겠습니까? 텍스트를 깊이 담을 수 없습니다. 그것이 하나님이 택하신 방법입니다. 왜 내가 이 조건과 환경 속에서 요 모양 요 꼴로 살아가는가, 이것이 하나님이 정하신 구체적 역할입니다. 거기서 하나님이 마음껏 일하십니다. 우리는 하나님의 일하심 속에 살아가기만 하면 됩니다.

저는 드라마 〈모래시계〉를 제가 본 드라마 중 최고로 치는데, 이 드라마에서 윤재용 회장(박근형 분)의 딸인 윤혜린(고현정 분)이 아버지에게 대드는 장면이 나옵니다. "아버지가 그랬어! 아버지가! 아버지가 박태수를 잡으라고 한거야! 아버지가 다 한 거야!"라고 소리 지르자, 윤회장은 "애야, 남에게 영향을 미치고 싶거든 목소리를 낮춰라"라고 말합니다. 참으로 멋진 명대사라고 생각합니다.

그런데 왜 우리는 하나님의 낮은 목소리를 듣지 못할까요. 왜 그 무서운 목소리를 듣지 못하며 하나님이 일하시는 깊이를 알지 못할까요. 결코 타협하시지 않고 포기하시지 않는 하나님을 왜 깨닫지 못할까요. 신자의 존재와 현실에 성경 전체가 녹아 있고 묻어나는데, 왜 우리는 하나님이 가만히 계신다고만 생각할까요.

우리에게는 오직 자신의 평안을 바라는 것 말고는 다른 소원이 없기 때문입니다. 마음이든 몸이든 편하고 싶어 합니다. 아무 생각도 하지 않고 아무 고통도 느끼고 싶어 하지 않습니다. 우리의 이런 본성을 하나님께서 다 고치셔야 하다니, 인간적인 생각으로 헤아려 보면 하나님은 얼마나 힘드실까요.

하나님의 무서움을 다룬 대표적 성경은 호세아서입니다. 호세아서의 핵심 메시지는 무시무시한 하나님입니다. 너희를 바보인 채로 끝내지 않겠다, 그렇게 쉽게 끝내지 않겠다, 네가 비명을 지른다고 해서 나는 너와 타협하지 않을 것이다, 내가 네게 목적한 것을 이루기까지 나는 결코 쉬지 않겠다, 이것은 성경 전체의 메시지이기도 합니다.

그래서 오늘 본문의 결론은 이렇습니다. 이스라엘이라는 이름 자체가 절대적 조건이 아니다, 이스라엘은 선택된 자들이다, 선택된 자라는 것은 하나님이 개입하신 인생이라는 뜻이다, 선택이라고 해서 누구에게는 개입하고 누구에게는 개입하지 않고의 차별이 아니다, 하나님이 개입하시는 자의 운명은 하나님의 손에 붙들려 있기 때문에 그들은 결코 실패하지 않는다, 그러니 이스라엘이라는 이름 자체가 구원의 조건이 아니다, 이스라엘이라는 이름에 드러난 포기하시지 않는 하나님의 성의와 의지를 보라, 이스라엘 중에서도 결국 '남은 자'만이 구원을 얻는다, 여기서 남은 자란 다수가 아닌 적은 자를 의미하는 것이 아니라, 이스라엘이라는 이름이 하나님의 성의와 하나님의 약속에 관한 것이라는 의미이다, 저들이 전부 배신한 것으로 보이느냐, 그 속에 하나님이 남기신 자들이 있다, 그것은 너희에게도 똑같이 적용되지 않았느냐, 너희에게 언제 예수 믿을 역사적 유산이 있었느냐, 이방은 하나님에 대한 지식이나 신앙적 유산이 아무것도 없는 자들인데, 너희도 구원을 얻지 않았느냐, 하나님이 하시고자 하면 심판받아야 마땅한 자들을 얼마든지 기다려 하나님의 오래 참으심을 드러내실 수 있지 않느냐, 하나님이 영화롭게 하실 자들을 가장 나쁜 조건에서 뒤집어 그 영광의 크기를 나타낼 수 있지 않느냐, 이 하나님을 기억하라, 이것이 남은 자란다, 그렇게 이야기하시는 것입니다.

그런데 이 '남은 자'를 십사만 사천에 속한 자, 이마에 다윗의 별이 있는 자, 이런 식으로 나누기 시작하자, 우리는 전부 바보가 되어 버렸습니다. 지금 내가 하나님의 자녀로 붙들려 있다는 사실에 대한 이해와 누림은 전혀 없이 말입니다. 우리는 왜 이런 구별을 하고 다닐까요? 이 방법 외에는 자신을 확인할 다른 방도가 없어서 그렇습니다. 예수를 믿는다는 말이 무엇인지, 하나님이 아브라함과 이삭과 야곱의 하나님이시라는 말이 무엇인지, 이스라엘의 남은 자라는 말이 무엇인지, 다 모르기 때문입니다.

신자가 서 있는 자리

로마서 8장을 설명하면서 영화 〈쇼생크 탈출〉에 대해서 이야기했습니다. 사실 '쇼생크 탈출'이라는 표현보다는 원제인 '쇼생크 리뎀션'(The Shawshank Redemption)에 비추어 '쇼생크 구원'이라고 해야 내용에 더 부합합니다. 쇼생크는 시삭(Shishak) 곧 바로라고 말씀드렸습니다. 이 영화는 쇼생크 감옥이 구원받는 이야기입니다. 어떤 구원입니까? 오직 공포와 절망밖에 없는 감옥이 앤디로 말미암아 구원을 얻는 이야기입니다. 앤디가 쇼생크 감옥에서 살다가 탈옥했기 때문에 남은 죄수들이 앤디 이야기를 하면서 감옥에서는 만들어 낼 수 없는 내용을 나누고 누립니다. 앤디가 그랬었지, '제 동료들에게 맥주 두 병씩 주십시오'라고 앤디가 부탁했었지, 앤디는 우리에게 음악도 들려줬지, 그가 탈옥할 줄 누가 알았겠어, 이렇게 다른 죄수들이 앤디로 말미암아 웃음과 희망을 내용으로 삼을 수 있게 되어 그곳은 더 이상 감옥일 수 없게 된 것입니다.

우리의 인생에 예수를 믿는 믿음과 하나님의 붙드심에 대한 확신이 있다고 해서 우리의 감옥이 제거되는 것이 아닙니다. 우리의 현실이 감옥에서 낙원으로 변하는 것은 아니지만, 감옥이 만들어 내지 못했던 것을 갖게 됩니다. 믿음, 사랑, 웃음, 희생, 섬김이 생겨납니다. 이는 보상을 위한 조건이 아니고 윤리적 확인도 아닙니다. 하나님의 백성은 이 세상이 만들지 못하는 것을 가질 수 있게 되었음을 현실에서 실제로 드러내는 증거인 것입니다. 억지로 하라는 말씀이 아닙니다. 하지 않을 수 없게 됩니다. 스스로 알기 때문입니다. 히브리서 12장은 이런 신자의 자리를 다음과 같은 말씀으로 소개합니다.

> 너희는 만질 수 있고 불이 붙는 산과 침침함과 흑암과 폭풍과 나팔 소리와 말하는 소리가 있는 곳에 이른 것이 아니라 그 소리를 듣는 자들은 더 말씀하지 아니하시기를 구하였으니 이는 짐승이라도 그 산에 들어가면 돌로 침을 당하리라 하신 명령을 그들이 견디지 못함이라 (히 12:18-20)

이 본문은 이스라엘 백성이 출애굽 후에 모세와 함께 시내 산에 이르자 하나님이 율법을 주셨던 장면을 떠올리게 합니다. 하나님이 시내 산에 두려움으로 임하셨습니다. 빽빽한 구름에 산이 가려지고 흑암이 임하고 번개와 천둥소리에 이스라엘 백성이 벌벌 떱니다. 이 산에 가까이 하지 말라, 누구든지 가까이 하면 죽으리라,라고 하십니다. 이스라엘 백성뿐만 아니라 모세도 두려워했습니다. 21절을 봅시다.

> 그 보이는 바가 이렇듯 무섭기로 모세도 이르되 내가 심히 두렵고 떨린다 하였느니라 (히 12:21)

이스라엘 백성은 모세에게 부탁하여 모세 홀로 하나님께 듣고 와서 자기들에게 전해 달라고 요청합니다. 하나님이 자신들에게 직접 말하지 못하게 해 달라고, 귀가 터질 것 같고, 심장이 찢어질 것 같다고, 무섭다고 말합니다. 율법 앞에 선 모습입니다. 그러나 우리 곧 예수 이후의 신약 성도들은 어디에 서 있습니까? 22절을 봅시다.

> 그러나 너희가 이른 곳은 시온 산과 살아 계신 하나님의 도성인 하늘의 예루살렘과 천만 천사와 하늘에 기록된 장자들의 모임과 교회와 만민의 심판자이신 하나님과 및 온전하게 된 의인의 영들과 새 언약의 중보자이신 예수와 및 아벨의 피보다 더 나은 것을 말하는 뿌린 피니라 (히 12:22-24)

우리는 어디에 서 있습니까? 너희는 두려움의 자리에 서 있지 않고 은혜의 자리에 서 있다, 예수 안에 있다, 그의 피로 화해한 자리에 서 있다, 그러니 겁내지 말라고 말씀하고 있습니다. 이 모든 것들을 가능하게 하시고 누리게 하신 분이 바로 하나님 아버지이십니다. 우리 아버

지가 이런 아버지면 좋겠다는 생각이 드십니까? 맞습니다. 바로 이 아
버지가 우리 하나님이십니다. 이 아버지가 우리에 대한 자기의 약속
과 성의를 예수의 십자가로 증명하셨다고 합니다. 그의 피는 아벨의
피보다 더 나은 것을 말하는 '뿌린 피'입니다.

그러니 하나님의 선택, 하나님의 은혜, 하나님의 일하심, 하나님의
경이로운 경륜과 인도를 각자의 생애에 붙들어 매십시오. 자랑할 것
이 자신에게 있을 것입니다. 여러분의 눈물과 한숨 속에 하나님께서
기쁨과 영광을 채우실 것입니다. 그것이 예수 믿는 자들에게 허락된,
하나님의 막을 수 없고 방해할 수 없고 타협하시지 않고 포기하시지
않는 지극한 성의이며 사랑입니다.

기 도

하나님 아버지, 은혜를 감사합니다. 우리는 하나님의 은혜와 하나님의 일하
심에 놀랍니다. 기다려 주시는 하나님, 복을 주시는 하나님, 우리의 못난 것
과 무지와 실패와 거절을 뒤집어 당신의 영광과 은혜를 베푸시는 하나님, 우
리 삶의 막막함과 무지함이 손해로 끝나지 않게 하시는 하나님, 울 수 있게
하시고 돌아오게 하시고 우리가 심지 않은 것까지 갚아 주시는 하나님, 나가
도 복을 받고 들어와도 복을 받는 존재가 되게 하신 하나님, 이 하나님을 만
나게 하셨으니 이 위대한 믿음 가지고 살게 하소서. 승리하고 자랑하게 하옵
소서. 예수님 이름으로 기도합니다. 아멘.

27.
율법에 이르지 못하였으니

율법, 선택받은 백성의 명예

---

30 그런즉 우리가 무슨 말을 하리요 의를 따르지 아니한 이방인들이 의를 얻었으니 곧 믿음에서 난 의요 31 의의 법을 따라간 이스라엘은 율법에 이르지 못하였으니 32 어찌 그러하냐 이는 그들이 믿음을 의지하지 않고 행위를 의지함이라 부딪칠 돌에 부딪쳤느니라 33 기록된 바 보라 내가 걸림돌과 거치는 바위를 시온에 두노니 그를 믿는 자는 부끄러움을 당하지 아니하리라 함과 같으니라 10:1 형제들아 내 마음에 원하는 바와 하나님께 구하는 바는 이스라엘을 위함이니 곧 그들로 구원을 받게 함이라 2 내가 증언하노니 그들이 하나님께 열심이 있으나 올바른 지식을 따른 것이 아니니라 3 하나님의 의를 모르고 자기 의를 세우려고 힘써 하나님의 의에 복종하지 아니하였느니라 4 그리스도는 모든 믿는 자에게 의를 이루기 위하여 율법의 마침이 되시니라 (롬 9:30-10:4)

율법과 은혜의 문제

로마서 10장에서는 9장에 이어 이스라엘의 구원을 계속 논하고 있습
니다. 이스라엘은 예수를 거절했고 구원을 거부했으므로 당연히 구원
에서 제외되어야 맞지 않는가, 그렇다면 하나님께서 이스라엘을 선택
하시고 구약 내내 일하신 것이 다 소용없는 일이었다는 말인가, 하는
질문에 이르게 됩니다.

이스라엘의 구원에 대해서 "뭐, 아무래도 괜찮다"라고 말할 수 있
을지 모르겠습니다. 하지만 이 문제는 우리에게도 적용됩니다. 우리
도 하나님이 선택하셔서 구원을 얻었는데 이것이 취소될 수 있다는
말인가, 우리도 자칫 잘못하면 그만이라는 말인가, 하는 질문까지 오
게 되기 때문입니다. 또한 하나님이 주신 율법이지만 그것이 별 능력
이 없어서 그것을 소유한 이스라엘 민족도 구원에 이르게 할 수 없었
다면, 그와 같이 모든 인류를 구원하기 위하여 주신 예수도 잘못하면
무용지물이 될 수 있지 않겠는가, 하는 질문으로까지 이어집니다. 그
래서 이스라엘이 장차 어떻게 될 것인가, 하는 질문은 대단히 중요한
문제입니다.

이에 대하여 바울은 이스라엘은 당연히 구원을 얻는다고 선언합니
다. 이스라엘의 거부가 그들을 통하여 증거될 복음을 가로막지 못했
다, 이스라엘은 실패했으나 약속된 구원이 이방에게까지 넘친 것처럼
이스라엘의 배반과 거부로 그들의 운명이 결정되지 않을 것이다, 율
법 없는 이방에게 구원을 허락하신 하나님의 은혜가 이스라엘도 마침
내 구원하실 것이다, 이것이 로마서 9장에서 11장에 걸쳐 바울이 설

명하는 복음의 크기입니다. 바울은 하나님의 일하심이 이렇게 크다고 믿고 있습니다.

또 이 문제는 이런 관점에서 다시 살펴볼 수 있습니다. 율법이 이스라엘로 하여금 예수를 믿게 하지 못하고 오히려 예수 믿는 일을 방해하였다면 율법은 왜 준 것인가, 율법이 아닌 예수로 말미암아 구원을 얻은 성도들에게 율법의 가치는 무엇이며 율법의 효용은 어디에 있는가, 하는 관점에서 말입니다.

'은혜로 말미암는 구원'을 말할 때면 '율법이 아닌'이라는 단서가 붙습니다. 이는 이제 율법을 폐기처분한다는 말은 아닙니다. 율법은 지켜야 하지만 율법이 은혜의 수단은 아니라고 하는 점을 기억하여 율법과 은혜를 조화시켜야 합니다.

로마서 10장 4절을 보면, "그리스도는 모든 믿는 자에게 의를 이루기 위하여 율법의 마침이 되시니라"라고 합니다. 예수께서 율법의 목표를 이루셨다는 말씀입니다. 이제는 율법이 더 이상 필요 없다는 것이 아닙니다. 그리스도께서 율법의 진정한 목표를 완성하셨다는 말입니다. 율법의 원래 의도가 무엇이기에 이렇게 말할 수 있는 것일까요? 예수가 율법을 완성하셨다는 말을 실마리로 하여 율법의 용도와 목적을 이해해 봅시다. 출애굽기 19장입니다.

이스라엘 자손이 애굽 땅을 떠난 지 삼 개월이 되던 날 그들이 시내 광야에 이르니라 그들이 르비딤을 떠나 시내 광야에 이르러 그 광야에 장막을 치되 이스라엘이 거기 산 앞에 장막을 치니라 모세가 하나님 앞에 올라가니 여호와께서 산에서 그를 불러 말씀하시되 너는 이

같이 야곱의 집에 말하고 이스라엘 자손들에게 말하라 내가 애굽 사람에게 어떻게 행하였음과 내가 어떻게 독수리 날개로 너희를 업어 내게로 인도하였음을 너희가 보았느니라 세계가 다 내게 속하였나니 너희가 내 말을 잘 듣고 내 언약을 지키면 너희는 모든 민족 중에서 내 소유가 되겠고 너희가 내게 대하여 제사장 나라가 되며 거룩한 백성이 되리라 너는 이 말을 이스라엘 자손에게 전할지니라 (출 19:1-6)

이스라엘 백성이 시내 산에 이르렀을 때 하나님께서 모세를 불러 율법에 대하여 말씀하시는 장면입니다. 순서를 혼동하면 안 됩니다. 하나님께서 이스라엘에게 먼저 율법을 준 다음에 "너희가 율법을 지키면 너희는 내게 대하여 제사장 나라가 될 것이다"라고 한 것이 아닙니다. 구원이 먼저 주어집니다. "내가 애굽에 대하여 행한 일과 너희를 불러내어 이 자리까지 오게 한 것을 기억하라"가 먼저 나온다는 사실을 주의하기 바랍니다.

'너희가 내 말을 듣고 지키면'이라는 문구를 조건으로 이해하지 마십시오. 너희를 불러낸 것은 다만 종 되었던 애굽 땅에서 해방하려는 데에 그 목적이 있었던 것이 아니다, 노예의 자리와 세상의 더러움에 짓눌려 있던 자리에서 너희를 꺼낸 것은 너희로 거룩한 존재가 되게 하고 너희에게 거룩한 임무를 맡기기 위해서다, 라는 말씀입니다. 따라서 뒷부분에 나오는 '너희가 내 말을 잘 듣고 내 언약을 지키면 너희는 모든 민족 중에서 내 소유가 되겠고 너희가 내게 대하여 제사장 나라가 되며 거룩한 백성이 되는 것'은 조건이 아니라 하나님의 선택을 받은 백성에게 주어지는 명예이며 영광인 것입니다.

허클베리 핀의 소원은 학교에 다녀 보는 것이었습니다. 누군가를 학교에 보내려면 그를 돌봐 줄 보호자가 필요합니다. 학교에 갔다 돌아오면 밥 먹여 주고 재워 줄 보호자가 있어야 아이가 학교에 다닐 수 있습니다. 그런데 아이에게 먹을 것을 주고 잠자리를 제공해 주면 그 것으로 다 되는 것이 아닙니다. 이런 일이 필요한 것은 아이가 '공부' 하기 위해서라는 목적 때문입니다. 우리를 죄와 더러움에서 꺼내는 것이 하나님이 의도하신 구원의 궁극적 목적이 아닙니다. 우리가 지은 모든 죄를 그냥 다 지워 버리고 표백하고 페인트로 덧칠하여 끝내시려고 시작하신 구원이 아닙니다. 우리의 인생과 실존에 하나님이 당신의 그림을 그리겠다고 시작하신 일입니다.

율법의 의도

율법의 의도가 무엇입니까? 십계명을 보십시오. 나 외에 다른 신을 두지 마라, 나를 피조물의 형상으로 조각하지 마라, 내 이름을 망령되이 일컫지 마라, 안식일을 거룩히 지키라, 라고 하십니다.

십계명을 통해 드러난 하나님은 어떤 존재입니까? 하나님을 표현할 적절한 단어로는 부족하지만 하나님은 충분하신, 홀로 충분하신 분이시라고 말할 수 있습니다. 또 하나님은 홀로 주인이십니다. 이 말은 단지 모든 권력이 하나님께 집중되어 있다는 뜻이 아닙니다. 영광과 생명과 진리와 의와 가치와 승리와 모든 만족이 하나님에게서 나온다는 말입니다. 그분만이 이런 것들을 주실 수 있습니다. 하나님은 여러 과목 중 하나를 담당하는 분으로 계시지 않습니다. 이렇게 하나님은 모든 인간과 세상을 다스리기에 충분하시다는 것이 십계명의 앞부분입니다.

십계명의 뒷부분은 거짓말하지 마라, 도둑질하지 마라, 살인하지 마라, 네 이웃의 것을 탐내지 마라, 입니다. 이런 계명은 어떤 의미를 띠고 있을까요? 너의 필요를 네 이웃에게서 빼앗아야 할 만큼 너를 가난하게 놔두시는 하나님이 아니다, 너와 네 이웃의 쓸 것은 하나님이 채우신다, 그러니 너는 넉넉하게 살아라, 하는 것이죠.

예수님이 이 모든 계명을 하나로 모으셨습니다. 어느 계명이 가장 큰지를 묻는 질문에 첫째는 네 마음을 다하고 뜻을 다하고 성품을 다하여 주 너희 하나님을 사랑하라, 둘째는 네 이웃을 네 몸과 같이 사랑하라고 답하셨습니다. 이 말씀에 모든 율법과 하나님의 뜻이 담겨 있다고 하셨습니다. 그것이 계명입니다.

그러니 율법이란 우리가 지켜서 구원을 얻는 조건도 아니고, 하나님과의 관계를 지속하는 방법도 아니고, 하나님의 백성으로서의 자기 가치를 확인하는 방법도 아닙니다. 율법은 놀라운 부름인 것입니다.

그러나 우리는 율법을 논할 때마다 율법을 지킨 것은 내 노력의 성과였고 지금도 나는 율법을 지키고 있다, 하나님이 나를 부르신 이유는 내가 쓸모 있어서였다, 하나님은 나라는 존재가 유용하다는 것을 이미 알고 계셨기 때문이다, 그러니 나는 너와 다른 존재다, 하며 아직도 심각한 오해에서 벗어나지 못하고 있는 것 같습니다.

율법은 우리로 하나님과 화목하게 하며 하나님을 사랑하게 하기 위하여 제시된 것으로, 하나님이 누구시며 하나님이 무엇을 위하여 우리를 부르셨는가에 대한 요약이자 하나님 자신에 대한 아주 세밀

하고 자상한 설명입니다. 그러나 이스라엘은 끝까지 율법을 자기들을 구별하는 조건으로 써 버렸습니다. 그래서 어떤 일이 생겼습니까? 예수님이 오시자 그를 거절해 버렸습니다. 여기가 바로 율법의 의도와 달리 인간의 죄성이 율법을 어떻게 악용하고 왜곡하는지 드러나는 중요한 대목입니다.

예수 없는 믿음

우리 현실을 생각해 봅시다. 예수를 믿은 우리는 금방 이렇게 차별합니다. 이스라엘에게는 율법이 있었고 우리에게는 믿음이 있다, 저들은 율법을 고집하는 바람에 믿음을 가지지 못했다, 라고 말입니다. 그런데 이것이 과연 그렇게 간단한 문제일까요?

이스라엘 사람들이 율법으로 자기 의를 강조하느라고 율법에 담긴 하나님의 목표와 하나님의 하나님 되심과 영광으로의 부르심을 놓친 것같이, 이제는 이 '믿음'이라는 단어가 끊임없이 율법을 대신하여 조건으로 사용됩니다.

로마서는 이미 완료된 구원이 시간상 역순으로 적용되고 있음을 가르치고 있습니다. 우리가 믿기 전에, 하나님을 부르기 전에, 예수의 필요를 알기 전에, 하나님이 구원을 베푸셨다고 합니다. 그리고 그것을 믿음이라고 부른다고 말씀드렸습니다.

우리가 예수의 필요성을 알고 구하기 전에, 준비하기 전에, 알지 못한 때에 이루어진 구원을 로마서 5장 8절에서 '우리가 아직 죄인 되었을 때에 그리스도께서 우리를 위하여 죽으심으로 우리에 대한 하나님의 사랑을 확증하셨'다고 말씀합니다. 예수는 그때 죽으셨습니다. 이천 년 전에, 우리가 예수를 알고 말고를 떠나서 우리가 태어나기 전에 구원이 완료된 것입니다. 구원이 완성되었다는 것이 무슨 뜻이라고 했습니까? 예수로 말미암은 이 구원은 과거에 일어난 일이라서 지금에 와서 번복하거나 취소할 수 없다는 뜻이라고 말씀드렸습니다.

우리는 그 후에 태어납니다. 여전히 죄인으로 태어납니다. 그리고 예수를 믿습니다. 새삼스럽게 예수의 필요를 압니다. 이런 우리 각각에게 구원을 적용하십니다. 방황하고 의심하고 거부하고 결단하고 이해하는 모든 과정을 겪어 결국 우리가 마음으로 항복하는 과정을 허락하십니다.

구원의 시작이 나에게 있지 않음을 확인하는 것이 '믿음'이라는 단어에 담겨 있습니다. 예수를 믿어서 구원을 얻었다는 말은 내가 이룬 구원의 조건을 말하는 것이 아니라, 내가 모를 때에 하나님이 구원하셨다는 하나님의 구원 방식을 가리키는 것입니다. 믿음은 행위의 법칙이 아닙니다. 구원이 이루어진 그때 우리는 태어나지도 않았기 때문입니다. 믿음은 하나님이 우리에게 구원을 이루시는 신적 방법입니다. 다른 표현으로 '은혜'라고 합니다.

그런데 우리는 이렇게 얻은 구원을 어떻게 쓰고 있습니까? 상대방에게 "너는 믿음이 없어"라고 지적하며, "믿지 않으면 안 돼"라고 강요하여 이 믿음을 우리가 이루어 내는 조건과 자격인 것처럼 여겼습니다. 믿음을, 남을 공격하고 정죄하는 무기로 만들어 버린 것입니다.

이스라엘이 율법을 가지고도 예수를 거절했던 것처럼, 신약시대의 교회는 믿음이라는 것을 들어 예수를 거부합니다. 하지만 예수는 모두를 기다려 주시며, 인간이 행한 대로 갚지 않으십니다. 우리도 그렇게 해야 합니다.

교회가 아무래도 좋다는 이야기를 하려는 것이 아닙니다. 신자들이 윤리적으로 못나고 성격적 결함이 있을 수 있습니다. 무지 때문에 그들의 열심이 교회에 손해를 끼칠 수도 있습니다. 그런데 우리는 이 모든 것을 믿음이라는 이름으로 정죄해 버리고, 밟아 버리려 할 때가 많습니다. 그리해서는 안 됩니다.

교회를 어떻게 이해하는가에 따라서 자기가 얻은 구원에 대한 이해가 드러납니다. 상대방을 지적하기 위하여 믿음이란 말을 쓰면 안 됩니다. 믿음을 자신에게 적용하십시오. 예수를 믿는다는 것은 바로 이 문제에 걸리는 일입니다. 시편 51편에 가 보면 다윗의 회개의 시가 나옵니다.

주께서는 제사를 기뻐하지 아니하시나니 그렇지 아니하면 내가 드렸을 것이라 주는 번제를 기뻐하지 아니하시나이다 하나님께서 구하시는 제사는 상한 심령이라 하나님이여 상하고 통회하는 마음을 주께서 멸시하지 아니하시리이다 주의 은택으로 시온에 선을 행하시고 예루살렘 성을 쌓으소서 그 때에 주께서 의로운 제사와 번제와 온전한 번제를 기뻐하시리니 그 때에 그들이 수소를 주의 제단에 드리리이다 (시 51:16-19)

시편 51편은 '회개의 시'라는 부제가 붙어 있는데, 자주 오해되는 시입니다. 이 시는 겸손한 자세로 무릎 꿇어 잘못했습니다, 라고 하며 울고불고 용서를 구해서 사함을 받는 내용이 아닙니다.

　시편 51편은 이런 고백입니다. 하나님, 저는 죄짓는 것밖에 할 줄 아는 것이 없습니다, 하나님이 나를 돌려놓지 않고 나를 고쳐 놓지 않으면 저에게는 방법이 없습니다, 인간에게는 하나님이 필요하다는 것을 이제 깨달았습니다, 그것이 하나님께서 기뻐하시는 일이라는 것을 알게 되었습니다, 그러니 하나님, 시온에 선을 행하소서, 하나님의 백성에게 선을 행하소서, 예루살렘 성을 하나님이 쌓아 주소서, 우리가 쌓는 것은 다 거짓입니다, 이렇게 고백하는 시입니다.

　우리가 회개에 대해서 얼마나 많이 오해하고 있는지 이 시편을 통해서 깨닫게 됩니다. 우리는 회개가 자신의 모든 것을 낱낱이 토설하고 진심을 가지고 눈물을 쏟아 내어 자기 자신을 만족시키는 것이라고 생각합니다. 이는 회개가 무엇인지 몰라서 그러는 것입니다. 이런 식의 자기 확인은 그렇게 살지 않는 사람에게 손가락질하는 것으로 이어질 뿐입니다.

　'정의를 위하여', '평화를 위하여', 이렇게 구호를 외친다고 하여 우리가 이런 것들을 만들 수 있는 것은 아닙니다. 정의와 평화는 예수만이 만들 수 있습니다. 이 점이 교회와 정치의 차이입니다. 정치는 증상을 개선하는 일에 힘을 쓰지만 교회는 근본을 고치는 것을 목적으로 합니다. 감기가 다 나을 때까지 기침과 콧물이 계속될 것입니다. 콧물이 줄줄 나면 콧구멍을 틀어서 봉하고, 기침이 나오면 입을 꿰매 놓는다고 해서 감기가 낫지는 않습니다.

　그런데도 이런 증상을 고쳐 번듯하게 하자는 말이 교회 안에서 끊임없이 나옵니다. 물론 그런 말이 나올 수 있습니다. 그러나 교회에서 일어나는 문제는 이런 식으로 해결되는 것이 아닙니다. 타인을 기다려 주고 알아가는 일이 이것보다 커야 합니다. 죄의 증상을 개선하는 것을 넘어서서 복음의 핵심으로 들어오는 일들이 교회에서 일어나야 합니다. 그래야 밖에서 교회를 보고 역시 교회는 세상과 다르더라, 저곳에는 보복이 없고 정죄가 없더라, 오직 교회에만 용서와 기다림이 있더라, 이렇게 깨닫게 되고 하나님을 만나러 오게 됩니다.

이스라엘 백성이 예수를 십자가에 못 박을 때 적용한 죄목이 '신성모독죄'입니다. 사람이면서 자기 자신을 신이라고 했다는 것이죠. 자기네가 믿는 하나님을 예수가 모독했다는 것입니다. 그들의 종교심과 열심이, 그들의 의와 법이 얼마나 하나님과 상관없는지 예수 앞에서 그 정체가 드러나고 만 것입니다. 자신의 믿음과 서로를 향한 조언이 예수라는 이름과 결부되어 있는지, 아니면 분리된 채 심판을 위한 명분으로 작용하고 있는지 돌아보아야 합니다.

성령으로 맺혀지는 열매

세상에서 말하는 의와 진리와 평화는 예수 없이 존재하는 의와 진리와 평화입니다. 어느 종교나 구원을 이야기합니다. 감동이나 기적도 어디에나 있습니다. 하지만 거기에는 예수가 없습니다. 예수가 없다는 것은 무슨 의미입니까?

예수만이 하나님과 인간 사이를 이을 수 있습니다. 예수는 하나님이 당신의 백성을 당신께로 인도하려고 세우신 유일한 방법이자 문이며 내용입니다. 그 어떤 명분이나 유용함이나 덕목도 예수 없이 쓰인

다면 이는 기독교 신앙의 관점에서 보면 죄입니다. 죄란 하나님 없음
이기 때문입니다. 이 문제를 갈라디아서에서 보면 더 분명해집니다.
갈라디아서 5장 22절입니다.

> 오직 성령의 열매는 사랑과 희락과 화평과 오래 참음과 자비와 양선과
> 충성과 온유와 절제니 이같은 것을 금지할 법이 없느니라 (갈 5:22-23)

이 말씀을 보면서 '성령의 열매를 맺자'라는 구호가 얼마나 틀린 것인
지 이해해야 합니다. 강조점은 성령의 열매를 '맺자'가 아니라 '성령
의 열매'입니다. 나의 신앙이 얼마나 좋은지 하나님이 이런 열매로 보
상해 주셨다고 생각하라는 것이 아닙니다. 성령만이 맺을 수 있는 열
매가 나에게 열리게 되었다는 말입니다. 요한복음 15장에 가 봅시다.

> 나는 포도나무요 너희는 가지라 그가 내 안에, 내가 그 안에 거하면
> 사람이 열매를 많이 맺나니 나를 떠나서는 너희가 아무 것도 할 수
> 없음이라 (요 15:5)

포도가 열리는 곳은 가지이지만 포도는 포도나무의 열매입니다. 가지
가 포도나무와 분리되거나 구별되거나 경쟁하는 것이 아닙니다. 또한
가지가 열매를 맺어 포도나무에 대하여 자신의 가치를 증명하는 것도
아닙니다. 나무의 열매는 당연히 그 나무의 가지에 달리듯이 성령의
아홉 가지 열매도 당연히 성령이 맺으신 열매입니다.

그러나 우리는 성령의 열매를 맺지 않고 자신의 열매를 맺으려고

노력할 때가 많습니다. 이 부분이 위험합니다. 기도했더니 이루어졌더라, 이런 고백은 중요한 간증입니다. 하나님이 기도를 들어주셨다는 것입니다. 그러나 이 간증에는 하나님이 이루어 주셨지만 '내가' 기도해서라는 단서가 붙어 있습니다. 내가 해서 된 것이라고 합니다. 우리는 물론 신앙생활에서 노력해야 합니다. 그러나 어디에 강조가 있는지 주의하십시오. 하나님께 강조가 있는가, 아니면 자기 자신을 강조하는가, 자기 자랑은 어디로 간다고 했습니까? 자랑은 꼭 정죄로 갑니다. "너는 안 해서 그 정도밖에 안 되는 거야." 이렇게 말입니다.

우리는 해서 받았고, 저 사람은 안 해도 받고 있습니다. 하나님은 그렇게 일하십니다. 이 점이 불만이십니까? 포도원 비유를 기억하십시오. 아침 일곱 시부터 일한 자와 오후 다섯 시에 들어와 한 시간 일한 자에게 동일하게 한 데나리온을 줬더니 아침에 온 일꾼이 화를 냅니다. 여기서 반드시 기억해야 하는 것이 있습니다. 바로 예수입니다. 이를 오늘 본문에서 무엇이라고 했습니까.

어찌 그러하냐 이는 그들이 믿음을 의지하지 않고 행위를 의지함이라 부딪칠 돌에 부딪쳤느니라 기록된 바 보라 내가 걸림돌과 거치는 바위를 시온에 두노니 그를 믿는 자는 부끄러움을 당하지 아니하리라 함과 같으니라 (롬 9:32-33)

예수는 누구에게 걸림돌이 되었습니까? 자기 증명을 하려는 자들에게는 예수가 걸림돌이 됩니다. 그들은 아침에 온 자와 오후에 온 자가 똑같은 대우를 받는다는 사실에 항복하려 하지 않습니다.

박총 씨가 쓴 책《내 삶을 바꾼 한 구절》에 나온 내용을 소개합니다. 마이클 야코넬리(Michael Yaconelli)라는 사람은 '은혜보다 교회 안의 사람들을 더 화나게 만드는 것도 없다'라는 말을 남겼습니다. 그렇습니다. 열심히 일한 나와 여태껏 논 사람들을 똑같이 대우해 주시는 것을 우리는 견딜 수 없어 합니다. 이는 탕자의 비유가 주는 교훈이기도 합니다. 전 재산을 말아먹은 이놈한테는 소를 잡아 주면서, 집도 안 나가고 매일 일한 나에게 아버지가 해 준 것은 뭐가 있습니까, 라고 원망합니다. 자신의 지위가 얼마나 굉장한지 모르기 때문입니다.

여기서 다시 짚고 넘어가겠습니다. 율법이 무엇이라고 생각하십니까? 그것은 우리로 하여금 지켜서 구원을 얻게 하는 조건이 아닙니다. 율법은 하나님이 우리를 어떤 지위와 명예로 부르셨는가를 말해 주는 것입니다.

'밥존스 대학교'(Bob Jones University)에는 이런 교칙이 있다고 합니다. 두 가지를 제가 기억하는데, 참으로 멋진 교칙입니다. 하나, 웨이트리스와 싸우면 퇴학이다, 멋지죠? 다른 하나, 같은 학교 학생이 한 데이트 신청을 거절하면 퇴학이다, 퇴학까지는 아닌 것으로 기억하는데, 이는 제가 좀 과장해서 한 말입니다. 이 규칙은 무엇을 의미하는 것일까요? 이 학교에 다니는 사람은 데이트 상대로서 손색이 없는 사람인데 당신이 그것을 거절하는 것은 학교를 무시하는 처사라는 것이죠. 이 정도쯤 해야 잘난 척도 멋진 것 아닐까요.

우리는 율법이든, 믿음이든 사람을 잡는 데 씁니다. 그러지 말고 사람을 살리는 데 써 보십시오. 자신의 인생을 밖에서 보상받아 명예를 유지하려고 하지 마십시오. 그리고 다른 누구를 잡아 자신의 명예를 유지하지도 마십시오. 이웃을 해치지 말고 오히려 그들에게 삼켜진 존재같이 되어 그들을 살리십시오. 그렇게 멋지게 감당하여 자신의 명예를 확인하십시오. 만일 그렇게 하지 않는다면, 율법도 예수도 여러분에게는 걸림돌 외에 아무것도 아닌 것이 됩니다. 예수 믿는 것이 다만 힘들고 억울할 뿐입니다. 돌아보십시오. 하나님이 예수를 십자가에 매달아 자신의 영광을 증언하고 계십니다.

탕자의 비유를 설명하면서 이 말씀을 드린 기억이 납니다. 이 아들은 죽었다가 살았다, 내게 있는 것은 다 네 것 아니냐, 라는 아버지의 말씀을 인용하면서 제가 이런 말을 덧붙였습니다. 우리 아버지가 이런 아버지였으면 좋겠다고 말입니다. 그렇습니다. 이 아버지가 무엇을 하셨습니까? 우리를 위하여 그 아들을 십자가에 못 박는 방법으로 당신의 영광을 증언하셨습니다. 더 이상 무슨 명예와 자랑이 필요하겠습니까. 여러분이 가진 믿음의 가치를 깨달아 그것을 자랑으로 여기는 인생이 되기를 바랍니다.

기 도

하나님 아버지, 은혜를 감사합니다. 하나님을 아버지라고 부르는 것이 얼마나 크고 굉장한 일인지, 우리는 우리 자신 때문에 쩔쩔매다가 끝날 인생이 아니라 더 위대한 길로 부름받은 인생이라는 것을 오늘 말씀으로 배웁니다. 고난의 길을 걸을 수 있고 억울한 길을 걸을 수 있습니다. 그 어느 자리에서도 하나님의 영원한 영광과 승리가 우리의 것이라는 것을 압니다. 우리의 고난이 우리로 섬기는 길을 가게 하여 우리 이웃도 품어 주는 길을 가게 한다

는 사실을 기억하고 멋지게 감당하는 우리 되게 하여 주시옵소서. 예수님 이

름으로 기도합니다. 아멘.

28.

그를 부르는 모든 사람에게
부요하시도다

영광, 자유인이 누리는 책임

······ 9 네가 만일 네 입으로 예수를 주로 시인하며 또 하나님께서 그를 죽은 자 가운데서 살리신 것을 네 마음에 믿으면 구원을 받으리라 10 사람이 마음으로 믿어 의에 이르고 입으로 시인하여 구원에 이르느니라 11 성경에 이르되 누구든지 그를 믿는 자는 부끄러움을 당하지 아니하리라 하니 12 유대인이나 헬라인이나 차별이 없음이라 한 분이신 주께서 모든 사람의 주가 되사 그를 부르는 모든 사람에게 부요하시도다 13 누구든지 주의 이름을 부르는 자는 구원을 받으리라 (롬 10:5-13)

조건이 아닌 은혜로 주어진 율법

본문에는 감사할 수밖에 없는 은혜로운 약속이 등장합니다. '누구든지 그를 믿는 자는 부끄러움을 당하지 아니하리라'라는 11절의 말씀과 '누구든지 주의 이름을 부르는 자는 구원을 받으리라'라는 13절의 말씀이 그것입니다. 여기서 '누구든지'가 강조되고 있습니다. 이렇게 로마서 10장에는 우리가 전도할 때 자주 쓰는 말씀이 들어 있습니다. 기독교 신앙의 본질 곧 하나님이 예수로 말미암아 하신 일이 무엇인가를 잘 설명하는 말씀들이지요. 그러면 이 말씀이 왜 여기에 등장하는 걸까요? 이 깊은 내용을 풀어 봅시다.

앞서 살펴본 9장 33절에는 '보라 내가 걸림돌과 거치는 바위를 시온에 두노니 그를 믿는 자는 부끄러움을 당하지 아니하리라'라는 말씀이 등장했습니다. 그런데 이 구절은 앞부분과 뒷부분이 잘 들어맞아 보이지 않습니다. 걸림돌과 거치는 바위를 두었는데, 그를 믿는 자는 부끄러움을 당하지 않는다고 합니다. 부끄러움을 당하지 않는다고 하려면, 걸림돌과 거치는 바위 말고 더 긍정적인 표현이 나와야 할 것 같습니다. 그런데 왜 걸림돌과 거치는 바위가 '부끄러움을 당하지 아니하리라'라는 말씀과 연결되었을까요? 본문이 이 질문에 대한 답입니다.

먼저 10장 4절에서 '그리스도는 모든 믿는 자에게 의를 이루기 위하여 율법의 마침이 되'셨다고 합니다. 그리고 5절 이하에 모세의 말을 인용합니다.

모세가 기록하되 율법으로 말미암는 의를 행하는 사람은 그 의로 살
리라 하였거니와 믿음으로 말미암는 의는 이같이 말하되 네 마음에
누가 하늘에 올라가겠느냐 하지 말라 하니 올라가겠느냐 함은 그리
스도를 모셔 내리려는 것이요 혹은 누가 무저갱에 내려가겠느냐 하
지 말라 하니 내려가겠느냐 함은 그리스도를 죽은 자 가운데서 모셔
올리려는 것이라 (롬 10:5-7)

우리에게 익숙한 표현이 아니라서 이 구절은 이해하기가 쉽지 않습니
다. 예수를 모셔 내려오기 위해 하늘에 올라갈 필요가 없고, 예수를 부
활시키기 위하여 무저갱에 내려가서 그를 끌어올릴 필요 없다, 그런
뜻입니다. 우리가 구하지 않았을 때에 예수가 오셨다, 우리가 무능했
으나 예수는 죽음을 이기고 부활했다, 기독교는 우리가 예수를 모셔
내려오거나 그를 붙잡아 올라와야 하는 종교가 아니다, 이런 이야기
입니다.

그러면 무엇을 말하느냐 말씀이 네게 가까워 네 입에 있으며 네 마
음에 있다 하였으니 곧 우리가 전파하는 믿음의 말씀이라 (롬 10:8)

여기서는 신명기 30장 말씀을 그대로 인용하고 있습니다. 찾아봅시다.

내가 오늘 네게 명령한 이 명령은 네게 어려운 것도 아니요 먼 것도
아니라 하늘에 있는 것이 아니니 네가 이르기를 누가 우리를 위하여
하늘에 올라가 그의 명령을 우리에게로 가지고 와서 우리에게 들려

행하게 하랴 할 것이 아니요 이것이 바다 밖에 있는 것이 아니니 네
가 이르기를 누가 우리를 위하여 바다를 건너가서 그의 명령을 우리
에게로 가지고 와서 우리에게 들려 행하게 하랴 할 것도 아니라 오직
그 말씀이 네게 매우 가까워서 네 입에 있으며 네 마음에 있은즉 네
가 이를 행할 수 있느니라 (신 30:11-14)

여기서 말하는 명령은 율법을 주신 하나님께 순종하라는 명령입니다.
율법과 하나님을 순종하는 일이 멀리 있지 않다, 이는 깨달음이나 수
행을 통하여 얻어지는 것이 아니다, 이미 너에게 주어진 것이다, 네 옆
에 있으며 네 앞에 있다, 그러니 행하라, 이렇게 됩니다.

　그러나 이스라엘 민족은 율법을 오해했고 그것은 오늘날 예수 믿
는 우리도 마찬가지입니다. 율법은 우리에게 익숙한 원인과 결과의
법칙에 근거한 것이라서 이런 오해를 벗어나기가 어렵습니다. 율법은
우리에게 이렇게 저렇게 하라고 준 조건으로 보입니다. 구원을 받으
려면 네 하나님을 사랑하라, 심판받지 않으려면 네 이웃을 사랑하라,
이런 식으로 들립니다.

　그러나 신명기의 이 말씀은 율법이 조건이 되어 이를 지킨 자에게
는 구원이, 지키지 않은 자에게는 심판이 있으리라고 말하는 것이 아
닙니다. 율법은 하나님께서 아브라함과 이삭과 야곱에게 하신 '나는
너와 네 후손에게 하나님이 되리라'라는 약속을 이루기 위하여 애굽
에서 노예로 살던 이스라엘 백성에게 찾아오셔서 종살이를 그치게 하
시고 주신 것입니다.

　이스라엘 백성을 보내지 않으려는 바로에게 하나님께서 모세를 보

내십니다. 애굽에 열 가지 재앙을 내리시고, 홍해를 건너게 하시며, 불기둥과 구름기둥으로 인도하시고, 만나와 메추라기로 먹이시며, 반석에서 물을 내어 마시게 하여 시내 산까지 이끌어 오십니다. 이때는 조건을 제시할 상황이 아닙니다. 이미 구원받은 자리에서 알아야 할, 하나님의 부르심으로 말미암은 이스라엘 백성의 정체성과 명예에 관한 이야기가 주어지는 때입니다. 이렇게 주어진 것이 바로 율법입니다.

제가 자란 어려웠던 시절에는 한 집안의 맏이는 대개 대학을 못 갔습니다. 고등학교도 못 다니는 경우가 태반이었습니다. 동생들을 위하여 맏이가 희생한 것이죠. 그래서 맏이들의 평생소원은 공부해 보는 것이었습니다. 우리 세대가 겪은 중요한 경험 중 하나입니다.

도대체 공부란 무엇일까요? 그 시절 대부분의 부모들은 자식에게 "너는 공부나 해. 너보고 돈 벌어 오라고 하지 않을게. 그러니 공부나 열심히 해라"라는 말을 자주 했습니다. 이 말을 들은 자식들은 어떤 생각을 했을까요? '공부를 못하면 쫓겨나겠구나. 공부를 잘해야만 부모님의 자식이 될 수 있구나'라고 생각하지는 않았을 것입니다. 그 자녀는 이미 부모의 자식으로 태어나 귀하게 자라고 있습니다. 그런 자녀에게 부모가 채워 주고 싶은 모든 것을 담아 표현한 말이 '공부해라'인 것이죠. "희생은 내가 할 테니 너는 마음껏 훌륭해져라"라는 마음이 바로 이 말에 담겨 있습니다. 율법이 이와 같습니다.

율법을 지키는 것은 위대한 일이며 그 자체로 자랑입니다. 전에는 이스라엘 백성이 율법을 지킬 수가 없었습니다. 애굽에서 종살이를 하는 그들에게는 자유가 없었기 때문입니다. 명예로운 인생을 살아갈 명예로운 존재가 아니었기 때문입니다. 영광스러운 내용을 채울 수 없는 존재였으며, 따라서 당연히 영광스러운 삶도 살아 낼 수 없었습니다.

출애굽을 하고 나자 이스라엘 백성에게 비로소 율법이 주어지게 됩니다. 그러니 신명기 30장이 하고 싶은 이야기는 무엇입니까? 율법이 네게 왔다. 이 말의 의미를 깨달으라는 것입니다. '같이 공부하려고 선생님이 오셨다'라는 말에는 무엇이 깔려 있습니까? 더 이상 껌 팔러 나가지 않아도 되고, 공장에 일하러 가지 않아도 된다는 말이 전제되어 있습니다. 왜 부모가 자녀에게 공부를 시킬까요? 훌륭해지라는 것입니다. 이것이 교육의 원래 목적입니다. 그런데 이 일에 실패합니다. 율법도 마찬가지였습니다. 이스라엘은 율법을 갖고서 훌륭해지지 못했습니다. 오히려 율법에 걸려 넘어졌습니다.

로마서 9장 33절에서는 예수가 걸림돌이라고 합니다. 예수가 걸림돌이라는 것은 어떤 가치와 덕목도 예수를 통과하지 않으면, 예수와 함께하지 않으면 거짓말이라는 의미입니다. 우리가 자주 쓰는 덕목인 정의, 평화, 진리, 진심, 사랑, 이 모든 것이 예수와 함께하지 않으면, 예수를 필요로 하지 않으면, 예수에게 담겨 있지 않으면, 죽음을 통과할 수 없다는 말입니다.

믿는 자에게 허락된 영광

장례식에서 고인(故人)이 생전에 얼마나 굉장한 사람이었는가를 이야기하지만, 그것은 사실 푸념에 불과합니다. 죽음이라는 엄연한 현실을 외면하고 싶어서, 살아남은 자들의 공포와 슬픔을 완화하려고 그런 이야기를 하는 것입니다. 고인의 훌륭했던 점을 이야기하여 피할 수 없는 죽음 앞에 선 자신을 달래는 것입니다. 장례식장에서 괜찮을 수 있는 사람들은 예수 믿는 사람들뿐입니다. 천국에 소망을 두고 있기 때문입니다. 우리도 곧 뒤따라갈 것입니다. 가서 만났을 때 부끄럽지 않도록 이 땅에서 잘 살아야 합니다.

예수 없는 이들은 죽음을 통과하지 못합니다. 예수를 모르고 예수가 없으면, 사랑이나 애국이나 대의나 도덕이나 그 무엇을 말하든 다 거짓말입니다. 어떤 거짓말일까요? 그렇게밖에 자신을 달랠 다른 방법이 없어서 하는, 쩔쩔매는 비명에 불과한 것입니다.

'예수께서 율법의 마침이 되셨다'라는 말씀은 예수께서 십자가와 순종으로 율법의 영광을 실체로 만드셨다는 뜻입니다. 하나님은 예수 그리스도를 십자가에 매달아 죽이심으로 우리에 대한 당신의 사랑을 확증하셨고 그것으로 영광을 받으셨습니다. 하나님의 영광은 어떤 영광입니까? 내어 주시는 영광, 사랑하여 희생하시는 영광, 우리를 향한 당신의 거룩하고 복된 목적을 이루기 위하여 용서하시는 영광입니다. 예수가 이 영광을 이루어 율법의 마침이 되십니다. 그러니 예수를 믿는다는 말의 의미를 아시겠습니까? 예수를 믿으면 손해도 많이 봐야 하고 양보해야 하니 단지 고통스럽다고 말하는 것은 영광이 무엇인지 하나도 모르는 것입니다.

〈콰이강의 다리〉(The Bridge on the River Kwai, 1957)라는 영화가 있습니다. 2차 대전 중 타이의 밀림에서 영국군 공병대가 일본군 포로수용소에 잡혀 옵니다. 일본군은 이들을 이용하여 콰이강에 다리를 건설할 계획을 세웁니다. 그러나 일본군 수용소장이 영국군 장교들까지 동원하여 작업을 하려고 하자, 영국군 공병 대장 니콜슨 중령(알렉 기네스

분)은 제네바 포로협정 규약에 위배된다는 이유로 그 작업을 거부합니다. 중령은 군인으로서의 투철한 명예의식 때문에 일본군 수용소장과 갈등을 겪습니다. 수용소장은 중령을 독방에 가두겠다고 위협하지요. 니콜슨 중령은 잡아넣을 테면 넣으라며 버티다가 결국 뙤약볕 아래 양철 지붕 박스에 갇히게 됩니다. 밖에서는 영국군 장교와 사병들이 차렷 자세로 일본군과 대치하고 있습니다. 영국군과 일본군, 이 두 군대가 자존심 싸움을 하는 것입니다. "너희는 힘으로 우리를 누르려 하지만 우리의 인격적 자존심까지 꺾을 수는 없다." 죽일 테면 죽이라는 싸움입니다. 일본군 수용소장은 니콜슨 중령을 며칠 잡아 가두지만 영국군 포로들이 말을 듣지 않아 공사에 진전이 없자 결국 중령을 꺼내 줍니다. 이 사람을 꺼내 주어 물을 마시게 한 뒤 영국산 음식과 위스키를 건네주며 회유합니다. 다리가 지어지지 않으면 자기도 죽어야 하고 당신들도 목숨을 유지하기 힘들 것이니 영국군 장교들도 일을 하게 하라고 설득합니다. 그러나 니콜슨 중령은 자신의 고집을 꺾지 않습니다. 대신에 영국군 장교들이 사병들을 지휘하여 다리를 짓게 하자고 합니다. 결국 중령의 의견이 수용되고 그렇게 그는 영국군의 자존심을 지켜 냅니다.

　예수 믿는 것이 무엇인지 알아야 합니다. 위협하고 도전하고 회유하는 현실 속에서 여러분 하나 서 있음으로 믿는 자와 믿지 않는 자 모두에게 예수 믿는 자가 어떤 존재인지 보여 줄 수 있어야 합니다. 죽음을 이길 힘을 갖고 있다는 것과 모든 부끄러움과 모든 욕됨과 모든 고통 속에서 하나님이 당신의 신실함과 오래 참으심과 용서와 기적을 행하고 계심을 아는 자답게 걸어간다는 것은 굉장한 일입니다. 그래서 신명기 30장은 다음과 같이 이어집니다.

> 보라 내가 오늘 생명과 복과 사망과 화를 네 앞에 두었나니 곧 내가
> 오늘 네게 명령하여 네 하나님 여호와를 사랑하고 그 모든 길로 행
> 하며 그의 명령과 규례와 법도를 지키라 하는 것이라 그리하면 네가
> 생존하며 번성할 것이요 또 네 하나님 여호와께서 네가 가서 차지할
> 땅에서 네게 복을 주실 것임이니라 (신 30:15-16)

생명과 복과 사망과 화를 우리 앞에 두셨습니다. 그렇습니다. 우리는
죽음과 타협할 수 있습니다. 차라리 그것이 더 쉽습니다. 떠내려가면 그
만이기 때문입니다. 그러나 에베소서 4장에서는 이렇게 이야기합니다.

> 그러므로 내가 이것을 말하며 주 안에서 증언하노니 이제부터 너희
> 는 이방인이 그 마음의 허망한 것으로 행함 같이 행하지 말라 그들
> 의 총명이 어두워지고 그들 가운데 있는 무지함과 그들의 마음이 굳
> 어짐으로 말미암아 하나님의 생명에서 떠나 있도다 그들이 감각 없
> 는 자가 되어 자신을 방탕에 방임하여 모든 더러운 것을 욕심으로
> 행하되 (엡 4:17-19)

윤리적 구별을 언급하는 본문이 아닙니다. 이방인의 본질은 허비하는
데에 있다는 것입니다. 그들은 존재와 인생이 다만 낭비되고 소진되
어 없어지고 마는 길을 걷고 있는 사람들입니다. 죽음이란 무엇입니
까? 없어지는 것입니다. 썩어 없어지는 것입니다. 한때의 영광, 한때의

성공, 한때의 깨달음, 한때의 자랑도 다 허비되고 낭비되고 소진되어 멸절하는 것입니다. 이것이 사망입니다. 믿지 않는 자는 허비하는 삶을 살지만 신자는 다릅니다. 에베소서 5장 18절을 가 봅시다.

> 술 취하지 말라 이는 방탕한 것이니 오직 성령으로 충만함을 받으라
> (엡 5:18)

허비되는 삶과 채워지는 삶을 비교하는 구절입니다. 생명이 없는 것은 바래지고 소멸하고 썩어 나갈 수밖에 없지만, 생명은 자랍니다. 자라면서 채워집니다. 에베소서 전체에서 이 말을 하고 있는데, 몇 구절만 더 찾아봅시다. 에베소서 1장 3절 이하에서 영광, 풍성, 부요, 충만, 이런 단어들이 얼마나 자주 등장하는가 보십시오.

> 찬송하리로다 하나님 곧 우리 주 예수 그리스도의 아버지께서 그리스도 안에서 하늘에 속한 모든 신령한 복을 우리에게 주시되 곧 창세 전에 그리스도 안에서 우리를 택하사 우리로 사랑 안에서 그 앞에 거룩하고 흠이 없게 하시려고 그 기쁘신 뜻대로 우리를 예정하사 예수 그리스도로 말미암아 자기의 아들들이 되게 하셨으니 이는 그가 사랑하시는 자 안에서 우리에게 거저 주시는 바 그의 은혜의 영광을 찬송하게 하려는 것이라 우리는 그리스도 안에서 그의 은혜의 풍성함을 따라 그의 피로 말미암아 속량 곧 죄 사함을 받았느니라 이는 그가 모든 지혜와 총명을 우리에게 넘치게 하사 그 뜻의 비밀을 우리에게 알리신 것이요 그의 기뻐하심을 따라 그리스도 안에서 때

가 찬 경륜을 위하여 예정하신 것이니 하늘에 있는 것이나 땅에 있
는 것이 다 그리스도 안에서 통일되게 하려 하심이라 모든 일을 그의
뜻의 결정대로 일하시는 이의 계획을 따라 우리가 예정을 입어 그 안
에서 기업이 되었으니 이는 우리가 그리스도 안에서 전부터 바라던
그의 영광의 찬송이 되게 하려 하심이라 그 안에서 너희도 진리의
말씀 곧 너희의 구원의 복음을 듣고 그 안에서 또한 믿어 약속의 성
령으로 인치심을 받았으니 이는 우리 기업의 보증이 되사 그 얻으신
것을 속량하시고 그의 영광을 찬송하게 하려 하심이라 (엡 1:3-14)

살아 있는 자, 하나님의 생명 안에 있는 자들에게 허락된 것이 영광이
라고 이야기합니다. 에베소서 3장 14절 이하의 말씀을 봅시다.

이러므로 내가 하늘과 땅에 있는 각 족속에게 이름을 주신 아버지
앞에 무릎을 꿇고 비노니 그의 영광의 풍성함을 따라 그의 성령으로
말미암아 너희 속사람을 능력으로 강건하게 하시오며 믿음으로 말미
암아 그리스도께서 너희 마음에 계시게 하시옵고 너희가 사랑 가운
데서 뿌리가 박히고 터가 굳어져서 능히 모든 성도와 함께 지식에 넘
치는 그리스도의 사랑을 알고 그 너비와 길이와 높이와 깊이가 어떠
함을 깨달아 하나님의 모든 충만하신 것으로 너희에게 충만하게 하
시기를 구하노라 (엡 3:14-19)

살아 있는 생명의 영광입니다. 생명으로 나아가는 자와 사망으로 나
가는 자를 구별하고 있습니다. 율법이 주어졌다는 것이 무슨 뜻이라

고 했습니까? 너 공부 열심히 해라, 그런 뜻이라고 했습니다. 예수를 믿는 것은 새 생명을 사는 것이라고 말씀드렸습니다. 이즈음에서 로마서 6장 4절 말씀을 확인하고 지나갑시다.

> 그러므로 우리가 그의 죽으심과 합하여 세례를 받음으로 그와 함께 장사되었나니 이는 아버지의 영광으로 말미암아 그리스도를 죽은 자 가운데서 살리심과 같이 우리로 또한 새 생명 가운데서 행하게 하려 함이라 (롬 6:4)

우리는 무엇을 하느라 이런 값진 것을 놓치고 있을까요? 윤리적 완벽을 추구하려다 놓치고 있습니다. 나무가 자기에게 있는 자연의 아름다움과 풍성함을 외면한 채, 자기가 직선인지 아닌지에만 매달려 무흠하고 완벽하려는 싸움을 하느라 생명의 부요함을 모르는 것과 같습니다. 공부하는 부요함을 모르는 것이죠. 자녀가 공부를 잘하지 못하면 꾸중도 하고 매를 들기도 하지만 이는 자녀를 죽이려는 것이 아닙니다. 율법에서 그러했듯이 예수 믿는 일도 마찬가지입니다. 율법이 어떠했습니까? 시내 산에 이르자 율법을 받게 되듯이, 예수가 오시고 나서 우리가 지금 믿는 것입니다. 이미 일어난 구원입니다. 오늘 본문으로 돌아와 보면 이런 이야기입니다. 로마서 10장 8절부터 다시 봅시다.

그러면 무엇을 말하느냐 말씀이 네게 가까워 네 입에 있으며 네 마음에 있다 하였으니 곧 우리가 전파하는 믿음의 말씀이라 네가 만일 네 입으로 예수를 주로 시인하며 또 하나님께서 그를 죽은 자 가운데서 살리신 것을 네 마음에 믿으면 구원을 받으리라 사람이 마음으로 믿어 의에 이르고 입으로 시인하여 구원에 이르느니라 성경에 이르되 누구든지 그를 믿는 자는 부끄러움을 당하지 아니하리라 하니 (롬 10:8-11)

지금 실현되어 있다, 지금 누릴 수 있다, 예수가 이미 오셨다, 우리가 쫓아가 어디에 가서 찾아와야 할 예수가 아니라 우리에게 벌써 오셨다는 말씀입니다. 우리는 다 이 일의 증인입니다. 예수를 믿기 때문입니다. 예수가 오시면 믿기로 한 것이 아니라, 믿어서 이 자리에 나온 것입니다.

안심을 넘어 책임으로

신자들이 하는 가장 큰 오해는 믿음에 대한 것입니다. 자기의 믿음을 의심하는 것이죠. 완벽하고 싶고 안심하고 싶어서 믿음을 누리지 못합니다. 새 생명 가운데 산다는 말씀이 무엇인지 아십니까? 이제는 다른 삶을 사는 것입니다.

그러므로 우리 주 예수 그리스도 안에 있는 자들에게는 결코 정죄함이 없나니 이는 그리스도 예수 안에 있는 생명의 성령의 법이 죄와 사망의 법에서 너희를 해방하였음이라 (롬 8:1-2)

이 일이 일어났습니다. 예수가 오셔서 죽음을 깨고 사망을 이기고 부활하셔서 새 세상을 여셨습니다. 우리는 이 새로운 세상에 속한 자들입니다. 이제는 그의 백성으로 살게 되었고 생명과 성령의 법으로 인도받는 삶이 되었습니다. 그래서 성경은 거듭 이야기합니다.

누구든지 주의 이름을 부르는 자들은 구원을 받으리라, 네가 예수를 알지 않느냐, 그를 믿지 않느냐, 그렇지 않느냐, 너희가 어떻게 자유인이 되어 종 되었던 애굽 땅에서는 결코 행할 수 없었던 현실, 곧 하나님이 부르셔서 자유인만이 누릴 수 있는 현실 속에 들어와 있는지 보라고 이야기합니다.

자유인에게만 있는 것이 무엇일까요? 자발성입니다. 몇 년 전 마이클 샌델(Michael Sandel) 교수의 《정의란 무엇인가》라는 책이 우리나라에서 크게 유행한 적이 있습니다. 정의를 실현하려면 법이 공정하게 집행되어야 한다, 그러나 법은 너무 소극적인 도구라서 정의를 실현하기에는 턱없이 모자란다, 법을 이기적인 방향으로 쓰려면 얼마든지 쓸 수 있다, 그렇다면 무엇이 있어야 하는가, 도덕이 있어야 한다, 그런데 도덕은 왜 시행이 어려운가, 도덕을 실천하려면 자발성이 필요하기 때문이다, 이런 논리였습니다.

도덕을 실천하는 데에는 자발성이 필요합니다. 신자가 되어서 신앙생활을 한다는 것은 이 자발성을 갖는 것을 말합니다. 종의 신분에서는 이 자발성을 갖지 못합니다. 선택의 기회를 가진 자만이 자발성이 있습니다.

자유가 주어졌고 선택의 기회가 있다는 말을 들으면, 이 자유를 꼭 책임도 지지 않겠다는 데로 결부하는 것이 인간의 본성입니다. 자유

가 있으면 권리만 주장하려고 하는데, 자유나 권리는 책임이 동반된
다는 것을 알 때에야 비로소 제대로 누릴 수 있는 것입니다. 남의 종으
로 있을 때에는, 자유라는 말을 들으면 일 안 하고 쉬는 것밖에는 떠올
릴 것이 없을 것입니다. 그러나 책임을 기억하는 사람에게 자유는 좀
더 성숙한 의미로 다가올 것입니다.

자기 시대와 인생에서 어떤 역할을 감당하는 책임이 자신에게 있
음을 이해한다면, 책임을 기꺼이 지는 것이 자유라는 것을 알게 됩니
다. 부모가 되는 것, 시민이 되는 것, 이웃이 되는 것, 이 모든 것이 다
권리이게 됩니다. 스스로 책임을 지는 것은 명예이며 사랑입니다. 오
래 참는 것, 이기적으로 살지 않는 것, 무례히 행하지 않는 것, 온유하
게 대하는 것, 기다리는 것, 이와 같이 책임 있게 행동하는 것을 사랑
이라고 성경은 이야기합니다.

기독교 신앙의 가장 고급하고 핵심적인 특징은 책임으로 나타난다
는 것을 기억하기 바랍니다. 이것은 명예입니다. 하나님은 당신을 십
자가로 설명하는 것을 가장 기뻐하십니다. 율법의 마침이 순종과 죽
음으로 완성되었다는 것을 기억하십시오. 그것이 얼마나 위대한 길인
지 모르면, 우리는 신자가 가질 수 있는 가장 중요한 명예를 놓치는 것
입니다.

사실 생각해 보면, 여러분이 신자가 되어 사는 동안에 가진 모든 억
울함은 기독교 신앙과 정면으로 충돌하는 내용이었을 것입니다. 시온
의 거치는 돌에 부딪치는 것 말입니다. 하지만 여러분에게 주어진 이
말씀을 통해 예수 믿는 것이 무엇인지를 깨달아 늠름하게 살 수 있는
신앙인이 되십시오. 이 세상 앞에 빛과 소금의 역할을 책임과 자랑으

로 누리기를 바랍니다.

기 도

하나님 아버지, 은혜를 감사합니다. 우리는 드디어 예수 믿는 자의 명예를 알게 되었습니다. 예수를 믿는 일은 억누를 수 없는 영광입니다. 가둘 수 없는 충만입니다. 생수의 강이 우리의 마음에 흘러 넘쳐 큰 강을 이루는 것 같습니다. 작고 숨겨진 우리의 인생으로도 하나님의 영광을 담을 수 있다고 하시니 그 명예와 자랑을 알게 하옵소서. 또 순종할 믿음도 주시옵소서. 예수님 이름으로 기도합니다. 아멘.

29.

찾지 아니한 자들에게 찾은 바 되고

전도, 누구에게나 보내지다

―――

······ 16 그러나 그들이 다 복음을 순종하지 아니하였도다 이사야가 이르되 주여 우리가 전한 것을 누가 믿었나이까 하였으니 17 그러므로 믿음은 들음에서 나며 들음은 그리스도의 말씀으로 말미암았느니라 18 그러나 내가 말하노니 그들이 듣지 아니하였느냐 그렇지 아니하니 그 소리가 온 땅에 퍼졌고 그 말씀이 땅 끝까지 이르렀도다 하였느니라 19 그러나 내가 말하노니 이스라엘이 알지 못하였느냐 먼저 모세가 이르되 내가 백성 아닌 자로써 너희를 시기하게 하며 미련한 백성으로써 너희를 노엽게 하리라 하였고 20 이사야는 매우 담대하여 내가 나를 찾지 아니한 자들에게 찾은 바 되고 내게 묻지 아니한 자들에게 나타났노라 말하였고 21 이스라엘에 대하여 이르되 순종하지 아니하고 거슬러 말하는 백성에게 내가 종일 내 손을 벌렸노라 하였느니라 (롬 10:14-21)

믿음으로 누구든지

계속해서 우리는 이스라엘의 구원을 다루고 있습니다. 하나님의 특별한 선택을 입었으나 예수를 거부한 한 민족의 운명을 말입니다. 이스라엘은 예수를 못 박았고 거부했습니다. 그리하여 희한하게 복음은 이방에게로 넘어갔습니다. 그러면 이제 이스라엘은 어떻게 될 것인가, 이 질문은 이스라엘이라는 한 나라의 운명에 대한 것일 뿐만 아니라 하나님의 일하심을 입은 우리에 대한 물음이기도 합니다. 하나님은 당신이 시작하신 일을 포기하실 수 있는가, 우리가 끝까지 반대하고 거부한다면 하나님의 목적은 변개될 것인가, 하는 문제와 직결됩니다. 그래서 이스라엘의 운명을 제대로 이해하는 것은 복음의 내용과 하나님의 하나님 되심을 이해하는 중요한 열쇠가 됩니다.

바울은 이스라엘의 운명에 대해 이렇게 확신합니다. 이스라엘에게서 이방으로 구원이 넘어갔다, 이 구원은 아무것도 아니며 무지한 상태에 있던 이방에게 허락된 은혜이다, 이렇게 무지한 자에게도 구원이 허락되었으니, 알면서 거부한 이스라엘에게도 은혜가 승리할 것이다, 이것이 이스라엘의 운명이다, 라고 단언합니다.

이 구원에 대해 로마서 10장은 '누구든지'라는 단어로 선언합니다. 11절에서 '누구든지 그를 믿는 자는 부끄러움을 당하지 아니하리라', 또한 13절에서 '누구든지 주의 이름을 부르는 자는 구원을 받으리라'라고 선언합니다.

여기 나오는 '누구든지'라는 단어를 깊이 이해해야 합니다. '누구든지'는 '누구라도 괜찮고 아무라도 좋은'이라고 무한히 열어 놓으신 것을 의미합니다. 이 말 뒤에 나온 '그를 믿는 자는'으로 묶여 그 범위가 제한되는 것이 아닙니다. '누구든지'라는 말은 '믿음으로 누구든지'라는 뜻입니다. 이런 내용을 본문이 다루고 있습니다. 이 '누구든지'는 구원이 우리의 노력이나 자격이 있어야 하는 것이 아니며 율법에 의하여 얻을 수 있는 것도 아님을 시사해 줍니다.

복음에 담긴 은혜의 무한함에 대해 들어도 우리는 별로 달가워하지 않습니다. 오히려 교회 안에 우리끼리 이상한 계급을 만들어 구별짓습니다. 개나 소나 다 구원을 받는 것이 싫은 것이죠. 이런 편협한 생각이 든다면, 잘못 가고 있는 것입니다. 그래서 이 문제는 우리의 신앙과 인생을 이해하는 데에 핵심 열쇠가 됩니다. '누구든지'라는 말은 '믿음'이라는 말이 그랬던 것같이, 우리가 사는 인생이 어떠하든지 하나님의 손에 붙잡혀 있다는 사실로 우리를 인도합니다.

로마서 10장 14절과 15절에서는 이런 질문이 제기되고 있습니다. 믿기 위해서는 들었어야 하지 않는가, 듣기 위해서는 그 말씀을 전하는 자가 있어야 하지 않는가, 말씀을 전하려면 그를 보내신 누군가가 있어야 하는 것 아닌가, 이 질문은 믿음이 우리 안에서 자체적으로 생겨난 것이 아니라 밖에서 온 것임을 가리킵니다.

복음은 밖에서 온 이야기입니다. 누가 보내서 이 복음을 듣게 되었습니까? 보내신 이가 누구입니까? 바로 우리 하나님 아버지입니다. 예수는 우리가 쫓아가서 만난 분이 아니며 우리가 지하에 내려가서 끌어올린 분이 아니라, 하나님이 보내신 분이었습니다. 이 모든 일의 시작은 하나님이시다, 하나님이 근거이시다, 하나님이 시작하신 일이다, 이 이야기를 하려고 '믿음은 들음에서 난다'라고 선언하여 강조하는 것입니다. 15절에서는 이사야 52장을 인용하고 있습니다. "보내심을 받지 아니하였으면 어찌 전파하리요 기록된 바 아름답도다 좋은 소식을 전하는 자들의 발이여 함과 같으니라."

이 말씀은 복음을 전하는 자들이 얼마나 귀한가를 말하는 것이 아닙니다. 이들을 보내신 하나님은 얼마나 놀라우신가 하는 이야기입니다. 그리고 곧바로 이어서 '그러나 그들이 다 복음을 순종하지 아니하였도다 이사야가 이르되 주여 우리가 전한 것을 누가 믿었나이까'라는 말씀이 16절에 나옵니다.

우리가 전한 것을 누가 믿었습니까. 여호와의 팔이 누구에게 나타났습니까. 아무도 예수를 알아보지 못했고 아무도 순종하지 않았습니다. 예수는 우리 손에 죽으셨습니다. 우리가 기대하는 신과 달라서, 우리 마음에 들지 않아서 우리가 그를 죽인 것입니다. 하나님은 그럴 줄 아시면서도 예수를 보내셨습니다. 보내시고 우리가 어떻게 하는지 두고 보신 후에 구원이라는 결과를 주신 것이 아니라, 그를 죽인 우리의 죽음을 예수의 죽음에 감싸 안아 부활로 반전하신 것입니다.

이것이 복음입니다. 회개하고 구원받은 것이 아니라 예수를 죽이고 구원받습니다. 회개는 하나님의 은혜로 새 생명을 얻은 다음에 오는 것입니다. 내가 한 짓이 무엇인지, 예수가 무엇을 이루어 주셨는지를 깨달아 통곡하는 것이 회개입니다. 자신이 전에는 얼마나 패역한 존재였는지를 알고, 이제는 누구의 품에 안겼는가를 아는 것이 회개입니다.

그래서 회개는 강요할 수 없습니다. 강요로는 회개가 나오지 않습니다. 예수 품에 안기기 전에는 무엇을 갖다 대도 회개하지 못합니다. 상대에게 그가 얼마나 못났는지를 일깨우고, 절대 지금처럼 살아서는 안 된다고 아무리 설명해 보아도 결코 회개하지 않습니다. 아니 회개하지 못합니다. 생명으로 들어와야 그 첫 열매로 회개가 터지는 것입니다.

그런데도 우리는 이 문제를 계속 오해합니다. '누구든지'라는 말을 오해합니다. 아무도 몰라보고 아무도 듣지 않고 모두가 거부한 그 속에서 하나님이 이 일을 하셨다는 것이 의미하는 바가 무엇인지 알지 못합니다.

누구에게나 찾아오신 예수

마태복음 13장을 보면 이 일에 대한 예수님의 중요한 설명이 등장합니다.

제자들이 예수께 나아와 이르되 어찌하여 그들에게 비유로 말씀하시나이까 대답하여 이르시되 천국의 비밀을 아는 것이 너희에게는 허락되었으나 그들에게는 아니되었나니 무릇 있는 자는 받아 넉넉하게 되되 없는 자는 그 있는 것도 빼앗기리라 그러므로 내가 그들에게 비유로 말하는 것은 그들이 보아도 보지 못하며 들어도 듣지 못하며 깨닫지 못함이니라 이사야의 예언이 그들에게 이루어졌으니 일렀으되 너희가 듣기는 들어도 깨닫지 못할 것이요 보기는 보아도 알지 못하리라 이 백성들의 마음이 완악하여져서 그 귀는 듣기에 둔하고 눈은 감았으니 이는 눈으로 보고 귀로 듣고 마음으로 깨달아 돌이켜 내게 고침을 받을까 두려워함이라 하였느니라 (마 13:10-15)

이스라엘 백성이 말을 듣지 않는 이유를 무엇이라고 말씀합니까? 자기네 마음이 변할까 봐, 자기네 자부심이 무산될까 봐, 자기네가 알고 있던 것이 틀렸을까 봐, 계속 고집을 부린다고 합니다. 그런 후에 이 말씀이 나옵니다.

> 그러나 너희 눈은 봄으로, 너희 귀는 들음으로 복이 있도다 내가 진실로 너희에게 이르노니 많은 선지자와 의인이 너희가 보는 것들을 보고자 하여도 보지 못하였고 너희가 듣는 것들을 듣고자 하여도 듣지 못하였느니라 (마 13:16-17)

거부하는 백성들, 말 안 듣는 백성들, 자기들의 고집을 세우기 위하여 기를 쓰고 반대하는 백성들에게 예수님이 찾아오셨다는 말씀입니다. 예수님은 말씀을 전하신 후에 우리가 믿는지 안 믿는지를 보신 것이 아닙니다. 우리가 듣는지 안 듣는지에 따라 결정되는 일을 하신 것도 아닙니다. 말씀을 듣지 않으려 하고 반대하고 고개를 돌리고 기를 쓰고 반항하는 이들에게 주께서 찾아오셨다고 합니다. 이것이 복음입니다. 또한 이것을 믿음이라고 합니다. 행위가 아닌 것, 하나님이 작정하셔서 당신의 은혜와 능력과 성실로 밀어붙이신 것, 누구에게나 찾아오는 복음, 누구에게나 찾아오는 구원, 누구에게나 찾아오는 하나님의 임재를 말합니다.

그런데 우리는 이런 차별이 없는 은혜가 싫은 것입니다. 하나님이 성실하시고 은혜롭고 자비하신 것이 우리는 싫습니다. 그래서 내가 한 대로 갚아달라고 합니다. 계급장을 붙이자는 것입니다. 얼마나 못난 행동입니까. 이것이 바로 죄입니다. 어디서부터 이렇게 된 것일까요? 하나님의 무한한 은혜가 왜 여러분에게 짐이 되었을까요?

한국 교회는 이런 식으로 신앙의 참된 힘을 잃기 시작했습니다. 그래서 아무도 현실을 신앙으로 살아 내려고 하지 않습니다. 교회는 신앙을 성적표로 확인하고 석차만 매기는 곳이 되어 버렸습니다. 자신의 인생을 보세요. 무엇이 겁나십니까? 세상이 교회를 욕하는 것이 겁나십니까? 세상은 원래 예수를 붙들어 매고 죽인 곳 아닙니까?

지난 장에서 살펴본 신명기 30장에 가 봅시다. 하나님이 모세를 통하여 신명기 28장에서부터 하신 말씀이 있죠. "나에게 순종하라. 그러면 너희가 나가도 복을 받고 들어와도 복을 받는다. 나를 거역하면 나가도 저주를 받고 들어와도 저주를 받는다"라고 하신 이야기의 끝자락이 신명기 30장입니다.

보라 내가 오늘 생명과 복과 사망과 화를 네 앞에 두었나니 곧 내가 오늘 네게 명령하여 네 하나님 여호와를 사랑하고 그 모든 길로 행하며 그의 명령과 규례와 법도를 지키라 하는 것이라 그리하면 네가 생존하며 번성할 것이요 또 네 하나님 여호와께서 네가 가서 차지할 땅에서 네게 복을 주실 것임이니라 그러나 네가 만일 마음을 돌이켜 듣지 아니하고 유혹을 받아 다른 신들에게 절하고 그를 섬기면 내가 오늘 너희에게 선언하노니 너희가 반드시 망할 것이라 너희가 요단을 건너가서 차지할 땅에서 너희의 날이 길지 못할 것이니라 내가 오늘 하늘과 땅을 불러 너희에게 증거를 삼노라 내가 생명과 사망과 복과 저주를 네 앞에 두었은즉 너와 네 자손이 살기 위하여 생명을 택하

고 네 하나님 여호와를 사랑하고 그의 말씀을 청종하며 또 그를 의
지하라 그는 네 생명이시요 네 장수이시니 여호와께서 네 조상 아브
라함과 이삭과 야곱에게 주리라고 맹세하신 땅에 네가 거주하리라
(신 30:15-20)

어떻게 해야 하느냐에 대한 이야기가 아닙니다. 하나님의 뜻을 따라
사는 것이 복이며 명예라는 것을 알게 되었습니다. 그리고 하나님의
뜻을 따라 살지 않는 것은 다 저주라는 것을 알게 되었습니다.

세상 사람들에게는 선택의 여지가 없습니다. 생명과 복을 택할 수
있는 선택권이 없습니다. 그들에게 남은 것은 저주와 사망뿐입니다.
신자가 되어야 비로소 이 선택 앞에 설 수 있습니다. 자유가 주어집니
다. 너는 내 백성이다, 내 백성으로 사는 것이 어떤 복이며 명예인지
알고 그 인생을 살기 바란다, 라고 하나님이 말씀하십니다. 이는 책임
이나 짐이 아니라 하나님의 백성만이 누릴 수 있는 복입니다.

누구에게나 찾아가는 인생

이제 제 나이쯤 되어 보면, 인생이 짧다는 것을 알게 됩니다. 우리가
인생을 어떻게 보냈는지 각자 돌아보세요. 우리가 그토록 매진하고
매달렸던 것들 중에서 참 잘했다고 생각되는 것이 있습니까? 장례식
장에서 '그가 예전에 이런 사람이었다'를 말하는 것은 아무 소용없는
이야기라고 앞서 말씀드렸습니다. 이미 죽어 버렸기 때문입니다. 세
상이 거짓이라는 것을 왜 모르십니까? 세상은 사망밖에는 결실할 수

있는 것이 없다는 사실을 왜 모르십니까? 얼마나 헛됩니까? 공부 잘해서 어디에 쓰려고 하십니까? 무슨 유익이 있습니까? 살아 있는 동안 체면치레에 불과할 뿐 거기에 진정한 낙이 있습니까? 제 손주들을 보면 마음이 안타깝습니다. 저들이 살아가야 할 힘든 세상을 알기 때문입니다.

왜 여러분은 예수 믿는 명예를 아직도 모르십니까? 왜 밤낮 억울한 표정으로 다니는 것입니까? 예수를 믿는 것으로 도대체 무엇을 기대하는 것입니까? 발에 생긴 무좀 낫게 해 달라는 하찮은 기도가 신앙의 전부입니까? 어쩌다 그런 가난한 신앙을 갖게 된 것입니까? 자기 자신을 보면 스스로 한심스럽지 않습니까? 도대체 인간이란 무엇이며 인간의 가치가 무엇인지 왜 깨닫지 못합니까?

성경은 예수가 죽으신 것은 우리라는 존재를 위해서라고 말하고 있습니다. 내가 생명과 복과 사망과 화를 네 앞에 두노라, 이 말은 너희 까딱 잘못하면 죽는다, 그런 협박이 아닙니다. 하나님이 자기 백성에게 주시는 복입니다. 나를 따라 이 길을 걸어라, 거절하면 그것이 얼마나 큰 손해이며 비극인지 알아라, 그러니 네가 나를 따르지 않고 나 없는 길을 간다면 내가 가만 놔두지 않겠다, 나 없이 가는 길이 어떤 비극인지, 그 길이 얼마나 허망한지 내가 반드시 너한테 가르쳐 줄 것이다, 라는 말입니다.

이것이 우리를 향한 하나님의 성실하심입니다. 우리의 반응을 뚫고 극복하고 들어오신 하나님의 구원이 우리를 이 자리로 부르는 것입니다. 순서를 혼동하지 마십시오. 이 길을 걸으면 구원이 나오는 것이 아니라고 말씀드렸습니다. 여기는 홍해를 건너온 시내 산입니다. 자신이 얻은 구원과 하나님의 자녀라는 신분이 무엇인지, 어떻게 살아 내는 것이 자랑인지를 모르면 안 됩니다.

이 자리는 '누구든지' 되는 자리입니다. '누구든지'란 아무것도 아닌 자를 말합니다. 아무것도 아닌 자에게 하나님이 찾아 들어와 그의 반응과 이해와 결단이 있기 이전에 구원을 베푸십니다. 아무도 생각지 못했던 일입니다. 아무 일도 일어날 리 없다고 여겨지던 자리에서 말입니다.

"우리가 전한 것을 누가 믿었느냐 여호와의 팔이 누구에게 나타났느냐"(사 53:1). 이 말씀의 의미가 무엇입니까? 우리는 예수를 알아보지 못했습니다. 그가 나타나신 모습이 우리 기대와 달랐기 때문입니다. 그런 모습을 하고 오시는 이가 메시아일 리 없다고 생각한 것입니다. 죽어 버리셨으니 말입니다. 그러나 이 길이 얼마나 굉장한 길인지 우리는 압니다.

이제 하나님은 '누구든지'를 위하여 '누구든지' 보내십니다. 본문 로마서 10장대로 하면 이렇습니다. 15절입니다.

> 보내심을 받지 아니하였으면 어찌 전파하리요 기록된 바 아름답도다 좋은 소식을 전하는 자들의 발이여 함과 같으니라 (롬 10:15)

이 말씀에서, 사명에 불타는 선교사가 기쁜 얼굴로 복음 전하러 뛰어가는 모습을 쉽게 연상하지 말기 바랍니다. 사도행전 8장에는 스데반에 대한 기록이 나옵니다. 스데반은 돌에 맞아 죽고 바울은 스데반의 죽음을 마땅하게 여깁니다. 그리고 그날 예루살렘 교회에 핍박이 일어나서 다 흩어집니다. 여기서 대체 무엇이 아름답습니까? 좋은 소식을 전하는 자들의 발이 아름답습니까? 쫓기는 발이며, 목숨을 부지하려고 도망가는 발입니다. 복음은 그렇게 세계에 퍼집니다.

우리는 이런 것이 싫습니다. 아무것도 아닌 존재로, 아무것도 아닌 자리에 있는 것이 싫습니다. 하나님이 일하시는 것 같지 않은 현실, 나 자신도 한심스러워 보이는 일상, 떠밀려 가고 짓눌려진 인생이 분하고 억울합니다. 그래서 건강하게 해 주세요, 지위를 주세요, 돈 좀 주세요, 라는 기도를 합니다. 하나님, 이 모든 것을 단지 저 자신만을 위해서 쓰지는 않을게요, 라는 단서를 붙이면서 말입니다.

그러나 하나님은 그렇게 안 하십니다. 짓밟아서 보내십니다. 빈대떡 만들 듯이 맷돌에 갈아서 보내십니다. 하지만 그것은 위대한 인생입니다. 하나님께 보냄 받은 인생을 사는 것입니다. 이 아무것도 아닌 존재를 보내어 하나님은 누구에게나 찾아가십니다. 이를 깨닫지 못하면 세상에 대하여 밤낮 떠는 것밖에 우리가 할 수 있는 것이 없습니다.

요즘은 이런 염려를 많이들 합니다. 이러다 한국 교회는 어떻게 되는 것 아닐까요, 하면서 다들 걱정합니다. 어느 교회는 어떻고 또 어느 교회는 망하게 되었다는데, 하면서 전전긍긍합니다. 이 무슨 한심한 비명입니까? 도대체 하나님을 어떤 분으로 여기는 것입니까? 우리가 다 죽으면 기독교가 망할 것 같습니까? 도대체 어디서 그런 바보 같은 소리를 듣고 와서 벌벌 떠는 것입니까? 정말 이처럼 못나게 살 것입니까? 무엇을 겁내십니까? 교회 건물이 다른 종교에 넘어가고 예수 믿는 사람들이 다 죽으면 기독교가 망한답니까? 그러면 세상이 이깁니까? 이런 바보 같은 신앙을 도대체 누구한테 배웠습니까?

시간 속을 살아 내는 인생

히브리서 5장에 가 봅시다.

> 그는 육체에 계실 때에 자기를 죽음에서 능히 구원하실 이에게 심한
> 통곡과 눈물로 간구와 소원을 올렸고 그의 경건하심으로 말미암아
> 들으심을 얻었느니라 그가 아들이시면서도 받으신 고난으로 순종함
> 을 배워서 온전하게 되셨은즉 자기에게 순종하는 모든 자에게 영원
> 한 구원의 근원이 되시고 하나님께 멜기세덱의 반차를 따른 대제사
> 장이라 칭하심을 받으셨느니라 (히 5:7-10)

예수께서 당신의 일을 어떻게 이루셨는지 보십시오. 모두에게 찾아가
시기 위하여 하나님이 예수께 요구하셨던 길이 무엇입니까? 무한이 유
한 속에 들어가는 것, 제한되는 것이었습니다. 다들 알아보도록 공중에
전단을 날리고 하늘에 글씨를 쓴 것이 아니라 육신으로 오셔서, 육신
에 붙잡히신 것입니다. 시간과 공간의 제약에 붙잡히는 것이죠. 예수는
갈릴리 나사렛에 매이십니다. 만날 수 있는 자들이 제한되어 있습니다.
거기서 아무것도 아닌 자들을 만나십니다. 갈릴리의 어부들을 만나서
그들과 함께 일하십니다. 아무것도 아닌 자들 곧 '누구든지'와 함께
일하십니다. 거기서 무엇을 하십니까? 부활을 만드십니다. 죽음의 길
을 걸어서, 죽는 자리까지 순종하셔서 거기서 반전을 이루십니다.

　여러분이 작고 억울하다고 생각하십니까? 그렇게 말하는 자들은
예수 믿는다는 말을 할 자격이 없습니다. 어디서나 어느 조건에서나

하나님은 하실 수 있습니다. 창조와 부활의 하나님이시기 때문입니다. 예수님은 육체에 계실 때에 심한 눈물과 통곡으로 기도해야 할 만큼 힘든 지경을 걸어가셨습니다.

예수님이 공생애를 시작하면서 받으신 시험이 무엇입니까? 그 시험은 모두 시간을 초월하라는 요구였습니다. 시간 속을 걸을 필요는 없잖아, 돌을 떡으로 만들어라, 성전에서 뛰어내리면 천사가 받들어 줄 것이다, 내게 절하면 세상을 다 주겠다, 그냥 탁, 이렇게 바로 결론을 만들어라, 그러나 결과는 그런 식으로 나올 수 있는 것이 아닙니다. 그 결과가 나오기까지 채워지고 구체화하는 어떤 과정이 필요합니다. 하나님은 우리를 사랑하시고 약속을 주셨습니다. 하나님이 우리에게 하신 약속은 예수께서 시간과 공간 속에서 인생을 살아 내셔서 성취됩니다.

생각해 보십시오. 예수님이 그 길을 실제로 걸어오신 것입니다. 실제로 지고 가신 것입니다. 그렇게 하셔서 우리에게 우리가 걷는 인생이 결심이나 결단으로, 곧 말로 때우거나 말로 설명될 수 있는 것이 아니라고 말씀하십니다.

신자의 삶을 실제로 살아 내십시오. 배를 타고 바다를 건너듯이, 등산화를 신고 산을 오르듯이 말입니다. 산을 오르는 것은 다만 올라가는 동작만으로 채워지는 것이 아닙니다. 올라가는 내내 자연의 경이를 봅니다. 이처럼 신자의 길을 살아 내는 영혼에 빛이 비칩니다. 이런 인생을 살고 있다는 것을 알라는 말씀입니다. 빌립보서 1장에 가면, 이런 권면이 나옵니다.

오직 너희는 그리스도의 복음에 합당하게 생활하라 이는 내가 너희

에게 가 보나 떠나 있으나 너희가 한마음으로 서서 한 뜻으로 복음
의 신앙을 위하여 협력하는 것과 무슨 일에든지 대적하는 자들 때문
에 두려워하지 아니하는 이 일을 듣고자 함이라 이것이 그들에게는
멸망의 증거요 너희에게는 구원의 증거니 이는 하나님께로부터 난
것이라 그리스도를 위하여 너희에게 은혜를 주신 것은 다만 그를 믿
을 뿐 아니라 또한 그를 위하여 고난도 받게 하려 하심이라 너희에게
도 그와 같은 싸움이 있으니 너희가 내 안에서 본 바요 이제도 내 안
에서 듣는 바니라 (빌 1:27-30)

바울의 고백을 통해서 무엇을 보고 무엇을 듣습니까? 지금 바울은 감
옥에 갇혀 있습니다. 억울한 사람입니다. 복음을 위하여 고난당하고
있습니다. 복음이 무엇인지 모르는 자들, 복음을 거부하고 대항하는
자들이 그를 옥에 가두었습니다. 그러나 바울은 이것도 손해가 아니
라고 합니다.

고난이 무엇입니까? 하나님의 일하심의 무게입니다. 하나님이 함
께하셔서 우리에게 인생의 어떤 짐을 지게 하시고 어떤 고난을 겪게
하신 것은 하나님이 나를 붙잡고 계시며, 나를 실제적인 길로 밀어 넣
으셨기에 생기는 흔적입니다. 하나님이 멀리 계시지 않고 구경만 하
고 계시지 않다는 증거입니다.

그러니 이 길을 걸으십시오. 두려워하지 말고 이 길을 걸으십시오.
세상이 주는 위협은 사망 말고는 아무것도 없다는 사실을 기억하십시
오. 인생을 뒤집으시고 반전하셔서, 이 속에 은혜를 베푸시고 승리를
만들어 내시는 하나님을 믿는 자가 되십시오. 세상의 위협이란 너 편

안하게 해 줄게, 라는 시험에 불과하다는 것을 잊지 마십시오.

오늘 본문의 결론은 20절에 있듯 한마디로 '찾지 아니한 자들에게 찾은 바 되고 묻지 아니한 자들에게 나타난 하나님'입니다. 곧 하나님의 성실하심입니다. 당신을 찾지 아니한 자들에게 찾아가시고 묻지 않은 자들에게 나타나시는 하나님이 오늘 나를 이 자리로 보내시는 것입니다. 나를 반가워하지 않는 자와 내가 누구인가를 물어보지도 않는 자들 앞에 나를 보내시는 분은 하나님이십니다. 그러니 우리 인생이 막막하고 아무것도 아닌 것 같다고 생각하는 것은 죄입니다.

21절에서 하나님은 당신을 늘 거부하고 반대하고 배신하는 백성에게 종일 손을 벌렸다고 말씀합니다. 여러분이 이 손입니다. 기독교 시대, 기독교 사회, 기독교 국가라는 것은 세상에 없습니다. 이 세상은 기독교인을 낳지 못합니다. 죄인을 낳을 뿐입니다. 세상 권력의 기본은 죄입니다. 거기에 하나님이 당신의 백성을 보내시고 거기에 있는 사람들을 부르십니다.

내가 종일 내 손을 벌렸노라, 우리가 그렇게 서 있습니다. 옆에 아무도 없는 것 같고, 나 혼자인 것 같고, 정말 아무것도 아닌 것 같다고 생각될 때마다 이 생각을 하십시오. 이 아무것도 아닌 자를 위하여 아무것도 아닌 나를 보내신다, 나는 찾지 않고 묻지 않는 자들에게 찾아가는 하나님의 실제적인 손길이다, 라고 말입니다.

그러니 명예롭게 사십시오. 하나님을 의지하고 사는 것이 생명과 복이라는 것을 아십시오. 외면하면 사망과 저주밖에 남는 것이 없습니다. 이는 세상에서 실컷 보는 것들입니다. 여러분이 예전에 부러워했던 사람들이 여전히 부러운지 보십시오. 우리를 여기까지 붙잡아

온 하나님의 은혜를 제대로 이해하지 못하면 자신에게 손해입니다. 이 말씀을 알아듣고 승리하고 자랑하는 인생 되기를 바랍니다.

기 도

하나님 아버지, 은혜를 감사합니다. 예수를 믿는 명예와 복과 자랑을 오늘 말씀으로 다시 확인합니다. 우리는 늘 세상 앞에 쪼그라들곤 합니다. 그러나 그리하지 않게 하옵소서. 하나님이 그 아들을 주신 세상입니다. 그리고 다시 우리를 보내시는 세상입니다. 그러니 우리의 가치와 존재의 의미를 깨닫게 하옵소서. 신자 된 자신의 인생을 스스로 명예롭게 여기지 않으면 이 길을 걸을 수 없음을 고백합니다. 바울의 말처럼 아무것도 두려워하지 않게 하옵소서. 하나님은 실패하실 수 없습니다. 그러니 웃고 인내하고 용서하고 충성하게 하시옵소서. 예수님 이름으로 기도합니다. 아멘.

30.

그들이 넘어짐으로

거역, 하나님의 깊은 얼굴

······ 7 그런즉 어떠하냐 이스라엘이 구하는 그것을 얻지 못하고 오직 택하심을 입은 자가 얻었고 그 남은 자들은 우둔하여졌느니라 8 기록된 바 하나님이 오늘까지 그들에게 혼미한 심령과 보지 못할 눈과 듣지 못할 귀를 주셨다 함과 같으니라 9 또 다윗이 이르되 그들의 밥상이 올무와 덫과 거치는 것과 보응이 되게 하시옵고 10 그들의 눈은 흐려 보지 못하고 그들의 등은 항상 굽게 하옵소서 하였느니라 11 그러므로 내가 말하노니 그들이 넘어지기까지 실족하였느냐 그럴 수 없느니라 그들이 넘어짐으로 구원이 이방인에게 이르러 이스라엘로 시기나게 함이니라 12 그들의 넘어짐이 세상의 풍성함이 되며 그들의 실패가 이방인의 풍성함이 되거든 하물며 그들의 충만함이리요 (롬 11:1-12)

그럴 수 없느니라

이스라엘은 어떻게 될 것인가, 이것이 로마서 9장에서 11장에 이르기까지 바울이 고민하는 중요한 주제입니다. 이스라엘의 구원을 중요하게 다루는 것은, 그들이 예수 믿기를 거부했기 때문에 망했는가 하는 질문 때문입니다.

이에 대한 바울의 답은 11장 1절에서 보는 바와 같습니다. '그러므로 내가 말하노니 하나님이 자기 백성을 버리셨느냐 그럴 수 없느니라.' 바울은 신실하신 하나님의 의지로 말미암아 이스라엘이 회복되고 구원받을 것이라고 믿고 있습니다. 바울의 이런 확신은 29절에도 나옵니다. "하나님의 은사와 부르심에는 후회하심이 없느니라." 하나님은 실패하지 않으신다는 것입니다. 또 앞의 6절에서 이렇게 설명합니다. "만일 은혜로 된 것이면 행위로 말미암지 않음이니 그렇지 않으면 은혜가 은혜 되지 못하느니라." 이스라엘의 실패가 그들의 운명을 결정한다면 은혜라는 말은 설 자리가 없다는 말씀입니다. 은혜는 자기가 하지 못한 것을 이루어 주시는 하나님의 선물입니다. 그러니 이스라엘은 실패할 리 없다고 바울은 확신합니다.

이런 답이 나오자 또 다른 질문이 제기됩니다. 결국 다 구원하실 것이라면, 그들이 반역하고 실패하고 못난 짓을 하지 않도록 사전에 막으시지 왜 그때에는 개입하지 않으셨는가, 그들로 실컷 못난 짓을 하게 놓아두신 다음에 다시 붙들어 내신다는 말씀은 또 무엇인가. 본문에서는 이 질문에 다음과 같이 답합니다. 11절과 12절을 봅시다.

그러므로 내가 말하노니 그들이 넘어지기까지 실족하였느냐 그럴수 없느니라 그들이 넘어짐으로 구원이 이방인에게 이르러 이스라엘로 시기나게 함이니라 그들의 넘어짐이 세상의 풍성함이 되며 그들의 실패가 이방인의 풍성함이 되거든 하물며 그들의 충만함이리요 (롬 11:11-12)

우리로서는 이해하기 만만치 않은 성경의 답입니다. 이스라엘의 잘못으로 이방에게 복을 주셨다, 이스라엘이 넘어짐으로 이방이 유익을 얻었다, 이스라엘이 잘못한 것으로 좋은 것을 이루었다는 말씀입니다. 오히려 풍성함을 낳았다는 것입니다.

반대를 허용하시는 이유

하나님의 뜻을 거스르는 일 때문에 하나님의 의지가 방해받은 것이 아니라 오히려 풍성한 내용을 만들어 냈다고 합니다. 이에 대해 성경을 따라 분명하게 잘 이해할 필요가 있습니다. 가장 대표적인 설명은 9장에서 시작했던 바로에 관한 이야기입니다. .

그런즉 우리가 무슨 말을 하리요 하나님께 불의가 있느냐 그럴 수 없느니라 모세에게 이르시되 내가 긍휼히 여길 자를 긍휼히 여기고 불쌍히 여길 자를 불쌍히 여기리라 하셨으니 그런즉 원하는 자로 말미암음도 아니요 달음박질하는 자로 말미암음도 아니요 오직 긍휼히 여기시는 하나님으로 말미암음이니라 성경이 바로에게 이르시되 내가 이 일을 위하여 너를 세웠으니 곧 너로 말미암아 내 능력을 보이고 내 이름이 온 땅에 전파되게 하려 함이라 하셨으니 그런즉 하나님께서 하고자 하시는 자를 긍휼히 여기시고 하고자 하시는 자를 완악하게 하시느니라 (롬 9:14-18)

이해하기 어려운 내용입니다. 하나님이 당신의 일을 하시려고 바로를 완악하게 하셨다고 합니다. 그렇다면 이것이 어떻게 바로의 책임이냐, 라고 우리는 묻고 싶어집니다. 바로에게 책임이 없지 않습니다. 그러나 성경이 하고 싶은 이야기는 그것이 아닙니다.

본문은 바로가 있는 바람에 이스라엘의 구원이 풍성해졌다고 합니다. 모세가 가서 이스라엘을 해방한 것은 사실이지만 바로라는 대적이 있어서 이 구원이 얼마나 큰지, 이 구원을 목적하신 이가 어떤 분인지 더 풍성하게 나타날 수 있었다고 합니다. 바로가 없었다면 구원의 그림을 그렇게 풍성하게 그릴 수는 없었을 것입니다.

영화 〈벤허〉를 다시 생각해 봅시다. 메살라 없이 벤허 혼자 출연했다고 생각해 봅시다. 벤허가 혼자 다락방에서 고민하다 말다, 기도하다 말다, 물먹고 들어갔다 말다 하는 것으로 영화가 끝나면 어떻겠습니까. 마찬가지로 바로가 등장하지 않았다면 하나님의 은혜의 깊이와 크기와 풍성함과 성실함과 능력과 신비를 표현할 방법이 없었을 것입니다. 반전하시고 누적하시고 터트리시는 하나님의 역동적인 일하심을 표현할 방법도 없었을 것입니다.

그렇다고 해서 이스라엘이 겪은 일들이 다만 하나님을 보여 주기 위한 어떤 장치나 치장에 불과한 것은 아닙니다. 그들이 겪은 고난과 역경은 하나님의 구체적 진심이라고 이해해야 합니다. 시간과 공간 속에 들어와서 일하시는 하나님의 땀이요, 하나님의 손길이요, 열심을 내는 하나님의 깊은 얼굴입니다.

그러니 이스라엘에 대해서 어떻게 생각해야 할까요? 이스라엘은 예수를 반대하고 거부했습니다. 그리하여 구원이 이방에 넘어갔습니다. 결국 이 일을 통해 하나님의 구원은 누군가의 도움이나 협조가 있어야만 가능한 것이 아니라는 사실이 드러났습니다. 그리고 이제 더 나아가 이스라엘의 거부에도 불구하고, 아니 이스라엘의 실패 속에서 하나님은 이방까지 더욱 크게 담아내셨다고 말씀합니다. 이 얼마나 형언할 수 없는 큰 은혜입니까. 로마서 5장 8절에 가 봅시다.

> 우리가 아직 죄인 되었을 때에 그리스도께서 우리를 위하여 죽으심으로 하나님께서 우리에 대한 자기의 사랑을 확증하셨느니라 그러면 이제 우리가 그의 피로 말미암아 의롭다 하심을 받았으니 더욱 그로 말미암아 진노하심에서 구원을 받을 것이니 곧 우리가 원수 되었을 때에 그의 아들의 죽으심으로 말미암아 하나님과 화목하게 되었은즉 화목하게 된 자로서는 더욱 그의 살아나심으로 말미암아 구원을 받을 것이니라 (롬 5:8-10)

예수의 죽음이 우리를 구원으로 인도했다면 예수의 부활은 얼마나 더 큰일을 하시겠는가, 이런 이야기입니다. 우리 편에서 이야기해 보겠습니다. 우리는 예수를 죽였습니다. 그런데 예수를 죽인 것으로 우리는 구원을 받았습니다. 예수를 죽인 일로도 이런 은혜를 얻었다면, 믿고 순종하면 도대체 어디까지 갈 수 있을까요? 그런데 이 부분이 늘 감추어져 있습니다.

우리는 회개합니다. 회개해서 돌아왔으면 가던 길을 멈추는 것이 아니라 돌이켜 우리가 전에는 몰랐던 길을 가야 합니다. 회개는 가던 길을 멈추고 고함지르고 주저앉는 자리가 아닙니다. 돌이켜 계속 가야 하는 자리입니다. 회개했으면 잘못에서 돌아와 순종하는 인생의 명예와 영광을 누려야 합니다.

하지만 우리는 그렇게 하지 않고, 한 자리에 머물러 있으려고 합니다. 계속 걷지 않고 멈춰 서서 회개한 자와 그렇지 않은 자를 구별하는 데 그칩니다. 영광된 길로 나아가지 않고 바로를 욕하고 이스라엘을 욕하고 결국 자신마저도 책망합니다. 하나님, 이번에는 무엇을 잘못했습니다, 또 이것도 잘못했습니다, 라는 말만 반복합니다. 그런데 아무리 회개해도 답이 안 나오면 그다음에는 다른 사람을 손가락질할 수밖에 없습니다. 하나님, 쟤 좀 보세요. 아주 한심해 죽겠습니다, 라며 신앙의 가난함을 드러냅니다.

참된 신앙은 그런 것이 아닙니다. 바로 오늘 본문이 하는 이야기입니다. 이스라엘의 넘어짐이 이방의 부요함이 되었다면, 그들을 받아주시는 용서의 은혜가 적용될 때에는 도대체 인류에게 어떤 영광이 주어질 것인가를 기대해 보라, 그렇게 이야기하는 것입니다.

믿음이 서는 자리

우리는 이 문제가 사도 바울에게 얼마나 현실적인 문제였는지 생각해야 합니다. 이런 이야기는 논리적으로 이해하는 것이 불가능합니다. 그러나 분명히 일어난 사실이기 때문에 바울은 이런 결론에 다다를 수 있었습니다.

예수님은 우리가 죄인이었을 때에 오셨습니다. 예수님은 우리를 위하여 이천 년 전에 죽으셨습니다. 될지 안 될지 모르는 자를 위해서는 죽을 수 없습니다. 그런데 예수는 죽으셨습니다. 그렇게 완료된 구원이 우리에게 적용됩니다. 완성된 운명을 우리에게 적용하셔서 우리는 각자의 삶에서 믿고 회개하고 순종하고 의심하고 실패하고 돌아섭니다. 이 모든 일들을 거쳐 어디에 이를까요? 예수께서 죽으셔서 이루신 역사적 완료의 자리에 이를 것입니다. 여기가 믿음이 서는 자리입니다. 그러나 이스라엘은 이 믿음을 오해했습니다. 로마서 10장 1절부터 봅니다.

형제들아 내 마음에 원하는 바와 하나님께 구하는 바는 이스라엘을 위함이니 곧 그들로 구원을 받게 함이라 내가 증언하노니 그들이 하나님께 열심이 있으나 올바른 지식을 따른 것이 아니니라 하나님의 의를 모르고 자기 의를 세우려고 힘써 하나님의 의에 복종하지 아니하였느니라 (롬 10:1-3)

믿음이란 하나님이 우리를 찾아오신 방식입니다. 우리는 늘 오해하여 우리가 하나님을 찾아가는 방식을 의라고 생각합니다. 그래서 우리는 믿음도 우리의 순종이나 결정이라고 생각합니다. 하지만 우리가 하나님을 찾아간 것이 아니라 하나님이 우리를 찾아오셨다는 것이 예수를 통해 분명하게 드러났습니다. 죄인을 당신의 자녀로 만들기 위하여 십자가에 매단 것, 그것이 믿음이며 하나님의 방식입니다.

그러나 우리는 이해하고 결심하고 순종한 것이 믿음이라고 하여 우리끼리 패를 갈라 버렸습니다. 하나님이 죄인을 찾아오셨다는 사실이 우리 사이의 모든 차이를 덮고 있다는 것을 모릅니다. 죄인이라는 말 속에 들어 있는 모든 인류, 모든 역사, 모든 운명이 그 은혜에 덮여 있다는 사실을 모릅니다.

그러니 일어나는 모든 일들을 '나는 믿었고 너는 안 믿었다'라는 식으로 쉽게 둘로 나누지 마십시오. 아직은 모릅니다. 역사적 사실은 우리의 구별과는 다른 하나님의 방법을 증언합니다. 특히 오늘 본문에서는 엘리야로 증명합니다.

엘리야는 호렙 산으로 도망가서 하나님께 지금 자신의 생명을 거두어 가시라고 비명을 지릅니다. "엘리야야, 네가 왜 여기 있느냐?"라고 하나님이 물어보십니다. 엘리야는 "하나님, 다 죽고 나 하나 남았습니다. 그들이 나도 죽이려고 해서 도망왔습니다"라고 답합니다. 하나님께서는 "내가 칠천 명이나 남겨 두었다. 내가 남겨 둔 것이다. 이스라엘은 여전히 망하지 않았다"라고 말씀하십니다. 엘리야가 생각한 것처럼 이스라엘이 망했습니까? 아닙니다.

바울은 이렇게 이야기합니다. 나도 남아 있다, 나도 이스라엘 사람이다, 베냐민 지파다, 하나님이 이스라엘을 버리지 않으셨다, 그런 의미에서 이스라엘은 무엇을 보여 주고 있습니까? 하나님이 당신의 백성으로 부르신 은혜와 택하심은 여전히 유효하고 여전히 우선하다는 것을 증언해 줍니다.

　그러니 앞에서 본 바를 생각해 보십시오. 바로가 일어나서 무엇을 했습니까? 이스라엘을 핍박하고 저들의 자유를 막아섰습니다. 그러나 오히려 바로는 이스라엘이 누구이며, 하나님이 이스라엘에게 행하신 것이 무엇인지, 그렇게 행하시는 하나님이 누구신지를 아는 일에 의도하지 않게 풍성한 기여를 했습니다. 하나님이 바로를 그렇게 쓰셨습니다. 이것으로 바로는 결국 무엇을 합니까? 자기 후손들을 구하게 됩니다. 왜냐하면 이런 과정을 통해 이스라엘이 이방의 빛으로 부름을 받았기 때문입니다.

　누가복음 2장에 가면, 예수 그리스도의 탄생에 관한 기록에서 기억해야 할 이런 말씀이 등장합니다.

　예루살렘에 시므온이라 하는 사람이 있으니 이 사람은 의롭고 경건하여 이스라엘의 위로를 기다리는 자라 성령이 그 위에 계시더라 그가 주의 그리스도를 보기 전에는 죽지 아니하리라 하는 성령의 지시를 받았더니 성령의 감동으로 성전에 들어가매 마침 부모가 율법의 관례대로 행하고자 하여 그 아기 예수를 데리고 오는지라 시므온이 아기를 안고 하나님을 찬송하여 이르되 주재여 이제는 말씀하신 대로 종을 평안히 놓아 주시는도다 내 눈이 주의 구원을 보았사오니 이는 만민 앞에 예비하신 것이요 이방을 비추는 빛이요 주의 백성 이스라엘의 영광이니이다 하니 그의 부모가 그에 대한 말들을 놀랍게 여기더라 시므온이 그들에게 축복하고 그의 어머니 마리아에게 말하여 이르되 보라 이는 이스라엘 중 많은 사람을 패하거나 흥하게 하며 비방을 받는 표적이 되기 위하여 세움을 받았고 또 칼이 네 마음을

찌르듯 하리니 이는 여러 사람의 마음의 생각을 드러내려 함이니라
하더라 (눅 2:25-35)

예수는 이스라엘의 영광이고 이방을 비추는 빛이지만 또한 비방의 표
적도 될 것이라고 합니다. 고린도전서 1장에서 복음과 십자가에 관한
비밀을 바울은 무엇이라고 선언합니까? 십자가의 도가 유대인에게는
거리끼는 것이요, 헬라인에게는 미련한 것이지만, 예수 그리스도를
믿는 자들에게는 하나님의 능력이요, 하나님의 지혜라고 선언합니다.
이것은 어느 길이 맞고 어느 길이 틀리느냐 하는 수평적 차원의 이야
기가 아닙니다. 그 모든 것을 위에서부터 덮고 있는 수직적 차원에 관
한 이야기입니다.

십자가의 도는 하나님의 능력이요, 하나님의 지혜입니다. 십자가가
이 모두를 끌어안습니다. 예수가 이스라엘 백성의 극렬한 반대와 저
주 속에 죽어 갔는데 여기에 이스라엘의 영광이 있습니다. 반대와 저
주마저도 끌어안는 죽음이기 때문에, 그를 죽인 죽음조차도 결국에는
부활로 끌고 가는 죽음이기에, 이스라엘의 존재는 그들이 가졌던 모
든 조건으로 말미암아 다른 이방보다 하나님의 구원의 은혜와 능력을
더 크게 나타낼 수 있었습니다. 바로가 그랬던 것처럼 말입니다.

바로는 애굽의 왕이요 세상의 권력자였기 때문에 더 크게 하나님
을 반대하는 역할을 할 수 있었습니다. 그리고 그 덕분에 하나님의 은
혜와 능력은 그 위에 차고 넘쳐서 하나님이 누구신가에 대한 영광이
드러났습니다.

바울의 삶에서도 이런 일들이 일어났습니다. 바울은 스데반을 죽인

사람인데 사도로 부름을 받습니다. 만약에 우리가 '이스라엘은 잘못했으니 망해야 한다'는 논리를 계속해서 적용한다면 바울 같은 사람은 나올 수 없는 법입니다.

더 나아오라

그러니 바울이 제시하는 이런 논리로 자신의 신앙을 점검해 보십시오. 우리의 삶에서 하나님이 무엇을 하시는가, 우리가 자책하고 분노하는 것이 우리에게 무엇을 만드는가 보십시오. 이 모든 것이 은혜를 만들어 냅니다. 잘했을 때보다 못했을 때 은혜가 더 깊다는 것을 기억해야 합니다. 우리 안에 바로가 있고 우리 안에 이스라엘이 있고 우리 안에 바울이 있습니다. 이런 것들이 하나님께 붙잡혀 사용되면 그분의 구원의 영광을 드러내는 도구가 됩니다. 그러니 예수의 부활은 얼마나 더 큰 것을 가져오겠습니까. 이런 감격과 기대가 있어야 합니다. 그래야 인생을 견딜 수 있고 예수를 믿는다는 말이 지닌 힘을 알 수 있습니다. 자신에게도 타인에게도 괜찮아, 라는 말을 할 수 있게 됩니다. 넘어지셨습니까? 일어나십시오. 넘어지는 것을 여러분에게 은혜가 되며 실력이 되게 하는 십자가의 능력, 하나님의 은총이 있습니다.

우리가 흔히 하는 생각을 지금까지의 설명과 대조해 보아야 합니다. 오늘 로마서가 가르치는 것은 죄가 얼마나 무서운가 보이시려고 하나님이 인간에게 자유를 주셨다는 정도의 이야기가 아닙니다. 우리는, 하나님께서 이스라엘이 못난 짓을 안 하게 묶어 두실 수도 있었지만 죄를 범하는 것이 얼마나 손해인가를 그들로 깨닫게 하시려고 그들을 내버려 두시고 자유를 누리게 하셨다고 쉽게 생각하기도 합니다. 이 점을 깨닫는 것이 인류를 위해서도 필요했다는 것이죠.

폴 악트마이어(Paul J.Achtemeier)라는 신학자가 그의 책《로마서 주석》에서 이런 태도를 잘 정리하고 있는데, 제가 이렇게 풀어서 설명해 드리겠습니다. "이스라엘을 포함한 모든 인류가 하나님의 은혜를 이해하고 받아들이려면, 불순종의 무서운 결과와 그로 인해 일어난 현실에 대해 인류 모두가 배울 필요가 있었다. 이스라엘의 실패와 민망함은 인류가 역사에서 배워야 하는 하나의 통찰이고 하나의 경험일 것이다. 이것이 우리가 이해하는 방식이다. 그러나 이것은 우리가 만들어 낼 수 있는 이해의 최대치일 뿐이다." 이제 우리는 이런 이해의 수준을 넘어서야 합니다.

오늘 살펴보았듯 불순종은 하나님의 일에 방해가 되지 못합니다. 오히려 하나님은 여기서 당신의 영광을 더욱 풍성하게 드러내십니다. 하나님의 은혜와 능력은 이해할 수 없는 것이다, 이 자리에 나오라, 방황하는 피조물을 구원하시고자 하는 하나님께 대하여 말할 수 없는 경탄과 억제할 수 없는 찬송의 자리로 오라, 이것이 로마서 11장의 결론입니다.

깊도다 하나님의 지혜와 지식의 풍성함이여, 그의 판단은 헤아리지 못할 것이며 그의 길은 찾지 못할 것이로다 누가 주의 마음을 알았느냐 누가 그의 모사가 되었느냐 누가 주께 먼저 드려서 갚으심을 받겠느냐 이는 만물이 주에게서 나오고 주로 말미암고 주에게로 돌아감

이라 그에게 영광이 세세에 있을지어다 아멘 (롬 11:33-36)

이것이 기독교 신앙입니다. 예수를 보내신 우리 아버지 하나님께서 예수 안에서 이루신 일이 일으키는 경탄입니다. 예수의 죽으심과 부활로 모든 성도들에게 영원토록 묶어 주신 운명이 여기 있습니다. 여러분을 무너뜨릴 수 있는 것은 아무것도 없습니다. 자책과 회개에 붙잡혀 있지 마십시오. 더 나아오십시오. 우리가 예수를 죽이고 거부했음에도 은혜를 주셨다면, 우리의 순종과 간절함을 통해서는 얼마나 더 큰 은혜를 경험할 수 있겠는가, 얼마나 놀라운 기적이 우리의 생애에 일어나겠는가, 이런 기대와 소망의 길을 걷는 여러분이 되기 바랍니다. 그러면 다른 사람이 우리를 보고 놀라기 전에 우리가 우리 자신을 보고 먼저 놀랄 것입니다. 예수의 생애가 그러했던 것처럼, 아무것도 아닌 것 같으나 위대한 하나님의 사람으로 살아나가는 기쁨과 자랑과 감사가 넘치기를 권합니다.

기 도

하나님 아버지, 은혜를 감사합니다. 하나님이 아들을 주셨고 우리를 용서하셨고 우리의 못난 것과 무지와 거부를 돌이켜 그 위에 화해와 복을 쌓으셨다고 합니다. 우리가 무엇을 두려워하겠습니까. 우리를 찾아오신 하나님이 은혜와 능력과 사랑으로 이 모든 일을 약속하시고 일하고 계신다는 사실을 확인했으니 우리의 인생을 하나님의 자녀로 살 수 있게 하여 주시옵소서. 자신의 인생을 믿음으로 자랑하며 살아 내게 하사 다른 데서 답을 구하지 말고

자신과 자신의 생애에서 하나님의 능력을 확인하게 하옵소서. 이런 감사와

감격과 능력이 넘쳐나는 우리 믿음의 식구들 되게 하여 주옵소서. 예수님 이

름으로 기도합니다. 아멘.

31.

준엄하심이 있으니

거룩, 포기하지 않으심

······ 20 옳도다 그들은 믿지 아니하므로 꺾이고 너는 믿으므로 섰느니라 높은 마음을 품지 말고 도리어 두려워하라 21 하나님이 원 가지들도 아끼지 아니하셨은즉 너도 아끼지 아니하시리라 22 그러므로 하나님의 인자하심과 준엄하심을 보라 넘어지는 자들에게는 준엄하심이 있으니 너희가 만일 하나님의 인자하심에 머물러 있으면 그 인자가 너희에게 있으리라 그렇지 않으면 너도 찍히는 바 되리라 23 그들도 믿지 아니하는 데 머무르지 아니하면 접붙임을 받으리니 이는 그들을 접붙이실 능력이 하나님께 있음이라 24 네가 원 돌감람나무에서 찍힘을 받고 본성을 거슬러 좋은 감람나무에 접붙임을 받았으니 원 가지인 이 사람들이야 얼마나 더 자기 감람나무에 접붙이심을 받으랴 (롬 11:13-24)

두려운 은혜

로마서 9장은 하나님의 은혜가 이스라엘의 실패에도 불구하고 이방에까지 퍼져 나갔으며, 이방을 구한 이 은혜가 결국 이스라엘의 실패와 거부까지 끌어안을 것이라고 말합니다. 은혜는 우리의 저항과 거부와 무지와 못난 것을 극복합니다. 그렇다고 해서 은혜를 값싸게 생각해서는 안 된다고 경고하는 내용이 오늘 본문입니다. 은혜란 혼란이나 방치를 의미하지 않는다, 은혜가 얼마나 두렵고 굉장한 것인지 기억하라, 이런 말씀입니다. 22절은 본문의 핵심입니다.

> 그러므로 하나님의 인자하심과 준엄하심을 보라 넘어지는 자들에게
> 는 준엄하심이 있으니 너희가 만일 하나님의 인자하심에 머물러 있
> 으면 그 인자가 너희에게 있으리라 그렇지 않으면 너도 찍히는 바 되
> 리라 (롬 11:22)

무서운 경고입니다. 하나님의 준엄하심을 보십시오. 이스라엘의 역사가 그토록 고단했던 것은 하나님께서 불순종하는 이스라엘을 방치하지 않으셨기 때문입니다. 이스라엘이 잘못할 때마다 하나님이 꾸중하시고 가르치셨습니다. 그들을 버리시거나 외면하시지 않고 저들과 타협하시지도 않아서 저들의 역사가 고달팠던 것입니다. 우리가 은혜를 논하려면 하나님의 이 원칙, 곧 우리를 향한 하나님의 성실하심이 거룩함을 목표하고 있다는 것과 하나님은 이 목적을 타협하지도 포기하지도 않으신다는 것을 기억해야 합니다.

하나님이 어떤 원칙을 가지고 일하시는지를 설명해 주는 중요한 구절이 있습니다. 갈라디아서 6장 7절, "스스로 속이지 말라 하나님은 업신여김을 받지 아니하시나니 사람이 무엇으로 심든지 그대로 거두리라"라는 말씀입니다. 마찬가지로 계시록 2장 23절의 '내가 너희 각 사람의 행위대로 갚아 주리라'라고 하신 말씀도 하나님의 일하심의 대원칙을 알게 합니다.

그런데 하나님은 이런 대원칙, 곧 '심은 대로 거둔다'라는 원칙에만 머물러 계시지 않고 그 위에 은혜를 더 베푸십니다. 은혜란 이 원칙을 복되게 하고, 영광되게 하는 하나님의 능력과 성실하심과 자비와 긍휼을 가리킵니다. 그렇기 때문에 '은혜가 있으니 아무렇게 살아도 좋다'라는 말은 성경이 말하는 은혜를 오해하는 것입니다.

하나님이 베푸시는 은혜는 값싼 것이 아닙니다. 두려운 것입니다. 그런데 두렵다고 해서 공포심을 가지라는 말은 아닙니다. 하나님의 일하심에 담긴 의지와 성실하심을 기억하고 기꺼이 순종하여 복을 누리라고 성경은 이 은혜를 증언하는 것입니다. 은혜가 무엇인지 더 잘 알기 위하여 로마서가 인용한 성경의 인물들에 대해서 생각해 봅시다.

야곱, 너는 포기될 수 없다

먼저 야곱을 생각해 봅시다. 야곱은 얍복 나루터에서 하나님과 씨름합니다. 하나님이 그의 환도 뼈를 치자 그는 엎드려 울며 복을 빕니다. 이 씨름은 하나님이 건 씨름이었습니다. 야곱은 얍복 나루터에서 마지막 피할 길만 모색하던 교활하고 한심한 존재입니다.

이 얍복 나루에 오기 이십 년 전, 야곱이 형과 아버지를 속이고 외삼촌 라반의 집으로 도망가던 길에 하나님이 나타나셨습니다. 자기 인생을 오로지 자기 힘만 믿고 살아가던 교활하고 약삭빠른 야곱이 그의 이름처럼 약탈자로 살아가던 때에 하나님이 나타나셔서 말씀하신 것입니다. 네가 누운 땅을 너와 네 자손에게 주리니 네 자손이 동서남북에 퍼져 나갈 것이며 모든 족속이 너와 네 자손으로 말미암아 복을 얻을 것이니라, 네가 어디로 가든지 내가 너와 함께 있어 네게 약속한 것을 다 이루기까지 너를 떠나지 아니할 것이며 이리로 돌아오게 하리라, 라는 약속을 주십니다. 이것이 창세기 28장에 나온 벧엘 사건입니다.

이십 년이 흘러 야곱은 큰 부자가 되어 고향으로 돌아옵니다. 금의환향은 아니고 도망갈 데가 없어서 고향으로 돌아온 것입니다. 야곱은 외삼촌과 사촌들의 집에서도 미움을 받아 다시 형을 만나러 갈 수밖에 없게 된 처지입니다. 이제 야곱은 얍복 강가에서 모든 재산을 자기보다 앞서 형에게 보냅니다. 그렇게 하여 형의 마음에 있는 적개심과 복수심을 누그러뜨려야 할 형편이었던 것이죠. 이 화해가 성사될지는 아직 모르는 상황입니다.

야곱은 밤새 초조한 마음을 달래고 있는데 하나님이 나타나셔서 그와 씨름하십니다. 그가 고집을 꺾지 않자 하나님은 환도 뼈를 치신 후에 가겠다고 하십니다. 야곱은 "내게 복을 주시지 않으면 보낼 수 없습니다"라고 하면서 그를 붙들고 놓지를 않습니다. 이제 하나님의 사자가 야곱에게 "네 이름이 무엇이냐?"라고 묻습니다. 야곱이라고 이름을 대자 천사는 "다시는 네 이름을 야곱이라고 하지 마라. 네 이름을 이스라엘이라고 하라. 네가 하나님과 겨루어 싸워 이겼느니라"
라고 말합니다. 이해하기 쉽지 않은 말입니다.

자식을 길러 보면 부모의 마음을 알게 됩니다. 사람은 원래 자존심
이 강한 존재라서 누구를 닮았다는 말을 그리 좋아하지 않습니다. 아
무리 훌륭한 사람을 닮았다고 해도 마찬가지입니다. 링컨을 닮았다,
스티브 잡스를 닮았다, 이런 말을 들어도 우리는 "그 사람이 나를 닮
았지. 왜 내가 그 사람을 닮았습니까?"라고 반문하지요. 이것이 사람
의 자존심입니다. 그런데 딱 하나 져 주는 대상이 있습니다. 바로 자식
입니다.

어떤 사람과 원수가 되고 싶거든 그 사람의 자식을 흉보면 됩니다.
"아, 어째 자식이 아비만 못하네요." 이런 말을 하면 아마 평생 원수가
될 것입니다. 아무리 그런 말이 하고 싶어도 "야, 너도 훌륭하지만 네
자식은 정말 굉장하다"라고 말해야 합니다. 그러면 그 칭찬을 들은 사
람이 집에 와서 "그 친구, 안목이 있던데"라고 할 것입니다. 혹 칭찬을
듣고도 사양할 수는 있습니다. "아냐, 내 아들 전혀 잘나지 않았어. 대
학도 재수해서 갔는걸"이라고 말하면, "에이, 훌륭한 사람은 다 재수
해서 대학 가는 거야"라고 말할 줄 알아야 합니다. 이렇게 부모가 자식
한테만은 져 줍니다. 기꺼이 져 줍니다. 이것이 패배일까요? 아닙니다.
자식이 자기보다 더 낫기를 바라는 것이 부모의 마음입니다.

하나님은 지금 야곱에게 '너는 나보다 낫다'라고 선언하시는 것입
니다. 야곱이 존재론적으로 우월하다는 말이 아닙니다. 하나님은 우
리를 사랑하시는 아버지라는 말씀입니다. 이 말을 못 알아들으면 하
나님이 야곱의 전 생애에 걸쳐서 무슨 일을 하셨는지 이해하지 못하

게 됩니다. 야곱은 하나님의 씨름에도 버티다가 하나님이 그의 환도 뼈를 치자, 무릎을 꿇었습니다. 왜 그랬을까요? 마지막 기회라는 것을 알았을까요? 아니면 겁이 덜컥 났을까요?

야곱도 자기 생애를 압니다. 야곱의 생애란 허망한 인생입니다. 속이고 빼앗아 쟁취하여 고향을 떠나서 살 수밖에 없는 생애입니다. 그렇게 살다가 이제 얍복 나루 앞에 와 서는 것입니다. 아무리 빼앗아도, 아무리 이겨도, 아무 쓸데없다는 것을 깨닫고 여기 서는 것입니다. 답이 없는 인생으로 얍복 나루에 섰는데 하나님이 그에게 와서 씨름을 거십니다.

야곱은 여기서 어떻게 합니까? 매달려서 씨름하는 것 말고 그에게 무슨 대안이 있습니까? 야곱은 자신의 환도 뼈를 치는 하나님의 손길 속에서 무엇을 보았을까요? 야곱은 자신도 포기한 자기 인생에, 더러움과 허망함이 전부인 자기 몸속에 손을 담그시는 아버지를 보았을 것입니다.

우리는 하나님을 쉽게 포기하고 자기 자신도 쉽게 포기합니다. 자기가 자기를 버리면 그만일 것 같은 인생, 끝까지 남는 궁극적인 자기편은 자기뿐이라고 생각하는 그런 인생을 삽니다. 세상이 그렇게 우리를 속이는 것입니다.

하지만 성경은 우리가 우리 자신을 버려도 그것으로 끝이 아니라고 말씀합니다. 하나님이 너를 버리지 않는 이상 너는 망하지 않는다, 너는 포기될 수 없는 존재다, 라는 사실을 야곱을 통해서 보여 줍니다. 야곱이 잘한 게 뭐가 있습니까? 그가 잘한 것이라곤 하나도 없습니다. 성경은 야곱을 가리켜 하나님의 약속에서 시작한 자라고 증언하는 것입니다.

요셉의 억울함과 바로의 거부마저도

요셉의 꿈도 마찬가지입니다. 흔히 우리는 요셉에게 비전이 있어서 그런 꿈을 꾸었다고 말합니다. 그런데 요셉이 꿈을 꾼 뒤 형들에게 이야기한 정황을 보면, 그가 어떤 야망이나 비전을 품고 한 일이 아님을 알 수 있습니다. 자기가 생각해 보아도 개꿈인 것 같아서 형들한테 이야기한 것입니다. 그러면 요셉이 꾼 꿈에는 어떤 가치가 담겨 있던 것일까요? 요셉은 나중에 총리가 되어 세상을 구하게 되었을 때, 이것이 우연히 일어난 일이 아니라는 것을 깨닫게 됩니다.

　요셉의 생애에 나타난 은혜는 무엇입니까? 요셉의 이야기에 등장하는 인물들은 팔아먹은 놈, 억울한 놈, 이렇게 둘로 나눠 볼 수 있습니다. 여기에 하나님이 들어오셔서 무엇을 만드는지 보십시오. 요셉의 형들은 요셉을 팔아먹어서 구원을 받습니다. 이것이 말이 되는 이야기입니까? 요셉이 총리가 되어 세상을 구원하고 그의 가족도 구원을 얻습니다. 이는 있을 수 없는 일입니다. 팔아먹어서 구원을 얻은 자가 요셉의 형들이라면, 억울해서 위대해지는 인생은 요셉입니다.

　'심는 대로 거두고 행한 대로 받는다'라는 대원칙을 은혜가 얼마나 풍성하고 놀랍게 영광과 승리로 만드는가를 보십시오. 원칙을 무너뜨리는 것이 아니라, 그런 조건과 원칙 위에서 하나님의 진실하심과 거룩하심과 능력이 우리를 얼마나 깊고 찬란하게 만드시는가를 보아야 합니다.

3부. 그럴 수 없느니라

요셉을 살펴본 이 관점으로 모세를 대적했던 바로에 대해서 들여다봅시다. 바로는 자기가 가진 힘으로 하나님을 대적합니다. 그리하여 바로는 본의 아니게 하나님이 얼마나 크신 분인가와 이스라엘이 얼마나 굉장한 존재인가를 드러내게 됩니다. 성경을 읽어 보면 이런 생각이 들 수밖에 없습니다. 도대체 저들이 무엇이기에 하나님은 이토록 바로를 짓눌러 그의 권력을 깨고 그들을 구원하시는가.

바로의 모든 저항으로 하나님의 위대하심과 이스라엘의 존귀함이 드러나게 됩니다. 바로의 패배로 그가 어떤 존재인지가 드러납니다. 바로는 결코 세상의 통치자도 주인도 아니라는 사실이 확인되는 것입니다. 이스라엘을 붙잡고 있던 애굽이 더 이상 인류 역사의 주인이 아니라 이스라엘과 이스라엘을 세우려는 의지를 가지신 하나님이 주인공이라는 사실이 드러납니다.

더 나아가 바로의 실패로 모든 인류가 복음 앞에 설 수 있게 됩니다. 온 인류를 위해 이스라엘이 앞서 준비된 것입니다. 바로는 하나님을 거역했으나, 그 일로 자기 후손을 구원하게 됩니다. 모든 인류 속에 애굽까지 포함되니 말입니다. 바로는 자신의 실패로 일이 이렇게 될지 알았을까요? 당연히 몰랐을 것입니다. 몰랐는데 왜 이 일이 생겼냐고 묻고 싶습니까? 이것이 은혜의 힘입니다.

빌립보서 2장 5절 이하를 읽읍시다. 하나님의 일하심이 얼마나 굉장하며 십자가가 얼마나 고맙고 무시무시한 증거인지 이 말씀으로 깨닫기를 바랍니다.

너희 안에 이 마음을 품으라 곧 그리스도 예수의 마음이니 그는 근본 하나님의 본체시나 하나님과 동등됨을 취할 것으로 여기지 아니하시고 오히려 자기를 비워 종의 형체를 가지사 사람들과 같이 되셨고 사람의 모양으로 나타나사 자기를 낮추시고 죽기까지 복종하셨으니 곧 십자가에 죽으심이라 이러므로 하나님이 그를 지극히 높여 모든 이름 위에 뛰어난 이름을 주사 하늘에 있는 자들과 땅에 있는 자들과 땅 아래에 있는 자들로 모든 무릎을 예수의 이름에 꿇게 하시고 모든 입으로 예수 그리스도를 주라 시인하여 하나님 아버지께 영광을 돌리게 하셨느니라 (빌 2:5-11)

이 본문을 읽으면 하나님의 은혜를 값싸게 여길 수 없는 이유가 드러납니다. 그래서 12절이 이어 나옵니다. "그러므로 나의 사랑하는 자들아 너희가 나 있을 때 뿐 아니라 더욱 지금 나 없을 때에도 항상 복종하여 두렵고 떨림으로 너희 구원을 이루라." 구원이 돈 주고 사는 것처럼 간단한 일이 아니라, 피 흘려 이루신 하나님의 은혜라는 것을 기억하라는 말씀입니다.

야곱에게 네 이름을 더 이상 야곱이라고 하지 마라, 이제부터는 네 이름을 이스라엘이라고 하라,라고 말씀하시는 아버지의 마음, 은혜를 베푸시는 이 하나님의 진심이 얼마나 무겁고 깊고 굉장한가를 기억하십시오. 그렇지 않으면, 윤리성이나 종교성이라는 명분 아래 다만 순종과 거역이라는 이분법적 잣대만으로 열심히 믿자, 죄짓지 말자, 라는 말밖에는 못하는 유치한 수준을 넘어설 수 없습니다.

손을 들이미시는 하나님

하나님이 베푸시는 은혜의 무게와 하나님께 순종하는 것이 어떠한 영광이며 명예인지 우리는 짐작이나 할 수 있을까요. 누군가가 우리의 이야기를 경청해 주기만 해도 좋지 않습니까? 잘 들어 주기만 해도 상대방에게 고마움을 느낍니다. 우리는 대화하는 법이 서툴러서 누가 힘든 이야기를 하면 "너 할 말 있으면 빨리 끝내. 미국 간 내 친구는 너보다 더 힘들어. 그러니 그만 좀 징징대"라고 핀잔 주기 바쁩니다. 정말 멋없는 대화입니다. 상대방이 힘들어 보이면, "너 정말 힘들겠다"라고 말해 주어야 합니다. 이런 말만 들어도 위로가 됩니다. 더 나아가 상대방이 내 이야기를 듣고 눈물을 흘리면 마음이 어떻습니까. 내 이야기를 듣고 상대방이 울면 얼마나 고맙고 좋습니까.

그러면 누군가 나를 위해 피를 흘렸다면 어떨까요. 이것이 말이 됩니까? 하나님이 우리를 예수의 피로 값 주고 사셨다, 그의 피로 우리를 구원하셨다, 라는 말이 무슨 소리인지 우리는 하나도 못 알아듣습니다. 우리 이야기를 듣고 경청해 주기만 해도, 함께 울어 주기만 해도 고마운데, 하나님은 우리 삶에 들어오셔서 피 흘려 죽으십니다. 보잘것없는 우리에게 다가오십니다. 이 더러운 우리 인생 속에 손을 넣어 샅바를 잡고 씨름하고 그 살과 뼈를 드러내십니다. 이것이 기독교입니다. 그것이 바로 우리 하나님의 참모습입니다. 그래서 두렵고 떨릴 수밖에 없습니다. 경이롭고 감사할 일입니다.

드라마나 영화를 볼 때, 거기 나온 의상을 보면 그 작품의 가치를 짐작해 볼 수 있죠. 대강 만든 영화는 배우들이 다 신문지 같은 것을 걸치고 나옵니다. 영화 〈바람과 함께 사라지다〉(Gone With The Wind, 1939)의 대단함은 모든 조연과 엑스트라마저도 그 당시 의상과 똑같은 옷을 손수 만들어 입었다는 데에 있습니다. 이 영화를 보면 화질만 다른 것이 아니라 화면에 등장한 사람들을 위한 준비도 다르다는 것을 알 수 있습니다.

우리 같이 보잘것없는 인생을 위해 하나님이 일하십니다. 하나님께서 손을 들이미시는 우리의 인생 속 현실 하나하나는 얼마나 굉장한 것일까요. 우리 인생의 매 순간은 은혜를 드러내시기 위해 하나님이 당신의 성의로 마련하신 소품이요 섬세하게 준비하신 장치입니다.

또 하나의 인물은 탕자입니다. 탕자는 아버지에게 자기 몫의 재산을 달라고 해서 그것을 받아 들고 가출합니다. 그런데 돌아옵니다. 회개해서 돌아오거나 윤리적 조건을 갖추어 돌아오지 않습니다. 자기가 불효막심했다는 개과천선의 각오와 반성으로 돌아온 것이 아닙니다. 이 아들은 왜 돌아왔습니까? 배가 고파 죽을 것 같아 돌아왔습니다. 돼지가 먹는 쥐엄 열매 하나도 먹을 수 없게 되자 '내 아버지 집에서는 품꾼들도 넉넉히 먹는다'라는 사실을 깨닫고 돌아오게 된 것입니다.

하나님은 우리가 인생 속에서 어떻게 하는지 구경하고 계시다가 우리가 당신께 헌신하면 그제야 우리 인생에 복을 주시고, 거부하면 우리 인생을 벌하시는 분이 아닙니다. 인생의 모든 막막한 자리는 하나님이 우리를 하나님 당신 곁으로 미는 자리입니다. 어떻게 밉니까? 세상이 거짓되었다는 것을 깨달아라, 네가 가진 것으로는 너에게 답이 안 된다는 사실을 보아라, 이것이 탕자의 비유가 가르치는 내용입니다.

세상에서는 이겼는데도 헛헛합니다. 가졌는데도 답이 없습니다. 노력했는데도 보람이 없습니다. 인생이 이게 뭐냐, 라고 묻지 않을 수 없습니다. 사람들이 교회로 오는 이유입니다. 무엇을 알고 오는 것이 아닙니다. 교회에는 답이 있는 것 같아서 오는 것입니다. 교회에 오면 은혜를 받고 하나님을 만나게 됩니다. 하나님 말고는 답이 없다는 것을 비로소 알게 됩니다. 그래서 예수를 믿게 됩니다.

그런데 우리는 하나님이 우리를 이곳까지 몰아왔다는 생각은 하지 못합니다. 회개한 것도 우리이고, 허랑방탕한 삶에서 돌이킨 것도 우리니 우리 힘으로 돌아온 것이라고 생각합니다. 하나님이 그 긴 세월에 걸쳐 우리와 씨름하셨다는 것을 깨닫지 못합니다. 하나님은 하루도 쉬지 않고 일하시는데, 우리는 우리가 좋으면 하나님도 좋고, 우리가 나쁘면 하나님도 나쁘다고 합니다. 하나님은 하루하루를 그 선하심과 인자하심과 자비와 은혜로 일하고 계시는데 말입니다.

그래서 우리는 우리에게 일어난 이 모든 기적이 하나님의 신실하심과 거룩하심과 우리를 창조하신 그분의 의지의 결국이라는 사실을 깨달아야 합니다. 우연한 일 하나, 보상받은 것 하나, 얄팍한 합의나 흔한 공감 하나로 하나님의 일이 이루어지는 것이 아닙니다. 내가 외면한 날에도 하나님은 동일하게 일하셨습니다. 하나님은 언제나 우리의 하나님이기를 멈추신 적이 없습니다. 내가 너와 함께 있어서 네가 어디로 가든지 내가 너와 함께할 것이다, 너를 이끌어 이 땅으로 돌아오게 할 것이다, 네게 약속한 것을 이루기까지 너를 떠나지 아니하리라, 이 말씀이 바로 하나님의 일하심을 말하고 있습니다. 은혜는 그렇게 일하고 있습니다.

없는 존재인 이삭

이 문제를 더 확실하게 증언해 주는 인물이 있습니다. 그가 바로 이삭입니다. 창세기 22장을 보겠습니다.

> 여호와의 사자가 하늘에서부터 두 번째 아브라함을 불러 이르시되 여호와께서 이르시기를 내가 나를 가리켜 맹세하노니 네가 이같이 행하여 네 아들 네 독자도 아끼지 아니하였은즉 내가 네게 큰 복을 주고 네 씨가 크게 번성하여 하늘의 별과 같고 바닷가의 모래와 같게 하리니 네 씨가 그 대적의 성문을 차지하리라 또 네 씨로 말미암아 천하 만민이 복을 받으리니 이는 네가 나의 말을 준행하였음이니라 하셨다 하니라 (창 22:15-18)

아브라함은 이삭을 바칠 작정이었습니다. 칼을 잡고 이삭을 찌르려고 하는데, 천사가 내려와 막습니다. "됐다. 네가 내 말을 듣고 순종하는 줄 이제 알았으므로 내가 네게 복을 주겠노라"라고 하나님께서 말씀하십니다. 이 대목은 아브라함이 자기 자식까지 잡으려고 한 열심을 기특하게 여기신 하나님이 그 헌신의 대가로 아브라함에게 큰 보상을 약속하셨다는 말씀으로 종종 오해되는 부분입니다. 전혀 그런 뜻이 아닙니다.

아브라함은 이삭을 잡은 것이니 이제 이삭은 없는 존재입니다. 12

절을 보면 이렇습니다.

> 사자가 이르시되 그 아이에게 네 손을 대지 말라 그에게 아무 일도
> 하지 말라 네가 네 아들 네 독자까지도 내게 아끼지 아니하였으니 내
> 가 이제야 네가 하나님을 경외하는 줄을 아노라 (창 22:12)

이 구절을 잘 이해해야 합니다. 하나님은 아브라함을 불러 복의 근원
으로 삼으십니다. 아브라함은 믿음의 조상이 됩니다. 하나님은 그에게
'네 자손이 하늘의 별 같고 땅의 모래 같으리라'라고 약속하십니다. 그
리고는 자식을 안 주십니다. 아브라함은 백 살에 이삭을 얻습니다. 백
살에 낳았다는 것은 그가 낳을 수 없는 아이를 낳았다는 말입니다.

　아브라함에게 아직 자식이 없을 때에 하나님은 그의 이름을 아브
람에서 아브라함으로 바꾸십니다. 아브라함은 '열국(列國)의 아비'라
는 뜻입니다. 자식은 없는데 이름만 열국의 아비입니다. 그리고 백 살
에 이르러, 곧 애를 낳을 수 없는 나이에 이르자 그에게 이삭을 주심으
로써 아브라함에게 약속하신 후손은 생물학적 번식으로 퍼져 나가는
것이 아님을 가르치십니다. 이를 보여 주는 것이 이삭입니다. 그런데
그렇게 주신 이삭을 이제 다시 잡으라고 하신 것입니다.

　이것으로 아브라함에게 무엇을 확인하게 하십니까? 이 아이는 원
래 없는 존재다, 너는 이 일을 기억하고 있느냐, 라고 묻습니다. 이에
아브라함은 자식을 잡아 이렇게 답합니다. 그렇습니다, 하나님! 이삭
은 없습니다, 내가 자녀를 잘 길러야 후손이 번성하는 것이 아닙니다,
자손의 번성은 하나님이 그렇게 하시겠다고 하면 일어날 결과입니다,

그러니 기꺼이 이삭을 잡겠습니다, 라고 하자 하나님이 "됐다. 내가 이 제야 네가 나를 경외하는 줄 알았다"라고 하신 것입니다.

여기서 '내가'라는 말에 주목해야 합니다. 16절의 '여호와께서 이 르시기를 내가 나를 가리켜 맹세하노니'라는 말씀은 '이삭을 잘 길러 라. 그래야 이 일이 이뤄진다'라는 식의 생각과 대조됩니다. 무슨 뜻을 담은 말씀입니까? 나는 무에서 유를 창조할 수 있다, 잘못된 자리에서 도 승리로 뒤집을 수 있다, 죽음도 뒤집는다, 예수의 부활이 가지는 의 미가 무엇인지 보아라, 이런 하나님의 자기 증언이 바로 성경의 핵심 내용입니다.

내가 은혜로 어떻게 일하는지 보아라, 예수를 믿는 고백이 갖는 힘 을 기억하라, 하루도 나 하나님이 손을 놓고 있는 날은 없다, 네가 지 금 얍복 나루에 서 있느냐, 네가 감옥에 갇혀 있느냐, 네가 묶여 모리 아 산에 있느냐, 괜찮다, 내 은혜는 쉼 없이 모든 것 속에서 일하고 있 다, 무에서 유를 창조하며 죽음을 부활로 바꾸는 나는 하나님이니라, 이것이 성경의 증언입니다. 그러니 로마서 11장은 이런 결론으로 마 무리되는 것이 당연합니다.

깊도다 하나님의 지혜와 지식의 풍성함이여, 그의 판단은 헤아리지 못할 것이며 그의 길은 찾지 못할 것이로다 누가 주의 마음을 알았느 냐 누가 그의 모사가 되었느냐 누가 주께 먼저 드려서 갚으심을 받겠 느냐 이는 만물이 주에게서 나오고 주로 말미암고 주에게로 돌아감 이라 그에게 영광이 세세에 있을지어다 아멘 (롬 11:33-36)

지난 장에서 언급했던 폴 악트마이어(Paul. J.Achtmeier)는 이 구절을 설명하면서, 참을 수 없는 경탄과 경배를 하나님께 돌릴 수밖에 없다고 하였습니다. 하나님의 일하심의 기이함, 그분의 자비와 긍휼과 선하심과 성실하심에 대해서 말입니다. 이는 우리의 논리로는 다 이해할 수 없습니다. 이 은혜가 혼란과 방치와 우연에 맡겨져 있지 않고, 일하시는 하나님의 성실한 손길에 맡겨져 있다는 사실로 말미암아 우리는 우리의 현실과 우리 존재의 한계를 하나님 앞에 기꺼이 내맡겨 '아멘'으로 응답할 수 있고 기꺼이 기쁨으로 순종할 수 있게 되는 것입니다. 이 믿음의 승리와 영광된 인생이 여러분의 것이 되기를 바랍니다.

기 도

하나님 아버지, 은혜를 감사합니다. 늘 몸부림치고 고함지를 수밖에 없는 우리의 못난 현실도 괜찮다고 성경은 말씀합니다. 하나님의 신실하심과 은혜와 붙드심을 기억하고 믿음으로 담대히 걸으라고 하십니다. 아무렇게나 살아도 좋고 도망가도 그만인 그런 인생이 아니라, 순종하고 충성하고 인내하고 힘을 다하여 노력해야 하는 삶인 줄 압니다. 결과가 우리의 손에 달려 있기 때문이 아닙니다. 하나님이 결국 이루실 것을 알고 순종하는 믿음이 우리로 세상이 만들지 못하는 명예를 갖게 합니다. 이 복되고 영광스러운 인생을 걷는 우리 모두 되게 하사, 성경에서 본 것같이 우리 인생에서도 하나님의 일하심을 보고 누리게 하여 주시옵소서. 예수님 이름으로 기도합니다. 아멘.

32.

순종하지 아니하는 가운데
가두어 두심은

신비, 불순종조차 감싸 안으심

―――――

······ 29 하나님의 은사와 부르심에는 후회하심이 없느니라 30 너희가
전에는 하나님께 순종하지 아니하더니 이스라엘이 순종하지 아니함으
로 이제 긍휼을 입었는지라 31 이와 같이 이 사람들이 순종하지 아니
하니 이는 너희에게 베푸시는 긍휼로 이제 그들도 긍휼을 얻게 하려 하
심이라 32 하나님이 모든 사람을 순종하지 아니하는 가운데 가두어 두
심은 모든 사람에게 긍휼을 베풀려 하심이로다 33 깊도다 하나님의 지
혜와 지식의 풍성함이여, 그의 판단은 헤아리지 못할 것이며 그의 길은
찾지 못할 것이로다 34 누가 주의 마음을 알았느냐 누가 그의 모사가
되었느냐 35 누가 주께 먼저 드려서 갚으심을 받겠느냐 36 이는 만물
이 주에게서 나오고 주로 말미암고 주에게로 돌아감이라 그에게 영광
이 세세에 있을지어다 아멘 (롬 11:25-36)

거부로도 막을 수 없는 은혜

로마서 9장에서 11장은 이스라엘의 구원에 관한 문제를 다루고 있습니다. 이는 다만 이스라엘이라는 한 민족의 운명에 관한 문제만이 아닙니다. 이 논의를 잘 살펴보면 복음이 무엇인가에 대한 더 깊은 이해로 나아가게 됩니다. 은혜로 말미암는 구원은 어디까지 미치는가, 하고 구원의 범위를 물을 때, 이스라엘은 중요한 시금석이 됩니다.

예수님은 약속대로 이스라엘을 구원하기 위해 오셨지만 저들은 예수를 거부했습니다. 예수님은 약속대로 죽으시고 부활하셨지만 그들은 오늘에 이르도록 예수를 믿지 않고 있습니다. 로마서를 쓸 당시 사도 바울도 이것이 어찌 된 일인가, 하고 생각했을 것입니다. 하나님은 오래전에 이스라엘을 선민으로 부르셔서 그들에게 언약을 주시고 많은 선지자들뿐만 아니라 예수까지 보내셨는데 그들은 복음을 거절하고 말았습니다. 그러면 이제 이스라엘은 끝난 것인가, 이것이 바울이 직면한 질문입니다. 그의 답변은 이렇습니다. 그럴 수 없느니라.

나도 이스라엘 백성이며 베냐민 지파이다, 이런 나도 사도가 되었다면 어찌 이스라엘이 완전히 끝났겠느냐, 저들도 구원을 얻을 것이다, 어떻게 이 일이 가능할 것인가, 이방처럼 아무 조건도 없는 곳에서도 구원이 허락되었으니 이스라엘의 거부도 하나님의 은혜를 막지 못할 것이다. 그러니 당연히 이스라엘도 구원을 얻을 것이다, 이것이 바울이 내린 결론입니다.

이 문제가 우리한테는 참 어렵습니다. 이스라엘은 알면서도 거부했다는 생각 때문입니다. 우리에게는 이런 정서가 더 익숙합니다. 어떤 사람이 잘못했다고 가정해 봅시다. 그가 "사실 잘 몰라서 그랬어"라고 말하면 좀 봐줍니다. 몰라서 못한 것과 알고도 못한 것을 다르게 취급하는 것이죠. 우리 정서로 보면, 알면서도 거부한 것이 더 큰 잘못입니다. 알면서도 거부한 것은 의지가 개입되었기 때문이죠. 그러나 성경은 모르는 것이 죄라고 합니다. 모르는 것도 큰 죄입니다.

이방은 몰랐습니다. 그들은 약속 밖에 있는 자들이었습니다. 그런데도 구원을 얻었습니다. 이방은 하나님에 대하여 관심이 없었고 하나님도 그들에 대하여 관심이 없는 것처럼 보였는데도 말입니다. 이방이 구원을 받았다는 사실에서 이스라엘에 대한 질문이 이어집니다. 관심 밖에 있는 이방도 구원을 받았는데, 하나님께서 관심을 가지셨던 이스라엘은 어떻게 될 것인가?

오늘 본문에 나오듯 바울은 이방인들에게 이렇게 답합니다. 이방인들이여, 너희가 얻은 구원은 이스라엘의 배반으로 얻은 것이다, 그러면 너희가 이스라엘보다 더 나은 조건에 있다는 말이냐, 그렇지 않다, 너희의 구원은 은혜 위에 서 있다, 너희가 전적으로 은혜 위에 서 있는 것같이 이스라엘도 은혜 위에 서 있다, 이스라엘의 거부가 하나님의 은혜를 방해할 수 없다, 라고 답합니다. 그래서 31절이 등장합니다. "이와 같이 이 사람들이 순종하지 아니하니 이는 너희에게 베푸시는 긍휼로 이제 그들도 긍휼을 얻게 하려 하심이라." 이처럼 하나님의 은혜와 긍휼에는 조건이 없습니다.

가두어 두심의 의미

계속해서 32절을 보겠습니다.

> 하나님이 모든 사람을 순종하지 아니하는 가운데 가두어 두심은 모
> 든 사람에게 긍휼을 베풀려 하심이로다 (롬 11:32)

하나님이 모든 사람을 순종하지 아니하는 가운데 가두어 두신 것은
모든 사람에게 긍휼을 베풀기 위해서라고 합니다. 우리에게 이 구절
은 "하나님이 우리를 순종하지 못하도록 일부러 어떤 굴레에 가두어
둔 후에 긍휼을 베풀어서 생색내려고 하셨다"라는 말처럼 들립니다.

이런 구절을 읽으면 우리는 꼭 그렇게 반응합니다. 이는 우리가 사
는 세상도 마찬가지입니다. 그러나 이 말씀은 그런 의미가 아닙니다.
하나님께서 '모든 사람을 순종하지 아니하는 가운데 가두어 두셨다'
라는 것은 욥기 38장을 인용한 것입니다.

> 바다가 그 모태에서 터져 나올 때에 문으로 그것을 가둔 자가 누구
> 냐 그 때에 내가 구름으로 그 옷을 만들고 흑암으로 그 강보를 만들
> 고 한계를 정하여 문빗장을 지르고 이르기를 네가 여기까지 오고
> 더 넘어가지 못하리니 네 높은 파도가 여기서 그칠지니라 하였노라
> (욥 38:8-11)

바다가 모태에서 터져 나올 때에 문으로 그것을 '가두었다'라고 표현

한 것을 로마서가 원용하고 있습니다. '모든 사람을 순종하지 아니하는 가운데 가두어 두었다', '바다를 그 문으로 막았다'라는 표현에서 '막았다'는 말은 넘어가고 터지려는 것을 가로막았다는 정도의 의미가 아닙니다.

이어서 9절에서는, '그 때에 내가 구름으로 그 옷을 만들고 흑암으로 그 강보를 만들'었다고 하십니다. 바다에 가 보면 파도가 계속 넘실대는 것을 볼 수 있습니다. 바다가 으르렁거리며 해변을 끊임없이 공격하여 물이 금방이라도 넘어올 것 같습니다. 그러나 바닷물은 그 이상 넘어오지 못합니다. 물이 닿는 곳은 거기가 끝입니다. 하나님이 강보에 싸듯 바다를 감싸 안으셨기 때문입니다. 마찬가지로 불순종도 그렇게 감싸 안으신 것입니다.

로마서 11장으로 다시 돌아가 '모든 사람을 순종하지 아니하는 가운데 가두어 두심'이라는 구절은 '내가 모든 사람을 순종하지 아니하는 가운데 감싸 안았다'라고 고쳐 읽을 수 있습니다.

이 두 표현에 대해 그게 그거 아니냐 하는 생각이 든다면, 이는 우리가 불순종이라는 단어를 오해하고 있기 때문입니다. 우리는 불순종을 순종의 반대말이라고 생각합니다. 불순종을 순종과 대등한 차원에서 생각하는 것입니다. "이리 와"라고 불렀는데 "싫어"라고 불순종하면 이리 못 옵니다. "저리 가"라고 명령했는데 "싫어"라고 불순종하면 저리 못 갑니다. "나랑 함께 가"라고 했는데 "싫어"라고 하면 함께 못 가는 것이죠. 불순종하면, 순종했을 때의 결과에 이르지 못한다는 것이 우리의 상식입니다.

그런데 성경은 하나님이 불순종도 감싸 안으신다고 합니다. 하나님은 바다를 감싸듯이, 우리의 불순종을 외면하고 거절하지 않고 그 불순종까지 감싸 안는 저 위의 존재라고 소개됩니다. 바다가 넘친다고 해도 지구 밖으로 쏟아질 수 없듯이, 인간의 어떤 불순종도 하나님의 감싸 안으심을 넘어설 수 없는 것입니다.

내 말에 순종할 것이냐, 말 것이냐를 묻는 하나님의 말씀에는 다음이 전제되어 있는 것입니다. 창조주인 나와 피조물인 세계 사이에는 결코 대등한 충돌을 할 수 없는 차이가 있다, 차원이 다른 차이다, 나는 불순종 가운데 있는 너희 모두를 안고 있는 자다, 나는 이 모두를 감싸 안고 있는 저 위의 존재다, 너희가 순종했느냐 불순종했느냐의 여부는 내 창조와 의지와 목적을 막을 수 있는 차원의 문제가 아니다, 라는 것을 전제합니다.

이런 이야기를 들으면 약간 분한 생각도 듭니다. 선택을 자유와 연결하기 때문이죠. 우리는 인간의 고유한 권리가 무한한 선택권에 있다고 생각하는 경향이 있습니다. 선택에 대하여 이런 전제를 갖고 있는 우리에게 성경은 이 이야기를 펼치는 것입니다.

성경은 인간의 어떤 선택도 창조의 영역을 벗어나지 못한다고 말하고 있습니다. 인간에게 선택이란 이것인가 저것인가, 할 것인가 말 것인가, 좋은가 싫은가를 고르듯 무엇인가 택하는 것일 뿐입니다. 하나님의 창조에서처럼 무엇을 만들어 낼 능력이 인간의 선택에는 없습니다.

인간이 과연 무엇을 선택할 수 있습니까? 여기에 실존주의자들의 기만이 있습니다. 그들은 인간의 선택으로 허무함이 사라진다고, 설령 자폭한다고 해도 그것으로 충분히 가치가 있다고 주장했습니다.

선택 자체가 가치 있고 의미 있는 것이라고 생각하게 만들었습니다. 사실 인간이 선택해서 만들어 낼 수 있는 것은 아무것도 없는데 말입니다. 선택은 창조가 아닙니다.

인간이 할 수 있는 최고의 선택은 더 이상 살지 않는 것입니다. 자살이 그것입니다. 그런데 여기에 무슨 창조와 의미와 가치가 있다는 말입니까? 살 것인가, 말 것인가를 고를 수 있을 뿐입니다. 살기를 선택했다고 해도, 인간은 열심히 살래 게으르게 살래, 이리 갈래 저리 갈래, 참을래 말래, 밖에 없는 선택을 인간 된 가치의 전부인 것같이 생각하게 되었습니다. 이 모든 선택은 기껏해야 하나님의 창조 내에서 무엇인가를 다만 고르는 행위일 뿐입니다.

순종과 연결된 자유

성경에서 인간의 자유나 선택은 순종과 연결됩니다. 자유는 그 자체로 의미 있는 것이 아니라 어느 길을 선택하느냐의 문제라고 합니다. 어느 길을 갈 것인가? 로마서 6장이 이 문제를 다루고 있습니다. 이 시점에서 돌아보면 이 말씀에 얼마나 큰 의미가 담겨 있는가를 알 수 있습니다. 6장 19절부터 봅시다.

너희 육신이 연약하므로 내가 사람의 예대로 말하노니 전에 너희가 너희 지체를 부정과 불법에 내주어 불법에 이른 것 같이 이제는 너희 지체를 의에게 종으로 내주어 거룩함에 이르라 너희가 죄의 종이 되었을 때에는 의에 대하여 자유로웠느니라 너희가 그 때에 무슨 열

매를 얻었느냐 이제는 너희가 그 일을 부끄러워하나니 이는 그 마지
막이 사망임이라 그러나 이제는 너희가 죄로부터 해방되고 하나님께
종이 되어 거룩함에 이르는 열매를 맺었으니 그 마지막은 영생이라
(롬 6:19-22)

우리 자신을 어디에 내줄 것이냐에 대해서는 우리에게 선택권이 있습
니다. 그런 우리에게 의에 내줄 것인지, 죄에 내줄 것인지 묻고 있습니
다. 예수가 오셔서 우리에게 주신 것은 우리 자신을 의에 내줄 수 있는
자유입니다. 예수 안에 나타난 하나님의 통치와 부르심에 나를 맡길
수 있는 자유를 주신 것입니다. 전에는 없던 자유입니다.

　　이것이 자유입니다. '진리를 알지니 진리가 너희를 자유케 하리라'
라는 복음의 중요한 선언은 이 자유를 가리키는 것입니다. 영광의 길
을 살 자유, 죄의 종에서 벗어나 우리의 의지와 전인격을 동원하여 기
꺼이 하나님의 영광에 순종하는 자유, 바로 이것이 자유입니다. 이것
이 하나님이 지으신 피조물의 궁극적 영광입니다. 인간에게는 창조 세
계 속에서 무엇을 선택할 것인가, 하는 물음이 주어져 있습니다. 여기
서 창조주 하나님의 선하심과 거룩하심과 영광과 사랑을 선택하는 것
이 우리의 영광입니다. 그래서 신앙이 언제나 강조하는 것은 순종입니
다. 이 순종은 어쩔 수 없이 하는 굴복이 아닙니다. 선택의 여유가 없는
굴종이 아닙니다. 숙명이 아니고 기꺼이 자원하는 기쁜 의지입니다.
이 문제를 좀 더 이해하기 위하여 마태복음 19장에 가 봅시다. 이 비유
는 종종 재물에 대한 예화로 오해되곤 하는데 전혀 그렇지 않습니다.

어떤 사람이 주께 와서 이르되 선생님이여 내가 무슨 선한 일을 하여
야 영생을 얻으리이까 예수께서 이르시되 어찌하여 선한 일을 내게
묻느냐 선한 이는 오직 한 분이시니라 네가 생명에 들어 가려면 계명
들을 지키라 이르되 어느 계명이오니이까 예수께서 이르시되 살인
하지 말라, 간음하지 말라, 도둑질하지 말라, 거짓 증언 하지 말라, 네
부모를 공경하라, 네 이웃을 네 자신과 같이 사랑하라 하신 것이니라
그 청년이 이르되 이 모든 것을 내가 지키었사온대 아직도 무엇이 부
족하니이까 예수께서 이르시되 네가 온전하고자 할진대 가서 네 소
유를 팔아 가난한 자들에게 주라 그리하면 하늘에서 보화가 네게 있
으리라 그리고 와서 나를 따르라 하시니 그 청년이 재물이 많으므로
이 말씀을 듣고 근심하며 가니라 (마 19:16-22)

아주 많이 오해되는 본문입니다. 이 말씀은 부자에 대한 공격도 아니
고 가난을 구제하라는 권면도 아닙니다. 다들 이 예화의 중요한 배경
을 놓친 채, 이 본문을 재물에 대한 주제로만 보는 경향이 있는데 전혀
아닙니다.

어떤 부자 청년이 잘난 척하려고 예수를 찾아왔습니다. 그는 이 세
상에 남부러울 것 없이 모든 것을 가진 사람인데, 여기다 예수님의 확
인까지 받고 싶어 합니다. 선생님이여, 내가 무슨 선한 일을 하여야 영
생을 얻으리이까, 라고 묻습니다. 예수님께서 이 청년의 잘난 척하고
싶은 마음을 한눈에 알아보셨죠. 영생을 얻고 싶으면 계명을 지키라
고 예수님은 대답하십니다. 청년은 계명을 다 지켰다고 장담합니다.
이에 다시 예수님은 네가 정말 계명을 다 지켰다면 네 재산을 다 팔고

나를 따르라고 하십니다. 여기서 청년이 덜컥 넘어집니다. 무엇 때문일까요?

순종은 누구를 따라갈 것인가의 문제입니다. 순종이란 그 자체로 홀로 존재할 수 없습니다. 열심이라는 말이 그렇듯이 말입니다. 무엇에 대한 열심, 무엇에 대한 진심이 있는 것이지, 열심이나 순종과 같은 추상명사가 홀로 돌아다닐 수는 없습니다. 순종도 무엇에 대한 순종이 있을 뿐입니다.

여기서 말하는 순종은 예수에 대한 순종을 말합니다. 예수에 대한 순종이란 하나님을 알고 하나님의 뜻과 목적을 따라가는 것, 거기에 나를 내주는 것을 말합니다. 기쁜 헌신입니다. 그러나 이 청년에게는 이런 기쁜 순종이 없습니다. 이 청년은 무엇에 묶여 있습니까? 어느 시대나 그렇듯이, 세상적인 힘의 대명사인 재물에 이 청년도 묶여 있습니다.

복음서 내내 예수께서 싸우신 대상은 부자가 아닙니다. 바리새인입니다. 바리새인의 '자기 의(義)'와 싸우셨습니다. 이 부자 청년의 비유에도 '자기 의'가 등장합니다. 이 청년은 자기 의가 전부였고 이 위에 덧붙여 종교적 인정과 대중적 지지까지 받으려고 했던 것입니다. 이렇게 '자기 의'에다가 예수님의 인정까지 덧칠하려 했던 부자 청년에게 예수님은 그렇게는 안 된다고 말씀하십니다. 네가 서 있는 터전, 너를 지탱하고 있는 것, 너를 근거하고 있는 것을 다 내려놓고 나를 따르라고 하십니다.

하나님은 예수를 보내어 가난을 구제하려고 한 것이 아닙니다. 이스라엘이라는 나라를 구하려고 한 것도 아닙니다. 오해하지 마십시오. 여러분의 신앙을 이런 추상명사나 명분으로 어물어물 넘어가려고 하지 말고, 정말 해야 하는 것을 하고 있는지 물어보아야 합니다. 각자 자신이 무엇에 매여 사는가를 보십시오. 무엇을 선택하며 무엇에 헌신하며 살아가는지, 아니면 무엇으로부터 보장을 받아 자기 자신을 슬쩍 속이고 있지는 않은지 보십시오. 우리가 예수로 그 근거를 삼고 예수에 지탱하여 살지 않는다면 우리도 부자 청년과 다를 바가 하나도 없습니다.

요한복음 15장에서도 순종은 대상이 필요한 것이라고 가르칩니다.

나는 포도나무요 너희는 가지라 그가 내 안에, 내가 그 안에 거하면 사람이 열매를 많이 맺나니 나를 떠나서는 너희가 아무 것도 할 수 없음이라 사람이 내 안에 거하지 아니하면 가지처럼 밖에 버려져 마르나니 사람들이 그것을 모아다가 불에 던져 사르느니라 (요 15:5-6)

가지는 나무에 붙어 있지 않으면 당연히 마릅니다. 순종도 이와 같습니다. 하나님께 붙어 있어야 순종입니다. 하지만 하나님은 우리에게 순종을 강요하시지는 않지요. 하나님은 우리에게 시간과 기회를 주어서 선택할 수 있게 하십니다. 그런데 인류는 어떤 선택을 했습니까? 인류는 언제나 불순종의 길을 택했습니다. 가지인데도 나무에 붙어 있기를 거절한 것입니다. 그러나 가지는 나무에 붙어 있어야 합니다.

자신을 예수 안에 붙들어 매십시오. 예수께 붙어 있는 것이 얼마나 대단한 것인지 처음에는 모릅니다. 붙들려 있으면 조금씩 알게 됩니다. 그 나무의 진액을 받게 됩니다. 세상이 준 것은 전부 나를 썩게 만들 뿐이라는 것을 알게 됩니다. 만일 내가 예수에게 붙어 있지 않다면, 해가 비추고, 바람이 불고, 비가 오는 일들이 모두 나를 썩게 할 뿐입니다. 내가 예수에게 붙어 있어 그로부터 참된 생명을 공급받는다면, 이 모든 것들이 나를 무럭무럭 자라게 합니다. 이때 생명이 무엇인지 알게 됩니다.

이것이 바로 복음이 하는 이야기입니다. 이스라엘 백성의 실패가 무엇이었습니까? 부자 청년처럼 자기 의를 세우는 것이었습니다. 자기 의를 내세워 하나님을 대적했습니다. 그것이 얼마나 큰 불순종인지 로마서 10장에서 사도 바울은 자기 형제들을 위하여 고뇌하고 한탄하면서 이런 고백을 합니다. 로마서 10장 1절입니다.

형제들아 내 마음에 원하는 바와 하나님께 구하는 바는 이스라엘을 위함이니 곧 그들로 구원을 받게 함이라 내가 증언하노니 그들이 하나님께 열심이 있으나 올바른 지식을 따른 것이 아니니라 하나님의 의를 모르고 자기 의를 세우려고 힘써 하나님의 의에 복종하지 아니하였느니라 (롬 10:1-3)

이스라엘이 자기의 옳음을 증명하기 위하여 예수를 죽였다는 것입니다. 인류를 구원하러 오신 구세주를 죽인 의(義), 이것이 세상이 만든 의입니다. 생명도, 진리도, 능력도, 거룩도, 영광도 없는 것, 그런 의가 예수로 말미암는 진정한 영광과 승리와 명예를 거부하게 합니다.

이스라엘이 이렇게 자기 의를 내세워 예수를 거부하고 말았으니 이제 이것으로 끝입니까? 그렇지 않습니다. 바울은 그것으로 끝이 아니라고 이야기합니다.

하나님이 모든 사람을 순종하지 아니하는 가운데 가두어 두셨다는 말씀은 우리에게 선택권을 주셨다는 뜻입니다. 하나님은 실수할 시간을 주십니다. 마음껏 어리석게 구는 기회를 허락하십니다. 그러나 그 것으로 끝이 아니게 하십니다. 바다가 그 모태에서 터져 나올 때 문으로 그것을 막으신 이가 내버려 두시지 않습니다. 시편 103편의 말씀처럼, 하나님은 우리가 행한 대로 갚지 않으실 것입니다. 우리의 처지대로 갚지 않으실 것입니다. 자식을 불쌍히 여기는 아버지같이 우리를 불쌍히 여기시는 하나님이십니다. 그분이 우리를 가만히 내버려 두시지 않습니다. 그것이 예수, 곧 복음입니다. 그러니 '예수를 믿으면 구원을 얻는다'라는 말이 가지는 무게와 깊이와 크기를 한번 헤아려 보십시오.

지금 돌이켜 보면, 못난 우리의 실패와 어리석음과 무지와 방탕 같은 것들은 모두 하나님의 품에 싸여 빠져나갈 수 없음을 깨닫습니다. 모든 사람을 순종하지 아니하는 가운데 가두어 두셨다는 말씀에서 보듯, 못난 우리의 선택, 실력, 행위, 이 모든 것을 하나님이 감싸 안으셔서 우리를 하나님에게서 풀려날 수 없게 하셨습니다. 그러한 하나님의 의지야말로 이스라엘이 구원받을 것이라고 믿는 바울의 근거이자 이유입니다. 그리고 우리가 매주일 교회에 나가 예배를 드리는 이유이기도 합니다.

예수로 말미암지 않고는

납득할 수 있는 이유로 교회에 나온 사람이 있습니까? 대부분 별 이유 없이 그냥 그 자리에 나와 앉아 있을 것입니다. 그런데 이 모든 것이 하나님의 은혜입니다. 우리 모두는 예수를 믿을 생각이 없고, 교회에 나갈 이유가 없는 사람들이었는데 무시무시한 하나님의 손에 붙들려서 어느새 나도 모르게 신자의 자리에 와 있는 것입니다. 인간의 이성으로는 설명할 수 없는 신비입니다.

우리는 이 하나님의 신비에 대하여 마음의 문을 활짝 열어야 합니다. 요한복음 14장 6절의 '내가 곧 길이요 진리요 생명이니 나로 말미암지 않고는 아버지께로 올 자가 없'다는 말씀은 구원의 문을 좁히는 것입니까, 넓히는 것입니까? '나로 말미암지 않고는'이라고 하면, 분명히 문을 좁히는 것 같습니다. 그러나 예수에 필적할 자가 있습니까? 없습니다. 예수는 불순종하는 자들을 감싸 안아서 그것을 이겨 내어 승리하시는 분입니다. 그를 넘어서 있는 영역이란 없습니다. 그렇게 '나로 말미암지 않고는'에 속하지 않은 영역이란 있을 수 없습니다.

'나로 말미암지 않고는'에는 또 이런 의미도 있습니다. 하나님이 당신의 일을 이루시고 우리에게 목적하신 것을 이루는 유일한 방법이 예수다, 다른 방법이나 다른 경우란 없다, 하나님이 목적하신 것이 아니고서는 결코 타협하지 않겠다, 이런 의미도 담겨 있습니다.

이것이 앞에 나온 부자 청년의 이야기입니다. 나는 네 인생을 네가 이 세상에서 만족하는 정도로 끝나게 하지 않겠다, 이것이 예수가 하신 말씀의 참된 뜻입니다. 예수께서는 여러분이 이만하면 됐다, 하는 생각에 대해 아직 아니라고 하십니다. '예수로 말미암지 않고' 할 수 있는 것이란 없습니다.

하나님께서 일하시는 이런 방식을 놓고 우리가 왈가왈부할 수 없는 이유는 로마서 9장에서 이미 이렇게 이야기했기 때문입니다. 이 말씀을 읽으면 말문이 막힙니다. 9장 19절입니다.

혹 네가 내게 말하기를 그러면 하나님이 어찌하여 허물하시느냐 누가 그 뜻을 대적하느냐 하리니 (롬 9:19)

이 구절은 왜 하나님은 하나님 마음대로 하시는가, 하는 질문에 대한 답입니다. 이어서 바울은 이렇게 대답합니다.

이 사람아 네가 누구이기에 감히 하나님께 반문하느냐 지음을 받은 물건이 지은 자에게 어찌 나를 이같이 만들었느냐 말하겠느냐 (롬 9:20)

우리 시대 복음주의 내에 만연한 감격이나 구원의 확신으로 말미암아 하나님에 대한 경외심이 너무 낮아진 것은 아닌가, 하는 생각이 듭니다. 하나님의 은혜와 긍휼을 논한다고 해서 하나님을 함부로 생각해도 된다는 뜻이 결코 아닌데 말입니다. 하나님의 뜻이 얼마나 높고 깊고 거룩하고 무서운지를 알아야 합니다. 여기서 무섭다는 것은 공포가 아닙니다. 하나님의 진지하심을 알라는 것입니다. 그분의 열심이 우리 모두를 이길 수 있다는 사실을 알아야 합니다. 그래서 이런 찬탄이 터져 나오는 것입니다. 오늘 본문의 마지막 부분입니다. 33절입니다.

깊도다 하나님의 지혜와 지식의 풍성함이여, 그의 판단은 헤아리지
못할 것이며 그의 길은 찾지 못할 것이로다 (롬 11:33)

왜 헤아리지 못하며 왜 찾지 못할 것이라고 합니까? 인간의 머리로는
이해되지 않기 때문입니다. 왜 이해가 안 될까요? 우리 생각보다 너무
높고 깊어서 그렇습니다.

누가 주의 마음을 알았느냐 누가 그의 모사가 되었느냐 누가 주께 먼
저 드려서 갚으심을 받겠느냐 (롬 11:34-35)

좀 전에 32절, '모든 사람을 순종하지 아니하는 가운데 가두어 두심'
의 의미를 '모든 사람의 불순종을 감싸 안은 것이다'라고 해석하게 된
근거를 욥기 38장에서 가져왔던 것을 기억하실 겁니다. 그 구절이 욥
기를 인용한 구절이기 때문입니다. '누가 주께 먼저 드려서 갚으심
을 받겠느냐', 이 구절도 욥기 41장을 인용한 것입니다. "누가 먼저 내
게 주고 나로 하여금 갚게 하겠느냐 온 천하에 있는 것이 다 내 것이니
라"(욥 41:11).

이는 만물이 주에게서 나오고 주로 말미암고 주에게로 돌아감이라
그에게 영광이 세세에 있을지어다 아멘 (롬 11:36)

아멘입니다. 욥기 42장으로 가서 욥기가 로마서와 일관된 결론을 선포하고 있다는 사실을 확인하며 오늘 말씀을 마무리하겠습니다. 욥기 42장 1절을 봅시다.

> 욥이 여호와께 대답하여 이르되 주께서는 못 하실 일이 없사오며 무슨 계획이든지 못 이루실 것이 없는 줄 아오니 (욥 42:1-2)

로마서 11장의 표현으로 하면 '하나님의 은사와 부르심에는 후회하심이 없느니라'입니다.

> 무지한 말로 이치를 가리는 자가 누구니이까 나는 깨닫지도 못한 일을 말하였고 스스로 알 수도 없고 헤아리기도 어려운 일을 말하였나이다 내가 말하겠사오니 주는 들으시고 내가 주께 묻겠사오니 주여 내게 알게 하옵소서 내가 주께 대하여 귀로 듣기만 하였사오나 이제는 눈으로 주를 뵈옵나이다 그러므로 내가 스스로 거두어들이고 티끌과 재 가운데에서 회개하나이다 (욥 42:3-6)

주께 대하여는 이미 귀로 듣고 있었는데, 왜 또 눈으로 보아야 했을까요? 말이 안 되는 이야기였기 때문입니다. 듣고도 납득이 안 되어 말이 되는지, 안 되는지를 고민하고 있었지만, 보고 나니 그 고민은 이제 그만이라는 것입니다.

이를테면, 우리가 낙타를 한 번도 보지 못한 사람에게 그 생김새를 설명해야 하는 상황에 놓였다고 합시다. 그 사람에게 낙타는 말이랑

비슷하게 생기기는 했지만, 등에 혹이 나 있고, 며칠씩 물을 안 마셔도 된다고 말해 줍니다. 그런데 그 사람이 어떻게 말이 그렇게 생길 수 있느냐, 그런 동물이 정말로 있겠느냐, 나는 너의 말을 못 믿겠다고 우기면 어떻게 해야 할까요? 해결책은 단 하나입니다. 보여 주면 그것으로 끝입니다. 마찬가지로 성경이 하는 이야기가 말이 되느냐는 질문에 대하여 대답은 '보라'는 것일 수밖에 없습니다.

이것이 이스라엘과 우리의 역사입니다. 너희가 얻은 구원에 대해 너희에게 무슨 티끌만한 근거라도 있느냐, 있으면 어디 자랑해 봐라, 하고 하나님이 물으십니다. 그때 우리는 욥처럼, 바울처럼 이렇게 대답해야 할 것입니다. 하나님, 맞습니다! 제가 티끌과 재 가운데서 회개합니다. 아무 조건도 충족되지 않은 곳, 내가 아무것도 만들어 낼 수 없는 곳에서 하나님이 창조의 역사를 펼치시는 줄 믿고 회개합니다. 주 앞에 나를 바칩니다. 내 이해와 내 능력 안에 안주하지 않겠습니다. 하나님, 당신의 영광을 높이소서.

이렇게 욥기와 오늘 본문 로마서 11장이 복음의 위대함을 하나님의 영광으로 결론 내고 있습니다. 이 말씀에 힘입어 복된 인생으로 부름받은 줄 아는 순종과 자랑이 있기를 바랍니다.

기 도

하나님 아버지, 은혜를 감사합니다. 예수를 믿는다는 말이 가지는 신비를 보았습니다. 또한 허락하신 자유와 말할 수 없는 영광과 자랑과 사랑을 깨달았습니다. 기꺼이 자랑과 명예와 사랑과 헌신으로 우리의 인생을 살게 하옵소서. 매진하게 하옵소서. 주께 순종하는 것을 귀하게 여기게 하옵소서. 하나님의 사람으로 존재하는 인생의 명예를 누리게 하사 복과 자랑과 영광으로 채워 나누는 자 되게 하옵소서. 예수님 이름으로 기도합니다. 아멘.

4

그러므로 형제들아

33.
하나님의 자비하심으로 권하노니

산 제물, 삶으로 드리는 제사

―――――

1 그러므로 형제들아 내가 하나님의 모든 자비하심으로 너희를 권하노니 너희 몸을 하나님이 기뻐하시는 거룩한 산 제물로 드리라 이는 너희가 드릴 영적 예배니라 2 너희는 이 세대를 본받지 말고 오직 마음을 새롭게 함으로 변화를 받아 하나님의 선하시고 기뻐하시고 온전하신 뜻이 무엇인지 분별하도록 하라 3 내게 주신 은혜로 말미암아 너희 각 사람에게 말하노니 마땅히 생각할 그 이상의 생각을 품지 말고 오직 하나님께서 각 사람에게 나누어 주신 믿음의 분량대로 지혜롭게 생각하라 (롬 12:1-3)

구원으로 말미암은 기회

로마서 1장에서 11장은 구원에 관한 것입니다. 하나님이 인류에 대해 가지신 목적, 의지, 그리고 인류를 향한 하나님의 사랑과 역사적 개입, 이 모든 것을 한 단어로 구원이라고 합니다. 구원이란 무엇이며, 어떻게 이루어지는가 하는 것이 11장까지의 내용이고 12장부터는 국면이 바뀝니다.

로마서 12장에 이르면 '그러므로 형제들아 내가 하나님의 모든 자비하심으로 너희를 권하노니 너희 몸을 하나님이 기뻐하시는 거룩한 산 제물로 드리라'라고 하여 새로운 국면에서 복음을 이야기합니다. 이런 구원을 받았으니, 다르게 살아야 한다는 것이죠. 이처럼 로마서 12장은 우리가 살아야 할 새로운 인생을 열어 줍니다.

본격적으로 12장의 내용을 다루기 전에 우선 살펴보아야 하는 것이 있습니다. 앞에서 언급한 구원에 대한 이야기가 앞으로 다룰 신앙의 덕목과 어떻게 연결되는가 하는 것입니다. 여기서 기억해야 할 점은 덕목을 실천해야 하는 의무를 강요하기 위해서 구원을 먼저 소개한 것이 아니라는 점입니다. 오히려 앞서 설명한 구원이 이 덕목들을 행할 수 있는 기회를 제공합니다. 이어지는 권면의 내용을 강요된 의무로 이해하느냐, 열려진 기회로 이해하느냐에 따라 신앙에 대한 이해가 달라지기 때문입니다.

앞서 살펴보았듯이 구원은 이미 완료된 것입니다. 이제는 구원을 받은 자로서 우리에게 주어진 삶을 기회와 영광으로 누릴 것인가, 아니면 못나게 굴 것인가 하는 문제가 있을 뿐입니다.

네가 구원은 받았지만 잘못 살면 어떻게 되나 보자, 하는 의도에서 누군가를 판단하기 위한 조건으로 삶의 실천을 요구하고 있지 않습니다. 이런 설명을 들으면, 우리 마음에 금방 떠오르는 것이 '이런 식으로 구원을 이야기하면 과연 누가 책임 있게 살려 하겠는가?' 하는 의문일 것입니다. 그러나 현실에서 확인하듯이 덕목을 실천하는 것은 법을 준수하는 것과는 다릅니다. 강제력을 동원하면 법은 준수하게 만들 수 있지만, 도덕은 자발성이 없으면 실천할 수 없는 것입니다. 하물며 신앙이겠습니까. 신앙적 실천이란, 한 사람의 마음에 신앙이 들어가서 그가 신앙의 위대함을 깨닫고 거기에 항복하여 스스로 그 길에 들어서야 가능한 것입니다. 강제력으로는 도무지 실천할 수 없는 영역입니다.

그래서 우리는 로마서 11장까지 설명해 온 구원에 대한 내용이 어떻게 12장 1절에 나온 '그러므로'라는 결론에 이르게 되는지 앞의 내용을 잠시 되짚어 볼 필요를 느낍니다. 로마서 1장 8절 이하에서 바울은 로마서를 쓰게 된 이유를 다음과 같이 설명합니다.

먼저 내가 예수 그리스도로 말미암아 너희 모든 사람에 관하여 내 하나님께 감사함은 너희 믿음이 온 세상에 전파됨이로다 내가 그의 아들의 복음 안에서 내 심령으로 섬기는 하나님이 나의 증인이 되시거니와 항상 내 기도에 쉬지 않고 너희를 말하며 어떻게 하든지 이제 하나님의 뜻 안에서 너희에게로 나아갈 좋은 길 얻기를 구하노라 내가 너희 보기를 간절히 원하는 것은 어떤 신령한 은사를 너희에게 나누어 주어 너희를 견고하게 하려 함이니 (롬 1:8-11)

바울은 신령한 은사를 나누고자 로마서를 썼다고 합니다. 복음을 선포하고 구원의 소식을 전하려고 로마서를 쓴 것이 아닙니다. 로마에 있는 성도들은 새삼스럽게 복음을 들어야 했던 사람들이 아닙니다. 저들은 이미 믿음을 가지고 있고 하나님의 자녀가 된 자들입니다. 바울은 이것을 기뻐하고 있습니다. 그는 여기에다 신령한 은사를 나누어 주어 그들을 견고하게 세우고 싶어 합니다.

저는 한국 교회에서도 이런 점에 대한 강조가 필요하다고 생각합니다. 한국 교회의 전체 수준을 놓고 생각해 보면, 예수를 믿고는 있지만 예수 믿는다는 말을 이해하거나 살아 내는 일에서는 부족합니다. 이런 차원에서 당시 로마의 성도들과 마찬가지로 우리에게도 로마서가 필요한 시점이 아닌가 하는 생각이 듭니다.

예수가 너희를 위해 죽었으므로

바울은 로마에 있는 성도들에게 구원이 무엇인가에 대해 3장 21절부터 11장에 걸쳐 자세하게 설명합니다. 복음에 대한 설명으로 출발해서 인류는 전부 죄 아래 있었고 하나님의 진노를 피할 수 없는 운명에 처해 있었다는 것이 1장 18절부터 3장 20절까지의 내용입니다. 부연 설명할 것 없이 이는 인생을 살아 보면 모두 알게 되는 사실입니다.

지금 하는 제 말을 용서하고 들으십시오. 사람이란 다 나쁜 놈입니다. 이런 사실은 여러분도 알고 저도 압니다. 사람은 나쁜 놈이고 인생은 살기 힘듭니다. 세상은 거짓되고 우리는 거의 매일 사면초가의 상황에 놓여 있습니다. 아무도 남을 도울 수 없고 자신마저도 자기를 도

울 수 없습니다. 아닌 척하고 있을 뿐입니다. 벌벌 떨어도, 길길이 날
뛰어도 나를 도울 수 있는 자가 없습니다. 모두가 전전긍긍합니다. 망
하는 것밖에 남은 게 없는 것이 역사이고 인생이라고 3장 20절에 이르
도록 설명합니다. 우리 모두 길이 없다, 세상도 그렇다, 망하는 수밖에
없다, 이 원통함을 호소할 데도 없다, 누구의 잘못이겠는가, 다 내 잘
못이다, 누구더러 무엇을 해 보라고 할 수 있겠는가, 스스로도 못하고
있는데 말이다. 이 사면초가의 상황에 이어서 나오는 것이 3장 21절부
터 나오는 위대한 복음의 시작입니다.

> 그러나 이제는 율법 외에 하나님의 한 의가 나타났으니 율법과 선지
> 자들에게 증거를 받은 것이라 (롬 3:21)

누군가가 우리에게 '그런데 말이야'나 '그러나'로 말을 시작하면
뒤에 어떤 반전이 있을 것이라고 예상해 볼 수 있습니다. 누구나 멸망
과 도망갈 수 없는 운명이라는 비극 앞에 서 있음을 확인하고 이제는
죽었구나, 남은 것은 처벌밖에 없구나, 라고 생각하는 현실에서 '그러
나'로 돌아서게 하는 것, 그것이 예수 그리스도로 말미암는 구원입니
다. 바로 복음입니다.

그러니 앞에서 말한 인류의 운명에 대해 맞습니다, 인생에는 해답
이란 없습니다, 역사와 인류의 운명은 비참할 수밖에 없습니다, 내가
왜 그렇게 사나 싶었는데 살아 보니 이 길에서 벗어날 다른 방법은 없
다는 것을 알게 되었습니다, 내가 다른 사람에게 해결책을 말할 자격
이 없는 것은 나 자신을 고칠 힘도 내게 없다는 것을 확인했기 때문입

니다, 라고 깨닫는 자리에 와서야 비로소 예수를 믿을 수 있게 되는 것입니다.

죄를 고백하는 것은 도덕적 차원에 국한되는 문제가 아닙니다. 우리가 좀 더 잘나지 못했다는 것을 인정하는 정도의 가벼운 문제도 아닙니다. 우리는 죄인에 불과하며 망할 수밖에 없는 존재임을 깨닫는 지점에 서게 되는 것이 죄 고백입니다. 3장 21절에 나온 이 '그러나 이제는'은 이 비참한 인간 현실 앞에 서 있는 반전의 서막입니다.

인간과 인생에 대해 아직도 낙관하고 있다면, 3장 21절의 '그러나 이제는'은 들어설 자리가 없습니다. 인간의 현실을 낙관한다면 아마도 3장 21절에서는 '그러나' 대신에 '그러므로'가 나왔을 것입니다. 이처럼 기독교 신앙은 이런 놀라운 반전으로 우리 모두를 부르고 있습니다.

하지만 우리는 이 놀라운 반전을 맞이한 다음에도 여전히 두려움과 의심이 남아 있습니다. 왜 그렇습니까? 내가 여전하기 때문입니다. '그러나 이제는'에 붙들려서 왔는데 예전보다 나아진 것은 없어 보입니다. '그러나 이제는'으로 이어진 복음의 반전과 예수 그리스도를 듣고 믿었는데 도무지 내가 변하는 것 같지 않고, 세상이 변하는 것 같지 않습니다. 여전히 답이 없어 보이는 현실의 연속입니다. 이런 상황을 로마서 6장에서는 다음과 같이 이야기합니다.

그러므로 우리가 그의 죽으심과 합하여 세례를 받음으로 그와 함께 장사되었나니 이는 아버지의 영광으로 말미암아 그리스도를 죽은 자 가운데서 살리심과 같이 우리로 또한 새 생명 가운데서 행하게 하려 함이라 만일 우리가 그의 죽으심과 같은 모양으로 연합한 자가 되었

으면 또한 그의 부활과 같은 모양으로 연합한 자도 되리라 우리가 알
거니와 우리의 옛 사람이 예수와 함께 십자가에 못 박힌 것은 죄의
몸이 죽어 다시는 우리가 죄에게 종 노릇 하지 아니하려 함이니 이는
죽은 자가 죄에서 벗어나 의롭다 하심을 얻었음이라 (롬 6:4-7)

우리 마음에 두려움과 불안이 생기는 것은 예수를 믿었으나 우리 자
신이 속 시원히 변하지 않기 때문입니다. 또한 우리는 명쾌하게 해결
할 능력도 갖고 있지 않습니다. 그런데도 성경이 이야기하는 것은 '그
러므로'입니다. 이 '그러므로'는 '네가 믿었으므로, 네가 변화되었으
므로'가 아니라 '예수가 죽었으므로'입니다.

　예수가 죽었기 때문이다, 예수가 죽어 네 신분과 운명과 지위를 바
꿔 놓으셨다, 예수가 죽으심으로 네 죽음의 운명을 당신의 죽음에 함
께 묻으셨다, 예수가 부활하심으로 네 운명을 부활과 승리로 바꿔 놓
으셨다, 그러니 예수 믿는 것이 무엇인지 알아라, 두려워하지 마라, 이
렇게 말씀하는 것입니다. 로마서 3장 21절의 '그러나 이제는'으로 반
전된 현실은 내가 아니라 예수로 말미암아 펼쳐지는 것입니다. 이처
럼 '그러므로' 앞의 조건은 예수입니다.

　하지만 이런 내용을 알아도 우리는 자주 지치고 맙니다. 잘 사는 것
같았는데, 문득 보면 다시 제자리입니다. 그리스도로 말미암은 이 반
전을 알고 나면 좀 나아져야 하는데, 여전히 안심이 안 되는 자기 수준
에 놀랍니다. 그래서 '그러므로'라는 말이 8장 1절에 다시 나옵니다.

　그러므로 이제 그리스도 예수 안에 있는 자에게는 결코 정죄함이 없

나니 이는 그리스도 예수 안에 있는 생명의 성령의 법이 죄와 사망의
법에서 너를 해방하였음이라 (롬 8:1)

여기서 또 '그러므로'가 등장합니다. 오늘은 이 '그러므로'를 계속 이
야기하는 중입니다. 로마서에 나온 '그러므로'는 무엇을 근거로 하며,
무엇을 조건으로 합니까? 예수를 근거로 합니다. 그러므로 모든 믿음
은 예수를 향합니다. 예수가 역사 속에 등장하여 시간과 공간 속을 살
아 우리 죄를 지고 죽으셨다는 것이 역사적 사실이며, 우리의 구원은
거기서 완성된 것이라고 로마서는 말씀합니다.

그때 이미 구원이 완성되었는데도 우리는 왜 이 모양인가, 이에 대
한 답은 무엇입니까? 예수는 이미 완성된 구원을 우리에게 적용하시
는데, 이 일은 공식에 대입하는 것처럼 기계적 작업이 아닙니다. 구원
의 적용은 우리의 실존 곧 우리가 처한 시간과 공간 속에서 우리의 자
유의지로 선택하고 망설이고 외면하고 항복하는 과정을 통해 이루어
지는 것입니다. 이것이 각 신자들의 현실에서 일어나는 실제적 구원
인 것이죠.

이제 여기서 제기되는 중대한 질문은 이것입니다. 좋습니다, 하나
님이 그렇게 전권을 다 장악하고 계시며 결국 은혜가 승리한다는 말
을 인정한다고 칩시다, 그러면 그런 하나님의 은혜를 거부해 온 이스
라엘은 어떻게 되는 것입니까, 이것이 9장부터 11장까지의 주제였습
니다.

이스라엘이 예수를 거부해서 복음이 이방으로 넘어갔는데 그러면
이스라엘은 망한 것인가, 라는 질문에 그럴 리가 없다고 단언한 바울

의 답을 보았습니다. 이스라엘의 운명은 우리에게도 중요합니다.

원래 이스라엘이 충만해서 복이 이방에 흘러넘쳐야 했는데, 저들이 실패했으니 이방으로 못 넘어가야 맞지 않습니까. 그런데 이스라엘이 실패하자 복이 튕겨 나가듯이 이방에 넘어갔다고 합니다. 바울은 그것이 바로 하나님의 은혜를 보여 주는 것이라고 말합니다. 바로가 모세를 가로막고 하나님을 반대했다고 하여 하나님의 구원이 약화되거나 좌절되거나 타협되지 않고 더 풍성해졌다고 합니다. 열 가지 재앙과 홍해를 가르는 사건으로 하나님의 구원 역사가 더 풍성해진 것을 보라고 합니다. 하나님이 하시려고 하는 것을 누가 막겠느냐, 하는 것이죠. 그래서 11장 마지막에 이런 찬송이 터져 나왔습니다. 11장 33절입니다.

깊도다 하나님의 지혜와 지식의 풍성함이여, 그의 판단은 헤아리지 못할 것이며 그의 길은 찾지 못할 것이로다 누가 주의 마음을 알았느냐 누가 그의 모사가 되었느냐 누가 주께 먼저 드려서 갚으심을 받겠느냐 이는 만물이 주에게서 나오고 주로 말미암고 주에게로 돌아감이라 그에게 영광이 세세에 있을지어다 아멘 (롬 11:33-36)

직선은 한 점과 한 점을 잇는 가장 짧은 거리를 가리킵니다. 선이 찌그러져 곡선이 되면, 둘러가게 되죠. 그런데 여기서 하나님은 직선보다 빠른 길이 있다고 하시는 것입니다.

하나님은 순종하는 자를 받아 주시는 심판자 정도에 머무시는 분이 아닙니다. 성경에 나온 표현으로 하면 아비가 자식을 불쌍히 여김

같이 용서하시며 돌이키시고 회복하시는 분입니다. 법적인 잣대로 잘 잘못을 가려내시는 심판자가 아니십니다. 우리의 거역이나 무지가 아무래도 좋다는 말은 아닙니다. 하나님은 우리의 저항이나 무지에도 포기하시지 않고 이것들을 엮어 직선보다 더 나은 길을 만드시는 분이란 뜻입니다.

하나님의 자비와 산 제물로 사는 삶

우리는 이런 하나님에 대해서 놀랍니다. 우리가 이해할 수 없는, 우리의 폭으로는 따라갈 수 없는 하나님에 대하여 감격스러운 고백을 하게 됩니다. 이러한 고백과 찬양 후에 로마서 12장의 결론에 다다르게 됩니다. '그러므로 형제들아 내가 하나님의 모든 자비하심으로.'

여기서 자비는 무엇을 의미합니까? 자비는 넘어가 주는 것이라고 쉽게 이해해서는 안 됩니다. 이 자비하심이 얼마나 큰 하나님의 의지인 줄 이해하겠습니까? 오래 참으시고, 자기 아들을 보내셔서 십자가에 죽게 하시고, 그로 피 흘리게 하사 죽음을 관통하여 이루신 하나님의 부활 승리가 자비입니다. 성경에 나온 표현으로 하면 '피 흘려 구원하셨다'입니다. '피 흘려'라는 것은 얼마나 대단한 개입이며 놀라운 성의입니까? 가장 지극한 성의와 열정이 담긴 말입니다. 하나님은 피 흘려 자비를 베푸신 것입니다. '하나님이 이런 자비를 베푸셨으니 그러므로 너희는 이렇게 하라'라는 의미로 나온 것이 바로 12장 1절의 '그러므로'입니다.

그러므로 형제들아 내가 하나님의 모든 자비하심으로 너희를 권하노
니 너희 몸을 하나님이 기뻐하시는 거룩한 산 제물로 드리라 (롬 12:1)

'산 제물'이란 무엇입니까? 구원이 죄인 된 인생과 신자 된 인생을 어
떻게 나누는가를 현실 속에서 누려 보고 증언하고 살아 보라는 이야
기입니다. 이렇게 사는 것이 옳고 저렇게 사는 것은 그르다고 하는 도
덕적 비교가 아닙니다. 복음을 구체적인 네 인생에 담아내는 그 명예
로운 길을 걸어 하나님의 영광을 드러내라고 합니다.

안 하면 가만두지 않겠다고 하는 조건이 아님을 기억하기 바랍니
다. 그런데도 우리는 종종 이것을 조건으로 삼습니다. 물론 상대방에
게 "예수 믿는 사람이 그렇게 살아도 돼?"라고 꾸중할 수 있습니다. 그
러나 그것이 마치 신앙의 유일한 잣대이고 동기인 양 굴어서는 안 됩
니다.

인생과 세상이 얼마나 헛되고 거짓되고 더러우며 살 가치가 없는
가를 확인한 자들만이 이것을 깨달을 수 있습니다. 구원의 영광을 사
는 것은 보상이나 상대적 우위가 아니라 진정한 명예라는 것을 말입
니다. 그런 의미에서 '너희 몸을 하나님이 기뻐하시는 거룩한 산 제물
로 드리라'라는 말씀이 나오는 것입니다. 산 제물은 '삶으로 드리는
제사'를 말합니다. 이와 관련하여 에베소서 5장 22절과 25절을 찾아
봅시다.

아내들이여 자기 남편에게 복종하기를 주께 하듯 하라 (엡 5:22)

> 남편들아 아내 사랑하기를 그리스도께서 교회를 사랑하시고 그 교
> 회를 위하여 자신을 주심 같이 하라 (엡 5:25)

결혼식 주례를 할 때면 저는 언제나 이 구절로 본문을 삼습니다. 남편
에게 복종하십시오, 아내를 자기 몸같이 사랑하시오, 라고 권면하면
부인들이 꼭 이런 항의를 합니다. "남편과 아내의 책임을 바꿔 주십시
오"라고 말입니다. 복종이 사랑보다 더 억울하게 여겨지기 때문이죠.
복종하라는 이 느닷없어 보이는 요구는 어떤 명분이거나 보상으로 얻
을 수 있는 조건도 아닙니다. 복종해도 좋을 전제가 있기 때문에 그렇
게 권면하는 것입니다.

　내가 복을 주려고 너희 둘을 묶었다, 너에게 복을 주기 위하여 내가
그를 태어나게 하고 길러서 네 짝으로 붙여 준 것이다, 그러니 너는 마
음 놓고 복종해라, 너는 마음 놓고 네 아내를 사랑하라, 이런 말씀입니
다. 뒤에 이런 내용이 이어집니다.

> 이는 곧 물로 씻어 말씀으로 깨끗하게 하사 거룩하게 하시고 자기 앞
> 에 영광스러운 교회로 세우사 티나 주름 잡힌 것이나 이런 것들이 없
> 이 거룩하고 흠이 없게 하려 하심이라 (엡 5:26-27)

각자를 온전한 하나님의 영광으로 만들고자 부부로 부르신 것입니다.
사실 그것을 깨닫게 되는 데는 결혼하고 30년은 족히 걸립니다. 우리
가 잘 이해하지 못하는 부분입니다. 우리가 만들고 싶은 것과 하나님
이 만드시려고 하는 것의 간격이 그렇게 큽니다. 그러나 늙으면 알게

됩니다. 나이를 먹으면 원숙해지고 지혜가 생기고 안목이 생깁니다. 이어 31절을 봅시다.

> 그러므로 사람이 부모를 떠나 그의 아내와 합하여 그 둘이 한 육체가 될지니 이 비밀이 크도다 나는 그리스도와 교회에 대하여 말하노라 (엡 5:31-32)

바로 이와 동일하게 '그러므로 형제들아 하나님의 모든 자비하심으로 너희를 권하노니' 이렇게 나오는 것입니다. 너희 몸을 하나님이 기뻐하시는 산 제물로 드리라, 이는 기독교인이 되려면 당연히 바쳐야 하는 어떤 희생, 헌신, 열정, 책임과 같은 것들을 강요하는 표현이 아닙니다. 구원이 무엇인지를 누리며, 죄악이 관영하는 이 세상 속에서 살아생전에 새로운 피조물로 사는 영광을 누리라는 말씀입니다.

거짓말을 안 하는 것은 그 자체로 명예입니다. 거짓말은 참으로 어쩔 수 없는 경우에 몰릴 때 실력이 없어서 하는 것입니다. 힘에 밀려서 어쩔 수 없이 하는 것입니다. 실력이 생기면 거짓말을 안 할 수 있습니다. 도둑질은 왜 합니까? 그 방법 말고는 할 수 있는 것이 없어서 그렇게 하는 것입니다. 그러나 실력이 생기면 훔치지 않고 굶을 수 있습니다. 남의 것을 뺏는 일을 할 수 없기 때문입니다. 이는 도덕적 차원에서 일어나는 일이 아니라 굶거나 헐벗었다고 훼손할 수 없는 존엄한 존재의 가치를 알기 때문입니다.

이 세대를 본받지 말고

이 일과 대조되는 것이 2절의 '이 세대'입니다. 그래서 이 일은 12장 2절에 있는 '이 세대를 본받지 말고 하나님의 뜻을 분별하라'에서 보듯 분별로 이어질 수밖에 없습니다. 우리는 세상의 위협과 유혹이 무엇인지 계속 확인해야 합니다. 세상을 이겨야 하기 때문인데 이긴다는 것은 무엇일까요? 분별해야 한다는 것이죠. 우리는 늘 이 문제에 마주하게 됩니다. 이 이겨야 하는 싸움, 이 분별의 싸움을 에베소서에서는 이렇게 소개했습니다.

> 그러므로 내가 이것을 말하며 주 안에서 증언하노니 이제부터 너희는 이방인이 그 마음의 허망한 것으로 행함 같이 행하지 말라 그들의 총명이 어두워지고 그들 가운데 있는 무지함과 그들의 마음이 굳어짐으로 말미암아 하나님의 생명에서 떠나 있도다 그들이 감각 없는 자가 되어 자신을 방탕에 방임하여 모든 더러운 것을 욕심으로 행하되 오직 너희는 그리스도를 그같이 배우지 아니하였느니라 진리가 예수 안에 있는 것 같이 너희가 참으로 그에게서 듣고 또한 그 안에서 가르침을 받았을진대 너희는 유혹의 욕심을 따라 썩어져 가는 구습을 따르는 옛 사람을 벗어 버리고 오직 너희의 심령이 새롭게 되어 하나님을 따라 의와 진리의 거룩함으로 지으심을 받은 새 사람을 입으라 (엡 4:17-24)

이 말씀을, 이렇게 살면 잘못이야, 이렇게 해야 옳은 거잖아, 라는 의미로 읽으면 곤란합니다. 부모가 간절한 마음을 가지고 해 주시는 교훈으로 읽어야 합니다. 그것은 부끄럽고 무지한 짓이다, 그것은 철없는 짓이다, 그것은 더러운 것이다, 그러니 너희는 그렇게 살지 말라는 것입니다. 예수 안에서 배운, 새로운 인간의 존엄성과 가치를 따라 사십시오. 그것이 복입니다. 22절부터 다시 보겠습니다.

> 너희는 유혹의 욕심을 따라 썩어져 가는 구습을 따르는 옛 사람을 벗어 버리고 오직 너희의 심령이 새롭게 되어 하나님을 따라 의와 진리의 거룩함으로 지으심을 받은 새 사람을 입으라 (엡 4:22-24)

새 사람을 입는다는 것은 열심을 내라는 것도 아니고, 어떤 수단과 방법을 동원하라는 것도 아닙니다. 하나님이 예수 안에서 허락하신 구원으로 말미암는 자유를 누리라는 것입니다. 세상에서는 이해관계나 자기 의를 증명하는 것 말고는 도덕이나 법의 용도를 모릅니다. 세상은 법도 자기를 위해서 쓰고 도덕도 자기를 위해서 쓰지만, 우리는 법이든 도덕이든 양심이든 상식이든 예수 안에서 허락된 하나님의 영광에 종속된 자의 영광으로 그것들을 씁니다. 이 점이 다릅니다.

기독교 신앙의 영광스러움은 무엇일까요? 물론 기독교에도 당연히 도덕성이 있습니다. 하지만 도덕성보다 더 나아갑니다. 자비와 용서, 희생, 사랑으로까지 갑니다. 이 모든 것은 이를 누리게 된 영광에 대한 감사로 이어지며, 이해관계나 정죄의 차원에서 사용되지 않습니다. 이것으로 상대적 우위를 얻으려고 하는 것이 아닙니다.

사랑을 받는 자녀같이

최근 많은 사람들이 본 〈겨울 왕국〉(Frozen, 2013)이라는 애니메이션에 'Love is an open door'라는 표현이 나옵니다. 제 손녀딸이 그 노래를 부르더군요. 그래서 제가 이 가사가 무슨 뜻이냐고 손녀에게 물었습니다. 알 리가 있겠나 싶어서 물었는데, 뜻밖에 제 손녀딸이 "사랑은 열린 문이라는 거야"라고 답했습니다. 열린 문이란 무엇일까요? 나가라고 열었다는 것일까요? 아닙니다. 들어오라고 열어 놓은 것입니다. 아무나 들어오라는 것입니다. '사랑은 열린 문'이라니 참 멋진 표현입니다.

우리는 이런 인생을 사는 사람들입니다. '수고하고 무거운 짐 진 자들아 다 내게로 오라'라는 말씀은 무슨 의미입니까? 예수님이 모든 문제를 다 해결해 준다는 말씀입니까? 아닙니다. 짐을 지는 법을 가르쳐 준다는 말씀입니다. 예수를 믿는다는 것은 죽어서 천국 가면 보상을 받는다는 것이 아니라, 지금 시작하고 지금 누리는 것입니다.

이제 로마서 12장 이후를 더 자세히 설명해 나갈 것인데, 이 기본에서 흔들리면 앞으로 권면하는 덕목들이 다만 도덕이나 종교적 가르침에 불과하게 됩니다. 명예나 감사로 쓰는 대신, 이해관계나 심판의 용도로 쓰게 됩니다. 믿는 자의 증언으로서가 아니라 강요로 쓰게 됩니다.

믿음에서 나오는 증언과 자랑으로 인한 강요는 무엇이 다를까요? 우선 표정부터 다릅니다. 자신의 고백과 증언이 되면 표정이 좋고, 강요가 되면 표정이 무섭습니다. 복음을 이해한 사람은 좋은 표정을 짓게 됩니다. 그런데 우리는 이것을 자꾸 놓칩니다. 에베소서 5장을 봅시다. 여러분은 이런 구절을 어떻게 받아들일 것입니까?

> 그러므로 사랑을 받는 자녀 같이 너희는 하나님을 본받는 자가 되고
> 그리스도께서 너희를 사랑하신 것 같이 너희도 사랑 가운데서 행하
> 라 (엡 5:1)

'사랑을 받는 자녀같이'라는 말은 굉장한 말입니다. 성경은 여러분에게 쓸모 있는 사람이 되라고 하지 않습니다. 사랑을 받으라고 합니다. 사랑을 받으라. 인생에 일어난 모든 일로 하나님이 여러분에게 유익을 주실 것입니다. 신령한 결과를 만들 것입니다. 그런데 우리는 문제를 해결해 달라고 조릅니다. 무엇을 해결해 달라는 것일까요? 고통을 면하게 해 주고, 자존심을 세워 달라는 것이죠.

반면에 하나님은 자존심을 내려놓으신 분입니다. 바벨론 포로 때 하나님의 성전이 훼파되는 것을 허용하시고 예수를 우리 손에 보내어 십자가에 죽게 하십니다. 그것이 사랑입니다. 여러분을 사랑이라는 명분과 도덕성으로 몰자는 것이 아닙니다. 사랑은 주는 것이라는 말씀을 드리고 싶었습니다.

오늘 말씀에서 '그러므로 내 사랑하는 형제들아 내가 하나님의 모든 자비하심으로'라고 합니다. 여기 나온 자비하심이 얼마나 대단한 하나님의 성의이며 의지인가를 보셨습니까? 보셨다면 분별하십시오. 세상과 하나님을 따르는 길이 어떻게 다른지 분별하십시오. 어떤 길이 명예롭고 어떤 길이 자랑인가를 보십시오.

인생은 짧습니다. 사랑 한 번 제대로 못해 보고 원망만 하다가 일흔이 됩니다. 그렇게 살면 안 됩니다. 지금이라도 안 늦었으니 웃으세요. 사랑을 받는 자녀같이 웃으십시오. 성경이 이렇게 이야기하는 셈입니다. 그러므로 형제들아 너희 인생과 너희 존재에 이 구원의 진정한 증언을 담고 살아라, 구체적인 인격과 생애 속에 담고 살아 내라, 이는 영광스러운 길이니라, 그것이 구원이니라, 아멘입니다.

기 도

하나님 아버지, 은혜를 감사합니다. 우리의 신앙고백은 무엇이며, 우리 현실은 무엇일까요. 감사하는 것이 능력인 줄 깨닫게 하옵소서. 살아 있는 동안 사랑하게 하옵소서. 용서하게 하옵소서. 웃을 수 있게 하옵소서. 우리를 통하여 하나님이 두 손을 벌리고 가슴을 열고 계심을 증언하게 하옵소서. 그리하여 우리 얼굴에 하나님의 사랑이 영광으로 빛나게 하옵소서. 예수님 이름으로 기도합니다. 아멘.

34.
나누어 주신 믿음의 분량대로

제한, 복을 이루시는 구체적인 조건

___

1 그러므로 형제들아 내가 하나님의 모든 자비하심으로 너희를 권하노니 너희 몸을 하나님이 기뻐하시는 거룩한 산 제물로 드리라 이는 너희가 드릴 영적 예배니라 2 너희는 이 세대를 본받지 말고 오직 마음을 새롭게 함으로 변화를 받아 하나님의 선하시고 기뻐하시고 온전하신 뜻이 무엇인지 분별하도록 하라 3 내게 주신 은혜로 말미암아 너희 각 사람에게 말하노니 마땅히 생각할 그 이상의 생각을 품지 말고 오직 하나님께서 각 사람에게 나누어 주신 믿음의 분량대로 지혜롭게 생각하라 4 우리가 한 몸에 많은 지체를 가졌으나 모든 지체가 같은 기능을 가진 것이 아니니 5 이와 같이 우리 많은 사람이 그리스도 안에서 한 몸이 되어 서로 지체가 되었느니라 (롬 12:1-5)

구원으로 허락된 가능성

로마서 12장은 '그러므로'로 시작합니다. 로마서 1장에서 11장까지의 내용을 전제하여 '그러므로'라는 결론에 이른 것입니다. 하나님의 능력과 의지와 성실하심으로 말미암은 구원을 보았으니, 그러므로 이 허락된 구원을 구체적으로 살아 내라, 너희 몸을 하나님이 기뻐하시는 산 제물로 드리라, 곧 삶으로 드리는 제사로 살아 내라는 말씀으로 귀결된 것입니다.

이어서 로마서 12장 2절에는 분별에 관한 말씀이 나옵니다. 예수 믿고 사는 인생이 하나님 없이 사는 인생과 어떻게 다른지를 다만 도덕성이나 기능으로 확인하지 말고 정체성과 명예로 확인해라, 떠밀려 살듯이 의무감 때문에 억지로 하지 말고 영광인 줄 알고 살아 내라고 합니다.

3절에서는 그렇게 사는 우리의 인생이 많은 제한 속에 놓여 있다고 합니다. '마땅히 생각할 그 이상의 생각을 품지 말고 오직 하나님께서 각 사람에게 나누어 주신 믿음의 분량대로 지혜롭게 생각하라.' 이것이 오늘 본문의 중요한 내용입니다. 우리는 앞에 나온 1절과 2절을 좀 더 강조하고 나서야 이 3절을 이해할 수 있습니다. '그러므로 형제들아 내가 하나님의 모든 자비하심으로 너희를 권하노니'라는 것은, 이미 허락된 구원, 이미 허락된 자비를 전제하고 있습니다. 출애굽기 19장에 가면 이 문제에 대해서 그림을 그리듯이 구체적으로 묘사해 주는 역사적 증언이 나옵니다.

이스라엘 자손이 애굽 땅을 떠난 지 삼 개월이 되던 날 그들이 시내 광야에 이르니라 그들이 르비딤을 떠나 시내 광야에 이르러 그 광야에 장막을 치되 이스라엘이 거기 산 앞에 장막을 치니라 모세가 하나님 앞에 올라가니 여호와께서 산에서 그를 불러 말씀하시되 너는 이같이 야곱의 집에 말하고 이스라엘 자손들에게 말하라 내가 애굽 사람에게 어떻게 행하였음과 내가 어떻게 독수리 날개로 너희를 업어 내게로 인도하였음을 너희가 보았느니라 세계가 다 내게 속하였나니 너희가 내 말을 잘 듣고 내 언약을 지키면 너희는 모든 민족 중에서 내 소유가 되겠고 너희가 내게 대하여 제사장 나라가 되며 거룩한 백성이 되리라 너는 이 말을 이스라엘 자손에게 전할지니라 (출 19:1-6)

구원은 이미 이루어진 것이고, 이스라엘 백성은 구원을 받아 광야에 나와 있습니다. 너희가 어떠한 구원을 받았는지 보았으니 너희는 내 백성이 되어라, 그 영광을 누려라, 내게 순종하고 내 약속을 지켜라, 그리하면 너희는 내 소유, 곧 내 보물이 되리라고 하십니다. 이루어진 구원과 허락된 은혜를 보전하고 되갚기 위해서 신앙생활을 하는 것이 아니라, 하나님이 이루신 구원의 영광을 누리며 살라고 하십니다. 잘못을 저지르지 않는 정도가 아니라 예전에는 할 수 없었던 영광을 사는 것, 세상은 알지 못하는 인생을 사는 것입니다. 책임이나 의무나 명분과 같은 값없는 것으로 이 영광을 가리지 마십시오. 거짓말을 안 하는 것이 전부가 아니라 정직하여 위로하고 격려하고 유익이 되어야 하는 것처럼 말입니다.

우리가 얻은 구원과 우리에게 허락된 새로운 인생은 하나님의 진정한 자녀로 사는 것이며, 하나님이 창조를 통해서 우리에게 주시기로 의도하신 영광스러운 삶을 예수로 말미암아 비로소 살게 되는 것입니다. 하나님이 주신 구원을 값싼 은혜로 생각해서는 안 됩니다. 구원이 얼마나 값비싼 대가를 치르고 이루어진 것인가는 예수와 그의 십자가에서 너무나 분명하고 너무나 크고 놀랍고 깊게 증언되었습니다. 이것이 기독교 신앙의 근거입니다.

두렵고 떨림으로

예수께서는 제자들이 당신을 누구라고 생각하는지 물으신 후에, 베드로의 고백 위에 교회를 약속하시며 그에게 천국 열쇠를 맡기십니다. 우리가 매면 하늘에서도 매이고 우리가 풀면 하늘에서도 풀리는 이 영광된 일은 당신의 죽음으로 이루어질 것이라고 덧붙이십니다. 베드로가 '그리 마옵소서'라고 말렸다가 예수님의 꾸중을 듣습니다. 이때 예수께서 이런 가르침을 전하십니다. '누구든지 나를 따라오려거든 자기를 부인하고 자기 십자가를 지고 나를 따를 것이니라'(마 16:24).

우리는 보통 이 구절을 책임으로 이해합니다. 그러나 이 구절은 책임을 말하고 있지 않습니다. 하나님이 우리에게 주신 구원과 새 생명이 얼마나 위대한가를 확인시켜 주는 대목입니다. 구원과 새 생명은 예수께서 피 흘려 우리에게 주신 것입니다. 이것을 자꾸 감상적으로 이해하려 하지 마십시오. 또 여기에 감정적인 동기 부여를 하려 하지 마십시오. 구원은 예수께서 정말 값비싼 대가를 실제로 치르시고 준 기회입니다. 목적을 기어이 이루시는 하나님의 모든 능력과 열심이

들어 있는 것이 우리가 받은 인생이라는 것을 이해하기 바랍니다. 빌립보서 2장 12절을 찾아봅시다.

> 그러므로 나의 사랑하는 자들아 너희가 나 있을 때뿐 아니라 더욱 지금 나 없을 때에도 항상 복종하여 두렵고 떨림으로 너희 구원을 이루라 (빌 2:12)

'두렵고 떨림으로'는 공포를 조장하려는 말이 아닙니다. 너희에게 준 구원이 얼마나 값비싼 것인지, 얼마나 영광된 것인지 알라는 말씀입니다. 그래서 이 구절의 처음이 '그러므로'로 되어 있는 것입니다. 앞에 어떤 내용이 나왔습니까? '두렵고 떨림'이라는 결과를 이끌어 내는 전제는 무엇이라고 되어 있습니까? 빌립보서 2장 5절 이하를 봅시다.

> 너희 안에 이 마음을 품으라 곧 그리스도 예수의 마음이니 그는 근본 하나님의 본체시나 하나님과 동등됨을 취할 것으로 여기지 아니하시고 오히려 자기를 비워 종의 형체를 가지사 사람들과 같이 되셨고 사람의 모양으로 나타나사 자기를 낮추시고 죽기까지 복종하셨으니 곧 십자가에 죽으심이라 (빌 2:5-8)

이것들을 추상명사로 메꾸지 마십시오. 눈물, 감동, 각오, 헌신, 희생과 같은 단어로 묶지 마시고, 이 단어들이 실체가 되어 각자의 인생에서 구체적으로 실천되어야 한다는 것을 기억하십시오.

《노인과 바다》를 쓴 어네스트 헤밍웨이(Ernest Miller Heming-way,

1899~1961)를 잘 아실 것입니다. 이 사람의 또 다른 유명한 작품이《해는 또다시 떠오른다》입니다. 읽어 보면 무슨 이야기를 하는지 하나도 모를 그런 내용의 소설입니다. 1차 세계대전이 끝난 후 제대한 미군 몇 명이 그동안 밀려 있던 봉급을 목돈으로 받습니다. 집에 돌아가 봤자 아무도 기다려 주는 이도 없고, 시간은 넘쳐나고, 젊고 돈은 많아, 이 돈을 가지고 스페인으로 놀러 갑니다. 그들이 거기에 놀러 온 다른 미국인 관광객들과 어울려 흐지부지 놀고 싸우다가 끝나는 소설입니다. 헤밍웨이는 이런 이야기로 무엇을 말하려고 하는 것일까요.

토마스 C. 포스터(Thomas C. Foster)는《미국을 만든 책 25》에서 헤밍웨이의 이 책을 비평하면서 이렇게 말합니다. "소설을 쓰려면, 문학을 하려면, 부사와 형용사는 다 없애라." 이것이 이 소설에서 발견하는 헤밍웨이의 가치입니다.

이렇게 생각해 봅시다. "이순신은 죽었다." 이것이 역사입니다. 사실이지요. 그런데 우리는 여기에 많은 장식을 붙여서 이것 때문에 핵심을 가리는 경우가 많습니다. 흔히 이야기할 때 보면 "그게 말이야" 하며 자꾸 과장하는 말을 붙여 대는 것처럼 말입니다. 이렇게 해서는 원래 하려고 했던 말이 잘 드러나지 않습니다. 그렇게 변명하고 설명하고 과장하다가 실제로는 하나도 살아 내지 못합니다. 그러면 안 됩니다. 우리가 살아가는 인생이 예수께서 그렇게 죽어 나간 인생이라는 사실이 묻혀서는 안 됩니다.

구체성으로 주어진 제한

하나님은 당신의 영광을 예수의 죽음으로 선포하셨습니다. 그런 죽음으로도 영광을 드러내셨습니다. 그러니 마땅히 생각할 그 이상의 생각을 품지 말고, 믿음의 분량대로 지혜롭게 생각하십시오. 그것은 우리 모두의 인생에서 직면하는 현실적 조건입니다. 나는 나입니다. '나'는 당연히 '너'가 될 수 없고, '그들'이 될 수 없습니다. 나라는 존재는 많은 제한된 조건 속에 묶여 있습니다. 가장 크게는 시간과 공간에 묶여 있습니다. 우리는 무소부재(無所不在)할 수 없습니다. 동시에 두 군데 있을 수 없습니다. 그리고 각자의 조건은 저마다 다릅니다. 남과 여, 김씨와 박씨, 각자가 속한 사회와 유산이 다릅니다. 좋고 나쁘고는 그다음 문제입니다. 이렇게 우리는 제한된 존재로 예수의 길을 따라갑니다.

예수는 그 시대에 메시아로 오셨으나, 메시아를 기다리던 유대인들에게 가장 처참한 죽임을 당하십니다. 그런데 거기서 하나님이 부활과 구원과 회복과 영광을 만들어 내십니다. 성경은 예수께서 제한 속에서 살아가셨다고 이야기하는데, 예수를 따른다는 우리는 막상 이 제한을 벗어나 쓸모 있고 싶고, 권력을 가지고 싶어 합니다.

이스라엘 역사를 보면, 이스라엘은 하나님의 선민이라는 특별한 지위에 있으면서도 잘못하면 잘못한 대로 벌을 받습니다. 그들은 결국 망해서 바벨론 유수를 겪은 후에 돌아왔으나 결국 다시 로마의 지배를 받습니다. 예수가 오셨으나 그들은 예수를 거부하여 나라를 잃고 이천 년을 헤맵니다. 이스라엘이 선민이라고 해서 하나님께서 봐주신 것은 하나도 없습니다.

그러나 로마서 9장부터 11장에서 보았듯이 하나님은 이스라엘을 버리시지는 않을 것입니다. 바울이 이스라엘의 운명에 대해 자신하는 것은 이방인이 아무 조건 없이 구원받은 것을 보았기에 이스라엘이 구원받는 것도 당연히 그럴 것이라고 확신하기 때문입니다. 이것이 로마서가 말하는 이스라엘의 구원입니다. 이스라엘 백성이 선민일지라도 다른 이방에 비해 편애나 특혜를 입지 않았듯, 하나님은 그들을 시간 속에서 빚어내십니다. 거기에서 하나님 당신이 누구시며, 인간이란 어떤 존재이며, 역사가 무엇인가를 보여 주십니다. 다만 설명하는 것에 그치지 않으시고 그 속에서 결국 구원도 이루십니다.

구약이 신약을 낳았을까요? 그렇지는 않습니다. 구약은 실패한 이야기입니다. 이스라엘이, 선민이, 제사장 나라가 실패한 이야기입니다. 그렇다면 신약은 구약을 무효로 만드나요? 아닙니다. 신약은 구약을 잇고 있습니다. 구약을 소용없게 만드는 것이 아니라 구약으로는 도달할 수 없는 자리를 드러냅니다. 예수를 통해 하나님이 어떻게 일하시는가를 우리에게 분명히 보이십니다. 거기에서 하나님의 의지와 무한한 은혜와 광대한 능력이 드러납니다.

이스라엘의 실패를 가지고서도 일하실 수 있는 하나님은, 하나님이신 예수를 세상에 보내어 그로 하여금 당할 수 없는 억울함을 경험하게 하시고, 죽음을 겪게 하심으로 목적하신 일을 이루십니다. 여기서 누가 빠져나갈 수 있겠습니까, 도망갈 자리가 어디 있겠습니까. 여기에 포함되지 않는 경우와 영역이 무엇이 있겠습니까. 이 모두를 다 끌어안는 것입니다.

예수는 하나님과 동등한 본체시나 당신의 모든 영광을 버리고 순종하는 자리에 오십니다. 순종하는 자리란 제한의 자리를 말합니다. 신자의 가장 큰 병은 자신의 한계나 제한을 방해물이라고 생각하는 데에 있습니다. 성경은 우리가 가진 모든 조건과 한계, 또한 소원만큼 주어지지 않는 능력과 기회만으로도 충분하다고 말합니다. 우리가 볼 때 이것은 제한이지만, 하나님께는 이것이 제한이 아니라 구체성인 것입니다.

생각해 보십시오. '나'라는 존재는 구체적입니다. 막연하지 않습니다. 진심, 행복, 감동, 이런 추상명사만 돌아다니면 안 됩니다. 그것이 내용을 잡고 있어야 합니다. 안 그러면 헤밍웨이가 와서 째려볼 것입니다. 본문이 있어야 합니다. 장식할 주체가 있어야 합니다. 자기와 자기 인생, 자기와 자기 정체가 있어야 합니다. 이런 것을 추구하지 않고, 살아 내지는 않으면서 화려해 보이는 장식만 추구하는 바람에 우리의 신앙은 마치 김치로 비유하자면 배추는 온데간데없이 양념만 남은 꼴이 되어 버렸습니다. 기독교 신앙은 여기서 매우 조심해야 합니다. 시편 90편을 봅시다. 이 시는 모세가 시편에 유일하게 남겨 놓은 고백입니다. 하나님의 사람, 모세의 기도입니다.

주여 주는 대대에 우리의 거처가 되셨나이다 산이 생기기 전, 땅과 세계도 주께서 조성하시기 전 곧 영원부터 영원까지 주는 하나님이시니이다 주께서 사람을 티끌로 돌아가게 하시고 말씀하시기를 너희 인생들은 돌아가라 하셨사오니 주의 목전에는 천 년이 지나간 어제 같으며 밤의 한 순간 같을 뿐임이니이다 주께서 그들을 홍수처럼 쓸어가시나이다 그들은 잠깐 자는 것 같으며 아침에 돋는 풀 같으니이다 풀은 아침에 꽃이 피어 자라다가 저녁에는 시들어 마르나이다 우리는 주의 노에 소멸되며 주의 분내심에 놀라나이다 주께서 우리의 죄악을 주의 앞에 놓으시며 우리의 은밀한 죄를 주의 얼굴 빛 가운데에 두셨사오니 우리의 모든 날이 주의 분노 중에 지나가며 우리의 평생이 순식간에 다하였나이다 우리의 연수가 칠십이요 강건하면 팔십이라도 그 연수의 자랑은 수고와 슬픔뿐이요 신속히 가니 우리가 날아가나이다 누가 주의 노여움의 능력을 알며 누가 주의 진노의 두려움을 알리이까 우리에게 우리 날 계수함을 가르치사 지혜로운 마음을 얻게 하소서 (시 90:1-12)

그냥 읽으면 탄식에 불과한 시처럼 보입니다. 모세는 백 이십 세까지 살았습니다. 팔십 세에 부름을 받아 이스라엘 백성을 애굽에서 구원하여 민족의 영웅이 됩니다. 그리고 이후 사십 년을 보냅니다. 그저 죽기 위해서 방랑 생활을 했던 광야 사십 년을 그 백성들과 함께 살았던 것입니다.

모세는 애굽에서 이스라엘 백성을 구출하기 위하여 하나님이 내리신 열 가지 재앙을 두 눈으로 본 사람이요, 홍해를 가른 사람이요, 구름 기둥과 불 기둥의 인도를 같이 누린 사람이요, 만나와 메추라기를 먹고 반석에서 나오는 물을 마신 사람입니다.

그런데 모세는 사십 년의 광야 생활에서 인간의 온갖 못난 모습을 실컷 봅니다. 그렇게 인생을 보낸 후 나온 탄식이 여기에 있습니다. "하나님, 인간은 다 헛되게 살아갑니다. 그렇게 못났을 수가 없습니다.

바보 같습니다."

이것이 무슨 뜻일까요? 하나님, 여기서 다 죽어 버리고 말, 아무것도 아닌 이런 자들을 위하여 왜 그 엄청난 이적을 행하셨습니까, 무엇하러 열 가지 재앙은 내리셨습니까, 왜 구름기둥을 보내셨습니까, 왜 반석에서 물을 주셨습니까, 왜 사십 년 동안 만나를 주셨습니까, 하나님, 이들이 그토록 귀합니까, 이 바보들이, 이 못난 것들이, 하나님께는 그렇게 소중합니까, 라는 탄식이자 고백입니다.

우리는 총 인구수에는 포함되더라도 한 개인으로는 확인되거나 드러나지 않는 그런 인생을 살고 있습니다. 대한민국 오천만 인구에는 들어 있지만, 누가 나를 알겠습니까. 여기에 나오는 이스라엘 백성도 마찬가지입니다. 이 사십 년의 광야 생활 동안 죽어 나간 사람들 중에서 여러분이 아는 사람은 과연 누구입니까? 그런데 이런 사람들을 위하여 하나님은 열 가지 재앙을 내리시고, 홍해를 가르시고, 구름기둥과 불기둥으로 인도하십니다. 얼핏 보면, 이들을 이스라엘 백성이라는 이름으로 도매금으로 다루어 구원하신 것 같지만, 사실 하나하나의 인생을 각각 부르시고 인도하셨습니다.

그런데 이처럼 도매금이 아닌, 우리 각각을 부르셨다고 해서 부름받은 우리의 자리가 남보다 우월하거나 눈부시지 않습니다. 오히려 감추어지고, 삼켜진 익명의 자리일 때가 더 많습니다. 우리가 아무것도 아닌 존재로, 발언권을 가지지 못하는 익명의 지위로, 자기 자신도 납득이 안 되는 참으로 억울하고 연약하고 무능한 자로 사는 것에 대하여 기독교 신앙이 답을 가지고 있다는 것을 알지 못하면 우리는 예수 믿는다는 말을 아직도 모르는 것입니다. 능력이 있어야 하고, 유용해야 하는 기능적 차원에서 자신을 확인하고자 하면, 하나님은 절대 확인시켜 주시지 않습니다. 그것이 오늘 이야기입니다.

주어진 조건을 감수하는 삶

마땅히 생각할 그 이상을 생각하지 마라, 이는 만만치 않은 말씀입니다. 여러분에게 주어진 조건을 갖고서 하나님의 사람으로 살아 내야 합니다. 하나님은 아브라함을 부르시면서 이렇게 말씀하셨습니다. 내가 네게 복을 주어 네 이름을 창대케 하리니 너는 복이 될지라, 너는 복이 될지라. 여러분, 명절에 가족이 다 모였을 때 보면 누가 가장 복 있는 사람으로 보입니까? 이제 나이 들어 보니 웃는 사람이 복이라는 것을 알게 되었습니다. 누가 웃지요? 자기 자신에 대해 만족하는 사람이 웃습니다. 세상은 진정한 의미에서 웃는 법을 모릅니다. 경쟁에서 이기는 것 말고는 자신의 정체성을 확인할 다른 방법을 갖고 있지 않기 때문입니다. 이겨 봐야 얻어갈 것이 하나도 없으면서 서로 비난하고 죽이는 것밖에는 할 수 있는 것이 없습니다.

예수를 믿는다는 말은 정확히 그 반대입니다. 우리는 모든 것입니다. 우리는 복입니다. 우리는 하나님의 보물입니다. 예수 그리스도를 믿는다는 이름으로 우리는 언제나 예수 그리스도를 재현해 내고 있습니다. 우리의 고난, 우리의 실패, 우리의 무능까지도 다 합해서 말입니다.

예수님이 잡히실 때 제자들이 다 도망친 이유가 무엇이었습니까? 예수의 죽음에 대해서 듣자 더 이상 기대할 것이 없었던 것이죠. 예수께서 이제 죽으시겠다고 하는데 무엇을 더 기대할 수 있었겠습니까?

다 도망가 버렸습니다.

우리는 우리의 죽음을 예수 안에서 잘 해석해야 합니다. 죽음이 끝이라고 말하는 것은 세상이고, 죽음이 부활로 가는 길이라고 말하는 것은 신앙입니다. 겁날 것이 없습니다. 갈라디아서 6장에 가 봅시다. 성경은 바로 이 문제를 잘 설명하고 있습니다.

> 형제들아 사람이 만일 무슨 범죄한 일이 드러나거든 신령한 너희는 온유한 심령으로 그러한 자를 바로잡고 너 자신을 살펴보아 너도 시험을 받을까 두려워하라 너희가 짐을 서로 지라 그리하여 그리스도의 법을 성취하라 만일 누가 아무것도 되지 못하고 된 줄로 생각하면 스스로 속임이라 각각 자기의 일을 살피라 그리하면 자랑할 것이 자기에게는 있어도 남에게는 있지 아니하리니 각각 자기의 짐을 질 것이라 (갈 6:1-5)

이 짧은 말씀 속에 모순되어 보이는 두 구절이 나옵니다. '아무것도 되지 못하고도 된 줄로 생각하는 것은 잘못이다', '짐을 나누어 져야 한다', 그러나 뒤에 와서는 '각각 자기의 일을 살펴 자부심을 가져라', 그리고 '자기 짐을 지라'고 합니다. 하나는, 앞에서는 아무것도 되지 못하고 된 줄로 생각하는 것, 뒤에서는 자기 일이 전부라고 생각하는 것, 이 둘이 모순되어 보입니다. 다른 하나는, 짐을 서로 나누어지라는 권면 뒤에 각각 자기의 짐을 지라고 하는 모순입니다.

갈라디아서 본문은 이런 이야기입니다. 기독교 신앙에서 한 사람의 정체성은 이웃과의 관계, 이웃과의 조화 속에 있습니다. 율법의 요약이 하나님 사랑과 이웃 사랑인 것처럼 기독교인은 이웃에게 중요한 존재입니다. 우리 모두는 관계 속에 있습니다. 관계를 떠나 독립적으로 자신의 정체를 확인할 때는 인격이 없는 추상명사에 매입니다. 사랑, 정의, 평화, 감동, 행복, 이런 것과 묶이면 옆 사람과 상관없이 독립적 가치를 주장하게 됩니다. 이런 단어 자체에 문제가 있어서가 아니라 관계를 떠나 다만 명분이나 가치에 불과해지기 때문에 문제가 있습니다.

짐을 서로 지라고 합니다. 짐을 서로 지라는 것은 무슨 말일까요? '짐을 서로 지는 모습'을 그림으로 연상해 보니 '그물'이 떠올랐습니다. 그물코는 그 하나가 독립하여 있을 수 없습니다. 그물코 하나만 있는 것을 그물이라고 말하는 사람은 없습니다. 그물의 특징은 모두와 힘을 나누는 데에 있습니다. 누구 옆에 붙들려 있는지 모르게 묶여 있는 것이 그물입니다. 축구에서 골네트(goal net)가 그렇습니다. 발로 차서 공이 들어가면 '골망을 흔들었다'라고 말합니다. 축구공이 들어간 자리만 타격을 받는 것이 아니라 그 힘이 골망 전체에 분산되어 출렁출렁 춤을 춥니다.

하나님께서는 인간이라는 존재의 정체성을 '관계를 위한 독립된 인격'이라는 데에 두셨습니다. 하나님이 인간을 창조하실 때 "우리가 우리의 형상대로 사람을 짓자"라고 말씀하셨는데, 여기서 하나님은 복수로 등장하십니다. 우리의 지각으로는 다 이해하지 못할 굉장히 신비롭고 깊은 내용입니다.

이해하기 쉬운 예를 들어 보면, 하나님이 의도하신 우리의 삶은 합창과 같습니다. 합창은 제창과 다릅니다. 같은 음으로 소리를 내는 것이 아니라 다른 음을 내서 화음을 만듭니다. 솔로를 잘하는 것도 귀하지만 이중창의 하모니는 솔로의 음색과는 전혀 다릅니다. 화음이 있기 때문이죠. 혼자서 자기 할 일 다 하면 그것으로 전부라고 생각하는 것은 아직도 인간의 정체성을 모르는 것입니다. 아무것도 되지 못하고 된 줄로 생각하는 것입니다. 개념이나 추상명사나 인격이 아닌 것에 묶여서 자신을 확인하면 아직 멀었다고 할 수 있습니다. 하나님은 둘이 갈 수 있느냐, 다른 사람과 함께 갈 수 있느냐를 우리에게 물으십니다.

합창에서 가장 중요한 파트는 베이스입니다. 베이스가 없으면 합창이 근거를 잃습니다. 소프라노든, 앨토든, 테너든 그 위에서 춤을 추는 것입니다. 다른 파트가 춤을 추게 하려고 베이스는 춤을 추지 않습니다. 그래서 베이스는 멜로디가 없습니다. 우리의 인생이 이와 같습니다. 하나님이 우리를 베이스로 두셨다는 것을 아십니까. 이것을 알아야 합니다. 멜로디가 없는, 그 맛없는 맛을 알지 못하면 기독교 신앙의 위대함을 놓치게 됩니다.

갈라디아서 6장 4절에서는 '각각 자기의 일을 살피라 그리하면 자랑할 것이 자기에게는 있어도 남에게는 있지 아니'한다고 말씀합니다. 이 말씀은 무슨 뜻일까요? 자기 몫을 하라는 것입니다. 자기가 유일한 존재가 되어야 한다는 말씀이 아니라 자기 몫을 하라는 말씀입니다. 나의 자리란 누구도 대신할 수 없는 자리입니다. 우리는 두 사람 몫을 할 수 없습니다. 각각 자기 일의 귀중함을 알고서 자기 짐을 져야 합니다.

이것을 모르면 신앙은 늘 불안하고 의심스러우며 억울할 수밖에 없습니다. 힘든 것과 억울한 것은 다릅니다. 합창하면 힘은 듭니다. 그러나 명예로운 것입니다. 성가대에서 가운 입고 앉아 있는 것이 얼마나 대단한 것인지 아십니까? 제가 지휘자에게 추천서를 써 줘도 선택은 지휘자가 합니다. 담임 목사의 추천이 있다고 받아 주는 것이 아닙니다. 지휘자는 무엇을 보고 뽑을까요? 오디션으로 뽑을까요? 음악만 보지는 않을 것입니다. 대신 표정을 많이 볼 것입니다. 그러니 성가대원들은 언제나 넉넉한 얼굴로 서 있어야 합니다. 그러면 청중들이 '오늘 성가대가 부른 저 곡은 내가 아는 곡인데 조금 다른 것 같네. 그런데 저 여유 있는 표정을 보니까 편곡을 잘해서 그런가 보다' 하고 듣습니다. 사실은 잘못 불렀는데 말입니다.

세상을 그렇게 살아가야 합니다. 하나님이 아브라함에게 복을 주셔서 너는 복이 될지라고 말씀하신 것같이, 예수 그리스도는 우리에게 구원이 되셨습니다. 이 사실을 알고 그 믿음을 갖고 사는 것입니다. 그러니 여러분의 한계, 즉 여러분의 구체성을 감수하십시오. 한계는 결코 소극적인 것이 아니라는 점을 기억하여 자신의 자리를 지키시고 웃으십시오. 그다음은 하나님이 알아서 하실 것입니다.

기 도

하나님 아버지, 은혜를 감사합니다. 우리가 가진 모든 불평과 불안을 주 예수 안에서 해결해야 맞습니다. 그리고 우리 길을 걸어야 맞습니다. 그 길을 걸어갈 믿음과 은혜를 주셔서 우리가 이웃과 함께 가는 넉넉한 복으로 서게 하여 주시옵소서. 예수님 이름으로 기도합니다. 아멘.

35.

받은 은사가 각각 다르니

은사, 모두에게 유익이 되라

······ 6 우리에게 주신 은혜대로 받은 은사가 각각 다르니 혹 예언이면 믿음의 분수대로, 7 혹 섬기는 일이면 섬기는 일로, 혹 가르치는 자면 가르치는 일로, 8 혹 위로하는 자면 위로하는 일로, 구제하는 자는 성실함으로, 다스리는 자는 부지런함으로, 긍휼을 베푸는 자는 즐거움으로 할 것이니라 9 사랑에는 거짓이 없나니 악을 미워하고 선에 속하라 10 형제를 사랑하여 서로 우애하고 존경하기를 서로 먼저 하며 11 부지런하여 게으르지 말고 열심을 품고 주를 섬기라 12 소망 중에 즐거워하며 환난 중에 참으며 기도에 항상 힘쓰며 13 성도들의 쓸 것을 공급하며 손 대접하기를 힘쓰라 (롬 12:3-13)

은혜를 받은 자답게

로마서 12장이 어떻게 시작되었는가에 대한 이해가 없으면 본문은 읽어 내기 어렵습니다. 12장은 1절에서 '그러므로 형제들아 내가 하나님의 모든 자비하심으로 너희를 권하노니 너희 몸을 하나님이 기뻐하시는 거룩한 산 제물로 드리라'라는 말로 시작합니다. '그러므로'라는 말에 담긴 의미를 바르게 이해해야 한다고 지난 장에서 이야기했습니다.

1절에서는 권면의 근거로 '하나님의 모든 자비하심'을 제시합니다. '하나님의 모든 자비하심'이란 예수 안에서 우리를 구원하신 크고 놀라운 하나님의 능력과 그 은혜를 가리킵니다. 이런 자비하심 속에서 권면이 이어지는 것입니다. 너희는 하나님이 얼마나 오랜 세월에 걸쳐 이 구원을 이루셨는지 보았다, 또 너희는 하나님이 얼마나 구체적으로 역사하셔서 이 구원을 이루셨는지도 보았다, 너희 인생은 이러한 하나님의 일하심의 결과이다, 그러니 너희는 그런 삶을 살라는 것입니다.

구원받은 자의 삶이란, 신자답게 살자, 옳은 일을 하자, 쓸모 있게 살자와 같은 구호와 개념에 붙들려 사는 삶이 아닙니다. 이 삶은 하나님이 원래 의도하신 목적대로 하나님이 당신의 형상을 따라 만드신 인간이 이제 하나님의 영광의 찬송이 되는 것을 말합니다.

로마서 6장의 표현대로 하면, 너희가 전에 죄의 종이었을 때에는 너희 지체를 부정과 불법에 내주어 불법에 이르렀다, 이제는 죄에서 해방되고 의의 종이 되었으니 하나님의 자녀로 사는 삶이 어떤 것인지 따라가 보라, 이런 요청인 것입니다.

거듭 강조하지만, 기독교 신앙이 천국과 지옥, 옳고 그름, 이렇게 이 분법으로 재단되기 시작하면 풍성함을 잃고 가난해집니다. 그렇게 되어서는 안 됩니다. 이런 것은 전부 기독교 신앙의 한 특징이나 측면을 강조하기 위해서 사용한 단어일 뿐입니다. 기독교가 가진 원래의 풍성함과 깊이가 옳고 그름, 유용성, 명분이나 도덕적 차원으로 축소되어서는 안 됩니다. 그러니 '너는 명예롭게 살라'라는 말이 다만 명예라는 추상명사에 묶여 살라는 의미가 아님을 주의해야 합니다.

하나님이 우리를 구원하시기 위하여 지금껏 하신 일들을 보면 하나님이 어떤 분인지 알게 됩니다. 구약을 보면 하나님이 잘못하셨던 경우를 발견할 수 없습니다. 전부 이스라엘이 못났음을 보여 줄 뿐입니다. 이런 못난 이스라엘을 하나님이 어떻게 대접하셨는지를 생각해 봅시다. 하나님이 얼마나 우시고 기다리시고 달래시고 그들을 놓아두지 않으셨는지, 그러면서도 당신의 거룩하심을 결코 타협하시지 않았는지를 깨달아야 합니다.

하나님이 예수 안에서, 이 세상이 담아내거나 이해할 수 없는 방법으로, 우리를 구원하시기 위하여 죽음의 한복판을 깨고 지나가는 방식으로 당신의 구원을 이루셨다는 것을 보았으니, 그분이 목적하시며 우리에게 살아 보라고 하시는 그 길을 걸어야 합니다. 이 길을 걷는 것은 명분이나 구호로 때우는 것이어서는 안 됩니다. 명분이나 구호는 우리의 이해를 돕기 위해서 나온 것일 뿐, 그런 명분 자체가 궁극적 가치가 되어 우리를 묶게 되면 기독교가 원래 의도한 하나님의 높으심과 넓으심과 깊으심을 제대로 이해할 수 없게 됩니다. 그래서 로마서

12장 2절에서는 '이 세대를 본받지 말고 하나님이 기뻐하시는 뜻이
무엇인지 분별하라'라는 말씀이 나온 것입니다.

살아 보면 세상이 거짓되다는 사실을 압니다. 나이가 들어갈수록
더 분명히 알게 됩니다. 젊었을 때는 이기기만 하면 행복이 올 것이라
고 생각합니다. 당연히 그래 보입니다. 그러나 살아 보면 누구를 이긴
것으로는 영혼에 답이 되지 않는다는 것을 알게 됩니다. 내가 노력한
것 이상의 그 어떤 보상을 받게 되더라도 자랑스럽지 않습니다. 허무
할 뿐입니다. 이게 승리라고? 이게 영광이라고? 이게 명예라고? 회의
만 남습니다. 세상에서의 성공과 승리는 각박함과 치열함 속에서 모
든 술수를 동원하여 쟁취하고 쥐어짜 낸, 상처만 남은 메마른 승리입
니다. 여러분도 이런 사실쯤은 잘 알 것입니다.

성경은 이와 다르게 이야기합니다. 예수 안에 있는 승리란 무엇입
니까? 죄 없으신 분이, 전지전능하신 하나님이, 자기 백성을 사랑하여
그들에게 오해받고 그들의 손에 죽어 버리는 길마저 뚫고 가 그들에
게 쥐어 준 영생이란 도대체 무엇일까요? 세상 어디에 참된 답이 있고
진정한 명예가 있습니까? 없습니다. 우리 영혼의 깊은 갈증에 답할 수
있는 것은 세상에 없습니다. 다만 기만과 체념이 있을 뿐입니다.

하나님은 어떤 분이실까요? 은혜롭고 자비롭고 노하기를 더디 하
고 인자와 진실이 많으신 하나님, 우리를 사랑하여 죽으러 오신 하나
님, 일흔 번씩 일곱 번이라도 용서하시는 하나님이십니다. 여러분, 이
것이 말이 된다고 생각하십니까? 이런 신이 정말 있다고요? 이를 어
디서 확인합니까? 우리의 신앙고백 속에서 확인합니다. 우리가 믿어
서 확인하게 되는 것이 아니고 어느 날 우리의 영혼이 깨어나서 은혜

를 알게 된 것입니다. 그런데 우리는 그 큰 은혜를 입고 나서 그 은혜의 폭을 스스로 좁혀 버립니다. 성경은 그리하지 말라고 합니다.

특별히 허락하신 각자의 삶

그래서 3절에서는 '마땅히 생각할 그 이상의 생각을 품지 말'라고 합니다. 지난 장에서 12장 3절은 우리의 한계를 지적하는 동시에 우리삶의 구체성을 표현해 주는 구절이라고 말씀드렸습니다. 각각 자기 자신의 삶을 살라, 네 인생을 다른 사람의 삶을 구경하듯 살지 마라, 삶이란 각자 구체적으로 살아가는 영광스러운 것이다, 각자 살아 내야 하는 것이다, '나'는 '너'가 아니며 '내가' '너'일 수 없는 것이 한계가 아니다, '나'는 '나'일 수밖에 없는 구체성으로 성경의 이 약속을 자신과자신의 인생에 채우고 경험하고 누리라, 라고 말하는 것입니다.

이런 맥락에서 이제 4절 이하에서는, 네가 걷는 길에서 그 영광을살라고 말씀합니다. 이어 7절 이하에서는, 섬기는 자면 섬기는 일로,가르치는 자면 가르치는 일로, 위로하는 자면 위로하는 일로, 구제하는 자는 성실함으로, 다스리는 자는 부지런함으로, 긍휼을 베푸는 자는 즐거움으로 하라고 합니다.

여기 나열된 것은 전부 어떤 한계를 나타내는 말들입니다. 하나님이 각각에게 주신 구체성을 살아 내라는 것입니다. 자신의 구체성 곧대한민국 국민으로 태어나, 누구의 남편이고, 누구의 아내인 자기 자신의 삶, 바로 이 삶을 살아 내십시오. 이것이 복이고 영광입니다.

자신의 인생을 거대한 명분 같은 것에 걸쳐 두는 바람에 정작 내가 아니면 감당할 수 없는 자기 자리, 자기 인생을 놓쳐서는 안 됩니다. 더 우월해 보이는 존재와 자신을 구별하고 경쟁하느라 실제로 살아내는 일은 뒷전인 그런 길을 가지 마십시오. 모두가 특별한 인생을 사는 것입니다. 모두가 특별합니다.

골로새서 3장에 가면 이런 말씀이 등장합니다. 바울의 다른 서신도 우리가 오늘 다루는 이야기를 중요한 주제로 삼고 있음을 알 수 있습니다.

> 그리스도의 평강이 너희 마음을 주장하게 하라 너희는 평강을 위하여 한 몸으로 부르심을 받았나니 너희는 또한 감사하는 자가 되라 그리스도의 말씀이 너희 속에 풍성히 거하여 모든 지혜로 피차 가르치며 권면하고 시와 찬송과 신령한 노래를 부르며 감사하는 마음으로 하나님을 찬양하고 또 무엇을 하든지 말에나 일에나 다 주 예수의 이름으로 하고 그를 힘입어 하나님 아버지께 감사하라 (골 3:15-17)

이 말씀에서는 '감사'가 돋보입니다. 자기 자신에 대해서 스스로 넉넉하지 않으면 감사는 나올 수 없습니다. 감사는 쥐어짠다고 할 수 있는 것이 아닙니다. 넘쳐야 할 수 있습니다. 자신의 한계에 대해서 만족해야 할 수 있죠. 예수께서 이 땅에 오셔서 육신을 입으셨다는 것은 시간과 공간에 붙잡히셨다는 것을 말합니다. 시간과 공간에 붙잡힌다는 것은 얼마나 많은 제한 속에 들어가는 것입니까?

그런데 무한이 유한 속에 들어와서 무엇을 만들어 냅니까? 구원과 부활을 만들어 냅니다. 그러니 겁내지 말라고 합니다. 여러분의 가치가 더 큰 능력으로 증명되고 더 많은 발언권을 가져야, 여러분의 인생이 더 가치 있고 쓸모 있을 것으로 생각하십니까? 그렇지 않습니다. 세상이 여러분을 그렇게 속이는 것뿐입니다. 성경은 "너, 이겨야 해"라고 말하지 않고 "괜찮아. 너, 충분하다"라고 말합니다.

우리는 이런 일에 겁을 냅니다. 우리에게 더 큰 책임이 있는 것 같은데 우리가 부족해서 하나님의 일에 지장을 주는 것은 아닌가 하는 생각에 자책합니다. 성경은 그렇지 않다고 합니다. 그러니 감사하는 자가 되십시오. 할 수 있는 것을 하십시오. 그것은 아무도 대신할 수 없는 일입니다.

이 대목에서 고린도후서 12장에 나온 사도 바울의 고백, '나에게 이르시기를 내 은혜가 네게 족하도다 이는 내 능력이 약한 데서 온전하여짐이라'라는 말씀을 생각해 보기 바랍니다. 이는 기독교만이 줄 수 있는 은혜이고 기적입니다.

은사의 핵심

고린도전서 12장으로 가면 바로 이런 일, 섬기고 구제하고 위로하는 일의 가치를 다루는 구절이 있습니다.

하나님이 교회 중에 몇을 세우셨으니 첫째는 사도요 둘째는 선지자요 셋째는 교사요 그 다음은 능력을 행하는 자요 그 다음은 병 고치는 은사와 서로 돕는 것과 다스리는 것과 각종 방언을 말하는 것이라 다 사도이겠느냐 다 선지자이겠느냐 다 교사이겠느냐 다 능력을

행하는 자이겠느냐 다 병 고치는 은사를 가진 자이겠느냐 다 방언을
말하는 자이겠느냐 다 통역하는 자이겠느냐 (고전 12:28-30)

모두가 똑같은 은사를 받지 않았다, 모두가 똑같은 조건 속에 있지 않
다, 그러나 괜찮다, 각각 자기의 조건과 은사가 교회에 유익이 되게 하
라, 모두에게 유익이 되게 하라, 그리고 너 자신에게 유익이 되라, 그
런 이야기입니다. 그리고서 이리로 끌고 갑니다. 31절입니다. '너희는
더욱 큰 은사를 사모하라.' 여기서 더 큰 은사란 더 큰 능력이 아닙니
다. 더 크게 유익이 되라는 뜻입니다. '내가 또한 가장 좋은 길을 너희
에게 보이리라'라고 한 후에 사랑이 나옵니다.

　고린도전서 13장에서는 '사랑은 이런 것이 아니다'로 사랑을 설명
합니다. 천사의 말을 하는 것이 사랑은 아니다, 사랑은 환상이 아니다,
여기에 저는 이렇게 덧붙이고 싶습니다. 봉사도 환상이 아니다, 믿음
도 환상이 아니다, 그러니 잘난 척하지 마라, 교만하지 마라, 다음으로
는 사랑은 능력이 아니라고 합니다. 산을 옮기는 능력이 사랑이 아니
다, 쓸모 있어야만 유익한 것은 아니다, 마지막으로 네 몸을 불사르게
내어 주는 것이 사랑은 아니라고 합니다. 정열이 사랑은 아니다, 담담
하게 지켜 내는 것이 사랑이다, 그렇게 이야기할 수 있을 것입니다.

　'사랑은 이런 것이 아니다'로 사랑을 소극적으로 정의한 다음, 이제
사랑에 대한 적극적 정의로 들어갑니다. 그러면 사랑은 무엇입니까?
사랑은 환상도 아니고, 능력도 아니고, 정열도 아니라면, 사랑은 무엇
인가, 사랑은 오래 참는 것이라고 합니다. '사랑은 오래 참고'를 영어
로 하면 'Love is long-suffering'입니다. 오래 참는 일, 오랜 고통입니

다. 왜 고통스러울까요? 쟤는 왜 저러나, 저 사람은 왜 있나와 같은 생각이 고통입니다. 그런데 저 사람도 하나님이 만드셨으니 하나님 손에 맡기고 내버려 두라고 합니다. 그것이 사랑입니다. 사랑은 손잡고 우는 것이 아닙니다.

나는 왜 이 꼴일까, 하는 자책감이 들 때 하나님이 우리에게 하신 이 말씀을 떠올려 봅시다. 내버려 둬라, 하나님이 너를 만드셨고 지금 너에게 주신 조건이 너에게 최선이다, 그러니 못났으면 못난 채로 살아 내라. 그런데 우리는 이렇게 못합니다. 못났으면 경멸을 감수해야 하는데, 이것이 어렵습니다. 나에게 쏟아지는 경멸을 감수하고 스스로의 무지를 감수하는 것은 어렵습니다.

모든 은사의 핵심은 하나님이 나 같은 것도 불렀고, 나를 통해서 일하신다는 것을 아는 데에 있습니다. 자신의 존재와 한계를 알아 마땅히 생각할 그 이상을 생각하지 않으며, 이 모든 것이 하나님의 손에 달린 일이라고 믿음으로 자기 자신을 붙잡을 수 없다면, 우리가 원하는 다른 지위, 다른 조건을 가진다 해도 아무 소용이 없습니다. 인생을 살아 보면, 열등하고 못나서 불행을 겪는 것이 아니라 은혜가 없어 불행을 겪는다는 것을 알게 됩니다. 하나님이 함께하시지 않으면 성공도 올무가 됩니다. 여러분도 얼마든지 실컷 보셨을 것입니다.

우리는 세상을 살면서 말이 안 되는 경우를 많이 만나게 됩니다. 못난 자들이 열심을 내지 않는 것, 잘난 사람들이 자기가 잘난 것보다 훨씬 더 크게 고함지르는 것과 같은 경우 말입니다. 이 두 개를 빼면 세상에 무엇이 남을까요? 아무것도 남지 않을 것입니다. 주제넘게 행동하는 사람을 불행에 빠트려서 그로 겸손을 배우게 할 수 있을까요? 그를 꺾으면 그가 겸손을 배우게 될까요? 그렇지 않습니다. 원망하고 불평하는 자에게 그가 원하는 조건과 지위를 주면 그가 만족할까요? 그렇지 않습니다. 인류 역사 내내 그런 일은 없었습니다. 이런 것들은 기독교 신앙에만 있습니다. 하나님만이 주시는 은혜이며 능력입니다.

그러므로 우리는 사랑이란 이 모든 일 속에서 각각의 한계를 특권으로 이해하는 것이라고 생각해야 합니다. 타인의 부러움을 사는 저 사람이 하나님의 능력과 은혜 아래에 있는 것같이, 항복이 안 되는 조건 속에 있는 나도 하나님이 만드셨고 나를 위하여 그 아들을 보내셨다는 것을 받아들여야 합니다. 나라는 존재가 실제 존재한다, 그러니 나는 내가 할 수 있는 일을 하리라, 이렇게 마음먹어야 합니다. 이것이 오늘 본문이 하려는 이야기입니다.

선택받은 특권을 누리는 삶

사랑은 이렇게 하는 것입니다. 친구네 집 아이가 대학에 수석 합격했다고 식사에 초대하면 "야, 훌륭하다. 어떻게 수석을 다 하냐. 너 재수해서 또 한 번 수석해라. 밥 한 번 더 얻어먹게"라는 말을 해 줄 수 있는 것이 사랑입니다. 거기 가서 "아휴, 나는 죽겠어. 우리 애는 공부의 '공'자만 보면 펄쩍 뛰어"와 같은 이야기는 하지 않아야 합니다. 그 현실을 자신의 것으로 견뎌야 합니다. 초대받아 기껏 밥 잘 먹고 집에 돌아와서 자기 아들 잡을 필요가 없습니다. 내가 낳은 아들인데 어떻게 나보다 더 잘할 수 있겠습니까. 잘난 아들 데리고 산다고 해서 행복만 있을 것 같습니까? 못난 아들 데리고 살면 손해만 보고 짐만 될 것 같습니까? 그렇지 않습니다. 성공으로는 결코 얻을 수 없는 것을 실패를 통해서 얻습니다. 고난을 당하지 않고서 누가 겸손을 배우며, 인내를 배우며, 속이 깊어질 수 있다는 말입니까. 그럴 수는 없습니다. 그러니 로마서 8장에서는 이런 이야기를 합니다.

> 그러므로 형제들아 우리가 빚진 자로되 육신에게 져서 육신대로 살 것이 아니니라 너희가 육신대로 살면 반드시 죽을 것이로되 영으로써 몸의 행실을 죽이면 살리니 무릇 하나님의 영으로 인도함을 받는 사람은 곧 하나님의 아들이라 너희는 다시 무서워하는 종의 영을 받지 아니하고 양자의 영을 받았으므로 우리가 아빠 아버지라고 부르짖느니라 성령이 친히 우리의 영과 더불어 우리가 하나님의 자녀인 것을 증언하시나니 자녀이면 또한 상속자 곧 하나님의 상속자요 그리스도와 함께 한 상속자니 우리가 그와 함께 영광을 받기 위하여 고난도 함께 받아야 할 것이니라 (롬 8:12-17)

우리는 모두 구체적인 인생으로 부름을 받았습니다. 왜 우리가 고난 속을 걸어가야 하는지에 대해서는 나중에 더 집중적으로 다루겠습니다. 분명한 것은, 우리의 영광은 다만 고난을 극복하는 삶에 있거나 고난이 없는 무사태평한 삶에 있는 것이 아니라는 사실입니다. 우리의 영광은 고난으로도 막을 수 없는 것임을 알게 됩니다. 우리에게는 외적 고난만이 아니라 자기 자신의 한계로 말미암은 고난도 있습니다. 그러나 우리의 못난 것도 우리에게 유익을 끼칠 것입니다. 영광을 만들어 낼 것입니다.

이 영광은 지금껏 설명한 것같이 명분이나 도덕성이라는 가치가 아니라 이제 하나님의 자녀로서 가지는 자유입니다. 죄에게 굴복하지 않고 영을 따르는 삶을 선택하는 자유입니다. 하나님이 보이신 하나님의 길과 하나님이 없이 살면서 세상의 시험과 위협 아래 걸어가는 길 사이에서 선택할 수 있게 됩니다. 이는 마치 우리에게 공부할래? 그럼 그럴래? 아니면 축구할래? 이렇게 묻는 것과 같습니다. '너 죽을래?'를 물어보는 것이 아니라는 말씀입니다.

공부는 석차를 매기기 위해서 하는 것이 아닙니다. 음악도 음반을 많이 팔려고 시작된 것이 아니었습니다. 인간 존재의 가치와 아름다움을 표현한 것이 음악이었습니다. 멋진 축구 경기를 떠올려 보십시오. 경기에서 누군가는 지기 마련입니다. 그러나 진 팀이 자기네가 졌다고 상대 팀 선수들의 다리를 부러뜨리거나 하지 않습니다. 경기에서 지면 마치 세상이 끝나 버린 양 고개를 떨어트리고 나오지만, 최선을 다하며 투지를 불살랐다면 그들은 하나의 예술 작품을 만들어 낸 것입니다. 그것이 운동 경기의 가치이며, 여기서 인간 정신의 고급한 가치를 보게 됩니다. 그래서 많은 이들이 응원하는 것인지도 모릅니다. 한 팀을 격하게 응원하면서 "너희, 지면 정말 가만 안 둘 거야"라고 으름장을 놓지만, 막상 그 팀이 지면 언제 그랬냐 싶게 그 선수들과 함께 서서 울어 줄 수 있습니다. 그런 가치, 그런 명예, 그런 인생을 사는 것입니다.

이렇게 한 팀을 응원하여 거기에 내 기쁨과 슬픔을 묶는 것도 가치 있지만, 이보다 더 큰일이 우리 인생에 있습니다. 우리가 직접 그렇게 사는 것입니다. 우리의 조건, 우리의 상황, 이 모든 것이 하나님이 우리에게 허락하신 신자 된 영광이고 특권이라는 것을 이해한다면, 우리 삶에도 멋진 내용을 담을 수 있게 됩니다. 이것을 모르면 다만 승패에만 집착하며, 이기기 위하여 영혼과 인생까지 팔아 버리게 됩니다. 그러지 마십시오. 우리의 자랑은 져도 된다는 데에 있습니다.

예수님은 지셨습니다. 그러나 실제로는 그가 이기셨습니다. 하나님의 뜻을 따라 기꺼이 죽음의 자리에 자신을 내어놓아서 세상은 예수가 졌다고 판정을 내렸으나 알고 보면 세상이 진 것이었습니다. '예수를 믿는다'라는 고백 속에 예수님도 지는 인생을 사셨다는 사실이 빠져 있으면 우리는 절대 져 주지 못합니다. 질 수 있는 사람이 결코 되지 못하는 것입니다. 그러면 세상보다 더 악착스러워집니다. 신자를 향한 세상 사람들의 비난 속에는 이런 것도 있습니다. "저것들은 예수 믿어서 돈도 벌고 지위도 가졌는데, 게다가 죽으면 천국까지 간대." 그렇게 되지 마십시오. 우리가 가진 믿음이 가난하다면 이 욕을 먹게 될 것입니다. 우리가 가진 것이 무엇인지를 알아야 합니다.

우리만이 질 수 있는 유일한 존재입니다. 패배 속에서 부활 승리를 만들어 낼 수 있는 사람도 우리입니다. 이 사실을 스스로 인정하지 않으면 세상이 행하는 모든 야비함과 더러움을 다만 기독교라는 명분으로 덮어씌워 진실을 가리게 됩니다. 그러면 누구에게 재난이 닥칠까요? 믿는 당사자의 영혼과 인격에 재난이 닥칩니다. 자기 자신에게 영광이 없으며 거기에는 감사가 있을 수 없습니다. 에베소서 4장을 봅시다.

그런즉 거짓을 버리고 각각 그 이웃과 더불어 참된 것을 말하라 이

는 우리가 서로 지체가 됨이라 분을 내어도 죄를 짓지 말며 해가 지
도록 분을 품지 말고 마귀에게 틈을 주지 말라 도둑질하는 자는 다
시 도둑질하지 말고 돌이켜 가난한 자에게 구제할 수 있도록 자기 손
으로 수고하여 선한 일을 하라 무릇 더러운 말은 너희 입 밖에도 내
지 말고 오직 덕을 세우는 데 소용되는 대로 선한 말을 하여 듣는 자
들에게 은혜를 끼치게 하라 (엡 4:25-29)

도둑질하지 말라는 것이 무슨 뜻이라고 했죠? 우리는 이웃의 것을 빼
앗아 우리의 필요를 채워야 할 만큼 하나님이 내버려 두시는 존재가
아니라는 뜻이라고 했습니다. 우리의 필요는 하나님이 채워 주신다,
필요한 것을 이웃에게서 빼앗아 올 필요가 없다, 그러니 너는 더러운
말, 악의에 찬 말을 하지 마라, 너는 덕을 세우며 살아라, 은혜를 끼쳐
라, 너는 가진 자다, 그런 이야기입니다. 이사야 42장의 말씀을 오늘
본문의 결론으로 제시합니다.

내가 붙드는 나의 종, 내 마음에 기뻐하는 자 곧 내가 택한 사람을 보
라 내가 나의 영을 그에게 주었은즉 그가 이방에 정의를 베풀리라 그
는 외치지 아니하며 목소리를 높이지 아니하며 그 소리를 거리에 들
리게 하지 아니하며 상한 갈대를 꺾지 아니하며 꺼져가는 등불을 끄
지 아니하고 진실로 정의를 시행할 것이며 그는 쇠하지 아니하며 낙
담하지 아니하고 세상에 정의를 세우기에 이르리니 섬들이 그 교훈
을 앙망하리라 하늘을 창조하여 펴시고 땅과 그 소산을 내시며 땅
위의 백성에게 호흡을 주시며 땅에 행하는 자에게 영을 주시는 하나

님 여호와께서 이같이 말씀하시되 나 여호와가 의로 너를 불렀은즉 내가 네 손을 잡아 너를 보호하며 너를 세워 백성의 언약과 이방의 빛이 되게 하리니 네가 눈먼 자들의 눈을 밝히며 갇힌 자를 감옥에서 이끌어 내며 흑암에 앉은 자를 감방에서 나오게 하리라 나는 여호와이니 이는 내 이름이라 나는 내 영광을 다른 자에게, 내 찬송을 우상에게 주지 아니하리라 (사 42:1-8)

예수 그리스도에 관한 예언이지만, 또한 우리 곧 모든 하나님의 백성에게 주신 말씀입니다. 우상은 하나님 아닌 것을 가리킵니다. 이 본문은 하나님과 하나님이 아닌 것을 대등하게 놓고 대조하고 있는 것이 아닙니다. 하나님만이 할 수 있는 일에 미치지 못하는 데서 멈추는 그런 타협은 하지 않겠다는 뜻입니다. 도덕, 윤리, 대의, 유능, 유익, 이런 말은 다 좋지만 그것이 아무리 가치 있고 자랑할 만한 것이라고 해도 하나님의 수준에 도달하기 전에는 절대 타협하지 않겠다, 내가 원래 목적한 것으로 너희를 채울 것이다, 내가 내 아들 안에서 이룬 것으로 너희의 존재와 삶과 운명을 채울 것이다, 이런 말씀입니다.

그러니 용서하는 자로 살고 은혜를 끼치고 감사하는 자로 살아가십시오. 윤리를 말하는 것이 아닙니다. 우리가 택할 수 있는, 구원받은 하나님의 백성 된 특권입니다. 그 인생을 사는 복된 여러분이 되기를 바랍니다.

기 도

하나님 아버지, 은혜를 감사합니다. 하나님께서 당신의 자녀의 영광이 무엇인지 보이시고 가르치셨습니다. 우리가 가진 자유가 그것입니다. 우리는 기꺼이 하나님을 택하고, 하나님께 순종하여, 우리의 생애를 하나님의 자녀로 살겠습니다. 이것이 하나님의 은혜입니다. 하나님, 우리와 함께하셔서 당신의 영광을 드러내시고 우리 입술에 찬송을 주시옵소서. 예수님 이름으로 기도합니다. 아멘.

36.
선으로 악을 이기라

인생, 네 배역을 해라

———

14 너희를 박해하는 자를 축복하라 축복하고 저주하지 말라 15 즐거워하는 자들과 함께 즐거워하고 우는 자들과 함께 울라 16 서로 마음을 같이하며 높은 데 마음을 두지 말고 도리어 낮은 데 처하며 스스로 지혜 있는 체 하지 말라 17 아무에게도 악을 악으로 갚지 말고 모든 사람 앞에서 선한 일을 도모하라 18 할 수 있거든 너희로서는 모든 사람과 더불어 화목하라 19 내 사랑하는 자들아 너희가 친히 원수를 갚지 말고 하나님의 진노하심에 맡기라 기록되었으되 원수 갚는 것이 내게 있으니 내가 갚으리라고 주께서 말씀하시니라 20 네 원수가 주리거든 먹이고 목마르거든 마시게 하라 그리함으로 네가 숯불을 그 머리에 쌓아 놓으리라 21 악에게 지지 말고 선으로 악을 이기라 (롬 12:14-21)

삶으로 드리는 제사

본문의 권면은 로마서 전체 맥락 속에서 이해해야 합니다. 이 권면은 '하나님께서 예수 안에서 우리에게 구원을 주셨다'라는 말에서 '그러니 이제부터 도덕적으로 살자'로 바로 넘어가는 것이 아닙니다. 본문에 나열된 권면은 예수 믿는 사람이라면 당연히 해야 하는 일이라고 쉽게 요약하거나, 악한 사람들과 마주쳤을 때는 착하게 굴어서 그들을 감동시켜야 한다는 적용으로 간단히 결론지어서는 안 됩니다.

본문은 로마서 12장 1절, '그러므로 형제들아 내가 하나님의 모든 자비하심으로 너희를 권하노니 너희 몸을 하나님이 기뻐하시는 거룩한 산 제물로 드리라'에서 이어지는 이야기입니다. 하나님이 기뻐하시는 산 제물, 삶으로 드리는 제사는 예수를 믿는 것이 다만 이해나 관념, 이상이나 진심이라는 추상명사가 아니라 구체적으로 바쳐지는 한 인생으로 나타나야 한다고 가르칩니다. 이 몸뚱어리를 가지고 시간과 공간에서 살아 내어 드러내는 구체적 인격이라는 이야기입니다.

우리의 일상을 예로 들어 이 구절을 생각해 봅시다. 보통 우리가 친한 사이라고 할 때에는 그 사람하고 여러 일을 겪으며 시간을 함께 보내어 서로 잘 알게 된 사이를 말합니다. 공유한 것이 많으니 대화를 해도 잘 통하지요. 이런 사이가 고등학교 친구들입니다. "쟤는 원래 그래", "쟤는 매사에 늘 반대만 해." 이것을 아는 관계죠. "쟤는 늘 우겨"라고 투덜대면서도 왜 만날까요? 많은 경우를 함께 겪어 왔고 늘 묶여 있어서 어지간한 것으로는 분리될 수 없는 관계가 성립되었기 때문입니다. 다만 좋은 말을 해 주고 멋진 말을 해서 친해진 것이 아닙니다.

앞에서 '그러니 삶으로 바치라'라는 의미를 이렇게 말씀드렸습니다. 이미 완료된 구원을 네 인생에 적용하라, 누려 보라, 결코 실패하지 않고 손해 보지 않을 운명을 구체적으로 살아 내라, 즐기라, 해 보라고 말입니다.

이러한 '삶으로 드리는 제사'를 위해 2절에서는 "너희는 이 세대를 본받지 말고 오직 마음을 새롭게 함으로 변화를 받아 하나님의 선하시고 기뻐하시고 온전하신 뜻이 무엇인지 분별하도록 하라"라고 하여 분별에 대한 이야기를 언급했습니다. 하나님의 자녀로 사는 것이 얼마나 영광스러운가를 살아가면서 거듭 확인하고 즐겨라, 그런 이야기였습니다.

맡겨진 배역에 충실하라

그리고 3절에 들어오면, '그러니 그 구체성을 알라'라고 합니다. 3절을 같이 읽어 봅시다.

> 내게 주신 은혜로 말미암아 너희 각 사람에게 말하노니 마땅히 생각할 그 이상의 생각을 품지 말고 오직 하나님께서 각 사람에게 나누어 주신 믿음의 분량대로 지혜롭게 생각하라 (롬 12:3)

한계가 있다고 합니다. 마땅히 생각할 그 이상을 생각하지 말라고 합니다. 우리가 분명하게 아는 것은 자기 자신밖에 없습니다. 상대방에 대해서는 잘 모릅니다. 왜냐하면 '나'는 '너'가 아니기 때문입니다. 나는 나에게 분명한데, 이 '분명하다'는 것도 다 이해된다는 뜻은 아닙니다. 다 이해할 수는 없지만, 내가 '나' 아닌 순간은 없습니다. 내가 그때는 미쳤나, 하는 생각이 들게 하는 '나'도 어쨌든 '나'입니다. '생각 없었던 나'까지 '나'인 것이죠. 그것은 분명합니다.

그러나 '너'는 다릅니다. 상대방에게 '너는 왜 그러냐?'라고 물어 답을 들어도 우리는 사실 잘 알 수가 없습니다. '네가 나를 모르는데 난들 너를 알겠느냐'라는 유명한 노래도 있지 않습니까.

성경은 왜 이 이야기를 할까요. 하나님은 왜 이런 이야기를 하실까요. 너는 작가가 아니다, 너는 배우다, 그러니 네 역할을 해라, 이것이 본문의 내용입니다. '너희를 박해하는 자를 축복하라 축복하고 저주하지 말라.'

영화 〈벤허〉에서 메살라를 생각해 봅시다. 〈벤허〉는 누구의 이야기일까요? 벤허의 이야기일까요? 아닙니다. 〈벤허〉는 예수 이야기입니다. 예수 이야기를 벤허의 인생에 담아낸 것입니다. 거기에 예수가 담기는데, 사실 이 영화에서 예수는 등만 한 번 보여 주고 끝입니다. 그래서 우리는 벤허밖에 못 봅니다.

사람의 인생에 무엇을 담아내어 보여 주려면 이를 담아낼 공간이 필요합니다. 이것을 컨텍스트(context)라고 합니다. 이 영화에서는 메살라가 등장하여 내용을 담을 공간, 화음을 이루어 낼 무대가 만들어집니다. 그제야 벤허의 인생에 무언가 담길 수 있게 됩니다. 메살라가 악역이라고 해서 빨리 죽여 버려서는 안 되는 이유가 여기 있습니다. 메살라가 없으면 주인공 벤허의 삶을 담을 방법이 없습니다. 그래서 이 영화는 메살라의 죽음으로 끝나지 않습니다.

'너희를 박해하는 자를 축복하라.' 이 구절은 양보하고 용서하고 희생하라는 신앙적 권면이 아닙니다. 분별에 관한 것입니다. 하나님이 저 사람과 나를 묶어 무엇을 담으신다, 만들어 내신다, 그러니 나는 내 역할을 다하는 분별을 하겠다고 하는 것입니다.

20절에서는 '네 원수가 주리거든 먹이고 목마르거든 마시게 하라'라고 합니다. 메살라가 "나 배고파서 더 이상 연기 못하겠다"라고 하면 빨리 먹을 것을 줘야 합니다. 먹이고 나서 "자! 빨리 네 역할을 해!" 그래야 합니다. 이런 차원에서 자신의 인생과 역할을 이해하지 못하면 기독교는 다만 거짓말에 불과해집니다. 명분에 매인 추상명사에 그쳐 자기 인생을 살아 낼 수 없게 되니 말입니다.

인생은 원래 억울합니다. 벤허도 억울합니다. 메살라를 죽인다고 해서 답이 나오지 않습니다. 철없을 때는 〈벤허〉에서 메살라가 죽으면 영화 보다가 나가 버립니다. 영화가 왜 계속되는지 이해하지 못합니다. 벤허의 이 말, "그분의 말씀이 내 가슴에 있던 칼을 놓게 했어"를 못 알아듣습니다. 그저 전차 경주가 벤허의 전부인 줄 압니다. 그 안에 예수가 담긴 줄은 모릅니다. 그러면 인생은 늘 여전히 그 정도에 머물러 버립니다.

이제 제 나이쯤 오면 인생은 두 부류로 나뉘어 있음을 알게 됩니다. 원망과 분노만 남은 사람과 웃음과 감사가 남은 사람으로 말입니다. 웃음과 감사가 남은 인생은 기독교가 아니고서는 만들 수 없습니다. 세상에서는 기껏 잘해야 체념입니다. 그러나 하나님께서 신자에게 인생을 명예와 영광으로 허락하셨다는 것을 아는 자는 자신의 인생에서 웃을 수 있습니다.

바로 이 이야기입니다. 내가 너희를 죄와 사망에서 꺼내어 하나님의 자녀의 자유, 곧 영광의 길로 불렀다고 이야기하는 것입니다. 우리는 자유가 무엇을 선택하는 권리인 줄로만 착각합니다. 선택하는 특권으로 인식하는 것이죠. 실존주의자들은 인간에게는 다른 아무런 가치가 없고 다만 내가 할 것인가 말 것인가, 하는 선택만이 인간의 가치를 드러내는 유일하고 특별한 권리라고 주장합니다. 그러나 사실 인간의 선택은 그것이 어떤 선택이든 다 못났습니다. 왜 그럴까요? 죽음을 이기지 못하기 때문입니다. 죽음을 이기지 못하는 것은 다 거짓입니다. 대의니 명분이니 어떤 가치를 갖다 대도 죽음을 이기지 못하면 결국 거짓입니다.

하나님은 우리에게 너희는 부활할 것이다, 너희는 내 앞에서 살 것이다, 내 나라에서 살 것이다, 예수 안에서 내가 그것을 완성했다, 이 일은 결단코 취소되거나 번복되지 않는다, 그러니 너는 이 구원을 네 인생이 주어진 구체적 자리에 적용하여 영광의 인생을 살아 보라, 이렇게 말씀하십니다. 이것이 하나님의 자녀가 누리는 자유입니다. 우리가 만들 수 없었던 길, 우리가 알지 못했던 길, 망하는 더러운 길로부터 영광과 명예의 길로 부르신 것, 그것이 자유입니다.

그러니 7절과 8절에서 섬기는 일이면 섬기는 일로, 가르치는 자면 가르치는 일로, 위로하는 자면 위로하는 일로 하라고 했던 것입니다. 이는 완벽한 사회를 만들기 위해 정치, 경제, 사회로 역할 분담을 하라는 이야기가 아닙니다. 각자의 자리에서 누릴 수 있는 명예로운 덕목을 나열한 것입니다. 네가 할 수 있는 것에서 명예로운 일과 영광된 일을 해라, 네가 할 수 있는 것을 하라, 영광을 택하라, 그 이야기입니다.

웃을 수 있는 신앙

이런 맥락에서 본문은 분노하지 마라, 보복하려고 하지 마라, 악한 역할을 맡지 마라, 남에게 보복하기 위하여 네가 맡은 명예로운 길을 포기하지 마라, 악에게 지지 말고 선으로 악을 이기라고 말씀합니다.

이렇게 되기 위해서는 우선 좋은 표정을 지을 수 있어야 합니다. 좋은 표정을 짓는 일은 우리가 어떤 인생을 살고 있는지, 부름받은 우리의 역할이 무엇인지 알게 될 때 할 수 있습니다. 우리가 맡은 역할은 벤허의 배역과 같습니다. 메살라를 죽여서는 도달할 수 없는 길에 들어선 인생으로 부름받은 것이죠. 그 억울한 일이 없었더라면, 그저 등 따뜻하고 배부른 삶으로 만족하고 끝났을 것입니다.

하나님은 결코 우리를 그 정도로는 놔두지 않겠다고 하십니다. 우리의 소원처럼 다만 만사형통으로, 자존심 세우는 것으로 끝나게 하시지 않겠다는 하나님의 의지입니다. 이것이 구원입니다. 너희가 거짓된 인생을 살도록 두지 않겠다, 너희를 일회용으로 만들지 않았다, 너는 내 창조물이다, 내가 하나님인 것같이 너희는 내 자녀라는 영광을 가져라, 누려라, 이렇게 쳐들어오십니다. 이것이 예수입니다. 신명기 28장에 가면 이런 놀라운 약속이 나옵니다.

네가 네 하나님 여호와의 말씀을 삼가 듣고 내가 오늘 네게 명령하는 그의 모든 명령을 지켜 행하면 네 하나님 여호와께서 너를 세계 모든 민족 위에 뛰어나게 하실 것이라 네가 네 하나님 여호와의 말씀을 청종하면 이 모든 복이 네게 임하며 네게 이르리니 성읍에서도 복을 받

고 들에서도 복을 받을 것이며 네 몸의 자녀와 네 토지의 소산과 네
짐승의 새끼와 소와 양의 새끼가 복을 받을 것이며 네 광주리와 떡
반죽 그릇이 복을 받을 것이며 네가 들어와도 복을 받고 나가도 복
을 받을 것이니라 (신 28:1-6)

이어서 계속 복을 언급하는데, 뒷부분에는 경고도 나옵니다. 말을 듣
지 아니하면 이런저런 벌이 내릴 것이라는 경고입니다. 인생 말년에
는 두 부류, 곧 원망하고 분노하는 자와 감사하고 기뻐하는 자로 나눠
볼 수 있다고 앞에서 말씀드렸습니다. 감사하고 기뻐하는 인생은 기
독교만이 만들 수 있는 반면, 예수 믿지 않는 인생은 원망밖에 남는 것
이 없습니다. 그런 인생에서는 성공한 것이 벌일 수 있고, 잘한 것도
저주일 수 있습니다. 돌아보니 아무것도 남지 않아서 나이 든 얼굴에
노기만 가득합니다. 이는 잘못 산 인생입니다.

억지로 무엇을 하라는 이야기가 아닙니다. 돌아보면 하나님이 우리
인생에 복을 주셨다는 것을 알게 됩니다. 우리의 약함, 무지, 그 모든
실수가 오늘의 나를 만들며, 그 속에서 하나님이 당신의 영광을 구체
적으로 드러내셨다는 사실에 놀라게 됩니다. 그래서 예수를 믿어 맨
처음 감동받는 사람은 바로 자기 자신일 것입니다. 쥐어짜서는, 넘치
지 않고서는 나눌 수 없기 때문입니다. 재미있어서 웃는 것을 코미디
라고 합니다. 넉넉해서 웃는 것은 신앙입니다.

가졌다고 넉넉하지는 않습니다. 십계명이나 에베소서에서 본 것처
럼 '도둑질하지 마라'라는 명령은 다만 윤리의 문제가 아닙니다. 성경
이 말하는 '도둑질하지 마라'라는 말씀은 네 필요를 네 옆 사람의 것을

훔쳐 채울 필요가 없다는 뜻이라고 했습니다. 우리의 필요는 하나님
만이 채워 주실 수 있습니다. 하나님만이 주실 수 있는 것을 하나님에
게서 받지 못하면, 돌아다니면서 거짓말하고 도둑질하고 살인할 수밖
에 없습니다. 그렇다고 해서 무엇이 채워지는 것도 아닙니다. 그래서
하시는 말씀입니다. 악으로 악을 갚지 마라, 너는 그렇게 살 필요 없다,
너는 네 길을 가라, 선으로 악을 이겨라, 이렇게 말씀합니다. 세상의 위
협과 시험 앞에서 분명하게 확인하십시오. 메살라를 죽이려 하지 말고
각자의 길을 가십시오. 여러분이 몸담고 있는 아무것도 아닌 조건 속
에서 어떤 명예와 영광, 어떤 위대함이 드러날지를 보십시오.

성경에 소개된 성령의 열매는 다 성품에 관한 것입니다. 사랑과 희
락과 화평과 오래 참음과 자비와 양선과 충성과 온유와 절제, 이런 열
매는 나쁜 조건에 놓일 때 더 잘 맺을 수 있는 것들입니다. 모든 것을
다 가진 좋은 조건에서보다 나쁜 조건에서 더 많이 맺을 수 있습니다.
우리에게는 좋은 조건이랄 것도, 부족한 조건이랄 것도 없다는 이야
기입니다.

여기서 로마서 12장 15절로 와서 "즐거워하는 자들과 함께 즐거워
하고 우는 자들과 함께 울라"라는 말씀을 생각해 봅시다. 이 말씀은
무슨 뜻일까요? 우리에게 속상한 일이 있다고 해서 웃고 있는 상대방
에게 "지금 나라가 이 꼴인데 뭘 웃어?"라고 하지 말라는 말씀입니다.
그 사람에게는 웃을 이유가 있을 것입니다. 그 사람에게 공감해 주고,
그 사람의 지위와 형편을 용납해 주십시오. 모든 것의 기준을 자기 자
신에게 두어 이 나라에 태어난 것이 싫고, 지금 일어나는 사건도 싫고,
내가 처한 형편도 싫다고 무엇에든 분노하고 원망하느라 자기 삶을

살지 못하는 시험에서 벗어나라고 말씀합니다. 저 사람은 왜 저렇게 싱글벙글할까? 좋은 일이 있기 때문일 것입니다. 그러면 함께 웃어 주십시오. 저 사람은 왜 울까? 슬픈 일이 있어서겠죠. 어떻게 상대방을 속속들이 알겠습니까.

그래서 16절에 "서로 마음을 같이하며 높은 데 마음을 두지 말고 도리어 낮은 데 처하며 스스로 지혜 있는 체 하지 말라"라는 말씀이 나옵니다. 너는 작가가 아니다, 너는 배우다, 그러니 네 역할에 충실하라, 이런 말씀입니다. 배우가 감독에게 "아니, 이렇게 하다가 어떻게 되려고 그러세요?"라고 말할 수 없습니다. 벤허가 노예선에 쫓겨 가는 장면에서 이 역할을 맡은 찰톤 헤스톤이 "이러면 안 됩니다. 죽으면 어떻게 하려고 그러세요?"라고 하면 안 되듯이 말입니다.

작가는 하나님이십니다. 그는 전능하시며 거룩하시며 자비와 긍휼이 풍성하시고 우리를 사랑하시는 우리 아버지이십니다. 그러니 무엇을 겁내십니까? 겁내는 것은 신앙이 없기 때문입니다. 물론 이런 신앙은 단번에 생기지 않습니다. 그러나 기본으로 알고 있어야 합니다. 성경의 이런 권면이 근거하는 전제를 모르면, 권면은 다만 매뉴얼에 불과하게 됩니다. 자꾸 상대방더러 "기도 안 하고 뭐해?"라고 지적하게 됩니다. 얼굴에 웃음이 사라집니다. 그래서는 안 됩니다. 기독교 신앙이 어떤 전제 속에서 이런 말씀을 하는지를 깊이 생각하지 못하면, 신앙은 현실에서 힘을 쓰지 못합니다. "아무에게도 악을 악으로 갚지 말고 모든 사람 앞에서 선한 일을 도모하라 할 수 있거든 너희로서는 모든 사람들과 더불어 화목하라"라는 말씀의 의미를 기억합시다.

선으로 악을 이기라

그러니 자기의 인생을 실제로 살아 내지 않는 것은 주제넘은 짓입니다. 걱정하지 마십시오. 무책임하라는 이야기가 아닙니다. 예수를 믿는 것이 무엇인지 알아야 합니다. 그래서 19절에 "내 사랑하는 자들아 너희가 친히 원수를 갚지 말고 하나님의 진노하심에 맡기라 기록되었으되 원수 갚는 것이 내게 있으니 내가 갚으리라고 주께서 말씀하시니라"라는 결론이 등장합니다. 모든 결과는 하나님이 내실 것입니다. 잘잘못의 차원을 넘어서는, 하나님의 구원의 신비와 기적과 은혜와 긍휼의 대단원의 막이 내려질 때가 올 것입니다.

20절에서는 "네 원수가 주리거든 먹이고 목마르거든 마시게 하라 그리함으로 네가 숯불을 그 머리에 쌓아 놓으리라 악에게 지지 말고 선으로 악을 이기라"라고 하십니다. 악에게 지지 말고 악한 일에 시험받아 네 역할 집어던지고 뛰어들어 가 보복하려고 하지 마라, 네 인생을 그런 식으로 포기하지 마라, 그것입니다. 빌립보서 2장에 가면 이 문제를 다음과 같이 가르칩니다. 우리의 현실을 가장 잘 설명하는 말씀일 것입니다.

> 그러므로 나의 사랑하는 자들아 너희가 나 있을 때뿐 아니라 더욱 지금 나 없을 때에도 항상 복종하여 두렵고 떨림으로 너희 구원을 이루라 너희 안에서 행하시는 이는 하나님이시니 자기의 기쁘신 뜻을 위하여 너희에게 소원을 두고 행하게 하시나니 모든 일을 원망과 시비가 없이 하라 (빌 2:12-14)

모든 일을 원망과 시비 없이 하고 두려움으로 하라, 하나님의 진정성을 인정하라, 하나님의 지혜와 능력을 인정하라, 이런 말씀입니다. 쉽게 생각하지 마라, 하나님의 지혜를 놓치지 마라, 하나님의 성실하심을 놓치지 마라, 네가 보기에 안 될 것 같으냐, 네가 보기에 잘못된 것 같으냐, 네게 어떤 조건이 부족해 보이냐, 하나님이 예수를 보냈다는 사실을 잊지 마라, 이것이 '두렵고 떨림으로'의 의미입니다. 공포를 이야기하는 것이 아닙니다. 이것이 얼마나 굉장한지 아느냐, 그러니 너 잘 살아 내라, 너를 위하여 온 세상과 역사가 있다, 잘 살아 내라, 상대방도 그렇다,라고 합니다. 이어서 그다음을 보세요.

> 이는 너희가 흠이 없고 순전하여 어그러지고 거스르는 세대 가운데서 하나님의 흠 없는 자녀로 세상에서 그들 가운데 빛들로 나타내며 생명의 말씀을 밝혀 나의 달음질이 헛되지 아니하고 수고도 헛되지 아니함으로 그리스도의 날에 내가 자랑할 것이 있게 하려 함이라 (빌 2:15-16)

놀랍습니다. 이것이 아브라함 이야기입니다. "내가 너로 큰 민족을 이루고 네게 복을 주어 네 이름을 창대하게 하리니 너는 복이 될지라.너를 축복하는 자에게는 내가 복을 내리고 너를 저주하는 자에게는 내가 저주하리니 땅의 모든 족속이 너로 말미암아 복을 얻을 것이라." 아브라함은 이 약속을 붙들고 나그네 인생을 삽니다. 나그네 인생을 살아가지만, 그가 복입니다. 그가 걷는 길이 복이고, 그를 만나는 사람들에게 그가 복입니다. 그와 사귀는 것이 복이고 그의 존재가 복입니다. 지금 그 이야기를 하는 것입니다.

우리는 세상의 빛입니다. 우리를 축복하는 자는 하나님이 복 주시는 존재입니다. 우리를 저주하는 자는 하나님이 저주하시는 존재입니다. 우리를 외면하는 것이 그들에게는 벌입니다. 저들이 우리를 보고 놀라야 합니다. 그래서 우리 안에 있는 복을 나누어 주어야 합니다.

우리는 예수님이 오신 것같이 감추어져 있습니다. 세상이 주장하는 가치나 모양으로 장식되어 있지 않고 속에 감추어져 있습니다. 그러나 빛을 감출 수 없듯이 거스르는 이 세대와 어두운 세상 속에서 한 줄기 빛으로 걸어가며 누비고 사는 인생이 우리 삶입니다. 아브라함같이 말입니다. 남의 이야기가 아니고 우리 이야기입니다. 그 인생을 사는 것입니다.

그 인생을 사는 우리에게 악을 악으로 갚지 마라, 악에게 지지 말고 선으로 악을 이겨라, 영광된 길을 걸으라, 명예로운 길을 택하라, 악역을 맡지 마라, 그들과 싸우느라고 네 길을 망치지 마라, 네 명예를 살아라, 너는 충분히 가진 자다, 예수가 널 위해 죽었다, 라고 하십니다. 그러니 이 말씀에 아멘으로 반응하고 결심하기를 바랍니다.

기 도

하나님 아버지, 은혜를 감사합니다. 우리의 인생이 얼마나 굉장한 것인지 오늘 말씀으로 확인합니다. 우리는 심판하거나 정죄하기 위하여 서 있지 않습니다. 우리의 인생은 영광의 길을 펼치도록 정해진 것임을 확인합니다. 그러니 이 말씀을 들은 이후로 믿음을 가지고 이겨 나가는 영광의 삶을 살게 하옵소서. 우리가 있는 곳이 복된 곳이며, 우리가 복이며, 우리가 하나님의 임재와 그 임재를 나누어 주시는 하나님의 손길인 것을 아는 명예를 안고 살게 하옵소서. 참으로 충성된 인생이 되게 하옵소서. 예수님 이름으로 기도합니다. 아멘.

37.
권세는 다 하나님께서 정하신 바라

권세, 본문이 펼쳐지는 무대

───────

1 각 사람은 위에 있는 권세들에게 복종하라 권세는 하나님으로부터 나지 않음이 없나니 모든 권세는 다 하나님께서 정하신 바라 2 그러므로 권세를 거스르는 자는 하나님의 명을 거스름이니 거스르는 자들은 심판을 자취하리라 3 다스리는 자들은 선한 일에 대하여 두려움이 되지 않고 악한 일에 대하여 되나니 네가 권세를 두려워하지 아니하려느냐 선을 행하라 그리하면 그에게 칭찬을 받으리라 4 그는 하나님의 사역자가 되어 네게 선을 베푸는 자니라 그러나 네가 악을 행하거든 두려워하라 그가 공연히 칼을 가지지 아니하였으니 곧 하나님의 사역자가 되어 악을 행하는 자에게 진노하심을 따라 보응하는 자니라 5 그러므로 복종하지 아니할 수 없으니 진노 때문에 할 것이 아니라 양심을 따라 할 것이라 (롬 13:1-5)

로마서 13장은 '각 사람은 위에 있는 권세들에게 복종하라'라는 말씀으로 시작합니다. 모든 권세는 하나님께로부터 났고, 하나님이 정하셨기 때문에 복종하라는 것이죠.

이 말씀에 대해서는 늘 심각한 오해가 있었습니다. 교회사를 보면, '승자가 진리다', '승리는 하나님이 주시는 것이다'라는 주장이 끊임없이 등장해 왔는데, 바로 이 구절이 그 근거로 사용되었기 때문입니다. 하지만 이 말씀은 '악에게 지지 말고 선으로 악을 이기라'라는 말씀에 이어서 등장한 것임을 기억해야 합니다. 선을 어떻게 행할 것인가, 어떻게 구체적으로 행할 것인가, 하는 맥락에서 '권세에 대한 복종'이 등장한 것입니다.

통치자가 국민을 위해서 존재해야 하는 것은 누구나 알지만, 인류 역사에서 국민을 위해 존재했던 통치자는 별로 없었습니다. 정권을 뒤집어엎는다고 해도 더 나은 통치자가 세워지지 않았습니다. 새로 정권을 잡은 자들이 기존의 정권처럼 다시 국민을 핍박하는 일이 역사에 늘 반복되어 왔습니다. 이런 역사의 현실을 보면서 우리는 이런 질문을 던질 수밖에 없습니다. 승자가 정의가 아니고 권력이 정의가 아니라면, 권력이나 통치나 힘은 무엇을 위해 있는 것일까요?

앞에서 강조했듯, 성경은 권세에 대한 문제를 '어떻게 선을 구체적으로 행할 것인가'의 일환에서 소개합니다. 이 점을 유념해야 합니다. 사도 바울은 예수의 성육신을 갈라디아서 4장 4절에서 뜻밖의 관점을 가지고 서술합니다. 때가 차매 그리스도가 여자에게서, 율법 아래에서 태어나셨다고 말입니다.

때가 차매 하나님이 그 아들을 보내사 여자에게서 나게 하시고 율법
아래에 나게 하신 것은 (갈 4:4)

'때가 차매'란 무엇일까요? 전후(前後)가 있고, 선후(先後)가 있다는 것
입니다. 이것을 문맥이라고 합니다. 밑도 끝도 없이 '그가 웃었다'라
는 문장만 달랑 있으면 알아들을 수 없습니다. 웃는 얼굴을 그릴 때는
눈은 반달처럼 둥그렇게, 입은 입꼬리가 둥글게 올라가게 그리면 그
만입니다. 그러나 글 속에서 '웃었다'는 다양한 어감으로 쓰입니다.
'웃었다'고 하면 기뻐하는 모습이 가장 먼저 연상됩니다. 그런데 상황
에 따라서는 '웃었다'가 어처구니없는 상황에 빠진 모습이나 비아냥
대는 조소를 의미하기도 합니다. 문맥이 있어야 의미를 정확히 파악
할 수 있습니다.

　이와 같이 예수의 성육신도 구약 역사를 염두에 두어야 그 의미가
정확해집니다. 예수의 성육신은 하나님께서 이스라엘에게 하신 약속
의 성취입니다. 문맥이 없이 다만 '예수가 오셨다'라고만 말하면 이
말에 어떤 의미가 담긴 것인지 제대로 이해하기 어렵습니다.

　사건의 맥락은 시간의 전후 관계뿐만 아니라 공간적 틀에 따라서
도 형성됩니다. 공간적 틀이란 무대나 그릇에 비유할 수 있는데, 구조,
체제, 조직, 관계 같은 것을 의미합니다. 바로 이런 것이 로마서 13장
에서 말하는 권세입니다. 그래서 모든 권세는 하나님으로부터 났으
며, 권세를 하나님께서 정하셨다는 말은 이렇게 이해됩니다. 모든 컨
텍스트는 내가 만들었다, 그러니 이 안에서 너희가 텍스트를 담아내
라, 이런 말씀 말입니다.

컨텍스트의 의미

'컨텍스트(context)'라는 말은 이미 여러 학문 분야에서 사용해 온 전문용어입니다. 로마서를 해설하면서 저는 이 용어를 좀 다른 의미를 담아 사용하는데, 이는 기존의 의미만으로는 성경에서 말하고자 하는 바를 다 담을 수 없어서 그렇습니다. 제가 말하는 컨텍스트는 문맥일뿐만 아니라 그릇이기도 하고 무대이기도 합니다.

예수께서 공생애를 시작하실 때 광야에서 마귀에게 시험을 받습니다. 돌들을 명하여 떡덩이가 되게 하라, 성전에서 뛰어내려라, 내게 절하라와 같은 시험들이었는데 여기에는 공통점이 있습니다. 이 시험들은 모두 '컨텍스트 속으로 들어오지 말고 컨텍스트 밖으로 나가라'는 요구입니다. 이 요구에 대해 '그리하지 않겠다'는 것이 예수의 대답입니다. 마귀는 지금 예수의 성육신을 무위(無爲)로 돌리고자 합니다. 컨텍스트 밖으로 나가라, 곧 한계를 벗어나라는 유혹도 여기서 나온 것입니다. 성육신이란 무한(無限)이 유한(有限)속에, 제한된 컨텍스트 속에 들어오신 것입니다. 이런 일은 왜 있어야 했을까요?

우리는 로마서 12장에서 '그러므로 형제들아 내가 하나님의 모든 자비하심으로 너희를 권하노니 너희 몸을 하나님이 기뻐하시는 거룩한 산 제물로 드리라'라는 말씀에서 출발한, 구체적이고 현실적인 신앙생활을 하라는 권면을 받고 있습니다. 산 제물은 삶으로 드리는 제사를 의미한다고 했습니다.

반면 우리는 삶으로 드리는 것보다는 삶에 종교적 색채를 입히는 것을 목표로 삼습니다. 기도, 성경 읽기, 주일 성수와 같은 몇 가지 실천 항목들로 신앙을 축소하여 이해할 뿐, 삶, 일상, 하루, 실존 전체를 바치는 방법은 잘 모릅니다. 교회에서 하는 일에 열심을 내어 참여할 때는 신앙이 좋아진 것 같은 느낌이 들지만, 막상 교회 밖을 벗어나면 이 믿음을 어떻게 구현해 낼지 몰라서 막막해 합니다. 그래서 더 많은 시간을 종교 행위에 할애하는 것이 좋은 신앙일 것이라고 막연하게 생각합니다.

이에 대해 성경은 그렇지 않다고 이야기합니다. 삶 전체가 하나님께 드려져야 하지, 특정한 임무가 삶을 대신하지는 않는다고 합니다. 성경은 우리가 하찮게 여기는 삶이라는 컨텍스트 속에 우리가 믿고 고백한 텍스트를 담아 구체적인 것이 되게 하라고 합니다. 예수 그리스도의 성육신이 그랬던 것처럼 말입니다.

그러기 위해서 무엇을 분별하라고 합니까? 세상을 본받지 말고 하나님이 기뻐하시는 뜻이 무엇인지 분별하라고 합니다. 컨텍스트를 바꿔야 텍스트가 빛나는 것이 아닙니다. 컨텍스트는 그릇일 뿐, 여기에 내용이 담겨 있어야 합니다. 내용은 우리입니다.

우리의 무엇이 내용일까요? 예수 그리스도로 말미암은 새 생명, 이제 알게 된 진리, 예수 안에 있는 자유가 내용입니다. 12장 3절의 '마땅히 생각할 그 이상의 생각을 품지 말고 오직 하나님께서 각 사람에게 나누어 주신 믿음의 분량대로 지혜롭게 생각하라'라는 말씀의 의미가 드러납니다. 네가 한계 속에 있다는 것을 알라, 네가 작가가 아니라는 것을 인정하라, 너는 역할을 맡은 배우다, 너는 네 길을 다 알 수 없을 것이다, 하지만 네 앞에 분명하게 주어진 네 길을 걸어라, 네 자리를 지키고 네 삶을 살아라, 그 삶은 단지 한계와 제한에 불과한 것이 아니다, 거기에서 분명하고 구체적인 존재가 빚어진다는 것입니다.

각 개인이 겪는 이런 일들은 어디에서 벌어질까요? 우리가 태어나서 맞이하는 사회, 우리가 선택하지 않은 시대, 관계, 지위 속에서 일어납니다. 우리가 들어 있는 이 컨텍스트 말입니다. 우리의 삶을 형성하는 정치, 경제, 사회, 문화와 같은 것들은 그 자체로 정의나 진리의 근거가 되지 않습니다. 단지 하나님이 우리를 담아내기 위하여 당신의 뜻을 나타내시고 그분의 지혜로 허락하신 컨텍스트인 것입니다.

텍스트를 담기 위한 컨텍스트

물론 이 컨텍스트는 우리 마음에 들지 않을 때가 더 많습니다. 우리 마음에 들지 않는 역사와 과거는 다 어떤 의미가 있을까요? 이런 식으로 이해해 볼 수 있습니다.

문학을 하려면 내용을 글로 담아내야 합니다. 글로 표현하려면 적절한 단어를 골라 알맞게 써야 합니다. 그런데 단어란 개념과 상상 속에서 저절로 나타나는 것이 아니라 현실에서 만들어지는 것입니다.

이를테면, 문화(文化)라는 단어가 그렇습니다. 50년 전만 해도 문화라는 단어를 아는 사람이 드물었습니다. 그때는 다 문명(文明)이라고 했습니다. 1960년대만 해도 우리나라는 많이 뒤처진 나라였고 구미 선진국들이 이룬 성취와 부요함에 대하여 부러움을 가지고 추종하던 시기입니다. 하지만 당시 서구는 이미 과학 문명의 한계와 물질의 부작용을 보기 시작하여 그때쯤 문명이라는 단어를 버리고 문화라는 단어를 만들었습니다. 근대와 과학 문명에 대한 반발을 보이기 시작한

히피(hippy) 같은 단어도 이즈음 등장했습니다. 영성 운동이라는 것이 일어난 때도 이 무렵이고 이를 현실 문제와 묶은 반전(反戰)운동도 일어났습니다. 그때는 월남전이 한창이었으니 월남전에 반대하는 반전 운동이었죠. 서구가 물질문명과 과학기술의 발전을 자랑하여 다른 나라나 민족들을 폄하하지 않겠다는 반성 속에 '문화'라는 단어가 만들어진 것입니다. 그리고 이 '문화'라는 단어에는 어느 나라를 다른 나라보다 우월하다고 할 수 없다는 겸손한 자세가 들어 있습니다.

이렇게 문화라는 단어를 만들어서 문명으로는 설명되지 않는 인류와 현실을 담아냈다면, 이제는 나아가 이 단어를 사용해 문장을 만들수 있어야 합니다. 문장을 만들어야 드디어 사상(思想)이 담깁니다. 사상은 사랑, 진심과 같은 말을 쓴다고 해서 담겨지는 것이 아닙니다. 컨텍스트가 없이는 텍스트를 담아낼 방법이 없습니다. 옛날에 희극인 서영춘(1928-1986) 씨가 '인천 앞바다가 사이다라도 고뿌(컵의 일본식 표현)가 없으면 못 마십니다'라는 유명한 말을 남겼는데, 그때 그분은 이미 컨텍스트와 텍스트를 구별하셨던 것 같습니다.

영화 〈벤허〉는 벤허의 생애를 그린 영화지만 텍스트는 예수입니다. 벤허의 생애는 예수라는 텍스트를 담아야만 그 의미가 확인될 수 있습니다. 벤허의 컨텍스트는 무엇이었습니까? 벤허의 시대적 지위와 개인의 경험 모두가 여기에 들어갑니다. 그는 로마의 통치 아래 있는 유대인으로, 하나님의 선민으로서 가졌던 우월감과 자존심에 상처를 입어 분노했고 자기 동족에 대한 의리 때문에 고민했습니다. 또 오랜 친구였던 메살라에게 배반당하여 견디기 어려운 현실을 경험합니다. 이 모든 것이 벤허의 컨텍스트입니다.

이 영화는 어디에서 절정에 이릅니까? 벤허는 원수 메살라를 죽입니다. 그러나 그를 죽여도 삶의 갈증이 해소되지 않습니다. 개인적 원한은 이제 로마제국 전체에 대한 분노로 바뀌었지만, 보복으로도 답을 얻을 수가 없습니다. 그런 벤허에게 아내가 "당신이 메살라 같아요!"라고 말하지요. 저는 이 장면을 절정으로 여깁니다. 그리고 영화의 결말에 이르러 벤허는 고백하지요. "그분의 말, '아버지여 저들을 사하소서. 저들은 자기들이 하는 일을 알지 못하나이다'라는 외침이 내 가슴에서 칼을 내려놓게 했어." 여기에 바로 컨텍스트와 텍스트가 있습니다.

얼마 전 방영했던 사극 〈정도전〉을 예로 들어 봅시다. 사극은 결과를 알고 보는 드라마입니다. 이성계가 성공할 것인가, 실패할 것인가를 조마조마하면서 보는 사람은 아마 없을 것입니다. 그렇게 결말을 다 알고 있다면 왜 보는 것일까요? 그때 그 사람에게 어떤 유혹이 있었는가, 어떤 위기가 있었던가, 그런 상황에서 그가 어떤 결정을 내렸는가를 보는 것입니다. 그저 눈 부릅뜨고 고함지르는 걸 보려고 그 드라마를 보는 것은 아니지요.

또 하나의 영화를 예로 들어 보겠습니다. 영화 〈십계〉(The Ten Commandments, 1956)입니다. 사십 세가 되기까지 모세(찰톤 헤스톤 분)는 바로의 왕자로 사는 것이 자기 인생인 줄 알고 유능한 사람으로 궁전에서 잘 살아갑니다. 그에게는 배다른 형제인 람세스(율 브린너 분)가 있습니다. 야심만 있을 뿐 무능한 사람입니다. 아버지인 왕이 시키는 일에 모세는 뭐든 성공하고, 람세스는 실패합니다. 그러니 아버지가 모세를 편애할 수밖에 없습니다. 여기에 배다른 공주 네프레티리(앤 백스터 분)가 등장합니다. 모세와 네프레티리, 이 둘은 서로 사랑하지요. 그러던 어느 날 모세는 자신의 정체를 깨닫게 됩니다. 그는 공주에게 자기 민족에게 가겠다고 말하자 공주가 답합니다. "당신이 바로가 되어 당신 민족에게 자유를 주면 되잖아요. 그런 걸 해야죠." 이 말로 모세의 결심을 흔듭니다.

우리도 생각해 보면 이 방법이 더 나아 보입니다. 그러나 하나님은 그렇게 하지 않으셨습니다. 공주의 말에도 모세가 흔들림이 없자, 그녀는 다시 이렇게 말합니다. "나를 사랑한다면서 당신은 왜 이러는 거죠? 내가 람세스한테 가도 좋단 말이에요?" 이런 유혹은 사실 이기기 어렵습니다. 우리도 다 사랑할 때는 "당신 없으면 난 죽을 거야"라고 이야기하지 않았습니까. 공주는 지금 모세에게 그렇게 말하는 것이죠.

모세는 이것을 어떻게 넘어왔을까요? 이 영화에서 모세로 나온 찰톤 헤스톤은 인상만 써서 잘 모르겠습니다. 아무튼 이것이 컨텍스트입니다. 이런 일을 계속 겪어야 합니다. 컨텍스트가 없으면 삶이 구체화 될 수 없고 텍스트를 담을 수도 없습니다.

한국의 근현대사라는 컨텍스트

한국 근현대사를 생각해 봅시다. 이승만 정권에 대한 평가는 어떻게 내려야 할까요? 이승만 정부에서 시급했던 문제는, 해방은 되었지만 나라를 책임질 사람이 없다는 현실이었을 것입니다. 이승만 대통령이 그 책임을 지게 되었죠. 어떻게 그가 책임을 지게 되었는지까지는 잘 모르겠습니다. 역사가 알고 있을 것입니다. 그에게는 국방이 가장 시급한 과제였을 것입니다. 다시는 다른 나라에게 나라를 뺏기지 않아야 했기 때문이죠. 치안도 중요했을 것이고, 교육의 필요성도 절감했을 것입니다. 산적한 이 문제들을 해결하려면 일할 사람들이 필요합니다. 누구한테 맡겨야 할까, 그는 이 일들을 친일파였던 사람들에게 맡겼습니다. 이런 일을 직접 해 본 사람들이 친일파들이었기 때문이죠. 그래서 그들에게 다 맡겼습니다. 그게 잘한 일이냐고 물으면 잘했다고 말할 수는 없을 것입니다.

박정희 정권은 무엇을 했을까요? 그는 국력, 특히 경제력의 필요성을 알았던 사람입니다. 그래서 무시무시하게 밀어붙였죠. 부작용이 있었습니다. 억울한 일들이 생겨났지요. 이런 과정을 거치면서 우리 사회는 무언가를 배웠습니다. 국력을 키우려면 경제력 말고 민도(民度)도 높아져야 하고 국민 모두가 마음으로 수긍할 수 있는 시간도 필요하다는 것을 알게 되었죠.

그다음 문민정부로 넘어와서는 무엇을 배웠습니까? 사심이 없고 공정하다고 해서 전부가 아니라는 것을 배웠습니다. 그것만으로는 무능해질 뿐이라는 것을 배웠습니다.

돌아보면 지나온 과거가 우리 마음에 흡족하지 않습니다. 그러나 이런 역사를 통해 배우게 된 것이 있습니다. 지도자나 백성이나 시간이 필요하다는 것입니다. 시간을 가져야 합니다. 우리는 빨리 답을 내놓으라고 요구하고 싶습니다. 그러나 시간을 들이지 않고 그렇게 될 수는 없습니다. 예전에 경부고속도로를 급하게 건설하느라고 나중에 보수비로 공사 원가만큼의 비용이 들었던 일을 다들 기억하실 것입니다. 이 일을 통해 속도를 내야 할 때가 있고, 시간을 두고 천천히 가야 하는 때가 있다는 것을 배웠습니다.

유능하다는 것은 무엇일까요? 유능함이란, 행운과 불운에 좌우되지 않고 지금 무엇을 해야 하는지를 아는 분별을 의미합니다. 지금 무엇을 해야 하느냐, 무엇을 할 수 있느냐, 어떻게 해야 하느냐를 아는 것이 바로 유능함입니다. 옳은 말을 하는 것으로 전부가 아닙니다. 드라마 〈정도전〉에서도 이런 말이 나왔습니다. "시도 때도 없이 옳은 말만 하면 죽는다, 인마!"

뒤집을 수 없는 과거와 지금 우리의 현실을 감수해야 극복이란 것도 할 수 있습니다. 뒤집는 것으로 다가 아닙니다. 한 면이 익어야 다른 면으로 뒤집을 수 있습니다. 하물며 빈대떡도 이렇게 뒤집지 않습니까? 익기를 기다리지 않고 뒤집기만 하면 벌써 다 찢어질 것입니다.

성경은 '각 사람은 위에 있는 권세들에게 복종하라'라고 이야기합니다. 무슨 의미일까요? 너희에게 준 컨텍스트 속에서 살아가라는 말씀입니다. 앞으로 또 무슨 변화를 겪을지 우리는 모릅니다. 우리의 짧은 인생 속에서도 남의 나라의 지배 속에 있다가 해방을 맞고, 6.25를 겪고, 4.19를 겪고, 5.16을 겪고, 군정을 겪고, 10.26을 겪고, 12.12를 겪고, 5.18을 겪었습니다. 이제는 달력에 아무 날도 아닌 날이 없게 되었습니다. 이것이 바로 컨텍스트입니다. 그 속에서 할 수 있는 것을 하기 바랍니다.

깨어 있으라

성경을 통해 이 부분을 조금 더 분명히 풀어 드리려고 합니다. 마태복음 24장을 봅시다.

> 무화과나무의 비유를 배우라 그 가지가 연하여지고 잎사귀를 내면 여름이 가까운 줄을 아나니 이와 같이 너희도 이 모든 일을 보거든 인자가 가까이 곧 문 앞에 이른 줄 알라 내가 진실로 너희에게 말하노니 이 세대가 지나가기 전에 이 일이 다 일어나리라 천지는 없어질지언정 내 말은 없어지지 아니하리라 그러나 그 날과 그 때는 아무도 모르나니 하늘의 천사들도, 아들도 모르고 오직 아버지만 아시느니라 노아의 때와 같이 인자의 임함도 그러하리라 홍수 전에 노아가 방주에 들어가던 날까지 사람들이 먹고 마시고 장가 들고 시집 가고 있으면서 홍수가 나서 그들을 다 멸하기까지 깨닫지 못하였으니 인자의 임함도 이와 같으리라 그 때에 두 사람이 밭에 있으매 한 사람은 데려감을 당할 것이요 두 여자가 맷돌질을 하고 있으매 한 사람은 데려감을 당할 것이니라 그러므로 깨어 있으라 어느 날에 너희 주가 임할는지 너희가 알지 못함이니라 (마 24:32-42)

하나님이 우리를 데려가는 그날까지, 주께서 오시는 것을 완성하거나 예비하는 컨텍스트는 없을 것이라고 말씀하는 본문입니다. 그래서 중요한 본문입니다. 시집가고, 장가가고, 밭 갈고, 맷돌질하는, 아무것도 아닌 것 같은 이런 컨텍스트 속에 하나님이 일하십니다. 그러다 때가 되면 이 컨텍스트를 끝내실 것입니다. 역사는 반복되는 것 같고 나아지는 것 없이 무심하게 흘러가는 것 같습니다. 그러나 그 속에서 하나님은 일하고 계십니다.

우리가 일을 잘하면 더 나은 세상이 되고 더 좋은 인간이 되고 인류와 역사가 발전하는 것이 아닙니다. 무슨 근거로 이렇게 장담할 수 있는지 묻고 싶습니까? 아무리 예수를 잘 믿는 부모에게서도 자식은 여전히 죄인으로 태어나기 때문입니다. 부모보다 나은 아이가 태어나지 않습니다. 그 자녀도 자기 인생에서 예수를 만나야 합니다. 그도 나중에 "결국 이거였어"라고 깨닫게 되지만 그때는 이미 예순 일곱 정도 먹었을 것입니다. 그러니 우리의 인생으로 일하시는 하나님을 외면한 채 컨텍스트를 바꾸어 자기 편안하고자 하는 싸움을 해서는 안 됩니다. 우리 인생은 이런 식으로는 답을 얻지 못합니다.

그런데도 우리는 아직도 이것을 알지 못하여 서로에게 고함만 지르고 있는 것은 아닌지 모르겠습니다. 깨어 있으라는 말이 무슨 의미일까요? 깨어 있으라, 무엇이 텍스트인지 알라, 너희에게 주어진 컨텍스트와 텍스트를 혼동하지 마라, 컨텍스트 때문에 네가 못할 일은 하나도 없다, 컨텍스트만 고치려 들다가 끝날 인생이 아니다, 그런 이야기입니다. 이어서 에베소서 5장을 봅시다.

너희는 열매 없는 어둠의 일에 참여하지 말고 도리어 책망하라 그들이 은밀히 행하는 것들은 말하기도 부끄러운 것들이라 그러나 책망을 받는 모든 것은 빛으로 말미암아 드러나나니 드러나는 것마다 빛이니라 그러므로 이르시기를 잠자는 자여 깨어서 죽은 자들 가운데서 일어나라 그리스도께서 너에게 비추이시리라 하셨느니라 (엡 5:11-14)

'깨어 있으라'는 말씀이 여기에도 나옵니다. 깨어 있다는 것은 무엇이
텍스트인지 아는 것을 말합니다. 텍스트를 어디에 담는다고 했습니
까? 컨텍스트에 담습니다. 컨텍스트를 무시하지 말고, 컨텍스트를 텍
스트와 혼동하지도 마십시오. 그래서 이런 권면이 나옵니다.

> 그런즉 너희가 어떻게 행할지를 자세히 주의하여 지혜 없는 자 같이
> 하지 말고 오직 지혜 있는 자 같이 하여 세월을 아끼라 때가 악하니
> 라 (엡 5:15-16)

세월을 아끼라고 합니다. 세월은 넘어가면 끝이 아닙니다. 그릇에 무
엇을 담듯이 지나가는 세월에 채워 보내야 하는 것이라고 말씀하고
있습니다.

> 그러므로 어리석은 자가 되지 말고 오직 주의 뜻이 무엇인가 이해하
> 라 술 취하지 말라 이는 방탕한 것이니 오직 성령으로 충만함을 받으
> 라 (엡 5:17-18)

술 취하는 것은 무엇입니까? 그저 시간을 헛되이 흘려보내어 허송세
월하는 것을 상징합니다. 술 취하면 의식을 잃습니다. 필름이 끊긴다
고들 하죠. 하나님은 우리더러 삶의 모든 순간에 정답만을 말하고 언
제나 유능하라고 요구하시지 않습니다. 우리에게 전지전능한 삶을 요
구하는 것이 아닙니다. 완벽한 사람이 되라는 것도 아닙니다. 모든 경
우에서 각자의 실력으로 부딪쳐 살아 내십시오. 그리고 거기서 은혜를

받으십시오. 우리가 누구인지, 인간이란 어떤 존재인지, 하나님이 어떻게 일하시는지 거기서 깨닫게 될 것입니다. 하나님의 능력과 기적은 거기서 확인하는 것입니다. 이것이 신앙생활입니다.

우리에게 주어진 어떤 조건도 우리로 실패하게 하거나 절망하게 하여 우리를 끝장낼 수 없습니다. 그런 컨텍스트는 없습니다. 로마서 8장에서 이미 다 말씀한 내용입니다. 우리의 이런 지위와 신분을 기억하는 오늘 말씀이기를 바랍니다.

기 도

하나님 아버지, 우리가 무서워하며 겁을 내는 이유는 믿음이 없는 탓입니다. 우리에게는 하나님의 지혜, 의지, 일하심이라는 조건이 있습니다. 우리 각자가 당하는 모든 조건 속에서 원망과 게으름과 어리석음을 거두어 버리고 각자에게 허락하신 삶을 살게 하옵소서. 우리에게 주신 조건 속에서 걱정하며 염려하며 탄식하며 기도하며 하나님의 사람으로 살게 하옵소서. 그리하여 우리가 산 오늘을 하나님 앞에 바치는 위대한 하나님의 증인들이 되게 하옵소서. 예수님 이름으로 기도합니다. 아멘.

38.

복종하지 아니할 수 없으니

복종, 예수를 가진 자의 실력

———

5 그러므로 복종하지 아니할 수 없으니 진노 때문에 할 것이 아니라 양심을 따라 할 것이라 6 너희가 조세를 바치는 것도 이로 말미암음이라 그들이 하나님의 일꾼이 되어 바로 이 일에 항상 힘쓰느니라 7 모든 자에게 줄 것을 주되 조세를 받을 자에게 조세를 바치고 관세를 받을 자에게 관세를 바치고 두려워할 자를 두려워하며 존경할 자를 존경하라

(롬 13:5-7)

부모 역할을 하는 권세

로마서 13장은 하나님이 일하시는 틀과 그 구체적 방법을 소개하고 거기에 순종할 것을 요구합니다. 1절에서는 위에 있는 권세에 복종하라고 말씀합니다. 당시는 로마 황제의 횡포로 교회가 어려움을 겪던 시대였음을 기억할 필요가 있습니다. 바울이 로마에 보낸 편지를 처음 읽었던 신자들뿐만 아니라 그 이후로도 계속해서 로마서를 읽은 초대교회 신자들은 세상 권력자에게 많은 핍박을 당했습니다. 이런 처지에 있는 사람들에게 이 말씀이 주어진 것입니다. 1절은 신자들이 자기가 사는 시대의 정치권력과 어떤 관계에 있어야 하느냐는 문제와 관련하여 자주 논란이 되는 구절이기도 합니다.

지금껏 살펴본 로마서 전체의 가르침을 염두에 두고 보면, 1절의 '위에 있는 권세'란 컨텍스트를 가리키는 것으로 보입니다. 원래 컨텍스트란 문맥, 정황이라는 말입니다. 여기서 저는 이 단어에 좀 더 많은 의미를 담아서 문맥, 정황뿐만 아니라 배경, 무대, 틀, 그릇이라는 의미까지 담아내어 컨텍스트라는 단어를 사용합니다. 이 모든 의미를 포괄하는 적합한 우리말이 아직 떠오르지 않아서 그렇습니다. 이 단어를 사용하는 또 하나의 이유는 이와 대비되는 개념 때문입니다. 컨텍스트와 대비되는 개념은 '텍스트'입니다. 텍스트는 본문이지요.

1절이 말하는 '위에 있는 권세' 곧 컨텍스트란 우리가 지금 살고 있는 이 시대의 정치권력과 그것이 형성한 사회질서입니다. 이것을 이해하기 위해 우선 부모라는 단어를 떠올려 봅시다. 부모에게 복종하라고 하면 아무도 반발하지 않습니다. 물론 부모가 항상 우리 마음에 드는 것은 아닙니다. 그러나 부모는 굉장히 큰 존재입니다. 부모가 모든 것을 다 해 주지는 않더라도 말입니다. 우선 낳아 주신 분이 부모입니다. 물론 자녀는 여기에 대해서도 반항하죠. "누가 낳아 달랬어요?" 그런데 이런 말은 철없고 못났을 때나 하는 소리입니다. 부모는 우리를 낳아 주시고 길러 주신 분입니다. "우리 부모는 제대로 먹이지도 않고 제대로 공부도 안 시켜 줬는데"라며 제 말에 수긍하고 싶어 하지 않을 수 있지만, 좀 넓게 생각해 보면 부모가 있기에 지금 우리가 존재하는 것입니다. 부모란 이처럼 우리의 기본을 만들어 주었습니다. 부모는 우리의 컨텍스트인 것입니다. 부모와 마찬가지로 우리 시대의 정권과 사회질서도 우리에게 컨텍스트입니다.

자녀가 자라서 그들도 부모가 되면 더 나은 부모가 되어야겠지요. 그처럼 우리는 더 나은 나라, 더 나은 사회를 원합니다. 이런 것들을 컨텍스트의 진전이라고 할 수 있습니다. 그런데 컨텍스트에서의 진전은 누구 한 명이 나서서 단번에 해낼 수 있는 것이 아닙니다. 그래서 '더 나은 국가나 더 나은 사회가 되려면 권력을 가진 지도층이 잘해야 한다'라고 쉽게 이야기할 수 없습니다. 그런 사회가 되려면 전체 시민의 민도 곧 시민의식이나 문화수준이 높아져야 합니다. 이 내용을 요약한 말이 '시민 사회가 성립되어야 한다'는 말입니다.

민주주의의 좋은 점은 평화로운 정권 교체가 가능하다는 데에 있습니다. 그런데 정권이 바뀌어도 국가의 수준이라는 것은 잘 변하지 않습니다. 아직 민도가 올라가지 않아서 그렇지요. 그러니 민도가 올라가야 합니다. 이는 권리는 책임을 수반한다는 점을 기억해야 그렇게 될 수 있습니다.

고함을 지른다고 문제가 해결되지 않습니다. 우리나라는 왜 이 꼴이냐고 이야기하는 것은 자기 얼굴에 침 뱉는 격입니다. 우리는 왜 이 꼴이냐고 말할 모든 문제가 우리의 현실, 컨텍스트입니다. 그러니 이 모든 상황들이 아무리 억울하고 대책이 없어 보인다고 할지라도 이민을 가는 것으로 도망치지는 마십시오. 이 나라를 지키시고 함께 망신을 당하십시오. 그렇게 해야 민도가 높아집니다.

이스라엘 역사의 의미

지금까지의 이야기는 서론에 해당합니다. 우리는 지금 나라 이야기가 아니라 컨텍스트 이야기를 하고 있습니다. 이제 컨텍스트의 문제가 기독교인에게는 어떻게 적용되는가 생각해 보겠습니다. 예수의 성육신은 예수님이 컨텍스트 속에 들어오셨음을 의미합니다. 지금 한국 교회가 정말 부끄럽고 실망스러운 현실 속에 있듯이, 예수는 당시 몹시 나쁜 컨텍스트 속에 들어오셨습니다. 로마제국이 세계를 호령하던 시대에 예수는 유대인으로 태어난 것입니다. 피지배 계급의 한 사람으로 들어오신 것이죠.

바벨론 포로에서 돌아온 이스라엘은 영적 지도자도 없이, 사백 년을 지내 옵니다. 알렉산더가 세계의 질서를 다시 세운 후, 이스라엘 민족은 그 휘하에 있던 장군의 통치를 받으며 그리스의 문화와 종교를 강요당합니다. 억울한 형편의 피지배 계급으로 사는 일이 계속됩니다. 투쟁 끝에 잠깐 독립했지만, 다시 로마 정권에 붙잡힙니다.

정치가 이렇게 흘러가자, 몇몇 지도자들은 이스라엘의 고유한 민족성은 저버린 채 다만 현실적 이익에 급급한 정치 세력이 되고, 또 어떤 이들은 로마에 무력으로 대항하는 항쟁 세력이 되기도 합니다. 예수님은 이러한 상황에 태어나 이쪽의 의심도 받고, 저쪽의 의혹도 사면서 아슬아슬한 생애를 살아갑니다. 예수의 이런 생애는 무슨 의미가 있었을까요? 결국 죽음으로 끝난 그의 공생애는 또 무엇이었을까요?

예수께서는 공생애를 시작하시기 전 광야에서 사탄에게 시험을 받으십니다. 마태복음에 나온 순서대로 하면, 사탄이 마지막으로 내건 시험은 이런 것이었습니다. 그는 예수께 천하만국을 보여 주며 자기에게 절하면 이 모든 것을 주겠다고 합니다. 예수는 거부하십니다. 오직 여호와만 경배하고 다만 그를 섬길 것이라고 답하십니다.

이 답은 무슨 뜻일까요? 예수는 컨텍스트를 취하시지 않고 컨텍스트 속으로 들어오셨습니다. 그 속에서 모두가 하나님을 경배하고 섬기도록 하는 텍스트로 존재하기로 하신 것입니다. 이 말을 이해하시겠습니까? 사탄이 예수님에게 천하만국을 보여 주고 "이것 다 가져라. 대신 나한테 절해라"라고 시험하였으나, 예수님은 "나는 그렇게 할 수 없다. 나는 모두를 하나님 앞에 경배하게 하고 하나님만 섬기게 하려고 왔다. 나는 세상을 가지는 방법으로는 이 일을 이루지 않을 것이다"라고 답하십니다. 세상을 얻어야 뜻한 바를 이룰 수 있을 것이라는 사탄의 제안을 거부한 것입니다. 그렇게 예수는 세상을 취하시지 않고 세상 속에 들어오셨습니다. 이처럼 컨텍스트와 텍스트는 다릅니다.

이제 그렇다면 이 둘은 어떻게 묶여 있는 것인가 하는 질문이 나옵니다. 그 답은 이삭에게서 잘 설명됩니다. 이삭은 이스라엘 역사의 족장 중 한 명입니다. 구약에서 하나님은 자신을 아브라함의 하나님이 자 이삭의 하나님, 야곱의 하나님이라고 선포하십니다. 아브라함의 하나님, 이삭의 하나님, 야곱의 하나님입니다. 아브라함의 하나님과 야곱의 하나님은 이해가 되는데, 이삭의 하나님에 대해서는 그 의미가 잘 떠오르지 않습니다.

이삭이 누구입니까? 아브라함이 백 살에 얻은 자식입니다. 이삭이라는 이름의 유래는 어디서 비롯되었을까요? 하나님께서 아브라함에게 자식을 주겠다고 하시자 이 말을 들은 사라가 문 뒤에서 웃습니다. 하나님이 "사라, 네가 웃었다. 그러나 너는 내년에 아들을 낳을 것이다"라고 하십니다. 사라는 "안 웃었습니다"라고 우기죠. 하나님은 다시 "아니다. 너는 웃었다. 그러니 너는 자녀를 낳으면 이름을 이삭이라고 지어라"라고 하십니다. 히브리어로 이삭은 웃음이라는 뜻입니다. 어찌 보면, 이삭은 어머니를 당황스럽게 하는 이름이었을지 모릅니다. 사라가 믿지 않았던 아이, 낳을 수 없다고 생각했던 아이인데, 그런 아이가 태어나 웃을 수 없는 집안에 웃음을 준 것입니다.

창세기 22장에 가면 하나님이 아브라함에게 나타나셔서 이삭을 잡으라고 합니다. 아브라함은 순종하여 이삭을 데리고 모리아 산으로 갑니다. 도중에 이삭이 "아버지, 다른 것은 다 있는데 제물은 왜 가져가지 않으십니까?"라고 묻습니다. 이에 아브라함은 "걱정하지 마라. 하나님이 준비하실 것이다"라고 답합니다. 사실 아브라함은 이삭을 잡을 작정이지요. 드디어 모리아 산에 올라가 단을 쌓고 장작도 쌓고 이삭을 묶어 이제 칼로 찌르려 하는데 여호와의 사자가 나타납니다. "됐다. 네 신앙이 제대로 된 신앙이라는 것을 내가 확인했다. 그러니 아이에게 손대지 마라." 그래서 이삭은 살아납니다. 우리는 이 이야기의 결론을 알고 있어서 아브라함이 부활 신앙을 가지고 있었다고 생각합니다. 그러나 이 부분은 좀 더 깊이 이해해야 합니다.

하나님은 이삭을 낳기 전인데도 "아브람아, 이제부터 네 이름은 아브람이 아니고 아브라함이다"라고 합니다. 아브라함은 '열국의 아비'라는 뜻입니다. 모든 족속이 너로 말미암아 복을 받을 것이고, 네 자손이 하늘의 별 같고 바다의 모래 같으리라, 그러니 네 이름은 이제부터 아브라함이라, 그렇게 됐죠. 자식 하나 없고 시간이 지나도 자녀는 생길 것 같지 않은 아흔아홉 살의 아브람에게 말이죠.

아브라함이 이삭을 언제 낳습니까? 낳을 수 없는 나이가 되어서야 낳습니다. 왜 자녀를 낳을 수 없는 나이에서야 이삭을 주셨을까요? 이삭은 아브라함이 만든 자식이 아니라는 것을 알려 주시기 위해서입니다. 그러면 그런 자식을 왜 주셨을까요? 아브라함이 만들 수 없는 것, 하나님이 약속하고 하나님이 만든 후손을 하늘의 별 같고 바다의 모래 같게 하기 위해서입니다.

여기서 이런 의문이 듭니다. 이삭 없이 그냥 하시면 될 것 아닙니까. 그러나 그렇게 해서는 구체화되지 않습니다. 이삭은 구체화하기 위해서 주신 아들입니다. 아브라함이 만들어서 그 자손이 생물학적 차원에서 번성하는 것이 아님을 보여 주는 존재가 이삭입니다. 이삭은 하나님의 신실한 약속과 의지로 만들어집니다. 이제 이후 자손들도 같은 방식으로 하늘의 별 같고 바다의 모래같이 번성할 것입니다.

이처럼 어렵게 받은 아들인데, 아브라함에게 혼을 뺏길 만한 일이 일어납니다. 하나님이 이삭을 잡으라고 하신 것입니다. "잡아라. 이 자식은 없어도 되는 존재다." 이런 하나님의 의도를 이제 아브라함이 알아

챈 것 같습니다. 그래서 잡습니다. 이삭은 원래 없는 존재인 것입니다.

이삭은 이삭이라는 존재로서가 아니라, 없어도 될 존재의 현현(顯現)이자 텍스트를 담고 있는 자로 서 있습니다. 텍스트만 있고 컨텍스트가 없으면 텍스트가 담길 데가 없기 때문에 이삭을 컨텍스트, 그릇이라고 이야기하는 것입니다.

어떤 컨텍스트도 괜찮다

우리가 사는 시대, 그것을 형성하는 구조, 질서, 조직은 컨텍스트이며, 그 속에 텍스트가 담긴다고 지난 장에서 언급하였습니다. 우리가 사는 이 시대의 조건, 환경, 정황, 수준, 이런 모든 것이 그릇이 되고, 하나님은 거기에 텍스트가 담기도록 하십니다. 그래서 우리 각자가 자신에게 주어진 독특한 지위, 그 독특한 컨텍스트를 감당하기를 요구하십니다.

사실 컨텍스트는 아무래도 좋은 것입니다. 아무래도 좋다는 것은 컨텍스트가 우리에게 무작위로 주어지기 때문이 아닙니다. 하나님이 각 사람에게 허락한 지위는 하나님의 지혜와 은사로 마련된 다양하고 특별한 자리이기 때문입니다. 우리 각자가 어떤 자리에 있든 하나님은 공통된 텍스트를 넣으실 수 있습니다. 그 텍스트는 바로 예수입니다.

하지만 세상은 텍스트를 가지고 있지 않습니다. 그래서 더 나은 사회를 만들자, 더 나은 국가를 만들자, 라고 컨텍스트의 개선만을 목적으로 삼습니다. 이렇게 텍스트가 없는 세상에서, 단지 분노하고 비난하고 보복하는 것밖에는 할 수 있는 것이 없는 세상에서, 컨텍스트에

휘둘리지 않을 실력을 가진 사람은 오직 텍스트를 갖고 있는 이들뿐입니다. 어떤 컨텍스트 속에서도 하나님이 텍스트를 담아내실 수 있다는 사실을 아는 신자들만이 말이 안 되는 재난과 불행과 위기와 의심을 견딜 수 있는 것입니다.

철학은 살 것인가, 말 것인가를 규명할 숙제가 주어져 있는 학문입니다. 그러나 그 질문에 대해 아직까지 답을 찾지 못하고 있습니다. 사람은 살아야 하는가 죽어야 하는가에 대해 맹렬히 고민하고 있다,라는 정도에 이르렀을 뿐 답을 내지 못하고 있습니다.

답은 기독교 안에 있습니다. 예수를 믿어야 한다, 왜냐하면 인간은 인간이 만들 수 있는 것보다 더 굉장한 존재이기 때문이다, 인간은 하나님의 피조물이다, 하나님의 의지와 목적으로 완성되어야 하는 존재이다, 그것은 영광된 것이다, 이 일은 이루어질 수 있다, 창조의 하나님, 구원의 하나님이 예수 안에서 이루시는 영광을 인간을 향한 목적으로 삼으셨기 때문에 하나님께서 우리 인생에 신비하게 간섭하실 것이다, 이것이 기독교가 가지고 있는 답, 복음입니다.

살 것인가 죽을 것인가의 갈림길에서 살 이유를 찾지 못하면 죽어야 맞습니다. 사는 건 고난의 연장일 뿐이고, 모두에게 짐이 될 뿐이니 말입니다. 그러나 살아야겠다고 답을 찾았으면 살 이유를 발견해야 합니다. 그리고 찾아낸 그 이유, 살아가는 목적을 매일의 삶 속에서 채우며 그 길로 나아가야 합니다.

우리의 삶은 컨텍스트를 개선하는 데에 목적이 있지 않습니다. 우리는 어떤 컨텍스트 속에서도 텍스트를 담을 수 있습니다. 하나님이 우리에게 그 텍스트를 담으셔서, 예수 그리스도가 보이셨듯이 죽음을 뒤집을 수 있는 기적을 우리도 누리게 하시며, 하나님의 성실하심과 궁극적 승리를 우리를 통하여 구현하십니다. 이것을 안다면 우리는 무서울 것이 없습니다.

그런데도 더 나은 나라에 태어나서 살았으면 하는 생각이 드십니까? 그리해서 뭐하려고 그러십니까? 그런 곳에 태어났다면 아무것도 안 할 것 아닙니까? 좋은 나라에 가서 와인 한 잔 놓고 좋은 책 읽으면서 살고 싶습니까? 세상에 좋은 책이란 없습니다. 다 부질없습니다. 성경을 읽으십시오. 그리하여 그 말씀에 담긴 약속의 명예로움을 알기 바랍니다. 이렇게 살지 않는 인생은 속는 인생입니다. 인생을 방치하는 것입니다.

역사적 사실로 부각되는 구원

요셉을 보십시오. 그가 처한 컨텍스트 속에서 하나님이 무엇을 만드셨는지 살펴보기 바랍니다. 어떻게 텍스트가 컨텍스트에 들어왔는지가 요셉의 삶과 이스라엘의 역사 속에서 발견됩니다.

요셉은 애굽에 종으로 팔려갑니다. 왜 그렇게 됐을까요? 요셉은 아버지 야곱의 편애를 받는다는 이유로 다른 형제들의 미움을 샀습니다. 사실 그는 자기가 꾼 묘한 꿈을 눈치 없이 이야기할 정도로 철이 없었습니다. 안 그래도 미움을 받고 있는데, 꿈 이야기까지 하자 죽을 위기에 처합니다. 르우벤이 살려 주자고 해서 간신히 죽음을 면하고 노예로 팔려 애굽에 들어갑니다. 요셉은 낯선 땅에 들어가 종이 됩니다. 그리고 무고를 당해 억울하게 옥에 갇힙니다. 요셉은 곱게 감옥에 들어갔을까요? 주인이었던 시위 대장이 아마 그를 반쯤 죽여서 보냈을 것입니다. 감옥에서 그의 발은 족쇄에 채워지고 몸은 쇠사슬에 묶여 감당할 수 없는 나날을 막막하게 보냈을 것입니다. 요셉이 들어갔던 감옥은 죽어야 겨우 나올 수 있는 곳이었습니다. 그런데 거기서 요셉은 부름을 받아 총리가 됩니다. 총리가 된 요셉은 형들에게 보복하지 않습니다. 아마 원망은 했을지도 모릅니다. 하나님이 그가 당한 고통과 눈물과 한숨과 비명과 분노 속에 무엇을 담으셨습니까. 요셉은 자기 가족을 구해 냅니다. 요셉의 식구가 모두 애굽에 들어와 가장 기름진 땅을 받고 거기서 한 민족을 이루게 됩니다. 이스라엘 백성들이 너무 융성해지자 바로는 이런 명령을 내립니다. "만일 히브리 민족의 여인이 사내아이를 낳거든 죽여라." 얼마나 무서운 컨텍스트입니까? 이 명령 때문에 갓난아기 모세는 나일 강에 떠내려갑니다. 그 모세를 누가 건져 냅니까? 바로의 공주가 그 아기를 건져서 애굽의 왕자로 키웁니다. 바로의 궁전에서 모세는 잘 먹고 잘 컸을 것입니다. 그런데 나이가 들어 자신이 누군지 알게 되자 자기 백성을 구하러 나갑니다. 그러나 아무도 모세의 말을 안 들어 그에게는 망명하는 길밖에 남지 않게 됩니다. 사십 년을 미디안 광야에서 보냅니다. 어느 날 하나님이 모세에게 오셔서 "자, 가자. 내 백성을 구해야겠다"라고 하십니다. 모세는 "아이고, 하나님, 늦었습니다"라고 답하죠. 하나님은 이런 모세를 데리고 가서 이스라엘 백성을 구원해 냅니다. 열 가지 재앙을 내리고 홍해를 가르고 구름기둥과 불기둥으로 인도하여 만나와 메추라기를 먹이고 반석에서 나오는 샘물을 마시게 하여 젖과 꿀이 흐르는 땅에 들여보내고 나라를 세웁니다.

그러나 그렇게 세워진 나라는 부패하고 하나님을 배신하여 바벨론에 망하고 맙니다. 그리고 페르시아와 그리스와 로마 제국의 지배 아래 피식민 계급이 되는 굴욕을 겪습니다. 이런 일을 거치면서도 이스라엘 백성은 별 변화 없이 한심한 자중지란 속에서 막막한 현실을 보내다가 팔레스타인으로 돌아옵니다.

이런 이스라엘 역사를 보면서 유대인들을 욕하고 그들의 역사를 폄하할 이유가 우리에게는 없습니다. 하나님은 그런 그들의 역사를 통해서 구약과 기독교 신앙의 유산을 우리에게 물려주셨기 때문입니다.

우리는 한국에 태어났습니다. 조급하게 선진국을 추종하였지만 민도가 따라오지 못한 현실을 살고 있습니다. 이런 우스갯소리가 있죠. 어떤 배가 난파하여 몇 명만이 겨우 구명정에 올라탑니다. 구명정은 작고 배는 계속 기울자, 누군가 자원하여 생명을 포기해 달라고 합니다. 그러자 한 영국 사람이 "대영제국 만세!" 하고 물속에 뛰어듭니다. 그다음에 미국 사람, 독일 사람이 하나 둘씩 뛰어들었는데, 그때 한국 사람 하나가 "대한민국 만세!"라고 외치고서는 옆에 있는 일본 사람을 밀어 넣었답니다. 여기에는 자조(自嘲)가 들어 있습니다. 일본 사람을 밀어 버리는 식의 보복 말고는 아직 담을 만한 것도, 자랑할 것도 없는 우리의 가난함에 대한 자조입니다.

진실이란 시간을 초월한 개념이 아닙니다. 시간 속에서 만들어지는, 반성하고 덧입혀 구체화되는 것입니다. 욕먹고 후회하고 그렇게 죽고 누적되어 우리 다음 세대가 디디고 넘어갈 수 있게 해야 합니다. 이것이 우리가 몸담고 살고 있는 우리의 컨텍스트입니다. 우리는 텍스트를 가진 자이므로 이런 컨텍스트를 감수할 수 있습니다. 이를 감수해 내지 못하면 기독교라는 말을 입 밖에 낼 수 없습니다.

예수님 당시의 세리는 어떤 존재였을까요? 아마 다들 그를 기생충같이 여겼을 것입니다. 로마 정부의 관리가 되어 자기 백성의 고혈을 빼내는 자였으니 말입니다. 피치 못할 사정으로 세리가 되었는지, 아니면 원래 간사한 사람이라 세리가 되었는지는 상관없습니다. 세리일을 하는 사람과 그 꼴을 보는 사람, 양자 모두 그 현실을 극복해야 하는 책임이 있습니다. 컨텍스트를 바꾸어 극복하는 것이 아니라 그 현실을 살아 내어 모두에게 텍스트를 담아야 합니다. 우리는 복음서에서 세리 마태의 회심을 봅니다. 그의 회심은 그가 세리이기 때문에 더 빛납니다. 유대인으로서 세리일 수밖에 없었던 것은 역사적 사실입니다. 있을 수 없는 현실이었으나, 그것은 엄연한 사실이었고 그는 그 현실을 살아갈 수밖에 없었습니다. 그러나 이제 그의 삶에 텍스트가 담기자, 그의 구원에 담긴 의미는 더욱 분명하게 드러납니다.

컨텍스트가 훌륭해야 텍스트가 멋있어지는 것이 아니라고 예수님은 비유로 말씀하십니다. 천국은 마치 밭에 감추어진 보화와 같다고 합니다. 지나가는 사람들은 밭 속에 파묻힌 것이 보물일 리 없다고 생각합니다. 밭에 버려져 있으니 말입니다. 그러나 그것은 분명히 보석이었습니다.

각자의 지위와 현실을 납득해야 합니다. 그것으로 하나님이 일하신다는 것을 알지 못하면, 기독교라는 이름으로 고함밖에 지를 것이 없고 원망밖에 할 것이 없습니다. 그렇게 살지 마십시오. 우리가 얼마나 굉장한 시대와 굉장한 일에 묶여 있는지 깨달으십시오. 그 속에서 하나님이 구체적으로 일하시는 것을 경험하십시오. 예수께서는 사람들의 의심과 배신과 조롱과 헛된 기대 속에서 자신의 길을 걸어야 했습니다. 그러나 그 길은 인류 모두를 위해 역사의 궁극적 완성을 이루는 길이었습니다. 하나님이 우리도 그렇게 부르셨다는 사실을 알아 힘을 내는 인생과 존재와 믿음이 되기를 바랍니다.

기 도

하나님 아버지, 은혜를 감사합니다. 우리가 당한 현실은 우리를 절벽으로 내몰고 있습니다. 그러나 하나님은 그 속에서도 일하실 수 있습니다. 죽음이 우리를 어찌할 수 없음을 고백합니다. 그러니 안심이나 평안이라는 이름으로 우리의 책임을 벗어던지지 않게 하옵소서. 우리가 살고 있고 우리가 감당하고 있는 현실은 우리 시대에 하나님이 일하시는 십자가의 길이고 성육신의 신비입니다. 그 삶을 사는 우리 모든 믿음의 식구들 되게 하옵소서. 그리하여 우리 시대가 싸매고 지고 가는 짐들이 마침내 커다란 승리로 돌아오게 하옵소서. 믿음의 힘과 기쁨과 소망을 주셔서 힘써 그 길을 가게 하옵소서. 예수님 이름으로 기도합니다. 아멘.

39.

율법을 다 이루었느니라

시민, 사랑할 실력을 가진 자

———

8 피차 사랑의 빚 외에는 아무에게든지 아무 빚도 지지 말라 남을 사랑하는 자는 율법을 다 이루었느니라 9 간음하지 말라, 살인하지 말라, 도둑질하지 말라, 탐내지 말라 한 것과 그 외에 다른 계명이 있을지라도 네 이웃을 네 자신과 같이 사랑하라 하신 그 말씀 가운데 다 들었느니라 10 사랑은 이웃에게 악을 행하지 아니하나니 그러므로 사랑은 율법의 완성이니라 (롬 13:8-10)

하나의 컨텍스트에 불과한 권세

로마서 13장 1절에서는 모든 권세는 하나님이 정하신 것이므로 권세에 복종하라고 합니다. 현실에서 이 권세는 각 나라의 정부일 텐데 이들에게 복종하라는 말은 무슨 뜻일까요? 힘을 가진 권력이면 무조건 하나님의 손길이고 그분의 뜻이라고 생각하라는 말은 당연히 아닐 것입니다.

지금까지 확인해 온 대로 권세는 하나의 컨텍스트에 불과합니다. 특정한 시대의 정권이나 사회구조는 컨텍스트입니다. 컨텍스트란 문맥, 정황, 그릇, 틀 등 여러 가지 의미를 포괄하는 말이라고 앞서 말씀드린 바 있습니다.

학교 다닐 때 연극의 3요소에 대해 배운 적이 있습니다. 연극에 필요한 세 가지 요소로, 희곡, 관객, 무대가 그것입니다. 연극을 하려면 일단 무대가 있어야 할 것입니다. 그래야 그 위에서 무엇이든 할 수 있습니다. 하지만 무대가 중심은 아닙니다. 연극을 하는 이유는 텍스트를 소개하는 데 있습니다. 무대에 텍스트를 담아서 그 텍스트를 표현하는 것이 연극의 목적입니다. 연극이 오르는 무대는 연극을 위한 틀과 바탕이 되는 것이죠. 그래서 컨텍스트라고 할 수 있습니다. 이처럼 하나님이 어느 사회에나 허락하시는 정권, 권위, 구조, 유산, 질서, 정서는 컨텍스트입니다. 그런 것들이 틀과 바탕이 되어 텍스트를 담게 됩니다.

또한 자연도 컨텍스트입니다. 자연이 모든 것인 양 생각하는 사조가 있습니다. 바로 자연주의입니다. 그런데 자연주의는 결국 허무주의로 갈 수밖에 없습니다. 자연을 채운 모든 생명은 결국 죽어 버리고 소멸되기 때문입니다.

생명은 소멸되지 않기 위해 컨텍스트를 자기 뜻대로 끌고 오려는 싸움을 사는 내내 할 수밖에 없습니다. 나무들이 더 많은 햇볕을 쬐려고 기를 써서 다른 나무보다 더 자라는 것처럼, 사람들이 모여 이룬 국가는 땅을 빼앗고 자원을 확보하는 데 온갖 노력을 다합니다. 한 국가 내에서도 정권을 움켜쥐어 우위에 서려는 싸움이 가득합니다. 이 모든 것은 컨텍스트를 다투는 싸움입니다. 이런 싸움이 전부라고 생각하기에 세상은 텍스트를 만들어 내지 못합니다. 자연이 생명을 낳을 수는 있어도 생명을 창조해 내지 못하는 것처럼 말입니다.

마음에 들지 않는 정황을 극복하거나 바꾸는 일을 삶의 궁극적 목표라고 생각해서는 안 됩니다. 우리의 궁극적 목표는 담아낼 텍스트가 있느냐는 질문과 관계되기 때문입니다.

텍스트를 생각하지 않는 세상이 세우는 궁극적 목표는 이렇습니다. 우리가 몸담고 사는 곳의 정권과 사회질서는 삶을 지탱하는 외벽과 같다, 그러니 이것들을 좋게 만들어 그 속에서 살아야 하는 사람들에게 유익이 되게 하자, 라는 생각에 몰두합니다. 이 생각을 집약해서 만든 우리 사회의 목표가 '민주 사회'였습니다. 국민이 주권을 갖고서 합의하에 정권을 창출하자는 것이죠. 그런데 이렇게 해 보았는데도 여전히 문제가 많았습니다. 국민의 합의만으로는 좋은 삶이 창출되지 않았기 때문입니다. 그러자 여기에서 만족하지 말고 더 나아가 시민 사회에 이르러야 한다고 생각하게 되었습니다. 이것이 역사학자들을 비롯해 현대인들이 공유하고 있는 좋은 삶에 대한 답입니다.

형식에서만이 아니라 내용에서도 민주 사회를 만들려면 시민들에게 실력이 생겨야 합니다. 권리에는 책임이 따른다는 것을 아는 것이 실력입니다. 이 실력이 없으면 마음속에 늘 억울함만 남습니다. 잘못된 나라에 태어나 살고 있다는 것 때문에, 그리고 언제나 자신만 손해 보는 약한 사람이라는 것 때문에 억울합니다. 그러나 시민이 맡은 역할은 정권을 욕하거나 시대에 불평하는 것에 그칠 수 없습니다. 시민이라면 자기가 태어난 나라에서 국민 노릇을 하는 책임을 져야 합니다. 책임 때문에 속상한 일이 생기는 것을 알고 감당하는 것이 시민 정신이며, 이런 시민들이 모여 형성하는 사회가 시민사회입니다. 시민 정신을 지닌 시민이 적다면 그 수가 늘어나도록 애써야 할 것입니다. 점점 더 나은 사회를 이루어 가도록 서로 다양한 견해를 모으는 합의도 필요할 것입니다.

그런데 이런 합의는 대단히 어렵습니다. 내일이 오늘보다 나을 거라고 확신하기도 어렵고, 언젠가는 죽어 버리고 말 자기 인생을, 기대할 수도 상상할 수도 없는 미래를 위하여 나보다 못한 자들에게 양보하면서 헌신할 수 있느냐, 하는 문제에 이르면 복잡해지기 때문입니다.

이런 맥락을 염두에 두고서, 성경이 '너희는 위에 있는 권세에 복종하라'고 하는 권면을 생각해 봅시다. 이 권면에는 세상 사람들이 생각하는 차원에서는 도저히 나올 수 없는 답이 신자에게는 있다는 점이 암시되어 있습니다. 너희에게는 내일이 있다, 너희에게는 영생이 있다, 하나님의 약속이 있고 승리와 영광이 있다, 죽음으로 가는 길이 죽음으로 끝나지 않는다는 것을 구원받은 너희는 이미 알고 있다, 그러니 마음 놓고 양보해라, 져라, 지는 길을 가라, 이런 답이 주어져 있는 것이죠.

이렇게 보면, 기독교인만이 유일하게 시민 정신을 가질 수 있고 유일하게 시민사회를 건설할 수 있는 자들이라고 할 수 있습니다. 힘이나 정치적 능력이나 지위를 지녀서가 아니라 우리만이 질 수 있기 때문입니다. 모두들 이겨야만 한다고 생각할 때에도 질 수 있습니다. 또한 다들 피하려고 하는 짐도 질 수 있습니다. 이런 때에도 하나님은 무엇을 만들어 내실 수 있다고 하시기 때문입니다.

컨텍스트를 연장하시는 하나님

열왕기상 19장에 가 봅시다.

엘리야가 그 곳 굴에 들어가 거기서 머물더니 여호와의 말씀이 그에게 임하여 이르시되 엘리야야 네가 어찌하여 여기 있느냐 그가 대답하되 내가 만군의 하나님 여호와께 열심이 유별하오니 이는 이스라엘 자손이 주의 언약을 버리고 주의 제단을 헐며 칼로 주의 선지자들을 죽였음이오며 오직 나만 남았거늘 그들이 내 생명을 찾아 빼앗으려 하나이다 여호와께서 이르시되 너는 나가서 여호와 앞에서 산에 서라 하시더니 여호와께서 지나가시는데 여호와 앞에 크고 강한 바람이 산을 가르고 바위를 부수나 바람 가운데에 여호와께서 계시지 아니하며 바람 후에 지진이 있으나 지진 가운데에도 여호와께서 계시지 아니하며 또 지진 후에 불이 있으나 불 가운데에도 여호와께서 계시지 아니하더니 불 후에 세미한 소리가 있는지라 엘리야가 듣고 겉옷으로 얼굴을 가리고 나가 굴 어귀에 서매 소리가 그에게 임하여 이르시되 엘리야야 네가 어찌하여 여기 있느냐 그가 대답하되 내가 만군의 하나님 여호와께 열심이 유별하오니 이는 이스라엘 자손이 주의 언약을 버리고 주의 제단을 헐며 칼로 주의 선지자들을 죽였음이오며 오직 나만 남았거늘 그들이 내 생명을 찾아 빼앗으려 하나이다 여호와께서 그에게 이르시되 너는 네 길을 돌이켜 광야를 통하여 다메섹에 가서 이르거든 하사엘에게 기름을 부어 아람의 왕이 되게 하고 너는 또 님시의 아들 예후에게 기름을 부어 이스라엘의 왕이 되게 하고 또 아벨므홀라 사밧의 아들 엘리사에게 기름을 부어 너를 대신하여 선지자가 되게 하라 하사엘의 칼을 피하는 자를 예후가 죽일 것이요 예후의 칼을 피하는 자를 엘리사가 죽이리라 그러나 내가 이스라엘 가운데에 칠천 명을 남기리니 다 바알에게 무릎을 꿇지 아니하고 다 바알에게 입맞추지 아니한 자니라 (왕상 19:9-18)

엘리야는 호렙 산까지 뛰어 내려옵니다. 갈멜 산 전투에서 이긴 것은 엘리야 자신인데, 여전히 이세벨의 권세가 살기등등한 것을 보고 놀랍니다. 본문을 이해하기 쉽게 비유해 보면, 위화도에서 이겼는데도 사이판까지 도망간 것과 같습니다.

하나님이 묻습니다. "엘리야야, 너는 왜 여기 있느냐, 네 자리가 여기냐?" 엘리야가 답합니다. "하나님, 모두 죽고 나 하나 남았는데 그들이 저도 죽이려고 합니다. 저 혼자 어떻게 하라는 말입니까." 엘리야를 굴 앞에 서게 하신 다음 하나님께서 다시 묻습니다. "엘리야야, 네가 왜 여기에 있느냐?" 역시 똑같은 답을 합니다. "다 죽이고 나만 남았는데 나 하나 있은들 무슨 소용이 있으며 나 같은 것을 가지고 무엇을 하겠습니까." 그런 엘리야에게 하나님께서 말씀하십니다. "너는 가서 하사엘로 아람 왕을 세워라. 예후로 이스라엘 왕을 세워라. 엘리사로 선지자를 삼아라."

무슨 소리입니까? 이 컨텍스트를 계속 이어가라는 말씀입니다. 악한 아합이 왕으로 있던 이스라엘을 악한 대로 존속시키라는 말입니다. 가장 큰 대적인 아람도 그대로 존속시키라고 하십니다. 그리고 걱정하지 마라, 아직 칠천 명이나 남아 있다, 라고 하십니다.

여기 칠천 명은 정결하여 가려 뽑은 사람을 의미하지 않습니다. 이런 컨텍스트 속에 감춰진, 삼켜진 것 같고 아무것도 아닌 것 같은 하나님의 사람들을 가리킵니다. 컨텍스트에 사로잡힌 것같이, 무대 위에 있으나 무대에 삼켜진 것같이, 무대 위에서 그렇게 자기 역할을 하는 사람들입니다. 하나님은 이들이야말로 컨텍스트에 텍스트가 담기도록 하는 사람들이라고 하십니다.

컨텍스트 속에 텍스트를 담기 위하여 하나님은 컨텍스트를 유지하십니다. '이게 뭔가' 하며 한숨짓는 현실 속에 하나님이 담아내시는 기적과 구원과 자비와 능력과 거룩하심과 두려움이 있습니다. 이것을 보지 못하면, 우리는 역사학자들의 이해에 머물게 됩니다. 그들은 역사란 반복에 불과하다, 우연의 산물이다, 의식이 없고, 낙관할 수 없다고 이야기해 왔습니다.

하나님이 우리 삶 속에 하시는 일에서 하나님이 누구시며 우리가 누구이며 하나님이 우리에게 무엇을 채우려고 하는가를 보지 못하면 감사할 수 없습니다. 우리가 겪는 모든 억울함을 역전하는 것은 은혜

뿐이기 때문입니다. 은혜만이 어떤 상황에서도 결국 손해 보지 않았다는 고백을 가능하게 합니다.

이웃을 사랑하라

그래서 오늘 본문처럼 '너희는 서로 사랑하라'는 명령이 주어지게 됩니다. 왜 여기서 사랑을 언급하는지 이해가 됩니까? 사랑은 이웃에게 악을 행하지 않는 것입니다. 여기 '너희'는 자신이 처한 컨텍스트 속에 텍스트를 담으시는 하나님이 있음을 깨달아 그 자리에서 겪는 인생의 억울함과 컨텍스트를 원망으로 풀지 않는 사람입니다. 이런 사람은 거기서 오히려 텍스트를 담아냅니다. 그런 길을 채우는 구체적 실천의 덕목이 사랑입니다.

사랑은 이웃에게 악을 행하지 않는 것입니다. 이웃이라는 존재가 전제되어야 사랑할 수 있습니다. 문제가 생길 때 사람들은 악을 제거하는 것을 목적으로 삼습니다. 대부분의 신자들도 신앙을, 예수를 믿어 정결하게 되고 죄 짓지 않는 것이라고 소극적으로 이해합니다. 그래서 신앙은 흠 없고 교만하지 않는 것이 전부라는 생각을 하게 됩니다.

그러나 여기서 명령하는 사랑은 이와는 전혀 다릅니다. 흔히 악을 제거하면 선이 남는다고 생각합니다. 그렇지 않습니다. 악을 제거하면 공(空)이 남습니다. 공은 빈 것입니다. 이는 선(善)과 다릅니다. 악은 선의 부재입니다. 악은 선의 부패이며, 선의 왜곡입니다. 선과 악은 대등하게 존재하는 것이 아닙니다. 악은 선에 기생해서 선을 파먹는 존재입니다. 선을 만들어야 합니다. 악을 제거한다고 해서 선이 재생되는 것이 아닙니다.

실감나는 역사적 사례로 조선 시대의 사회 모습을 생각해 보겠습니다. 조선 시대의 선비는 오해를 받으면 하던 일을 그만둡니다. 사실, 그만두는 것은 굉장히 무책임한 행위입니다. 다만 욕을 먹지 않으려는 동기 때문에, 부여받은 지위를 책임 있게 감당하지 않는 것이기 때문입니다. 그런 식으로 다 그만두는 바람에 결국 무능한 사람들만 남았습니다. 여하튼 그런 식으로 악을 제거하기에 골몰한 것입니다.

이렇게 악을 제거하여 도달한, 한국 유교의 경지가 신독(愼獨)입니다. 신독이란 혼자 있을 때에도 스스로 삼간다는 것이죠. 누가 볼 때만 윤리를 지키는 것이 아니라 혼자 있을 때도 잘해야 한다는 신독은 자기가 자신에게 만족하는 경지입니다. 결국, 옆에 있는 이웃을 없어도 되는 존재로 거부하고 모욕하는 것입니다. 이런 것은 기독교와는 거리가 먼 이야기입니다. 악을 제거하는 것이 아니라 선을 채우는 것이 중요합니다.

적극적 선이 사랑입니다. 옆에 있는 이웃에게 기쁜 존재가 되어야 합니다. 그렇게 옆 사람과 관계를 맺지 않고 윤리와 법에 매달려 대상이 없이, 사심 없는 원칙만 남는 것은 못할 짓입니다. 창조의 아름다움과 생명의 무성함과는 전혀 무관한 말라비틀어진 자기 증명입니다.

교회가 기독교 신앙의 가장 부요한 내용인 생명과 구원의 능력을 놓치면 표정이 나빠집니다. 예수 믿는 것의 다름과 부요함과 풍성함이 있다면 좋은 표정이 나오게 됩니다. 강아지가 와서 한 입 베물어도 남는 게 많아야 합니다. 베어 물고 도망간 강아지를 쫓아가서 잡아먹을 필요 없습니다. 넉넉해야 합니다. 사랑이 있어야 합니다.

멋진 시민이 되라

고린도전서 13장에서는 사랑을 이렇게 정의합니다. 사랑은 오래 참습니다. 고통을 참고 감수하는 것입니다. 고통이란 무엇일까요. 흔히, 고통은 함께 묶여 있는 사람이 줍니다. 같은 시대를 사는 이웃이 우리를 고통스럽게 합니다. 왜 너는 내 마음과 다른가, 너는 왜 그러는가, 하는 생각이 자꾸 떠오르지요. 그것을 어떻게 참으라고 합니까? 그저 인내하라는 것이 아닙니다. 덕목이나 명분으로 할 수 있는 것이 아닙니다. 내게 고통을 주는 그 사람의 존재와 인생을 가치 있게 여겨야 참을 수 있습니다.

마음에 안 드는데 어떻게 그를 가치 있게 여길 수 있나요? 앞서 이야기했듯, 한 시대의 권세와 질서와 구조는 하나님이 정하신 것이기 때문에 그렇게 할 수 있습니다. 컨텍스트에 불과한 것에 겁을 내지 마십시오. 그 안에서 사는 자가 되십시오. 집이 멋있는가, 아닌가는 그렇게 중요하지 않습니다. 그 안에 사는 식구가 어떻게 사느냐가 중요합니다. 이런 이유로 마음에 안 드는 이웃도 견뎌낼 수 있습니다.

마음에 안 드는 이웃은 우리의 상대 배역입니다. 영화 〈벤허〉에서 없으면 안 되는 인물이 메살라입니다. 메살라가 없었으면 이 영화는 겨우 세 명 정도밖에 안 봤을지도 모릅니다. 메살라가 없으면 드라마를 유지할 수가 없고, 메시지를 담을 수도 없습니다. 메살라의 역할이 필요하고 중요합니다. 그 영화에서 가장 높은 사람은 로마 황제가 아닙니다. 로마 황제를 죽이는 일에는 관심이 없습니다. 그런 것은 중심 메시지가 아닙니다.

벤허 자신의 생애에서 가장 중요한 것은 복수였습니다. 그런데 복수해 보아야 유익이 없다는 것을 깨닫게 됩니다. 예수를 만나 가슴속에 있는 칼을 놓기까지 인생의 가치가 무엇인지 그는 알지 못했습니다. 그러나 고난을 겪고 억울함을 감수하면서 벤허는 깨닫게 됩니다.

그러니 다시 생각해 보십시오. 무엇이 겁나십니까? 왜 나라가 이 꼴이냐고 따지고 싶습니까? 무능해서 그렇습니다. 왜 무능하냐고요? 우리는 이것보다 훌륭하게 해낼 시간이 없었습니다. 이제 여기까지 왔습니다. 서둘러 페인트칠하여 합판으로 틀어막고 여기까지 왔습니다. 서둘러서 등수를 올렸죠. 이제 겨우 20등 안에 들었는데 이제 보니 지어 놓은 집이 다 베니어판이었던 것입니다. 그럼 이제 어떻게 해야 할까요? 다시 해야 합니다. 다시 하자, 똑바로 하자, 하고 마음먹지만 하루아침에 될까요? 그렇지 않습니다. 시간이 걸립니다. 그렇다면 그동안은 어찌해야 할까요? 아슬아슬하게 살아야 합니다. 언제 어디서 사고가 있을지 모릅니다. 그러나 이런 아슬아슬함 속에서도 하나님이 텍스트를 담을 수 있다고 하십니다.

예수는 붙잡혀 죽습니다. 그보다 더 놀라운 사고는 없습니다. 그보다 더 절망스럽고 이해할 수 없는 사건은 없습니다. 그러나 하나님이 예수의 죽음으로 무엇을 하셨습니까? 인류와 역사를 뒤집으십니다. 모든 인류와 각 개인의 생애를 바꾸어 놓습니다. 예수를 믿으면 부활생명을 가져 사망으로 끝나지 않는 인생을 살게 됩니다. 우리에게 일어난 모든 일, 심지어 나 자신의 못남 때문에 일어난 모든 일까지 통틀어 합력하여 선을 이루게 되고 하나님의 영광의 찬송이 되는 운명 아래에 있게 됩니다. 이 일을 위하여 예수가 이천 년 전에 죽으시고 부활로 완성하셨습니다. 이제 우리에게 이 운명 속에서 각자의 인생을 살아 보라고 구체적인 시간을 주셨습니다. 그러니 무대에 올라가십시오. 올라가서 자기 역할을 하십시오. 메살라와 싸우십시오. 그러나 휴식 시간이면 메살라를 데리고 나와서 같이 짜장면 사 먹으세요. 그 사람을 죽여 없애 버리면 텍스트가 담길 방도가 없습니다.

사랑하십시오. 고린도전서 13장은 사랑은 모든 것을 참고 믿고 바라고 견디는 것이라고 합니다. 믿음, 소망, 사랑 중에 사랑이 최고라고 이야기합니다. 왜 그럴까요? 천국에 가면 모두가 사랑하기 충분할 만큼 적극적인 선으로 가득 차 있을 것이기 때문입니다.

그전까지는 시민사회를 만들어도 이 세상 나라가 천국이 되지는 못할 것입니다. 그러나 이 세상 속에 살아가는 기독교인들이 천국을 기대하는 자로서 사랑과 믿음을 지키며 어느 한 국가와 시대의 시민이 되면, 하나님은 당신이 세우실 나라의 덕목과 약속과 기적을 우리에게 보여 주실 것입니다. 성경은 이것을 세상의 빛이고 소금이라고 이야기하는 것입니다.

멋진 국민이 되십시오. 멋진 시민이 되십시오. 이민 가면 가만두지 않겠다고 말씀드린 적이 있습니다. 이민 갈 수밖에 없는 경우를 다 막자고 하는 말이 아닙니다. 이 나라에 보내졌으니 이 무대에 서십시오. 그리하여 하나님이 예수 안에서 일하신 방법의 신비를 직접 체험하는 기적의 길을 걸으십시오. 그런 명예로운 신자의 인생을 살기 바랍니다.

기 도

하나님 아버지, 은혜를 감사합니다. 우리는 정죄할 필요 없고, 보복할 필요 없는 역할을 맡은 자들입니다. 사랑하고 기다리는 역할을 맡았습니다. 참으로 명예로운 지위이며 참으로 감사한 인생입니다. 이 귀한 인생 살게 하옵소서. 우는 자와 함께 울고 웃는 자와 함께 웃는, 예수 그리스도의 성육신에 동참하는 자로 인생을 살아 우리 이웃들 앞에 예수 그리스도를 믿는 기적을 알리고 나누는 복된 삶을 살아가게 하옵소서. 예수님 이름으로 기도합니다. 아멘.

40.

주 예수 그리스도로 옷 입고

하루, 아무것도 아닌 그러나 위대한 지금

———

11 또한 너희가 이 시기를 알거니와 자다가 깰 때가 벌써 되었으니 이는 이제 우리의 구원이 처음 믿을 때보다 가까웠음이라 12 밤이 깊고 낮이 가까웠으니 그러므로 우리가 어둠의 일을 벗고 빛의 갑옷을 입자 13 낮에와 같이 단정히 행하고 방탕하거나 술 취하지 말며 음란하거나 호색하지 말며 다투거나 시기하지 말고 14 오직 주 예수 그리스도로 옷 입고 정욕을 위하여 육신의 일을 도모하지 말라 (롬 13:11-14)

아무것도 아닌 존재로

우리는 로마서 13장에서 하나님이 일하시는 무대, 틀, 구조 속에 우리가 놓여 있다는 사실을 배우고 있습니다. 1절에서는 위에 있는 권세에 복종하라고 합니다. 세상은 권력 싸움 말고는 목적과 의미를 부여할 데가 없습니다. 반면에 우리는 하나님께서 인류를 구원하여 복을 주려 하신다는 믿음과 역사관을 갖고 있습니다. 그래서 로마서는 이렇게 요구합니다. 너희가 속해 있는 정황과 구조 속에서 너희 역할과 자리를 지켜라, 이런 맥락에서 5, 6절은 조세를 바치라고 합니다.

　로마서 13장은 컨텍스트를 두려워하지 말라는 이야기일 수도 있고, 컨텍스트를 텍스트로 오해하지 말라는 이야기일 수도 있습니다. 사실, 우리가 몸담고 있는 시대나 사회는 언제나 어렵습니다. 하나님은 우리가 예수를 믿어 거룩한 목적을 부여받았다고 해서 우리의 조건을 개선해 주시지는 않습니다. 우리는 하나님께서 거룩하고 중요한 사명을 우리에게 맡기셨으면서도 이처럼 보잘것없는 지위와 무력한 역할을 현실로 허락하신 이유가 잘 이해되지 않습니다. 그래서 컨텍스트에 대한 불만이 늘 있습니다. 로마서 13장은 이에 대해 이야기합니다.

　마태복음 16장 24절 말씀을 생각해 봅시다. '누구든지 나를 따라오려거든 자기를 부인하고 자기 십자가를 지고 나를 따를 것이니라.' 제자도에 대한 유명한 말씀입니다. 자기를 부인한다는 것은 자기라는 존재와 가치를 부정하는 것입니다. 그러니 우리는 권력을 행사할 수 있는 실력이 있고 자신을 증명할 만한 어떤 재능이 있더라도 말하자면 배알도 없는 것처럼 행동해야 하는 것입니다. 그것이 자기 부인입니다. 하나님은 우리를 있어도 그만, 없어도 그만인 존재로 컨텍스트 속에 넣는다고 하셨기 때문입니다.

우리는 이 부분이 어렵습니다. 중요한 임무를 맡았으니 그에 합당한 지위를 가져야 마땅하다고 생각하기 때문입니다. 그러나 우선 떠올려야 하는 것은 예수님이 그렇게 살지 않으셨다는 사실입니다. 잘 알고 있듯이, 예수님은 아무런 지위도 갖지 않으셨습니다. 예수님의 길을 예비한 세례 요한도 광야에서 외치는 소리였을 뿐입니다. 신분도 확보되지 않은, 그저 소리일 뿐인 존재였습니다. 우리 또한 광야에서 외치는 소리처럼 아무것도 아닌 존재로 컨텍스트 속에 있습니다. 이 점을 잊지 마십시오. 그리고 그 속에서 자기 십자가를 지는 것입니다. 우리는 아마 죽어날 것입니다. 죽음의 길을 걸어야 할지도 모릅니다. 아무것도 아닌 존재가 죽어 버리면 그만인 인생을 살아갈 것입니다. 그것이 우리가 컨텍스트 속에서 부여받은 지위와 역할입니다.

못난 인생 속에 본문을 담으시는 하나님

이 대목을 설교하면 당연히 아무도 '아멘'하지 않을 것이라고 예상했습니다. 하지만 이 길을 모르면 신앙생활을 할 수가 없습니다. 왜냐하면 지금 이야기한 것이 우리 모두의 현실이기 때문입니다. 우리는 매주 교회에 나와서 "주님, 저는 정말 억울합니다"라고 하소연합니다. 이것을 개선해 달라고 구하며, 희망에 찬 어떤 답을 얻어 가려고 매주 기대하는 얼굴로 왔다가 실망한 얼굴로 돌아가는 일을 반복합니다.

이는 하나님의 일하시는 방식을 오해하기 때문입니다. 성경은 한 번도 우리의 기대를 충족시켜 주는 것 같은 약속을 한 적이 없습니다. 우리는 성경이 약속한 것이 무엇인지 모른 채 그저 진심, 선, 종교, 임무라는 이름으로 안심을 얻고 자존심을 채우고 싶어 할 뿐입니다. 이런 우리에게 그렇게는 못하시겠다고 보여 주신 것이 예수의 십자가입니다.

시편 90편을 보면 모세의 기도를 만날 수 있습니다. 이 기도는 시편에 나와 있는 모세의 유일한 시입니다.

주여 주는 대대에 우리의 거처가 되셨나이다 산이 생기기 전, 땅과 세계도 주께서 조성하시기 전 곧 영원부터 영원까지 주는 하나님이시니이다 주께서 사람을 티끌로 돌아가게 하시고 말씀하시기를 너희 인생들은 돌아가라 하셨사오니 주의 목전에는 천 년이 지나간 어제 같으며 밤의 한 순간 같을 뿐임이니이다 주께서 그들을 홍수처럼 쓸어가시나이다 그들은 잠깐 자는 것 같으며 아침에 돋는 풀 같으니이다 풀은 아침에 꽃이 피어 자라다가 저녁에는 시들어 마르나이다 우리는 주의 노에 소멸되며 주의 분내심에 놀라나이다 주께서 우리의 죄악을 주의 앞에 놓으시며 우리의 은밀한 죄를 주의 얼굴 빛 가운데에 두셨사오니 우리의 모든 날이 주의 분노 중에 지나가며 우리의 평생이 순식간에 다하였나이다 우리의 연수가 칠십이요 강건하면 팔십이라도 그 연수의 자랑은 수고와 슬픔뿐이요 신속히 가니 우리가 날아가나이다 누가 주의 노여움의 능력을 알며 누가 주의 진노의 두려움을 알리이까 우리에게 우리 날 계수함을 가르치사 지혜로운 마

음을 얻게 하소서 (시 90:1-12)

이것은 대체 무슨 기도이며, 무슨 고백이며, 무슨 탄식일까요? 모세는 백 이십 세를 살았습니다. 사십 년 동안은 바로의 궁에서 지내고, 그다음 사십 년은 미디안 광야로 도망가 그저 세월을 보내며 한 줌 재로 늙어 가고 있었습니다. 모세는 팔십 세에 이르러 하나님의 부름을 받습니다. 애굽과 바로 앞에서 열 가지 재앙을 내리고, 홍해를 가르며, 반석에서 물을 냅니다. 또한 하나님이 붙드시는 대로 구름기둥과 불기둥의 인도를 받아 이스라엘 백성을 이끌어 시내 산에서 율법을 받습니다. 그러나 이스라엘의 불순종으로 사십 년 동안 광야를 헤매다 그들과 함께 죽습니다.

모세의 시는 출애굽 이후 광야 생활이 배경으로 깔려 있습니다. 모세는 그 광야 생활을 돌아보며 고백하고 있습니다. 하나님, 인생은 얼마나 짧습니까, 인생은 얼마나 못났습니까, 우리는 주 앞에 늘 죄인일 뿐입니다, 우리는 주님이 분노하시면 한순간에 소멸되고 말 참으로 못나고 헛된 인생입니다.

그러나 이 기도문은 그리 간단한 내용이 아닙니다. 모세의 고백은 이스라엘에 대한 불평이 아닙니다. 이제까지 이들과 함께하신 하나님에 대한 경탄을 담고 있습니다. 하나님, 이 못난 것들을 위하여 하나님이 열 가지 재앙을 베푸셨습니다, 홍해를 가르시고 구름기둥과 불기둥으로 인도하셨습니다, 호렙 산에서 부르셨고 사십 년 동안 만나와 메추라기로 먹이셨습니다, 우리의 발이 부르트지 않고 우리 의복이 해어지지 아니하게 하셨습니다, 그러나 이스라엘은 주님을 따르지 못했습니다. 저들의 못남은 다만 실패로 끝나는 것입니까. 하지만 저들의 못남과 실패 속에는 얼마나 많은 것이 담겨 있는지요. 못난 인생에게도 퍼부으시는 하나님의 오래 참으심과 신실하심과 능력을 찬양합니다. 그들의 생애를 모든 인류와 후손에게 유익으로 남기시며 결코 포기하시지 않는 하나님은 얼마나 크신 분이신지요. 이 못난 것들 속에서 직접 보여 주시는 하나님의 자기 본문은 둥실 솟아나는 해처럼 어찌 이렇게 크고 밝은지요, 라고 모세는 고백하고 있습니다.

죽어 가는 못난 인생, 순식간에 지나가 버리는 이 하찮은 인생 속에 하나님이 본문을 담겠다고 하십니다. 세상은 본문을 담을 수 없습니다. 그저 담고 있는 것처럼 보일 뿐입니다. 문학에는 인간의 곤혹스러움, 도전, 절망, 사색, 감동이 깃들어 있습니다. 깊고 깊은 무언가가 있습니다. 예술을 보아도 그렇고, 철학을 보아도 그렇습니다. 그것들에는 인간의 깊은 고뇌를 담은 헤아릴 수 없는 메시지들이 있습니다.

그러나 거기에는 본문이 없습니다. 왜 그럴까요? 본문이 되려면 죽음을 극복해야 하는데, 세상은 죽음을 극복할 수 없기 때문입니다. 죽음에 굴복할 수밖에 없는 것이라면, 거기에 무슨 풍성함이나 깊이가 있든 그저 헛된 것에 불과하게 됩니다. 오직 기독교만이 본문을 가집니다. 부활을, 용서를, 회복을, 승리를, 영광을, 영생을 이야기합니다. 그 모든 것을 하나님이 우리 인생 속에 담겠다고 하십니다. 그러나 우리는 그것을 이해하지 못하여 자꾸 컨텍스트에 관한 싸움만 하고 있습니다.

이사야 53장은 메시아에 대한 예언을 담고 있습니다. 메시아가 임할 것인데, 그 모습이 참으로 놀랍다는 내용입니다.

> 우리가 전한 것을 누가 믿었느냐 여호와의 팔이 누구에게 나타났느
> 냐 그는 주 앞에서 자라나기를 연한 순 같고 마른 땅에서 나온 뿌리
> 같아서 고운 모양도 없고 풍채도 없은즉 우리가 보기에 흠모할 만한
> 아름다운 것이 없도다 (사 53:1-2)

이것은 예수의 모습입니다. 하나님이 예수 안에 무엇을 담으셨습니
까? 죄를 씻어 주시며, 죽음으로 끝날 인생을 부활로 승리케 하시며,
하나님을 떠나 폐허가 된 인간의 심령에 찾아오시고 그와 화목하십니
다. 하나님은 우리의 아버지가 되어 주시며, 우리는 그의 자녀가 됩니
다. 이것을 이루시는 분이 예수입니다.

　우리가 전한 것을 누가 믿었느냐, 여호와의 팔이 뉘게 나타났느냐,
이렇게 예수는 아무것도 아닌 존재처럼 보입니다. 우리도 이 길을 걸
어야 합니다. 우리를 하나님이 예수 안에서 하나님의 자녀로 부르셨습
니다. 그리고 우리를 세상의 조건, 현실, 구조, 틀, 배경, 무대 속에 넣어
놓으셨습니다. 이제 우리만이 본문을 담을 수 있는 하나님의 손길이
된 것입니다. 가서 각자에게 주어진 지위와 역할을 감당하십시오.

반복되는 하루에 담기는 텍스트

계속해서 빌립보서 3장을 봅시다.

> 내가 그리스도와 그 부활의 권능과 그 고난에 참여함을 알고자 하
> 여 그의 죽으심을 본받아 어떻게 해서든지 죽은 자 가운데서 부활에

이르려 하노니 내가 이미 얻었다 함도 아니요 온전히 이루었다 함도 아니라 오직 내가 그리스도 예수께 잡힌 바 된 그것을 잡으려고 달려가노라 형제들아 나는 아직 내가 잡은 줄로 여기지 아니하고 오직 한 일 즉 뒤에 있는 것은 잊어버리고 앞에 있는 것을 잡으려고 푯대를 향하여 그리스도 예수 안에서 하나님이 위에서 부르신 부름의 상을 위하여 달려가노라 (빌 3:10-14)

이 길에는 마치 벽돌을 쌓아서 세우는 것 같은 공적은 보이지 않습니다. 눈에 띄는 성취도 없습니다. 그저 하루하루를 사는 것입니다. 나는 뒤에 있는 것은 모른다, 나는 오늘을 살 뿐이다, 이와 같은 바울의 말에는 어떤 뜻이 담겨 있을까요? 내가 사는 오늘은 하나님이 나를 넣어 두신 컨텍스트다, 본문을 담으려고 이 컨텍스트를 주신 것이다, 바울은 자신의 삶을 이렇게 이해하고 있습니다. 내 삶에 어떤 가치가 있으며 내 삶이 어디까지 왔는가, 이런 것은 나는 모른다, 단지 하나님이 명하시는 것은 내게 주어진 하루하루를 살라는 것이다, 라는 의미입니다.

이 하루는 어떤 하루입니까? 우리가 평생 겪어 온 하루입니다. 아무것도 아닌 하루이고, 폭풍우가 몰아치는 하루이며, 기가 막힌 일이 일어나고, 자신의 존재가 거부당하는 것 같은 그 하루입니다. 바로 거기서 하나님이 우리를 통하여 본문을 담겠다고 하십니다. 그렇게 자신의 존재와 하루를 이해하지 못하고, 세상 사람들처럼 오직 보이는 것으로만 자기 존재와 삶의 의미를 확인할 수밖에 없다면, 우리는 다만 종교라는 이름을 걸고 떼쓰는 사람에 불과해질 것입니다. 이 본문을 좀 더 확대한 것이 에베소서 5장입니다. 이 본문에서는 깨어 있으라, 술 취하지 말고 방탕하지 말라고 말씀합니다. 에베소서 5장 8절을 봅시다.

> 너희가 전에는 어둠이더니 이제는 주 안에서 빛이라 빛의 자녀들처럼 행하라 빛의 열매는 모든 착함과 의로움과 진실함에 있느니라 주를 기쁘시게 할 것이 무엇인가 시험하여 보라 (엡 5:8-10)

어둠이란 갈 바를 알 수 없는 것입니다. 빛은 보이는 것입니다. 빛이 있으면 우리 인생과 존재가 무엇인지 보입니다. 그러면 이제 무엇을 할 수 있다고 말씀합니까? 세상의 도전과 시험 앞에 텍스트를 담아낼 수 있습니다. 이것은 컨텍스트 경쟁이 아닙니다. 지위나 권력이나 능력을 가져야 무슨 일을 할 수 있는 것이 아닙니다. 하나님의 일하심을 알고 하나님의 때를 기다리는 사람의 인내와 성실과 겸손과 믿음으로만 빚어낼 수 있는 깊이 있는 일을 하게 됩니다.

우리는 매일 시험을 받습니다. 너는 어떤 존재냐, 너는 왜 그렇게 사느냐, 열심히 예수 믿어서 얻은 것이 무엇이냐, 그래서 사람들이 너를 알아주더냐, 라고 매일의 현실이 우리에게 와서 도전합니다.

이에 대한 우리의 답은 이것입니다. 히브리서 11장에 나온 모든 믿음의 사람들은 세상적인 보상을 받지 못하고 죽었다는 것입니다. 이것이 우리 믿음의 증거가 됩니다. 보상 없는 믿음이 억울하게 여겨진다면 나갔다가 나중에 들어와서 믿으십시오. 예수 믿는 것을 납득하여 그 인생을 살아갈 자신이 없거든 기도하십시오. 지금 늘어놓는, 나

살기 편안한 컨텍스트를 달라는 기도 말고 텍스트를 담아내는 존재가
되어 컨텍스트를 감당하게 해 달라는 기도를 하십시오. 이어 15절 말
씀을 보겠습니다.

> 그런즉 너희가 어떻게 행할지를 자세히 주의하여 지혜 없는 자 같이
> 하지 말고 오직 지혜 있는 자 같이 하여 세월을 아끼라 때가 악하니
> 라 그러므로 어리석은 자가 되지 말고 오직 주의 뜻이 무엇인지 이해
> 하라 (엡 5:15-17)

매일 우리의 삶은 그냥 있는 것이 아닙니다. 하나님이 그 속에서 무엇
인가 하십니다. 주님이 일하십니다. 단지 아직 내 눈에 안 보일 뿐입니
다. 그러니 이 시간들을 그냥 흘려보내지 마십시오.

더 큰 하나님의 일하심을 담아내는 인격

어리석은 자란 자기 역할을 모르는 사람입니다. 지금은 고인이 된 이
주일 씨는 유명한 희극 배우였죠. 못생긴 얼굴 때문에 써 주는 이가 없
었지만, 그는 유랑극단을 쫓아다니며 어떻게 해서든지 연예계에 데뷔
하고 싶어 합니다. 어느 날 가수 하춘화 씨가 노래하던 공연장에 불이
났는데, 이주일 씨가 하춘화 씨를 업고 나와 살려 주게 됩니다. 그 덕
분에 하춘화 씨가 이주일 씨를 데뷔하도록 도와줍니다. 그때 그는 처
음이라 아주 간단한 단역을 맡게 되었습니다. 의사 역할이었는데, 어
떤 죽어 가는 환자 옆에서 의사 가운을 입고 무대로 올라가 환자의 눈

을 까뒤집어 보고 "운명하셨습니다"라고 한마디만 하면 되는 단순한 배역이었습니다. 그는 처음 맡게 된 이 역할이 너무 기쁜 나머지 일주일 내내 이 대사를 외우고 또 외워 열심히 연습합니다. "운명하셨습니다. 운명하셨습니다." 드디어 자기 순서가 되어 공연장에 나갔는데, 너무 긴장한 나머지 환자의 눈이 아닌 자기의 눈을 까뒤집고는 "운명하셨습니다"라고 해 버렸습니다. 그러고 나자 그는 하루아침에 스타가 되었습니다.

왜 자기 눈을 까뒤집었을까요? 죽어라고 혼자 연습했기 때문입니다. 대상 없이 혼자서 자기 눈을 까뒤집어 가며 연습했으니까 실전에서도 그렇게 한 것입니다. 그리고서는 이런 유명한 말을 남겼습니다. "못생겨서 죄송합니다." 그 당시 이주일 씨가 우리에게 주었던 위로는 참으로 대단했습니다. 그런 조건 속에서도 웃을 수 있다는 사실에 많은 사람들이 위로를 받았습니다. 못생겨서 당하며, 아무 연고가 없어서 당하고, 별 낙이 없이 지내다가 그렇게 대중에게 알려지고 유명하게 되자, 그 유명함으로 아무렇게나 살지 않고, 본인의 못난 것을 대중과 함께 나누었던 흔치 않은 인물이었습니다.

신자 된 우리의 삶은 보이는 것으로 보상받기 위해 보내지지 않았다는 사실을 깨달아야 합니다. 하지만 그런 상황을 감수하는 것이 어렵다는 이유로, 혹은 뚫고 나가 극복할 실력이 없다는 이유로, 예수 믿는다는 말을 똑바로 이해하지 못한다면 우리가 하는 신앙고백은 거짓이 될 것입니다. 그러니 이 점을 짚고 넘어가야 합니다. 18절 말씀처럼 말입니다.

술 취하지 말라 이는 방탕한 것이니 오직 성령으로 충만함을 받으라

(엡 5:18)

이 말씀은 무슨 의미일까요? 술 취하는 것은 생각 없이 넘어가자는 것입니다. 세월을 그냥 흘려보내는 것입니다. 술 취하는 것을 왜 방탕하다고 할까요? 술 취하면 깨어 있을 수 없기 때문입니다. 의식하지 못하는 사이에 시간과 역할과 책임이 마구 지나가 버립니다.

그러니 인생을 마구 써 버리면서 넋두리나 하고 분노하는 것으로 소비하지 마십시오. 여러분이 처한 보잘것 없는 지위와 억울한 상황에서 감당하는 일이나 세상이 보기에 높은 지위에서 큰 책임을 맡는 것이나 하나님 앞에서 그 가치는 똑같습니다.

한 인간의 가치는 그가 자기 자신을 얼마나 넘어섰느냐에 달려 있습니다. 자기 자신을 넘어서서 하나님을 믿는 것은 국가나 사회나 이상 같은 것과는 비교할 수 없이 큽니다. 하나님은 창조주이시고 인격자이십니다. 우리가 하나님 없이 갖다 붙였던 덕목이나 이상도 인격이 없는 것에 불과할 따름입니다. 애국이나 인류애나 희생이라는 위대한 이름이 붙었다고 해도 마찬가지입니다. 이를 잊지 마십시오.

하나님을 아버지라 부르는 것이 얼마나 큰지를 이해하여 여러분의 삶을 다만 착함, 다만 겸손함 같은 소극적인 것에 멈추지 말게 하십시오. 하나님의 더 큰 일하심을 담아내는 인격이 되십시오. 당면한 현실을 인격으로 감수해 내십시오. 울기도 하고 한숨도 쉴지언정 결코 도망가지 않는 인생을 살아가십시오. 그래서 하나님이 여러분을 통하여 기적을 이루시고 있음을 인생에서 확인하십시오. 어떤 조건이나 어떤

시대에도 동일하게 나타나는 하나님의 기적을 만나십시오. 성경에서 만 이 기적을 보는 것이 아니라 각자의 현실과 인생에서 이 기적을 누 리시며 이 일에 주인공이 되는 복을 누리기 바랍니다.

기 도

하나님 아버지, 은혜를 감사합니다. 우리의 인생이 녹록하지 않습니다. 우리 는 매일 매순간 불평과 원망을 터트립니다. 억울하기 짝이 없고, 이렇게 고 통스러울 수가 없습니다. 이 길이 성육신이었고 십자가였는데도 말입니다. 주님이 걸어가신 길은 수치스럽고 고통스럽고 죽어 버리면 아무것도 아닐 것 같은 길이었습니다. 이 길에서 하나님은 은혜와 능력과 구원과 영광과 승 리로 우리를 만나 주셨습니다. 그 길을 주께서 걸으셔서 오늘 우리가 이 자 리에 있습니다. 우리가 주님의 길을 뒤좇아 십자가의 길을 걷게 하사 하나님 의 영광을 보게 하옵소서. 원망과 분노만 있는 이 현실 속에서 하나님의 회 복과 구원을 증명하는 귀한 인생 되게 하여 주시옵소서. 우리 자신의 인생을 자랑스럽게 여기고, 명예와 승리와 영광으로 살아 내는 믿음의 큰 복을 모두 의 심령에 부어 주시옵소서. 예수님 이름으로 기도합니다. 아멘.

41.

죽은 자와 산 자의 주

시간, 성숙에 이르는 길

―――――

······ 7 우리 중에 누구든지 자기를 위하여 사는 자가 없고 자기를 위하여 죽는 자도 없도다 8 우리가 살아도 주를 위하여 살고 죽어도 주를 위하여 죽나니 그러므로 사나 죽으나 우리가 주의 것이로다 9 이를 위하여 그리스도께서 죽었다가 다시 살아나셨으니 곧 죽은 자와 산 자의 주가 되려 하심이라 10 네가 어찌하여 네 형제를 비판하느냐 어찌하여 네 형제를 업신여기느냐 우리가 다 하나님의 심판대 앞에 서리라 11 기록되었으되 주께서 이르시되 내가 살았노니 모든 무릎이 내게 꿇을 것이요 모든 혀가 하나님께 자백하리라 하였느니라 12 이러므로 우리 각 사람이 자기 일을 하나님께 직고하리라 (롬 14:1-12)

믿음이 약한 자와 강한 자

로마서 13장에서 우리는 하나님이 시간과 공간 속에 허락하신 무대와 정황 가운데 실제로 주어진 우리 자신의 역할을 감당해야 하며 하나님이 그 안에 담으시는 텍스트를 품고 살아야 한다는 사실을 확인하였습니다. 본문을 품고 사는 것입니다. 예수께서 그리하셨듯이 말입니다. 이렇게 살기 위하여 지난 장에서 결론으로 확인한 바와 같이 술 취하는 것으로 허송세월하지 말고 잠자던 자리에서 일어나야 합니다.

그런데 신앙생활을 하다 보면, 자기와 생각이 다른 사람이 많다는 것을 알게 됩니다. 이런 내용을 로마서 14장에서 다루고 있습니다. 본문에서 예로 든 바와 같이, 어떤 사람은 채소만 먹고 어떤 사람은 고기도 먹습니다. 초대교회 당시는 로마제국이 통치하던 때였습니다. 로마는 많은 신들을 숭배하며 그 우상들에 의지하여 통치한 나라입니다. 시장에 나온 고기 대부분은 그 우상들에게 바쳐졌던 제물이었습니다. 바벨론에 포로가 되어 간 다니엘과 세 친구가 그리했듯이, 로마서 14장에서 나온 '나는 절대 고기를 먹지 않겠다'라고 다짐한 사람들은 우상을 섬기지 않겠다는 뜻을 그렇게 표현한 것입니다.

한편 고기를 먹는 사람들의 주장은 이렇습니다. 우상이란 원래 없는 것인데 사람들이 무지하여 우상에다 제물을 갖다 바친다, 한편, 고기를 먹지 않겠다는 사람들은 '우상에게 바친 제물이니 안 먹겠다'는 것인데 이는 우상을 인정하는 꼴이다, 그러니 우상의 존재를 인정하지 않는 나는 고기를 먹겠다, 하는 논리죠.

어떤 이들은 고기를 먹지 않음으로써 우상을 섬기지 않는 신앙을 실천하려 하고, 또 다른 이들은 고기를 먹음으로써 존재하지도 않은 우상을 아예 부정하는 방식으로 우상 숭배하지 말라는 명령을 실천한 것입니다. 그래서 이 둘 사이에 갈등이 생겼죠. 로마서 14장에서는 믿음이 연약한 자에 대한 설명이 나오고 15장에서는 믿음이 강한 자와 믿음이 약한 자의 대비가 나오는데, 여기에서 바울은 믿음이 강한 자와 믿음이 약한 자 중 어느 한쪽을 편들어 줄 의도가 전혀 없어 보입니다.

또 5절, "어떤 사람은 이 날을 저 날보다 낫게 여기고 어떤 사람은 모든 날을 같게 여기나니 각각 자기 마음으로 확정할지니라"에서 보듯이, 유대교의 전통을 따라 토요일을 성일로 지키는 자들과 예수님이 부활하신 주일을 성일로 지키는 사람들 사이에도 논쟁이 있었다는 것을 알 수 있습니다.

구약 내내 안식일을 지키라고 했고 이는 십계명에도 들어 있는 내용인데 어떻게 이를 바꿀 수 있겠느냐 하는 것이 한 편의 주장이었고, 다른 한 편은 안식일이 가진 상징성과 안식일이 증언하고자 한 내용이 이미 예수 안에서 완성되었으므로 기독교인들은 이제 안식일이 아니라 주일을 지켜야 한다고 주장한 것입니다. 이것도 큰 싸움이었습니다.

바울이 말하고 싶은 것은 이 두 가지 모두 사활이 걸린 문제는 아니라는 것입니다. 바울은 이 점을 분명히 언급합니다. 로마서 14장에서 가장 중요한 구절은 1절로 "믿음이 연약한 자를 너희가 받되 그의 의견을 비판하지 말라"라는 말씀입니다. 만만치 않은 내용입니다. 그런데 15장 1절에 가면, "믿음이 강한 우리는 마땅히 믿음이 약한 자의 약점을 담당하고 자기를 기쁘게 하지 아니할 것이니라"는 말씀으로 더 나아갑니다. '믿음이 강한 자와 믿음이 약한 자'가 우열의 개념으로 비교되어 있지 않는다는 점을 알 수 있습니다.

그러니 14장 4절에 있는 "남의 하인을 비판하는 너는 누구냐 그가 서 있는 것이나 넘어지는 것이 자기 주인에게 있으매 그가 세움을 받으리니 이는 그를 세우시는 권능이 주께 있음이라"라는 말씀을 기억해야 합니다. 우리는 이 '믿음이 강한 자와 믿음이 약한 자'라는 것을 대부분 평면적으로 이해하여 누구는 강하고 누구는 약하고, 누구는 우월하고 누구는 열등하다, 하는 식으로 대비하여 이해하지만, 로마서에서 내내 확인하듯 하나님의 일하심이나 우리의 신앙을 제대로 이해하려면 '시간'이라는 요소를 중요하게 고려해야 한다는 것을 잊지 말아야 합니다.

컨텍스트에 대한 이해가 더 넓어져야

초등학생이 고급한 단어나 사상을 알지 못한다고 해서 그를 열등하다고 생각하지는 않습니다. 아이를 평가할 때는 아이의 나이를 고려하는 법입니다. 보통 그 또래의 아이를 기준으로 평가하지, 아이를 한 분야의 전문가와 대등한 차원에 놓고서 비교하지는 않습니다. 이처럼 '믿음이 강한 자와 약한 자'의 대비는 시간이라는 요소를 고려해야 올바로 이해할 수 있습니다. 더욱이 성경은 이 문제에 대한 심판권은 하나님께 있다고 이야기합니다. 10절을 봅시다.

네가 어찌하여 네 형제를 비판하느냐 어찌하여 네 형제를 업신여기느냐 우리가 다 하나님의 심판대 앞에 서리라 기록되었으되 주께서 이르시되 내가 살았노니 모든 무릎이 내게 꿇을 것이요 모든 혀가 하나님께 자백하리라 하였느니라 이러므로 우리 각 사람이 자기 일을 하나님께 직고하리라 (롬 14:10-12)

판단은 하나님이 하십니다. 그러니 먼저 태어나고 나중에 태어나고, 먼저 깨닫고 나중에 깨닫고 하는 순서를 고려하지 않은 채 대등한 이들의 우열을 평면적 차원에서 비교하지 말라는 것입니다.

우리의 신앙 현실에서 심각한 문제 중 하나는 예수를 믿는다는 고백 말고는 신앙의 내용에서 일치하는 부분이 드물다는 사실입니다. 예수를 믿는다는 것 말고는 그 밖의 문제에서 일치하는 것이 거의 없습니다. 다들 각자의 신앙을 다른 방식으로 확신하는 셈입니다.

제 청년 시절은 한국 교회에 부흥이 막 일어났던 70년대인데, 이 당시 한국 교회를 강타한 것이 '구원의 확신이 있는가?'라는 질문이었습니다. 그런데 구원의 확신이 있는가, 하는 질문은 사실 매우 애매합니다. 당신은 구원을 받았는가, 혹은 당신은 예수를 믿는가, 라고 물어야 맞는데 구원의 확신이 있는가, 라고 물었던 것이죠. 이렇게 물은 것은 요구하는 답이 좀 달라서였을 것입니다. 즉 당신이 구원을 받은 그 순간이 당신에게는 극적인 사건으로 기억되어 있는가, 하는 물음이 구원의 확신을 묻는 말 속에 담겨 있었습니다. 그러니 저 같은 모태 신앙인에게 그 질문은 답하기가 대단히 애매했습니다. 기억 속 가장 아득한 어린 시절에도 저는 교회 안에 있었으니 말입니다.

구원의 확신에 대해 묻는 이들이 확인하고 싶은 것은 이런 것이었습니다. 유아세례를 받고 교회 안에서 어물쩍 살아온 것 말고 자기가 분명하게 기억하는 계기, 전과 후가 명백히 다른 그런 결정적 사건이 있었는가 하는 것이죠.

이 질문이 어떤 오해에서 나오게 되었는가를 나중에서야 알게 되었습니다. 하나님을 만나고 하나님으로부터 생명과 구원을 받은 날이라는 컨텍스트가 하나님이라는 텍스트와 분리되지 않았던 것이죠. 그래서 텍스트가 특정한 정황과 특정한 틀, 곧 어떤 특정한 컨텍스트에서만 담겨질 수 있다고 혼동했던 것입니다. 전부 요한복음 3장 16절로 구원을 받았다고 고백해야만 했고, 다른 성경 구절을 구원받은 근거로 대면 열등하다고 취급되거나 믿음을 의심받았던 것이죠.

제 경험을 떠올려 보면, 저는 구약을 읽다가 밤하늘에 문득 떠오른 둥그런 달처럼 그렇게 하나님을 만났습니다. 그래서 어떤 구절로 구원을 받았는가, 하는 질문을 들으면 매우 애매합니다. 구약에서 하나님을 만난 것은 맞는데, 시내 광야에서였는지 바벨론 포로 때였는지는 기억이 안 납니다. 이스라엘의 장구한 역사와 저들의 흥망성쇠 속에 나타난 하나님의 성실하심을 보며 문득 하나님을 만난 것입니다. 만난 것은 맞는데, 제게는 그 컨텍스트가 모호했던 것이죠.

지금으로부터 약 삼십 년 전인 부흥기 직전까지만 해도 한국 교회가 붙들고 있던 것은 컨텍스트에 불과한 것들이었습니다. 주일 성수 문제가 대표적이었죠. 주일 성수, 술 담배 안 하는 것이 오늘 본문에 나온 바로 그 싸움이었던 것입니다. 무엇을 먹느냐, 안 먹느냐는 제사 지내는 문제에만 연결되는 것이 아니라 이스라엘의 정결법 곧 어떤 음식은 부정한 것이고 어떤 음식은 괜찮은 것이고 하는 문제에도 걸렸습니다. 그러니 만만치 않은 문제였습니다. '무엇이든지 피째 먹지 말라' 하는 문제 때문에 피가 들어간 순대를 먹느냐, 그냥 맨 순대만 먹느냐, 선지 해장국을 먹을 수 있느냐, 선지를 넣지 않은 해장국을 먹어야 하느냐, 하는 문제로 우리도 고민했었죠.

그러나 이제는 대부분 신자들이 이 문제에 대해 신경 쓰지 않습니다. 어느 날 이미 먹어 버렸으니까 그렇겠지요. 신경 쓰지 않게 된 더 중요한 이유는 텍스트를 담은 컨텍스트에 대한 이해가 이제 좀 더 커지고, 깊어진 데 있을 것입니다.

텍스트와 컨텍스트가 어떻게 묶이는지를 안다면, 또한 컨텍스트에는 공간과 틀만이 아니라 시간이라는 요소도 있다는 것을 안다면, 신앙을 더 깊이 이해하게 될 것입니다. 공간적 차원이나 구조나 틀이나 형식이나 원칙만을 고려하지 않고, 그에 못지않게 시간에 대한 이해를 담는다면 말입니다. 우리가 따지는 앞서고 뒤서고 하는 문제는 컨텍스트일 뿐입니다. 지금은 우리 뒤에 있는 연약한 이가 장차 어떤 본문을 담을지는 우리가 알 수도 결정할 수도 없습니다.

피카소는 열일곱 살에 고전 미술에 대한 이해와 기법을 다 터득한 것으로 유명합니다. 그러나 그 때문에 그는 평생토록 동심을 회복하지 못했다고 합니다. 기가 막힌 이야기입니다. 어리기 때문에 순진해서 갖게 되는 동심을 회복할 수 없는 것입니다. 동심이란 딱 그때에만 나타날 수 있는 기발한 것이죠. 신앙생활에서도 새 신자 때만 딱 한 번 발휘되는 대단한 능력과 진심과 기적이 있는 것처럼 말입니다. 그리고 그다음부터는 새 신자 때는 전혀 가질 수 없는 실력이 나이와 경험이 쌓여 가면서 지혜와 주름살로 나오는 것입니다. 그러니 무엇이 더 나은가를 이야기하는 것은 정말 한심한 일입니다. 왼쪽 신발이 더 낫냐, 오른쪽 신발이 더 낫냐, 그렇게 비교하는 것과 같습니다. 그러니 신앙생활을 하면서 각각에게 주어진 현실과 정황과 조건을 긍정적으로 감수해야 합니다.

교회에서는 특히 더 그렇게 해야 합니다. 사회에서는 법이나 윤리 도덕이나 유용성이 아니고서는 묶을 방법이 없습니다. 이와 달리 교회는 예수로 말미암는 하나님의 은혜로 묶이는 곳입니다. 그래서 교회는 더 깊고 넓고 더 놀라워야 합니다.

그러나 뜻밖에도 교회는 교회가 가진 분명한 명분과 확신 때문에 사회보다도 더 경직되고 융통성 없이 굴 때가 종종 있습니다. 때로는 교회에서 하는 정죄가 더 심하기도 하지요. 제가 자라났던 교단에서는 파마하는 것도 죄였습니다. 매니큐어 바르는 것은 그보다 더 심한 죄였습니다. 사실 이런 일은 본문 곧 텍스트가 아닌데도 말이지요. 그러나 그때는 본문을 어떻게 담아내야 하는지 몰라 절제, 희생, 심지어 자학에 가까운 방법으로 본문을 대신할 수밖에 없었습니다. 금식기도, 산기도, 직장 신우회 같은 것이 전부였습니다. 이런 것이 소용없다는 이야기가 아니라는 것쯤은 다 알 것입니다. 그러나 거기에 텍스트를 다 담을 수는 없습니다.

컨텍스트에 대한 이해가 더 넓어져야 합니다. 직장에서 신우회로 모이지 말라고 제가 삼십 년 전부터 말씀드렸습니다. 신우회로 모이는 것 자체가 잘못은 아니지만 그렇게 모여서 할 수 있는 것은 제한적입니다. 신앙의 분명함을 나타내기 위해서는 모일 수 있지만, 그것으로 신앙의 모든 것을 다 담으려고 해서는 안 된다는 것을 여러 번 말씀드렸습니다. 전부를 담으려면 우리에게 주어진 이 시대, 지금의 현실,

자신의 지위 그리고 우리와 연결되어 있는 이웃 안으로 우리가 직접 들어가야 합니다.

모두를 하나로 묶으시는 예수

이제 본문 7절과 8절을 다시 한 번 봅시다.

> 우리 중에 누구든지 자기를 위하여 사는 자가 없고 자기를 위하여 죽는 자도 없도다 우리가 살아도 주를 위하여 살고 죽어도 주를 위하여 죽나니 그러므로 사나 죽으나 우리가 주의 것이로다 (롬 14:7-8)

이 말씀에 대해 '아멘'하지 않는 기독교인은 아마 없을 것입니다. 그런데 '주를 위하여 살고 주를 위하여 죽는 것'이 관심과 표현에서 각각 다르게 나타납니다. 한국 교회에서 신앙을 실천하는 가장 유명한 행위는 새벽 기도와 헌금이었습니다. 이는 각자의 충성과 신앙을 드러내는 중요한 행위였습니다.

그러나 그것으로는 한계가 있다는 것을 알게 되었고 이 한계를 극복하기 위해서는 더 넓어져야 했습니다. 그런데 한국 교회는 열심히 헌금하고 기도하는 것 말고 그다음에 무엇을 더 해야 하느냐에 대해서는 답을 주지 못했습니다. 교인 수가 폭발적으로 늘어나는 바람에 더 많은 자원을 동원해서 전도하고 선교하는 것으로 바로 넘어가 버렸습니다. 그 바람에 실제 우리 삶의 현장에서 컨텍스트에 대한 이해가 더 넓어지는 일은 일어나지 못했습니다. 성도의 현실과 일상이라는 자리까지는 넓어지지 못했습니다. 그러니 '가든지 보내든지 하라' 는 선교에 대한 유명한 구호에서 보듯 신앙을 특별한 미션에 묶을 뿐, 정말 일상에서 어떻게 살아야 하는지에 대해서는 한국 교회가 분명한 답을 주지 못했습니다. 이는 아직도 여전한 한국 교회의 현주소입니다. 그러니 우선 가장 급한 것은 지금 이야기하는 '앞서고 뒤서는 문제'를 제대로 이해하는 일입니다. 7절부터 다시 읽겠습니다.

> 우리 중에 누구든지 자기를 위하여 사는 자가 없고 자기를 위하여 죽는 자도 없도다 우리가 살아도 주를 위하여 살고 죽어도 주를 위하여 죽나니 그러므로 사나 죽으나 우리가 주의 것이로다 이를 위하여 그리스도께서 죽었다가 다시 살아나셨으니 곧 죽은 자와 산 자의 주가 되려 하심이라 (롬 14:7-9)

강한 자와 약한 자 정도가 아니라 산 자와 죽은 자의 구분이 나옵니다. 여기서 말하는 산 자와 죽은 자는 예수 믿은 자와 안 믿은 자입니다. 이 둘을 다 예수 안에서 묶으시려고 예수께서 죽으셨다가 살아나셨다고 말씀합니다. 그러니 흔히 우리가 쉽게 말하듯 "나는 그렇게 하는 게 싫어! 당신은 왜 그따위로 해?"라는 구분보다 얼마나 큰 것을 말씀하는지 보십시오. 예수 믿는 자와 안 믿는 자, 모두의 주가 되시려고 예수께서 죽으셨다가 살아나셨다고 합니다. 모두의 주인이 되려고 하신답니다. 물론 예수는 믿는 자에게는 영생의 주로 오시며, 믿지 않는 자에게는 심판의 주가 되실 것입니다. 그러나 본문은 이런 이야기를 하려고 하는 것이 아닙니다.

　　본문 로마서 14장은 구체적으로 신앙의 삶을 살기로 한 자들에게, 즉 '우리 중에 누구든지 자기를 위하여 살거나 자기를 위하여 죽지 않는 자들에게' 하는 이야기입니다. 생명과 사망이라는 묶을 수 없는 간격을 묶으시는 예수라는 것을 기억하여 신앙생활을 하라고 이야기하는 것입니다. 만만치 않은 요구입니다. 빌립보서 1장에 가면 우리가 이렇게 신앙생활을 할 수 있는 이유를 알게 됩니다.

　　내가 너희를 생각할 때마다 나의 하나님께 감사하며 간구할 때마다 너희 무리를 위하여 기쁨으로 항상 간구함은 너희가 첫날부터 이제까지 복음을 위한 일에 참여하고 있기 때문이라 너희 안에서 착한 일을 시작하신 이가 그리스도 예수의 날까지 이루실 줄을 우리는 확신하노라 (빌 1:3-6)

착한 일을 시작하신 이가 실패하지 않으실 것이라는 확신이 여기 있습니다. 구원을 주신 이가 구원을 완성하시며 우리를 승리하게 하실 것이라 확신합니다. 이를 교리적으로는 '성도의 견인(堅忍)'이라고 합니다. 신앙의 성패는 우리 손에 달려 있지 않습니다. 이미 약속하셨고 목적하신 하나님이 구원을 주시고 완성하십니다. 이것이 '성도의 견인'이라는 교리입니다.

　　우리의 인생, 우리의 고백, 우리의 운명이 예수로 확인되고 있으며 예수의 부활을 분명한 증거로 삼고 있다는 것을 언제든 놓치지 않아야 합니다. 그러니 신앙이란 같은 교회 공동체 내에서 모두 마음이 같고, 뜻이 같고, 표현이 같고, 척하면 알아듣는 일사불란한 신앙 행위에 있지 않다는 사실을 깨달아야 합니다. 웬수들과 같이 서 있는 것입니다. '저 사람은 왜 교회 나올까' 하는 질문이 나오는 정황 속에 신앙이 담겨 있습니다. 이 사실은 중요합니다. 이를 살아 낼 실력이 없으면 교회는 힘을 잃습니다.

조건을 기꺼이 감수하라

에베소서 5장 18절에 가 봅시다.

> 술 취하지 말라 이는 방탕한 것이니 오직 성령으로 충만함을 받으라 시와 찬송과 신령한 노래들로 서로 화답하며 너희의 마음으로 주께 노래하며 찬송하며 범사에 우리 주 예수 그리스도의 이름으로 항상 아버지 하나님께 감사하며 그리스도를 경외함으로 피차 복종하라 (엡 5:18-21)

성령 충만은 피차 복종하는 것입니다. 피차, 어떤 피차일까요? 마음에 드는 사람들끼리 하는 복종이 아닙니다. 이 점이 중요합니다. 인생을 살면서 제일 많이 하는 고민이나 항변이 있다면 "하나님, 어쩌자고 이러십니까!"일 것입니다. "하나님, 어떡하라고요." 이는 하나님을 무시하는 말입니다. 하나님이 전능하시고 지혜로우시다는 말을 이해하지 못해서 하는 말입니다. 자식들이 제일 많이 하는 원망이 "왜 날 낳았어? 누가 낳아 달라고 했어?"이죠. 이것을 교회 표어로 삼아 볼까 합니다. '왜 날 낳았어?'를 앞에다 크게 써 놓읍시다. 그리고 그 옆에다 '기다려 봐'도 같이 써 놓읍시다.

이제 '피차 복종하라'는 말씀이 부부에게로 향합니다. 에베소서 5장 22절입니다. "아내들이여 자기 남편에게 복종하기를 주께 하듯 하라." 아내들에게 남편에 대해 복종할 것을 명합니다. 주어진 조건을 기꺼이 감수하라, 그 조건 속에서 일하라는 말입니다.

부부란 무엇일까요? 평생 일치하지 않는 존재입니다. 부부는 감수하고 사는 사람들입니다. 대안이 없어서 그렇게 사는 것입니다. 그러나 그런 자리에서 하나님이 무언가를 만들어 내십니다. 만일 부인이 없다면 남자들은 백 프로 방탕하게 살 것입니다. 여기서 말하는 방탕은 단지 윤리적 의미가 아닙니다. 그저 술 먹고 노래 부르며 살지, 절대 일하러 나가지 않을 것입니다. 여자는 바보 같은 남편에게 묶여 있지 않으면 정신을 차리고 살지 않을 것이고 억척스러워지지도 않을 것입니다. 아버지 그늘에서 딸로 살면서 평생 이것저것 사달라고만 하고 자기 손으로 설거지 한 번 안 할 것입니다.

신기한 점은 부부로 살면서 위대해진다는 것입니다. 아내 하나 만족시킬 수 없는 남편으로, 남편 하나 믿고 살 수 없는 아내로 도망갈 수 없게 인생에 새삼스레 묶입니다. 그런데 거기서 크고 위대해집니다. 이를 우리 모두가 알고 있습니다. 그것이 하나님이 우리에게 요구하시는 컨텍스트입니다. 이 컨텍스트가 많은 도전을 던집니다. 지난 장에 잠깐 언급했듯이 인문학은 어떤 도전입니다. 그런데 자세히 들여다보면 질문뿐입니다. 인생이 무엇인가, 이게 전부인가, 역사란 무엇인가, 이렇게 죽고 말 것인데 어떡할 거야, 여기까지 계속 묻습니다. 인류 역사 내내 진지하게 반복적으로 묻는 내용입니다. 그러나 이런 저런 치장만 할 뿐 답을 만들 수는 없습니다. 인간은 생명을 어떻게 할 수 없기 때문입니다.

생명과 진리는 하나님만이 주실 수 있습니다. 하나님이 생명과 진리를 알게 하는 은혜를 주시지 않으면, 생명을 키우시는 그의 능력을 우리에게 베푸시지 않으면, 승리와 영광을 주시는 하나님의 약속을 우리에게 허락하시지 않으면, 하나님이 그의 본문을 우리에게 심으시지 않으면, 어떤 컨텍스트도 아무 의미가 없습니다.

하나님이 바로 여기서 일하시겠다고 했기 때문에 우리는 기다립니다. 오늘을 살아 냅니다. 자기 역할을 소중히 여기며 보이는 지금의 정황뿐만 아니라 보이지 않는 것에 귀 기울여 순종합니다.

우리는 컨텍스트를 조작할 수 있습니다. 그렇게 해서 잠시 도망갈 수 있습니다. 안하겠다고 할 수 있습니다. 그러나 텍스트를 조작할 수는 없습니다. 그것은 하나님께 속한 것이요, 은혜로만 주어지는 것이기 때문입니다. 그것이 예수 안에서, 산 자와 죽은 자라는 구별 없이, 모든 죄인들을 위하여 '하나님이 세상을 이처럼 사랑하사 독생자를 주셨으니'라는 말씀에 담긴 깊이와 넓이입니다. 이런 것을 알고 또한 믿고 있다면, 우리가 살아 내지 못할 컨텍스트란 없습니다. 그러니 각자의 인생과 현실과 지위를 불평하고 비교하여 다른 쉬운 것으로 확인하려고 들지 말고, 각자의 조건에서 억울함과 막막함과 의심과 불안과 두려움을 견디면서 기다리십시오. 그것이 믿음입니다.

이런 이유로 성경에서 믿음이라는 말은 종종 순종이나 인내로 대체됩니다. 왜 그런 말을 쓰는지, 왜 시간이라는 개념이 동원되는지 이해해야 합니다. 성숙해지는 날이 올 것입니다. 제가 이만큼 훌륭해졌는데 여러분이라고 예외일 수는 없습니다. 따뜻한 눈을 가지는 것, 무슨 일이든 감수할 수 있는 것, 하나님이 예수 안에서 구원을 베푸셨다는 것과 우리를 사랑하신다는 말이 무엇인지 아는 것, 이 지점에 오면 그런 것들을 아는 자리에 이르게 될 것입니다. 거기는 보이는 것, 편안한 컨텍스트 같은 것으로는 갈 수 없는 세계입니다. 하나님이 매일 텍스트를 주고 계십니다. 우리가 잘 모르고 있을 뿐입니다. 그러니 여기에 이런 말씀이 등장합니다.

> 범사에 우리 주 예수 그리스도의 이름으로 항상 아버지 하나님께 감사하며 그리스도를 경외함으로 피차 복종하라 (엡 5:20-21)

이 말씀에 '아멘'하시고 기대에 찬 하루하루를 위대하게 살아가는 인생 되기를 바랍니다.

기 도

하나님 아버지, 은혜를 감사합니다. 우리의 존재, 조건, 현실, 도전, 숙제, 의심, 불안, 공포, 이 모든 것이 하나님의 은혜와 능력 아래에 있음을 고백합니다. 그리스도 예수 안에 있는 하나님의 사랑에서 우리를 끊을 자가 없습니다. 하나님이 우리를 위하시면 우리를 대적할 자가 없습니다. 그러니 믿음의 사람으로 살아가는 우리의 인생 되게 하셔서 우리가 세상의 빛이며, 하나님의 은혜의 손길이라는 것을 자랑하며 살게 하옵소서. 예수님 이름으로 기도합니다. 아멘.

42.

서로 덕을 세우는 일을 힘쓰나니

이웃, 그들의 고난에 동참하라

---

13 그런즉 우리가 다시는 서로 비판하지 말고 도리어 부딪칠 것이나 거칠 것을 형제 앞에 두지 아니하도록 주의하라 14 내가 주 예수 안에서 알고 확신하노니 무엇이든지 스스로 속된 것이 없으되 다만 속되게 여기는 그 사람에게는 속되니라 15 만일 음식으로 말미암아 네 형제가 근심하게 되면 이는 네가 사랑으로 행하지 아니함이라 그리스도께서 대신하여 죽으신 형제를 네 음식으로 망하게 하지 말라 16 그러므로 너희의 선한 것이 비방을 받지 않게 하라 17 하나님의 나라는 먹는 것과 마시는 것이 아니요 오직 성령 안에 있는 의와 평강과 희락이라 18 이로써 그리스도를 섬기는 자는 하나님을 기쁘시게 하며 사람에게도 칭찬을 받느니라 19 그러므로 우리가 화평의 일과 서로 덕을 세우는 일을 힘쓰나니……(롬 14:13-23)

배타적 자기 확인을 넘어서

로마서 14장은 사람들 간에 신앙의 특징과 선호가 서로 다르다는 사실을 인정하라고 권면합니다. 어떤 날을 다른 날보다 더 중히 여기거나 어떤 음식은 먹지 않기로 신앙의 기준을 삼는 이들이 있습니다. 또 윤리성이나 종교성을 신앙생활의 눈금으로 삼는 이들도 있습니다. 이는 다 좋은 훈련 방법입니다. 그러나 한 편에는 하나님을 알고 하나님의 자녀로 사는 일의 폭넓음을 이해하여 그런 고정된 기준과 규칙을 초월하여 자유를 누리는 사람들이 있기 마련입니다. 이렇게 서로 다르니 싸우지 말라고 말씀합니다. 로마서 14장은 서로 다른 견해를 가진 자들이 배타적 비판과 정죄로 자기 확인을 하여서는 안 된다고 가르칩니다.

로마서 14장에 나온 배타적 비판과 정죄의 문제가 예전 우리 한국 교회 상황에서는 주일 성수에 대한 관점의 차이로 드러났습니다. 유대인들이 안식일을 지키듯이 주일을 지켰지요. 오늘에 와서는 그렇게까지는 지키지 않습니다. 아마 신앙에 대한 이해가 좀 더 넓고 깊어져서 그런 경직된 기준이나 눈금을 우리도 모르는 사이에 넘어서게 된 것 같습니다.

물론 부작용도 생겨났습니다. 그나마 있던 몇 안 되는 눈금마저 없어져서 주일 성수가 애매하게 되었습니다. 주일날 교회에 나오지 않아도 더 이상 겁을 안 내게 되었습니다. 그렇다고 주일에 교회에 나오지 못하게 되면 겁을 먹고 지내라는 뜻은 아닙니다. 그러나 주일에 교회 오는 것이 얼마나 복된가 하는 경지에는 이르지 못한 채, 주일을 안

지켜도 이제는 겁을 안 내게 된 것에 만족하며 여기에 머물러 있습니
다. 여하튼 14장에서 중요한 가르침은 이것입니다. 4절을 봅시다.

> 남의 하인을 비판하는 너는 누구냐 그가 서 있는 것이나 넘어지는
> 것이 자기 주인에게 있으매 그가 세움을 받으리니 이는 그를 세우시
> 는 권능이 주께 있음이라 (롬 14:4)

이 말씀에 '아멘' 하셔야 합니다. 우리가 보기에 '저건 아닌데' 싶은 것
도 아닌 채로 끝나지 않으며, '이렇게 해야 맞는데'라는 답도 그것이
전부가 아님을 알아야 합니다. 우리가 할 수 있는 것보다 더 큰 능력이
주께 있습니다. 이미 잘된 것을 더 잘되게 하고, 실패했던 것도 역전할
수 있는 권능이 주께 있으므로 우리는 우리가 모든 것을 아는 것같이
말할 수 없습니다. 우리가 보기에 잘못된 것 같다고 해서 그것이 끝장
났다고 이야기해서는 안 된다고 성경은 권면합니다. 우리가 아직 죄인
이었을 때에 구원받았다는 사실을 평생 잊어서는 안 됩니다.

물론 교회 공동체 속에서 여럿이 함께 살아갈 때, 아무 제재 없이
그냥 방임하는 상태가 지속되면 혼란만 가중될 것입니다. 그래서 이
런 경우에는 어떻게 질서를 잡을 수 있는가 하는 문제가 등장합니다.
이에 대해서 본문은 너희는 상대방이 오해할 일은 하지 마라, 상대방
이 걸려서 넘어지게 하는 시험은 만들지 말라고 권면합니다.

말이 안 되는 세상 속에서

우리는 당연히 일반 규칙인 법과 도덕과 윤리를 지켜야 할 것입니다. 또한 우리 시대의 사회 문화에 참여해야 합니다. 왜 우리가 그래야 할까요? 우리가 옳고, 우리가 앞서 있고, 우리가 남들보다 옳게 행하고 있는데, 왜 이런 것을 모르는 자들을 우리가 배려해야 할까요? 또한 우리는 왜 우리의 지향점과 정반대라서 함께 갈 수 없는 적대 세력을 이해하고, 그들 속에 들어가 이 시대에 참여해야 할까요? 이에 대해 성경은 그들을 세우시는 권능이 주께 있음을 믿고 기다리라고 이야기합니다.

생존이 위협받고 윤리가 무너지며 양심에 저촉되는 행동을 강요받을 때는 어떻게 해야 할까요? 그때는 누군가가 나타날 것입니다. 성경에서 말하는 것처럼 교회는 그들을 세우시는 권능이 주께 있다고 말할 수밖에 없습니다. 안중근이 되거나 유관순이 되거나 김구가 되는 일은 하나님이 세우신 정치 지도자나 사회 지도자가 감당할 것입니다. 이런 일에 대해서는 또 다른 컨텍스트 안에서 일하시는 하나님의 은혜가 있을 것입니다.

열왕기상 19장에서 엘리야가 "나 하나만 남아 도망 왔습니다"라고 하자, 하나님께서는 "무슨 소리냐. 칠천 명이나 남아 있다"라고 하십니다. 엘리야의 생각에는, 부당한 권력에 맞서 하나님의 뜻을 따르는 누군가가 보이는 세력으로 존재해서 나서야 할 것 같은데, 보이는 지위를 가진 자는 자기 하나밖에 없는 것 같으니 "나 하나만 남아서 도망 왔습니다"라고 하나님 앞에 하소연한 것입니다. 그러나 하나님은 칠천 명이나 남아 있다고 말씀하시죠. 여기서 칠천 명은 숨어서 기도하는 자들입니다. 정치력을 갖고 있지 않은 자들이죠. 하나님은 엘리야에게 무엇을 명하십니까? 예후에게 기름 부어 이스라엘의 왕을 삼고, 하사엘에게 기름 부어 아람의 왕을 세우라고 하십니다. 또한 엘리사에게 기름 부어 선지자로 세우라고 하십니다. 컨텍스트가 계속 이어지게 하라는 말씀입니다. 역사는 하나님이 이끄실 것입니다.

그러면 교회는 무엇을 해야 합니까? 사회 지도자, 정치 지도자가 기독교인이라면 물론 반가운 일이겠지만 이들 지도층이 반드시 기독교인이어야 하는 것은 아닙니다. 예후와 하사엘이 하나님을 믿지 않은 사람이었듯 말입니다. 이 점을 잊지 말기 바랍니다.

우리가 해야 할 일은 텍스트를 담는 일입니다. 이것이 교회와 성도들의 책임입니다. 정치 경제적 차원과 사회 교육적 차원에서 기독교가 무엇을 해야 할까요? 컨텍스트에 관한 것은 우리가 잘 모릅니다. 한 나라의 정치 지도자나 위대한 민족 지도자가 기독교에서 나와야 할까요? 우리는 잘 모릅니다. 그것은 교회가 할 일이 아닙니다. 신자 개인이 컨텍스트에 어떻게 기여하느냐는 전적으로 하나님 손에 달려 있습니다.

신자가 적극적으로 할 수 있는 것은 이웃 앞에서 텍스트를 담아내는 역할입니다. 즉 남아 있는 칠천 명으로 존재하는 것입니다. 이것은 외면할 수 없는 모든 교인의 책임입니다. 그러니 교회라는 이름을 빌미로 컨텍스트를 바꾸어 그것으로 자신의 짐을 덜려고 하는 시험에 빠지지 마십시오.

비판하지 말고 정죄하지 말라는 성경의 가르침은 무엇이며, 부딪칠 것이나 거칠 것을 형제 앞에 두지 말라는 말씀은 무엇일까요? 자신의 정체성을 배타적으로 확인하여 '나는 너와 다르다'로 차별하지 말라는 것입니다. 세상과 다른 존재인 우리야말로 다른 이들이 할 수 없는 일들을 할 수 있고 또 해야만 한다는 뜻입니다.

　모두가 예수 믿게 되기를 소원할 만큼 예수 믿는 일에 자신이 있다면 믿지 않는 사람들이 하지 못하는 일뿐만 아니라 그들이 생각할 수도 없는 일들을 해야 합니다. 그런 것들은 하지도 않으면서 예수 믿으라고 고함만 지른다면 아무 변화도 일어나지 않을 것입니다. 우리는 우리를 세우시는 하나님이 누구신지를 증언해야 하며, 그 하나님에게서 세움을 입는다는 것이 얼마나 영광스러운 일인가를 보여야 합니다. 이것을 로마서 13장에서는 다음과 같이 이야기합니다.

　사랑은 이웃에게 악을 행하지 아니하나니 그러므로 사랑은 율법의
　완성이니라 (롬 13:10)

윤리나 도덕으로 하지 마시고 사랑으로 하십시오. 사랑은 무엇입니까? 사랑은 지는 것이며, 상대를 위하여 기다리는 것이며, 양보하는 것입니다. 물론 이 사랑의 짐을 지는 것 때문에 신자의 인생은 고단합니다. 예수를 믿는 우리의 인생이 여전히 고통스러운 이유는 우리 자신의 잘못에 대한 대가를 치르기 때문이 아닙니다. 우리는 이웃의 짐을 지는 자들이기 때문에 그렇습니다. 우리는 이웃을 위해 양보하고 살아야 하는 자들입니다. 못난 자들, 대적하는 자들, 말이 안 되는 사람들을 끌어안고 살아야 하는 자들입니다. 우리는 하나님께 우리의

문제를 해결해 달라고 하지만, 하나님은 우리에게 사랑하며 살라고 하십니다. 우리가 있어서 우리의 이웃이 살 만하다는 생각이 들도록 그렇게 살라고 하십니다.

사실 이러한 명령은 기독교인이 순종해야 할 당연한 요구인데도 무시되고 늘 다른 것으로 대체되고는 합니다. 오해 없이 들으시기 바랍니다. 우리는 이웃을 사랑하기보다 전도, 선교, 봉사, 구제와 같이 종교성을 띠는 행위로 쉽게 때워 버리고, 자신의 신앙도 그런 활동으로 얻은 안심과 만족감으로 확인하려고 합니다. 그러한 확인을 통해서 얻게 된 자랑이나 우월감으로 마치 좋은 신앙을 가진 양 생각합니다. 그래서는 안 됩니다. 말이 안 되는 세상을 살아야 합니다. 내가 있어서 누군가는 흙탕물을 밟지 않고 나를 딛고 걸어가도록 해야 합니다.

하나님 자녀의 영광의 자유

로마서 8장에 가면 이 이야기를 다음과 같이 언급합니다. 8장 18절입니다.

생각하건대 현재의 고난은 장차 우리에게 나타날 영광과 비교할 수 없도다 피조물이 고대하는 바는 하나님의 아들들이 나타나는 것이니 피조물이 허무한 데 굴복하는 것은 자기 뜻이 아니요 오직 굴복하게 하시는 이로 말미암음이라 그 바라는 것은 피조물도 썩어짐의 종 노릇 한 데서 해방되어 하나님의 자녀들의 영광의 자유에 이르는 것이니라 (롬 8:18-21)

피조물들이 허무한 데 굴복합니다. 썩어지죠. 홍수가 있고 가뭄이 있고 지진이 있고 폭풍이 있습니다. 그렇게 자연 재앙이 있습니다. 피조물들이 이처럼 허무한 데 굴복하는 것은 하나님의 자녀들의 영광의 자유를 기다리고 있기 때문입니다. 이 자유는 단순히 무엇을 선택하는 권리에 불과한 것이 아닙니다. 그것을 넘어서서 생명이 마음껏 크는 것, 아름다움이 충만하고 자랑과 기쁨이 가득한 거룩한 자리에 이르는 것을 의미합니다. 피조물들은 이것을 기다리고 있습니다.

예수를 믿고 나면 이 일을 시작하게 됩니다. 하나님의 자녀들의 영광을 자유롭게 시행할 수 있습니다. 예수를 믿음으로 생긴 자발성으로 예수를 뒤좇아, 기꺼이 그가 세상 죄를 지고 간 것처럼, 내가 사는 이 시대의 현장과 이웃들을 예수의 이름으로 보듬어 안고 살 수 있게 됩니다. 이것은 가난을 구제해 주고 상대방이 요구하는 모든 것을 들어줌으로써 하는 것이 아닙니다. 우리는 경쟁하고 후벼 내고 정죄하고 꺾어 넘어뜨리는 존재가 결코 되지 않으리라, 말이 안 되는 상대방의 원망과 공격을 하나님의 자녀라는 영광에서 나오는 넉넉함으로 다 쓸어 담으리라, 하고 사는 것입니다.

이 명예를 모르면 안 됩니다. 우리가 가진 자유가 무엇인지 이제 안다면, 그리고 이 자유는 하나님의 자녀의 영광을 알기에 사용할 수 있는 것임을 이해한다면, 사랑은 더 이상 명분이거나 문제를 해결하는 수단 정도에 머물지 않게 될 것입니다. 사랑하며 사는 것이 바로 명예입니다. 빌립보서 2장 5절 이하에 하나님은 당신의 영광을 이렇게 드러내십니다.

너희 안에 이 마음을 품으라 곧 그리스도 예수의 마음이니 그는 근본 하나님의 본체시나 하나님과 동등됨을 취할 것으로 여기지 아니하시고 오히려 자기를 비워 종의 형체를 가지사 사람들과 같이 되셨고 사람의 모양으로 나타나사 자기를 낮추시고 죽기까지 복종하셨으니 곧 십자가에 죽으심이라 이러므로 하나님이 그를 지극히 높여 모든 이름 위에 뛰어난 이름을 주사 하늘에 있는 자들과 땅에 있는 자들과 땅 아래에 있는 자들로 모든 무릎을 예수의 이름에 꿇게 하시고 모든 입으로 예수 그리스도를 주라 시인하여 하나님 아버지께 영광을 돌리게 하셨느니라 (빌 2:5-11)

이 하나님의 자랑이 보입니까? 나는 이런 하나님이라고 하십니다. 어떤 하나님이십니까? 기다리시는 하나님, 양보하시는 하나님, 우리를 위하여 손해 보시는 하나님이십니다. 이런 하나님의 일하심에 우리가 동참하는 것입니다. 하나님의 자녀들의 영광의 자유입니다. 여기에 동참하는 것입니다. 이 일은 하나님이 누군가에게 떠밀려 할 수 없이 하신 것이 아닙니다. 하나님의 자랑은 하나님이 그런 성품을 가지신 위대한 인격자라는 사실에 있습니다. 기다려 주실 수 있는 분, 용서하실 수 있는 분, 우리에게 충분히 시간을 주시는 분이십니다. 그분은 위대한 하나님이십니다.

믿음 안에서 아무래도 좋은 인생

어떤 컨텍스트라도 좋다고 이야기할 수 있는 것이 개혁주의입니다.

종교개혁 이후 개신교 신앙에 대한 중요한 신학적 이해가 여기에 담겨 있습니다. 어제 깨닫고 결심하고 행한 것으로 완료되지 않는다, 매일 다른 하루 속에서 오늘의 신앙으로 사는 이것이 개혁주의입니다. 어제 깨달으셨습니까? 오늘이라는 그릇에 다시 그것을 담아내십시오. 오늘 담으셨습니까? 내일은 내일 또 담아내야 할 것입니다. 이것이 개혁주의입니다. 단번에 다 뜯어고치자는 그런 간단한 구호가 아닙니다. 하나님이 우리로 하루를 더 살게 하셨다면, 하루만큼 더 담으십시오. 나는 이것을 깨달았다, 나는 이런 훌륭한 일을 했다, 이런 것은 다 잊으시고 오늘 깨달은 것은 오늘 담고, 오늘이 연장되는 내일이라는 시간, 더 나아가 세월이라는 컨텍스트 속에서 텍스트를 담으십시오.

그러나 이것은 쉽지 않을 것입니다. 오늘 겪은 모욕과 실수를 감내하고 용서하고 극복하리라고 결심했더라도 다음 날이 되면 어제와 똑같은 결심을 반복해야 합니다. 내가 용서하고 보복하지 않기로 했다고 해서 컨텍스트가 바뀌지도 않습니다. 어제의 깨달음에도 불구하고 다음 날 철없는 것들의 모욕과 무례를 맞닥뜨리게 됩니다. 단지 힘만으로 장악한 컨텍스트에 의지하여 세력을 잡은 자들의 말도 안 되는 차별을 다시 감내해야 합니다. 성경은 이 일을 우리에게 가르칩니다. 갈라디아서 6장 9절을 봅시다.

우리가 선을 행하되 낙심하지 말지니 포기하지 아니하면 때가 이르매 거두리라 그러므로 우리는 기회 있는 대로 모든 이에게 착한 일을 하되 더욱 믿음의 가정들에게 할지니라 (갈 6:9-10)

선을 행할 때에 낙심할 만큼, 포기하고 싶을 만큼의 상황이 있을 것이라고 이 구절은 시사합니다. 그래도 낙심하지 말고 선을 행하라고 합니다. 물론 원하는 보상을 받지는 못할 것입니다. 선을 행하는 자체가 위대한 일임을 알지 못한다면 신자로 사는 것이 무엇인지 모르는 것입니다.

이렇게 다만 참고 희생하는 것이 전부라면 억울하다는 생각이 드십니까? 그런데 그것이야말로 하나님의 자녀들의 영광의 자유라고 합니다. 영광의 자유, 자발적 선택입니다. 왜 그럴까요? 인간에게 이것보다 더 영광스러운 일은 없기 때문입니다. 상대방을 굴복시키고 꺾어 버리는 것은 아무런 명예가 되지 않습니다. 앞으로 인생에서 마음껏 경험하게 될 것입니다. 힘으로 이기는 것이 우리의 영혼과 인격에 아무런 도움을 주지 않는다는 사실은 나이가 들면 더 확실해집니다. 세상이 우리에게 약속하고 우리를 속였던 것의 진실을 알게 됩니다. 하나님의 사람으로 사는 것이 얼마나 굉장한가를 배우게 되며 어떠한 상황에서도 '아무래도 괜찮다'라고 할 수 있게 됩니다. 이 '아무래도 괜찮다'라는 말을 실감할 수 있는 좋은 예가 있습니다.

영화 〈쇼생크 탈출〉에 레드라는 흑인 죄수가 나옵니다. 종신형을 선고받고 수감 중인 사람입니다. 이 영화에서 그는 세 번에 걸쳐 가석방 심사위원회에 출석합니다. 가석방이란, 아직 형을 다 마치지 않았지만 나머지 형벌이 불필요하다고 인정되는 모범수들을 심사해서 석방해 주는 제도이죠. 이 가석방 심사에서 레드는 두 번 퇴짜를 맞습니다. 이 두 번의 심사에서 레드는 무슨 이야기를 했을까요? "레드, 당신은 사회에 복귀할 준비가 되었는가?"라는 질문에 레드는 "네. 되었습니다. 저는 교화되었습니다. 저는 제 죄를 충분히 뉘우쳤습니다. 이제는 남에게 해를 끼치거나 위협적인 존재가 되지 않고 성실히 살 준비가 되었습니다"라고 대답합니다. 그때마다 심사위원회에서는 '부적격' 판정을 내립니다.

이제 레드가 가석방 심사위원회에 세 번째 불려 나가게 되는데, 이때는 주인공 앤디가 탈옥한 이후입니다. 심사위원이 "당신은"까지만 이야기했는데, 레드가 "잠깐, 나보고 사회에 복귀할 준비가 되었냐고 물으려는 것인가?"라고 오히려 반문합니다. 레드는 계속해서 말합니다. "돌이켜 보면, 철딱서니 없는 애가 기억나지. 자기가 무슨 일을 하는지도 모르고 끔찍한 일을 저지른 아이지. 지금 만날 수 있다면 이 이야기를 해 주고 싶어. 네가 하는 짓이 무엇인지 아냐고. 하지만 그럴 수는 없지. 나보고 사회에 나갈 준비가 되었냐고? 나를 더 이상 귀찮게 하지 마. 나는 그따위 것은 몰라. 나는 이제 그런 것은 아무래도 좋아." 이 말을 듣고 가석방 심사위원회에서 '적격'이라고 찍힌 도장을 찍어 줍니다.

이 이야기는 무엇을 말해 줍니까? "나는 그따위 것은 몰라. 나는 이제 그런 것은 아무래도 좋아"가 무슨 말일까요? "나는 나에게 편한 이웃만이 내 이웃이 되는 그런 조건은 원하지 않아. 내게는 더 이상 그런 구별이 없어졌어. 나는 어느 누구라도 이웃으로 삼고 살 수 있어. 감옥이면 어때? 여기에도 내 이웃은 있어. 나를 필요로 하는 사람들이 여기 있어. 그러니 나는 여기서 살아도 돼. 이제 나는 어디라도 괜찮아." 이것이 바로 "아무래도 좋아"입니다.

레드는 이것을 누구에게 배웠을까요? 앤디한테 배웠을 것입니다.

앤디는 무엇으로 레드에게 이것을 납득시켰을까요? 앤디가 탈옥한 후
에 죄수들이 식당에서 밥을 먹으며 앤디의 과거를 추억할 때 이 이야
기가 나옵니다. 맥주 사건이죠. 앤디는 경비 대장 애들리가 받은 유산
에 대한 상속세를 면제받도록 도와주면서 '제 동료들에게 맥주 두 병
씩 주신다면'이라는 조건을 내겁니다. "앤디가 우리를 동료라고 불렀
어." 이 말을 죄수들은 계속 되뇌죠. "앤디가 우리를 동료라고 불렀어."

여러분, 이웃이 되어 주십시오. 이웃에게 가서 까다롭게 굴지 마십
시오. 무엇이 옳은가에 대해 긴 설명을 늘어놓지 말고, 가서 이웃이 되
어 주십시오. 그리하여 그들의 고난에 동참하기 바랍니다. 같은 배를
타고 있음을 알게 하십시오. 그리하면 고린도전서 15장의 이 말씀을
말이 아닌 여러분의 존재 자체로 증언하십시오. 고린도전서 15장 57
절입니다.

> 우리 주 예수 그리스도로 말미암아 우리에게 승리를 주시는 하나님
> 께 감사하노니 그러므로 내 사랑하는 형제들아 견실하며 흔들리지
> 말고 항상 주의 일에 더욱 힘쓰는 자들이 되라 이는 너희 수고가 주
> 안에서 헛되지 않은 줄 앎이라 (고전 15:57-58)

성경이 우리에게 들려주는 말이고 우리가 우리를 만난 이웃들에게 행
해야 하는 것입니다. 예수가 당신의 인생을 역전시킬 수 있어, 라는 말
씀이 입으로 말하지 않아도 전해질 것입니다. "나를 봐" 그렇게 말로
하지 않고도 증언하게 되는 것입니다. 그것이 신자 된 인생의 영광스
러운 길인 줄 이해하지 못하면, 여러분은 밤낮 신세타령에서 벗어날

수 없습니다. 신자라면 적어도 〈쇼생크 탈출〉에 나오는 저 레드보다는 훌륭해져야 하지 않을까요. 저는 그렇게 생각합니다. "아무 데라도 상관없어. 아무래도 괜찮아"라고 고백하는 이 명예와 자랑이 여러분의 인생에 가득하기를 바랍니다.

기 도

하나님 아버지, 은혜를 감사합니다. 우리의 존재와 현실과 한계에 대하여 우리는 불평할 것이 없습니다. 그것은 아무래도 좋은 것들입니다. 하나님이 자기 아들을 보내신 것같이 우리를 보내시는 줄 이제 알 것 같습니다. 그 명예로운 인생을 살겠습니다. 그 기적의 자리에 들어가겠습니다. 순종하고 기다릴 수 있게 하여 주시옵소서. 웃고 따뜻한 존재로 서 있게 하여 주시옵소서. 예수님 이름으로 기도합니다. 아멘.

43.

서로 받으라

자랑, 서로를 받을 수 있게 된 실력

1 믿음이 강한 우리는 마땅히 믿음이 약한 자의 약점을 담당하고 자기를 기쁘게 하지 아니할 것이라 2 우리 각 사람이 이웃을 기쁘게 하되 선을 이루고 덕을 세우도록 할지니라 3 그리스도께서도 자기를 기쁘게 하지 아니하셨나니 기록된 바 주를 비방하는 자들의 비방이 내게 미쳤나이다 함과 같으니라 4 무엇이든지 전에 기록된 바는 우리의 교훈을 위하여 기록된 것이니 우리로 하여금 인내로 또는 성경의 위로로 소망을 가지게 함이니라 5 이제 인내와 위로의 하나님이 너희로 그리스도 예수를 본받아 서로 뜻이 같게 하여 주사 6 한마음과 한 입으로 하나님 곧 우리 주 예수 그리스도의 아버지께 영광을 돌리게 하려 하노라 7 그러므로 그리스도께서 우리를 받아 하나님께 영광을 돌리심과 같이 너희도 서로 받으라 (롬 15:1-7)

구원의 역사에 참여하는 인생

우리는 로마서 14장에서 믿음이 연약한 자를 비판하거나 정죄하지 말라는 말씀을 보았습니다. 15장에 오면 한걸음 더 나아가 믿음이 약한 자의 약점을 담당하라는 권면에 이릅니다. 기독교 신앙에서 윤리는 독립되어 존재하는 가치가 아닙니다. 남을 비난하지 않고 그 사람의 약점을 짊어지는 것은 기독교 신앙의 근본적인 진리에 근거하여 주어지는 권면입니다. 우리가 이런 고급한 윤리를 따르는 것은 윤리 자체의 가치 때문이 아닙니다. 우리의 윤리적 행동은 우리가 가진 신앙을 표현한 것으로, 믿는 바를 드러내는 순종의 행위인 것입니다.

로마서 1장에서 11장까지는 타락한 인간의 현실과 예수 그리스도를 통해서 이루시는 하나님의 구원에 대해서 설명하고 있습니다. 그 구원은 이천 년 전에 하나님께서 이미 이루어 놓으신 것입니다.

로마서 12장 이후부터는 하나님의 자비하심을 전제로 하여 그 은혜로 확정된 운명을 이제 신자들이 삶에서 어떻게 구체적으로 누려야 하는가를 설명합니다. 12장 1절을 보면, '그러므로 형제들아 내가 하나님의 모든 자비하심으로 너희를 권하노니 너희 몸을 하나님이 기뻐하시는 거룩한 산 제물로 드리라'고 합니다. 여기서 은혜를 구체적으로 누리는 인생이라는 것은 우리가 선택한 타락에서부터 출발하여, 하나님 없는 세상이 무엇인가를 경험하고, 예수를 만나 이제 하나님과 함께 사는 것이 무엇인지를 확인하여, 하나님이 이미 이루신 구원을 누리는 데에 이르렀음을 뜻합니다.

우리의 구원은 이천 년 전에 이미 일어난 일이기 때문에 뒤바뀔 수 없습니다. 번복될 수 없습니다. 그러나 살면서 보다시피 우리는 모두 죄인으로 태어납니다. 구원은 이미 예수 안에서 완성되었는데 태어나기는 죄인으로 태어납니다. 하나님은 거기서부터 출발하십니다. 역사 속에서 이미 완성하신 구원이 각 개인에게 구체화되도록 현실화시키십니다. 사람마다 죄인으로 태어나 하나님 없이 살다가 예수를 만납니다. 그리하여 예수 안에서 하나님이 이루신 것과 세상이 만들어 낸 것의 분명한 차이를 보며, 하나님이 정하신 인간의 영광과 궁극적 목적을 예수 안에서 확인합니다. 이것이 인생입니다.

그러므로 우리가 사는 인생은 내가 선택한 만큼 책임을 지거나 보상을 받는 삶이 아니라, 하나님 없는 비참한 삶에서 빠져나와 예수로 말미암아 하나님의 자녀로 살게 된 것을 누리는 영광의 삶이며, 지금도 계속되는 하나님의 일하심에 동참하는 삶입니다. 하나님께서는 지금도 계속해서 인류를 부르시는 구원의 역사(役事)를 펼치고 계십니다. 이 일은 예수님이 다시 오시기까지 계속될 텐데 여기에 우리가 참여하는 것입니다.

짐을 서로 지라

이것을 구체적으로 살펴보기 위해서 갈라디아서 6장에 가 봅시다.

형제들아 사람이 만일 무슨 범죄한 일이 드러나거든 신령한 너희는 온유한 심령으로 그러한 자를 바로잡고 너 자신을 살펴보아 너도 시험을 받을까 두려워하라 너희가 짐을 서로 지라 그리하여 그리스도의 법을 성취하라 만일 누가 아무 것도 되지 못하고 된 줄로 생각하면 스스로 속임이라 각각 자기의 일을 살피라 그리하면 자랑할 것이 자기에게는 있어도 남에게는 있지 아니하리니 각각 자기의 짐을 질 것이라 (갈 6:1-5)

매사를 잘한 사람과 잘못한 사람, 옳고 그름, 유익함과 무익함 등으로 쉽게 구별하지 말라는 말씀입니다. 물론 이런 구별이 필요할 때가 있습니다. 그러나 사람을 대할 때에는, 저 사람이 지금은 틀렸지만 그 잘못으로 끝은 아니다, 내가 이번에는 옳았지만 이 옳음이 전부가 아니다, 이런 이해가 있어야 합니다. 이것을 깨달으라고 합니다. 3절, "만일 누가 아무것도 되지 못하고 된 줄로 생각하면 스스로 속임이라"는 말씀은 바로 이런 차원에서 나온 것입니다. 옳고 그름이 전부가 아니며, 잘못을 지적하는 것이 전부가 아닙니다. 예전에 그리하신 것처럼 하나님은 지금도 일하고 계십니다. 인류가 하나님 앞에 거역하고 멸망을 자초했을 때에도 하나님은 그들이 행한 대로 갚지 아니하시고, 기다려 주시고, 당신의 아들을 보내어 인류를 구원하셨습니다. 하나님은 지금도 그렇게 일하고 계시니 지체 중 누가 범죄한 일이 드러나거든 하나님의 일하심을 믿고 그 짐을 나눠서 지라고 말씀하는 것입니다.

'짐을 서로 지라'는 말씀은 동료가 되라, 이웃이 되라, 가족이 되라는 것입니다. 지금 우리나라 상황을 떠올려 봅시다. 외국에 나가면 사람들이 어디에서 왔냐고 물어보겠죠. 그럴 때는 작은 목소리일지언정 한국 사람이라고 말하십시오. 이렇게 하는 것이 여기서 말하는 짐을 서로 지는 것입니다. "나는 한국 사람 아니에요"라고 하지 마십시오.

"나는 저 사람과 달라요"라고 하지 말라는 것입니다. 감수하십시오.
"저 사람은 우리 형제입니다. 우리 친구입니다. 우리 교인입니다." 이
렇게 짐을 함께 지라고 합니다. 짐을 함께 지는 자리로, 그들의 동료로
보냄을 받은 것이니 비판하지 마라, 정죄하지 마라, 그들의 약점을 담
당하라는 말씀입니다.

로마서 14장에 '남의 하인을 비판하는 너는 누구냐'라는 구절이 있
습니다. 그의 주인이 있지 않느냐, 주인이 그를 세울 수도 있고 넘어뜨
릴 수도 있다, 하인을 세우는 권능은 그 주인에게 있다, 이처럼 연약한
자를 세우시는 권능은 하나님께 있다, 용서와 기적과 구원은 하나님
께 있지 않느냐, 그러니 네가 심판하려 하지 마라, 너를 하나님의 구원
이 필요한 사람 옆에 보내신 줄 알고 들어가라, 그 옆에 서라, 이렇게
갈라디아서 6장은 이야기합니다.

"각각 자기의 일을 살피라 그리하면 자랑할 것이 자기에게는 있어
도 남에게는 있지 아니하리니 각각 자기의 짐을 질 것이라"(갈 6:4-5)
라고 합니다. 자기에게는 있어도 남에게는 있지 않는 자랑이란 무엇
일까요? 우리가 하나님의 세우심과 고쳐 주심, 그리고 하나님의 베푸
심을 위하여 서 있고 또 이 일에 보냄을 받은 자라는 것을 알게 되는
자랑을 말합니다.

처한 현실과 상황 밖에 서서 심사위원이나 해설자 역할을 하지 마
시고 들어가 그 팀의 일원이 되십시오. 한국 축구가 지겨든 같이 우십
시오. 내 그럴 줄 알았어, 이런 말 하지 마십시오. 이것이 신자가 현실
에 대해 가져야 할 자세입니다. 성경이 성도에게 요구하는 명령에 담
긴 하나님의 근본적인 뜻을 보아야 합니다.

성령 충만

하나님이 지금 어떻게 일하시는가에 대한 이해가 없으면 신앙생활을 할 수 없습니다. 하나님의 이름을 부르며 그를 찾지만 나 편하게 해 달라는 것밖에 할 기도가 없고 옆에 있는 사람에게도 "나 좀 편하게 너는 내 말 잘 들어라"는 것 말고는 할 말이 없게 됩니다. 성경은 우리의 기대와는 전혀 다른 이야기를 하고 있습니다. 에베소서 5장에 가 봅시다.

> 그런즉 너희가 어떻게 행할지를 자세히 주의하여 지혜 없는 자 같이 하지 말고 오직 지혜 있는 자 같이 하여 세월을 아끼라 때가 악하니라 그러므로 어리석은 자가 되지 말고 오직 주의 뜻이 무엇인가 이해하라 술 취하지 말라 이는 방탕한 것이니 오직 성령으로 충만함을 받으라 시와 찬송과 신령한 노래들로 서로 화답하며 너희의 마음으로 주께 노래하며 찬송하며 범사에 우리 주 예수 그리스도의 이름으로 항상 아버지 하나님께 감사하며 그리스도를 경외함으로 피차 복종하라 (엡 5:15-21)

술 취하지 말고 오직 성령으로 충만함을 받으라고 합니다. 술 취하는 것은 가장 불신앙적인 행위를 대변하고, 성령 충만은 가장 신앙적인 모습을 대변하는 것같이 오해하기 쉽습니다. 그러나 여기서의 비교는 전혀 그런 것이 아닙니다. 세월을 아끼는 문제에 관한 것입니다. 세월을 아끼는 문제 곧 날마다 '오늘'을 사는 문제입니다. 오늘을 살라는 말씀입니다.

오늘은 어떤 날입니까? 반복되는 일상이 이어지는 가운데 별별 일이 다 생기는 인생의 무대입니다. 신자의 인생이든 불신자의 인생이든 다를 바 없는 먹고 살기에 바쁜 일상, 그것이 바로 오늘입니다. 이 오늘에 별의별 일이 다 생깁니다. 가정에도 끊임없이 일이 터지고 우리가 사는 사회에도 사건과 사고가 끊이지 않습니다. 간혹 뜻밖의 행운이 생기기도 하지만 말입니다.

또한 오늘은 내가 준비하지 않고 하나님이 준비하신 곳으로 나를 보내시는 날입니다. 어느 나라에 태어나고 어떤 신분과 처지 속에 사는가는 하나님이 정하셨고 우리를 그리로 보내시는 것입니다. 그런데 이것을 감수하지 못한 채 왜 이런 현실이 벌어졌는가, 왜 이런 조건과 정황을 주시는가, 라고 답답해하기 때문에 술에 취하여 시간을 흘려보내게 됩니다.

술 취하지 말라는 에베소서의 말씀은 시간을 헛되게 흘려보내지 말라는 말씀입니다. 허송세월하지 말고 고민하라는 것입니다. 고민하면 지혜를 얻게 되고 답을 얻게 된다는 말을 하려는 것일까요? 아닙니다. 고민하여 죽어나라는 이야기입니다. 어떻게 도망가지 않고 거기서 죽어날 수 있을까요? 우리가 지금 있는 자리가 성령이 이끄시는 자리, 성령이 함께하여 우리에게 요구하시는 자리라는 것을 알아야 그럴 수 있습니다. 이것이 성령 충만입니다.

우리에게 현실은 싫고 억울한 것들로 가득 차 있습니다. 하나님이 그런 곳으로 우리를 보내십니다. 거기서 여러 이웃과 묶이도록 보내십니다. 그들의 짐을 지도록 보내십니다. 그러니 우리나라에 쓸 만한 사람이 없더라도 여러분 하나 있으면 되는, 그런 괜찮은 사람이 되십시오. 그물이 다 찢어졌어도 성한 그물코 열 개만 있으면, 고래도 잡을 수 있다는 이야기가 바로 '소돔과 고모라 사건' 아닙니까? 아브라함이 말했던 '의인 열 명만 있으면'이라는 말이 무슨 말인지 알아야 합니다. 그들 때문에 하나님이 봐주신다는 뜻이 아니라 그렇게 몇 군데만 성해도 그물 노릇을 대강이라도 할 수 있다는 말입니다. 멸치는 못 잡아도 고래는 잡을 수 있을 것입니다. 그렇게 서 있는 것입니다. 이것이 성령 충만입니다.

보냄 받은 우리 자리

여러분이 서 있는 자리를 편한 대로 판단하지 마십시오. 여러분과 함께 묶여 있는 이웃이 인생의 가장 큰 장애며 짐이 된다고 억울해 하지 마십시오. 그런 이웃과 함께 있는 그곳이 하나님이 일하시기 위해 여러분을 보내신 자리입니다. 여러분과 이웃을 그렇게 묶으셨다는 것을 기억해서 그 짐을 감수하십시오. 어떻게 감수할 수 있을까요? 답이 없는 인생을 기다리며 사는 것입니다. 여기서 하나님이 어떻게 일하시나 보자, 하는 마음으로 기다려야 합니다.

그러니 이제 우리에게 어떻게 하라고 합니까? '시와 찬송과 신령한 노래들로 서로 화답하며 너희의 마음으로 주께 노래하며 찬송하며 범사에 우리 주 예수 그리스도의 이름으로 항상 아버지 하나님께 감사하'라고 합니다. 이제는 정말 행복해서 죽을 것 같다는 마음으로 살아야 합니다. 울고 비명 지르면서 억지로 감당하는 길이 아닙니다. 우리가 억울하게 묶여 있는 조건이 하나님의 실수나 외면으로 잘못 들어

선 길이 아니라는 것을 기억해야 합니다. 우리가 어떤 형편을 겪어도 하나님의 은혜를 담지 못하는 지경에 이르는 일은 없다는 것을 기억 해야 합니다.

그래서 어디로 갑니까? '그리스도를 경외함으로 피차 복종'하는 데 까지 가야 합니다. 피차 복종하라는 것은 저 사람 때문에 내가 어려워 졌다고 생각하지 말라는 것입니다. 그 사람이 없으면 안 되는 인생으 로 여기고 살라는 것입니다.

영화 〈벤허〉는 메살라가 없으면 십 분 만에 끝날 영화입니다. 그렇 게 해서는 본문을 담을 수 없습니다. 예수의 인생은 어땠습니까? 예수 는 십자가에서 죽습니다. 그가 원해서 죽으신 것이 아닙니다. "아버지 여, 할 만 하시거든 이 잔을 내게서 지나가게 하옵소서." 예수는 그렇 게 진심 어린 기도를 하셨습니다. 그러나 아버지께서는 죽음의 자리 를 원하셨고 예수는 그 뜻에 순종하여 죽음의 길을 가십니다. 그런데 그 자리가 부활의 문이 될 줄 누가 알았겠습니까?

우리의 선택, 우리의 능력, 우리의 이해가 모든 것을 결정하지 않습 니다. 우리가 예수 안에서 본 것이 무엇입니까? 그분 안에서 기적을 보았습니다. 그 기적은 어디에 담겨 있었습니까? 금잔입니까? 보석함 입니까? 아닙니다. 말구유였습니다. 우리의 생애와 형편은 말구유보 다야 나을 것입니다. 아니, 말구유 정도만 되어도 어떻습니까? 거기에 예수를 담겠다는데, 그저 감사할 따름입니다.

이 일을 이해하지 못하면 우리 안에 자랑을 가질 수 없습니다. 우리 의 형편이 우리가 보는 것처럼 헛된 것에 불과하다면 우리는 견딜 수 없을 것입니다. 감사나 용서나 이해도 나올 수 없습니다. 겸손은 인간이 노력해서 도달할 수 있는 것이 아닙니다. 단지 그렇게 꾸밀 수는 있을 것입니다. 위선으로 가장할 수는 있습니다. 하지만 참된 겸손은 하나님만이 만드실 수 있는 하나님의 은사입니다. 우리는 예수 안에서 이 일이 현실화되는 구체적 사례를 보았습니다. 그러니 이제 우리도 그렇게 살아야 합니다. 그렇게 살지 않는 것은 아직도 하나님이 일하시는 방법을 모르기 때문입니다.

묶으심에 붙들려

하나님의 일하심을 알고 그분의 뜻에 순종하면 우리 마음이 편안해질까요? 그렇지는 않습니다. 사람의 마음은 그렇게 깊고 넓지 않습니다. 늘 아슬아슬하고 조마조마하지만 그 속에서 순종하는 것입니다. 우리가 할 수 없는 것을 하게 되는 것은 하나님이 예수 안에서 먼저 그렇게 하셨기 때문입니다. 우리로서는 받을 자격이 없는데도 하나님이 우리에게 허락하셨기에 그런 하나님의 일하심을 따라가는 것입니다.

이제 우리는 예수 안에서 하나님의 성실하심을 보았고, 그 은혜를 입었고, 그 명예를 알게 되었습니다. 그러므로 힘써 순종하는 것입니다. 예수로 보이신 하나님의 사랑과 능력에 나를 묶겠다는 순종을 하십시오. 그리스도를 경외함으로 피차 복종하기를 다짐하십시오. 못 참겠으면 한강에 가서 고함 한번 지르고 오십시오. 그리고 돌아와 다시 그 짐을 짊어지십시오.

나는 왜 마음이 편하지 않을까, 나는 왜 마음에 계속 다른 생각이 들까, 나는 왜 온전해지지 않을까, 이런 오해가 우리 발목을 잡습니다.

이런 생각으로 무흠하고자 하면 자기를 닦고 또 닦느라 삶을 실제로 살아 내지 못합니다. 할 수 있는 만큼 하십시오. 할 수 있는 만큼도 하지 않으면서, 그렇게 오늘 하루를 제대로 살아 내지도 못하면서, 끊임없이 때만 밀고 결벽만 떨다가는 실제로 멋지게 살아 내는 일은 평생 못하게 됩니다. 우선 여러분 옆에 있는 이웃에게 고마워하고 감사하는 일, 따뜻한 눈으로 이웃을 격려하는 일부터 하십시오.

왜 우리는 이웃에게 좋은 표정 하나 지어 주지 못하는 것일까요? 인생이 암담하기 때문입니다. 아닌 것 같고 틀린 것 같은 인생, 소원은 있으나 실천하지 못하는 그런 인생으로 자신의 삶을 생각하기 때문입니다. 하지만 여러분은 그리스도께서 여신 길에 이미 서 있습니다. 그러니 기쁜 마음으로 교회에 나오십시오. 고린도전서 2장에서 사도 바울은 이런 이야기를 합니다.

> 형제들아 내가 너희에게 나아가 하나님의 증거를 전할 때에 말과 지혜의 아름다운 것으로 아니하였나니 내가 너희 중에서 예수 그리스도와 그가 십자가에 못 박히신 것 외에는 아무 것도 알지 아니하기로 작정하였음이라 내가 너희 가운데 거할 때에 약하고 두려워하고 심히 떨었노라 내 말과 내 전도함이 설득력 있는 지혜의 말로 하지 아니하고 다만 성령의 나타나심과 능력으로 하여 너희 믿음이 사람의 지혜에 있지 아니하고 다만 하나님의 능력에 있게 하려 하였노라
> (고전 2:1-5)

왜 바울은 복음을 하나님의 능력으로만 전한다고 했을까요? 인간이

할 수 있는 것과는 비교할 수 없이 큰 것이라서 그렇습니다. 인간이 만들어 낼 수 없는 것을 만들어 주시려고 하나님이 나를 보내셨다는 것을 안다, 너희에게 전하려고 하는 것은 내가 설득하고 설명하고 감동을 줘서 만들 수 있는 일이 아니다, 하나님이 이 일을 위해 나를 보내셨다는 것을 알기에 나는 아무것도 없이 빈손으로 뛰어들어 갈 수 있다, 나는 그리스도와 십자가만 가지고서 들어간다, 라는 바울의 고백입니다.

아브라함도 그렇게 삽니다. 아브라함이 한 일이 무엇이 있습니까? 본토 친척 아비 집에서 떠나 왔다 갔다 하다 죽습니다. 왔다 갔다 한 것이 전부입니다. 그렇게 산 아브라함을 무엇이라고 부르십니까? 하나님이 아브라함에게 "내가 네게 복을 주어 네 이름을 창대케 하리니 너는 복이 될지라"고 하셨습니다. 아브라함은 복입니다. "너는 복이 될지라. 너를 축복하는 자에게는 내가 복을 내리고 너를 저주하는 자에게는 내가 저주하리니 땅의 모든 족속이 너를 인하여 복을 얻을 것이니라."

이것을 기억하십시오. 왔다 갔다가 전부인 인생, 그것이 아브라함입니다. 거기서 하나님은 일하십니다. 사람들이 그런 아브라함을 보고서 은혜를 받습니다. 하나님이 그런 삶에도 은혜를 주십니다. 그러니 아브라함은 무엇만 하면 됩니까? 왔다 갔다만 하면 됩니다. 예수가 보이신 길로, 이 아무것도 아닌 것 같은, 지는 것 같고 망하는 것 같은 십자가의 길로 하나님이 은혜를 담겠다고 하십니다. 얼마나 다행한 말씀입니까? 어느 수준 이상이 되어야만 이 은혜를 담을 수 있다고 기준을 정하지 않으셨습니다. 얼마나 감사한 말씀입니까. 그러니 마음

놓고 사십시오. 시와 찬송과 신령한 노래들로 서로 화답하며 감사하
며 피차 복종하십시오. 삶의 모든 조건이 하나님의 통치 아래 있음을
잊지 마십시오. 여러분의 인생이 하나님의 주도권 아래에, 예수로 말
미암아 인류와 역사의 운명을 자신에게 묶으신 능력에 붙들려 있음을
기억하시고 이를 살아 내는 기적이 있기를 바랍니다.

기 도

하나님 아버지, 은혜를 감사합니다. 아무것도 아니라고 생각했던 우리의 존
재가 하나님의 신비이며 능력이며 하나님이 기뻐하시는 하나님의 방법이라
는 것을 다시 확인합니다. 예수를 믿는다고 고백했으니 십자가의 길을 따라
가며 자랑하고 찬송하는 영광이 있게 하여 주시옵소서. 예수님 이름으로 기
도합니다. 아멘.

44.

내가 너희에게 나아갈 때에

배역, 할 수 있는 만큼 하라

22 그러므로 또한 내가 너희에게 가려 하던 것이 여러 번 막혔더니 23 이제는 이 지방에 일할 곳이 없고 또 여러 해 전부터 언제든지 서바나로 갈 때에 너희에게 가기를 바라고 있었으니 24 이는 지나가는 길에 너희를 보고 먼저 너희와 사귐으로 얼마간 기쁨을 가진 후에 너희가 그리로 보내주기를 바람이라 25 그러나 이제는 내가 성도를 섬기는 일로 예루살렘에 가노니 26 이는 마게도냐와 아가야 사람들이 예루살렘 성도 중 가난한 자들을 위하여 기쁘게 얼마를 연보하였음이라 27 저희가 기뻐서 하였거니와 또한 저희는 그들에게 빚진 자니 만일 이방인들이 그들의 영적인 것을 나눠 가졌으면 육적인 것으로 그들을 섬기는 것이 마땅하니라 28 그러므로 내가 이 일을 마치고 이 열매를 그들에게 확증한 후에 너희에게 들렀다가 서바나로 가리라 29 내가 너희에게 나아갈 때에 그리스도의 충만한 복을 가지고 갈 줄을 아노라…… (롬 15:22-33)

바울의 사명과 고민

본문 22절을 보면 사도 바울이 로마에 가기를 간절히 원했다는 것을 알 수 있습니다. 로마에 복음이 전파되어 그곳에 이미 예수 믿는 사람들이 생겼다는 사실 때문에 바울은 매우 고무되어 있습니다. 로마는 당시 제국의 수도였고, 사도 바울은 복음을 전 인류에게 전파하는 것을 자신의 사역으로 이해하였으니 그로서는 당연히 로마에 가고 싶었을 것입니다. 그러나 그는 여러 가지 일로 몸이 묶여 로마에 가지 못하고 있었고 그러던 중에 편지를 먼저 보냈는데 이 편지가 바로 로마서입니다.

바울이 가고자 하는 궁극적 목적지는 스페인입니다. 23절 이하에서 보듯, 바울은 로마에 들렀다가 스페인으로 가고자 합니다. 그런데 로마서를 쓸 당시 그는 예루살렘에 가야 해서 로마에 있는 성도들에게 우선 편지부터 보내게 된 것입니다. 바울이 예루살렘에 가야 했던 것은 마게도냐와 아가야 지방에 있는 교회들이 예루살렘 교회의 가난한 사람들을 위해 모은 구제 헌금을 예루살렘 교회에 전달해야 했기 때문입니다.

이 헌금을 전달하는 일은 매우 중요해서 바울은 먼저 예루살렘에 다녀온 뒤에 충만한 기쁨을 갖고서 로마에 있는 성도들을 만나고자 합니다. 나는 로마에 들렀다가 스페인으로 갈 작정이다, 그런데 그전에 먼저 예루살렘에 가야 하는 일이 중요하므로 이 일이 순조롭게 되도록 그리고 기쁨과 은혜가 넘치도록 나를 위해 기도해다오, 이렇게 된 것입니다. 바울은 예루살렘에 가는 이 일을 왜 이렇게 중요하게 여길까요?

바울이 이방인을 위한 사도가 된 것은 유대인들이 복음을 받아들이지 않았기 때문입니다. 유대인들은 예수가 하나님이 약속하신 메시아라고 믿지 않았습니다. 하나님이 이스라엘을 선민으로 불러 이루려 하셨던 궁극적 목적이 예수일 거라고는 인정할 수 없었기 때문입니다. 이스라엘은 율법을 지키고 할례를 받는 것이 구원의 길인데, 예수 때문에 이 모든 것이 무효가 되었다고 생각했습니다. 그래서 유대인이나 이방인이 차별 없이 은혜로 구원받는다는 말을 이스라엘은 모욕으로 여겼습니다.

이런 이유로 바울은 지금으로 말하면 터키나 그리스에 해당하는 곳에서 선교 여행을 할 때에 언제나 유대인들의 공격을 받았습니다. 그들로부터 살해 위협도 받았습니다. 이런 일은 사도행전에 잘 나타나 있습니다. 유대인들은 자기네가 믿는 종교를 지키기 위하여 이 이단아 같은 자, 곧 자기네가 믿는 하나님을 왜곡하는 바울을 방해하고 제거하려고 열심을 내고 있습니다.

그러나 바울은 하나님이 이스라엘에게 약속하신 메시아가 바로 예수이며, 그가 십자가를 통해서 성취하신 구원을 모든 인류에게 베푸셨다는 것을 하나님의 부름을 받아 깨닫습니다. 그리고 이 복음을 전하고 있습니다. 이런 상황 속에서 바울은 이방 교회가 세워지게 된 것과 또한 이들이 예루살렘 교회를 위해 구제 헌금을 한 일을 아주 큰 사건으로 이해한 것입니다. 바울은 예루살렘 교회와 이방 교회가 모두 예수 안에서 동등하게 하나님의 구원과 은혜를 나누고 있다는 것을 보여 주고 싶어 했기 때문입니다.

이제 바울이 예루살렘에 가게 되면 배타적 유대교를 고집하는 민족주의자들은 틀림없이 그를 죽이려고 할 것입니다. 더구나 이방 교회들이 예루살렘 교회를 돕는다고 하면, 예수를 믿게 된 유대인들이라고 할지라도 민족적 우월감 때문에 상당한 불쾌감을 나타냈을 것입니다. '감히 이방 교회가 우리를 돕다니'라고 하는 곱지 않은 시선과 오해 때문에 예수 안에서 한 형제라는 이유로 형제애를 나누려고 했던 이방 교회의 순수한 마음과 진심이 상처를 받을 수 있다는 것을 바울은 알았을 것입니다. 자칫하면 오해받을 수 있는 일을 바울이 맡은 것입니다.

선민과 이방인

이 문제의 근원을 따지고 들어가 보면 이런 생각이 듭니다. 하나님이 전 인류를 구원하시면 될 것을 왜 유대인만 따로 선민으로 부르셔서 이토록 복잡한 문제가 생기게 하신 것일까, 하는 질문이죠.

우리 기독교인들은 하나님이 이스라엘을 택하시고 그들에게 주신 약속을 예수 안에서 성취하셔서 모든 인류에게 혜택을 주셨다는 것을 알고 있습니다. 그러나 유대인들이 이 일을 받아들이지 못했다는 사실 때문에 기독교인들은 유대인 못지않은 배타적 우월감으로 그들을 바라보곤 했습니다. 지난 이천 년 동안 유대인들을 차별한 것이죠.

오늘날에도 우리는 구약 성경 내내 계속되는 유대인들의 잘못을 보며 '바보 같은 유대인들, 그따위로 하다니. 예수를 못 박은 천하에 못난 놈들'이라는 생각을 떨쳐 버리지 못합니다. 유대인이 이방인을 오해한 것과 마찬가지로 기독교인도 유대인에 대하여 배타성을 갖고 있는데, 이는 기독교인에게도 거침돌과 올무가 되고 있습니다.

다시 원래 질문으로 돌아가 보면, 그러니 하나님, 애초부터 선민을 따로 구별하지 않았더라면 좋지 않았습니까, 이스라엘을 제사장 국가로 삼아 결국 온 인류에게 주실 복음이었다면, 좀 더 보편적인 방법을 택하시는 것이 좋지 않았겠습니까, 하는 물음이 제기되는 것입니다.

선민과 이방인을 구별한 것같이 하나님은 우리 인생도 선인과 악인, 유능한 자와 무능한 자, 잘난 자와 못난 자로 나누고 계십니다. 이런 현실은 무엇일까요? 이것이 로마서 15장이 다루는 내용입니다. 자신의 조건에 대해 스스로 한번 생각해 보십시오. 우리는 선민입니까, 이방인입니까? 좀 다르게 물어보겠습니다. 여러분은 잘난 사람입니까, 못난 사람입니까? 함부로 진심을 이야기하기 어려운 질문이죠. 또 그때마다 다르게 대답할 수 있는 내용이기도 합니다. 하지만 이 문제를 잘 풀지 않으면 현실에서의 우리의 지위와 조건을 늘 오해하게 됩니다.

선민의 특권이란 무엇일까요? 유대인은 선민이 되어 무슨 복을 가지게 되었을까요? 자부심을 가지게 되었습니다. 그렇다면, 이방인은 무엇을 가지게 되었을까요? 이방인은 자부심도 없고 편견도 없는 존재가 되었습니다. 생각 없는 역할을 맡게 된 것입니다. 유대인들이 잘난 척하면, 이방인들은 '저게 뭔가' 하는 눈으로 보았을 것입니다. 그리고는 이방인들은 "너희가 그렇게 자부심이 있느냐. 우리는 편견이 없는 사람들이다"라고 했습니다. 사실 이방인에게는 유대인들이 자랑하는 것에 상응하는 다른 자랑은 없었습니다. 그저 살기 바빴습니다.

유대인들이 가진 선민으로서의 자랑은 하나님이 무엇을 위하여 그들에게 주신 것입니까? 약속에 신실하신 하나님을 보이기 위해서입니다. 로마서 15장 7절 이하에 나온 말씀입니다. '그러므로 그리스도께서 우리를 받아 하나님께 영광을 돌리심과 같이 너희도 서로 받으라 내가 말하노니 그리스도께서 하나님의 진실하심을 위하여 할례의 추종자가 되셨으니 이는 조상들에게 주신 약속들을 견고하게' 하고자 하신 것이라고 합니다.

이방에게는 안 주시고 이스라엘에게만 주신 약속으로 하나님이 당신을 나타내셨습니다. 하나님은 이 약속을 다 지키심으로 당신의 신실하심을 선민에게 충분히 증명하셨습니다. 이것이 선민이 누린 혜택입니다. 그렇다면, 이방은 무엇인가, 라는 질문이 나오게 됩니다. 이어 나오는 구절을 봅시다.

이방인들도 그 긍휼하심으로 말미암아 하나님께 영광을 돌리게 하려 하심이라 기록된 바 그러므로 내가 열방 중에서 주께 감사하고 주의 이름을 찬송하리로다 함과 같으니라 또 이르되 열방들아 주의 백성과 함께 즐거워하라 하였으며 또 모든 열방들아 주를 찬양하며 모든 백성들아 그를 찬송하라 하였으며 또 이사야가 이르되 이새의 뿌리 곧 열방을 다스리기 위하여 일어나시는 이가 있으리니 열방이 그에게 소망을 두리라 하였느니라 (롬 15:9-12)

하나님께서는 이스라엘을 선민으로 구별하여 저들과 관계를 맺으시고 저들에게 언약을 주셔서 약속을 지키시는 신실한 분이심을 드러내셨습니다. 그들을 선민으로 택하셔서 하나님의 분명하심을 드러내신

것입니다. 이 하나님이 무엇을 하시고자 했냐 하면, 이방 곧 약속을 받
지 않고 특별한 관계 속에 있지 않아 마치 외면당한 것 같은 이들에게
도 다 복을 주시려고 했습니다. 그렇게 하여 긍휼과 자비가 무한하신
하나님임을 보이시려 했던 것이죠. 선민과 이방의 차별이 우리에게는
옳음과 그름, 잘남과 못남의 구별로 다가오지만, 하나님은 선민에게
는 하나님의 분명하심을, 이방에게는 하나님의 무한하심을 드러내신
것입니다.

　여러분은 어떤 역할을 맡고 싶으십니까? 분명한 역할을 맡은 사람
이 배타적 우월감 속에 있는 것은 그가 못나서 그런 것입니다. 하나님
이 무한한 은혜와 자비로 주신 복을 받은 사람들이 무책임하고 게으
르게 된 것도 그들이 못나서 그런 것입니다.

　하나님께서는 선민과 이방인의 구별을 통하여, 하나로는 다 드러
낼 수도 다 담을 수도 없는 당신의 분명하심과 무한하심, 약속에 신실
하심과 은혜 베푸심을 인류 역사에 보이셨다는 것을 로마서는 말하고
싶어 합니다.

세잔의 사과

미셸 오(Michel Hoog)라는 사람은 화가 세잔을 깊이 연구하여 《세잔의
사과》라는 책을 썼습니다. 화가 세잔(Paul Cézanne, 1839~1906)은 노력과
정성을 기울여 미술을 치열하게 연구한 사람입니다. 그래서 '세잔의
사과'는 예술의 고급한 경지에 이른 전문적 노력과 치열함을 가리킬
때에 쓰는 말입니다.

세잔은 아내의 초상화를 여러 점 남겼습니다. 그는 아내에 대한 사랑이 각별했던 것 같습니다. 그런데 그 초상화들은 하나같이 그리다 만 습작 같기도 하고, 장난삼아 끄적거린 것처럼 보이기도 합니다. 칙칙하고, 잘생긴 것 하나 없는 표정에, 부자연스러운 자세며, 어깨나 팔다리의 불균형 때문에 그 모습은 마치 환자처럼 보입니다.

《세잔의 사과》를 쓴 저자는 세잔이 자신의 아내가 실제로 이렇게 생겼을 것이라고 생각하면서 그렸을 리는 없다고 말합니다. 그렇다면 세잔은 왜 이렇게 그렸을까요? 세잔은 자기 아내의 아름다움을 인간이 가진 기술로는 그려 낼 수 없음을 알았다는 것입니다. 그래서 오히려 기법을 사용하지 않음으로써 사람들로 하여금 자신의 아내가 얼마나 아름다운지를 상상하게 하여 인간의 기대와 완성의 경계를 넘어가기를 원했던 것이라고 저자는 분석합니다. 이게 무슨 소리일까요? 시편에 가면 이와 비슷한 이야기가 나옵니다. 시편 8편입니다.

여호와 우리 주여 주의 이름이 온 땅에 어찌 그리 아름다운지요 주의 영광이 하늘을 덮었나이다 주의 대적으로 말미암아 어린 아이들과 젖먹이들의 입으로 권능을 세우심이여 이는 원수들과 보복자들을 잠잠하게 하려 하심이니이다 주의 손가락으로 만드신 주의 하늘과 주께서 베풀어 두신 달과 별들을 내가 보오니 사람이 무엇이기에 주께서 그를 생각하시며 인자가 무엇이기에 주께서 그를 돌보시나이까 그를 하나님보다 조금 못하게 하시고 영화와 존귀로 관을 씌우셨나이다 주의 손으로 만드신 것을 다스리게 하시고 만물을 그의 발아래 두셨으니 곧 모든 소와 양과 들짐승이며 공중의 새와 바다의 물

고기와 바닷길에 다니는 것이니이다 여호와 우리 주여 주의 이름이 온 땅에 어찌 그리 아름다운지요 (시 8:1-9)

시편 8편은 하나님의 영광 곧 하나님이 만드신 인간의 영광을 감격하면서 쓴 시입니다. 온 세상이 하나님의 영광을 선포합니다. 그리고 하나님은 이 영광을 사람의 발아래 두십니다. 도대체 사람이 무엇이기에 그러셨을까요. 개역 개정판에서는 '그를 하나님보다 조금 못하게 하셨다'라고 하고, 개역 한글판에서는 '그를 천사보다 조금 못하게 하셨다'라고 합니다. 이 구절의 의미는 무엇일까요? 세잔이 그린 초상화처럼, 인간이 상상하는 최고의 모습으로 인간을 그리지 않고, 그것보다 조금 못하게 그림으로써 우리가 소원하는 가장 멋진 것을 넘어서도록 우리를 자극하는 증언인 것입니다.

우리의 소원은 무엇일까요? 우리는 완벽하고 싶어 합니다. 우리가 생각하는 완벽함이란 결국 다 윤리적이고 기능적이고 심리적인 것입니다. 그러나 하나님의 생각은 이와 다릅니다. 윤리적 결함이나 기능적 무능력이나 심리적 불안에 절절매는 우리에게 이것들을 해결해야 한다고 요구하시지 않습니다. 오히려 우리는 하나님을 만나고 하나님을 의지하고 하나님에게서 힘을 얻어야 하는 존재라는 것을 우리에게 끊임없이 가르치십니다.

그러니 우리가 자책하거나 누구를 증오하고 분노하는 것은 모두 하나님의 일하심에 대한 무지 때문입니다. 저 사람은 왜 저럴까, 하지 마시고 인간을 천사보다 조금 못하게 만드신 하나님의 신비를 깨닫기 바랍니다. 세잔이 그린 초상화를 생각해 보세요. 세잔이 자신의 아내를 왜 그렇게 그렸는지 이해할 수 있다면, 여러분의 이웃을 향해서도 저 못난 사람은 왜 있는지, 하나님이 어떻게 일하시는지에 대해서도 이해할 수 있게 될 것입니다.

배역을 감당하라

유대인이 자기네는 선민이고 이방은 개라고 여겼던 잘못을 따라하지 마시고 이방까지 은혜로 품으셨던 하나님을 생각하십시오. 여러분이 잘났다면 그 잘남을 다른 이들을 위하여 사용할 줄 아는 자리까지 가십시오. 잘난 것이 배타적 우월감이 되지 않도록 하십시오. 하나님이 다른 이들을 먹이기 위해 여러분을 키우셔서 그들에게 보내셨다는 것을 알아야 합니다.

　모세가 위인이라고 생각하십니까? 모세가 하나님의 필요를 채워 드렸다고 생각하십니까? 이는 전부 신성을 모독하는 발언입니다. 인간 중에 그 누가 하나님께 도움이 될 수 있다는 말입니까. 우리는 방해물일 뿐입니다. 하나님이 우리를 사용하시지 않고 당신 혼자서 일하시는 것이 백 번 유리할 것입니다. 우리를 사용하면 하나님은 천천히 걸으셔야 할 것입니다. 그리고 우리한테 다 가르쳐 주고자 하시면 아마 우리의 뇌가 터질 것입니다. 그렇다고 하나님이 강제로 하시면 우리는 비명 지를 것이 뻔합니다.

　그래도 하나님은 우리와 일하시겠다고 합니다. 보잘것없는 우리를 갖고서도 세상을 이길 수 있는 하나님이십니다. 하나님의 하나님 되심을 다 드러내시지 않고 우리만큼만 갖고도 이길 수 있는 하나님이라는 사실을 매일 확인하게 됩니다. 종종 나는 왜 이럴까, 하는 생각이 들겠지만 사실 하나님은 여러분 정도로도 충분합니다. 보리떡 다섯 개면 괜찮다고 하셨습니다. 적을 만나면 어떻게 해야 한단 말인가, 하는 생각이 들겠지만 괜찮습니다. 물맷돌 하나면 충분합니다.

그런데 우리에게는 이 여유가 없습니다. 믿음이 없기 때문입니다. 하나님이 어떻게 일하시는지를 알지 못하여 밤낮 조건이나 힘에서 우위에 서고 싶어 하고, 상대를 무릎 꿇려 자기 편한 방향으로만 해결하려고 듭니다. 그래서 결국 서로 고함만 지르게 되고 늘 인상만 쓰다가 헤어집니다. 하나님은 그러지 말라고 말씀하십니다. 걱정하지 말라는 것이죠. 고린도전서 4장을 봅시다.

사람이 마땅히 우리를 그리스도의 일꾼이요 하나님의 비밀을 맡은 자로 여길지어다 그리고 맡은 자들에게 구할 것은 충성이니라 너희에게나 다른 사람에게나 판단 받는 것이 내게는 매우 작은 일이라 나도 나를 판단하지 아니하노니 내가 자책할 아무 것도 깨닫지 못하나 이로 말미암아 의롭다 함을 얻지 못하노라 다만 나를 심판하실 이는 주시니라 그러므로 때가 이르기 전 곧 주께서 오시기까지 아무 것도 판단하지 말라 그가 어둠에 감추인 것들을 드러내고 마음의 뜻을 나타내시리니 그 때에 각 사람에게 하나님으로부터 칭찬이 있으리라
(고전 4:1-5)

각각 자기의 일을 하라, 자기의 조건으로 현실을 살아라, 그리고 충성하라고 하십니다. 드라마에서 배우가 어떤 역할을 맡으면 거기에 맞

는 분장을 해야 하고 적절한 옷을 입어야 합니다. 자신의 배역을 잘 연기해야 하기 때문입니다. 맡은 배역에 충성하십시오. 도대체 이것이 무엇인가, 하는 생각이 들겠지만, 그에 대한 답은 하나님이 알아서 하실 것입니다.

할 수 있는 만큼 하십시오. 잘못했을 때는 후회할지언정 거기서 돌이켜 하나씩 더 나아가게 된다면 도리어 그 실수가 우리 인생에게 주신 복이 될 것입니다. 실제로 살아 보고 해 보십시오. 그래서 나아지십시오. 후회하고, 성찰하는 것 속에서 하나님의 은혜를 확인하게 될 것입니다. 못난 짓밖에 한 것이 없는데도 훌륭해지는 것, 이것이 성도의 인생입니다.

분명함에서 넉넉함으로

고린도전서 13장에 가면 사랑에 대한 정의가 나옵니다. 사랑은 하나님께 충성하여 남을 판단하지 않는 것이라고 합니다. 4절부터 봅시다.

사랑은 오래 참고 사랑은 온유하며 시기하지 아니하며 사랑은 자랑하지 아니하며 교만하지 아니하며 무례히 행하지 아니하며 자기의 유익을 구하지 아니하며 성내지 아니하며 악한 것을 생각하지 아니하며 불의를 기뻐하지 아니하며 진리와 함께 기뻐하고 모든 것을 참으며 모든 것을 믿으며 모든 것을 바라며 모든 것을 견디느니라 (고전 13:4-7)

사랑은 상대방을 존중하는 것이며, 사랑이라는 이름으로 상대방을 강제하지 않는 것입니다. 그런데 이 사랑은 넘치는 실력으로 하는 것이 아닙니다. 내 상식으로는 이해할 수 없는 저 사람을 하나님이 만드셨다, 하나님이 그를 내 옆에 보내셨다, 그를 통해 하나님이 일하신다, 라고 믿는 것입니다. 그래서 입 다물고 사는 것입니다.

그러니 진실을 핑계로 속 이야기를 다 꺼내 놓는 것은 무례하고 믿음이 없는 것입니다. "너는 나쁜 놈이야"라고 상대에게 말하는 것은 하나님의 일하심에 반항하는 것입니다. 아무 쓸모없이 보이는 저 사람을 통해서도 하나님이 일하신다, 그러니 너는 네 일이나 해라, 성경은 이렇게 말합니다.

예수 그리스도의 가장 놀라운 기적, 가장 극적인 반전은 죽음을 뒤엎을 수 있다는 사실이었습니다. 그러니 우리는 아무도 포기하지 않고 아무도 저주하지 않을 것입니다. 이것이 로마서가 하고자 하는 이야기입니다. 예수 안에서의 구원이 얼마나 큰 은혜인가를 로마서 11장까지 설명한 후에 12장부터 내내 이어지는 말씀의 가장 주된 어조는 이것입니다. 12장 9절부터 봅시다.

사랑에는 거짓이 없나니 악을 미워하고 선에 속하라 형제를 사랑하여 서로 우애하고 존경하기를 서로 먼저 하며 부지런하여 게으르지 말고 열심을 품고 주를 섬기라 소망 중에 즐거워하며 환난 중에 참으며 기도에 항상 힘쓰며 성도들의 쓸 것을 공급하며 손 대접하기를 힘쓰라 너희를 박해하는 자를 축복하라 축복하고 저주하지 말라 즐거워하는 자들과 함께 즐거워하고 우는 자들과 함께 울라 서로 마음을 같이하며 높은 데 마음을 두지 말고 도리어 낮은 데 처하며 스스로 지혜 있

는 체 하지 말라 아무에게도 악을 악으로 갚지 말고 모든 사람 앞에서
선한 일을 도모하라 할 수 있거든 너희로서는 모든 사람과 더불어 화
목하라 내 사랑하는 자들아 너희가 친히 원수를 갚지 말고 하나님의
진노하심에 맡기라 기록되었으되 원수 갚는 것이 내게 있으니 내가 갚
으리라고 주께서 말씀하시니라 네 원수가 주리거든 먹이고 목마르거
든 마시게 하라 그리함으로 네가 숯불을 그 머리에 쌓아 놓으리라 악
에게 지지 말고 선으로 악을 이기라 (롬 12:9-21)

여러분의 분명함을 상대방과 나를 배타적으로 구별하는 데 사용하지
말고, 넉넉해지는 수단으로 사용하십시오. 그 분명함이 모두를 포용
하고 모든 것을 감수하게 하십시오. '오직 예수 그리스도만으로'라는
이 말이 모두를 참아 낼 수 있는 말이라는 것을 보이십시오. 이 넉넉함
이 로마서 13장에서는 무엇으로 등장했는지 살펴봅시다.

모든 자에게 줄 것을 주되 조세를 받을 자에게 조세를 바치고 관세
를 받을 자에게 관세를 바치고 두려워할 자를 두려워하며 존경할 자
를 존경하라 (롬 13:7-8)

이것은 예의에 관한 말씀입니다. 이 예의는 어디에서 나옵니까? 하나
님의 일하심의 지혜와 신비와 그분의 신실하심을 인정하는 데서 나옵
니다. 13장에 나오는 구체적 덕목들을 신앙을 실천하기 위한 윤리적
지침으로만 삼으면 믿음은 사라지고 자기 의와 자기 자랑만 남습니
다. 이것은 기독교가 아닙니다. 하나님의 일하심을 인정하면 분명함

속에서도 충성과 헌신, 그리고 관용을 발휘할 수 있게 됩니다.

각자의 생애를 다시 돌아보십시오. 우리가 얼마나 넉넉한 지위와 운명과 조건 속에 있는지 깨닫기 바랍니다. 울어도 넉넉할 수 있고 힘들어도 넉넉할 수 있습니다. 잠들기 전에 "아이고, 하나님, 오늘 충분히 울었습니다. 내일은 조금 나은 하루를 주십시오. 내일도 오늘과 같으면 저는 콱 죽어 버릴 겁니다. 그러나 내 뜻대로 마옵시고 아버지의 뜻대로 하옵소서"라고 기도하십시오. 그리고는 다음 날을 또 씩씩하게 살아야 합니다. 이것이 기독교 신앙입니다. 현실이 우리를 이기지 못합니다. 우리가 하나님의 손에 있기 때문입니다. 그러니 충성할 수밖에 없고 누구와도 웃을 수 있는 것입니다.

《배제와 포용》을 쓴 미로슬라브 볼프(Miroslav Volf)라는 신학자가 있습니다. 이 사람은 크로아티아인으로 끔찍한 내전을 경험한 사람입니다. 내전 중에 가족들이 살해되는 참혹한 현장을 경험한 그는 씻을 수 없는 고통과 상처를 받게 되고 이러한 현실을 그는 신학으로 풀어 냅니다. 그는 한 강연회에서 크로아티아가 겪은 내전과 이로 인한 참혹한 현실을 결국 '용서'로 해결해야 한다고 강연합니다. 강연 마지막 즈음에 위르겐 몰트만(Jürgen Moltmann)이라는 신학자가 날카로운 질문을 던집니다. "강연 잘 들었습니다. 하지만 당신은 용서했습니까? 그들을 끌어안을 수 있습니까? 그들을 진정 용서할 수 있습니까?"라고 묻습니다. 미로슬라브 볼프가 침묵을 지킵니다. 거듭되는 몰트만의 질문 앞에 결국 볼프는 "용서하지 못했습니다"라고 대답합니다. 몰트만은 "그러면 강연은 왜 이렇게 하는 겁니까?"라고 다시 질문을 던집니다. 볼프는 "이것이 정답이기 때문입니다"라고 답합니다. 다시 몰트만이 묻습니다. "그러면 어떻게 할 것입니까?" 볼프는 답합니다. "용서하는 길로 나아가야죠."

현실과 정답 사이에는 거리가 있습니다. 인정할 수밖에 없는 사실입니다. 우리는 방향도 없고 목적지도 모른 채 다만 명분만을 붙잡고 있는 것이 아닙니다. 목적지가 분명한 길을 가고 있습니다. 이 길로 나아가면서 우리가 선택한 것이 무엇인지를 배우게 됩니다. 아직 실력이 없어서 '용서하지 않는 것'을 선택할 수도 있습니다. 그때는 용서하지 못할 때 무슨 결과가 생기는지 배우게 될 것입니다. 보복해서는 답이 없다는 사실을, 누구를 욕하는 것으로는 영혼에 아무런 유익이 없다는 것을 인생에서 실컷 배우게 될 것입니다.

성경이 말하는 용서는 우리의 영혼에 답이 되고, 우리의 인격과 인생을 감사하게 합니다. 성경의 요구는 다만 강요나 다만 윤리적 당위가 아니라, 실재하는 진리입니다. 그 때문에 성경이 우리에게 권하고 요구하는 것입니다. 우리는 그것을 따라야만 합니다.

그러니 여러분, 이 복된 인생을 살아가십시오. 의심 많고 고함 소리만 높은 이 시대에 열린 마음을 가지고 살아가십시오. 이 사람만 내 옆에 있으면, 숨을 쉴 것 같다고 여러분의 이웃이 떠올려 주는 그런 사람이 되십시오. 그리하여 여러분의 복된 자리를 지켜 내고 이 시대를 구원해 내십시오.

기 도

하나님 아버지, 은혜를 감사합니다. 우리 인생의 억울함과 비참함과 고통과 절망을 말씀으로 위로하여 주시니 감사합니다. 하나님이 우리에게 얼마나 많은 은혜로 채워 주실지 성경에 약속이 가득합니다. 이 일을 예수로 증거하셨고 우리 각자의 생애에서 확인하게 하셔서 오늘 우리가 이 길을 걷습니다. 살아가면서 말씀의 위대함을 배워 하루씩 더 넓어지고 깊어지고 결국은 하나님의 일하심을 찬송하는 인생을 살게 하여 주옵소서. 그 복을 누리는 우리 모두가 되게 하여 주옵소서. 그리하여 우리와 우리 가족과 이 사회와 이 시대와 이 세상을 구원하는 자들이 되게 하여 주시옵소서. 예수님 이름으로 기도합니다. 아멘.

45.

너희로 말미암아 기뻐하노니

조역, 문득 드러나는 그분의 뒷모습

······ 19 너희의 순종함이 모든 사람에게 들리는지라 그러므로 내가 너희로 말미암아 기뻐하노니 너희가 선한 데 지혜롭고 악한 데 미련하기를 원하노라 20 평강의 하나님께서 속히 사탄을 너희 발 아래에서 상하게 하시리라 우리 주 예수의 은혜가 너희에게 있을지어다······ 25 나의 복음과 예수 그리스도를 전파함은 영세 전부터 감추어졌다가 26 이제는 나타내신 바 되었으며 영원하신 하나님의 명을 따라 선지자들의 글로 말미암아 모든 민족이 믿어 순종하게 하시려고 알게 하신 바 그 신비의 계시를 따라 된 것이니 이 복음으로 너희를 능히 견고하게 하실 27 지혜로우신 하나님께 예수 그리스도로 말미암아 영광이 세세무궁하도록 있을지어다 아멘 (롬 16:1-27)

위대한 조연들

본문은 로마서 16장 전체입니다. 1절에서 16절까지는 여러 사람들의 이름이 등장합니다. 바울은 이들을 호의적으로 소개하여 로마에 있는 성도들도 이들을 기억하여 함께 감사를 나누기를 원하고 있습니다.

이것은 마치 좋은 영화를 감상했을 때, 영화가 끝나고 불이 들어와도 나가지 않고 자리에 머물러 영화의 여운을 즐기는 것과 같습니다. 영화가 끝난 화면에는 자막이 올라가죠. 주연, 조연, 엑스트라들의 이름이 나옵니다. 그리고 화면에는 등장하지 않았으나 영화를 만드는 데 수고한 사람들이 소개됩니다. 제작, 감독, 촬영, 조명, 음향을 담당한 사람들입니다.

본문을 읽으면서 이런 생각이 들었습니다. "역사에는 위업과 주인공 같은 위인만 있는 것이 아니라, 말이 안 되는 일들과 기억할 필요가 없는 사람들도 있다. 이 모든 것으로 역사와 현재라는 현실이 만들어진다. 우리가 의심하거나 거부한다고 역사가 바뀌지 않듯이, 우리가 하는 모든 선택과 외면이 미래를 결정한다. 그렇다면 다만 체념하거나 외면하여 비겁하게 살 수는 없다." 이것이 로마서 16장의 이야기입니다. 여기 나열된 사람들은 주연은 아니지만 바울이 일하는 결정적 순간에 한 손씩 보탠 사람들입니다. 아무것도 아닌 것 같은 존재지만 결정적인 사람들인 것이죠.

17절에서 19절의 권면은 단순히 지키기만 하면 되는 행동지침으로 생각하기보다는 로마서 전체의 큰 그림 속에서 이해해야 합니다. 로마서에는 눈여겨보아야 할 중요한 접속사가 두 개 있습니다. 하나는 3장

21절에 생략되어 있는 '그러나'입니다. 인간이 자초한 파멸의 한 가운데서 예수 그리스도로 말미암은 구원을 말하면서 '그러나 이제는'이 등장합니다. 파멸로 가는 인류의 운명을 반전시킨 '그러나'가 나오는 것이죠. 중요한 또 하나의 접속사는 12장 1절의 '그러므로'입니다. 꼭 외워 두고 잊지 말아야 할 '그러므로'입니다. 로마서 12장 1절을 보겠습니다.

> 그러므로 형제들아 내가 하나님의 모든 자비하심으로 너희를 권하노니 너희 몸을 하나님이 기뻐하시는 거룩한 산 제물로 드리라 이는 너희가 드릴 영적 예배니라 (롬 12:1)

하나님의 자비하심으로 권하는 넉넉한 관용과 베풂이 신앙의 본질로 요구되는 것입니다. 3장 21절의 '그러나 이제는'으로 시작된 신자의 인생입니다. 스스로 해결할 수 없었던 운명, 자초한 멸망에서 우리를 구원하신 하나님이 은혜와 능력과 지혜와 자비와 긍휼의 넉넉함으로 우리를 권하십니다. 전에는 생각할 수 없었던 영광된 존재로 복된 인생과 운명을 살라고 권하시는 것입니다.

본문에서 바울이 그토록 많은 사람들을 언급하는 이유가 이것입니다. 신앙의 분명함이 하나님의 은혜에서 나온 것임을 깨달으라, 그러니 그 분명한 신앙을 타인과 나를 구별하는 이분법으로 축소하지 마라, 타인을 정죄하는 데 골몰하지 말고 오히려 마음껏 열어 두고 신자의 삶을 살아 내라, 이런 이야기입니다. 그래서 아무것도 아닌 것 같아 보이는 사람들을 나열합니다. 간혹 우리가 우리 자신을 볼 때에 아무

것도 아닌 것 같이 느껴지지만, 아무것도 아닌 존재는 결코 없다고 성경은 이야기합니다. 전부 예수로 구원하신 존재요, 운명이라고 합니다. 로마서 12장의 '그러므로 형제들아 내가 하나님의 모든 자비하심으로 너희를 권하노니'에 이어져 로마서 16장의 이 대목이 나오는 것입니다.

연약함이 가지는 깊이

로마서 12장 14절 이하를 봅시다.

> 너희를 박해하는 자를 축복하라 축복하고 저주하지 말라 즐거워하는 자들과 함께 즐거워하고 우는 자들과 함께 울라 서로 마음을 같이하며 높은 데 마음을 두지 말고 도리어 낮은 데 처하며 스스로 지혜 있는 체 하지 말라 아무에게도 악을 악으로 갚지 말고 모든 사람 앞에서 선한 일을 도모하라 할 수 있거든 너희로서는 모든 사람과 더불어 화목하라 내 사랑하는 자들아 너희가 친히 원수를 갚지 말고 하나님의 진노하심에 맡기라 기록되었으되 원수 갚는 것이 내게 있으니 내가 갚으리라고 주께서 말씀하시니라 네 원수가 주리거든 먹이고 목마르거든 마시게 하라 그리함으로 네가 숯불을 그 머리에 쌓아 놓으리라 악에게 지지 말고 선으로 악을 이기라 (롬 12:14-21)

놀라운 이야기입니다. 악을 제거하고 심판하고 징벌하는 것이 우리의 가장 중요한 책임이 아니니, 악한 현실에 시험받지 말고 악인을 정죄하고 심판하기 위한 싸움을 하지 말고 우리만이 할 수 있는 선한 역할을 하라고 합니다. 사실 이 일을 감당하는 것은 만만치 않아 보입니다. 선한 역할을 하려면 굉장한 능력이 필요할 것이라는 생각 때문입니다.

그러나 로마서 16장에 나열된 이름들을 보면 그렇지 않다는 것을 깨닫게 됩니다. 영화 〈벤허〉를 예로 들어서 설명하겠습니다. 이 영화를 제작할 때 원래 제작진에서 벤허 배역을 제안한 상대는 록 허드슨(Rock Hudson, 1925-1985)이었습니다. 록 허드슨은 미국을 대표하는 미남으로, 〈자이언트〉라는 영화에 나온 배우입니다. 이 사람이 벤허 역을 거절했습니다. 굉장히 비싼 개런티를 약속했는데도 거절했죠. 저는 그렇게 한 것이 참 잘한 일이라고 생각합니다. 왜냐하면 멋진 배우가 벤허 역을 맡았으면, 스토리에 집중하는 대신 다들 벤허 사진만 갖고 돌아다녔을 것이기 때문입니다.

그래서 못생긴 것은 굉장한 깊이를 갖습니다. 별로 잘생기지 않은 배우가 나오면 사람들은 배우 자체보다는 그의 연기에 몰입합니다. 찰톤 헤스톤의 경우가 그렇습니다. 그 사람만큼 스토리를 잘 담아낼 수 있는 사람은 없습니다. 왜냐하면 그는 고운 모양도 없고 풍채도 없었기 때문입니다.

그러니 자신의 조건에 대하여 불평하지 마십시오. 하나님이 여기에 무엇을 담으시는가가 중요합니다. 욥기를 설교할 때, 인용했던 시구가 있습니다. '밤은 천 개의 눈을 가졌다. 낮은 하나의 눈을 가질 뿐이다.' 왜 그럴까요? 낮에는 모든 것이 다 보이고, 또 보이는 것이 전부입니다. 낮에는 형태를 보는 것이고, 밤에는 상상을 하는 것입니다. 분명해야 메시지를 담는다고 생각하십니까? 그렇지 않습니다. 하나님의 손안에 있는 신비가 여기 있습니다.

〈벤허〉에는 수많은 엑스트라가 등장합니다. 조역에도 못 올라오는 엑스트라들 말입니다. 대표적인 엑스트라로 어떤 간수가 있었죠. 그는 죄수들을 노예선으로 끌어가던 길에 벤허를 지목하면서 "이 놈은 모질게 다뤄라" 하고 명령합니다. 이 때문에 벤허는 심한 고생을 하여 맨발이 부르트고 입도 허옇게 말라 갑니다. 이들이 광야를 걷다가 우물을 만나 노예들에게 물 한 바가지씩 마시게 하는데, 물론 벤허는 제외됩니다. "물 한 잔씩 먹여 줘라. 단, 저놈에게는 주지 마라." 이때 예수가 등장합니다. 그런데 뒷모습만 보이죠. 예수가 물을 한 바가지 담아 와서 벤허를 먹입니다. 간수가 예수에게 와서 바가지를 걷어차면서 "그놈은 주지 말라니까"라고 고함칩니다. 뒷모습만 보이는 예수가 일어서서 간수를 쳐다봅니다. 그 간수의 표정이 기억나십니까? 눈부신 듯, 부끄러운 듯, 녹아들 듯, 뒷걸음치며 고개를 떨구던 모습 말입니다.

이 장면을 기억하지 못하면 아직 〈벤허〉에는 입문도 못 한 셈입니다. 이런 장면이 〈벤허〉를 만듭니다. 정황을 만들고 스토리를 살찌우고 깊이 있게 하여 벤허의 승리와 운명이 담아내는 진리 옆에 서서 한 손을 보태는 것입니다. 그러니 〈벤허〉가 끝나면 자막에 이런 사람들의 이름이 다 나오는 것입니다. 벤허에 찰톤 헤스톤, 메살라에 스티븐 보이드, 이렇게 죽 나오다가 간수 역할에 누구, 뒷모습만 나온 예수의 역할에 누구, 하면서 다 나오는 것입니다. 우리와 우리의 인생이 문득 예수의 뒷모습일 수 있다는 것을 이해하겠습니까. 안 믿어지는 표정을 지으시니 이사야 53장을 인용해 드리겠습니다.

우리가 전한 것을 누가 믿었느냐 여호와의 팔이 누구에게 나타났느
냐 그는 주 앞에서 자라나기를 연한 순 같고 마른 땅에서 나온 뿌리
같아서 고운 모양도 없고 풍채도 없은즉 우리가 보기에 흠모할 만한
아름다운 것이 없도다 (사 53:1-2)

이사야 53장에는 메시아가 와서 고난을 받을 것에 대한 예언이 나옵
니다. 정확히 이 예언이 다 맞아떨어집니다. 예수 그리스도는 누구시
며, 누가 보내셨는가, 어떤 약속의 성취인가, 인류에게 어떤 운명을 만
드셨는가, 이런 것들을 신적 의지와 약속으로 확인시킵니다. 특히 그
의 고난은 하나님이 어떤 하나님인가를 보이는데, 우리는 이 부분을
자주 놓칩니다. 신약에서는 이런 내용이 빌립보서 2장 5절부터 9절에
잘 표현되어 나옵니다.

이사야 53장에서 특히 강조하는 것은 메시아가 '인류 모두가 처한
상황까지 내려오신다'는 내용입니다. 메시아는 우리를 구원하기 위하
여 위에서 내려와 힘으로 우리를 붙들어 가지 않고 우리에게 찾아와 우
리와 동참하여 우리를 항복시킵니다. 우리의 자리까지 들어오십니다.

그는 어떤 모양으로 오십니까? 연한 순 같고 마른 땅에서 나온 뿌리
같아 고운 모양도 풍채도 없어 흠모할 것이 없는 모습으로 오십니다.
하나님의 일하심의 구체성과 인류 모두를 품는 넓이가 여기에서 증언
됩니다. 여러분이 가진 억울함, 열등감, 자책, 자폭의 자리까지 예수가
오십니다. 나만큼은 예외라서 이 사랑을 받을 자격이 없다고 생각하십
니까? 이런 생각만큼 성육신을 이해하지 못하는 것은 없습니다.

성육신으로 드러난 성의

기독교는 예수 그리스도를 신앙의 주인으로 고백합니다. 구약에 근거한 유대교 전통에서는 유일하신 여호와 하나님만을 믿는데, 왜 신약에 와서는 예수를 신앙의 대상으로 섬길까요. 쉽게 말해 '하나님을 믿는다'는 표현이 왜 '예수를 믿는다'는 것으로 바뀌었을까요. 예수로 드러난 하나님의 자기 설명의 구체성을 알게 되었기 때문입니다. 여호와 하나님의 자기 설명의 구체성이 바로 예수입니다. 예수는 우리가 알 수 있게, 볼 수 있게, 이해할 수 있게 찾아오신 하나님이십니다. 하나님의 성의와 하나님의 내어 주심, 내려오심이 예수에게 있습니다.

그래서 우리는 예수를 믿는다고 고백할 수 있게 된 것입니다. 예수를 주님으로 고백하는 것은 하나님의 구체적 통치와 은혜의 내려오심에 대해 내가 믿노라고 고백하는 것입니다. 하나님의 내려오심과 찾아오심을 우리는 예수로 갖고 있습니다. 예수로 드러난 하나님의 자기 설명과 자기 자랑은 모두 우리를 품는 데 있습니다.

우리 중 누구도 예외 없이 하나님의 은혜와 부르심의 품 안에 들어 있음을 보여 주는 것이 성육신입니다. 예수는 오셔서 삼십삼 년을 살다 가십니다. 인간이라면 누구나 겪는, 시간과 공간의 제한 속에서 이웃과 정치와 사회, 개인의 개성 속에 묶입니다. 인간이 지닌 억울함의 자리에 묶이십니다. 예수는 공생애 속에서 이 세상이 만들 수 없는 초월적 힘을, 전능자의 권력과 지위와 그 영광을 문득문득 나타내시지만, 이런 권능을 자신에게 주어진 제약이나 제한을 면제받기 위해 사용하시지는 않습니다. 배신당하고 오해받고 욕설과 수치와 고난 속에서 죽으십니다. 하나님이 죽음의 자리, 배신의 자리까지 다 품어 내신 것이 바로 성육신입니다.

그러니 예수를 믿는다고 하면서 나는 억울해, 나는 외면당한 것 같아, 나는 아닌 것 같아, 라고 체념하는 것은 얼마나 무지한 짓인지 모릅니다. 이사야 53장을 더 읽어 볼까요.

그는 멸시를 받아 사람들에게 버림받았으며 간고를 많이 겪었으며 질고를 아는 자라 마치 사람들이 그에게서 얼굴을 가리는 것같이 멸시를 당하였고 우리도 그를 귀히 여기지 아니하였도다 (사 53:3)

누군가와 이야기할 때 정답을 말하려 하지 마십시오. "너, 그래 봤자 소용없다. 네가 견뎌야 해"라고 말하지 마십시오. "나는 네 고통을 알아. 너 정말 힘들겠다." 이런 말을 해 주십시오. 이런 말이 제일 고맙습니다. 누가 내 고난을 알아주기만 해도, 내가 얼마나 가슴 아픈지를 이해해 주기만 해도, 아니 그저 들어 주기만 해도, 우리는 견딜 수 있을 것 같습니다. 이 일도 성육신에서 일어났습니다. 하나님은 해결해 주신 것을 넘어 우리의 자리까지 내려오셔서 구체적으로 품으십니다. 그러니 이제 우리가 여기서 해야 하는 일은 명예에 관한 일이 됩니다. 믿음에 속한 우리의 자랑이고 영광이지, 구원의 조건으로 요구되는 일이 아닙니다. 이사야 53장을 계속 이어서 읽어 보죠.

그는 실로 우리의 질고를 지고 우리의 슬픔을 당하였거늘 우리는 생각하기를 그는 징벌을 받아 하나님께 맞으며 고난을 당한다 하였노

라 그가 찔림은 우리의 허물 때문이요 그가 상함은 우리의 죄악 때
문이라 그가 징계를 받으므로 우리는 평화를 누리고 그가 채찍에 맞
으므로 우리는 나음을 받았도다 우리는 다 양 같아서 그릇 행하여
각기 제 길로 갔거늘 여호와께서는 우리 모두의 죄악을 그에게 담당
시키셨도다 (사 53:4-6)

우리 때문에 억울한 짐을 지셨다, 우리 때문에 고난을 당하셨다, 하는
정도의 이야기가 아니라 우리의 그 못난 자리까지 내려오셨다는 이야
기입니다. 우리가 자초한 채찍에 맞는 자리까지, 우리가 당연히 받아
야 할 그 비난의 자리까지 내려오셨다고 합니다.

저는 이 이야기를 왜 부드럽게 설교하지 못하고 격한 어조로 말할
수밖에 없을까요. 이런 미련함과 무지함이 평생 저를 붙잡아 늘 억울
하게 했기 때문입니다. 하나님, 억울합니다, 제게는 진심이 있는데 제
꼴이 이게 뭡니까, 이것이 제 발목을 잡았던 것입니다.

하나님은 우리가 품고 있는 이 원한과 원망 앞에 이렇게 말씀하십
니다. "너는 악역을 맡지 마라." 해결해 주시지는 않고 그렇게 말씀만
하십니다. "너, 그 자리에서 웃어라" 그러시는 것입니다. 그러니 그 자
리에서 웃으십시오. "거기서 웃어라. 너는 그 자리에서 악에게 지지 말
고, 선한 역할을 하라"고 하십니다. 이것이 하나님이 일하시는 방식,
하나님의 성품과 그분만이 하실 수 있는 영광이 드러나는 길이라는
것을 알아야 합니다.

명예로운 길

가장 할 수 없는 일을 가장 억울한 자리에서 감수해 내면 모두가 은혜를 받습니다. 모든 것을 가진 채 무엇이든 다 안다고 정답을 고함지르면 모두가 외면합니다. 모두에게 정답을 말하여 모두가 내 마음에 들게 하는 것은 자기 혼자 편한 것 외에 아무 남는 것이 없습니다. 그렇게 하지 마십시오.

여러분을 만나는 사람들이 여러분을 보면 반가워하게 하십시오. 여러분과 만나는 것이 기쁨이 되도록 하십시오. 무엇을 가져야만 그렇게 할 수 있는 것이 아닙니다. 없는 조건에서도 할 수 있습니다. 없는 조건에서 해야 멋이 납니다. 예수 그리스도의 성육신이 그것을 가르칩니다. 이를 알지 못하면 신앙생활은 할 수가 없습니다. 삶이 누가 잘났는가 하는 치열한 싸움에 불과하게 됩니다. 품고 일어서고 져 주고 견디는 싸움은 할 수가 없습니다.

우리는 문제를 해결해 주는 존재가 아닙니다. 해결하는 자는 우리가 아닙니다. 우리가 아무것도 해결하지 못해도 우리는 우리의 인생을 영광스러운 역할로 살아 낼 것입니다. 우리는 하나님이 우리의 조건과 우리의 처지를 가지고 일하신다는 것을 믿습니다. 물론 우리 자신은 아무것도 아닌 것처럼 보일 수 있습니다. 괜찮습니다. 그런 것은 다 하나님의 손에 있습니다. 로마서 12장 2절 이하에는 이런 신기한 말까지 이어집니다.

너희는 이 세대를 본받지 말고 오직 마음을 새롭게 함으로 변화를

받아 하나님의 선하시고 기뻐하시고 온전하신 뜻이 무엇인지 분별하
도록 하라 (롬 12:2)

세상과 하나님의 일하심은 정말 다릅니다. 세상은 죽이는 곳입니다.
세상은 죽이는 요구를 하고, 하나님은 살리는 요구를 합니다. 그러니
하나님이 하라고 하시는 역할을 하십시오. 3절이 이렇게 이어집니다.

내게 주신 은혜로 말미암아 너희 각 사람에게 말하노니 마땅히 생각
할 그 이상의 생각을 품지 말고 오직 하나님께서 각 사람에게 나누
어 주신 믿음의 분량대로 지혜롭게 생각하라 (롬 12:3)

너는 나서지 마라, 너는 네 할 일을 하라는 권면입니다. 우리로서는 지
금 내 역할이 무엇인지, 내가 묶여 있는 컨텍스트가 무엇을 위한 것인
지 알 수가 없습니다. 늘 알 수 없습니다. 벤허도 그랬습니다. 벤허가
노예선을 견딘 것은 신앙이나 희망이 아니라 복수심이었습니다. 복수
심 그 하나로 버텼던 것이죠. 그냥 죽을 수는 없었죠. 살아남아야 했던
것입니다. 벤허가 그런 우여곡절 끝에 사회적 지위와 신분을 갖고 돌
아올 줄 누가 알았습니까. 그때는 아무도 모릅니다.
　영화 〈벤허〉에서 중요한 장면 중 하나는 이것이죠. 어머니와 여동
생이 잡혀 갔을 때 벤허는 메살라를 만나서 이들을 풀어 달라고 이야
기합니다. 메살라는 거부하고 설상가상으로 벤허마저 감옥에 갇힙니
다. 여기서 벤허가 도망쳐 나와 창을 들고 메살라에게 대드는 장면이
나옵니다. "어머니와 누이를 풀어 줘. 안 풀어 주면 죽일 거야." 메살라

가 일어나 답하지요. "찔러. 나를 죽이면 네 어머니와 동생이 풀려날
수 있을 것 같아? 나를 찌르면 다 죽는 거야. 어디 찔러 봐." 여기서 벤
허가 어떻게 해야 할까요? 메살라를 찌르면 안 되죠. 영화가 끝나 버
리니까요. 이 말을 알아듣기 바랍니다. 그러니 죽이지 마세요. 그 창을
도로 그 자리에 두세요. 하나님이 일하신다는 것을 기억하세요. 우리
에게는 작가가 있습니다. 우리는 배우에 불과한데, 주제넘게 작가가
되려고 하지 마시고, 자기 역할을 하십시오. 멋지게 해 내십시오.

　에베소서 4장에 나오는 이런 권면은 신약의 거의 모든 서신서에 등
장하는 가르침입니다.

> 그런즉 거짓을 버리고 각각 그 이웃과 더불어 참된 것을 말하라 이
> 는 우리가 서로 지체가 됨이라 분을 내어도 죄를 짓지 말며 해가 지
> 도록 분을 품지 말고 마귀에게 틈을 주지 말라 도둑질하는 자는 다
> 시 도둑질하지 말고 돌이켜 가난한 자에게 구제할 수 있도록 자기 손
> 으로 수고하여 선한 일을 하라 무릇 더러운 말은 너희 입 밖에도 내
> 지 말고 오직 덕을 세우는 데 소용되는 대로 선한 말을 하여 듣는 자
> 들에게 은혜를 끼치게 하라 하나님의 성령을 근심하게 하지 말라 그
> 안에서 너희가 구원의 날까지 인치심을 받았느니라 너희는 모든 악
> 독과 노함과 분냄과 떠드는 것과 비방하는 것을 모든 악의와 함께 버
> 리고 서로 친절하게 하며 불쌍히 여기며 서로 용서하기를 하나님이
> 그리스도 안에서 너희를 용서하심과 같이 하라 (엡 4:25-32)

윤리나 도덕을 말하고 있지 않습니다. 이 명령들을 행하라고 요구받

는다는 것은 이미 우리가 명예로운 자리를 허락받아 거기에 서 있게 되었다는 뜻입니다. 이 명예로운 역할을 하시기 바랍니다. 하나님의 자기 자랑을 기억하십시오. 죄인들을 참으시고 자기를 내어 주어 항복시키시는 것으로 자랑과 영광을 삼으시는 하나님을 기억하시기 바랍니다.

예수를 믿는 인생을 사는 것은 그 영광과 명예를 누리는 길이라는 것을 기억하기 바랍니다. 상황이 억울하면 웃으십시오. 침묵하고 양보하십시오. 여러분 평생에 다른 것으로 얻지 못했던 명예를 갖게 될 것입니다. 인간이란 하나님의 고귀한 창조물이라는 것을 알게 될 것입니다. 힘으로 이기면 영혼은 말라 버립니다. 자신을 위해서, 여러분의 인생을 참된 자랑으로 채우기 위하여 말씀을 따르십시오. 웃음에 조롱을 담지 마십시오. 웃음에 친절과 따뜻함을 담으십시오. 여러분의 존재가 비난과 두려움이 되지 않도록 하십시오. 멋지게 사십시오.

기 도

하나님 아버지, 은혜를 감사합니다. 우리의 인생을 고함지르지 않고 웃고 기뻐하며 살겠습니다. 만나는 사람들이 우리를 보면 반가워할 것입니다. 우리가 무엇을 해결할 수 있겠습니까마는, 예수님이 걸어가신 길을 따라가 내 옆에 있는 사람들, 나와 묶어 주신 사람들이 기댈 수 있는 나무가 되겠습니다. 그늘을 드리우는 나무가 되어 우리 옆에 오면 쉼과 여유가 있는 그런 인생으로 살겠습니다. 이 명예로운 자리를 놓치지 않는 우리 인생 되게 하여 주시옵소서. 예수님 이름으로 기도합니다. 아멘.

하나님이 만드신 위대한 오늘

구원의 풍성함

로마서를 마무리하면서 로마서 전체를 개관하고 결론을 함께 나누어 기독교 신앙에 대한 더 깊고 균형 잡힌 이해를 얻게 되기를 바랍니다. 구원을 논하기 위해서는, 구원이 필요한 대상과 구원이 필요한 이유를 먼저 생각해야 합니다. 구원이 필요한 대상은 인간이고, 인간에게 구원이 필요한 이유는 죄 때문입니다. 그렇다면 죄란 무엇일까요? 세상에서는 양심과 도덕이라는 관점에서 죄를 보지만, 기독교는 하나님과의 관계에서 죄를 이해합니다. 죄란 하나님과의 관계를 깨트리고 거부한 것을 말합니다. 흔히 죄인인 인간이 죽어서 천국에 가는 것을 구원이라고 하는데, 구원에 대해서는 좀 더 깊이 이해해야 합니다. 구원은 단지 죽음 이후의 문제가 아니라 살아생전에도 누릴 수 있는 것이기 때문입니다. 이에 대하여 로마서가 크고 깊은 설명을 했습니다.

　구원을 단순히 이분법적으로만 이해하면 그 풍성함을 많이 놓치게 됩니다. 예수를 믿느냐 안 믿느냐, 확신이 있느냐 없느냐, 신앙생활을 하느냐 안하느냐, 하는 관점으로만 보면 구원의 풍성함을 제대로 음미할 수 없습니다. 우리는 이상적인 신자의 모습과 아직 거기에 도달하지 못한 우리의 현재 모습을 자꾸 비교하다가 구원에 관한 이해의 폭을 스스로 축소할 때가 많습니다. 부족한 모습을 보면 구원에서 먼 것처럼 판단하곤 합니다. 이런 우리의 생각과 달리 로마서는 훨씬 더 풍성하고 깊게 구원을 그려 냅니다.

피할 수 없는 죽음

세상 사람들은 대개 자연주의자들입니다. 누구나 이 세상에 태어나기 때문이죠. 세상에 태어나 현실에 평생 매여 사는데, 이 현실이란 바로 자연입니다. 산이 있고 강이 있고 바다가 있고 육지가 있고 하늘이 있고 밤이 있고 낮이 있습니다. 그 속에서 살아갑니다. 그리고 시간 속에서 살아갑니다. 하루가 지나고 이틀이 지나고 사흘이 지나고 어제가 있고 오늘이 있고 내일이 있는 현실 속에 살아갑니다. 모두에게 예외 없이 동일한 컨텍스트로 주어지는 것이 바로 자연입니다.

　이 세계라는 영역의 시간과 공간을 지배하는 제1원칙은 인과법칙입니다. 원인이 결과를 만들어 내기에, 어떤 결과를 얻고 싶으면 그 결과를 만드는 원인이 필요합니다. 그런데 무서운 것은 죽음을 극복하는 원인은 자연에게서 제공될 수 없다는 것입니다. 세상도 우리도 죽음을 싫어합니다. 죽음은 실패인데, 세상에서는 이 죽음을 면하는 자가 없습니다. 그래서 다들 죽음은 자연법칙이니 순응하자고 말합니다. 다른 종교나 자연인들은 죽을 수밖에 없는 현실을 체념하여 수용하며 살아갑니다. 그럴 수밖에 없습니다.

그런데 성경은 죽음이 자연법칙이 아니며, 여기에는 원인이 있다고 말합니다. 죄의 삯은 사망이다, 인간이 예외 없이 죽는 것은 죄의 결과이다, 라고 말합니다. 자, 이 대목에서 기독교 신앙에 대한 이해의 큰 틀을 가져야 할 필요가 있습니다.

이런 질문이 자연스럽게 따라옵니다. 그렇다면 하나님은 죽어 버리고 말 존재를 왜 만드시는가. 하나님은 세상을 만드셨고, 당신의 형상을 따라 인류를 만드셨습니다. 하나님은 아담과 하와를 만드시면서 그들에게 자유를 주셨습니다. 그런데 인간은 이 자유를 하나님을 순종하지 않는 데에, 하나님을 거부하는 데에 씁니다. 그래서 그들은 사망에 이릅니다. 에덴동산에서 쫓겨나죠. 쫓겨난 그들은 아들을 낳았는데 이 아이의 이름이 가인입니다. 그들이 붙여 준 가인이라는 이름에는 우리가 아이를 낳았다, 우리가 생산한 것이다, 우리가 생명을 얻었다, 우리는 죽지 않았다, 라는 의미가 담겨 있습니다. 그런데 이 가인을 보니 인간이 행사한 거부권, 하나님의 뜻에 불순종한 거부권을 DNA로 가지고 있더라는 것입니다.

나중에 가인은 동생을 죽입니다. 그리고 인류 역사는 이 일을 반복합니다. 서로 죽이는 현실 속에서 애를 낳습니다. 생명을 낳는데, 이 생명은 죽이는 DNA를 갖고 태어납니다. 일평생 죽이고 또 죽이며 자신 또한 죽습니다. 이것이 성경이 가르치는 인간의 운명입니다. 그러면 이 사실, 이 인과법칙의 사실, 태어나서 죽을 수밖에 없는 운명을 주도하는 가장 큰 힘은 무엇입니까? 우리가 역사에서 보듯 죽음입니다. 더 깊이 들어가면, 죽음을 빚어내는 죄가 가장 힘이 크다는 것을 알게 됩니다. 그러면 죄가 생명을 만들 수 있습니까? 그렇지 않습니다. 죄는 사망을 만들지, 생명을 만들지 않습니다. 생명은 하나님만 만드십니다.

구원, 하나님의 인격과 의지

이제 죄는 하나님보다 더 큰가, 라는 질문이 따라옵니다. 달리 말하면, 하나님과 죄 사이에서 인간이 무엇을 선택하느냐의 문제입니다. 하나님의 일하심은 죄와 사망과 생명이라는 세 가지 사실이 담겨 있는 역사라는 세계 속에서 이루어집니다. 이것이 로마서가 구원을 설명하기 위하여 펼치는 배경입니다.

자, 이 일들이 어떻게 될 것인가, 죄가 끝까지 승리할 것인가, 인간이 자기가 행사한 거부권을 철회하고 회복할 수 있는 길이 있는가, 과연 하나님은 이를 두고만 볼 것인가, 어떻게 개입하실 것인가, 하는 물음이 던져졌습니다. 이 물음에 대해 하나님이 일하셨다, 하나님이 이 문제를 해결하기로 하셨다, 인간이 선택하고 자초한 멸망을 두고 보지 않기로 하셨다, 그래서 역사 속에 뛰어들어 와 실제로 구원을 이루시고 예수로 완성하셨다, 라는 답이 제시됩니다. 이것이 바로 구원입니다.

그런데 우리는 천국에 갈 때까지는 세상 속에서 사실 이 말을 잘 이해하지 못합니다. 왜 그럴까요? 하나님은 승리와 구원을 우리가 원하듯 보이는 컨텍스트로 주시지 않고, 보이지 않는 것 곧 우리의 영혼과 인격으로 주시기 때문입니다. 우리 눈에 보이는 기계적 방법이나 규칙 같은 것으로가 아니라 하나님의 인격과 의지로 이 일을 하시기 때문입니다. 하나님은 인간에게 자유를 허락하시고 선택할 수 있게 하셨습니다. 여기에 자연주의에서 신앙으로 넘어가는 커다란 문턱이 있는 것입니다.

하나님이 이런 방법을 택하신 가장 큰 이유가 무엇일까요. 인간으로 하여금 자기가 한 선택이 무엇인지를 보게 하기 위해서입니다. 인간인 우리가 선택한 것이 무엇입니까? 인간의 가능성이었습니다. 하나님 없어도 된다는 생각이죠. 인류 역사에 면면히 이어지고 반복되는 한탄과 탄식과 거부와 부끄러움은 언제나 우리 인간이 저지른 것이었습니다. 인류 스스로는 아무리 좋은 것으로도 명예를 만들 수 없습니다. 그것이 역사입니다. 멋있는 말은 얼마든지 할 수 있지만, 그것으로는 지켜 낼 능력이 없습니다. 멋있는 말을 제시할 수는 있지만, 그것으로는 사람을 살리지도 생명을 부여하지도 못합니다. 무능한 인간의 현실을 확인하게 될 뿐이죠. 힘이 되기는 해도, 고함이 되기는 해도, 말을 하는 것으로는 명예롭게 되지 않습니다. 잘 아시다시피 지성은 멋진 것이고 지위는 대단한 것이지만 그것들이 사람을 진실로 위대하게 만들지는 못합니다.

우리 스스로는 위대한 것을 만들어 낼 수 없습니다. 야코프 부르크하르트는《세계 역사의 관찰》이라는 책에서 "인간은 '위대한 것은 그 무엇이다'라고만 말할 수 있을 뿐, 그 위대한 것을 만들지는 못한다'라는 말로 인간의 현실을 지적합니다. 세상은 위대한 것을 만들 수 없습니다. 모든 위대한 것과 가치 있는 것은 하나님과 결부하지 않고는 존재할 수 없습니다. 성경에서 증거를 찾을 필요도 없이, 역사 속 모든 인류의 과거를 돌아볼 것도 없이, 바로 우리 자신에게서 확인하는 사실입니다. 이기는 것이 이기는 것이 아닙니다. 이기면 좀 나아 보입니까? 그렇지 않습니다. 인간은 위대한 것을 전혀 만들지 못합니다.

고마운 하나님의 사랑

성경은 이야기합니다. 공생애를 시작하기 직전 예수님은 광야에서 사탄에게 세 가지 시험을 당하십니다. 마태복음 순서로 이야기해 보면, 첫 시험은 이 돌로 떡을 만들라, 입니다. 이에 대한 예수님의 대답은 사람은 떡으로만 살지 않는다, 입니다. 얼마나 고마운 말씀입니까. 인간은 짐승이 아니다, 얼마나 고마운 선언입니까. 그런데 우리는 이 말씀에 빗대어 "떡이 중요한 것이 아니라 신앙이 더 중요한 거래"라며 타인에게 충고하든가, 아니면 이분법의 논리로 "너는 맨날 먹기만 하고 봉사는 안 하냐?"라며 타인을 정죄하곤 합니다. 그렇게 우리는 이 말씀의 의미를 잘 깨닫지 못합니다. 돌로 떡을 만들라고 하는 사탄의 시험에 대하여 예수님은 사람은 떡으로만 살지 않는다, 떡이 필요 없다는 말이 아니다, 사람은 그 이상의 존재다, 그것 때문에 내가 왔다, 라고 말씀하신 것입니다.

  사탄이 그다음으로 한 시험은 성전 꼭대기에서 뛰어내려 봐라, 그러면 천사들이 너를 받들어 돌에 부딪히지 않게 할 것이다, 입니다. 이에 대하여 예수는 네 하나님을 시험하지 말라, 하나님은 해결사가 아니다, 너희의 안목과 수준에서 일을 해결하는 정도에 그치시는 분이 아니다, 하나님은 너희가 상상하지 못하는 높고 귀하고 크고 위대하고 거룩한 뜻을 갖고 일하신다, 라고 답하십니다. 고마운 말씀입니다. 비유하자면 이와 같죠. 엄마와 함께 가고 있는 아이가 길거리에 파는 불량식품을 보고 사 달라고 합니다. 이때 엄마가 "길거리 음식 사 먹지 마라. 저것 말고 좋은 제과점에 가서 최고로 맛난 것 사 줄게. 그러니 땅에 떨어진 것 집어 먹지 마라"고 타이르는 것과 같습니다.

마지막 시험인, 내게 절하면 다 주겠다, 에 대하여 예수님의 답은 무엇입니까. 그래, 보이는 것의 싸움이 전부인 줄 아느냐, 진짜는 거기에 무엇을 담느냐의 싸움이다, 라고 답하십니다. 고린도전서 13장에 가면, 이 마지막 시험의 답을 이해할 수 있게 하는 하나의 실마리가 나옵니다. 사랑에 관한 것입니다.

> 내가 사람의 방언과 천사의 말을 할지라도 사랑이 없으면 소리 나는 구리와 울리는 꽹과리가 되고 내가 예언하는 능력이 있어 모든 비밀과 모든 지식을 알고 또 산을 옮길 만한 모든 믿음이 있을지라도 사랑이 없으면 내가 아무 것도 아니요 내가 내게 있는 모든 것으로 구제하고 또 내 몸을 불사르게 내줄지라도 사랑이 없으면 내게 아무 유익이 없느니라 (고전 13:1-3)

얼마나 기가 막힌 말씀인가 보십시오. 사랑은 환상이 아니며, 능력이 아니며, 열정이 아니라고 합니다. 환상, 그것이 인간에게 최고의 내용

이 아니랍니다. 능력, 그것으로는 아무것도 아니랍니다. 인간의 가치는
능력 같은 것으로 쉽게 채울 수 있는 정도가 아니랍니다. 열정, 열정이
인간의 영혼과 인격을 채울 수 없다고 합니다. 인간은 이보다 큰 존재
이기 때문입니다. 인간은 어떤 존재입니까? 사랑하고 사랑받는 존재
입니다. 예수가 이것을 위해 오셨습니다. 네 하나님을 사랑하고 네 이
웃을 사랑하는 것이 율법이라고 예수님께서 단단히 가르치셨습니다.

　눈물이 그렁그렁해서 다니는 것을 사랑이라고 하지 않습니다. 사
랑은 위대해지는 것입니다. 사람은 뺏으려고만 합니다. 서로를 이용
하려고만 하죠. 이해관계 외에 무엇이 있습니까? 대화를 나누어 보면
사람들 사이에서 가장 많이 저지르는 실수는 남의 이야기를 진지하게
들어주지 않는 것입니다. 예의를 지키지 않는 것이죠. 대화할 가치가
없는 상대라서 진지하게 못 들어 주었다고요? 그런 경우는 없습니다.
4절에서는 '사랑은 오래 참고'라고 말씀합니다. 무슨 뜻입니까? 사랑
은 오랜 고통이라고 합니다. 무가치한 사람은 없다는 것이죠. 성경은,
네 마음에 안 드는 그 사람을 존중하라고 말씀하십니다. 이 말씀 앞에
서 어떻게 하겠습니까. 너, 그 사람을 존중해라, 그를 내가 만들었다,
네가 내 앞에서 귀하듯 그도 내 앞에서 귀하다, 그러니 그 사람에게 잘
해라, 멋있게 굴어라, 주님이 이렇게 말씀하십니다.

　사랑이란 세상이 만들어 내는 것들과 다릅니다. 자연주의에서 나
온 모든 가치, 우리가 알고 있는 능력, 대의, 유용성, 윤리, 승부, 이런
것들과 얼마나 다릅니까. 예수님이 그것을 증명하셨습니다. 하나님은
우리를 사랑하셔서 죽으십니다. 우리를 위해서 죽으십니다. 죽으신다
고 말로만 약속하거나 각오만 하신 것이 아니라 실제로 피 흘려 죽으

십니다. 피 흘려서 말입니다. 어떤 사람이 우리에게 말로만 아첨하면 이렇게 말하죠. 네가 나한테 밥 한번 산 적 있느냐, 나를 위해서 울어 본 적 있느냐, 라고 말입니다. 하나님은 우리에게 나는 너를 위해서 피 흘렸다, 이렇게 말씀하십니다. 그분은 피 흘려 죽으셨습니다. 우리의 삶 속으로 걸어들어 오신 것입니다.

'나'로 '오늘'을 살라

그렇다면 윤리니 도덕이니 노력이니 하는 것들의 가치는 무엇일까요? 이런 것들이 있어야 하나님이 이루시려는 일이 구체화되고 그렇게 구체화되어야만 비로소 우리가 인식할 수 있게 됩니다. 우리를 위하여 하나님이 길을 열어 놓고 기다리십니다. 우리로 그 길을 걷게 하십니다. 그것이 역사입니다. 그것이 인생입니다.

언제나 우리는 오늘밖에 살지 못합니다. 내일을 당겨서 살 수 없고 어제를 반복하여 살 수 없습니다. 오늘이 없으면 그 어떤 일도 일어날 수 없습니다. 우리가 가지는 오늘이라는 구체적인 영역은 시간이 있어서 가능합니다. 오늘은 어제와 내일이 없으면 없어집니다. 어제 한 일이 오늘에 영향을 미치고 오늘이 내일에게 결정타를 가할 것입니다.

우리는 바로 이 오늘을 삽니다. 시간과 공간 속에 매여서 '너'가 아니고 '그'도 아닌 '나'로 삽니다. 그래서 내 자리는 아무도 대신할 수 없습니다. 당대의 규칙, 원칙, 시간, 공간과 정황은 그래서 중요합니다. 그릇이 없이는 담을 수 없는 것같이 시간과 공간과 정황과 오늘이 있어야 합니다. 그러나 이런 것들 자체가 내용은 아닙니다. 빌립보서 3

장을 보겠습니다.

> 내가 그리스도와 그 부활의 권능과 그 고난에 참여함을 알고자 하
> 여 그의 죽으심을 본받아 어떻게 해서든지 죽은 자 가운데서 부활에
> 이르려 하노니 내가 이미 얻었다 함도 아니요 온전히 이루었다 함도
> 아니라 오직 내가 그리스도 예수께 잡힌 바 된 그것을 잡으려고 달
> 려가노라 형제들아 나는 아직 내가 잡은 줄로 여기지 아니하고 오직
> 한 일 즉 뒤에 있는 것은 잊어버리고 앞에 있는 것을 잡으려고 푯대
> 를 향하여 그리스도 예수 안에서 하나님이 위에서 부르신 부름의 상
> 을 위하여 달려가노라 그러므로 누구든지 우리 온전히 이룬 자들은
> 이렇게 생각할지니 만일 어떤 일에 너희가 달리 생각하면 하나님이
> 이것도 너희에게 나타내시리라 오직 우리가 어디까지 이르렀든지 그
> 대로 행할 것이라 (빌 3:10-16)

지나온 날들을 뒤돌아보면 우리의 삶이 분명한 하나의 연속선으로 이
어져 보이지 않습니다. 기억이 파편처럼 끊겨 있습니다. 초등학교 시
절, 중학교 시절, 청년 시절, 이렇게 말이죠. 저에게는 삶이 4·19, 5·16,
5·18로 뚝뚝 잘려져 있습니다. 컨텍스트 속에 있었죠. 무엇인가에 몰
려 열심히 살아야 했고, 내가 만들어 내지 않은 정황 속에서 최선을 다
해야 했습니다. 후회스러웠던 일도 많지만, 하나님은 이상한 데에 은혜
를 담으셔서 우리를 만드십니다. 어떻게 거기서 그 일을 하셨을까, 묻
게 되지요. 컨텍스트와 텍스트가 일치하지 않습니다. 그러나 그 컨텍스
트가 있어서 텍스트가 구체적으로 담겨 우리가 만들어진 것입니다.

마치 이런 것과 같습니다. 그래, 그때 수양회 갔을 때 그런 은혜를 받았지, 그때 하나님이 만나 주셨지, 라는 것 말입니다. 그렇다면 그 수양회에 다시 가면 이 내용이 반복될까요? 아니요. 그렇지 않다는 것을 다들 알 것입니다. 그러나 이 수양회, 그 컨텍스트가 없으면 인식하고 정리하고 쌓을 수가 없습니다.

이런 의미로 바울은 빌립보서 3장 12절 이하에서 이런 말을 합니다. 내가 이미 얻었다 함도 아니다, 온전히 이루었다 함도 아니다, 뒤에 있는 것은 잊어버린다, 이 말은 무슨 의미일까요? 담으시는 분은 하나님이다, 나는 그때 내가 내몰린 자리, 그때의 정황에서 내가 할 수 있는 일을 할 뿐이다, 그 수고를 어디에 어떻게 담아내실지는 하나님 손에 있다, 나는 오늘을 산다, 내일은 어떻게 될지 모른다, 내일 아침에 하나님이 나를 깨우면 살 것이요, 아니면 주 앞에 서리라, 입니다.

보라, 누리라, 사랑하라

그런데 우리는 바울의 이 말을 잘못 이해하여 결사 각오로만 생각했습니다. 나는 오늘 죽어도 천국 갈 자신이 있어, 이렇게만 쓰는 바람에 정작 채워야 할 텍스트는 채우지 못하고 장렬함으로 때웠습니다. 물론 장렬함은 중요합니다. 그러나 내용을 더 채워야 합니다. 금고를 열려고 했는데 잘 열리지 않아서 내부를 봤더니 금고가 전부 쇳덩어리로 되어 있더랍니다. 그러면 안 되죠. 금고를 쇠로 만든 것은 단단하게 해서 내용물을 잘 보호하기 위해서입니다. 그 안에 무엇인가 넣어 둘 공간이 있어야 합니다. 여러분의 인생은 여러분이 가진 신앙적 장렬함,

현실적 단단함이 전부가 아닙니다. 그 단단함 속에 하나님이 무엇을 담으시는가를 보아야 합니다. 예수 안에 무엇을 담았는가를 보십시오.

우리에게는 생명을 주신 하나님이 계시지만, 우리가 몸담고 있는 세상은 여전히 죄가 영향을 끼치고 있습니다. 결국 모두가 사망으로 갈 수밖에 없는 그런 역사가 이어지고 있습니다. 우리 눈에는 세상과 역사에서 죄가 가장 큰 권력을 가진 것같이 보입니다. 그러나 성경은 그렇지 않다, 예수 안에서 그렇지 않다, 하나님이 제일 크시다, 하나님이 죽음을 뒤집을 수 있다고 말씀합니다.

그렇다면 왜 이 고통스러운 일을 반복하십니까, 하고 우리는 묻고 싶어집니다. 하나님은 말씀하십니다. 너희가 선택한 것이 무엇인지 보라고 그렇게 하십니다. 왜 이 무서운 것을 보게 하실까요? 너희가 선택한 것이 무엇인지 보라, 그리하여 너희에게 준 자유의 진정한 가치와 긍정적 특권을 누려라, 너희가 누려라, 너희가 선택하여 네 것으로 가져라, 그렇게 요구하시려는 것입니다. 예수를 믿게 되면 죽은 후에 천국 가기 전에라도, 지금 당장 우리가 사는 이곳에서 어느 부분에서든 달라져야 합니다.

예전 우리에게는 "오늘 당장 죽어도 돼"와 같은 신앙이 제일이었죠. 오늘 죽어도 좋아, 물론 좋습니다. 죽으면 제일 쉽습니다. 은혜받고 다 죽으면 제일 쉽죠. 그러나 하나님이 살려 두시면 어떻게 하실 것입니까? 죽지 않고 살아 있으면 어떻게 하실 것입니까?

오늘 저는 이 질문에 대한 답으로 이런 권면을 드리고 싶습니다. 사랑하세요. 그리고 사랑을 받으세요. 하나님의 사랑을 받은 자로 넉넉해지기 바랍니다. 로마서 강해에 대한 결론으로 에베소서 3장의 말씀을 여러분과 함께 나누고 싶습니다.

이러므로 내가 하늘과 땅에 있는 각 족속에게 이름을 주신 아버지 앞에 무릎을 꿇고 비노니 그의 영광의 풍성함을 따라 그의 성령으로 말미암아 너희 속사람을 능력으로 강건하게 하시오며 믿음으로 말미암아 그리스도께서 너희 마음에 계시게 하시옵고 너희가 사랑 가운데서 뿌리가 박히고 터가 굳어져서 능히 모든 성도와 함께 지식에 넘치는 그리스도의 사랑을 알고 그 너비와 길이와 높이와 깊이가 어떠함을 깨달아 하나님의 모든 충만하신 것으로 너희에게 충만하게 하시기를 구하노라 우리 가운데서 역사하시는 능력대로 우리가 구하거나 생각하는 모든 것에 더 넘치도록 능히 하실 이에게 교회 안에서와 그리스도 예수 안에서 영광이 대대로 영원무궁하기를 원하노라 아멘 (엡 3:14-21)

기 도

하나님 아버지, 은혜를 감사합니다. 로마서를 다시 보면서 하나님의 일하심의 신비와 그 구원의 은혜가 얼마나 풍성하고 깊은지 새롭게 깨닫습니다. 하나님께서 우리를 사랑하시고 위대하게 부르셨습니다. 그 구원을 알고 자랑하며 사는 인생 되게 하여 주시옵소서. 못난 자리에 서지 말고, 살리고, 품고, 나누고, 주고, 주의 크신 이름으로 자랑하는 인생 되게 하사 우리를 만나는 이들은 예수 안에 있는 이 생명을 나누는 기쁨과 기적이 있게 하여 주시옵소서. 예수님 이름으로 기도합니다. 아멘.